REPRINTED BY HUBER

Nr. 41

19/21 SYNCHRON GLOBAL

19/21 SYNCHRON GLOBAL

Ein weltliterarisches Lesebuch
von 1870 bis 2020

Mit Originalbeiträgen
von 135 Autorinnen und Autoren
und Zeichnungen von Claudio Fedrigo,
ausgewählt, herausgegeben und
mit Kurzbiographien versehen
von Charles Linsmayer

Th. Gut Verlag

Die 135 Texte oder Gedichte dieses Lesebuchs entstanden zwischen 1870 und 2020 in vielen Ländern und Kontinenten und sind, ins Deutsche übersetzt oder deutsch geschrieben, Teil eines Versuchs, 150 Jahre länderübergreifende Literatur- und Kulturgeschichte synchron, d. h. unabhängig von Sprache, Entstehungszeit oder Generation als etwas Verbindendes zu spiegeln. Es bleibt dies aber die Perspektive eines Einzelnen, die keine Repräsentativität beansprucht und zudem in ihrer Auswahl durch die Verfügbarkeit der Urheberrechte, die am Ende jedes Beitrags offengelegt werden, eingeschränkt war. «19/21 Synchron global» erscheint, um die Edition einem grösseren Zusammenhang zu öffnen, innerhalb von Reprinted by Huber, einer offenen Folge bemerkenswerter Texte aus der mehrsprachigen Schweiz, ausgewählt und herausgegeben von Charles Linsmayer.

Verlag und Herausgeber danken den folgenden Institutionen und Personen:

FONDATION JAN MICHALSKI POUR L'ECRITURE ET LA LITTERATURE

Silbergrund-Stiftung, Küsnacht ZH

Frau Professor Dr. Annelies Häcki Buhofer, Zug
Björg und Rudolf Schilling, Zürich
René Kaltbrunner und Monika Kläui, Zürich
Karl Lüönd und Esther Scheidegger-Zbinden, Winterthur
Rosmarie Wobmann, Herrliberg

Schutzumschlag: Th. Gut Verlag, Urs Bolz unter Verwendung
von Zeichnungen von Claudio Fedrigo, Fribourg.
Gestaltung und Satz: Th. Gut Verlag, Urs Bolz
Druck: CPI books GmbH, Leck
ISBN: 978-3-85717-299-1

Bibliographische Information der Deutschen Bibliothek
Die Deutsche Bibliothek verzeichnet die Publikation in der Deutschen Nationalbibliographie;
bibliographische Daten sind im Internet über http://dnb.d-nb.de abrufbar.

1. Auflage, 2024
© 2024 Th. Gut Verlag, Zürich
Alle Rechte vorbehalten

INHALT

Schreiben ist etwas Köstliches ... 11
Richard Wright: Wie ich die Bücher entdeckte ... 12
Henrik Ibsen: Über den Ursprung meines Dichtens ... 17
Friedrich Dürrenmatt: Von der Möglichkeit
zur Notwendigkeit ... 20
Zadie Smith: «Geschriebenes Leben» ... 22
Elias Canetti: Paris und die grosse Verzagtheit gestern ... 25
Anna Achmatova: «... und dann dem Wald
etwas ablauschen...» ... 28
Gustave Flaubert: Schreiben ist etwas Köstliches ... 31
Amos Oz: Verlockung, an das Undenkbare zu rühren ... 34

Wahrheit: ein immer schon umstrittenes Konzept ... 37
Salman Rushdie: Den Glauben an die Wahrheit
neu aufbauen ... 38
Yasmina Reza: Die dröhnende Leere grosser Worte ... 42
Czeslaw Milosz: «Campo di Fiori» ... 44
Octavio Paz: «Der Schriftsteller und die Politik» ... 46
Witold Gombrowicz: Eine Pygmäenrasse mit
geschwollenen Köpfen in weissen Kitteln ... 50
Thomas Bernhard: «In Flammen aufgegangen»:
Reisebericht an einen einstigen Freund ... 53

Freiheit, ein kostbares Gut ... 59
Aldous Huxley: «Gefällt euch euer Sklavendasein?»
Ein Einzelner rebelliert gegen die Schöne Neue Welt ... 60
Jewgeni I. Samjatin: «Nebel. Du. Eine dumme
Geschichte.» ... 63
Aleksandar Tišma: «Mitschuld» ... 67
Fjodor M. Dostojewski: Freiheit ist unerträglich ... 70
Juan Carlos Onetti: «Drei Uhr morgens» ... 73

Konstantinos Kavafis: «Wenn die Barbaren kommen» 75
Václav Havel: Im Gefängnis bedeutet Tee
    ein Stück Freiheit 78
Wole Soyinka: «Der Mann ist tot» 81
Sławomir Mrożek: «Heldenehrung» 86

Ausgrenzungen 89
Philip Roth: Die Sache mit den Würsten 90
Ossip Mandelstam: «Die Kosaken! – Die Kosaken!» ... 94
Joseph Roth: «Die Not der Schwarzen» 97
Wisława Szymborska: «Ella im Himmel» 100

Kolonialismus und Völkerwanderung 103
Abdulrazak Gurnah: Ein Streitgespräch von 1899
    über die Zukunft des britischen Empires 104
Toni Morrison: «Heimat» 109
Chimamanda Ngozi Adichie: «Ein privates Erlebnis» 114
Patrick Chamoiseau: Die Verlockungen der Stadt 125
Pierre Loti: «Die beiden Göttinnen der Boxer» 127
Cees Nooteboom: «Der König von Surinam» 132
Navid Kermani: «Völkerwanderung» 135

Nationalsozialismus:
Wirklichkeit und Hypothek 139
Kurt Tucholsky: «Ein älterer, aber leicht
    besoffener Herr» 140
Jorge Semprún: Die Juden aus Tschenstochau 144
Primo Levi: «Der Kommandant von Auschwitz» 147
Marguerite Duras: 27. April 1945: Ich habe
    nie wieder Hunger 150
Carson McCullers: Der stumme Mister Singer
    und das Komplott gegen Hitler 152
Heinrich Böll: «Ambulanter politischer Zahnarzt» 155

Hass, Angst und Trauer im Krieg 159
Romain Rolland: Allgemeines und persönliches
    Leid des Krieges 160
George Bernard Shaw: «Warum nicht die
    deutschen Frauen töten?» 161
Vladimir Nabokov: «Das Rasiermesser» 163

Salvatore Quasimodo «Mailand, August 1943» 167
André Gide: «Eine grosse, angstvolle Trauer lastete
   über dieser geschlagenen Menschheit» 170
Jostein Gaarder: «Falscher Alarm» 173

Zwischen Daseinsbejahung und Lebensekel 175

Leo Tolstoj: «Vor allem muss man an
   seine Seele denken» 176
Rainer Maria Rilke: Die neunte Elegie 178
Anton Tschechow: «Die Macht des Bösen» 181
Hermann Hesse: «Der innere Reichtum» 185
Sándor Márai: Im Land des zähnefletschenden
   Selbstbewusstseins 188
Frans Eemil Sillanpää: «Taavetti Antila» 194
Antoine de Saint-Exupéry: Der Flieger hat
   wieder teil am Wesentlichen 199
Jean-Paul Sartre: «Wenn ich mich daran hindern
   könnte zu denken!» 201

Verlassenheit 205

Thomas Mann: «Enttäuschung» 206
Georg Trakl: «Verlassenheit» 212
Nelly Sachs: «Schwer zu sagen» 214
Anaïs Nin: «Tishnar» 216
Eugenio Montale: «Entschwinden ist also
   das Los jedes Loses» 218
Daniel Kehlmann: «Auflösung» 222

Auf der Schattenseite 227

Knut Hamsun: Wer nun ein wenig Brot hätte 228
Victor Hugo: Geständnis eines zur Guillotine
   Verurteilten 230
Émile Zola: Das Grubenunglück 233
Władysław Reymont: Ein früher Morgen in der
   polnischen Industriemetropole 237
Susan Sontag: «Beschreibung (einer Beschreibung)» 239

Glück und Unglück der Liebe ... 245
Carlos Fuentes: «Amor – Liebe» ... 246
Stéphane Mallarmé: «Die Pfeife» ... 252
Marcel Proust: «Erinnerung» ... 253
Alfred Döblin: «Kleine Alltagsgeschichte, berlinerisch» ... 256
Simone de Beauvoir: Wie ich Jean-Paul Sartre kennenlernte ... 259
Cesare Pavese: «Jahre» ... 261
Pablo Neruda: «In dir die Erde». Fünf Liebesgedichte ... 264
Jorge Luis Borges: «Ulrike» ... 268
Paul Celan: «Corona», «Nachts», «Zuversicht» ... 272
Ingeborg Bachmann: «Die gestundete Zeit», «Tage in Weiss», «Erklär mir, Liebe», «Böhmen liegt am Meer» ... 274
Marguerite Yourcenar: «Phädra oder die Verzweiflung» ... 278
Günter Grass: Zwei Tänze ... 281
Odysseas Elytis: «Die Radlerin» ... 283

Leidenschaften ... 285
Gerhart Hauptmann: Agata und Francesco ... 286
David Herbert Lawrence: Ein zwiespältiges Geschenk ... 288
Blaise Cendrars: «Leidenschaften» ... 290
Umberto Eco: «Plato im Striptease-Lokal» ... 293
Doris Lessing: «Lucy Grange» ... 296
Nagib Machfus: Am Ufer des Meeres ... 302
Assia Djebar: «Weinende Frau» ... 305
Alice Munro: «Stimmen» ... 310

Ehepaare ... 321
August Strindberg: «Reformversuch» ... 322
Halldor Laxness: «Ein Mädchen bei Nacht» ... 325
Bertolt Brecht: «Die Antwort» ... 327
Italo Calvino: «Abenteuer eines Ehepaars» ... 330
Joyce Carol Oates: «Grenzübergang» ... 334
Mo Yan: Die unterirdische Hochzeit ... 339
Charles Lewinsky: Liebe ist nicht verhandelbar ... 342

Kindheit und Familie ... 347
James Joyce: «Eveline» ... 348
Albert Camus: «Ja oder Nein» ... 352
Samuel Agnon: «Zum Haus meines Vaters» ... 361

Zora Neale Hurston: «Ich werde geboren» 365
Mario Vargas Llosa: «Der Grossvater» 369
Orhan Pamuk: «Meine ersten Begegnungen
  mit Amerikanern» 376

Vom Tod 379
George Orwell: «Einen Mann hängen» 380
Marina Zwetajewa: Fünf Gedichte 386
Galsan Tschinag: «Eine salzige Geschichte» 390
Zhang Jie: «Ich weiss jetzt um die Nähe des Todes» 393
Paul Auster: Besuch in Bergen-Belsen 396

Natur und Umwelt 399
Joseph Conrad: Segelschiffe 400
Karel Čapek: «Wie der Gärtner entsteht» 402
Philippe Jaccottet: «Auf den Spuren des Mondes» 404
Peter Handke: Adlerkreistag 407
Siri Hustvedt: «Blumen» 409
Claude Simon: «Fortschreiten einer verschneiten
  Landschaft» 411
Elfriede Jelinek: Wildes, grandioses Wasser 415

Wenn es um Tiere geht 423
Franz Kafka: «Eine Kreuzung» 424
Katherine Mansfield: «Der Kanarienvogel» 426
Robert Musil: «Das Fliegenpapier» 430
Ernest Hemingway: «Katze im Regen» 432
Juri Rytchëu: «Wal» 435
Jean-Marie Gustave Le Clézio: «Unser Leben
  als Spinnen» 439

Mit den Mitteln der Satire 445
Luigi Pirandello: «Erster Entwurf zu Informationen
  über meinen unfreiwilligen Aufenthalt auf der Erde» 446
Sinclair Lewis: Ein Symphonieorchester für Zenith 448
Fernando Pessoa: «Die genaue und ergreifende
  Geschichte über den Conto Vigario» 450
Nathalie Sarraute: «Oh, dieses Leben war
  ausserordentlich!» 452
Haruki Murakami: «Der Bäckereiüberfall» 454

Andrej Kurkow: «Die Denkmäler der russischen
  Kultur» 457
Herta Müller: «Das schwäbische Bad» 465

Im Banne des Absurden 467
Else Lasker-Schüler: Erster Brief an Franz Marc 468
Daniil Charms: «Vater und Tochter» 470
Federico García Lorca: «Untergegangene
  Schwimmerin» 471
Samuel Beckett: «Ausgeträumt träumen» 473
Gabriel García Márquez: «Bitterkeit für
  drei Schlafwandler» 476

Einbruch des Irrationalen 481
Virginia Woolf: «Ein verwunschenes Haus» 482
Olga Tokarczuk: «Der Passagier» 484
Arundhati Roy: «Wo sterben alte Vögel?» 487
Irène Némirovsky: «Magie» 490
Javier Marías: «Isaacs Reise» 495
David Malouf: «Das Medium» 498

Charles Linsmayer – Die 135 Autorinnen und Autoren im Porträt 505

Weltliteratur synchron betrachtet
Überlegungen zur vorliegenden Textauswahl 641

Schreiben ist etwas Köstliches

Richard Wright
Wie ich die Bücher entdeckte

Ich betrat die Bibliothek, wie wenn ich als Ausläufer der Weissen käme und im Bewusstsein, mich durch das kleinste Versehen verraten zu können, nahm den Hut ab, blieb so uninteressiert wie nur möglich in respektvoller Entfernung von der Ausleihe stehen und wartete, bis die weisse Bibliothekarin Zeit für mich hatte.
 «Von wem hast du denn die Karte?» prüfte sie mich.
 «Von Mr. Falk.»
 «Wo ist er?»
 «Er arbeitet bei der m-m-mh Optical Company, ich habe schon früher Bücher für ihn geholt.»
 «Willst du am Ende die Bücher für dich?» fragte sie treffend.
 «O nein, Ma'am, ich kann nicht lesen.»
 «Wenn ich nur wüsste», sagte sie halblaut, «welche Bücher von Mencken er will ...», und ich wusste, ich hatte gewonnen! Sie dachte nicht mehr an Dinge, die mit Rasse zusammenhingen, sondern an ihre Aufgabe. Endlich kehrte sie mit zwei Bänden zurück. «Ich schicke ihm die, aber sage Mr. Falk, er solle nächstes Mal selber kommen oder mir die Büchertitel aufschreiben. Ich kann doch nicht wissen, was er lesen will.»
 Ich sagte nichts. Sie stempelte die Karte und gab mir die beiden Bände. Ich wagte es nicht, meinen Schatz anzusehen, aus Angst, die Bibliothekarin könne mich zurückrufen und weitere verfängliche Fragen stellen. Erst hinter der nächsten Strassenecke schlug ich eines der Bücher auf und las den Titel: *A Book of Prefaces*. Mein neunzehnter Geburtstag stand vor der Tür, und ich wusste noch nicht einmal, wie man das Wort *preface* ausspricht! Ich blätterte in dem Band und las Worte und Namen, die mir völlig fremd waren. Enttäuscht, kopfschüttelnd nahm ich das zweite Buch in Augenschein; es hatte den Titel *Prejudices*. Dieses Wort kannte ich allerdings. Mein ganzes Leben war von *Vorurteilen* bedrängt gewesen. Wie konnte ein anständiger Mensch seinem Buch so einen Namen gehen? Das Wort war für mich besudelt, war so befleckt von zahllosen Erinnerungen an Rassenhass, dass ich nicht zu fassen vermochte, dass dieser Mencken es als Buchtitel benutzte. Sollte ich mich in ihm getäuscht haben? War er ein Mann der Vorurteile? Dann war er für mich nicht der Richtige.

Als ich Mr. Falk die Bücher zeigte, sah er mich stirnrunzelnd an. «Es kann sein», sagte ich vorsichtshalber, «dass man Sie von der Bibliothek aus anläutet.» – «Macht nichts», antwortete er, «aber wenn du mit den zwei Büchern fertig bist, dann sage mir doch, was du daraus entnommen hast!»

In dieser Nacht schlug ich in meinem möblierten Zimmer, während meine Büchse Bohnen im heissem Wasser stand, das «Buch der Vorreden» auf und las.

Wie diese Sprache mich aufwühlte und erschreckte! Diese jagenden, drängenden, klaren und reinen Sätze! Warum schrieb er so? Wie vermochte ein Mensch so zu schreiben? Und ich stellte mir Mencken vor als einen rasenden Dämon, von Hass verzehrt, mit der Feder um sich schlagend, alles Amerikanische angreifend, alles Europäische oder Deutschsprachige preisend, die Schwachheit der Menschen verlachend, jede Macht, selbst Gott, verspottend. Was war das nur?

Ich stand auf und suchte mir klar zu machen, welche Wirklichkeit hinter diesen Worten lag. Ja, dieser Mensch war ein Kämpfer; er kämpfte mit Worten, handhabte sie als Waffe gleich einer Keule.

Können denn Worte Waffen sein? Ja! Hier sind sie es. Aber ... kann ich sie dann nicht auch als Waffe gebrauchen? – Nein. Dazu hatte ich zu viel Angst. Ich las weiter, und was mich immer mehr in Verwunderung setzte, war nicht so sehr das Gesagte selbst als der Mut, dies alles auszusprechen. Ich schaute von Zeit zu Zeit von dem Buch auf, um mich zu vergewissern, ob ich wirklich allein sei ...

Wer waren diese Leute, von denen Mencken mit solcher Leidenschaft sprach? Wer war Joseph Conrad? Sinclair Lewis? Sherwood Anderson, Dostojewski, Gustave Flaubert, Maupassant, Tolstoi, Mark Twain, Zola, Ibsen, Balzac, Shaw, Dumas, Poe, Thomas Mann, H.G.Wells, Gogol, Stendhal, Turgenjew, Nietzsche und viele andere? Gab es die in Wirklichkeit? Lebten sie oder hatten sie einmal gelebt? Und wie sprach man ihre Namen aus?

Ich stolperte über viele Worte, deren Sinn ich nicht fasste.

Dann schlug ich diese in einem Wörterbuch nach. Manchmal auch, bevor ich dazu Gelegenheit hatte, begegnete mir das gleiche Wort in einem andern Zusammenhang, aus welchem seine Bedeutung hervorging. Wie fremd, wie neu war mir diese Welt! Als ich das Buch fertiggelesen hatte und zuklappte, war ich dessen gewiss, etwas gesehen zu haben, das für mein Leben unendlich wichtig war. Ich hatte selber einmal zu schreiben versucht, in Gefühlen geschwelgt und meiner rohen Einbildungskraft die Zügel schiessen lassen, aber der Drang zu solchen Ergüssen war mir seitdem durch meine Erlebnisse ausgetrieben. Nun war er wieder da. Ich hungerte nach Büchern, nach neuen Einblicken und Ausblicken. Es ging nicht darum, ob ich das Gelesene glaubte, ob nicht, sondern einzig um das Gefühl des Neuartigen. Ich sah hier die ganze Welt anders.

Dies war die erste Wirkung des ersten der beiden Bücher.

Der Morgen dämmerte. Ich war wie betäubt, ass meine Bohnen und ging zur Arbeit. Aber der Geist des Gelesenen hielt mich weiter umfangen und gab allem, was ich sah und hörte, ein andres Gesicht. Nun wusste ich, was dieser weisse Mann fühlte und wie es um ihn bestellt war. Nur weil ich ein Buch gelesen hatte, das Leben und Denken der Weissen durchleuchtete, fühlte ich mich mit dem Buch eins, und mich befiel etwas wie Schuldgefühl bei dem Gedanken, meine Bücherwut könne mein Benehmen in einer Weise beeinflussen, die das Missfallen der Weissen erregen müsse.

Ich fälschte weiter Bestellzettel, ging immer öfter in die Ausleihe und las immer leidenschaftlicher. Der erste wertvolle Roman, den ich so in die Finger bekam, war «Main Street» von Sinclair Lewis. Er öffnete mir die Augen über meinen Chef Mr. Gerald, sodass ich in ihm einen bestimmten amerikanischen Typ erkannte. Und wenn ich ihn nun mit seinem Golfsack ins Büro kommen sah, musste ich lächeln. Ich hatte immer den grossen Abstand gespürt, der mich von ihm trennte. Jetzt war mir der Mann vertrauter, aber innerlich ebenso fern. Ich durchschaute ihn und erkannte die Enge seines Lebens. Und dies einzig allein dadurch, dass ich einen Roman gelesen hatte, der eine erfundene Gestalt zum Gegenstand hatte, die George F. Babbitt hiess.

Handlung und Intrige der Romane beschäftigten mich weniger als die seelischen und faktischen Enthüllungen, die sie mir boten. Rückhaltlos vertiefte ich mich in jedes Buch und kritisierte nicht; es genügte mir, dass man hier anders sah und fühlte. Denn für mich wich ja dies alles von dem Gewohnten grundlegend ab. Lesen war für mich wie Wein. Jeder Roman erschuf eine Welt, in der ich tagelang eingesponnen war. Aber dabei wurde ich nie die Furcht los, es könnten die weissen Männer entdecken, dass ich mich geändert hatte und sie mit ganz anderen Augen betrachtete.

Jedesmal, wenn ich ein Buch mit ins Geschäft nahm, wickelte ich es vorsichtshalber in Zeitungspapier, eine Gewohnheit, die ich noch lange danach in andern Städten und unter gänzlich veränderten Umständen beibehielt. Doch einige der weissen Herren durchschnüffelten in meiner Abwesenheit neugierig mein Päckchen und verhörten mich nachher: «Wozu liest du die Bücher, Boy?»

«Ach, ich weiss nicht, Sir.»

«Das ist doch schwerverdauliches Zeug, was du da liest, Boy!»

«Ich tu es nur, um die Zeit totzuschlagen, Sir.»

«Pass auf, du wirst noch ganz blöd davon!»

Ich las *Jennie Gerhardi* und *Sister Carrie* von Theodore Dreiser, und beide Gestalten erweckten in mir mit Allgewalt das alte Gefühl für meiner Mutter endloses Leiden, und ich betrachtete schweigend und fassungslos das bunte Leben rings um mich her. Unmöglich hätte ich Mr. Falk sagen können, was ich meiner Lektüre entnahm. Ich entnahm ihr nichts weniger als den Sinn des Lebens.

In neue Gedanken und Stimmungen versunken, kaufte ich mir einen Papierblock und versuchte zu schreiben. Aber es wollte nichts zum Vorschein kommen, oder wenn etwas kam, war es unsäglich falsch, und ich entdeckte: Um zu schreiben, braucht es mehr als den Drang und das Gefühl. Ich gab es auf.

Wie war es nur möglich, von Menschen so viel zu wissen, dass man über sie schreiben konnte? Ich würde wohl nie so viel lernen, nie so den Menschen und sein Leben erfassen. Ich wusste nun, was es heisst, schwarz zu sein. Hunger liess sich ertragen; gehasst werden liess sich ertragen. Aber zu fühlen, zu denken, dass mir das Fühlen und Denken verweigert wird, dass man den Atem des Lebens nicht an mich heranlässt, das verwundete mich im Tiefsten; es war mörderisch, das Ärgste, was mir in meinem neuen Verlangen geschehen konnte.

So sah ich mich inmitten des Aufschwungs, den mir meine Lektüre gab, von neuem zu Boden geworfen. Die Bücher hatten mir gezeigt, was möglich, aber doch mir nicht beschieden war. Meine alten Zustände der Angst und Anspannung kehrten wieder und steigerten sich ins Unerträgliche. Was ich vorher gefühlt hatte, nun sah ich es klarer denn je: Meine Umwelt war mein Feind, mein Mörder. Immer wieder fragte ich mich, wie ich mich retten könne, und fand keine Antwort. Ich sah mich als Verurteilten eingesperrt zwischen unübersteigbaren Mauern.

Mit Mr. Falk, der mir seine Leihkarte gegeben hatte, sprach ich kein Wort über das, was ich las und daraus entnahm. Ich hätte damit zugleich von mir selber gesprochen, und das tat zu weh. Ich lächelte nur immerzu und war verzweifelt bemüht, mich ebenso zu verhalten wie früher. Doch da war Mr. Olin, der merkte, dass ich mit all meinen Gedanken woanders war, und rief mir eines Tages zu: «Aufwachen, Boy!»

«Sir!» antwortete ich – ich wusste kein Wort weiter zu sagen.

«Du läufst herum, als hättest du gestohlen ...»

Ich lachte genau so, wie er es meiner Ansicht nach von mir erwartete, und beschloss, noch schärfer auf mich und jede meiner Regungen aufzupassen, um das aufdämmernde Wissen unsichtbar in mir zu bewahren.

Ob es mir wohl gelingen könnte, wenn ich in den Norden käme, dort mein Leben neu aufzubauen? fragte ich mich. Kann man sein Leben auf unbestimmbare Sehnsüchte aufbauen? Ich wollte schreiben und konnte nicht einmal richtig Englisch. Ich kaufte mir eine englische Grammatik und fand sie stumpfsinnig. Ich hatte das Gefühl, ich könne die Sprache besser durch die Lektüre von Romanen beherrschen lernen, las angestrengt, und sobald ich einen Autor begriffen und seinen Stil und Standpunkt erfasst hatte, legte ich ihn beiseite und wandte mich einem andern zu. Ich las selbst im Traum.

An einem Sonntagmorgen fragte mich meine Wirtin Mrs. Moss: «Mein Sohn, was liest du nur immerzu?»

«Ach nichts, Romane.»

«Was hast du davon?»

«Es ist nur zum Zeitvertreib.»

«Denk an deinen Verstand!», sagte sie in einem Ton, als bezweifle sie stark, ob ich noch bei Verstand sei.

Ich wusste von keinem Schwarzen, der solche Bücher las wie ich, und glaubte, kaum einer habe diese Autoren gelesen. Wohl wusste ich, dass es schwarze Ärzte, Anwälte und Journalisten gab, hatte jedoch noch nie einen solchen gesehen, und in den Spalten unserer Negerzeitung fand ich nichts von dem erwähnt, was ich mir eben errang. Ich fühlte mich grenzenlos einsam und liess einige Tage die Bücher ruhen.

Aber mein Lesehunger überwand meine Vereinsamung. Er zog mich unwiderstehlich nach allen Werken, die meinem Fühlen und Sehen neue Bahnen öffneten. Wieder fälschte ich Bestellscheine für die weisse Bibliothek. Wieder las und staunte ich so, wie nur der Naive, Unliterarische zu lesen und zu staunen vermag, und trug die Last meines Geheimnisses wie ein Verbrecher durch meinen Tag.

(Aus: Richard Wright, «Ich Negerjunge. Die Geschichte einer Kindheit und Jugend». Aus dem Amerikanischen übersetzt von Hans Rosbaud (Pseudonym für Rudolf Frank). Steinberg-Verlag, Zürich 1947. Die Originalausgabe erschien unter dem Titel «Black boy» 1945 bei Harper Collins in New York. Gedruckt mit Erlaubnis der Agentur John Hawkins and Associates, Inc, New York 2023. © 1944, 1945 by Richard Wright. Copyright der Übersetzung von Rudolf Frank bei Vincent C. Frank, Basel, dem herzlich gedankt sei. Titel vom Herausgeber)

Henrik Ibsen
Über den Ursprung meines Dichtens
Ein Brief an Peter Hansen

Mein lieber Freund!   Dresden, den 28. Oktober 1870
Mit den besten Vorsätzen empfing und las ich eines Sonntagnachmittags Deinen Brief. In drei Tagen soll er Antwort haben, dachte ich – und nun sind bald drei Wochen vergangen. Das hat jedoch den Vorteil, dass ich mich nun, weil es eilt, kürzer fassen muss als zunächst beabsichtigt, und Du so desto freiere Hand hast. Ich habe übrigens, seit wir uns trennten, bereut, nicht mündlich mit Dir über diese Dinge gesprochen zu haben; ich fühle, dass der schriftliche Weg nicht so bequem ist. Doch nun gut!

... Eigentlich willst Du ja die innere Geschichte haben. Hier ist sie:

Alles, was ich dichterisch geschaffen habe, hat seinen Ursprung in einer Stimmung und einer Lebenssituation; ich habe niemals gedichtet, weil ich, wie man sagt, «ein gutes Sujet gefunden habe» – nun will ich chronologisch berichten:

«Catilina» wurde in einer spiessigen Kleinstadt geschrieben, wo es nicht in meiner Macht stand, all dem Luft zu machen, was in mir gärte, ausgenommen durch tolle Streiche und Anzettelungen, die mir den Unwillen aller achtbaren Bürger zuzogen, welche sich nicht in meine Gedankenwelt hineinversetzen konnten.

«Frau Inger auf Östrot» folgte auf eine rasch angebahnte und gewaltsam abgebrochene Liebschaft ...

«Die Helden auf Helgeland» schrieb ich als Bräutigam. Für Hjördis stand mir dieselbe Modell wie später für Schwanhild in der «Komödie der Liebe».

Erst mit meiner Ehe erhielt mein Leben einen wesentlicheren Inhalt. Die erste Frucht war ein längeres Gedicht, «Auf den Höhen». Der Freiheitsdrang dieses Gedichtes kam jedoch erst in der «Komödie der Liebe» ganz zum Ausdruck. – Dieses Buch gab in Norwegen Anlass zu viel Tratsch; man zog meine persönlichen Verhältnisse in die Debatte, und ich verlor sehr in der öffentlichen Meinung. Die einzige, die damals das Buch guthiess, war meine Frau. Sie ist ein Charakter, wie ich ihn gerade brauche – unlogisch, doch mit einem starken poetischen Instinkt, einer grosszügigen Denkart und einem fast leidenschaftlichen Hass auf alle kleinlichen Rücksichten. All das begriffen meine Landsleute nicht, und ich unterliess es, den Burschen zu beichten. So brach man denn über mich den Stab; alle waren gegen mich.

Dieses, dass alle gegen mich waren – dass ich niemanden mehr hatte, von dem ich sagen konnte, dass er an mich glaube –, musste, wie Du leicht einsehen wirst, eine Stimmung hervorrufen, die ihre Befreiung in den «Kronprätendenten» fand. Genug davon.

Gerade als die «Kronprätendenten» erschienen, starb Friedrich der Siebente und der Krieg begann. Ich schrieb das Gedicht «Ein Bruder in Not». Es hatte natürlich gar keine Wirkung auf den norwegischen Amerikanismus, der mich in allen Punkten widerlegte. So ging ich denn in die Verbannung.

Als ich nach Kopenhagen kam, fiel Düppel. In Berlin sah ich König Wilhelm mit Trophäen und Beute Einzug halten. In jenen Tagen begann «Brand» wie ein Embryo in mir zu wachsen. Als ich nach Italien kam, war dort dank eines grenzenlosen Opferwillens die Einigung vollbracht, in der Heimat dagegen –! Nimm dazu Rom mit seinem idealen Frieden, den Verkehr mit der sorglosen Künstlerwelt, ein Dasein, das nur mit der Stimmung in Shakespeares «Wie es euch gefällt» verglichen werden kann – so hast Du die Vorgeschichte von «Brand». Man hat ihn vollkommen missverstanden, wenn man glaubt, ich hätte Sören Kierkegaards Leben geschildert (ich habe überhaupt sehr wenig von S. K. gelesen und noch weniger verstanden). Dass Brand Pfarrer ist, ist im Grunde belanglos; die Forderung «Alles oder nichts» gilt in allen Lebenssituationen, in der Liebe, der Kunst usw. Brand bin ich selbst in meinen besten Augenblicken, genauso wie ich durch Selbstanalyse viele Züge Peer Gynts und Stensgårds ans Licht gefördert habe.

In der Zeit, als ich «Brand» schrieb, stand ein leeres Bierglas, darin sich ein Skorpion befand, auf meinem Tisch. Ab und zu wurde das Tier krank. Ich pflegte ihm ein weiches Stück Obst hineinzuwerfen, auf das es sich wie rasend stürzte und sein Gift hineinspritzte; dann wurde es wieder gesund. Ist es mit uns Poeten nicht ähnlich? Die Naturgesetze gelten auch im Bereich des Geistes.

Auf «Brand» folgte wie von selbst «Peer Gynt». Ich schrieb ihn in Süditalien, auf Ischia und in Sorrent. So weit entfernt von dem künftigen Leserkreis, wird man rücksichtslos. Diese Dichtung enthält vieles aus meiner eigenen Jugend; zu Aase hat, mit den nötigen Übertreibungen, meine Mutter Modell gestanden (ebenso zu Inga in den «Kronprätendenten»).

Die Landschaft hat grossen Einfluss auf die Formen der Einbildungskraft. Kann ich nicht auf «Brand» und «Peer Gynt» hindeuten und sagen: «Seht, das war ein Rausch»? Und erinnert nicht etwas im «Bund der Jugend» an Knackwurst und Bier? Ich will das Stück damit nicht herabsetzen; doch ich meine, dass sich die Sichtweise geändert hat, weil ich hier in einem bis zum Überdruss wohlgeordneten Staat lebe. Wie soll das werden, wenn ich einmal ganz heimkomme! Ich muss die Rettung in der Feme suchen, und da denke ich, «Kaiser Julian» vorzunehmen …

Hier hast Du das verlangte Skelett in kurzen Stichworten; nun ist es an Dir, es mit Muskeln zu bekleiden und ihm einen Odem einzublasen. Benutze meine Notizen nach Wunsch; betrachte sie als ein dürftiges musikalisches Thema, über das sich frei phantasieren lässt. Wie Du es auch anpackst, ich bin sicher, Du wirst ihm das Meistmögliche abgewinnen …

Zum Schluss herzlichen Dank für das Zusammensein in Kopenhagen. Es wirkte wie eine verjüngende Kur.
Danke allen gemeinsamen Freunden dafür! Leb wohl!
Dein ergebener Henrik Ibsen

(Aus: Henrik Ibsen, «Briefe. Auswahl», Übersetzung und Nachwort von Anni Carlsson. Verlag Philipp Reclam jun. Stuttgart 1967. © Reclam Verlag Ditzingen 2023)

Friedrich Dürrenmatt
Von der Möglichkeit zur Notwendigkeit

Bern, zwischen 19. und 23.4.1946. Brief an Eduard Wyss

Lieber Freund.
Ich schreibe Dir diese Zeilen von meinem Bette aus: Es ist denn auch mitten in der Nacht, ich fühle mich nicht sehr wohl, irgendetwas ist mit der nebensächlichen Hälfte meines Leibes nicht in Ordnung – verzeih auch, dass ich vielleicht etwas planlos drauflos schreiben werde.

Was mir besonders gefällt an deiner «Überwindung der Innerlichkeit», ist das, was wir am meisten brauchen: die Klarheit. Hat man die, so ergibt sich alles von selbst. Ich bin mir über vieles deutlicher geworden, und es gibt ja eigentlich nur eine Arbeit, die wir an uns zu tun haben: sich verdeutlichen: Darum ist es so, dass nichts ausserhalb der Form, sei es nun die des Malers oder die des Dichters, bestehen kann.

Man könnte auch sagen, dass der Weg oder die Bewegung des Dichtens ein Weg von der Möglichkeit zur Notwendigkeit bedeutet. Nur wer die Phantasie als die Möglichkeit, der nichts unmöglich, aber auch nichts notwendig ist, erlebt, kann das begreifen.

Du hast mich auf die Lage des Schweizers aufmerksam gemacht: Warum ist aber unsere Zeit nur durch die Phantasie hindurch zu begreifen, und warum besonders nur das, was unsere Zeit an «Hölle», an «Abgrund» birgt? Es liegt daran, weil der Abgrund, das Bodenlose nur durch das Fantastische Gesicht «erhalten» kann, also sichtbar wird. Nur musst Du dir im klaren sein, dass «Abgrund» oder das «Bodenlose» oder was ich immer sage, nicht «Nichts» bedeutet. Von ganz anderem ist die Rede, viel mehr wäre «das Böse» richtig, vielleicht auch «Beziehungslosigkeit». Ich bin mir aber noch nicht im klaren, ich glaube aber, dass es nie möglich sein wird, dies im Begriff zu sagen, sondern eben nur im Gleichnis, in der Handlung. Dies versuchte ich in meinen Novellen und dies werde ich weiter versuchen müssen. Und darum aber ist mir die Sprache so wichtig, weil Gesicht nur durch die Sprache wird. Ich muss hier, um klarer zu sein, den ersten Satz auf dieser Seite verbessern und sagen: Der Abgrund kann nur im Phantastischen, d. h. Möglichen, liegen. Tritt der Abgrund ins Wirkliche, d. h., wird er wirklich, so wird ein Gestalten unmöglich werden. Weil der Abgrund alles verschlingt und kein Gegenüber mehr da ist: denn das ist das Geheimnis der Phantasie: dass alles zugleich gegenüber und in einem ist.

Von hier aus aber ergibt sich eine Möglichkeit, auf meine Wiedertäufer zu kommen. Es ist sehr notwendig, dass du sie gewissermassen als Gegensatz zu meinen Novellen empfindest. Ich sage ganz ehrlich, dass bei mir das dramatische Schaffen in einem gewissen Sinne «Entspannung» ist, gegenüber der «Anspannung» meiner Prosa. Aber gerade darum gleich wichtig. Ich stehe hier unter dem Gesetz des Ein- und Ausatmens, und ich hoffe, immer besser atmen zu können. Was Du bei Dir hast, ist im Wesentlichen die Arbeit eines Jahres – der Alte, Sisiphos, Stadt, Theaterdirektor, Wiedertäufer. Die Wiedertäufer sind das Abgeschlossenste. Meine Novellen sind alles Vorarbeiten, und zwar, wie ich immer deutlicher sehe, zum «Rebell», dem Hauptwerk meiner Jugend. Und es ist gut, dass ich nicht sofort hinter meine Aufgabe gehen kann: Es braucht eine grosse Kraft, so zu schreiben, wie ich schreiben muss, und ich habe oft Angst, denn die Aufgabe ist gefährlich, wie etwa die Arbeit mit Röntgenstrahlen –

Lieber Freund. Du bedeutest mir sehr viel, ja ich kann sagen, dass Du mir von allen, die ich kenne, am meisten bedeutest, und zwar darum, weil wir das gleiche wollen, d.h: weiter wollen, weil wir weiter müssen. Ich sehe an Dir, was ich auch an mir bemerke: den Nichtromantiker, und zwar nicht aus Überwindung, sondern weil die Romantik keine Rolle mehr spielt. Wir sind beide gewissermassen Menschen «nach der Sündflut».

Nun, ich will schliessen. Der Brief wird ziemlich wild aussehen, sei's. Wir werden viel zu besprechen haben: Eigentlich haben wir uns erst abgetastet. Es würde mich freuen, wenn Du mir noch mehr Aufsätze schicken könntest. Sie sind sehr wichtig für mich und mein Schaffen.

Kassner, glaube ich, habe ich durchschaut. Aber schick mir noch einiges.

Ich freue mich, Dich bald wiederzusehn. Grüsse mir auch deine Frau.

Dürrenmatt

Dank für Kassner, der heute morgen ankam.

(Aus: «Friedrich Dürrenmatt. Schriftsteller und Maler». Herausgegeben vom Schweizerischen Literaturarchiv, Bern, und dem Kunsthaus Zürich. Redaktion Textteil: Ulrich Weber, Anna von Planta. Zürich/Bern 1994. Copyright für die Texte und Briefe von Friedrich Dürrenmatt: Diogenes Verlag, Zürich. ©Diogenes Verlag 2023. Titel vom Herausgeber)

Zadie Smith
Geschriebenes Leben

Ich wollte immer schon Tagebuch schreiben. Meine ganze Teenagerzeit hindurch habe ich es versucht, aber immer wieder aufgegeben. Ich träumte davon, sehr offen zu sein, so wie Joe Orton, dessen Tagebücher ich bewunderte; ich war in der Bibliothek darauf gestossen, mit ungefähr vierzehn. Ich las sie halb aus literarischem und halb aus pornographischem Interesse, folgte Joe aufgeregt in so viele Winkel der Stadt, wo ich bisher nur entlangspaziert war, er es aber irgendwie geschafft hatte, dort unerlaubten Sex zu haben. Und ich dachte mir: *Wenn du selbst Tagebuch schreibst, müsste es genau so sein, durch und durch frei und ehrlich.* Aber dann stellte ich fest, dass ich über sexuelle Sehnsüchte nicht schreiben konnte (weil zu schüchtern und nicht aufrichtig genug), und sexuelle Aktivitäten konnte ich auch nicht schildern – ich hatte ja keine –, und so geriet das Tagebuch zu einer banalen Beschreibung angeblicher Verliebtheiten und ausgedachter Romanzen, und ich hatte es bald über und legte es beiseite. Einige Zeit später versuchte ich es noch einmal und konzentrierte mich diesmal ausschliesslich auf die Schule, wie eine Figur von Judy Blume, berichtete von Vorfällen auf dem Schulhof und Freundschaftsdramen, schaffte es aber nie, dabei ein potenzielles Publikum auszublenden, und das verdarb mir alles: Es fühlte sich an wie Hausaufgaben. Ich versuchte ständig, die Dinge möglichst vorteilhaft für mich darzustellen, für den Fall, dass So-und-so es in die Finger bekäme und allen zeigte. Die Unaufrichtigkeit des Tagebuchschreibens, diesen Ton, den man sich doch angeblich nur für sich selbst zulegt – das fand ich alles derart deprimierend. Im Leben ist auch so schon zu vieles künstlich, da braucht man nicht noch die eigenen geheimsten Gedanken zu hübschen Mustern anzuordnen. Vielleicht ist es aber auch umgekehrt: Manche Leute können offen und schlicht über ihre Gefühle schreiben, während ich mich nicht davon abhalten kann, sie zu hübschen Mustern anzuordnen.

Als junge Erwachsene las ich viel in Virginia Woolfs Tagebüchern und dachte mir erneut, dass ich wirklich Tagebuch schreiben sollte. Inzwischen kannte ich mich gut genug, um zu wissen, dass mir das Nachzeichnen intimer Gefühle in einem Tagebuch vollkommen unerträglich sein würde, ich war viel zu befangen und ausserdem zu faul für so ein tägliches Arbeitspensum. Also versuchte ich, mich in Form und Stil an Woolfs einbändigem *Writer's Diary* zu orientieren und nur an den Tagen etwas zu schreiben, an denen ich ein literarisches Erlebnis hatte, sei es, dass ich etwas geschrieben oder gelesen hatte oder anderen Schreibenden begegnet war. Dieses Tagebuch währte genau einen Tag. Es beschrieb einen Nachmittag mit Jeff Eugenides und kostete mich zwölf Seiten und die halbe Nacht. Undenkbar! Bei dem Tempo würde das Schreiben über das Leben ja länger dauern als das Leben selbst. Ich glaube, Teil des Problems war die Notwendigkeit, aus der Ich-Perspektive zu schreiben, eine Form, die ich bis vor kurzem noch mühsam und stressig fand. Ausser in begrenzten essayistischen Anfällen war ich nicht in der Lage, sie selbstbewusst zu verwenden. Als ich noch jünger war, wurde mir sogar jedes Mal ein klein wenig schlecht, wenn ich das Wort «Ich» auf der Seite sah – wieder diese Befangenheit –, und ich versuchte immer, es hinter einem «Wir» zu verstecken. Mir fällt auf, dass sich das, seit ich in Amerika lebe, nicht nur allmählich verändert hat, sondern quasi zur Lawine geworden ist: Wenn ich jetzt auf diese Seite schaue, sehe ich ein höheres Aufkommen an «Ichs» als in jedem beliebigen Stück Walt Whitmans. Aber wenn es um Tagebücher und dergleichen geht, habe ich immer noch eine geistige Blockade. Mich quälen nach wie vor die gleichen kindischen Fragen. Für wen ist das? Was ist das für eine Stimme? Wem mache ich hier was vor – mir selbst?

Mir wird klar, dass ich meine Tage nicht aufzeichnen möchte. Mein Gehirn ist eines von der Art, das alles löscht, sobald es vorbei ist, fast unmittelbar, so wie der Hund aus dem Disney-Film *Alice im Wunderland,* der, mit Besen am Kopf und Handfeger am Schwanz, den Pfad wegfegt, den er noch entlangläuft. Ich weiss nie genau, was ich an welchem Tag gemacht habe oder wie alt ich war, als dieses oder jenes passiert ist – und genau so will ich es auch haben. Wenn ich einmal sehr alt bin und der Kopf «nachlässt», wird sich das, vermute ich, kaum anders anfühlen als das Leben, das ich jetzt führe, in meinem Mief aus Unmemoriertem, der die Lieben um mich herum zwar in den Wahnsinn treibt, mir aber offenbar irgendwie entspricht, denn ich bin anscheinend selbst mit grösster Willensanstrengung nicht in der Lage, etwas daran zu ändern. Ich frage mich, ob es nicht unterschwellig mit der Art zusammenhängt, wie ich meine Romane schreibe, in denen dann beispielsweise die Fussmatte einer Wohnung, in der ich vor Jahren gelebt habe, wieder auftaucht, bis auf die letzte Falte und den letzten Faden exakt so, wie sie damals war, während ich trotzdem nicht sagen könnte, wann genau ich dort gewohnt habe, mit wem ich damals zusammen war, ja nicht einmal, ob mein Vater noch gelebt hat. Vielleicht macht dieses Nichterinnerungssystem – dem es nicht gelingt, die Daten wichtiger Ereignisse zu speichern – die Arbeit des anderen Erinnerungssystems überhaupt erst möglich, weil das Fehlen des ersten den nötigen Raum für das zweite schafft, den Weg bereitet für dieses Was-auch-immer, das da wie scheues Nachtgetier durch meinen Kopf saust und seltsame Gegenstände im Schlepptau hat: Fussmatten, eine einzelne verwelkte Pfingstrose oder einen heissgeliebten Erdbeeraufkleber, der das letzte Mal 1986 gesichtet wurde, aber nach wie vor seine Erdbeerform hat und auch immer noch nach Erdbeere riecht.

Wenn es um geschriebenes Leben von der echten, ehrlichen, tagebuchhaften, vollständig ungeschminkten Sorte geht, werde ich bei Petrus an der Himmelstür und auch bei allen anderen nur mein E-Mail-Konto bei *Yahoo!* vorweisen können, das ich circa 1996 eröffnet habe und immer noch benutze. Dort dürfte sich (auch wenn ich lieber sterben würde, als das alles noch einmal zu lesen) vermutlich die grösste Annäherung an eine ehrliche Schilderung meines Lebens finden, zumindest die grösste schriftliche. Das bin ich, im Guten wie im Schlechten, mit allen guten Taten, schmutzigen Lügen, privaten Zänkereien, literarischen Freundschaften und Online-Modekäufen. Wie vermutlich bei den meisten gehört auch bei mir die Vorstellung, jemand könnte in meinem Mailpostfach herumstöbern, nach Herzenslust alles lesen und mich dann verurteilen, zu den ganz persönlichen Albträumen. Andererseits: Falls meine Kinder nach meinem Tod einmal wissen wollen, wie ich im ganz alltäglichen Sinne war, nicht als Autorin und auch nicht als mehr oder weniger vorzeigbare Persönlichkeit, sondern einfach nur als das dumme Menschenkind hinter alldem, dann wären sie sicher gut beraten, sich dort umzusehen.

(Aus: Zadie Smith, «Freiheiten». Essays. Aus dem Englischen von Tanja Handels. Verlag Kiepenheuer & Witsch, Köln 2019. ©Kiepenheuer & Witsch 2023)

Elias Canetti
Paris und die grosse Verzagtheit gestern

Aufzeichnungen

Von vielen Namen habe ich gelesen, im Buch über das Leben der Frau, dem ich den Titel für den neuen Aufzeichnungsband entnahm. Wem bin ich in ihrer Geschichte nicht begegnet! Plötzlich ist einem zumute, als wäre Paris alles gewesen, und Wien, von dem ich erfüllt war, hätte nur zum Schein existiert. Es hat in meinem Leben keinen wahren Glanz gegeben. Es war im Grunde ein schlichtes Leben, und alles, was mir reich und bunt und abenteuerlich vorkam, hätte anderen nicht für einen Monat genügt. Paris ist mir entgangen. Paris habe ich nur gestreift. Von Paris habe ich eben so viel erfahren, dass ich nun weiss, es ist mir entgangen.

Aber was, wenn ich es genau besehe, ist mir nicht entgangen? Ich habe wenig gesehen, ich war an wenig Orten, ich bin den Wenigsten von denen begegnet, die meine Lebenszeit ausgemacht haben. Plötzlich, nach der Namensorgie der heutigen Abendlektüre, ist eingeschrumpft, was ich für ein Leben hielt. Ich habe die Illusion eines Lebens, die bis vor wenig Stunden bestand, plötzlich verloren. Wie soll ich dieses Gefühl von Enttäuschung fassen?

Schon nach einer halben Stunde lässt es nach, und die Sicherheit, mit der ich immer geschlagen war, kehrt wieder. All das Nichtige, das mir geschehen ist, meldet sich, als ob es etwas gewesen wäre, und stösst beiseite, was verlockend gewesen wäre und nie war.

Die schalen Worte, die falschen Zeichen, die sterbende Schrift, die du als deine erkennst – was kann von so viel Nichtigkeit bleiben! Wirf's hinter dich, sag's nicht zu Ende. Schwach war es immer, und wird noch schwächer. Wartest du, bis es ganz verblasst ist?

Denn was dich gehalten hat, immer gehalten, war die kräftige Klage: die sich dir weggenommen haben, hast du mit aller Kraft gehalten: bleibt hier, bleibt hier, ich geb euch nicht her, ich verabschiede nichts, was immer es sei, so wenig, dass es mit blossen Augen kaum zu sehen ist, ich geb nichts davon her, aber heisst denn solcher Geiz schon Leben? Gehört nicht mehr zum Leben? Überraschung mehr und mehr Verwirrung, und nicht nur in Lettern, was bei dir hat es denn ausser Lettern gegeben? Zwei Menschen, drei, vielleicht vier, vielleicht fünf, und sonst? Sonst nichts? Und alle die Namen? Sind die Namen nichts?

Wenn die Trostlosigkeit keinen Grund hat, verkleidet sie sich in Enttäuschung, Enttäuschung über ein Leben, das vermeintlich keines war.

Aber es war doch mehr als eines, es war ein Leben für viele, Angst für viele, Erwartung für viele, und wenn auch sehr selten: Gelingen. Nicht einmal Glanz hat diesem Leben ganz gefehlt, mit ihr, deren Atem du gehalten hast, warst du in Stockholm, und von den Frauen der Gepriesenen war sie die schönste. Wenn seither nichts mehr Glanz war, so hast du es so gewollt und ihn abgewehrt von dir und deinen Stolz ins Gegenteil gewendet. Und dann, vor zwei Jahren *das* Schönste: Vezas Name auf Büchern, auch in anderen Sprachen – Veza, die nun deinen Namen trägt und für immer mit dir vereint bleibt –, ist das nicht das Wunderbarste, diese Auferstehung 27 Jahre nach ihrem Tod?

Die grosse Verzagtheit gestern, nach der Lektüre eines Buches über das Leuchten in Paris.
Und wie trostlos ging dieses Leuchten zu Ende und alles mündete in die Schande von Paris.
Das Leben, von dem du erfahren hast, begann mit Toulouse-Lautrec, mit anderen grossen Malern, mit Mallarmé, Fauré, Debussy, und mündete ins Russische Ballett, das dir fremd blieb. Es wurde schliesslich zu Enttäuschung über Jahrzehnte und ging in Schande über, als Paris niedergetrampelt war.
War es nicht das Trostlose dieses Niedergangs, was dich gestern überkam? Wie konntest du, was in jenem Leben geschah, auf dein eigenes einfliessen lassen?
Was ging dieses Wohlleben dich je an? Es hat dich an das erinnert, was du in Wien gestreift hast. A. und A. zusammen waren noch nicht M. Das grosse A. hast du gehasst, das kleine A. hat dich verschmäht, dank deinem Glück, dass du ihnen entkommen bist.

In deiner Lebensgeschichte, der Trilogie, wie sie nun einmal besteht, geht es nicht um Glanz und geht es nicht um Paris.
Es sind die vielen *Berührungen,* die dich gestern verwirrt und zu deiner Schwäche geführt haben. Die Zeit der Dekadenz bedeutet dir nichts. Für das Wort ‹hautain› hast du nichts als Verachtung. Du hast in den Mythen der Völker gelebt, das ist der wahre Glanz, an welchen, der höher wäre, hättest du rühren können?
Eraritjaka ist dir mehr als Paris. Paris hast du nur erfahren, um dich nach Eraritjaka zu sehnen.

(Aus: «Aufzeichnungen 1992–1993». Mit einer editorischen Notiz von Johanna Canetti. Carl Hanser Verlag, München 1996. © Carl Hanser Verlag 2023. Titel vom Herausgeber. – Canetti sinniert in dem Text über die Lebenserinnerungen der Misia Sert (1872–1950), 1952 unter dem Titel «Misia» erschienen. In Canettis Aufzeichnungen «Die Fliegenpein» von 1992, die davon ihren Titel erhielten, heisst es dazu: «Die schrecklichste Geschichte fand ich heute, in den Erinnerungen einer Frau, der Misia Sert. Ich nenne es die Fliegenpein und setze sie wörtlich her: ‹Eine meiner kleinen Schlafgefährtinnen war eine Meisterin in der Kunst des Fliegenfangens geworden. Geduldige Studien an diesen Tieren hatten es ihr ermöglicht, genau die Stelle zu finden, durch die man die Nadel stechen musste, um sie aufzufädeln, ohne dass sie starben. Sie verfertigte sich auf diese Weise Ketten aus lebenden Fliegen und geriet in Entzücken über das himmlische Gefühl, das ihre Haut bei der Berührung der kleinen verzweifelten Füsse und zitternden Flügel empfand.›»)

Anna Achmatova
... und dann dem Wald etwas ablauschen ...
Sechs Gedichte, in deutsche Prosa übertragen von Lydia Titowa

Bedeutet für uns, die Frische der Worte und die Einfachheit des Gefühls / zu verlieren, nicht dasselbe, wie für einen Maler, das Augenlicht zu verlieren, / oder für einen Schauspieler die Stimme und die Bewegung / und für eine schöne Frau ihre Schönheit?

Doch versuche nicht, für dich zu behalten / die Gabe des Himmels: / wir sind dazu verurteilt – und wir wissen es selbst –, / zu verschwenden, nicht anzuhäufen.

Ziehe allein dahin und heile die Blinden, / damit du in der schweren Stunde des Zweifels erkennst / die höhnische Schadenfreude der Jünger / und die Gleichgültigkeit der Menge.

1915

Das Schaffen

Gewöhnlich ist es so: zuerst eine Art Mattigkeit; / in den Ohren verstummt nicht das Schlagen der Uhr; / in der Ferne das Grollen des leiser werdenden Donners. / Unerkannter und gefangener Stimmen / Klagen und Stöhnen glaube ich zu hören, / ein geheimnisvoller Kreis verengt sich immer mehr, / aber aus diesem Abgrund von Geflüster und Klängen / erhebt sich ein einziger, alles besiegender Ton. / So unabänderlich still ist es um ihn, / dass man hört, wie das Gras im Walde wächst, / wie das Leid mit einer Wandertasche über die Erde zieht. / Doch da werden schon die Worte vernehmbar / und die Signalklänge leichter Reime – / da beginne ich zu begreifen, / und die diktierten Zeilen / legen sich einfach in das schneeweisse Heft.

1936

Der Keller des Gedächtnisses

Aber es ist Unsinn, dass ich trauernd lebe / und dass an mir die Erinnerung nagt. / Ich bin nicht oft zu Gast bei meinem Gedächtnis / und dann täuscht es mich auch immer. / Wenn ich mit einer Laterne in den Keller hinabsteige, / scheint es mir, als donnere schon wieder ein dumpfer Steinschlag / über die schmale Treppe herab. / Die Laterne russt, ich vermag nicht umzukehren, / ich weiss, dass ich dorthin zum Feinde gehe. / Und ich bitte gleichsam um Gnade ... Aber dort / bleibt es dunkel und still. Zu Ende ist mein Fest! / Es ist schon dreissig Jahre her, dass man den Damen das Geleit gegeben hat, / jener Spassvogel starb an Altersschwäche ... / Ich komme zu spät. So ein Pech! / Ich kann mich nirgends blicken lassen. / Aber ich berühre die Gemälde an den Wänden / und wärme mich am Kamin. Welch ein Wunder! / Durch diesen Schimmel, diesen Dunst und Moder / leuchteten zwei grüne Smaragde auf / und ein Kater miaute. Na, komm nach Haus!

Doch wo ist mein Haus und wo ist mein Verstand?

1940

Das erste Ferngeschoss auf Leningrad

Und in der bunten Hast der Menschen / änderte sich plötzlich alles. / Aber das war kein städtischer / und auch kein ländlicher Ton. / Wohl war er einem fernen Donnergrollen, / wie ein Bruder, ähnlich, / doch ist im Donner die Feuchtigkeit / der hohen frischen Wolken / und die Begehrlichkeit der Wiesen – / die Kunde fröhlicher Regengüsse. / Dieser jedoch war trocken wie die Höllenhitze, / und das verwirrte Ohr / wollte nicht glauben / – so, wie er sich ausbreitete und wuchs –, / dass er so gleichgültig den Untergang brachte / meinem Kind. –

1941

Der Dichter

Das soll eine Arbeit sein, / dieses sorglose Leben: / etwas der Musik ablauschen / und scherzend für sein eigenes Werk ausgeben.

Und, nachdem man jemandes fröhliches Scherzo / in irgendwelche Zeilen hineingelegt hat, / schwören, dass das arme Herz / so stöhnt inmitten leuchtender Kornfelder.

Und dann dem Walde etwas ablauschen, / den Kiefern, die dastehen, als hätten sie ein Schweigegelübde abgelegt, / solange ein Rauchvorhang / aus Nebel überall hängt.

Ich nehme von rechts und von links / und sogar, ohne Schuldgefühl, / etwas vom schelmischen Leben – / und alles von der nächtlichen Stille.

1959

Das letzte Gedicht

Das eine, wie der von jemandem ausgelöste Donner, / stürmt mit dem Atem des Lebens in das Haus hinein, / lacht, zuckt an meiner Kehle, / kreist umher und klatscht in die Hände.

Das andere, in der Stille der Mitternacht geboren, / schleicht sich zu mir, ich weiss nicht woher, / blickt aus dem leeren Spiegel / und murmelt finster irgend etwas.

Es gibt auch solche: am hellichten Tage, / fast als sähen sie mich nicht, / rieseln sie über das weisse Papier / wie eine klare Quelle in der Schlucht.

Und auch wieder solche: geheim schleicht es um mich herum – / kein Ton und keine Farbe, keine Farbe und kein Ton, / bildet Facetten, verändert sich, dreht sich / und lässt sich doch nicht lebend greifen.

Aber dieses! ... tropfenweise sog es das Blut aus, / wie in der Jugend das böse Mädchen – die Liebe, / und wurde, ohne mir ein Wort gesagt zu haben, / wieder zu Schweigen.

Und ich kannte keine grausamere Not: / es ging fort, und seine Spuren zogen sich hin / zu irgendeiner äussersten Grenze, / und ich ... sterbe ohne es.

1959

(Aus: «Russische Lyrik. Von den Anfängen bis zur Gegenwart» Russisch/ deutsch herausgegeben von Kay Borowsky und Ludolf Müller. Philipp Reclam Jun. Stuttgart 1983. © Reclam Verlag, Ditzingen 2023)

Gustave Flaubert
Schreiben ist etwas Köstliches
Brief an Louise Colet vom 23. Dezember 1853

Ich muss Dich wohl lieben, dass ich Dir heute Abend schreibe, denn ich bin *erschöpft.* Ich habe einen Helm aus Eisen auf dem Schädel. Seit zwei Uhr nachmittags schreibe ich an der Bovary (abgesehen von fünfundzwanzig Minuten für das Abendessen), ich bin bei (...), mitten darin, man schwitzt, und die Kehle schnürt sich einem zusammen. Das war einer der wenigen Tage meines Lebens, an dem ich vollständig von Anfang bis Ende in der Illusion gelebt habe. Als ich vorhin um sechs das Wort Nervenanfall schrieb, war ich so mitgerissen, brüllte ich so laut und spürte ich so tief, was meine kleine Frau empfand, dass ich fürchtete, selber einen zu bekommen. Ich bin von meinem Tisch aufgestanden und habe das Fenster aufgemacht, um mich zu beruhigen. In meinem Kopf drehte sich alles. Jetzt habe ich starke Schmerzen in den Knien, im Rücken und im Kopf. Ich bin wie ein Mann, der zuviel (...) hat (entschuldige den Ausdruck), das heisst in einer Art Erschlaffung voller Berauschungen. Und da ich *bei der Liebe* bin, ist es nur gerecht, wenn ich nicht einschlafe, ohne Dir eine Zärtlichkeit zu schicken, einen Kuss und alle Gedanken, die mir noch verbleiben. Wird es etwas Gutes sein? Ich weiss es nicht (ich beeile mich ein wenig, um Bouilhet etwas Zusammenhängendes zu zeigen, wenn er kommt). Sicher ist, dass es seit etwa acht Tagen lebhaft vorwärtsgeht. Möge es weiter so sein, denn ich bin meiner Langsamkeit müde! Doch ich fürchte das Erwachen, die Ernüchterungen beim Abschreiben der Seiten! Wie dem auch sei, gut oder schlecht, Schreiben ist etwas Köstliches, nicht mehr *man selbst* zu sein, sondern in der ganzen Schöpfung kreisen, von der man spricht. Heute zum Beispiel bin ich als Mann und Frau zugleich, als Liebhaber und Geliebte an einem Herbstnachmittag unter den gelben Blättern durch einen Wald geritten, und ich war die Pferde, die Blätter, der Wind, die gesprochenen Worte und die rote Sonne, die sie ihre von Liebe getränkten Augenlider halb schliessen liess. Ist es Stolz oder Frömmigkeit, ist es das lächerliche Überströmen einer unmässigen Selbstzufriedenheit? Oder ist es ein unbestimmter, edler, religiöser Instinkt? Aber wenn ich diese erfahrenen Freuden wiederkäue, bin ich versucht, ein Dankgebet an den lieben Gott zu richten, wenn ich wüsste, dass er mich hören kann. Sei er also gesegnet, dass er mich nicht als Baumwollhändler, als Verfasser von Vaudevilles, als Mann von Geist usw. hat auf die Welt kommen lassen. Besingen wir Apollo wie in den ersten Tagen, atmen wir aus vollen Lungen die freie kalte Luft des Parnasses ein, schlagen wir auf unseren Gitarren und Zimbeln, und kreisen wir wie die Derwische in dem ewigen Taumel der Formen und Ideen:

Was macht es meinem Stolz, ob
ein läppisches Volk mir Weihrauch spendet ...

Das muss ein Vers von Herrn de Voltaire sein, irgendwo, ich weiss nicht wo; aber solche Sätze muss man sich vorbehalten. Ich warte mit Ungeduld auf die *Servante*. O ja, arme Muse, Du hast wohl recht: «Wenn ich reich wäre, würden mir all diese Leute die Schuhe küssen.» Nicht einmal nur die Schuhe, die Fussstapfen, den Schatten! Das ist der Lauf der Welt. Um als Frau Literatur zu machen, muss man in das Wasser des Styx getaucht worden sein.

Bouilhet hat mir in der letzten Zeit nur sehr kurze Briefe geschrieben. Ich habe die besagte Dame immer für recht heissblütig gehalten, und ich sehe, dass ich mich nicht getäuscht habe. Doch sie macht den Eindruck, als ob sie die Sache sehr elegant und grosszügig handhabe. Umso besser! Die Frau ist gerieben und kennt die Welt, sie wird Bouilhet *neue Horizonte* eröffnen können ... kümmerliche Horizonte freilich! Aber muss man nicht schliesslich alle Kammern des Herzens und des Körpers der Gesellschaft, vom Keller bis zum Dachboden, kennen, die Aborte nicht zu vergessen, besonders die Aborte nicht zu vergessen! Dort vollzieht sich eine wunderbare Chemie, dort gehen befruchtende Zersetzungen vor sich! Wer weiss, welchen Exkrementensäften wir den Duft der Rosen und den Wohlgeschmack der Melonen verdanken? Hat man schon gezählt, was alles an Niedrigkeiten betrachtet worden sein muss, damit Seelengrösse zustande kommt? Was man alles an ekelhaften Miasmen geschluckt, an Kummer erfahren und an Martern ausgehalten haben muss, um eine gute Seite zu schreiben? Wir sind Jauchepumper und Gärtner. Wir holen aus den Verwesungsvorgängen der Menschheit Ergötzungen für sie, wir lassen auf dem ausgebreiteten Elend Körbe voll Blumen wachsen. Das Faktum destilliert sich in der Form und steigt wie reiner Weihrauch des Geistes nach oben zum Ewigen empor, zum Unveränderlichen, Absoluten, Idealen.

Ich habe Roger de Genettes auf der Strasse vorbeikommen sehen in seinem Gehrock und mit seinem Hund. Armer Kerl!... Wie wenig er ahnt! Hast Du manchmal schon an die Menge von Frauen gedacht, die Liebhaber, an die Menge von Männern, die Geliebte haben, an all diese Paare hinter den anderen Paaren? Was für Lügen das voraussetzt! Was für Listen und Betrügereien, was für Tränen und Ängste! Aus all dem entspringt das Groteske und Tragische. Deshalb ist beides auch nur dieselbe Maske, die dasselbe Nichts verbirgt, und die Phantasie lacht inmitten all dessen wie eine Reihe weisser Zähne unter einem schwarzen Schleier.

Leb wohl, gute Muse, dass ich Dir geschrieben habe, hat mein Kopfweh vertrieben; ich lege es unter Deine Lippen und werde schlafen gehen.

Noch einmal leb wohl und tausend Zärtlichkeiten. Der Deine: Dein G.

(Aus: Gustave Flaubert: «Briefe». Herausgegeben und übersetzt von Helmut Scheffel. Diogenes Verlag, Zürich 1977. ©Diogenes Verlag 2023. Titel vom Herausgeber)

Amos Oz
Verlockung, an das Undenkbare zu rühren

Zeitungsanzeigen preisen uns immer wieder diverse Schnellesekurse an. Für ein geringes Entgelt, heisst es da, werde man uns im Nu beibringen, teure Zeit zu sparen, fünf Seiten pro Minute zu lesen, die Zeilen zu überfliegen, Einzelheiten ausser acht zu lassen und blitzschnell zum Schluss zu gelangen. Ausgehend von einer Betrachtung über die Ausgangssituationen in einer Reihe von Erzählungen und Romanen könnte man aber auch zu einem anderen Schluss kommen: Das Lesevergnügen will, wie andere Vergnügen auch, gewissermassen in kleinen Schlucken und ohne Hast genossen werden.

Früher einmal, in der 6. oder 7. Klasse, betrat die Schulschwester unser Klassenzimmer, schloss sich heldenmütig mit dreissig Jungen zu einer Doppelstunde ein und verriet uns die Tatsachen des Lebens. Diese Schwester war wahrhaft kühn: Unerschrocken legte sie uns Systeme und ihre Aufgaben dar, skizzierte mit bunter Kreide den Verlauf der Röhren und Glieder des Fortpflanzungsapparats, schilderte sämtliche Körperfunktionen und erklärte alle Verschraubungen. Sie ersparte uns nichts – Samenfäden und Eizellen, Tuba und Trompeten. Danach gab sie ein Schauerstück zum besten und schilderte uns lebhaft die beiden grausigen Ungeheuer, die am Eingang zum Geschlechtsleben lauern: die Gefahr der Schwangerschaft und die Gefahr der Ansteckung mit peinlichen Krankheiten. Verstört und gesenkten Haupts schlichen wir nach diesem Vortrag auf den Schulhof. Das Kind, das ich damals war, hatte wohl mehr oder weniger mitgekriegt, was wo reingesteckt werden sollte, was dazu bestimmt war, was aufzunehmen, und welche schrecklichen Dinge dabei passieren konnten, begriff aber ganz und gar nicht, warum ein vernünftiger Mensch sich überhaupt in diese Drachenhöhle würde begeben wollen. Die energische Schwester, die nicht gezögert hatte, uns alles genauestens darzulegen, einschliesslich Drüsen und Hormone, hatte allerdings eine Kleinigkeit übergangen, als sie uns nicht einmal ahnen liess, dass diese verwickelten Abläufe manchmal auch mit einem intimen Vergnügen verbunden sind. Davon hatte sie uns kein Wort gesagt. Möglicherweise glaubte sie, unser junges Leben sei so sicherer, möglicherweise wusste sie es selber nicht.

Genau das gleiche haben uns einige Lehrer im Literaturunterricht angetan. Sie setzten uns alles bis ins letzte auseinander, Techniken und Motive, Oxymoron und Metonymie, Allegorie und Konnotation, verborgene jüdische Schichten, psychologische Anklänge, soziologische Auswirkungen, Archetypen und bedeutungsschwangere Ideen, Glaubenssätze, Ansichten und Weltanschauungen. Nur das Vergnügen am Lesen beschnitten sie ein Stück, damit es nicht störte, damit wir lernten, dass die Literatur kein Kinderspiel ist – und das Leben kein Picknick.

Aber Gogols Nase, Yishars orange Farbe, die Kuh auf dem Balkon, Jaakow Shabtais diverse Onkel und sogar Kafkas Teufelspferde bieten uns, neben allen möglichen feinen Dingen wie beherzigenswerter Moral, nützlichem Wissen und heilsamer Lehre, auch Vergnügen und Spielfreude. Bei jeder dieser Geschichten dürfen wir etwas, was uns «draussen» untersagt ist: Sie sind nicht nur eine Spiegelung der vertrauten Welt oder eine Reise ins Unbekannte, sondern auch eine Verlockung, an das «Undenkbare» zu rühren, das hier, in der Erzählung, nun gerade sehr wohl denkbar ist, ja, Sinne und Ängste, Phantasie und Gelüste mit anspricht.

Die Lesespiele erfordern vom Leser eine aktive Beteiligung, er soll ganz bewusst seine Lebenserfahrung, seine Naivität und auch seine List und Vorsicht einbringen: Die Ausgangsverträge sind mal Versteckspiel, mal Fangen, manchmal auch Schach. Oder Poker. Oder ein Kreuzworträtsel. Oder Schabernack. Oder eine Einladung ins Labyrinth. Oder eine Aufforderung zum Tanz. Oder ein schelmisches Werben, das verspricht und auf die Folter spannt, verspricht und zum Narren hält, verspricht und überraschend erfüllt, etwas erfüllt, das nicht versprochen war, oder nur vermeintlich etwas verspricht.

Und wie bei jedem Vertrag kann der, der das «Kleingedruckte» nicht beachtet, in die Grube fallen; und manchmal fällt gerade derjenige in die Grube, der sich derart mit dem Kleingedruckten beschäftigt, dass er vor lauter Bäumen den Wald nicht sieht und sich prompt darin verirrt.

Woche für Woche häufen sich in meinem Briefkasten Einladungen zu allen möglichen Vorträgen und Diskussionen über

«Das Spiegelbild des Konflikts in der Literatur» oder «Die Spiegelung des Staates im Roman» oder «Die Literatur als Spiegel der Gesellschaft». Doch warum sollte jemand, der nur in den Spiegel gucken will, überhaupt Bücher lesen?

Einmal sah ich an einem Nudistenstrand einen Mann sitzen – ebenfalls nackt und genüsslich in die Photos des *Playboy* vertieft.

Genau so, drinnen und nicht draussen, befindet sich der gute Leser beim Lesen.

(Aus: Amos Oz, «So fangen die Geschichten an». Aus dem Hebräischen von Ruth Achlama. Suhrkamp Verlag Frankfurt am Main 1997 © Suhrkamp Verlag Berlin 2023.Titel vom Herausgeber)

Wahrheit: ein immer schon umstrittenes Konzept

Salman Rushdie
Den Glauben an die Wahrheit neu aufbauen

«Nun, bist du toll? Bist du toll?» will Falstaff von Prinz Heinrich in Shakespeares König Heinrich IV., Erster Teil, wissen. «Was wahr ist, ist doch wahr.» Der Witz ist, dass er das Blaue vom Himmel gelogen hat und der Prinz ihn gerade als Lügner entlarvt.

In Zeiten wie unseren, in denen die Wahrheit offenbar überall unter Beschuss steht, scheinen viele mächtige Anführer Falstaffs doppelzüngigen Wahrheitsbegriff zu teilen. In den drei Ländern, die mir in meinem Leben wichtig sind – Indien, Grossbritannien und die USA –, werden eigennützige Unwahrheiten regelmässig als Fakten präsentiert, wohingegen eine verlässlichere Information als «Fake News» verunglimpft wird. Doch die Verteidiger des Tatsächlichen, die sich bemühen, den über uns alle hereinbrechenden Schwall an Desinformation einzudämmen, begehen oft den Fehler, sich nach einem goldenen Zeitalter zu sehnen, als die Wahrheit noch unangefochten und allgemein akzeptiert war, und daraus zu folgern, wir müssten zu diesem glückseligen Konsens zurückfinden.

Die Wahrheit ist, dass die Wahrheit schon immer ein umstrittenes Konzept war. Als Student der Geschichte in Cambridge lernte ich sehr früh, dass manche Dinge «grundlegende Fakten» sind, sprich, unbestreitbare Ereignisse – die Schlacht bei Hastings fand 1066 statt, und die amerikanische Unabhängigkeitserklärung wurde am 4. Juli 1776 proklamiert –, dass aber ein Ereignis erst durch die Zuschreibung einer speziellen Bedeutung zu einem historischen Faktum wird. Julius Caesars Überschreitung des Rubikon ist eine historische Tatsache. Dass aber viele andere Menschen diesen Fluss überquert haben, ist für die Geschichte völlig ohne Belang. In diesem Sinne sind deren Überquerungen keine Fakten. Ausserdem: Im Laufe der Zeit ändert sich oftmals die Bedeutung eines Faktums. Während des British Empire nannte man die Militärrevolte von 1857 die «Indian Mutiny», die «indische Meuterei», und da eine Meuterei eine Auflehnung gegen die Obrigkeit ist, setzte diese Bezeichnung, und darum auch die Deutung dieses Faktums, die «meuternden» Inder ins Unrecht.

Heute bezeichnen indische Historiker dieses Ereignis als «Indian Uprising», den «indischen Aufstand», was es zu einer gänzlich anderen Art von Tatsache – mit einer anderen Bedeutung – macht. Geschichte ist nicht in Stein gemeisselt. Die Vergangenheit wird gemäss den Kriterien der Gegenwart ständig neu überprüft. Doch in der Idee, dass im Westen des neunzehnten Jahrhunderts ein recht weit verbreiteter Konsens über das Wesen der Wirklichkeit herrschte, steckt eine gewisse Wahrheit. Die grossen Romanciers jener Zeit – Flaubert, George Eliot und andere – konnten davon ausgehen, dass sie und ihre Leser, vereinfacht gesagt, die gleiche Vorstellung von der Wirklichkeit hatten; und das grosse Zeitalter des realistischen Romans gründete auf diesem Fundament. Dieser Konsens basierte jedoch auf einer Reihe von Ausgrenzungen. Er betraf nahezu ausschliesslich die Mittelschicht und fast nur Weisse. Die Standpunkte von zum Beispiel kolonialisierten Menschen oder ethnischen Minderheiten – Standpunkte, von denen aus die Welt sehr anders aussah als für die bürgerliche Wirklichkeit, wie sie etwa in Edith Whartons *Zeit der Unschuld* oder George Eliots *Middlemarch* oder auch in Flauberts *Madame Bovary* dargestellt ist – wurden aus dem Narrativ weitestgehend getilgt. Auch die Wichtigkeit bedeutsamer historischer Ereignisse wurde oft in den Hintergrund gerückt. Im gesamten Œuvre von Jane Austen kommen die Napoleonischen Kriege kaum vor; im riesigen Werk von Charles Dickens wird die Existenz des British Empire nur flüchtig erwähnt.

Im zwanzigsten Jahrhundert erwies sich unter dem Druck des enormen sozialen Wandels der Konsens des neunzehnten Jahrhunderts als brüchig; man könnte sagen, die Sicht auf die Wirklichkeit begann, sich als falsch, als «fake», herauszustellen. Einige der grössten Literaten wollten die sich verändernde Wirklichkeit mit den Methoden des realistischen Romans festhalten, so wie Thomas Mann in den *Buddenbrooks* oder Tanizaki Junichiro in *Die Schwestern Makioka;* aber der realistische Roman erschien nach und nach immer problematischer, und Schriftsteller von Franz Kafka bis zu Ralph Ellison und Gabriel García Márquez, von Octavia Butlers Science-Fiction bis hin zu Margaret Atwoods albtraumhaften Dystopien schrieben ungewöhnlichere, surrealistischere Texte, welche die Wahrheit mittels offenkundiger Unwahrheit erzählten und wie durch Magie eine neue Art von Realität schufen.

Ich behaupte schon den Grossteil meines Schriftstellerlebens, dass der Zusammenbruch der alten Übereinkunft, was Realität ist, heute die bedeutendste Realität ist und die Welt sich viel leicht am besten durch widersprüchliche und oft unvereinbare Narrative erklären lässt. Beispiele dieser Unvereinbarkeit sehen wir in Kaschmir, im Mittleren Osten und im Kampf zwischen dem fortschrittlichen Amerika und Trumpistan. Ich habe zudem behauptet, dass die Konsequenzen dieser neuen, umstrittenen, sogar polemischen Haltung gegenüber der Wirklichkeit so tiefgreifende Auswirkungen auf die Literatur haben, dass wir nicht vortäuschen können oder sollten, dem sei nicht so. Ich halte den Einfluss von immer mannigfaltigeren Stimmen auf den öffentlichen Diskurs für eine gute Sache, denn er bereichert unsere Literaturen und vertieft unser Verständnis der vielschichtigen Welt.

Die amerikanische Literatur zum Beispiel umfasst heute Stimmen von überallher, Junot Diaz, Yiyun Li, Nam Le, Jhumpa Lahiri, Edwige Danticat, um nur einige zu nennen. Und eine aufstrebende Generation afroamerikanischer Autoren, die alle Textsorten schreibt — Tracy K. Smith, Ta-Nehisi Coates, Jesmyn Ward –, legt ihre eigene vielfältige Wirklichkeit dar und übt damit massgeblichen Einfluss aus.

Und doch stehe ich nun wie wir alle vor einer wahrhaft schwierigen Frage. Wie können wir einerseits behaupten, die moderne Realität sei zwangsläufig multidimensional, gebrochen und fragmentiert, und andererseits, sie sei etwas ganz Bestimmtes, eine Abfolge von Unbestreitbarem, Wahrem, das, um es geradeheraus zu sagen, gegen Angriffe von Unwahrem verteidigt werden muss, wie es etwa von der Modi-Regierung in Indien, der Brexit-Truppe in Grossbritannien und dem 45. Präsidenten der USA verbreitet wird? Wie bekämpft man die miesesten Aspekte des Internets, dieses Paralleluniversums, in dem wichtige Information und absoluter Müll mit der scheinbar gleichen Berechtigung nebeneinanderstehen, was es für die Menschen schwieriger macht denn je, dies auseinanderzuhalten? Wie widersetzt man sich dem Schwinden der öffentlichen Akzeptanz von sogar «grundlegenden Fakten», von wissenschaftlichen Fakten, von evidenzgestützten Fakten über das Coronavirus, den Klimawandel oder die Schutzimpfungen für Kinder? Wie bekämpft man die politische Demagogie, die danach strebt, was alle Autoritären immer gewollt haben – den Glauben der Öffentlichkeit an Beweise auszuhöhlen und ihren Wählern in der Tat zu sagen: «Glaube an nichts, ausser an mich, denn ich bin die Wahrheit»? Was machen wir damit? Und was genau könnte dabei die Rolle der Kunst, im Besonderen die Rolle der Schriftsteller und der Literatur sein?

Ich behaupte nicht, darauf eine umfassende Antwort zu haben. Wir müssen meines Erachtens anerkennen, dass der Wahrheitsbegriff einer jeden Gesellschaft immer das Ergebnis einer Auseinandersetzung ist, und wir müssen besser darin werden, sie zu gewinnen. Demokratie ist nicht höflich. Sie ist oft ein lautes Wortgefecht auf einem öffentlichen Platz. Wir müssen an der Auseinandersetzung teilnehmen, wenn wir eine Chance haben wollen, sie zu gewinnen (ich kann nicht vergessen, dass im November 2016 etwa die Hälfte der registrierten Wähler in den USA nicht zur Wahl gegangen ist, darunter viele junge Leute, die anschliessend leidenschaftlich gegen das Ergebnis protestierten). Und soweit es Schriftsteller betrifft, so müssen wir den Glauben unserer Leser an die Auseinandersetzung durch Beweise neu aufbauen und das tun, was der Fiktion immer gut gelungen ist: eine Verständigung zwischen dem Schriftsteller und dem Leser darüber herstellen, was wirklich ist. Ich meine damit nicht, den engen, ausgrenzenden Konsens des neunzehnten Jahrhunderts wiederherzustellen. Mir gefällt die breiter gefächerte, streitbarere Sicht auf die Gesellschaft, welche wir in der modernen Literatur finden. Aber wenn wir ein Buch lesen, das wir mögen oder sogar lieben, so stimmen wir seiner Darstellung menschlichen Lebens zu. Ja, wir sagen, genau so sind wir, genau das tun wir einander an, ja, das stimmt. Da kann Literatur vielleicht am hilfreichsten sein. Wir können bewirken, dass in diesen Zeiten radikaler Uneinigkeit Menschen sich auf die Wahrheiten der grossen Konstante einigen, und das ist die menschliche Natur. Fangen wir damit an. Nach dem Zweiten Weltkrieg verspürten in Deutschland die Autoren der sogenannten Trümmerliteratur das Bedürfnis, ihre durch das Nazitum vergiftete Sprache neu zu gestalten und sie wie das in Trümmern liegende Land neu aufzubauen. Sie begriffen, dass die Wirklichkeit, die Wahrheit, wie die bombardierten Städte von Grund auf wiederaufgebaut werden musste. Ich glaube, wir können an ihrem Beispiel lernen. Wir stehen wieder einmal, wenn auch aus anderen Gründen, inmitten der Trümmer der Wahrheit. Und es ist an uns, den Schriftstellern, Denkern, Journalisten und Philosophen, die Aufgabe zu übernehmen, den Glauben unserer

Leser an die Wirklichkeit, an die Wahrheit wiederaufzubauen. Und es von Grund auf mit einer neuen Sprache zu tun.

(Aus: Salman Rushdie, «Sprachen der Wahrheit. Texte 2003–2020». Aus dem Englischen von Sabine Herting und Bernhard Robben. ©C.Bertelsmann in der Penguin Random House Verlagsgruppe GmbH, München 2021. Titel vom Herausgeber)

Yasmina Reza
Empfang bei Nicolas Sarkozy oder Die dröhnende Leere grosser Worte

Ich treffe Nicolas Sarkozy, den ich ein Jahr lang in seinem Wahlkampf begleitet habe, am 16. Mai 2007 wieder, dem Tag seines Einzugs in den Élysée-Palast.

Im Festsaal des Palastes, unter den grossen Kronleuchtern, hinter der Sicherheitsabsperrung, warten die Gäste. Mitglieder des Staatsrats, des diplomatischen Korps, des Rechnungshofs, Mitglieder aller möglicher Bruderschaften, Orden, Trauben von Politikern, private Gäste, Familienmitglieder, Bekanntschaften aus Wirtschaft und Kultur, Journalisten im Ruhestand und im Zenit, alle fassen sich höflich in Geduld. Ein Mann sticht heraus, nicht durch seine geographische Position, obwohl er tatsächlich abseits steht, sondern durch seine zerfurchte, tragische Miene, die anormal steife Haltung vor dem Mikro, seine bittere und abgehärmte Einsamkeit, der Präsident des Verfassungsrats, damit betraut, die Ergebnisse vom 6. Mai zu verkünden: Jean-Louis Debré. Guck mal, er ist ausser sich vor Freude, sagt Glucksmann zu mir, er ist dabei, ein Frankreich zu betrachten, mit dem er nicht gerechnet hat. Auftritt Cécilia in einem elfenbeinfarbenen Prada-Kleid, begleitet von Louis, ihren Töchtern und den beiden älteren Söhnen des Präsidenten. Nach einigen Überschwenglichkeiten gegenüber den Gästen dreht sie sich um und baut sich mit den Kindern zur Rechten des leeren Rednerpults auf. Sie ist schön, die Kinder sind schön, blond, geschniegelt, glücklich, ausgestellt zu werden. Er kommt. Stellt sich hinters Rednerpult. Der heroische Debré schafft es, aus seinem seit einer Stunde gelähmten Kehlkopf hervorzupressen: «... Sie verkörpern Frankreich, Sie stehen für die Republik, und Sie vertreten die Gesamtheit der Franzosen...» Ein Armeegeneral präsentiert ihm die grosse Kette des Nationalordens und der Ehrenlegion. Er nimmt die grosse Schatulle zur Hand und betrachtet die Ordenskette, etwas benommen. Er wendet sich wieder seinen Blättern zu, um seine erste Ansprache als Präsident zu halten... *Die Pflicht, das gegebene Wort zu halten und eingegangenen Zusagen nachzukommen... Die Pflicht, den Werten Arbeit, Anstrengung, Verdienst, Respekt wieder zu ihrem Recht zu verhelfen*... Wahlkampfworte, die mir seltsam verknöchert vorkommen. *Moral ... Würde ... Toleranz ... Gerechtigkeit ... Brüderlichkeit ... Liebe.* Worte, die eigentlich zu Bewegung und Einsatz ermuntern, die eine theatralische Wirkung haben sollen, wirken erstarrt, ihrer tugendhaften Substanz beraubt. (Mein Freund Marc, der ihn öffentlich unterstützt hat, sagt am nächsten Tag zu mir: «Noch zwei Wochen solche Reden über Pflicht und Respekt, und ich laufe zur extremen Linken über.») Dieser Verknöcherung der Rede könnte, fürchte ich, an diesem Tag, an diesem prächtigen Ort, vor einem Publikum, das schon ein Hofstaat ist, auch eine Verknöcherung des Menschen entsprechen, so abwegig das eigentlich ist. Aber der Mann, den ich hier im Profil sehe, ist ein anderer, der uns feierlich vorspielt, wie er das Joch des Amtes schultert, den Rosenkranz der Pflichten herunterbetet, als deren Sachwalter er sich gern gibt; ein anderer, unterstützt von einer einigen, strahlenden Familie; einer, der über das Absperrseil hinweg glücklichen und untertänigen Menschen die Hände schüttelt, sich für alles und nichts bedankt, weil er niemandem etwas schuldet und das auch weiss; ein anderer, der sich in seinen ersten Tag als amtierender Staatschef flüchtet, mit seinen neuen oder frisch beförderten Günstlingen, ein moderner König in seinem alten Schloss, und mir geht der trockene Gedanke durch den Kopf, dass ich ihn jetzt, in all seinem Prunk, zum letzten Mal von nahem beobachte, in echt, wie die Kinder sagen. Ein zerfasertes, jähes Ende. *Du bleibst, solange du willst,* hatte er gesagt. Nein.

(Aus: Yasmina Reza, «Frühmorgens, abends oder nachts». Aus dem Französischen von Frank Heibert und Hinrich Schmidt-Henkel. Carl Hanser Verlag, München 2008. ©Carl Hanser Verlag, München 2023. Titel vom Herausgeber)

Czeslaw Milosz
Campo di Fiori

In Rom auf dem Campo di Fiori
Körbe Oliven, Zitronen,
Wein fliesst über das Pflaster
Zwischen die Blumenreste.
Rosige Früchte des Meeres
Schütten die Händler auf Tische,
Bündel von dunklen Trauben
Fallen auf Pfirsichdaunen.

Auf diesem selben Markte
Verbrannte Giordano Bruno,
Das Feuer, geschürt vom Henker,
Wärmte die Neugier der Gaffer.
Und kaum war die Flamme erloschen,
Füllten sich gleich die Tavernen,
Körbe Oliven, Zitronen
Trugen die Händler auf Köpfen.

Ich dachte an Campo di Fiori
In Warschau an einem Abend
Im Frühling vor Karussellen
Bei Klängen lustiger Lieder.
Der Schlager dämpfte die Salven
Hinter der Mauer des Gettos,
Und Paare flogen nach oben
weit in den heiteren Himmel.

Der Wind trieb zuweilen schwarze
Drachen von brennenden Häusern,
Die Schaukelnden fingen die Flocken
Im Fluge aus ihren Gondeln.
Der Wind von den brennenden Häusern
Blies in die Kleider der Mädchen,
Die fröhliche Menge lachte
Am schönen Warschauer Sonntag.

Vielleicht wird jemand hier folgern,
Das Volk von Rom oder Warschau
Handele, lache und liebe
Vorbei an den Scheiterhaufen;
Ein andrer vielleicht die Kunde
Von der Vergänglichkeit dessen
Empfangen, was schon vergessen,
bevor die Flamme erloschen.

Ich aber dachte damals
An das Alleinsein der Opfer.
Daran, dass, als Giordano
Den Scheiterhaufen bestiegen,
Er keine einzige Silbe,
menschliche Silbe gefunden,
Von jener Menschheit, die weiter
Lebte, Abschied zu nehmen.

Schon liefen sie, Wein zu trinken,
Seesterne zu verkaufen,
Körbe Oliven, Zitronen
Mit lustigem Lärmen zu tragen.
Und schon war er fern von ihnen,
Als wären Jahrzehnte vergangen,
Als hätten sie niemals gewartet
Auf seinen Abflug im Feuer.

Auch diese Opfer sind einsam,
Bereits von der Welt vergessen,
Und fremd ist uns ihre Sprache,
Als wär sie vom andern Planeten.
Bis alles dann zur Legende
Erkaltet und später nach Jahren
Auf neuem Campo di Fiori
Ein Dichterwort aufruft zum Aufruhr.

Warschau, 1943

(Aus: Czeslaw Milosz, «Gedichte». Aus dem Polnischen übertragen von Karl Dedecius und Jeannine Luczak-Wild und mit einem Nachwort versehen von Aleksander Fiut. Suhrkamp Verlag, Frankfurt am Main 1982 © Suhrkamp Verlag, Berlin 2023)

Octavio Paz
Der Schriftsteller und die Politik

In ganz Mexico ist es ein offenes Geheimnis: das politische System, das uns seit über vierzig Jahren regiert, ist bankrott. Der 2. Oktober 1968 und der 10. Juni 1971 waren der Beweis – der blutige Beweis – für die Schwere der Krise. Doch alles begann früher, vor ungefähr fünfzehn Jahren. Zu ebendieser Zeit, 1958, veröffentlichten wir, das heisst einige von denen, die sich jetzt an diesem Meinungsaustausch beteiligen, ein Manifest, in dem wir vorhersahen, was kommen würde; etwas später erschien «El Espectador» (Der Beobachter), eine Zeitschrift für politische Kritik. So begannen die Krise des Systems und die Kritik der Schriftsteller fast zur gleichen Zeit. Die eine wie die andere hat sich verschärft und intensiviert.

Das mexicanische politische System ist dual: die Partei und der Staatspräsident. Die Partei steht für Kontinuität; die Präsidenten stehen für Erneuerung oder wenigstens für Veränderung. Dank dem Verfassungsstatut, das die Wiederwahl verbietet, führten das revolutionäre Regime und seine Erben das Prinzip der Bewegung in der Kontinuität ein. Die Partei ist das Monopol des öffentlichen Lebens; der Staatspräsident bürgt alle sechs Jahre für seine Erneuerung. Der Zyklus besitzt eine Regelmässigkeit, die die alten Chinesen und Chaldäer mit Neid erfüllt hätte. Unser politischer Kalender verbindet die astronomische Präzision mit der astrologischen Macht: jede Veränderung im Tierkreis der Macht bewirkt Veränderungen hienieden. Für die einen bedeutet es Aufstieg, für die anderen Abstieg. Doch die Harmonie zwischen Himmel und Erde stellt sich bald wieder her, und alles bleibt wie es war.

Das mexicanische Präsidialsystem ähnelt weniger dem nordamerikanischen, das sein Vorbild war, als der *dictatura* im alten Rom. Wie der konstitutionelle römische Diktator hat der mexicanische Präsident ein begrenztes Mandat, nur dass beim ersteren das Mandat sechs Monate galt, während es beim letzteren sechs Jahre gilt. Der römische Diktator wurde gewählt, wenn der Belagerungszustand erklärt wurde, er konnte keine neuen Gesetze verkünden, und er hatte neben sich, als Statthalter und Zensor, den *magister equitum*. In Mexico gibt es diese Beschränkungen nicht: weder die Legislative noch die Exekutive haben irgendeine Macht. Die Präsidenten verfügen sechs Jahre lang über unbeschränkte Macht. Trotzdem haben wir, obgleich viele ihre Vollmacht missbraucht haben (Gold und/oder Blut), weder einen Caligula noch einen Trujillo gehabt. Unser letzter Diktator à la Lateinamerika war Calles, der *Jefe Maximo* der Revolution – doch er konnte sich nicht lange halten. Eine weitere Ähnlichkeit mit Rom: weder der römische Magistrat noch der mexikanische zeigen Spuren von Cäsarismus. Im Gegenteil, die mexikanische Institution war ein Mittel gegen die endemische Krankheit der hispanischen Länder: den Caudillismus. Unsere Präsidenten sind Diktatoren aufgrund der Verfassung, keine Caudillos. Die Legalität ist zum Teil die Quelle ihrer Macht. Aber diese Legalität hat ihren Ursprung in einem Widerspruch, der an ihrer Macht nagt: die römische *dictatura* war ein Ausnahmeregime in einem Ausnahmezustand; das mexikanische Präsidentialsystem ist ein Ausnahmeregime in einer Situation des Friedens und der Normalität.

Die Partei wurde 1929 gegründet. Die Namen, die sie sich nacheinander gab, zeigen ganz klar die allmähliche Erstarrung einer nationalistischen revolutionären Partei zu einer konservativen Bürokratie: *Partido Nacional Revolucionario, Partido de la Revolución Mexicana, Partido Revolucionario Institucional* (PRI). Von Anfang an hat die Partei in Symbiose mit dem Staat gelebt, und tatsächlich sind sie voneinander nicht zu unterscheiden. Ohne die Regierung und ihre Mittel gäbe es keine PRI, doch ohne die PRI und ihre Massen gäbe es auch keine Regierung. Die Partei wirbt ihre Anhänger so, wie die Missionare im 16. Jahrhundert die Indianer christianisierten: durch die kollektive Taufe. Davon abgesehen, dass sie nicht individuell ist, ist die Anwerbung hierarchisch: sie geht vom Leader des Viertels, des Dorfes oder des Syndikats über die Prokonsul der Städte bis zu den Konsuln der Hauptstadt. So entsteht ein Netz von Bündnissen und Komplizenschaften. In diesem Netz erstickt Mexico. Das Netz ist stark, weil die PRI ein Kanal der sozialen Verschiebung ist: die Leader, die dem Kleinbürgertum und den Arbeiter- und Bauernaristokratien entstammen, steigen auf den Stufen dieser politischen Pyramide nach oben. Eine Pyramide, die häufig auch die der Geschäfte und des Reichtums ist.

Eher als eine politische Partei im herkömmlichen Sinne des Wortes ist die PRI eine gigantische Bürokratie, eine Maschinerie der Kontrolle und Manipulation der Massen. Es ist der mexikanische Ausdruck eines Phänomens, das sich in allen Ländern zeigt, die Schauplatz von Volksrevolutionen gewesen sind, und das in der

Umwandlung der revolutionären Parteien in politische Bürokratien besteht. Die politischen Bürokratien des 20. Jahrhunderts, von der sowjetischen bis zur mexicanischen, warten noch auf eine wissenschaftliche Darstellung: sie sind weder eine Klasse noch eine Kaste, aber sie besitzen Charakteristiken von beiden. Im Unterschied zu den kommunistischen Bürokratien kontrolliert die unsrige nicht die einheimische Wirtschaft, sondern fügt sich in einen kapitalistischen und, bis zu einem gewissen Grad, demokratischen Zusammenhang ein. Dieser doppelte Umstand und das Fehlen einer ideologischen Orthodoxie erklären ihren relativen Liberalismus und ihre relative Instabilität. Auch ihre relative Unabhängigkeit. Um zu überleben, muss sie das Unmögliche verwirklichen: wenn sie ihr Bündnis mit dem Bürgertum nicht gefährden will, muss sie die Massen kontrollieren; wenn sie ihre Identität gegenüber dem Bürgertum bewahren will, muss sie sich auf die Massen stützen. Aus diesem Widerspruch resultiert die Krise der PRI, und er ist der Grund für die gegenwärtige «demokratische Öffnung».

In anderen Schriften habe ich mich mit den Ursachen der Krise befasst und versucht, eine Lösung zu finden. Ich weiss nicht, ob es die Mühe lohnt, das, was ich gesagt habe, zu wiederholen. In der nationalen und internationalen Perspektive an eine revolutionäre Veränderung zu denken, ist schimärisch und selbstmörderisch. Die andere Möglichkeit – die reaktionäre Gewalt – ist keineswegs auszuschliessen, obgleich mit ihr derzeit (noch) nicht zu rechnen ist. Alle müssen wir gegen sie kämpfen. Jetzt beabsichtigt das Regime die Reform der PRI und des Systems. Auch das ist keine echte Lösung. Die Lösung besteht im Entstehen einer unabhängigen und demokratischen Volksbewegung, die alle Unterdrückten und Dissidenten Mexicos in einem gemeinsamen Minimalprogramm vereint. Als Staatsbürger bin ich Anhänger dieser Bewegung. Als Schriftsteller ist meine Position weder distinkt noch konträr, sondern, sei es ein Paradox, eine *andere*. Als Schriftsteller ist es meine Pflicht, mir meine Marginalität gegenüber dem Staat, den Parteien, den Ideologien und selbst der Gesellschaft zu bewahren. Gegen die Macht und ihre Missbräuche, gegen die Verlockung der Autorität, gegen die Faszination der Orthodoxie. Weder der Sessel im Fürstenrat noch der Sitz im Kapitel der Doctores Ecclesiae der revolutionären Heiligen Schriften.

Seit dem 18. Jahrhundert hat die Politik die Religion ersetzt. Die politischen Querelen verwandelten sich in theologische Dispute und die Meinungsverschiedenheiten in Häresien. Die Inquisitoren zögern nicht, die zur ewigen Verdammnis verurteilten Toten wieder auszugraben und ihre Namen zu entehren. Der religiöse Eifer hat aus den heutigen politischen Parteien Milizen von Fanatikern gemacht, die sich ausgeben als die Inkarnation einer Klasse, einer Rasse, einer Nation oder sogar der Geschichte. Die priesterlichen Bürokratien des Altertums wollten Verwahrer eines heiligen Wissens sein. Dieses Wissen hiess früher «Staatsgeheimnis»; heute heisst es «revolutionäre Orthodoxie». Zwei gleichwertige Formen dieser institutionellen Lüge, die die «offizielle Wahrheit» ist. Bei uns besteht sie in der monströsen Identifikation der PRI mit der mexicanischen Nation und ihrer Geschichte. Eine dreifache Konfusion: die PRI ist die Nation und die Nation ist die Wahrheit. Die Heiligen der kommunistischen Bürokratie sind andere als die Heiligen der mexikanischen Bürokratie: die einen schwören im Namen von Marx und Lenin, die anderen in dem von Juarez und Zapata, doch alle schwören vergebens. Die heutigen Parteien sind Kirchen ohne Religion, geführt von blasphemischen Klerikern.

Das Wort des Schriftstellers ist mächtig, weil es einer Position der Nicht-Macht entspringt. Der Schriftsteller spricht nicht vom Nationalpalast, vom Volksgerichtshof oder von den Büros des Zentralkomitees aus: er spricht von seinem Zimmer aus. Er spricht nicht im Namen der Nation, der Arbeiterklasse, der Grundbesitzer, der ethnischen Minderheiten, der Parteien. Er spricht nicht einmal im Namen seiner selbst: das erste, was ein wahrhafter Schriftsteller tut, ist, an seiner eigenen Existenz zweifeln. Literatur beginnt, wenn einer sich fragt: wer spricht in mir, wenn ich spreche? Der Dichter und der Romanschriftsteller projizieren diesen Zweifel auf die Sprache, und daher ist das literarische Schaffen zugleich Kritik der Sprache und Kritik der Literatur selbst. Die Poesie ist *Enthüllung,* weil sie Kritik ist: sie schliesst auf, deckt auf, bringt das Verborgene zum Vorschein – die geheimen Leidenschaften, die nächtliche Seite der Dinge, die Kehrseite der Zeichen. Die Politik repräsentiert eine Klasse, eine Partei oder eine Nation; der Schriftsteller repräsentiert niemanden. Die Stimme der Politik resultiert aus einer stillschweigenden oder ausdrücklichen Übereinstimmung zwischen denen, die sie repräsentieren; die Stimme des Schriftstellers hat ihren Ursprung in einer Nichtübereinstimmung mit der Welt oder mit sich selbst, sie ist der Ausdruck des Schwindelgefühls angesichts der sich auflösenden Identität. Der Schriftsteller beschreibt mit seinen Worten einen Bruch, einen Riss. Und er entdeckt im Gesicht des Präsidenten, des Cäsaren, des geliebten Führers und Vaters des Volkes den gleichen Bruch, den gleichen Riss. Die Literatur entblösst die Führer ihrer Macht und vermenschlicht sie so. Sie gibt ihnen ihre Sterblichkeit, die auch die unsrige ist, zurück.

(Aus: Octavio Paz, «Essays I», aus dem Spanischen von Carl Heupel und Rudolf Wittkopf. Suhrkamp Verlag, Frankfurt 1979. ©Suhrkamp Verlag, Berlin 2023)

Witold Gombrowicz
Eine Pygmäenrasse mit geschwollenen Köpfen in weissen Kitteln

Und wenn die Kassandra dem Sokrates mit folgender Prophezeiung im Traum erschienen wäre: *«O Sterbliche! O Menschengeschlecht! Es wäre euch besser, ihr würdet die ferne Zukunft nicht mehr erleben, die beflissen sein wird, akkurat, angestrengt, glatt, seicht, armselig ... Wollten die Frauen nur das Gebären lassen – alles wird euch schief geboren werden, Grösse euch Kleinheit gebären, Stärke – Schwäche, und eure Dummheit wird verstandsgezeugt sein. Ach wollten die Frauen ihre Säuglinge totschlagen! ... denn Funktionäre werdet ihr zu Führern und Helden haben, und die Biedermänner werden euch Titanen sein. Schönheit, Leidenschaft und Lust aber werdet ihr entbehren ... eine kalte, müde, schroffe Zeit harrt eurer. Und all das wird eure WEISHEIT an euch bewirken, die sich lösen wird von euch und wird unbegreiflich werden und raublustig. Und nicht einmal weinen werdet ihr können, denn euer Unglück wird nicht bei euch sein!»*

Ist dies eine Lästerung des Allerhöchsten Gottes? Unseres Schöpfers von heute? (Die Rede ist natürlich von der Wissenschaft.) Wer wollte sich erdreisten! Auch ich liege der jüngsten aller Schöpferkräfte zu Füssen – auch ich bin ein Wurm vor ihr, Hosianna, diese Prophezeiung besingt ja gerade den Triumph der allmächtigen Minerva über ihren Feind, den Menschen. Sehen wir uns diese Menschen der Zukunft, die wissenschaftlichen

Menschen an – auch heute haben wir genug davon, es wimmelt zunehmend von ihnen. Eins ist widerwärtig an so einem Wissenschaftler: Seine lächelnde Ohnmacht, stillvergnügte Ratlosigkeit. Er ähnelt einem Rohr, das die Nahrung hindurchlässt, ohne sie zu verdauen; niemals wird sein Wissen zu etwas Persönlichem von ihm; er ist von Kopf bis Fuss nur Werkzeug, nur Instrument. Unterhält man sich mit so einem Professor, so ist er wie ein Fisch auf dem Trockenen, jeder von ihnen wird ganz krank, wenn man ihn aus seinem Spezialgebiet herausholt – beschämend ist das, zum Rotwerden! Bescheiden? Ich an ihrer Stelle wäre auch bescheiden, man muss es doch sein, wenn nichts, was man erreicht, einem in Fleisch und Blut übergeht. Verfluchte blinde Hühner, die auch mal ein Korn finden! Blinde Maurer, die seit Jahrtausenden einen Ziegel auf den anderen legen, ohne zu wissen, was sie da bauen! Fleissig Schaffende sind sie. Mit-Arbeiter. Wenn der eine A gesagt hat, sagt der andere B, und der dritte C, und so bildet sich die herrschende MEINUNG, jeder ist Funktion eines jeden, jeder bedient sich eines jeden, alle sind immer Diener – ausgesaugt vom Vampir des Intellekts, hinabgestossen vom GEDANKEN, der in der Höhe schwebt, immer unerreichbarer.

Noch in meiner Jugend hat man über den Professor gelacht, den abstrakten Grossvater, der immer seinen Hut verliert. Heute lacht niemand mehr, wir machen uns klein, ziehen uns ein, uns ist nicht recht geheuer, wenn wir sehen, wie uns das herzige Spezialistengremium auf den Pelz rückt – unsere Gene verändert – sich in unsere Träume mischt – den Kosmos umwandelt – mit der Nadel in die Nervenzentren vordringt, all die inneren, vertraulichen Organe betastet, die eigentlich unberührbar sind! Diese Anfänge der Unverschämtheit, diese niederträchtige Ungeniertheit, diese Sauerei, die da allmählich mit uns geschieht, erschrickt uns noch nicht genug – aber nicht mehr lange, und wir werden heulend sehen müssen, wie diese Freundin und Wohltäterin, die WISSENSCHAFT, zunehmend entfesselt, uns wie ein Stier auf die Hörner nimmt und zum unberechenbarsten aller Elemente wird, mit denen wir bisher zu tun hatten. Das wachsende Licht wird Dunkelheit werden, und wir werden uns in einer neuen Nacht finden, der tiefsten von allen bisher.

Die Professoren lieben ihre Ehefrauen. Sie sind gute Väter. Folgsam und vergebungheischend sind sie dem heimischen Herd verbunden, denn sie wissen gut, dass sie nirgendwo bei sich zu

Hause sind. Sie sprechen keine Sprache. Der Wissenschaftler verrät die gewöhnliche menschliche Sprache um der wissenschaftlichen willen, aber auch die beherrscht er nicht – die Sprache beherrscht ihn. Die Formulierungen formulieren sich von selbst, das ist ein geschlossener Bezirk von Schwarzer Magie. Solange die mechanistische Interpretation der Erscheinungen sich noch halten konnte, war das halb so schlimm – heute aber, da der Mechanismus nicht mehr befriedigen kann und wir nach dem «Ganzen» streben, das sich nicht in Teile zerlegen lässt, da das wissenschaftliche Denken von Funktionalismus, Finalismus und ihren verschiedenen Entsprechungen fasziniert ist, sind die Aussagen einer derartigen Biologie oder Psychologie sphinxartig, halsbrecherisch, und mit der Physik oder Mathematik – oder der Philosophie – steht es nicht besser.

Gaëtan Picons Anthologie «*Panorma des idées contemporaines*» von 1957 – in der polnischen Übersetzung erschienen bei «Libella» in Paris – führt den wissenschaftlichen Stil in verschiedenen Mustern, in tausend Varianten sehr schön vor, da sieht man, wie ihnen diese Sprache gerät, was sie mit ihnen anstellt. Ganz deutlich wird die zunehmende Verkrampfung des Ausdrucks, der verrückt ist vom Verlangen, das Unfassbare in Worte zu fassen. Das ist nur mehr Zirkus. Und wie anders könnte die Sprache einer rationalisierten, intersubjektiven («zwischenmenschlichen») Weisheit sein, die von Generation zu Generation anwächst und sich ganz gegen die Natur des individuellen Geistes richtet, um ihr Gewalt anzutun? Der Zwang, das Unsagbare zu sagen, wird in den letzten Entwicklungsphasen der Wissenschaft so übermächtig, dass ihre Aussagen geradezu philosophisch geraten. Es war gewiss eine Qual, die von Picon ausgewählten Texte zu übersetzen, hier muss der Übersetzer mit den Worten hässliche Dinge anstellen, anders geht es gar nicht.

Scheusslich fremd, die Gelehrsamkeit ... wie ein Fremdkörper im Geist ist sie, ewig störend. So ein Denken trägt man wie eine Last, im Schweisse des Angesichts – nicht selten wirkt die Wissenschaft wie ein Gift, und je schwächer der Geist, desto weniger Gegengifte findet er, desto leichter unterliegt er. Seht euch die Masse der Studenten an. Weshalb fehlt es ihnen zum Beispiel so sehr an Frohsinn? Ist ihre Erschöpfung nur eine Folge von Überarbeitung? Oder sind ihre Reaktionen vergiftet von der Sucht nach vermeintlicher Präzision, übertriebener Objektivität, hat das ihr

Urteil unsicher und ängstlich gemacht? Man sehe nur, wie der Kult der Logik das Verständnis für die Persönlichkeit zerstört, wie Prinzipien die angeborene Selbst- und Seinsgewissheit ersetzen, wie tödlich Theorien für Schönheit und Anmut sind ... so entsteht dann der Typ des modernen Studenten («Kollege, bestehen Sie die Prüfung?»), eines gutherzigen, redlich nutzvollen, doch blassen Wesens ... so blass wie der Mond, der kein eigenes Licht noch Wärme besitzt und jenes furchtbare, unbegreifliche Licht nur widerspiegelt. Ein Wesen, das noch leben mag, dessen Leben aber schon geschwächt ist – und gleichsam der Verunstaltung preisgegeben.

Der Anfang einer Pygmäenrasse mit geschwollenen Köpfen, in weissen Kitteln?

(Aus: Witold Gombrowicz, «Gesammelte Werke», Band 6–8, herausgegeben von Rolf Fieguth und Fritz Arnold. Tagebuch 1953–1969, aus dem Polnischen von Olaf Kühl. © by Rita Gombrowicz & Institut Littéraire. All rights reserved. Für die deutschsprachige Ausgabe: © 2022 Kampa Verlag AG, Zürich. Titel vom Herausgeber)

Thomas Bernhard
In Flammen aufgegangen
Reisebericht an einen einstigen Freund

Wie Sie wissen, bin ich schon seit mehr als vier Monaten auf der Flucht, aber nicht, wie ich Ihnen angedeutet habe, in südlicher, sondern in nördlicher Richtung, nicht die Wärme hat mich schliesslich angezogen, sondern die Kälte, nicht die *Architektur,* mein lieber Architekt und Baukünstler, sondern die Natur und tatsächlich diese ganz bestimmte *NordNatur,* von welcher ich zu Ihnen so oft gesprochen habe, die sogenannte *Polarkreisnatur,* über welche ich vor dreissig Jahren schon eine Schrift verfasst habe, eine der zahllosen verheimlichten Schriften, Geheimschriften, die niemals zur Veröffentlichung bestimmt sind, nur zur Vernichtung, denn ich habe ja neuerdings wieder die Absicht, weiter zu leben, meine Existenz nicht nur zu verlängern, sondern in absoluter Zügellosigkeit will ich weitergehen, mein lieber Architekt, mein lieber Baukünstler, mein lieber Oberflächenscharlatan. Sozusagen im geheimen epochemachend, im insgeheimen, mein lieber Herr. Zuerst hatte ich gedacht, Ihnen unter keinen Umständen nie mehr zu schreiben, denn unser Verhältnis scheint mir ja schon so viele Jahre tatsächlich und unwiderruflich am Ende zu sein, vor allem an seinem geistigen Ende angekommen, niemals mehr einen Kontakt zu Ihnen aufzunehmen, war meine Absicht gewesen, naturgemäss Ihnen keine Zeile mehr zu schreiben, jede weitere Zeile an Sie erscheint mir schon so lange Zeit als kompletter Unsinn, an einen Menschen gerichtet, der einmal über Jahrzehnte ein Freund, ein Geistesgefährte gewesen ist, schliesslich aber doch über so viele Jahrzehnte nurmehr noch Feind, ein Feind meiner Gedanken, ein Feind meines Denkens, ein Feind meiner Existenz, die doch nichts als eine Geistesexistenz ist. Ich hatte Ihnen mehrere Briefe in Wien und in Madrid, schliesslich in Budapest und Palermo geschrieben, aber diese Briefe nicht abgeschickt, tatsächlich alle diese Briefe adressiert und frankiert, aber nicht abgeschickt, um nicht Opfer einer gemeinen Geschmacklosigkeit zu werden. Ich habe diese Briefe vernichtet und mir geschworen, Ihnen keine Zeile mehr zu schreiben, wie allen andern auch Ihnen keine Zeile mehr. Ich gestattete mir keine Korrespondenz mehr. So reise ich mehrere Jahre durch Europa und Nordamerika, möglicherweise in einer *nutzlosen Verrücktheit,* wie Sie sagen würden, ohne Kontakte, ohne Korrespondenz, weil meine Mitteilsamkeit auf einmal abgestorben war, nachdem ich sie mir jahrelang verweigert gehabt hatte. Ich ging sozusagen *in mich* und ging *nicht mehr aus mir heraus.* Ich kann aber nicht sagen, dass diese Zeit sinnlos gewesen wäre für mich. Kurz und gut, ich schrieb mehrere Artikel für die TIMES, die naturgemäss nicht erschienen sind, weil ich sie nicht an die TIMES abgeschickt habe, nachdem ich mich in Oslo festgesetzt hatte im wahrsten Sinne des Wortes. Oslo ist eine langweilige Stadt und die Menschen dort sind ungeistig, vollkommen uninteressant, wie möglicherweise alle Norweger, das eine Erfahrung, die ich allerdings erst viel später gemacht habe, nachdem ich bis in die Höhe von Murmansk gekommen bin. Eine in Mitteleuropa bis heute vollkommen unbekannte Hunderasse, den sogenannten *Schaufler,* habe ich dort kennengelernt, ausser dass das Essen schlecht und der norwegische Kunstgeschmack niederträchtig ist. Ein völlig unphilosophisches Land, in welchem jede Art von Denken in der kürzesten Zeit erstickt. Ich versuchte es in einem Pflegeheim in Mosjöhn, einer kleinen Stadt mit armen Leuten, in welcher sie sich mit Klavierspiel die Langeweile vertreiben; angeblich hat jede zweite Familie in Mosjöhn ein Klavier, ich selbst habe in einem Haus, wo ich die erste Nacht verbracht, besser überlebt habe, einen Bösendorferflügel gesehen und anhören müssen, der so verstimmt gewesen ist, dass selbst die abgeschmackteste Musik beispielsweise von Schubert, darauf gespielt, interessant gewesen ist; durch ihre verstimmten Klaviere haben die Leute von Mosjöhn, wie ich annehme, die Norweger überhaupt, tatsächlich einen Begriff von sogenannter *Moderner Musik heute* bekommen, also wie ich sagen kann, mehr oder weniger von selbst, weil sie davon keine Ahnung haben. Aber diese norwegischen Erlebnisse, die mich um beinahe alle Hoffnungen auf meine Zukunft gebracht haben und die sich tatsächlich im Abzählen von Pelzmützen und Filzpantoffeln und Filzstiefeln und wie gesagt, der perversesten aller Klavierspielmöglichkeiten erschöpft haben, sind es nicht, die mich diese Zeilen an Sie schreiben lassen. Ich hatte einen Traum und da Sie Sammler von Träumen sind, will ich Ihnen diesen meinen in Rotterdam geträumten Traum nicht vorenthalten, denn ich bin, wie Sie wissen, ein bedingungsloser Förderer und Anhänger der Wissenschaften und insbesondere der Ihrigen, und ich setze mich ganz einfach über die völlige Erkaltung unserer Beziehung weg und berichte Ihnen diesen Traum, den ich in Rotterdam geträumt habe, nachdem ich Oslo verlassen, eine zeitlang in Lübeck und Kiel und in Hamburg Station gemacht habe, auch ein paar Wochen in dem widerwärtigen Brügge, in welchem ich es ebenso wie in Norwegen als Pfleger, allerdings da als *Irrenpfleger* versucht habe, geträumt *und mir gemerkt habe,* denn wie Sie wissen, träume ich zwar täglich, merke mir aber alle diese täglich geträumten Träume nicht. Wie wenige tatsächlich geträumte und gemerkte Träume meinerseits gibt es! Wie Sie wissen, bin ich seit vielen Jahren auf der Flucht aus Österreich *in eine bessere Gegend als Österreich* und will unter keinen Umständen wieder nach Österreich zurück, wie ich jetzt denke, es sei denn, ich werde dazu gewaltsam gezwungen. So reise ich, besser, irre ich schon jahrelang in Europa und, wie Sie wissen, in Nordamerika hin und her in der Absicht, einen Ort zu finden, in welchem ich meine Pläne verwirklichen kann, genau die existenzphilosophischen Pläne, von denen ich Ihnen so oft und so lange, bis Sie es nicht mehr ertragen konnten, vor allem in Südtirol, vor allem auf dem Ritten, gesprochen habe. Weil ich kein Oxfordhirn werden wollte, ebenso kein Cambridgehirn; mit grosser Anstrengung vor allem von allen Universitäten weg, sagte ich mir in den letzten Jahren immer, und wie Sie wissen, verweigere ich mich ja seit Jahren auch allen Büchern universitären Inhalts, meide die Philosophie, wo ich kann, die Literatur, wo ich kann, überhaupt den ganzen Lesestoff, wo ich kann aus Angst, eben von diesem Lesestoff tatsächlich verrückt und wahnsinnig und schliesslich abgetötet zu werden; deshalb auch die Schwierigkeiten, überhaupt durch Europa und Nordamerika zu kommen. Vor Asien habe ich immer die grösste Angst gehabt und meine Indienreise hatte ja auch mit einem totalen Fiasko geendet, wie Sie wissen, weil ich, wie Sie wissen, von schwacher Körperkonstitution bin. Und Lateinamerika ist die grösste Mode geworden und das stösst mich ab, alles fährt aus Europa hin und drängt sich auf unter dem Deckmantel der sozialen und der sozialistischen Hilfsbereitschaft, die in Wirklichkeit nichts anderes ist als eine widerliche Abart von christlich-sozialer europäischer Betulichkeit. Die Europäer langweilen sich zutode und mischen sich, nur um dieser tödlichen europäischen Langeweile zu entkommen, überall in die sogenannte *Dritte Welt* ein. Das Missionarische ist eine deutsche *Un*tugend, die der Welt bis heute immer nur Unglück gebracht hat, die die ganze Welt immer nur in Krisen gestürzt hat. Die Kirche hat mit ihrem widerwärtigen *Lieben Gott* Afrika vergiftet, jetzt ist sie dabei, Lateinamerika zu vergiften. Die katholische Kirche ist die Weltvergifterin, die Weltzerstörerin, die Weltvernichterin, das ist die Wahrheit. Und der Deutsche an sich vergiftet fortwährend die ganze Welt ausserhalb seiner Grenzen und er wird nicht Ruhe geben, bis diese ganze Welt tödlich vergiftet ist. So habe ich mich von meiner *Un*sucht, den Menschen in Afrika und in Südamerika helfen zu wollen, längst zurückgezogen *gänzlich auf mich*. Den Menschen ist nicht zu helfen in unserer Welt, die schon Jahrhunderte voller Heuchelei ist. Der Welt ist wie den Menschen nicht zu helfen, weil beide durch und durch Heuchelei sind. Aber das kennen Sie ja von mir und um das geht es auch gar nicht. Tatsache ist, dass ich Ihnen nur schreiben, also nur mitteilen will, was ich heute geträumt habe, weil es für Sie nützlich ist, wie ich denke. Ich träumte von Österreich mit solcher Intensität, weil ich daraus geflohen bin, von Österreich als von dem hässlichsten und lächerlichsten Land der Welt. Alles, das die Menschen in diesem Land immer als schön und bewundernswert empfunden haben, war nur mehr noch hässlich und lächerlich, ja immer nur abstossend und ich fand nicht einen einzigen Punkt in diesem Österreich, der überhaupt akzeptabel gewesen wäre. Als eine perverse Öde und eine fürchterliche Stumpfsinnigkeit empfand ich mein Land. Nur grauenhaft verstümmelte Städte, eine nichts als abschreckende Landschaft und in diesen verstümmelten Städten und in dieser abschreckenden Landschaft gemeine und verlogene und niederträchtige Menschen. Es war nicht zu erkennen, was diese Städte so verstümmelt, dieses Land so verödet, diese Menschen so gemein und niederträchtig gemacht hat. Die Landschaft war so gemein wie die Menschen, so verstümmelt, so niederträchtig, das Eine wie das Andere so abschreckend auf eine totale tödliche Weise, müssen Sie wissen. Sah ich Menschen, hatten sie nur gemeine Fratzen, wo sie ein Gesicht haben sollten, machte ich Zeitungen auf, musste ich an dem Stumpfsinn und an der Niedertracht, die darin abgedruckt waren, erbrechen, alles was ich sah, alles was ich hörte, alles, das ich wahrnehmen musste, verursachte mir Übelkeit. Zu wochenlangem Sehen und Hören dieses widerwärtigen Österreich war ich verurteilt, müssen Sie wissen, bis ich schliesslich aus Verzweiflung über dieses tödliche Hören und Sehen bis auf die Knochen abgemagert gewesen war; ich hatte vor Widerwillen gegen dieses Österreich keinen Bissen mehr essen, keinen Schluck mehr trinken können. Ich sah, wo ich auch hinschaute, nur Hässlichkeit und Gemeinheit, eine hässliche und verlogene und gemeine Natur und hässliche und gemeine und verlogene Menschen, das absolut Schmutzige und Gemeine und Niederträchtige dieser Menschen. Und glauben Sie nicht, dass ich nur die Regierung und nur die sogenannte Oberschicht dieses Österreich gesehen habe, *alles Österreichische* war mir auf einmal das Hässlichste, das Dümmste, das Abstossendste. *In schwergeschädigtem Zustand,* wie Sie sagen würden, setzte ich mich schliesslich, nachdem ich mehrere Male durch dieses hässliche und gemeine und dumme Österreich gelaufen war, auf meine atemlose Art, müssen Sie wissen, auf einen Konglomeratblock auf dem Salzburger Haunsberg, von wo ich auf die von ihren Bewohnern total abgestumpfte und von den Architekten, Ihren Kollegen, total vernichtete, aber noch immer in ihrem perversen Grössenwahn schmorende Stadt Salzburg hinunterschaute. Was haben die österreichischen Menschen in nur vierzig oder fünfzig Jahren aus diesem europäischen Juwel gemacht?, dachte ich, auf dem Konglomeratblock sitzend. Eine einzige Architekturscheusslichkeit, in welcher die Salzburger als katholische und nationalsozialistische Juden- und Ausländerhasser in ihrer schauerlichen Leder- und Lodentracht zu Zehntausenden hin- und herrannten. Auf dem Konglomeratblock auf dem Salzburger Haunsberg musste ich sozusagen aus Welterschöpfung eingenickt sein, mein Herr, denn ich wachte auf einmal auf dem Wiener Kahlenberg auf. Und stellen Sie sich vor, mein lieber Architekt und Baukünstler, was ich vom Kahlenberg aus, nachdem ich aufgewacht war, zu sehen bekommen habe, nicht auf einem Konglomeratblock sitzend wie auf dem Salzburger Haunsberg, sondern auf einer morschen Holzbank oberhalb der sogenannten Himmelstrasse: dieses ganze widerwärtige, schliesslich nurmehr noch bestialisch stinkende Österreich mit allen seinen gemeinen und niederträchtigen Menschen und mit seinen weltberühmten Kirchen- und Kloster- und Theater- und Konzertgebäuden ist vor meinen Augen in Flammen aufgegangen und abgebrannt. Mit zugehaltener Nase, aber mit weit aufgerissenen Augen und Ohren und mit einer ungeheuerlichen Wahrnehmungslust habe ich es langsam und mit der grösstmöglichen theatralischen Wirkung auf mich abbrennen gesehen, so lange abbrennen gesehen, bis es nurmehr noch eine zuerst gelbschwarze, dann grauschwarze stinkende Fläche aus klebriger Asche gewesen ist, sonst nichts mehr. Und als ich von der österreichischen Regierung, die, wie Sie wissen, immer die dümmste Regierung auf der Welt gewesen ist, und von dem österreichischen katholischen Klerus, der immer der gefinkeltste auf der Welt gewesen ist, auch nurmehr noch kaum erkennbare christlich-soziale und katholische und nationalsozialistische Reste gesehen habe in dieser stinkenden grau-schwarzen Brandöde, atmete ich, wenn auch hustend, so doch erleichtert auf. Ich atmete so erleichtert auf, dass ich aufgewacht bin. Zu meinem grossen Glück in Rotterdam, in jener Stadt, die mir aus allen Gründen von allen Städten die nächste und also die liebste ist, wie Sie wissen. Wenn dieses lächerliche Österreich auch schon seit vielen Jahrzehnten nicht und in keinem Falle mehr der Rede wert ist, so ist es doch vor allem für Sie, mein Herr, wie ich denke, interessant, dass ich selbst nach so vielen Jahrzehnten wieder einmal davon geträumt habe.

(Aus Thomas Bernhard: «Werke», herausgegeben von Martin Huber und Wendelin Schmidt-Dengler, Band 14, Erzählungen, Kurzprosa, herausgegeben von Hans Höller, Martin Huber und Manfred Mittermayer. Erste Auflage Suhrkamp Verlag, Frankfurt am Main 2003. © Suhrkamp Verlag, Berlin 2023)

Freiheit,
ein kostbares Gut

Aldous Huxley
«Gefällt euch euer Sklavendasein?» Ein Einzelner rebelliert gegen die Schöne Neue Welt

«Gefällt euch etwa euer Sklavendasein?» rief der Wilde grade, als die Freunde die Moribundenklinik betraten.

Sein Gesicht glühte, seine Augen brannten vor Eifer und Entrüstung. «Wollt ihr Kleinkinder bleiben? Ja, Kinder, greinend und sabbernd in der Wärterin Armen», ergänzte er, bis zu Schmähungen gereizt durch die viehische Blödigkeit derer, die zu retten er gekommen war. Die Schimpfworte prallten an dem dicken Schildkrötenpanzer ihrer Stumpfsinnigkeit ab; mit dem ausdruckslosen Bild dumpfen, finstern Grolls starrten sie ihn an. «Ja, sich vollmachen!» schrie er. Gram und Reue, Mitleid und Pflicht, all das war jetzt vergessen, aufgesogen von namenlosem, überwältigendem Hass gegen diese untermenschlichen Ungeheuer. «Wollt ihr nicht freie, echte Menschen sein? Wisst ihr denn nicht einmal, was Menschtum und Freiheit ist?» Wut machte ihn beredsam, die Worte strömten ihm mühelos zu. «Nicht?» wiederholte er, aber er erhielt keine Antwort. «Nun denn», fuhr er grimmig fort, «ich will's euch lehren, ich will euch befreien, auch gegen euren Willen!» Mit diesen Worten riss er ein Fenster auf, das auf den inneren Hof ging, und begann, Händevoll Somaschächtelchen hinauszuwerfen. Einen Augenblick lang war die Khakimenge stumm, von Staunen und Grauen über diesen mutwilligen Frevel wie versteinert.

«Er ist wahnsinnig», flüsterte Sigmund mit weit aufgerissenen Augen. «Sie werden ihn umbringen. Sie werden...» Ein lauter Schrei stieg plötzlich aus der Menge auf, die sich gleich einer drohenden Woge dem Wilden näherschob. «Ford helfe ihm!» Sigmund wandte den Blick ab.

«Hilf dir selbst, so hilft dir Ford!» Lachend, wahrlich frohgemut lachend, drängte sich Helmholtz Holmes-Watson durch die Menge.

«Frei, frei!» brüllte der Wilde. Mit einer Hand warf er weiter Soma in den Hof, mit der andern hieb er auf die ununterschiedlichen Gesichter seiner Bedränger ein. «Frei!» Plötzlich stand

Helmholtz neben ihm – «Hurra, Helmholtz!» –, hieb gleichfalls drauflos – «Endlich Menschen sein!» – und warf dazwischen das Gift mit vollen Händen zum offenen Fenster hinaus. «Ja, Menschen! Menschen!» Nun war der Giftvorrat zu Ende. Er nahm die Schatulle und zeigte ihnen die schwarze Leere. «Ihr seid frei!»

Aufheulend stiessen die Deltas mit verdoppelter Wut vor.

Am Rande der Schlacht stand zögernd Sigmund. «Sie sind verloren», sagte er sich und eilte den beiden zu Hilfe; doch überlegte er es sich und blieb stehn; beschämt lief er dann noch ein Stück auf sie zu, überlegte es sich neuerlich, und im demütigenden Widerstreit unentschiedener Gefühle hielt er inne: vielleicht wurden sie wirklich umgebracht, wenn er ihnen nicht zu Hilfe kam, oder vielleicht wurde er umgebracht, wenn er ihnen half... In diesem Augenblick, Ford sei Dank!, stürmte, glotzäugig und schweinsschnäuzig, die Polizei in ihren Gasmasken herein.

Sigmund stürzte ihnen entgegen. Er schwenkte die Arme; es war eine Tat; er tat etwas. Er schrie mehrmals: «Hilfe!» immer lauter, um sich selbst einzureden, dass er Hilfe leiste. «Hilfe! Hilfe! Hilfe!»

Die Polizisten stiessen ihn aus dem Weg und machten sich ans Werk. Drei Männer, die Apparate auf den Rücken geschnallt, pumpten dichte Somadämpfe in die Luft. Zwei andre arbeiteten an einem tragbaren Synthetofon. Vier Polizisten, ihre Wasserpistolen mit einem kräftigen Betäubungsmittel geladen, hatten sich in die Menge gezwängt und schossen wohlbedacht Ladung auf Ladung gegen die wütendsten Raufer.

«Rasch, rasch», schrie Sigmund. «Sie werden umgebracht, wenn ihr euch nicht beeilt. Sie werden... Au!» Dieses Gekreisches überdrüssig, hatte ein Polizist mit der Wasserpistole auf ihn geschossen. Ein paar Sekunden schwankte Sigmund unsicher auf den Beinen, die plötzlich keine Knochen, Sehnen und Muskeln mehr zu haben schienen, sondern Gallertstangen, zuletzt nicht einmal mehr das, sondern pures Wasser geworden zu sein schienen, und brach, ein armseliges Häufchen, zusammen.

Und auf einmal begann aus dem Synthetofon eine Stimme zu sprechen. DIE STIMME DER VERNUNFT UND DER EINTRACHT. Auf der Tonstreifenrolle lief die synthetische Aufruhrbeschwichtigung Nummer 2 (mittlere Stärke) ab. Unmittelbar aus der Tiefe eines nicht vorhandenen Herzens sagte die

STIMME pathetisch: «Meine Freunde, meine Freunde», sagte sie mit so unendlich zartem Vorwurf, dass selbst den Polizisten hinter ihren Gasmasken für eine Sekunde die Tränen in die Augen traten. «Was soll das alles? Warum seid ihr nicht allesamt glücklich und gut miteinander? Glücklich und gut», wiederholte die STIMME. «Den Frieden im Herzen, den Frieden.» Sie bebte, sank zu einem Flüstern herab und erstarb für einen Augenblick. «Oh, wie möchte ich euch so gerne glücklich sehn», begann sie von neuem mit sehnsüchtig eindringlichem Ernst. «Wie gerne sähe ich euch gut! Ich bitte euch, ich bitte euch, seid gut und ...»

Nach zwei Minuten hatten die STIMME und die Somadämpfe ihre Wirkung getan. Unter Tränen küssten und umhalsten die Deltas einander, immer ein halbes Dutzend Simultangeschwister auf einmal in summarischer Umarmung. Sogar Helmholtz und der Wilde waren den Tränen nahe. Ein neuer Vorrat Pillenschachteln wurde aus der Somakammer gebracht, in aller Eile verteilt, und unter den überströmenden Segenswünschen der STIMME zerstreuten sich die herzzerbrechend schluchzenden Dutzendlinge. «Lebt wohl, meine über alles geliebten Freunde, Ford sei mit euch!

Lebt wohl, meine über alles ...»

Als der letzte Delta verschwunden war, schaltete der Polizist den Strom ab. Die Engelsstimme hielt den Mund.

«Wollen Sie gutwillig mitkommen», fragte der Polizeisergeant, «oder ...?» Drohend wies er seine Wasserpistole vor.

«Ach, wir kommen gutwillig mit», antwortete der Wilde und betupfte mit dem Taschentuch abwechselnd einen Riss auf der Lippe, eine Schramme am Hals und einen Biss in der linken Hand. Das Taschentuch noch immer an die blutende Nase gedrückt, nickte Helmholtz zustimmend.

Diesen Augenblick suchte sich Sigmund, wieder zu Bewusstsein und dem Gebrauch seiner Beine gelangt, dazu aus, sich möglichst unauffällig davonzumachen.

«Heda, Sie!» rief der Sergeant, und eine Schweinsmaske eilte durch die Vorhalle und legte Sigmund die Hand auf die Schulter. Sigmund wandte sich in entrüsteter Unschuld um. Durchbrennen? Nicht im Traum war ihm dergleichen eingefallen. «Und was Sie überhaupt ausgerechnet von mir wollen, kann ich mir nicht vorstellen», sagte er zu dem Sergeanten.

«Sie sind mit den Verhafteten befreundet, nicht wahr?»

«Nun ja ...», sagte Sigmund zögernd. Nein, es liess sich einfach nicht leugnen. «Und warum auch nicht?» fragte er.

«Dann vorwärts!» befahl der Sergeant und eskortierte die drei durch das Tor zu dem wartenden Polizeiwagen.

(Aus: Aldous Huxley, «Schöne neue Welt: ein Roman der Zukunft». Aus dem Englischen von Uda Strätling. Mit einem Nachwort von Tobias Döring. Fischer Taschenbuch, Frankfurt am Main 2013. ©S. Fischer Verlag, Frankfurt am Main 2023. Die Originalausgabe erschien 1932 unter dem Titel «Brave new world». Titel vom Herausgeber)

Jewgeni I. Samjatin
Nebel. Du. Eine dumme Geschichte.

In der Morgendämmerung erwachte ich und blickte zu der starken, rosigen Himmelsfeste auf. Alles war gut. Am Abend würde O zu mir kommen. Ich war gewiss genesen. Ich lächelte und schlief wieder ein.

Der Wecker rasselt, ich stehe auf, und alles ist verändert. Hinter dem Glas der Decke, der Wände, überall sehe ich bleichen Nebel. Wilde Wolken, immer schwerer, immer näher – und schon ist die Grenze zwischen Himmel und Erde verschwunden, alles fliegt, fällt, zerfliesst, findet nirgends einen Halt. Es gibt keine Häuser mehr, die gläsernen Mauern haben sich im Nebel aufgelöst wie Salzkristalle im Wasser. Wenn man von der Strasse her in die Häuser blickt, gleichen die Menschen da drinnen den unlöslichen Teilchen in einer gärenden, milchigen Lösung. Und alles raucht – vielleicht rast irgendwo eine Feuersbrunst.

11.45 Uhr. Vor Beginn der täglichen körperlichen Arbeit, die das Gesetz vorschreibt, ging ich rasch auf mein Zimmer. Plötzlich läutete das Telefon ... eine Stimme, die sich wie eine lange, feine Nadel in mein Herz bohrte: «Ah, Sie sind zu Hause? Freut mich sehr. Warten Sie an der Ecke auf mich. Ich gehe mit Ihnen ... wohin, das sage ich Ihnen später.» «Sie wissen, dass ich jetzt zur Arbeit muss.» «Sie wissen, dass Sie tun werden, was ich Ihnen sage. Auf Wiedersehn. In zwei Minuten.»

Zwei Minuten später stand ich an der Ecke. Ich musste ihr doch beweisen, dass der Einzige Staat über mich zu bestimmen hatte und nicht sie. «Sie werden tun, was ich Ihnen sage ...» Sie war wirklich davon überzeugt, ich hatte es an ihrer Stimme gehört. Nun, ich würde ihr ungeschminkt sagen, was ich dachte ... Graue, aus feuchtem Dunst gewebte Uniformen huschten vorbei und lösten sich nach wenigen Schritten im Nebel auf. Ich starrte auf die Uhr – zehn, drei, zwei Minuten vor zwölf. Zu spät, um zur Arbeit zu gehen. Wie ich diese Frau hasste! Aber ich musste ihr ja beweisen ... Im blassen Nebel schimmerte etwas Blutrotes – ein Mund. «Ich glaube, ich habe Sie warten lassen, aber jetzt haben Sie sich ohnehin verspätet.»

Wie ich sie ... Übrigens hatte sie recht, es war tatsächlich zu spät.

Sie trat dicht an mich heran, unsere Schultern berührten sich, wir waren allein. Irgend etwas strömte aus ihr in mich hinein, und ich wusste, es musste so sein. Ich wusste es mit jedem Nerv, mit jedem schmerzlich-süssen Schlag meines Herzens. Mit unsäglicher Freude überliess ich mich diesem Gefühl. So freudig muss ein Eisenstück sich dem unabänderlichen, ewigen Gesetz unterwerfen und sich an einem Magneten festsaugen. So muss ein emporgeschleuderter Stein eine Sekunde lang stillstehen und dann in steilem Flug zur Erde hinabstürzen. So muss ein Mensch nach schwerer Agonie Atem schöpfen, ein letztes Mal – und dann sterben.

Ich erinnere mich, dass ich zerstreut lächelte und ganz unvermittelt sagte: «Es ist neblig ...» «Liebst du den Nebel?»

Dieses alte, längst vergessene Du, mit dem die Herrin einst ihren Sklaven anredete – auch das musste sein, auch das war gut.

«Ja, gut ...», sagte ich laut vor mich hin. Und dann zu ihr: «Ich hasse den Nebel, ich fürchte ihn.» «Also liebst du ihn. Du fürchtest ihn, weil er stärker ist als du, du hasst ihn, weil du ihn fürchtest, du liebst ihn, weil du ihn nicht bezwingen kannst. Denn man kann nur das Unbezwingbare lieben.»

«Ja, das ist wahr. Und zwar darum, weil ... weil ich ...» Wir gingen zu zweien, allein. Irgendwo in der Weite schimmerte die Sonne kaum sichtbar durch den Nebel; alles füllte sich mit etwas Weichem, Goldenem, Rosigem, Rotem. Die ganze Welt war eine riesige Frau, und wir ruhten in ihrem Schoss, wir waren noch nicht geboren, wir reiften freudig heran. Ich wusste – die

Sonne, der Nebel, das Rosige, Goldene, all das war für mich, nur für mich...

Ich fragte nicht, wohin wir gingen. Mir war alles gleich, ich wollte nur gehen, gehen und reifen... «Wir sind da», sagte I und blieb vor einer Tür stehen. «Heute hat gerade einer meiner Freunde Dienst. Ich habe dir damals im Alten Haus von ihm erzählt.» Ich sah ein Schild *Gesundheitsamt* und begriff alles. Ein gläsernes, von goldenem Nebel erfülltes Zimmer. Gläserne Wandregale mit buntschillernden Flaschen und Fläschchen. Elektrische Leitungen, bläuliche Funken in den Röhren. Und ein winzig kleiner Mensch. Er sah aus, als hätte man ihn aus Papier ausgeschnitten, und wie er sich auch drehte, er hatte immer nur ein Profil, ein scharfes Profil: eine blitzende Schneide – die Nase, eine Schere – die Lippen.

Ich hörte nicht, was I zu ihm sagte, ich sah nur, wie sie sprach, und fühlte, dass ich glücklich lächelte. Die scherenartigen Lippen blitzten, und der kleine Doktor antwortete: «So, so. Ich verstehe. Eine höchst gefährliche Krankheit, die schlimmste, die ich kenne...» Er lachte, die winzige, papierene Hand schrieb irgend etwas und reichte jedem von uns ein Blatt Papier. Es waren Atteste, dass wir krank seien und nicht zur Arbeit gehen könnten. Ich hatte den Einzigen Staat um meine Arbeit betrogen, ich war ein Verbrecher, ich würde durch die Maschine des Wohltäters enden. Doch das alles war jetzt so fern, so gleichgültig... Ich nahm das Blatt, ohne zu zögern; ich wusste, mit Augen, Lippen und Händen wusste ich, dass es so sein musste.

In der halbleeren Garage an der Ecke mieteten wir ein Flugzeug. I setzte sich ans Steuer, drückte den Starter auf Vorwärts, und wir lösten uns von der Erde, wir schwebten. Hinter uns rosiggoldener Nebel, Sonne. Das winzige, scharfe Profil des kleinen Doktors war mir mit einemmal unendlich lieb und nah. Früher hatte sich alles um die Sonne gedreht: jetzt, wusste ich, drehte sich alles um mich...

Wir standen vor der Tür des Alten Hauses. Die alte Pförtnerin lachte uns entgegen. Ihr runzliger Mund war wohl die ganze Zeit fest verschlossen gewesen, wie zugewachsen, nun aber öffnete er sich und sprach lächelnd: «Nein, so etwas! Statt zu arbeiten wie alle anderen... Nun, wenn irgend etwas ist, komme ich herein und sage euch Bescheid.»

Die schwere, undurchsichtige Tür fiel knarrend zu, und zugleich öffnete sich mein Herz, öffnete sich schmerzlich weit. Ihre Lippen und meine. Ich trank, trank, riss mich von ihrem Mund los, blickte stumm in ihre grossen Augen – und küsste sie wieder. Im halbdunklen Zimmer. Blau, safrangelb, dunkelgrünes Leder, das goldene Lächeln des Buddha, der blitzende Spiegel. Und mein Traum von damals – wie klar wurde er mir jetzt: alles in mir war mit golden-rosigem Saft durchtränkt, im nächsten Augenblick musste er überfliessen, versprühen ...

Und unausweichlich, wie Eisen vom Magneten angezogen wird, floss ich in sie, mich dem unabänderlichen, ewigen Zwang des Gesetzes beugend. Es gab kein rosa Billett, keinerlei Berechnung, keinen Einzigen Staat mehr; auch ich hatte aufgehört zu existieren. Da waren nur noch spitze, zärtliche, zusammengepresste Zähne, weitgeöffnete Augen, durch die ich langsam in die Tiefe hinabstieg. Totenstille – nur in der Zimmerecke, tausend Meilen entfernt, tröpfelte das Wasser im Waschbecken, und ich war das Weltall, zwischen dem Fall jedes einzelnen Tropfens lagen ganze Epochen ...

Ich warf hastig meine Uniform über, sah I an und nahm sie ein letztes Mal mit den Blicken in mich auf. «Ich wusste es, ich wusste, wie du bist ...», sagte sie leise. Sie erhob sich, kleidete sich an, und das bissige Lächeln zuckte wieder um ihren Mund:

«Nun, Sie gefallener Engel? Jetzt sind Sie verloren. Haben Sie keine Angst? Leben Sie wohl! Sie werden allein zurückkehren.»

Sie öffnete die Tür des Spiegelschranks, blickte mich über die Schulter an und wartete, dass ich ging. Gehorsam verliess ich das Zimmer. Doch kaum stand ich auf der Schwelle, da fühlte ich, dass sie noch einmal ihre Schulter an meine lehnen musste ...

Ich lief ins Zimmer zurück, wo sie wahrscheinlich vor dem Spiegel ihre Uniform zuknöpfte – und blieb wie angewurzelt stehen. Ich sah, dass der Ring am Schlüssel des Schranks noch hin- und herpendelte, aber I war verschwunden. Sie konnte nicht hinausgegangen sein, das Zimmer hatte nur eine Tür – und trotzdem war sie nicht mehr da. Ich suchte in allen Ecken und Winkeln, ich machte sogar den Schrank auf und befühlte die bunten, altmodischen Kleider – niemand.

(Aus: Jewgeni I. Samjatin, «Wir», in der Übersetzung von Gisela Drohla bei Kiepenheuer & Witsch, Köln, © 2023)

Aleksandar Tišma
Mitschuld

Er wusste, dass es um seinen Kopf ging, und er wusste auch, wie er sich retten konnte. Er brauchte nur zu gestehen – nicht Gott weiss was, denn er hatte nichts wirklich begangen, sondern nur ein paar der Kleinigkeiten, nach denen sie ihn auf Umwegen befragten, weil sie die Beute witterten. Sagen: Ja, ich habe mit diesem und jenem Menschen gesprochen; über die Zustände; es ist richtig, dass ich auf einige Ihrer Bestimmungen und Aktionen geschimpft habe; und sich demütig-reuig entschuldigen, eine Ausrede stammeln, seine Schwatzhaftigkeit zum Beispiel oder seine Unterordnung unter die kritische Meinung anderer, womit er sich zwar weder gerechtfertigt noch die Vernehmer überzeugt hätte, dass er aufrichtig bereute und von nun an seine Ansichten ändern werde, aber er hätte ihnen, die bei der wachsenden Unzufriedenheit (es herrschte Krieg) überbeschäftigt waren, sicher klargemacht, dass er nur in Worten ein Rebell war, ansonsten aber seine Ruhe haben wollte, also ungefährlich war – was tatsächlich auch zutraf. Mit dieser Absicht ging er auch immer zu ihnen, wenn sie ihn wie einen Hund mit einem einzigen Pfiff direkt von der Arbeit telefonisch in ihr klobiges Gebäude befahlen, von dessen vielen Fluren und Türen man nicht wissen konnte, wohin sie führten und wann es keine Wiederkehr mehr geben würde. Aber wenn sie ihn dann im Vestibül warten liessen, eine halbe Stunde, eine Stunde oder länger in fieberhaftem Nachdenken darüber, ob ihm diese Wartezeit zufällig, aus Nachlässigkeit auferlegt wurde oder in der Absicht, seine Nerven weichzuklopfen; wenn er so in langen Minuten und Stunden den stummen gefliesten Raum gemustert hatte, vergiftet vom Tabak und den ewigen Bildern ihres Mutwillens und seiner Demütigung, den immer gleichen Fragen, die ihm wieder bevorstanden – wobei er noch glaubte, dass ihn diese Selbstquälerei ein vernünftigeres Verhalten lehren würde –, war er am Ende so schwach und überdrüssig des Wartens, der Ungewissheit, der Erniedrigung – und seiner selbst in seiner Erbärmlichkeit, Nervosität, Furchtsamkeit, dass es ihn im Augenblick, da er vor die Peiniger trat, jedesmal krampfhaft Anstrengung kostete, um durchzuhalten.

Durchhalten konnte er nur mit Hilfe einer schnellen Stärkungsspritze, während sie ihn durch die Flure führten, nur mit wütender, dem Stakkato der Schritte folgender Geisselung seines Stolzes und Selbstgefühls, damit sie sich bäumten an der Wand der Verachtung gegenüber den Menschen, die imstande waren und es wagten, ihn zu martern, bequem an ihre furchteinflössende Macht gelehnt, während er, allein vor ihnen, jeder Stütze entbehrte.

So dass er das Vernehmungszimmer aufrecht betrat, mit Augen, die eben noch scheu den inneren Szenen der Erniedrigung gefolgt waren, sich jetzt aber in gefasster Erwartung vereist zeigten; er setzte sich gemessen auf den angewiesenen Stuhl gegenüber dem Tisch, wobei er die Bügelfalten über die Knie zupfte, damit sie nicht knitterten; er zündete sich langsam, bedächtig eine Zigarette an, als wäre es die erste nach einer wohlschmeckenden Mahlzeit, und reckte sich bereitwillig vor den schon bekannten Fragen auf: Was hatte er dann und dann getan? Das und das. Wo hatte er die und die Zeit verbracht? An jenem Ort. Was hatte er dort gemacht? Das. Wirklich das? Ja. Konnte er sich etwas besser erinnern? Es gab nichts zu erinnern, er wusste es sicher. Alles stimmte. Kannte er den und den? ging es weiter in einem neuen, abgehackteren, nervöseren Rhythmus mit dem Namen eines der Männer, die lautstark ihre Verdrossenheit kundtaten. Ja, er kannte ihn. Trafen sie sich oft? Nein, selten. Worüber sprachen sie? Nur so, nichts Besonderes. Trotzdem? Nichts Besonderes. Trotzdem? Trotzdem? Trotzdem? Nein, nichts, antwortete er immer störrischer und: Nein, nein, nein, nein und nein! – Er wusste schon, dass er trotz seiner vernünftigeren Einsicht nichts sagen würde, und das nicht nur aus Solidarität mit dem Komplizen, dem man nicht einmal aufgrund der Wahrheit eine richtige Strafe verpassen konnte, auch nicht aus Schamgefühl, weil sich in der Stadt, unter den Menschen, an deren Meinung ihm lag, sein Geständnis herumgesprochen hätte: seine Scham war schon längst versengt von jener viel gewaltigeren Scham; sondern weil ihn nur noch dieses NEIN – wie er voller Bangen spürte – vor dem totalen Ausgeliefertsein schützte, als seine einzige Überlegenheit über ihre Allmacht.

Aber auch als immer grösseres Hindernis für seine Befreiung von der Tortur, dieses NEIN. Es wuchs, so fühlte er, es wuchs weit über den Rahmen seiner Schuld hinaus – jener realen, bedeutungslosen, an Hand deren sie ihn wohl ausgeschnüffelt hatten, einer verletzenden Bemerkung oder einem scharf formulierten Urteil, und natürlich auch jener anderen, in den Köpfen der Vernehmer entstandenen Schuld, eines sinnlosen Verdachts, dass hinter leichtfertig gesagten Worten der Wille zur Aktion stehe –, es wuchs bereits unkontrolliert zu einer grossen Drohung heran, die allmählich gleichermassen Druck auf den Gequälten wie auf die Peiniger ausübte und nach einem Ausweg, einer Lösung, einer Entscheidung drängte, die jetzt nur noch Gewalt sein konnte, irgendwann. Er ging mit immer weniger Hoffnung auf Rückkehr zu den Vernehmungen, kam mit immer weniger Aussicht auf eine Gnadenfrist von dort wieder; und als ein weiteres Mal das Telefon klingelte und die bekannte Stimme ihn wie üblich zum Gespräch bestellte, erahnte er in diesen scheinbar etwas umständlicheren, freundlicheren Worten eine schon getroffene Entscheidung und sagte sein letztes NEIN. Nein, sagte er mit jener Ruhe, die dieses Wort von selbst in ihm erweckte, und auf den erstaunten Ruf des Vernehmers wiederholte er: Nein, er werde nicht kommen, er habe zuviel Arbeit, und er legte sofort den Hörer auf.

Er setzte sich an den Schreibtisch, noch immer eingehüllt von der Ruhe seiner dreisten Ablehnung, so sass er, bis ihr Widerhall seinem Gehör entwich und ihn allein liess. Da begriff er, dass sich nach seiner Gehorsamsverweigerung wie auf Knopfdruck Verfolgergruppen bilden würden, die Flure und das Vestibül verlassen würden, um sich aus allen Richtungen der Stadt auf ihn zu stürzen, und dass ihm sehr wenig Zeit blieb. Er stand auf, nahm seinen Hut und ging hinaus.

Zwischen ihm und den Verfolgern erstreckte sich noch eine Zone unberührter, friedlicher und harmlos geräuschvoller Strassen; doch diese Zone wurde ständig schmaler, und das veranlasste ihn, obwohl er weder Ziele noch Erwartungen hatte, sogleich einige von denen aufzusuchen, die er hatte verraten sollen, aber nicht verraten hatte. Er traf sie, einen nach dem anderen, bei ihren täglichen Verrichtungen an, wie bisher gesträubt in heftiger Unzufriedenheit; und als er ihnen auf Umwegen und mit gedämpfter Ungeduld ob der Kürze der ihm verbleibenden Zeit zu verstehen gab, durch welche Prüfungen er in den letzten Wochen gegangen war, senkten sie noch immer nicht die Stimme oder bekamen Angst wie er. Sie kannten – begriff er – das reale

Mass ihrer Schuld gegenüber dem Gesetz, vielleicht waren sie selbst schon verhört worden, und wenn ja, waren sie bestimmt vor keinem Geständnis zurückgeschreckt, das für sie keine Erniedrigung, sondern die einzige Form des Kampfes war. Sie waren kühner als er, und er mit seinem NEIN schwebte tief unter ihnen, auch von ihnen verlassen.

Jedoch tat es ihm nicht leid, dass er indirekt ihretwegen, die auch weiterhin geräuschvoll leben würden, die Rolle des Märtyrers auf sich nehmen musste, die ihm nicht zukam, denn als er auf die Strasse trat, schon frei von jeder Verpflichtung, und unter weissen Wolkensegeln die sonnigen endlosen Durchgänge passierte, begriff er, dass es nur so hatte sein können, nachdem jenes so vergeblich einsame NEIN sein Wesen geworden war, wie eine nach langem Irren gefundene Berufung. Als er die bekannten gespannten Gesichter aus einer Seitenstrasse auftauchen sah, lief er los, als sei das die vernünftigste Sache auf der Welt, und als es um ihn, den schon Atemlosen, krachte und Wölkchen vor ihm standen, die er unter schweren Lidern kaum mit dem Blick erfassen konnte, und als sie ihn, schon erstarrt, rüttelten und anschrien, um seinem letzten Atemzug zu entreissen, wo er sich während seiner letzten, seiner einzigen Freiheit aufgehalten hatte, wusste er, dass er jetzt bis zum Ende seinen Ausdruck leichtfertiger Ablehnung beibehalten würde, der ihn so viele Prüfungen gekostet hatte und ihm jetzt so leicht fiel.

(Aus: Aleksandar Tišma, «Ohne einen Schrei». Erzählungen. Aus dem Serbischen von Barbara Antkowiak. Carl Hanser Verlag, München 1980. © Carl Hanser Verlag, München 2023)

Fjodor M. Dostojewski
Die Freiheit ist unerträglich

«Der furchtbare und kluge Geist, der Geist der Selbstvernichtung und des Nichtseins», wandte sich der greise Grossinquisitor dem wiedergekommenen Jesus zu, «der grosse Geist hat mit dir in der Wüste gesprochen, und es ist uns in der Schrift überliefert, dass er dich versucht hat. War es so? Und hätte er dir etwas Wahreres sagen können als das, was er dir in den drei Fragen kundtat? Was in der Schrift ‹Versuchungen› heisst und von dir zurückgewiesen wurde? Und doch: Wenn es auf Erden jemals ein wahrhaftes, donnergleiches Wunder gegeben hat, so jenes an dem Tag dieser drei Versuchungen. Eben in diesen drei Fragen lag das Wunder. Wenn man sich nur so zur Probe und zum Beispiel vorstellen könnte, diese drei Fragen des furchtbaren Geistes wären spurlos verlorengegangen, und man müsste sie neu stellen, von neuem ausdenken und formulieren, um sie wieder in die Schrift einzusetzen, und alle Weisen der Erde würden zu diesem Zweck versammelt, Regenten, Erzpriester, Gelehrte, Philosophen und die Dichter, und ihnen würde die Aufgabe gestellt, drei Fragen auszusinnen und zu formulieren, aber so, dass sie nicht nur der Grösse des Ereignisses entsprächen, sondern darüber hinaus in drei Worten, in nicht mehr als drei menschlichen Sätzen die gesamte künftige Geschichte der Welt und des Menschengeschlechts zum Ausdruck brächten – meinst du, dass die gesamte vereinigte Weisheit der Erde etwas ersinnen könnte, was an Kraft und Tiefe jenen drei Worten gleichkäme, die dir damals von dem mächtigen, klugen Geist in der Wüste tatsächlich vorgelegt wurden? Schon an diesen Fragen, allein an dem Wunder, dass und wie sie gestellt wurden, lässt sich erkennen, dass man es nicht mit einem menschlichen vergänglichen Verstand, sondern mit einem ewigen, absoluten zu tun hat. Denn in diesen drei Fragen ist gleichsam die gesamte weitere Geschichte des Menschengeschlechts zusammengefasst und vorhergesagt. Es sind die drei Formen aufgezeigt, in denen alle unlösbaren historischen Widersprüche der menschlichen Natur auf dieser Erde eingeschlossen sind. Damals konnte das noch nicht verständlich werden, denn die Zukunft war unbekannt. Doch jetzt, da fünfzehn Jahrhunderte vergangen sind, erkennen wir, dass mit diesen drei Fragen alles so genau vorhergesagt und so genau eingetroffen ist, dass ihnen nichts mehr hinzugefügt oder von ihnen weggenommen werden kann.

Entscheide selbst, wer recht hatte: Du oder jener, der dich damals fragte. Erinnere dich an die erste Frage! Wenn sie auch nicht buchstäblich so lautete, ihr Sinn war doch folgender: ‹Du willst in die Welt gehen und gehst mit leeren Händen, mit einem Versprechen von Freiheit, das sie in ihrer Einfalt und angeborenen Schlechtigkeit nicht einmal begreifen können, das ihnen Furcht und Schrecken einflösst – denn nichts ist jemals für den Menschen und für die menschliche Gesellschaft unerträglicher gewesen als Freiheit! Aber siehst du die Steine hier in dieser nackten, glühenden Wüste? Verwandle sie in Brot, und die Menschheit wird dir wie eine Herde nachlaufen, dankbar und gehorsam, wenn auch in stetem Zittern, du könntest deine Hand von ihnen nehmen, und es hätte dann mit deinen Broten für sie ein Ende!› Du wolltest den Menschen nicht der Freiheit berauben und verschmähtest den Vorschlag. Denn was ist das für eine Freiheit, so urteiltest du, wenn der Gehorsam durch Brot erkauft wird? Du erwidertest, der Mensch lebt nicht vom Brot allein. Weisst du jedoch, dass sich der Geist der Erde im Namen dieses Brotes gegen dich erheben und dich besiegen wird, dass alle ihm folgen werden mit dem Ruf: ‹Wer tut es diesem Tier gleich? Es gab uns das Feuer vom Himmel!› Weisst du auch, dass die Menschheit nach Jahrhunderten durch den Mund ihrer Weisen und Gelehrten verkünden wird, es gebe kein Verbrechen und folglich auch keine Sünde, sondern es gebe nur Hungrige? Mach sie satt, und verlang erst dann von ihnen Tugend› – dies werden sie auf ihr Banner schreiben, das sie gegen dich erheben und durch das sie deinen Tempel stürzen werden. Anstelle deines Tempels wird man einen neuen Bau aufführen. Erheben wird sich erneut ein furchtbarer Turm von Babylon, und obgleich der ebensowenig wie der frühere zu Ende gebaut werden dürfte, hättest du ihn doch vermeiden und die Leiden der Menschen um tausend Jahre verkürzen können! Zu uns nämlich kommen sie, wenn sie sich tausend Jahre mit ihrem Turm abgequält haben. Sie werden uns wieder unter der Erde suchen, in den Katakomben, in denen wir uns verborgen halten, denn wir werden wieder verfolgt und gemartert sein. Sie werden uns finden und uns zurufen: ‹Macht uns satt! Die uns das Feuer vom Himmel versprachen, haben es uns nicht gegeben ...› Und dann werden wir auch ihren Turm zu Ende bauen, denn zu Ende bauen wird ihn, wer sie satt macht. Satt machen aber werden nur wir sie, und wir werden lügen, es geschehe in deinem Namen. Oh, niemals werden sie ohne uns satt werden! Keine Wissenschaft wird ihnen Brot geben, solange sie frei bleiben – und enden wird es damit, dass sie uns ihre Freiheit zu Füssen legen und sagen: Knechtet uns lieber, aber macht uns satt! Sie werden schliesslich selbst begreifen, dass Freiheit und reichlich Brot für alle zusammen nicht denkbar ist, denn niemals, niemals werden sie imstande sein, untereinander zu teilen!»

(Aus: «Die Brüder Karamasow», Fünftes Buch, fünftes Kapitel. Aus dem Russischen übersetzt von Herman Röhl, Leipzig 1924. Titel vom Herausgeber)

Juan Carlos Onetti
Drei Uhr morgens

Der letzte Fusstritt warf ihn gegen die graue Wand der Zelle. Er schlug mit dem Kopf auf, und vielleicht hatte er noch Zeit, eine Sekunde, um dankbar zu sein für die Ohnmacht, die Bewusstlosigkeit, das Vergessen der Folter.

Der Soldat schloss die Tür, hängte sich die Maschinenpistole senkrecht in die linke Hand, während er mit der anderen überall nach einem Taschentuch suchte, um sich das Gesicht abzutrocknen. Er war jung und hatte – bis man es ihm untersagte – ein Schnurrbärtchen aufgewiesen, das nicht wachsen wollte.

Die Zelle hatte nur eine Pritsche mit einem Brett als Matratze, einen Eimer, der schon scharf nach Urin und Exkrementen stank, und weit oben ein mit Drahtgitter geschütztes Rechteck.

Als er aufzuwachen glaubte, Nacht oder Morgen, kalt und schwitzend, wusste er nicht, wer er war. Er fügte sich nach und nach dieser Persönlichkeit, die ihn glücklich machte, die glücklich war und nicht nur von aller Vergangenheit abgelöst, sondern auch von der Zeit.

Er war der andere, mit Vergangenheit und Schicksal, die gleichgültig waren, mit Schorf, mit Schmerzen, Erinnerungen und Warten. Er war befreit vom Leben, befreit von soviel Tausenden Scheisskerlen, die nur darauf aus waren, das Leben zu Schmutz und Dornen zu machen. Er war befreit und bei klarem Bewusstsein, entblösst von allem, wie neugeboren.

Es war drei Uhr morgens, auch wenn er nichts von Zeitangaben wusste. Drei Uhr morgens, die Stunde, wo sie den schwarzen

Wagen zur Kommandantur bringen, der vollgestopft ist mit Prostituierten, mit Heulen, Lachen und dreckigen Wörtern, die an die niedrige Decke klatschen und ohne Sinn und Ziel herunterfallen, ohne jemandem weh zu tun, ohne überhaupt jemanden zu streifen. Wörter, bereits tot, so alt sind sie, tot von ihrem langsamen, kurzen Flug. Schon nichts mehr als Wörter, das Nichts.

Es war drei Uhr morgens, und es war möglich, die unsichtbare Gegenwart des anderen an seiner Seite zu spüren und zu schaffen; regungslos und vielleicht mit der Erinnerung an das Ersaufen in einem Bottich, in dem die Scheisse schwamm; an unaussprechliche Stromstösse vom Penis bis zur Nase oder umgekehrt, abwechselnd oder fortwährend. Ohne Erinnerung an die Faustschläge des ersten Scheisskerls, vergessene Liebkosungen.

Er verstand, teilnahmslos, dass es in der Casa Grande ein Übermass an Biestern in Menschengestalt gab. Er aber wollte mit den Fingernägeln, die ihm verblieben waren, das flackernde Glück zurückhalten und das Nichts, das nie einen Anfang noch ein Ende gehabt hatte. Es war einfach da. Es hatte keine Bedeutung, dass der andere, wegen der Traurigkeit an seiner Seite, seine verlorene Hälfte, das unsterbliche, irrtümlich Pavese zugeschriebene Gedicht zusammenfügte, das seinem Stil und dem, was ihn bewegte, so fern war.

(Aus: Juan Carlos Onetti, «Sämtliche Erzählungen». Deutsche Übersetzung Jürgen Dormagen. Suhrkamp Verlag, Frankfurt 2015 © Suhrkamp Verlag, Berlin 2023. «Las tres de la mañana» erschien im Original in «Cuentos completos» Alfaguara, Madrid 1994)

Konstantinos Kavafis
Warten auf die Barbaren
Vier Gedichte, übersetzt von Robert Elsie

Warten auf die Barbaren

Worauf warten wir, versammelt auf dem Marktplatz?

    Auf die Barbaren, die heute kommen.

Warum solche Untätigkeit im Senat?
Warum sitzen die Senatoren da, ohne Gesetze zu machen?

    Weil die Barbaren heute kommen.
    Welche Gesetze sollten die Senatoren jetzt machen?
    Wenn die Barbaren kommen, werden diese Gesetze machen.

Warum ist unser Kaiser so früh aufgestanden?
Warum sitzt er mit der Krone am grössten Tor der Stadt
Auf seinem Thron, ganz offiziell, und trägt die Krone?

    Weil die Barbaren heute kommen
    Und der Kaiser wartet, um ihren Führer
    Zu empfangen. Er will ihm sogar eine Urkunde
    überreichen, worauf viele Titel
    Und Namen geschrieben sind.

Warum tragen unsere zwei Konsuln und die Prätoren
Heute ihre roten, bestickten Togen?
Warum tragen sie Armbänder mit so vielen Amethysten
Und Ringe mit funkelnden Smaragden?
Warum tragen sie heute die wertvollen Amtsstäbe,
Fein gemeisselt, mit Silber und Gold?

    Weil die Barbaren heute erscheinen.
    Und solche Dinge blenden die Barbaren.

Warum kommen die besten Redner nicht, um wie üblich
Ihre Reden zu halten und Meinungen zu verkünden?

> Weil die Barbaren heute erscheinen,
> Und vor solcher Beredtheit langweilen sie sich.

Warum jetzt plötzlich diese Unruhe und Verwirrung?
(Wie ernst die Gesichter geworden sind.) Warum leeren
Sich die Strassen und Plätze so schnell, und
Warum gehen alle so nachdenklich nach Hause?

> Weil die Nacht gekommen ist und die Barbaren
> doch nicht
> Erschienen sind. Einige Leute sind von der Grenze
> gekommen
> Und haben berichtet, es gebe sie nicht mehr,
> die Barbaren.

Und nun, was sollen wir ohne Barbaren tun?
Diese Menschen waren immerhin eine Lösung,

1904

Seit neun Uhr

Halb eins. Die Zeit ist schnell vergangen
Seit neun Uhr, als ich meine Lampe anzündete,
Und seitdem ich hier sitze. Ich sitze, ohne zu lesen,
Ohne zu reden. Mit wem sollte ich reden,
Allein in diesem Haus?

Das Schattenbild meines jungen Körpers –
Seit neun Uhr, als ich meine Lampe anzündete –
Erscheint vor mir und erinnert mich
An verschlossene, dufterfüllte Zimmer,
An vergangene Sinnlichkeit – gewagte Sinnlichkeit!
Vor meinen Augen erweckt es auch
Strassen, die nicht wiederzuerkennen sind,
Nachtlokale voll Leben, die nun zugemacht haben,
Theater und Kaffeehäuser, die es früher einmal gab.
Das Schattenbild meines jungen Körpers
Erweckt auch düstere Gedanken: Trauer in der Familie,
    Trennungen,
Gefühle von Verwandten, Wünsche
Der Verstorbenen, die unbeachtet blieben.

Halb eins. Wie die Zeit vergeht.
Halb eins. Wie die Jahre vergehen.

1918

Das Unmögliche

Es gibt nur eine Freude, dennoch eine segensreiche,
Einen Trost in dieser Trauer.
Wie viele banale Tage werden
Durch diesen Schluss gestrichen! Wieviel Überdruss!

Ein Dichter sagte: «Am liebsten ist mir
Die Musik, die man gar nicht hören kann.»
Meinerseits denke ich, das ersehnteste Leben ist jenes,
Das man gar nicht leben kann.

1897

Tage von 1908

In jenem Jahr war er arbeitslos
Und lebte daher vom Kartenspiel,
Brettspiel und vom Leihen.

Man hatte ihm eine Stelle für drei Pfund im Monat
In einer kleinen Schreibwarenhandlung angeboten,
Er lehnte sie aber ohne jede Bedenken ab.
Das war nicht genug. Das war kein Gehalt für ihn,
Einen gebildeten jungen Mann von fünfundzwanzig Jahren.

Er gewann ab und zu zwei, drei Schilling am Tag.
Wie sollte er beim Karten- und Brettspiel schon
Mehr gewinnen in den armen Kaffeehäusern seiner Schicht,
Auch wenn er gewieft spielte und noch dazu mit Stümpern?
Mit dem Leihen war es noch schlimmer.
Nur selten trieb er einen Taler auf, öfter einen halben.
Manchmal musste er sich sogar mit einem Schilling
  begnügen.

Wenn er für eine Woche oder manchmal länger
Von dieser unangenehmen Nachtarbeit loskam, ging er
In der Frühe zum Strandbad schwimmen.

Seine Kleider waren in einem beklagenswerten Zustand.
Stets trug er denselben Anzug,
Einen verschossenen, zimtfarbenen Anzug.

Ach, Sommertage von neunzehnhundertacht!
In der Erinnerung an sie ist er zum Glück
Verschwunden, dieser zimtfarbene Anzug.

Die Erinnerung bewahrt ihn genau, wie er war,
Als er seine unwürdigen Kleider
Und seine geflickte Unterwäsche auszog und
Völlig nackt dastand, eine makellose Schönheit, ein
    Wunder;
Sein ungekämmtes, zurückgestrichenes Haar,
Seine Glieder von der Sonne leicht gebräunt –
Nackt am Strand in der Frühe.

1932

(Aus: Konstantinos Kavafis, Das Gesamtwerk, Aus dem Griechischen übersetzt und herausgegeben von Robert Elsie. Mit einer Einführung von Marguerite Yourcenar. ©Fischer Taschenbuch Verlag, Frankfurt am Main 2023)

Václav Havel
Im Gefängnis bedeutet Tee ein Stück Freiheit
Ein Brief an Olga

Liebe Olga,   27. September 1980
offenbar wird von verschiedenen Seiten von mir erwartet, dass ich nach meiner Rückkehr von hier etwas über das alles schreiben werde. Je mehr ich darüber nachdenke, desto weniger bin ich mir sicher, ob ich diese Erwartung erfüllen werde. Nicht, dass ich nicht das Bedürfnis spürte, alles, was ich hier mitmache und sehe, irgendwie mitzuteilen – im Gegenteil: immer wieder erwische ich mich dabei, wie ich meine Eindrücke, Erfahrungen, Erkenntnisse und Gedanken unwillkürlich in eine Art gedachten

Text im Kopf zusammenspinne – das ist aber nur ein losgelöster, freier und spontaner Fluss, von dem ich nicht weiss, ob ich ihn tatsächlich aufschreiben könnte – und hauptsächlich, ob ich ihn ex post schreiben könnte, wenn alles vorbei ist. – Darin besteht gerade das Problem: mir fehlt diese schöne Frechheit, alles aufzuschreiben, was mir einfällt, ich kontrolliere mich zu sehr, ich muss alles sorgfältig abwägen, sorgfältig konstruieren und ziselieren und viele Male umändern; nie habe ich spontan geschrieben und bezweifle, dass ich das könnte. Dabei kenne ich jedoch kein anderes Mittel, sich mit dieser Erfahrung unmittelbar und authentisch auseinanderzusetzen. Und so bleibt es also wohl am ehesten dabei, dass ich wieder Schauspiele konstruieren werde, wie ich das früher gemacht habe, und dass sich meine neuen Erfahrungen höchstens indirekt dort hineinprojizieren. Bis zu einem gewissen Mass gilt das schon von dem Thema, das mir hier vor einiger Zeit eingefallen ist und von dessen Entstehen ich Dir geschrieben habe. Dieses Thema gilt immer noch – zumindest in dem Sinne, dass mir bisher nichts Besseres eingefallen ist. Dabei bin ich aber auch damit noch nicht völlig zufrieden – mir scheint immer noch, dass ihm etwas fehlt – schwer zu sagen, was genau, am ehesten so etwas wie die «Dimension des Paradoxen»: damit es tatsächlich fest auf den Beinen steht, sollte es gleichzeitig auch ein wenig auf dem Kopf stehen – und das ist es gerade, was ihm, scheint mir, bisher noch fehlt. Aber ich quäle mich damit in keiner Weise, wohl wissend, dass ich für die Phase des blossen Durchdenkens des Themas wahrlich noch genug Zeit vor mir habe. Im letzten Brief habe ich Dir ein wenig davon geschrieben, wie ich mich bemühe, in mein äusseres Dasein eine gewisse Ordnung in der Form einer programmgemässen und bewussten «Selbstfürsorge» zu bringen, die auf körperliche Gesundheit und nervliche Ruhe gerichtet ist. Heute werde ich dieses Thema fortsetzen in einer kleinen Betrachtung zum Tee. In Freiheit habe ich den Gefängniskult um den Tee nicht verstanden, hier jedoch habe ich ihn bald begriffen und bin ihm selbst verfallen (ich, der ich Tee, wenn's hochkam, einmal im Jahr getrunken habe, wenn ich Grippe hatte) – genauer gesagt, ich habe ihn in meine «Selbstfürsorge» eingebaut als ihren nicht wegzudenkenden Bestandteil. Ich werde versuchen, wenigstens in Kürze einige Funktionen zu erwähnen, die der Tee unter diesen Bedingungen bekommt: 1. Vor allem heilt er: die vielfältigsten kleinen Indispositionen wie Kopfschmerzen, Abgespanntheit, Frösteln, Unkonzentriertheit, Halsschmerzen, Anflüge von Erkältung u. ä. versucht man immer vor allem mit Tee zu beseitigen – und vielfach gelingt das tatsächlich. 2. Er wärmt: wenn man einmal durchfroren ist, helfen zehn Pelze nicht besser als ein Glas heisser Tee. 3. Er weckt: erst hier, wo man keinen Alkohol, Kaffee und sonstige Aufputschmittel hat, die in Freiheit gängig sind, stellt man fest, ein wie starkes Aufputschmittel der Tee ist, bzw. das in ihm enthaltene Tein. Er ist wirklich ein Lebenserwecker, er verjagt die Müdigkeit, Nervosität, schlechte Laune, Apathie, Schläfrigkeit usw. und gibt einem Lebendigkeit, Aufmerksamkeit, Konzentriertheit, Energie, Kraft und Lust zum Leben zurück. (Ich weiss schon genau, wieviel Tee ich am Tag trinken kann und wann ich ihn zuletzt trinken darf, wenn ich zu einer bestimmten Stunde einschlafen will.) 4. Nicht zuletzt – ja, in Wirklichkeit sogar an erster Stelle – steht die besondere aufrichtende Funktion des Tees. Mir scheint nämlich, dass der Tee so etwas wie ein materialisiertes Symbol der Freiheit wird: a) Er ist im Grunde die einzige Nahrung, die man sich hier selbst und also frei zubereitet: es hängt nur von mir ab, ob ich ihn mir mache oder nicht, wann ich ihn mir mache und wie ich ihn mir mache. Als ob sich der Mensch durch seine Bereitung als ein freies Wesen realisiere, das imstande ist, für sich selbst zu sorgen. b) Der Tee als Zeichen des privaten Sitzens, der kleinen Ruhepause inmitten des Betriebs. Als Merkmal einer Sammlung und privaten Kontemplation fungiert er als äusseres, materielles Attribut einer gewissen Entfesselung des Geistes und so als ein Begleiter der Augenblicke einer konzentrierten inneren Freiheit.

c) Die Welt der Freiheit als Welt der freien Zeit vertritt der Tee auch im umgekehrten – extravertierten und also sozialen – Sinn: das Sitzen beim Tee vertritt hier die Welt der Weinstuben, der Parties, der Bummel und des gesellschaftlichen Lebens, also wiederum etwas, das der Mensch sich selbst wählt und worin sich sozial seine Freiheit realisiert. Kurz und gut: der Tee hat hier eine bunte Palette verschiedener Funktionen, ich habe mich an ihn gewöhnt, trinke ihn jeden Tag, seine Zubereitung ist eines meiner kleinen täglichen Rituale (auch mit diesen kleinen Ritualen hält man sich irgendwie zusammen – das ist eine Art ganz gesunder Zwangsjacke), ich freue mich auf ihn und das Trinken (sorgfältig geplant, keineswegs also grenzenlos und willkürlich). Er ist tatsächlich eine sehr wichtige Komponente im System meiner täglichen «Selbstfürsorge».

Ich umarme und küsse Dich – Vašek

(Aus: Václav Havel, «Briefe an Olga. Aufzeichnungen aus dem Gefängnis». Aus dem Tschechischen von Joachim Bruss, Rowohlt Verlag, Reinbek bei Hamburg, 1984. Originalrechte bei DILIA theatre, literary and media agency. Prag. Titel vom Herausgeber)

Wole Soyinka
Der Mann ist tot

Das Stöhnen begann am frühen Abend. Es kam von jenseits der Wand, die meiner Zellentür gegenüberliegt. In dieser Mauer befinden sich zwei Abflussöffnungen, die mit Maschendraht verschlossen sind. Die Maschen sind weit genug, um einer Katze Durchlass zu gewähren. An den Haarbüscheln im Gitter erkenne ich, wenn die Katze nachts dagewesen ist. Dann springt sie schnell über die leere und Gefahren bergende Fläche des Hofes, um hinter der Hütte zu verschwinden, wo sie nach Essensresten sucht. Hinter der Hütte durchquert eine Abflussrinne mein Reich. Durch die Gruft hindurch verbindet sie den Hof der Wahnsinnigen mit dem Lager, in dem die Frauen interniert sind. Dieser Kanal ist die unterirdische Verbindung aller Katakomben des Hades.

Heute liegt der Geruch des Todes in der Luft. Ich erkenne ihn genau. Deshalb konzentriere ich mich darauf, nur an Lebendiges zu denken, den Geruch aus meiner Nase zu verbannen, das Flehen der knochigen Hände, denen ich nichts als meine Ohnmacht entgegenhalten kann.

Vor ein paar Wochen hat hier eine Frau ein Kind zur Welt gebracht. Ich hörte das Schreien des Neugeborenen und fragte mich, wie ist das möglich. Ein Säugling in dieser Hölle? Es war gegen Abend, fast um die gleiche Stunde, um die heute dieses eindringliche Stöhnen laut wurde. Es war kaum denkbar, dass eine Frau mit ihrem Neugeborenen den Ehemann besuchte.

Wie seltsam! Schon oft hatte ich die Stimmen der Frauen gehört, aber sie immer für die von Kindern gehalten. Monate vergingen, bis ich herausfand, dass meine Gruft sich zwischen dem Hof der Wahnsinnigen und dem der weiblichen Gefangenen befand. Ihre Stimmen klingen so dünn und hoch, als ertönten sie aus einer Öffnung in einer weit entfernten Höhle. Abends veranstalteten sie im Hof kindische Spiele – den Geräuschen und dem Gekicher nach zu schliessen, müssen es Spiele sein, wie sie von Kindern erfunden werden. Und diese Liedfetzen, von denen ich geglaubt hatte, sie kämen von ausserhalb des Gefängnisses? An einem besonders ruhigen Abend konnte ich sogar einzelne Worte verstehen

> *Brother Johnny*
> *Brother Johnny*
> *Do you sleep*
> *Do you sleep*
> *Wedding bells are ringing*
> *Wedding bells are ringing*
> *Ding dong ding*

Sie sangen die Worte in jenem gleichgültigen, ausdruckslosen Singsang, in dem unsere Schulkinder fremde Lieder singen – wie *The Bluebells of Scotland, Ash Grove, The Lass with her Delicate Air* –, die dem Lehrplan von einfallslosen Missionaren aufgepfropft werden. Selbst wenn solche Lieder im Verlauf von Spielen ertönen, klingen die Worte immer gleich teilnahmslos. Die Worte haben keine Bedeutung für die Kinder, ihr geschichtlicher Zusammenhang ist ihnen genauso fremd wie die Gefühle, die sie ausdrücken, und somit vermögen die fehlgeleiteten Musiklehrerinnen von ihnen nichts weiter zu erlangen als diese kraftlosblasse Reproduktion. Die Erinnerung an diesen Umstand muss mich dazu verleitet haben, die Stimmen, die ich so oft bei Gesang und Spiel vernahm, stets Kindern zuzuschreiben, die in der Welt ausserhalb unserer Mauern unter den Mangobäumen spielten. Diese Welt liegt hinter der Mauer des Bernsteins; hinter ihr geht auch die Sonne auf.

Entlang dieser Mauer verläuft eine Strasse, eine kaum besuchte Strasse, man hört wenig Geräusche. Aber vielleicht kommt das daher, dass sie so weit von der Mauer entfernt verläuft, dass die Geräusche des Verkehrs kaum noch herüberdringen. Vor allem die Richtung, aus der Geräusche kommen, ist durch die

Verzerrung schwer zu bestimmen. Gewiss ist jedoch, dass sich zwischen Mauer und Strasse ein breiter Streifen Geländes erstreckt, denn ihn bedeckt ein kleines Wäldchen von Mangobäumen, deren Wipfel ich sehen kann. Ich beobachte, wie die ersten Knospen sich entwickeln, wie sie zu Blüten werden, und die ersten grünen Blättchen, die sich an den Zweigen zeigen. Sobald die ersten Früchte reifen, werden sie mit allem beworfen, was als Wurfgeschoss benutzt werden kann, und dichte Schwärme von Schmeissfliegen folgen den menschlichen Störenfrieden. Nicht selten erreicht ein solches Geschoss die Gruft, der Wärter flucht und wirft einige zurück. Mich stört es nicht. Selbst die Gefahr, während der Mango-Saison von einem verirrten Flugkörper den Schädel eingeschlagen zu bekommen, wird zur prickelnden Möglichkeit, die die ewige Langeweile auflockert. Ein schmerzhafter Schlag auf den Kopf ist ein Beweis des Lebens, ein Zeugnis von dem Leben zugehörigen Kräften. Nein, ich glaube wirklich nicht, dass es mich gestört hätte.

Eines Morgens schaue ich hoch – während meines morgendlichen Spaziergangs, gleich, nachdem die Zelle geöffnet wird – und erblicke ganz oben, im höchsten Ast, in Zweigen, von denen ich nicht geglaubt hätte, dass sie mehr zu tragen vermöchten als die Last der Früchte, einen kleinen Jungen, der nach den obersten Mangos greift. Sein Kopf ragte noch über den Wipfel des Baumes hinaus; er schwankte leicht im Rhythmus der Zweige. Es war ganz klar, dass nur mehr dieses letzte Bündel von Früchten auf dem Baum zu finden war. Oft schwankte der Wipfel des Baumes, wenn einer der Plünderer in den unteren Zweigen ihn heftig schüttelte, aber noch nie hatte sich einer von ihnen so hoch hinauf gewagt. Seine Hand berührte die Beute, als er hinabschaute und meinem Blick begegnete. Er hielt inne. Wir blickten uns an. Ich lächelte, aber er starrte mich völlig verstört an. Dann sah er weg und schaute zur anderen Seite hinüber. Ich konnte die Gedankengänge und Fragen in seinem wachen Verstand mitverfolgen, denn er blickte nun in den Hof neben meinem, in dem es von Menschen wimmelte. Die Sonne ging blendend-hell hinter ihm auf, so dass ich meinen Blick abwenden musste. Ich setzte meinen Rundgang um die Hütte fort. Als ich zurückkam, starrte er wieder in die Gruft. Als ich das nächste Mal wiederkam, war er verschwunden und mit ihm die Früchte.

Als ich später am Abend schrille Stimmchen hörte, dachte ich ihn mir inmitten von Kindern seines Alters, die im Mondlicht spielten. Sosehr ich mich auch dagegen wehrte, rief dies zum ersten Mal Kindheitserinnerungen in mir wach, das Bild eines Pfarreigehöftes voller Kinder. Ich zwang mich, diese Szene mit Gewalt aus meinen Gedanken zu verdrängen. Statt ihrer erlebte ich nun den Duft von Blumen, einen Sonnenaufgang, Gitarrentöne – die wehmütige heidnische Schlussszene aus Marcel Camus' *Orfeo Negro*, der Tanz der beiden Kinder, die dem Frühling huldigen und die dazu auserkoren sind, dass sich ihnen das Geheimnis des Sonnenaufgangs und das des Erwachens der Samenkörner in der Erde, die sie mit ihren unschuldigen Schritten berühren, offenbaren wird ...

Denn ein Kind ist uns geboren ... Es war der Schrei eines Neugeborenen, den ich gehört hatte. Er sprach von dem dringenden Bedürfnis, das bis jetzt die ganze Welt des Kindes ausmachte, von jenem einzigen Verlangen, das es mit allen Fasern seines winzigen Körpers ausdrückte. Ich hörte das zärtliche Summen der Mutter: es gab keinen Zweifel mehr. Eine weitere Frauenstimme, diese ungeduldig und verdrossen, mischte sich ein, und das Ganze erhielt etwas beinahe Menschliches – die Stimme der Mutter, die in jeder unserer Frauen verborgen ist, die fürsorgliche Ratschläge erteilt und für das Kind spricht. Aber die Stimmen blieben gedämpft, die Personen irreal. Sie gehörten nicht der Welt des Tageslichtes an wie die Mangos, die dem Sonnenaufgang entgegenwachsen. Sie waren blosse Erscheinungen, pure körperlose Geister, die in dunsterfüllten Höhlen schwebten. In dieser Unterwelt ist das Kind eine laut schreiende Missgeburt, ein Wechselbalg. Ich verspüre einen Anflug von Trauer bei dem Gedanken, dass dieses Kind zur falschen Jahreszeit geboren wurde – es hätte Frühling sein müssen. Dennoch, sollte es ein Mädchen gewesen sein, so können wir sie ungeachtet der Jahreszeit Persephone nennen.

Von der Klagemauer her dringt das Stöhnen ungemindert; es ist fast Mitternacht. Ich verschliesse mein Bewusstsein vor den anderen Lauten, die vor ungefähr zwei Stunden hinzukamen und schon bald durch rohe Gewalt zum Verstummen gebracht wurden. Die anderen Gefangenen, Gefährten des stöhnenden Mannes, hatten begonnen, um Hilfe zu rufen. Hysterische Stimmen schrien: Wärter! WÄRTER!!! Die Schreie verhallten ungehört. Nach einer halben Stunde verstärkte sich der Lärm, es wurden Türen und Fenster geschlagen, mit Eimern geklappert. Schliesslich schrien mindestens dreissig Stimmen gemeinsam um Hilfe. Und inmitten dieses Getöses erklang weiterhin das Stöhnen in unveränderter Lautstärke und Regelmässigkeit, so, als hätten Schmerzen und Leiden sich umgewandelt in diese letzte, mechanische Äusserung. Ich hörte das Geräusch mehrerer Stiefelpaare, die sich eilig näherten, das metallische Scheppern der eilig aufgerissenen Tore, ich hörte die Drohungen und lauten Beschimpfungen. Ich hörte, wie die Gefangenen all dem entschlossen ihre Forderungen entgegensetzten. Anklagen. Ich hörte, wie sie niedergeschrien wurden. Ich hörte den schleppenden, gebieterischen Schritt, der sich dem Bett des Kranken näherte; ich hörte, wie der Mann sich über ihn beugte und eine Untersuchung vornahm, durch die er nichts erfuhr. Ich hörte die Schritte sich wieder entfernen. Das Durcheinander erregter Stimmen verkündete mir, dass er ging, ohne eine Anweisung zu hinterlassen, was unternommen werden sollte. Wenn überhaupt etwas unternommen werden sollte. Ich glaubte, das wiederholt gerufene Wort «Doktor» gehört zu haben. Er schrie die Forderung mit barschen, ärgerlichen Worten nieder. Die Türen wurden zugeschlagen, die Riegel besiegelten das Absperren, und die Stiefeltritte entfernten sich. Das Murren der Wärter, die sich wieder zurückzogen, war ein einziger Protest über die Zumutung, dass man ihre Freizeit grundlos gestört hatte.

Das Stöhnen nimmt kein Ende, es wird auch nicht schwächer. Die mechanische, unmenschliche Regelmässigkeit dieser Äusserungsform menschlichen Leidens ist das, was mich am meisten betroffen macht. Es hat seinen Ursprung nicht im Willen, sondern in ihm erschöpft sich der schwache, versiegende Lebensstrom. Als stünde der Mund des Mannes offen, so dass der Ton sich dem Ausatmen beigesellt.

Kurz bevor es dämmert, verstummt der Laut. Unvermittelt. Nie war er schwächer geworden oder hatte zwischendurch aufgehört, noch hatte er, in einem letzten Aufbäumen des Sterbenden, an Intensität zugenommen. Ich weiss, dass es vorbei ist.

Angespannt lauere ich auf das geringste Geräusch. Ein Mann hat sich erhoben, ist dahin getreten, von wo das Schweigen kommt, um die Stille zu ergründen. Andere richten sich in ihren Betten auf, vereinzelt kommen weitere Gefangene zu dem Bett des Toten. Kurze Zeit später höre ich, wie sie leise

Gebete sprechen. Das Beten währt, bis die Zellentüren geöffnet werden. Ein Wärter tritt ein, bleibt stehen und ruft nach seinem Vorgesetzten.

Die Stunde naht, da «alle Toten ihre Gräber verlassen». Als der Schlüssel im Schloss meiner Tür bewegt wird, frage ich den Wärter, was mit dem Kranken geschehen sei.

«Der Mann ist tot», sagt er.

(Aus: Wole Soyinka, «Der Mann ist tot. Aufzeichnungen aus dem Gefängnis». Aus dem Englischen übertragen von Ulrich Enzensberger und Melanie Walz. Ammann Verlag, Zürich 1987. ©Agentur Liepman, Zürich 2023, mit freundlicher Genehmigung der Übersetzerin Melanie Walz)

Sławomir Mrożek
Heldenehrung

In unserer Stadt steht ein Denkmal des unbekannten Kämpfers von 1905. Die Hand des Tyrannen hat ihn während der Revolution gefällt. Seine Mitbürger errichteten damals ein kleines Hügelchen für ihn, auf dem fünfzig Jahre später ein Sockel aufgestellt wurde, in dessen Stein die Worte «Ewiger Ruhm» eingraviert sind. Das Denkmal, das sich auf dem Sockel erhebt, stellt einen jungen Mann dar, der eine Kette zerreisst. Mit der Denkmalsenthüllung im Jahr 1955 war eine grosse Feierlichkeit verbunden. Fast jeder hielt eine Rede. Viele Blumen und Kränze wurden niedergelegt.

Einige Zeit später beschlossen acht Schüler, den Aufständischen zu ehren. Der goldmundige Geschichtslehrer hatte es verstanden, sie mit seinem Unterricht so zu rühren, dass sie gleich danach eine Versammlung abhielten und von ihrem eigenen Geld einen Kranz kauften. Sie formierten einen kleinen Zug und begaben sich zum Denkmal.

An der ersten Strassenecke erblickte sie ein kleiner Herr in dunkelblauem Überzieher. Er sah sie scharf an und folgte ihnen dann in einem gewissen Abstand.

Sie gingen über den Alten Markt. Die Passanten schenkten ihnen keine Beachtung. Umzüge sind eine alltägliche Sache.

Am Alten Markt stehen nur wenige Gebäude, die Kirche des Heiligen Johannes im Öl und ein paar alte Häuser, die jetzt als Ämter und Museen dienen; fast niemand wohnt dort.

Als sie vor dem Denkmal standen, trat der Mann im Überzieher rasch auf sie zu.

«Servus!» rief er. «Kleine Heldenehrung wohl? Sehr schön! Jahrestag vermutlich. Komplett überlastet. Kann mich nicht genau an das Datum erinnern.»

«Nein», sagte einer der Schüler, «wir wollten bloss so ...»

«Was heisst ‹bloss so›?» Der Mann hob die Nase und schnüffelte.

«Wir wollen das Andenken eines im Kampf um die Freiheit des Volkes gefallenen Helden ehren.»

«Ach so, Kollege, Ihr seid wohl vom Stadtteilkomitee?»

«Nein!»

Der Mann dachte nach. «Vielleicht hat man euch in der Schule den Auftrag gegeben?»

«Nein!»

Der Mann ging weg. Gerade als sie den Kranz niederlegen wollten, rief einer von ihnen: «Da kommt er wieder.» Tatsächlich, der Mann im Überzieher kam zurück. Jetzt hielt er einige Schritte Abstand und fragte: «Vielleicht ist gerade der Monat zur Vertiefung der Ehrung des Unbekannten Revolutionärs?»

«Nein», riefen sie im Chor. «Es war unsere eigene Idee.» Der Mann ging wieder weg. Die Jungen legten jetzt den Kranz nieder und wollten schon weggehen, als der Unbekannte in Begleitung eines Milizianten zurückkam.

«Ausweise, bitte!» sagte der Miliziant.

Sie zeigten ihm ihre Schulausweise. Er betrachtete sie alle, dann salutierte er und sagte: «In Ordnung!»

«Keineswegs in Ordnung!» rief der Mann im Überzieher und wandte sich an die Schüler: «Wer hat euch befohlen, den Kranz niederzulegen?»

«Niemand!»

Der Mann wurde rot vor Aufregung. «Ihr gebt es also zu. Ihr selbst erklärt, dass ihr zur Durchführung der vorliegenden Manifestation zu Ehren des Unbekannten Revolutionärs weder von der Schulleitung noch vom Jugendverband, noch vom Stadtteilkomitee, noch vom Stadt- oder Kreiskomitee organisiert worden seid?»

«Natürlich nicht!»

«Dass diese Kranzniederlegung nicht auf eine Initiative der Frauenliga noch der Gesellschaft der Freunde des Jahres 1905 zurückzuführen ist?»

«Nein!»

«Dass es sich um keinen Jahrestag, keinen Gedenkmonat oder überhaupt etwas handelt?»

«Nein!»

«... dass ihr nicht einmal ein Rundschreiben vorweisen könnt? Dass ihr selbst ...»

«Ja!»

Er fuhr sich mit dem Taschentuch über die Stirn. «Sergeant, Ihr wisst, wer ich bin, auf der Stelle nehmt Ihr den Kranz mit. Und ihr geht jetzt auseinander.»

Schweigend gingen die Jungen weg. Hinter ihnen schritt der Miliziant mit dem Kranz. Vor dem Denkmal blieb lediglich der Funktionär im dunkelblauen Überzieher. Misstrauisch prüfte er die Statue und schaute sich um. Bald darauf begann es zu regnen. Die kleinen Tropfen fielen auf den dunkelblauen Überzieher und auf die steinerne Bluse des Aufständischen. Es wurde trüb und grau. Langsam rannen die silbernen Tropfen über das Haupt des Standbilds, schaukelten an den steinernen Ohren wie Ohrringe, leuchteten aus den leeren, granitenen Augäpfeln.

So standen sie einander gegenüber.

(Aus: Sławomir Mrożek, «Der Doppelgänger und andere Geschichten». Aus dem Polnischen von Christa Vogel und Ludwig Zimmerer. Diogenes Verlag, Zürich 2000. ©Diogenes Verlag, Zürich 2023)

Ausgrenzungen

Philip Roth
Die Sache mit den Würsten

Am Jeep präsentierte Grossbart das Gewehr vor dem Hauptmann.
«Soldat Sheldon Grossbart, Sir.»
«Rühren, Grossman.» Der Hauptmann rutschte auf den freien Vordersitz und winkte Grossbart mit gekrümmtem Finger heran.
«Bart, Sir. Sheldon Gross*bart*. Wird oft verwechselt.»
In diesem Augenblick fuhr der Küchenwagen auf den Platz und spie ein halbes Dutzend Helfer mit aufgerollten Ärmeln aus. Ihr Unteroffizier brüllte sie an, während sie die Essenkübel abluden.
«Grossbart, Ihre Mutter hat an irgendeinen Abgeordneten geschrieben, dass wir Sie hier nicht richtig verpflegen», sagte der Hauptmann. «Wissen Sie das?»
«Es war mein Vater, Sir. Er hat an den Abgeordneten Franconi geschrieben, dass mir meine Religion den Genuss bestimmter Speisen verbietet.»
«Welche Religion ist das, Grossbart?»
«Die jüdische, *Sir.*»
«Wovon haben Sie denn bisher gelebt?» erkundigte sich der Hauptmann. «Sie sind schon seit einem Monat in der Armee und sehen nicht aus, als wären Sie am Verhungern.»
«Ich esse, weil ich muss, Sir. Aber Sergeant Marx kann bezeugen, dass ich nicht einen Bissen mehr esse, als zum Weiterleben notwendig ist.»
«Marx», fragte Barrett, «stimmt das?»
«Ich habe Grossbart nie essen sehen, Sir», sagte ich.
«Sie haben aber den Rabbiner gehört», warf Grossbart ein.
«Er hat uns gesagt, was wir tun sollen, und daran halte ich mich.»
Der Hauptmann schaute mich an. «Na, Marx?»
«Ich weiss trotzdem nicht, wie viel oder wie wenig er isst, Sir.»
Grossbart hob beschwörend die Arme, und für einen Augenblick sah es aus, als wollte er mir sein Gewehr überreichen. «Sergeant...»
«Sie haben hier nur dem Herrn Hauptmann zu antworten, Grossbart», sagte ich scharf.

Barrett lächelte mir zu, und das ärgerte mich. «Schon gut, Grossbart», sagte er. «Was wollen Sie eigentlich? Das gewisse Papierchen? Den Entlassungsschein?»

«Nein, Sir. Mir geht's nur darum, dass wir wie Juden leben dürfen, ich und die anderen.»

«Welche anderen?»

«Fishbein, Sir, und Halpern.»

«Denen passt also unsere Verpflegung auch nicht?»

«Halpern bricht, Sir. Ich hab's gesehen.»

«Ich dachte, *Sie* brechen.»

«Nur einmal, Sir. Ich wusste nicht, dass die Wurst Wurst war.»

«Wir werden Speisekarten ausgeben, Grossbart. Wir werden Lehrfilme über unsere Nahrungsmittel laufen lassen, damit Sie Bescheid wissen, wenn wir versuchen, Sie mit Gift zu füttern.»

Grossbart antwortete nicht. Inzwischen hatten sich die Mannschaften aufgestellt, um Essen zu fassen. Sie bildeten zwei lange Reihen, und am Ende der einen entdeckte ich Fishbein – oder besser, seine Brille entdeckte mich. Sie winkte und blinkte mir im Sonnenlicht zu. Neben Fishbein tupfte Halpern seinen Hals unter dem Kragen mit einem khakifarbenen Taschentuch ab. Sie bewegten sich mit der Reihe, die anfing, sich vorwärts zu schieben. Der Küchenunteroffizier brüllte noch immer seine Leute an. Der Gedanke, dass der Unteroffizier in Grossbarts Problem verwickelt werden könnte, erfüllte mich für einen Augenblick mit Entsetzen.

«Kommen Sie her, Marx», sagte der Hauptmann zu mir.

«Marx, Sie sind doch Jude, nicht wahr?» Ich verzog keine Miene. «Jawohl, Sir.»

«Wie lange sind Sie schon in der Armee? Sagen Sie's dem Jungen.»

«Drei Jahre und zwei Monate.»

«Ein Jahr an der Front, Grossbart. Zwölf gottverdammte Monate an der Front, durch ganz Europa hindurch. Ich bewundere diesen Mann», sagte der Hauptmann und schlug mir mit dem Handgelenk auf die Brust. «Aber hören Sie ihn vielleicht übers Essen meckern?»

«Nein, Sir.»

«Und warum nicht? Er ist doch Jude.»

«Es gibt eben Juden, für die manche Dinge wichtig sind, und es gibt andere, die keinen Wert darauf legen.»

Barrett explodierte. «Hören Sie, Grossbart, Sergeant Marx ist ein patenter Kerl, ein gottverdammter *Held*. Er hat Nazis getötet, als Sie noch die Schulbank drückten. Wer tut denn mehr für die Juden – Sie, der Sie sich wegen eines lausigen Stücks Wurst übergeben, bloss weil erstklassiges Schweinefleisch drin ist, oder Marx, der die Nazi-Bastarde umgebracht hat? Wenn ich Jude wäre, Grossbart, würde ich diesem Mann die Füsse küssen. Er ist ein gottverdammter Held, wissen Sie das? Und *er* isst, was er von uns kriegt. Ich frage mich nur, warum *Sie* Schwierigkeiten machen müssen! Worauf sind Sie eigentlich aus? Auf Ihre Entlassung?»

«Nein, Sir.»

«Mein Gott, ich rede zu einer *Wand!* Sergeant, schaffen Sie ihn mir aus den Augen!» Barrett warf sich auf den Fahrersitz. «Ich werde mit dem Rabbiner sprechen!» Der Motor heulte auf, der Jeep sauste herum, und der Hauptmann, in eine Staubwolke eingehüllt, fuhr ins Lager zurück.

Einen Augenblick lang standen Grossbart und ich nebeneinander und sahen dem Jeep nach. Dann schaute er mich an und sagte: «Ich will keine Schwierigkeiten machen. Das ist immer das erste, was uns vorgeworfen wird.»

Während er sprach, fielen mir seine tadellosen weissen Zähne auf, und plötzlich begriff ich, dass er tatsächlich Eltern hatte. Jemand war regelmässig mit dem kleinen Sheldon zum Zahnarzt gegangen. Er war jemandes Sohn. Obgleich Grossbart so viel von seinen Eltern redete, hatte ich Mühe, ihn mir als Kind vorzustellen, als Erben – als Blutsverwandten von irgend jemand, von Mutter, Vater oder vor allem von mir. Aber er war jemandes Sohn, und diese Erkenntnis zog eine zweite nach sich.

«Welchen Beruf hat Ihr Vater, Grossbart?» fragte ich, als wir zur Essensausgabe hinübergingen.

«Er ist Schneider.»

«Amerikaner?»

«Jetzt ja. Ein Sohn in der Armee», sagte er lächelnd.

«Und Ihre Mutter?»

Er zwinkerte mir zu. «Hausfrau. Und was für eine, nicht mal nachts legt sie das Staubtuch aus der Hand.»

«Ist sie auch eingewandert?»

«Sie spricht bis zum heutigen Tag nur Jiddisch.»

«Und Ihr Vater?»

«Ein bisschen Englisch. ‹Reinigen›, ‹bügeln›, ‹Hosen enger machen› ... Das ist so ungefähr alles. Aber sie sind gut zu mir...»

«Dann, Grossbart ...» Ich packte ihn am Arm und zwang ihn stehenzubleiben. Er wandte sich mir zu, und als unsere Blicke sich trafen, schienen seine Augen zitternd in ihre Höhlen zurückzuweichen. Offenbar hatte er Angst. «Dann haben Sie also diesen Brief geschrieben, Grossbart, nicht wahr?»

Es dauerte nur ein oder zwei Sekunden, bis seine Augen wieder aufleuchteten. «Ja.» Er ging weiter, und ich hielt Schritt mit ihm. «Aber genau das *hätte* mein Vater geschrieben, wenn er so viel Englisch könnte. Und immerhin stand ja sein Name darunter. Er hat unterschrieben. *Er* hat auch den Brief abgeschickt. Darum hatte ich ihn gebeten. Wegen des New Yorker Poststempels.»

Ich war überrascht, und er merkte es. Mit ernster Miene streckte er seinen rechten Arm aus. «Blut ist Blut, Sergeant», sagte er und kniff die blaue Ader am Handgelenk zusammen.

«Zum Teufel, was *wollen* Sie eigentlich, Grossbart? Ich habe Sie nämlich essen sehen. Wissen Sie das? Dem Hauptmann habe ich gesagt, dass ich nicht weiss, was Sie essen, aber ich habe gesehen, wie Sie reinhauen.»

«Wir arbeiten schwer, Sergeant. Wir sind in der Ausbildung. Wenn ein Hochofen arbeiten soll, muss man ihn mit Kohle füttern.»

«Und warum, Grossbart, haben Sie in dem Brief gesagt, dass Sie sich dauernd übergeben?»

«Damit habe ich eigentlich Mickey gemeint. Von sich aus würde der ja nie schreiben, Sergeant, obgleich ich mir den Mund fusselig geredet habe. Er wird noch eingehen, wenn ich ihm nicht helfe. Sergeant, ich habe in meinem Namen geschrieben, im Namen meines Vaters, aber ich muss auch für Mickey und Fishbein sorgen.»

«Sie sind also ein richtiger Messias, was?»

Wir waren bei der Essenschlange angekommen.

«Guter Witz, Sergeant.» Er lächelte. «Aber wer weiss? Wer kann's sagen? Vielleicht sind Sie der Messias ... ein Stückchen Messias. Mickey sagt, der Messias ist eine Kollektividee. Er ist eine Zeitlang in die *Jeschiwa* gegangen, der Mickey. Er sagt, wir *alle zusammen* sind der Messias. Ich bin ein Stückchen Messias, Sie sind ein Stückchen Messias und so weiter ... Den Jungen sollten Sie reden hören, Sergeant, wenn der erst mal loslegt.»

93

«Ich ein Stückchen, Sie ein Stückchen. Das möchten Sie wohl gern glauben, Grossbart, wie? Das macht für Sie alles so einfach.»

«Ist gar keine schlechte Sache, an so was zu glauben, Sergeant. Es bedeutet ja nur, dass wir alle etwas geben sollten ...»

Ich ging fort, um mein Essen in Gesellschaft der anderen Unteroffiziere zu verzehren.

(Aus: Philip Roth, «Goodbye, Columbus». Ein Kurzroman und fünf Stories. Mit einem Vorwort zur deutschen Ausgabe von Philip Roth. Deutsch von Herta Haas. Rowohlt Paperback, Rowohlt Verlag, Reinbek bei Hamburg. © Rowohlt Verlag, Hamburg 2023. Die Originalausgabe erschien bei Houghton Mifflin Company, Boston. Der Roman «Goodbye, Columbus», aus dem der abgedruckte Auszug stammt, erschien erstmals 1959 in «The Paris Review». Titel vom Herausgeber)

Ossip Mandelstam
«Die Kosaken! – Die Kosaken!»

Die Tage der Studentenunruhen bei der Kasaner Kathedrale waren immer schon im voraus bekannt. In jeder Familie gab es einen Studenten, der die Sache ankündigte. So kam es, dass eine ganze Publikumsmasse zusammenströmte, um sich, natürlich aus respektvoller Entfernung, diese Unruhen anzusehen: Kinder mit ihren Kindermädchen, Mamas und Tantchen, die es nicht geschafft hatten, ihre Rebellen zu Hause zurückzuhalten, alte Beamte und allerlei Müssiggänger. Am Tag der angekündigten Unruhen wogte auf den Trottoirs des Newskij-Prospekts von der Sadowaja bis zur Anitschkow-Brücke eine dichte Zuschauermenge. Dieser laute Haufen hatte Angst, bis zur Kasaner Kathedrale vorzugehen. Die Polizei war in den Innenhöfen versteckt, etwa im Hof der katholischen Katharinenkirche. Der Kasanerplatz war verhältnismässig leer, da gingen erst kleine Häufchen von Studenten und richtigen Arbeitern auf und ab – auf die letzteren wurde mit Fingern gezeigt. Plötzlich ertönte vom Kasanerplatz her ein langgezogenes, immer lauter anschwellendes Geheul, etwas in der Art eines anhaltenden «u-u-u» oder «i-i-i», das in ein drohendes Gebrüll überging und immer näher kam. Dann wichen die Zuschauer jäh zurück, und berittene Polizisten drängten die Menschen zusammen. «Die Kosaken! – Die Kosaken!» fuhr es wie ein Blitz durch die Menge, schneller noch, als die Kosaken selber herangesaust kamen. Die eigentlichen «Unruhestifter» wurden umzingelt und in die Michails-Manege abgeführt, und der Newskij lag auf einmal so verlassen da, als hätte ihn ein Besen leergefegt.

Die dunklen Volksmassen auf den Strassen waren meine erste klare und bewusste Wahrnehmung. Ich war genau drei Jahre alt. Es war das Jahr 1894, man hatte mich von Pawlowsk nach Petersburg mitgenommen, weil meine Eltern die Begräbnisfeierlichkeiten für Alexander III. sehen wollten. Am Newskij, irgendwo gegenüber der Nikolajewskaja, hatten wir im dritten Stock eines möblierten Hauses ein Zimmer gemietet. Bereits am Vorabend war ich aufs Fensterbrett geklettert, sah von da aus die Strasse, die schwarz war vor Menschen, und fragte: «Wann fahren sie denn?» «Morgen», wurde mir gesagt. Dass all diese vielen Menschen die ganze Nacht auf der Strasse verbringen würden, versetzte mich ganz besonders in Erstaunen. Selbst der Tod noch erschien mir bei der ersten Begegnung in einer völlig unnatürlichen, prachtvollen und pompösen Gestalt. Einmal ging ich mit meinem Kindermädchen und meiner Mama am schokoladefarbenen Gebäude der italienischen Botschaft am Mojka-Ufer vorbei. Plötzlich gehen da die Türflügel auf, und alle lässt man ungehindert hineingehen, nach Harz riecht es da, nach Weihrauch und etwas Süssem und Angenehmem. Schwarzer Samt dämpft den Eingang und die Wände, überall Silber und tropische Pflanzen. Hoch oben lag der einbalsamierte italienische Gesandte. Was ging mich dies alles an? Ich weiss es nicht, doch es waren starke und helle Eindrücke, die mir wertvoll geblieben sind bis auf den heutigen Tag.

Das Alltagsleben der Stadt war arm und einförmig. Jeden Tag gab es gegen fünf Uhr den Spaziergang auf der Grossen Morskaja – von der Gorochowaja bis zum Generalstabsbogen. Alles was in der Stadt an Müssiggang und Herausgeputztheit vorhanden war, bewegte sich langsam auf den Trottoirs hin und zurück, verbeugte sich voreinander und lächelte sich zu: Geklirr von Sporen, französische und englische Gespräche, lebendig gewordenes

Schaufenster eines englischen Ladens oder Jockey-Clubs. Gerade hierher führten die Bonnen und Gouvernanten, jugendliche Französinnen, die ihnen anvertrauten Kinder: nur um zu seufzen und Vergleiche zu ziehen zwischen der Morskaja und den Champs-Elysées.

Für mich stellte man so viele Französinnen ein, dass all ihre Züge durcheinandergeraten und zu einem einzigen Porträtfleck zusammengeflossen sind. Meiner Ansicht nach waren all diese Französinnen und Schweizerinnen von den vielen Liedern, Schreibvorlagen, Lesebüchern und Konjugationen in ihre eigene Kindheit zurückgefallen. Im Zentrum ihrer durch die Lesebücher verzerrten Weltanschauung stand die Gestalt des grossen Kaisers Napoleon und der Krieg von 1812, dann folgte Jeanne d'Arc (mir fiel übrigens auch eine Schweizerin zu, die Calvinistin war), und wie sehr ich mich in meiner Wissbegierde auch bemühte, von ihnen etwas über Frankreich in Erfahrung zu bringen – es wollte sich nichts ergeben ausser der Vorstellung, dass es ein herrliches Land sei. An den Französinnen schätzte man die Kunst, viel und schnell zu reden, an den Schweizerinnen ihre Kenntnis von Liedern, deren Krönung das Liedchen von «Malbrough» war. Diese armen Mädchen waren durchdrungen vom Kult grosser Persönlichkeiten: Hugo, Lamartine, Napoleon und Molière ... Sonntags liess man sie zur Messe gehen, keinerlei Bekanntschaften waren ihnen erlaubt.

Irgendwo in der Ile-de-France: Weintraubenfässer, weisse Wege, Pappeln, ein Winzer ist mit seinen Töchtern zur Grossmutter nach Rouen gefahren. Er kommt zurück – alles «scellé», Kelterpressen und Bottiche sind plombiert, an den Türen und Kellern Siegellack. Der Verwalter hatte versucht, ein paar Eimer jungen Wein zu verheimlichen, um der Verbrauchssteuer zu entgehen. Er wurde erwischt. Die Familie ist ruiniert. Eine riesige Geldstrafe – und in der Folge schenkten mir Frankreichs gestrenge Gesetze eine Erzieherin.

Aber was konnten mich die Regimentsfeiern der Garde angehen, die einförmige Schönheit der Infanteristenheere und Pferde, die Bataillone der steinernen Gesichter, die mit dröhnendem Schritt durch die von Granit und Marmor graue Millionnaja strömten?

Diese ganze schöne Fata Morgana Petersburgs war nur ein Traum, eine über den Abgrund geworfene glänzende Decke, um mich herum jedoch breitete sich das Chaos des Judentums, keine Heimat, kein Haus, kein Herd, sondern ein Chaos, ein dunkler Schoss, aus dem ich hervorgegangen war, eine unvertraute Welt, die ich fürchtete, die ich verworren ahnte und vor der ich weglief, immerzu weglief.

Jüdisches Chaos drang durch alle Ritzen unserer steinernen Petersburger Wohnung, drohte mit Zerstörung, tauchte im Zimmer auf als Mütze eines Gastes aus der Provinz, als Schrifthäkchen in den Büchern der «Genesis», die nie gelesen wurden und auf dem untersten Brett des Bücherschrankes, unter Goethe und Schiller, in den Staub verbannt dastanden, und schliesslich als Fetzen eines schwarz-gelben Rituals.

Das kräftige, rotwangige russische Jahr kullerte durch den Kalender mit seinen buntgefärbten Eiern, den Weihnachtsbäumen, den stählernen finnischen Schlittschuhen, seinem Dezembermonat, den glöckchengeschmückten Schlitten zur Karnevalszeit und den Sommerferien in einem Landhaus. Und bei uns nun ging ein Gespenst um – Neujahr im September, unfrohe, seltsame Feiertage, die mein Ohr peinigten mit ihren wilden Namen: Rosch Haschana und Jom Kippur.

(Aus: Ossip Mandelstam, «Das Rauschen der Zeit. Die ägyptische Briefmarke». Vierte Prosa. Gesammelte autobiographische Prosa der 20er Jahre. Aus dem Russischen übertragen und herausgegeben von Ralph Dutli. Aus Ossip Mandelstam, das Gesamtwerk in 10 Bänden, herausgegeben von Ralph Dutli. © S. Fischer Verlag, Frankfurt am Main 2023)

Joseph Roth
Die Not der Schwarzen

In einem Wiesbadener Hotel hörte ich in der Nacht den Klageruf eines «Wilden». Er kam, wie der Schrei eines einsamen getroffenen Tieres, aus tiefer Wildnis, dumpf und dunkel im Anfang, immer steigend und heller werdend, und brach schliesslich mit einem schrillen Tremolo ab. Dann begann er wieder und erklang so, fast in regelmässigen Abständen von fünf Minuten, bis in den späten Morgen.

Unten, im Foyer, traf ich den «Wilden», der seinen Schmerz in die Nacht hinausgeschrien hatte. Um den Portier versammelten sich ein paar Hotelgäste und führten Klage wegen der gestörten Nachtruhe. Der Portier wies auf den Schwarzen in französischer Uniform. Die Gäste verstanden.

Es waren Bewohner des Rheinlands und sie hörten nicht zum ersten Mal einen Schwarzen weinen.

Man hört hier oft die Klagerufe dieser fremden Menschen, die Kälte und Hunger leiden, von Vorgesetzten geschlagen werden und von Krankheiten heimgesucht, deren Namen sie nie gehört haben, europäische Krankheiten, denen ihre Konstitution nicht standhalten kann.

Sie bekommen Grippe und Influenza und der Reihe nach die Kinderkrankheiten Masern, Scharlach und Windpocken. Werden sie geschlechtskrank, so ist ihre Behandlung lange nicht so sorgfältig wie diejenige, deren sich die weissen Soldaten erfreuen dürfen. Die schwarzen Truppen im Rheinland sind nach den betroffenen Deutschen die unglücklichsten Opfer dieses unglücklichen Nachkrieges.

Schon ihre Löhnung ist ein Gradmesser für die Behandlung, die ihnen der «weisse Bruder» angedeihen lässt. Sie erhalten – aus Gründen, die selbst französischen Offizieren, mit denen ich gesprochen habe, unerklärlich sind – *nur 80 Goldpfennige im Tag.* Die Teuerung im besetzten Gebiet ist so ungeheuer, dass man für diese Summe kaum fünf Zigaretten erhalten kann, kaum ein halbes Glas Wein, schwerlich einen schlechten Kaffee. Die Verpflegung der Schwarzen besteht in Suppe, Suppe, Suppe. Sie bekommen das schlechteste, älteste Fleisch, die zähesten Stücke, deren man habhaft werden kann und die für die weissen Angehörigen der Armee nicht gekocht werden dürfen. Für die kleinsten Vergehen sind die härtesten Strafen ausgesetzt, wie Spangen, Anbinden, einen halben Tag auf dem Rücken liegen mit an den Körper gefesselten Armen und emporgezogenen Beinen, die Füsse in eisernen Ringen, die von der Decke herunterhängen. Ein Recht auf Urlaub haben die Schwarzen nicht. Eine formelle, sehr selten angewendete Bestimmung sichert ihnen einen *einmonatigen Urlaub nach zwei Dienstjahren* zu. Aber in der Praxis erhalten nur die schwarzen Unteroffiziere diesen Urlaub, wenn sie sich im Laufe der zwei Jahre nicht die geringste Sünde (im militärischen Sinne) zuschulden kommen liessen. Die einfachen Soldaten, die nicht lesen und schreiben können, die sich auch nicht, wie Hetzberichte zu erzählen wissen, durch Schänden und Plünderungen die Zeit vertreiben können und die nicht das Geld haben, um in ihr geliebtes Kino zu gehen, empfinden die lange, grausame Abwesenheit von der Heimat am schmerzlichsten. Zwei Monate dauert es, ehe sie ein Brief von ihren Angehörigen erreicht hat. Die meisten haben Frau und Kinder zu Hause gelassen. Ihre Sehnsucht ist unbeschreiblich, mit dem Heimweh eines Europäers, der auch in der Fremde unter seiner Hautfarbe immer noch zu Hause ist, nicht zu vergleichen. Es ist der Schmerz gefangener, unschuldiger, gequälter Tiere einer grossen grausamen Menagerie: der Besatzung.

Die Schwarzen können überhaupt nicht oder nur in den seltensten Fällen Offiziere werden. Meist bleiben sie Sergeanten. Aber die Unteroffiziere der schwarzen Armee sind gesellschaftlich halb und halb dienstlich den weissen Unteroffizieren nicht gleichgestellt. Es ist Vorschrift gewordene Sitte, dass der schwarze Sergeant den weissen zuerst und sehr respektvoll grüsst – und wäre dieser um noch so viele Jahre jünger. Alle barbarischen Sitten und Gebräuche der Fremdenlegion sind in der schwarzen Armee üblich. Gemeinsame Kameradschaftsfeste zwischen weissen und schwarzen Soldaten gibt es niemals.

Man muss nur sehen, mit welchem Hochmut ein weisser Offizier, die Reitgerte schwingend, dem schwarzen Soldaten eine persönliche Dienstleistung befiehlt. Auf den Bahnhöfen kann man die schwerbepackten Schwarzen wie Maulesel einhertrotten sehen und voran geht der Herr Kapitän mit seiner sehr eleganten Gattin, die eine ganze Brautausstattung mit sich auf Reisen führt.

Nach den Vorschriften bekommt ein Schwarzer nur in Ausnahmefällen Urlaub, das heisst, wenn seine nächsten Angehörigen gestorben sind. Der Tod muss erst durch die örtliche Zivilbehörde konstatiert werden. Wenn man den Beamten daheim besticht, lässt er auch einen Lebendigen tot sein. Gibt man ihm nichts, so bleibt auch der Tote lebendig. Der Schwarze kann regelmässig, frühestens drei Wochen nach dem Tod seines Vaters, seiner Mutter, seiner Frau heimkehren.

Es ist eine schwarz-weisse Schmach, die zu diesem hartgewordenen Himmel schreit und auf die nicht einmal die Menschen aufmerksam werden. In den Zeitungen sind diese Dinge nicht zu finden. Ententejournalisten werden sich hüten, über die Not der Schwarzen zu schreiben. Amerikanische halten Schwarze für minderwertig. Deutsche schreiben nur über das deutsche Elend. Und bis zum Journalismus haben es die Schwarzen selbst noch nicht gebracht. Nur in einem Hotel in Wiesbaden hört man gelegentlich den Schrei ihrer durchwachten Nächte.

(Joseph Roths Feuilleton erschien unter dem Titel «Die deutsche Revanche» am 19. Dezember 1923 im «Neuen Wiener Abendblatt», Wien. Wieder abgedruckt in «Joseph Roth: Heimweh nach Prag. Feuilletons – Glossen – Reportagen für das Prager Tagblatt», herausgegeben und kommentiert von Helmut Nürnberger, Wallstein Verlag, Göttingen 2012)

Wisława Szymborska
Ella im Himmel
Drei Gedichte, aus dem Polnischen von
Renate Schmidgall und Karl Dedecius

Ella im Himmel

Sie betete zu Gott,
betete inständig,
er möge aus ihr
ein glückliches weisses Mädchen machen.
Und wenn es schon zu spät ist für diese Veränderung,
dann, lieber Gott, schau wenigstens, wieviel ich wiege
und nimm mir mindestens die Hälfte weg.
Aber der gnädige Gott sagte nein.
Er legte ihr nur die Hand aufs Herz,
sah ihr in die Kehle, strich ihr über den Kopf.
Und wenn alles vorbei ist, sagte er,
machst du mir die Freude und kommst zu mir,
mein schwarzer Schatz, du singender Klotz.

Glückliche Liebe

Glückliche Liebe. Ist das normal,
ernst zu nehmen, ist das nützlich –
was hat die Welt von zwei Menschen,
die die Welt nicht sehen?

Zueinander erhoben ohne jedes Verdienst,
die ersten besten von Millionen, aber überzeugt,
dass es so kommen musste – als Belohnung wofür? Für nichts;
das Licht fällt von nirgendwo –
warum gerade auf sie und nicht andere?
Beleidigt das die Gerechtigkeit? Ja.
Verletzt es die sorgsam angehäuften Prinzipien,
stösst es die Moral vom Sockel? Ja, das tut es.

Schaut euch diese Glücklichen an:
würden sie sich wenigstens ein bisschen verstellen,
Bedrücktheit heucheln, um die Freunde aufzumuntern!
Hört, wie sie lachen – geradezu kränkend.
Welche Sprache sie sprechen – scheinbar verständlich.
Doch diese Zeremonien, dieses Getue,
die extravaganten Pflichten einander gegenüber –
eine Verschwörung hinter dem Rücken der Menschheit!

Schwer zu sagen, wozu es führte,
wenn sich ihr Beispiel nachahmen liesse.
Womit Religion und Poesie rechnen könnten,
woran man sich erinnern, was man unterlassen würde,
wer dabeibleiben wollte.

Glückliche Liebe. Muss das sein?
Takt und Vernunft raten, sie zu verschweigen
wie einen Skandal aus den höheren Lebenssphären.
Prächtige Kinder werden ohne sie geboren.
Die Erde könnte sie niemals bevölkern,
sie kommt schliesslich selten vor.

Sollen doch Menschen, die sie nicht kennen,
behaupten, es gebe keine glückliche Liebe.

Mit diesem Glauben leben und sterben sie leichter.

Spiegel

Ja, ich erinnere mich an diese Wand
in unserer zerstörten Stadt.
Sie ragte fast sechs Stockwerke hoch.
Im vierten war ein Spiegel,
ein unglaublicher Spiegel,
weil nicht kaputt, solide befestigt.

Er spiegelte kein Gesicht mehr,
keine Hände, die das Haar richten,
keine Tür gegenüber,
nichts, was man einen Ort
hätte nennen können.

Es war wie in den Ferien –
man betrachtete darin den lebendigen Himmel,
geschäftige Wolken in wilder Luft,
den Staub der Trümmer, von glänzendem Regen gewaschen,
Vögel im Flug, Sterne, Sonnenaufgänge.

Und wie jeder gut gefertigte Gegenstand
funktionierte er einwandfrei,
das fehlende Staunen berufsbedingt.

(Aus: Wisława Szymborska, «Glückliche Liebe und andere Gedichte». Aus dem Polnischen von Renate Schmidgall und Karl Dedecius. Mit einer Nachbemerkung von Adam Zagajewski. Suhrkamp Taschenbuch 4558. 2014. © Suhrkamp Verlag Berlin 2023. Originalausgabe «Miłość szczęśliwa i inne wiersze», Kraków: Wydawnictwo a5 2007)

Kolonialismus
und Völkerwanderung

Abdulrazak Gurnah
Ein Streitgespräch von 1899 über die Zukunft des britischen Empires

Sie sassen nach einem Abendessen, bestehend aus Ziegeneintopf und Reis, auf der Veranda. Button, der Verwalter der Plantage in Bondeni, war gekommen, um die Bekanntschaft des Kranken zu machen. Er war ein gedrungener Mann mit wirrem schwarzem Haar und streng gestutztem Schnurrbart. Die Mühe, die er sich offensichtlich mit seinem Schnurrbart gab, verlieh ihm in Martins Augen etwas Pedantisches. In seinen weiten Sachen wirkte er plump und schien sich auch nicht wohlzufühlen darin, aber in den Khakis, die er bei seiner Ankunft getragen hatte, hatte er noch schlimmer ausgesehen. Sie hatten seit Sonnenuntergang kontinuierlich getrunken, Gin und Zitronensaft für Burton, Scotch und Wasser für Frederick und Martin. Eine Weile hatte Martin mit den beiden anderen Schritt gehalten, wenn auch ohne ihren Durst und ihre Lust am Trinken. Er trank, um nicht unhöflich oder langweilig zu erscheinen. Sobald sie sich so richtig in ihr Streitgespräch über die Zukunft des Empire vertieft hatten und die Stimmen in der Hitze des Gefechts immer lauter wurden, verlor Frederick das Interesse daran, Martins Glas immer wieder nachzufüllen, überliess ihn sich selbst und forderte ihn nur gelegentlich auf, in der einen oder anderen Frage seine Partei zu ergreifen.

Burton brauchte keine Verbündeten, er war davon überzeugt, dass die Zukunft für britische Besitzungen in Afrika im sukzessiven Niedergang und allmählichen Verschwinden der afrikanischen Bevölkerung lag, an deren Stelle europäische Siedler treten würden. Dies war, seiner festen Überzeugung nach, eine unvermeidliche und zwangsläufige Entwicklung, sofern man den Dingen einfach ihren Lauf liess, keine Klugscheisser von Beamten dazwischenfunkten und jene Besserwisser, die ständig von der Verantwortung für das Wohlergehen der Eingeborenen faselten, ihre obstruktive Einmischung unterliessen.

Martin hatte das Gefühl, dass diese Art der Konversation etwas Einstudiertes an sich hatte und typisch war für Engländer in den Kolonien, die sich seriös mit politischen Fragen auseinandersetzen. Burtons Stimme wurde sogar noch schärfer, er zog andere Register und drückte sich mit der Präzision des Sachkundigen aus. Möglicherweise taten sie es seinetwegen, aber vielleicht auch für sich selbst, um sich gegenseitig ihre Bedeutung und Präsenz in der Welt zu bestätigen. Hol doch der Teufel die Einsamkeit, die Diener, die Krankheiten und die nagende Angst, wenn sie darüber nachdachten, was sie waren und was sie taten. Was spielte das alles schon für eine Rolle? Es gab die grosse Welt, um die man sich kümmern musste. So reden Männer eben nach ein oder zwei Drinks, um die kleinen Unannehmlichkeiten des Alltags durch Diskussionen über Dinge, die die Welt bewegen, zu verdrängen.

«Dieser Kontinent besitzt das Potenzial, ein zweites Amerika zu werden», sagte Burton mit sturem Nachdruck, als erwarte er, dass seine Worte skeptische Aufnahme finden würden. «Aber nicht, solange die Afrikaner hier sind. Seht euch diese Region an. Die Nigger hier sind von den Arabern verdorben worden, von ihrer Religion und ihren ... ihren parfümierten Höflichkeiten. Und mit den Arabern selbst ist auch nicht viel los. Die spucken doch nur grosse Töne und sind nicht fähig, auch nur einen Tag wirklich zu arbeiten, es sei denn, ihr Leben hängt davon ab, oder sie können fette Beute machen. Bevor wir gekommen sind, war das reines Piratenland. Wenn die Winde günstig waren, sind die Araber gekommen, über die Küste hergefallen und haben nach Lust und Laune geplündert, Menschen geraubt und Sklaven gemacht. Wenn die Winde sich wieder gedreht haben, sind sie so schnell wie möglich in ihre Höhlen zurück, um mit ihrer Beute zu spielen. Je früher sie verarmen und von hier vertrieben werden, desto besser.»

«Vielleicht», sagte Frederick, die Richtigkeit dieser Bemerkung über die Araber konzedierend, aber die Lust am Sticheln funkelte ihm aus den Augen. Martin hatte schon genug gehört, um das Spiel zu durchschauen: Burton äusserte diese hässlichen Dinge, und Frederick provozierte ihn dann bewusst dazu, die Grenzen zu überschreiten. «Aber Sie müssen zugeben, dass sie ein bisschen Ordnung in diese Gegend gebracht haben. Das müssen Sie zugeben.»

Burton liess sich Zeit, schwenkte zufrieden den Gin in seinem Glas, und als er sprach, war seine Stimme ganz ruhig und liess er sich nicht auf die Herausforderung ein. «Trotz der vom Sultan von Sansibar repräsentierten Ordnung, die dem Anschein nach hier herrscht, würde dieses Land ohne unsere Anwesenheit innerhalb einer Saison wieder zu Piratenland werden. Und die wilden Afrikaner im Landesinneren – das ist wiederum ein anderes Kapitel. Die sind zum Untergang verdammt; zumindest das, was noch von ihnen übrig ist. Sie werden in der Begegnung mit der Zivilisation dahinsiechen, verhungern und sterben. Und es soll mir bloss keiner mit Moral und Verantwortung kommen. Es ist unvermeidlich, es ist ein wissenschaftliches Faktum. Es ist nichts Grausames daran und es ist überall geschehen, immer und immer wieder, auf genau dieselbe Art.»

«Ich neige zu der Ansicht, dass Sie als Diener des Empires Ihre Pflicht versäumen», sagte Frederick in einem solch bombastischen Ton, dass seine Anschuldigung nicht wirklich ernst gemeint sein konnte. «Um die Wahrheit zu sagen, ich neige zu der Ansicht, dass Sie Ihre humanitäre Pflicht versäumen. Ich habe den Eingeborenen gegenüber durchaus eine Verantwortung, die Verantwortung, mich um sie zu kümmern und sie langsam zu Gehorsam und geordneter Arbeit zu lenken.»

«Das ist genau das, was ich meine. Obstruktive Einmischung. Je mehr wir für sie tun», sagte Burton und hob wieder die Stimme, «desto mehr werden sie verlangen, ohne einen Finger dafür zu rühren. Bald werden sie von uns erwarten, dass wir sie ernähren und ihnen zugleich ihre Barbarei weiter durchgehen lassen. Sie werden uns hassen und trotzdem erwarten, dass wir es als unsere Verpflichtung betrachten, für ihr Wohlergehen zu sorgen. Sie werden ihren berechtigten Anspruch darin sehen. Zu einer geordneten Arbeit wird man sie kaum bringen, nicht, wenn man sie sich selbst überlässt.»

«Darum habe ich ja gesagt, sie dahin *lenken*», antwortete Frederick. «*Das* ist unsere Verantwortung.»

«Sie dazu zwingen, meinen Sie», sagte Burton. «Man kann sie nur durch Zwang und Manipulation zum Arbeiten bringen, nicht, indem man ihnen beizubringen versucht, dass Arbeit und Leistung einen moralischen Wert haben. Für uns. Das werden sie nie verstehen. Deshalb tragen sie ja immer noch Felle und leben in Hütten aus Blättern und Dung. Sie sind ganz zufrieden damit, und sie werden töten, um diese Lebensweise zu verteidigen. Sie können über Verantwortung reden, so viel Sie wollen, aber wenn Sie Wohlstand und Ordnung in Afrika haben wollen, brauchen

Sie eine europäische Besiedlung. Dann können wir aus diesem Kontinent ein zweites Amerika machen.»

«Um das zu erreichen, werden wir morden müssen», sagte Frederick, nun mit wirklich vor Zorn funkelndem Blick, dann nahm er einen grossen Schluck von seinem Scotch. «Obwohl wenn man Sie so reden hört, hat es den Anschein, als hielten Sie das für eine gar nicht so schreckliche Sache.»

«Nein, Sie nehmen eine Position ein, der es an intellektueller Männlichkeit mangelt», antwortete Burton liebenswürdig. Martin sah, dass Burton Fredericks Provokation ausgewichen war, und ihn jetzt selbst provozierte. «Wir morden sie jetzt schon. Wir morden sie, um sie dazu zu bringen, uns zu gehorchen. In Wirklichkeit brauchen wir weiter nichts zu tun, als sie sich selbst zu überlassen, ohne uns einzumischen, und sie werden ganz allein für ihren Untergang sorgen.»

Martin hörte sich schweigend an, wie sie unermüdlich wiederholten, was sie selbst von den Niggern unterschied, wobei mit Niggern inzwischen mehr oder weniger alle gemeint waren, die sie unter ihre Herrschaft gezwungen hatten. Das galt nicht nur für die Briten. Er hatte ähnliche Diskussionen zwischen anderen Europäern gehört, zwischen Franzosen und Holländern, ja sogar zwischen Polen und Schweden, die keine Eingeborenen hatten, über die sie herrschen oder über deren nahe bevorstehenden Untergang sie sich auslassen konnten. Er reagierte auf diese Art von Gesprächen auf eine ganz bestimmte Art. Sie machten ihn krank. Der Gedanke, es könnte sie jemand dabei belauschen, war eine Horrorvorstellung für ihn. Er fragte sich, ob Burton seinen Abscheu über das, was er sagte, gespürt hatte, und ob er bewusst übertrieb, um ihn zu reizen, oder ob es nur der Gin war.

«Na, Pearce, ich meine, Martin, alter Knabe», sagte Frederick leicht betrunken und ein wenig angespannt, vielleicht weil Pearce nicht gegen die vulgären Phantasien Stellung bezog, in denen Burton sich erging. «Was halten Sie denn von all dem? Da sind wir, 1899. Was, meinen Sie, wird das neue Jahrhundert bringen? Werden wir es besser machen als unsere resoluten Vorgänger? Wird dieses Land, von den Eingeborenen gesäubert, in eine Art Amerika verwandelt werden oder werden wir es erleben, dass diese Einfaltspinsel zivilisierte und hart arbeitende Staatsbürger werden? Na los, was hat der werte Herr dazu zu sagen?»

»Ich glaube, wir werden unser Tun in Ländern wie diesem mit der Zeit in immer weniger heldenhaftem Licht sehen», sagte Martin. «Ich glaube, wir werden uns mit der Zeit ein weniger schmeichelhaftes Bild von uns machen. Ich glaube, wir werden uns für manches schämen, was wir getan haben.»

«Ein *Anti-Empirewallah*», sagte Frederick entzückt. «Nun, Burton, lassen Sie uns hören, was Sie davon halten.»

«Und was diese Kreaturen anlangt, die zu etwas Besserem zu machen wir uns so mächtig angestrengt haben», fuhr Martin fort und wünschte zugleich, er hätte überhaupt nichts gesagt, «ihnen schulden wir die Sorge um ihr Wohl für die Art, wie wir in ihr Leben eingedrungen sind und ihre Gewohnheiten gestört haben.»

Burton wandte sich mit einem höhnischen Ausdruck des Ekels ab. «Wir schulden ihnen nichts ausser Geduld», sagte er. «Die Geduld, zu warten, bis ihre Zeit gekommen ist. Dieselbe Geduld, die man für ein sterbendes Tier aufbringen würde. Wir sind nicht verantwortlich dafür, dass sie wie die Tiere leben und sterben. Alles, was wir ihnen schulden, ist die Geduld, zu warten, bis sie ihrem Elend selbst ein Ende machen.»

«Burton, Sie klingen manchmal selbst wie ein Tier», sagte Frederick und machte ein angewidertes Gesicht. «Ich zweifle nicht daran, dass Sie recht haben, Martin, vor allem, wenn wir an diese hässlichen Prophezeiungen denken, die Burton so gefallen. Ich glaube nicht, dass das neue Jahrhundert um ein Jota besser sein wird als das, aus dem wir abdanken. Was kann man schon von einem Jahrhundert erwarten, das seine Bücher damit schliesst, einem Geist wie Oscar Wilde auf eine solche Weise das Licht auszublasen, wie wir es getan haben.»

«Oscar Wilde!» rief Pearce aus und lachte. «Oh, wir haben Schlimmeres vollbracht.»

«Ich sage Ihnen, wenn ich der Ansicht wäre, dass Burton recht behalten wird mit seinen Prognosen», erklärte Frederick, ein wenig über seine Worte stolpernd, «würde ich meine Sachen packen und noch morgen heimfahren, und zur Hölle mit dem Empire. Das sind die Phantasien dieser Verrückten, mit denen Burton unten in Südafrika so viel Zeit verbracht hat. Habgierige Engländer und holländische Fanatiker haben seinen scharfen wissenschaftlichen Geist mit ihren Prophezeiungen über ausgelöschte Rassen verwirrt. Das ist nicht das Wesen des Empire. In Indien hat man sowas nie gehört.»

«Afrika ist nicht Indien», sagte Burton. «Und sogar dort hat das Empire gezeigt, dass die indische Lebensweise antiquiert ist. Sie hat keinen Sinn und Zweck mehr. Das Beste, was sie tun können, ist sich von uns ablösen zu lassen und uns zu imitieren, so gut sie können. Jedenfalls ist das immer noch besser als das, was wir hier haben. Indien ist eine veraltete Zivilisation, die am Ende ihres sinnvollen Lebens angekommen ist. Aber hier haben wir nichts als wilde Kreaturen und Barbarei.»

«Sie reden solchen Unfug daher», sagte Frederick und füllte die Gläser nach. «Wenn Sie die Eingeborenen für solche Tiere halten, warum bringen Sie ihnen dann Kricket bei?»

«Wegen des Unterhaltungswerts. Bestimmt nicht, weil ich glaube, dass ein *Ranjitsinhji* unter ihnen ist», sagte Burton und lächelte über seine Schwierigkeiten mit der Aussprache des Namens.

Aus: Abdulrazak Gurnah: «Die Abtrünnigen». Roman. Aus dem Englischen von Stefanie Schaffer-de-Vries. Berlin Verlag, Berlin 2006. © Penguin Verlag, München, in der Penguin Random House Verlagsgruppe GmbH. Das Original erschien 2005 unter dem Titel «Desertion» bei Bloomsbury Publishing, London. Titel vom Herausgeber)

Toni Morrison
Heimat

Voriges Jahr wurde ich von einer Kollegin gefragt, wo ich in meiner Kindheit zur Schule gegangen sei. In Lorain, Ohio, antwortete ich ihr. Sie erkundigte sich weiter: War die Rassentrennung an euren Schulen da schon aufgehoben? Wie bitte?, erwiderte ich. Es gab keine Rassentrennung in den dreissiger und vierziger Jahren – was hätte man da aufheben können? Nebenbei, wir hatten eine Highschool und vier Junior-High-Mittelschulen im Ort. Dann machte ich mir bewusst, dass sie um die vierzig Jahre alt war, als überall von der Aufhebung der Rassentrennung gesprochen wurde. Offenbar befand ich mich in einer Zeitschleife, und offenbar war die damalige bunte Gesellschaft des Städtchens meiner Jugend nicht so wie das übrige Land. Ehe ich

Lorain verliess, um nach Washington D.C., dann Texas, dann Ithaca, dann New York City zu gehen, glaubte ich, dass es, von der unterschiedlichen Grösse der Städte abgesehen, überall mehr oder weniger ähnlich aussah. Nichts konnte der Wahrheit ferner sein. Jedenfalls veranlassten mich ihre Fragen, noch einmal neu über diese Gegend von Ohio und meine Erinnerungen an meine Heimat nachzudenken. Der Landstrich rund um Lorain, Elyria, Oberlin ist nicht mehr so wie zu der Zeit, als ich dort lebte, aber darauf kommt es kaum an, weil die Heimat in der Erinnerung liegt und in den Gefährten, Freundinnen und Freunden, die diese Erinnerungen teilen. Ebenso wichtig wie Erinnerungen und den Ort und die Menschen ist aber die Vorstellung, die man von Heimat hat. Was meinen wir eigentlich, wenn wir «Heimat» sagen?

Es ist eine virtuelle Frage, weil das Schicksal des einundzwanzigsten Jahrhunderts von der Möglichkeit oder dem Scheitern einer gemeinsam geteilten Welt bestimmt sein wird. Die Frage kultureller Apartheid und/oder kultureller Integration berührt den Kernbereich allen Regierungshandelns; sie bestimmt unsere Wahrnehmung der Art und Weise, wie Politik und Gesellschaft die (freiwilligen oder der Not gehorchenden) Migrationsbewegungen der Gegenwart bedingen, und sie hat unbequeme Fragen nach Vertreibung und Ankommen und der neuerlichen Zunahme einer Belagerungsmentalität im Gefolge. Wie widerstehen Individuen der Dämonisierung von Fremden, und wie werden sie zu Komplizen bei diesem Prozess, der den Zufluchtsort eines Migranten zu feindlichem Territorium machen kann? Indem sie Immigranten willkommen heissen – oder aus ökonomischen Gründen Sklaven in ihre Mitte holen und noch deren Kinder wie moderne Untote behandeln. Oder eine komplette Urbevölkerung, oft mit einer Jahrhunderte oder Jahrtausende alten Geschichte, zu verachteten Fremdlingen im eigenen Land erklären. Oder in der privilegierten Gleichgültigkeit einer Regierung der schier biblischen Flut, die eine ganze Stadt vernichtet, tatenlos zusehen, weil deren Bürger überflüssige Schwarze oder Habenichtse ohne Transportmittel, Trinkwasser, Nahrung und Hilfe sind, die man getrost sich selbst überlassen und in fauligem Wasser, in Dachkammern, Krankenhäusern, Gefängnissen, Arrestzellen oder aller Öffentlichkeit schwimmen, um ihr Leben kämpfen und verrecken lassen kann. Solcher Art sind die Folgen beharrlicher Dämonisierung. Es ist eine Ernte der Schande.

Natürlich ist die Völkerwanderung der Bedrängten zu den Grenzen und über die Grenzen hinaus nichts Neues. Erzwungene oder von der Lust auf Neuland getragene Migration in geographisch oder psychologisch fremdes Territorium ist aus der Geschichte jedes Quadranten dieser Welt nicht wegzudenken, vom Zug der Afrikaner bis nach China und Australien über die Feldzüge der Römer, Türken, Europäer bis zu den merkantilen Raubzügen, die die Gelüste zahlloser Regime, Monarchien und Republiken gestillt haben. Von Venedig bis Virginia, von Liverpool bis Hongkong. Sie alle haben Reichtümer und Kulturen über die Grenzen getragen. Und sie alle haben eine Blutspur hinterlassen, auf fremdem Boden und/oder in den Adern der Eroberten. Während die Sprachen der Eroberten wie der Eroberer ihren Wortschatz in der Folge um wechselseitige Schmähungen erweitern.

Die Neuordnung politischer und ökonomischer Allianzen und die geschmeidige Anpassung der Nationalstaaten wirken sich ermutigend oder bremsend auf die Verschiebung ganzer Populationen aus. Vom Höhepunkt des Sklavenhandels einmal abgesehen, ist die Wanderungsbewegung der Völker heute grösser als jemals zuvor. Es ist eine Wanderung von Arbeitern und Intellektuellen, von Flüchtlingen, Händlern, Migranten und Armeen, über die Meere oder durch Kontinente, auf heimlichen Pfaden oder durch die Amtsstuben von Einwanderungsbehörden. Sie spricht in vielen Sprachen von Handel und politischer Intervention, von Verfolgung, Exil, Gewalt, Armut, Tod und Schande. Kein Zweifel, dass diese weltweite Umverteilung von Menschen (teils freiwillig, teils unfreiwillig) weit oben steht auf den Tagesordnungen der Regierungsämter und Vorstandsbüros, dass sie das Gespräch bestimmt auf der Strasse und im Viertel. Politische Massnahmen zur Lenkung der Ströme beschränken sich keineswegs darauf, die Entwurzelten zu überwachen. Die Versetzung von Diplomaten und Managern an die Aussenposten der Globalisierung sowie die Errichtung von Militärbasen und die Stationierung frischen Truppenmaterials rangieren weit oben im Arsenal der Mittel, mit denen die Regierungen der Völkerwanderung Herr zu werden suchen. Die Lawine von Migranten stellt unser Konzept von Staatsbürgerschaft auf die Probe und verändert unsere Wahrnehmung von Raum – öffentlich oder privat. Die allgemeine Verunsicherung hat zu einer Unzahl von hybriden, mit einem Bindestrich zusammengekoppelten Bezeichnungen nationaler Identität geführt. In Zeitungsartikeln ist die geographische Herkunft zu einem wichtigeren Merkmal geworden als die Staatsangehörigkeit, man liest von einem «deutschen Staatsbürger dieser oder jener Herkunft» oder einem «englischen Staatsbürger dieser oder jener Herkunft». Und all das, während gleichzeitig ein neues Ideal von Weltbürgertum, eine Bürgerlichkeit von bunter kultureller Vielfalt propagiert wird. Die Verpflanzung ganzer Völker hat den Begriff «Heimat» explosiv und unsicher gemacht, während sich die Definition von «Identität» von nationaler Zugehörigkeit hin zur Abgrenzung gegenüber Fremdem verschoben hat. «Wer ist der Fremde?» ist eine Frage, die uns empfinden lässt, dass in Verschiedenheit eine heimliche, aber wachsende Bedrohung lauert. Wir merken es an der Abgrenzung der Einheimischen von den Neuankömmlingen; an der Verunsicherung, die uns beim Gedanken an die eigene Zugehörigkeit beschleicht (bin ich ein Fremder im eigenen Land?); an der Empfindung ungewollter Nähe statt sicherer Distanz. Gut möglich, dass das treffendste Charakteristikum unserer Zeit darin besteht, dass Mauern und Waffen heute eine ähnlich bedeutende Rolle spielen wie einst im Mittelalter. Durchlässige Grenzen werden in manchen Kreisen als eine Zone der Bedrohung, des unvermeidlichen Chaos begriffen, gegen welches, ob real oder nur eingebildet, Abschottung das einzige Gegenmittel ist. Mauern und Munition – sie mögen funktionieren. Für eine Weile. Aber langfristig versagen sie total, denn die notdürftig Verscharrten, die Bewohner der Massengräber kehren wieder als jene Geister, die die ganze Geschichte der Zivilisation heimsuchen.

Betrachten wir eine weitere Konsequenz der eklatanten Gewalttätigkeit, der das Fremdsein ausgesetzt ist – ethnische Säuberungen. Wir wären nicht nur vergesslich, sondern verantwortungslos, würden wir nicht das Schicksal jener Millionen von Menschen erwähnen, die auf den Status von Ungeziefer oder Umweltschmutz reduziert werden von Staaten, die über eine uneingeschränkte und bedenkenlos ausgeübte Macht der Definition von Fremdheit verfügen und sich anmassen, über Leben oder einen Tod fern der Heimat zu entscheiden. Ich habe bereits erwähnt, dass die Vertreibung und das Abschlachten von «Feinden» so alt sind wie die Geschichte selbst. Aber in diesem und dem vergangenen Jahrhundert hat sich etwas verändert, das die Seelen zerstört. In keiner anderen Epoche haben wir eine solche

Unzahl von Aggressionen gegenüber Menschen erlebt, die als «nicht wie wir» stigmatisiert werden. Und Sie alle haben gesehen, dass die zentrale politische Frage in den beiden letzten Jahren so gelautet hat: Wer, oder was, ist ein Amerikaner?

Nach allem, was ich von den Historikern des Genozids – seiner Definition und Durchführung – gelernt habe, scheint sich ein Muster abzuzeichnen. Nationalstaaten, Regierungen auf der Suche nach Legitimation und Identität sind offenbar in der Lage und auch dazu entschlossen, sich durch die Vernichtung eines kollektiven «Anderen» zu stabilisieren. Als die europäischen Nationen unter dem Joch monarchischer Konsolidierung standen, konnten sie diese Schlächtereien in ferne Länder – Afrika, Südamerika, Asien – auslagern. Australien und die Vereinigten Staaten, die sich selbst zu Republiken erklärt hatten, mussten ihre indigenen Völker liquidieren oder zumindest ihrer Ländereien berauben, um den neuen, demokratischen Staat aufzubauen. Der Niedergang des Kommunismus brachte einen bunten Strauss neuer oder wiederbegründeter Staaten hervor, die ihre Unabhängigkeit daran massen, wie weit die Säuberungen unter den Gruppen der Unliebsamen gediehen waren. Ob es Angehörige anderer Religionen, Ethnien, Kulturen waren – immer fand sich ein Grund, sie erst zu dämonisieren, um sie dann vertreiben oder liquidieren zu können. Um einer vermeintlichen Sicherheit willen, oder um die Vorherrschaft zu behaupten, oder um sich ihr Land unter den Nagel zu reissen, wurden die Fremdartigen zur Verkörperung all dessen stilisiert, was die werdende Nation bedrohte. Wenn meine Gewährsleute, die Historiker, recht behalten, werden wir immer neue Wellen von widersinnigen Kriegen erleben – nur dazu gedacht, den Herrschern dieser Staaten die Macht zu erhalten. Gesetze können sie so wenig stoppen wie irgendein Gott. Interventionen provozieren sie nur.

(Aus: Toni Morrison, «Selbstachtung». Ausgewählte Essays, Reden und Betrachtungen. Aus dem Englischen von Thomas Piltz, Nikolaus Stingl, Christiane Buchner, Dirk von Gunsteren und Christine Richter-Nilsson. Rowohlt Taschenbuchverlag, Hamburg 2020. ©Rowohlt Verlag, Hamburg 2023)

Chimamanda Ngozi Adichie
Ein privates Erlebnis

Chika klettert als Erste durch das Ladenfenster und hält dann den Rolladen fest, während die Frau ihr folgt. Der Laden sieht aus, als sei er schon lange vor Beginn der Ausschreitungen verlassen worden; die leeren Fächer der hölzernen Regale sind mit gelbem Staub bedeckt, ebenso die in einer Ecke gestapelten Blechbehälter. Der Laden ist klein, kleiner als Chikas begehbarer Wandschrank zu Hause. Die Frau klettert herein und die Fensterrolläden kreischen, als Chika sie loslässt. Ihr zittern die Hände, und die Waden brennen vom wackligen Lauf in ihren hochhackigen Sandaletten vom Markt hierher. Sie möchte der Frau dafür danken, dass sie sie aufgehalten hat, als sie an ihr vorbeieilte, dass sie ihr zugerufen hat: «Nicht laufen dahin!» und sie stattdessen zu diesem leeren Laden geführt hat, wo sie sich verstecken können. Doch ehe sie sich bedanken kann, sagt die Frau, indem sie ihren blossen Hals berührt: «Hab Kette beim Rennen verloren.»

«Ich habe alles fallen lassen», sagt Chika. «Ich habe Apfelsinen gekauft und habe sie und meine Handtasche fallen lassen.» Sie fügt nicht hinzu, dass die Handtasche eine Burberry war, eine echte, die ihr die Mutter auf einer kürzlichen Londonreise gekauft hat.

Die Frau seufzt, und Chika stellt sich vor, dass sie an ihre Kette denkt, wahrscheinlich auf eine Schnur gefädelte Plastikperlen. Selbst ohne den starken Hausa-Akzent der Frau kann Chika an der Schmalheit ihres Gesichts, an den ungewöhnlich stark hervortretenden Wangenknochen erkennen, dass sie aus dem Norden des Landes stammt und dass sie Muslimin ist, wegen des Schals. Er hängt der Frau jetzt um den Hals, doch er war wahrscheinlich lose um den Kopf geschlungen und bedeckte die Ohren. Ein langer, dünner rosa-schwarzer Schal, knallig hübsch wie alle billigen Sachen. Chika fragt sich, ob die Frau sie ebenso mustert, ob die Frau aus ihrer hellen Hautfarbe und dem silbernen Fingerrosenkranz, den sie wegen ihrer Mutter trägt, schliessen kann, dass sie eine Igbo und Christin ist. Später wird Chika erfahren, dass Hausa-Muslime, während sie mit der Frau sprach, Igbo-Christen mit Macheten niederhackten, mit Steinen erschlugen. Aber jetzt sagt sie: «Danke, dass Sie mich gerufen haben.

Es ist so schnell gegangen, und alle sind gerannt, und plötzlich war ich allein und wusste nicht, was ich tun sollte. Vielen Dank.»
«Hier ist sicher», sagt die Frau mit so leiser Stimme, dass es fast ein Flüstern ist. «Die kommen nicht in klein-klein Laden, nur in gross-gross Laden und Markt.»
«Ja», sagt Chika. Doch sie hat keinen Grund, zuzustimmen oder anderer Meinung zu sein, sie weiss nichts über Unruhen: Was sie miterlebt hatte, war einzig die Demonstration für mehr Demokratie an der Universität vor ein paar Wochen, auf der sie einen grünen Zweig getragen und mit den anderen «Das Militär muss weg! Abacha muss weg! Demokratie jetzt!» gerufen hat.

Ausserdem hätte sie an der Demonstration gar nicht teilgenommen, wenn ihre Schwester Nnedi nicht eine der Organisatorinnen gewesen wäre, die von Wohnheim zu Wohnheim gegangen war, um Flugblätter zu verteilen und mit den Studenten darüber zu reden, wie wichtig es sei, «dass wir unsere Stimme erheben».

Chika zittern noch immer die Hände. Erst vor einer halben Stunde ist sie mit Nnedi auf dem Markt gewesen. Sie hat Apfelsinen gekauft, und Nnedi ist ein Stück weitergegangen, um Erdnüsse zu kaufen, und dann gab es Geschrei – Englisch, Pidgin-Englisch, Hausa und Igbo durcheinander. «Aufruhr! Oh, es wird gefährlich! Sie haben einen Mann getötet!» Dann rannten die Menschen um sie herum los, stiessen sich gegenseitig, stürzten Karren mit Yamswurzeln um und liessen zertretenes Gemüse zurück, um das sie eben noch hartnäckig gefeilscht hatten. Chika roch den Schweiss und die Angst, und auch sie rannte über breite Strassen, hinein in diese schmale, von der sie befürchtete – spürte –, dass sie gefährlich war, bis sie die Frau sah.

Sie steht mit der Frau eine Weile still in dem Laden, und sie schauen aus dem Fenster, durch das sie eben hineingeklettert sind, dessen Holzrolläden noch kreischend hin und her schwingen. Zunächst ist die Strasse ruhig, dann hören sie rennende Füsse. Sie weichen beide instinktiv vom Fenster zurück, wobei Chika noch einen Mann und eine Frau vorbeigehen sehen kann, die Frau hat ihren Wickelrock über die Knie gerafft, auf den Rücken hat sie ein Baby gebunden. Der Mann redet schnell in Igbo, und Chika versteht nur: «Vielleicht ist sie zum Haus vom Onkel gelaufen.»

«Mach zu Fenster», sagt die Frau.

Chika schliesst das Fenster, und ohne den Luftzug von der Strasse ist die Luft in dem Raum plötzlich so voller Staub, dass sie sehen kann, wie er in Schwaden über ihr schwebt. Hier ist es stickig und riecht ganz anders als auf den Strassen draussen, die wie der himmelfarbene Rauch riechen, der in der Weihnachtszeit herumwabert, wenn die Leute geschlachtete Ziegen ins Feuer werfen, um die Haare abzusengen. Die Strassen, die sie blindlings entlanggerannt ist, ohne zu wissen, in welche Richtung Nnedi gerannt war, ohne zu wissen, ob der Mann, der neben ihr herlief, Freund oder Feind war, ohne zu wissen, ob sie stehen bleiben und eins der völlig verwirrten Kinder hochnehmen sollte, die in der Hektik von ihren Müttern getrennt worden waren, ohne auch nur zu wissen, wer hier wer war oder wer wen umbrachte.

Später wird sie dann die ausgebrannten Autokarossen sehen, mit gezackten Löchern anstelle der Fenster und Frontscheiben, und sie wird sich vorstellen, wie die brennenden Autos die Stadt sprenkeln, Picknickfeuern gleich, stille Zeugen von so vielem. Sie wird herausfinden, dass alles auf dem Parkplatz angefangen hat, als ein Mann über ein Exemplar des Heiligen Koran gefahren ist, das dort am Strassenrand lag, ein Mann, der zufälligerweise Igbo und Christ war. Die Männer in der Nähe, Männer, die den ganzen Tag herumsassen und Dame spielten, Männer, die zufälligerweise Muslime waren, zerrten ihn aus seinem Pick-up, schlugen ihm blitzschnell mit der Machete den Kopf ab, trugen ihn auf den Markt und riefen andere dazu auf, mitzumachen; der Ungläubige hatte das Heilige Buch entweiht. Chika wird sich den Kopf des Mannes vorstellen, aschfahl im Tod, und sie wird sich übergeben und würgen, bis ihr der Magen schmerzt. Aber jetzt fragt sie die Frau: «Riecht es noch nach Rauch?»

«Ja», sagt die Frau. Sie bindet ihren grünen Wickelrock los und breitet ihn auf dem staubigen Boden aus. Sie hat nur eine Bluse an und einen glänzenden schwarzen Slip, der an den Nähten zerrissen ist. «Komm und setz dich.»

Chika blickt auf den schäbigen Rock am Boden; er ist wahrscheinlich einer von den beiden, die die Frau besitzt. Sie blickt auf ihren eigenen Jeansrock hinunter und auf ihr rotes T-Shirt, das mit einem Bild der Freiheitsstatue bedruckt ist. Beides hat sie gekauft, als sie und Nnedi ein paar Sommerwochen zu Besuch bei Verwandten in New York waren. «Nein, dein Rock wird schmutzig», sagt sie.

«Setz dich», sagt die Frau. «Wir warten hier lange.»
«Weisst du, wie lange ...?»
«Heute nacht oder morgen früh.»
Chika führt die Hand zur Stirn, als prüfe sie, ob sie Malariafieber habe. Die Berührung ihrer kühlen Handfläche beruhigt sie für gewöhnlich, aber diesmal ist sie schweissfeucht. «Ich habe meine Schwester aus den Augen verloren, als sie Erdnüsse gekauft hat. Ich weiss nicht, wo sie ist.»
«Sie geht, wo ist sicher.»
«Nnedi.»
«Eh?»
«Meine Schwester. Sie heisst Nnedi.»
«Nnedi», wiederholt die Frau, und ihr Hausa-Akzent kleidet den Igbo-Namen in federleichte Freundlichkeit.

Später wird Chika die Leichenräume des Krankenhauses nach Nnedi absuchen; sie wird in Zeitungsbüros gehen, das Photo von sich und Nnedi in der Hand, das vor gerade einer Woche auf einer Hochzeit gemacht worden war, das Photo, auf dem sie ein einfältiges Beinahe-Lächeln zeigt, weil Nnedi sie, kurz bevor das Photo gemacht wurde, gezwickt hatte. Sie tragen dort beide die gleichen schulterfreien Ankara-Abendkleider. Sie wird Abzüge von dem Photo an die Mauern des Markts und die Läden in der Nähe heften. Sie wird Nnedi nicht finden. Sie wird Nnedi nie mehr finden. Aber jetzt sagt sie zu der Frau: «Nnedi und ich sind letzte Woche hierhergekommen, um unsere Tante zu besuchen. Wir haben Ferien.»

«Wo ist eure Schule?» fragt die Frau.

«Wir studieren an der Universität von Lagos. Ich studiere Medizin, Nnedi Politologie.» Chika fragt sich, ob die Frau überhaupt weiss, was ‹an der Universität studieren› bedeutet.

Und sie fragt sich auch, ob sie die Universität nur erwähnt hat, um sich an der Realität festzuhalten, die sie jetzt braucht – Nnedi ist nicht bei einem Gewaltausbruch verlorengegangen, Nnedi ist irgendwo in Sicherheit, vielleicht lacht sie auf ihre unkomplizierte Art mit weit offenem Mund, vielleicht führt sie eine ihrer politischen Diskussionen und erläutert zum Beispiel, wie die Regierung von General Abacha die Aussenpolitik dazu benutzt, sich in den Augen anderer afrikanischer Länder zu legitimieren. Oder wie die enorme Beliebtheit künstlicher blonder Haarteile ein direktes Resultat des britischen Kolonialismus ist.

«Wir sind erst seit einer Woche hier bei unserer Tante, wir waren vorher noch nie in Kano», sagt Chika, und sie merkt, dass sie das Gefühl hat: Sie und ihre Schwester sollten von dem Gewaltausbruch nicht betroffen sein. Über solche Gewaltausbrüche las man in den Zeitungen. Sie stiessen anderen zu.
«Deine Tante ist auf Markt?» fragt die Frau.
«Nein, sie ist auf Arbeit. Sie ist die Sekretariatsleiterin.» Chika hebt wieder die Hand zur Stirn. Sie setzt sich hin, viel näher zu der Frau, als sie es unter anderen Umständen getan hätte, damit sie vollständig auf dem Wickelrock zu sitzen kommt. Sie riecht etwas an der Frau, etwas Scharfes wie die Kernseife, die ihr Hausmädchen verwendet, um die Bettwäsche zu waschen.
«Deine Tante geht an sicheren Ort.»
«Ja», sagt Chika. Die Unterhaltung erscheint unwirklich; ihr ist, als beobachte sie sich selbst. «Ich kann es immer noch nicht glauben, dass das geschieht, ein derartiger Gewaltausbruch.»
Die Frau starrt vor sich hin. An ihr ist alles lang und schlank, die ausgestreckten Beine, die Finger mit den hennagefärbten Nägeln, ihre Füsse. «Es ist böse», sagt sie endlich.
Chika fragt sich, ob das alles ist, was die Frau darüber denkt, dass die Ausschreitungen nur eines sind – böse. Sie wünscht sich Nnedi her. Sie stellt sich vor, wie die kakaobraunen Augen Nnedis aufleuchten, wie sich ihre Lippen rasch bewegen, wenn sie erklärt, dass Ausschreitungen nicht aus dem Nichts heraus geschehen, dass Religions- und Stammeszugehörigkeit oft politisch instrumentalisiert werden, weil der Herrscher sicher ist, wenn die hungernden Untertanen einander umbringen. Dann spürt Chika ein Schuldgefühl, weil sie überlegt, ob diese Frau klug genug ist, etwas von diesen Gedanken zu begreifen.
«Auf Schule du bekommst jetzt Kranke zu sehen?» fragt die Frau.
Chika blickt schnell weg, damit die Frau ihre Überraschung nicht sieht. «Meine klinische Ausbildung? Ja, wir haben letztes Jahr damit angefangen. Wir besuchen Patienten im Lehrkrankenhaus.» Sie fügt nicht hinzu, dass sie oft von Anfällen der Unsicherheit heimgesucht wird, dass sie ganz hinten in der Gruppe von sechs oder sieben Studenten trottet und den Blick des Krankenhausarztes meidet, in der Hoffnung, dass sie nicht aufgefordert wird, einen Patienten zu untersuchen und ihre Diagnose zu stellen.

«Ich bin Händlerin», sagt die Frau. «Ich verkaufe Zwiebeln.»

Chika versucht, einen sarkastischen oder anklagenden Ton herauszuhören, doch es gibt ihn nicht. Die Stimme bleibt ausgeglichen und leise, eine Frau, die einfach mitteilt, was sie macht.

«Hoffentlich zerstören sie nicht die Marktstände», erwidert Chika; sie weiss nicht, was sie sonst sagen soll.

«Jedes Mal, wenn sie Amok laufen, zerstören sie den Markt», sagt die Frau.

Chika möchte die Frau fragen, wie viele Ausschreitungen sie schon miterlebt hat, tut es aber nicht. Sie hat von jenen der Vergangenheit gelesen: Muslimische Fanatiker der Hausa griffen christliche Igbo an, und manchmal veranstalteten christliche Igbo mörderische Racheaktionen. Sie will keine gegenseitigen Beschimpfungen.

«Meine Brustwarze brennt wie Pfeffer», sagt die Frau.

«Was?»

«Meine Brustwarze brennt wie Pfeffer.»

Ehe Chika ihre Überraschung hinunterschlucken und etwas sagen kann, zieht die Frau ihre Bluse hoch und hakt den Verschluss eines abgetragenen schwarzen BHs vorn auf. Sie holt das Geld heraus, Zehn- und Zwanzig-Naira-Scheine, zusammengefaltet in ihrem BH, bevor sie ihre vollen Brüste befreit.

«Brennen-brennen wie Pfeffer», sagt sie, umfasst ihre Brüste und neigt sich zu Chika wie bei einer Opfergabe. Chika rückt beiseite. Sie erinnert sich an den turnusmässigen Wechsel zur pädiatrischen Station vor erst einer Woche: Der Oberarzt Dr. Olunloyo forderte alle Studenten dazu auf, bei einem kleinen Jungen mit Herzfehler, der sie mit neugierigen Augen beobachtete, die Herzgegend abzutasten. Der Arzt schickte sie als Erste vor, und ihr brach der Schweiss aus, ihr Kopf war wie leergefegt, und sie war nicht mehr sicher, wo sich das Herz befand. Sie hatte schliesslich eine zitternde Hand links neben die Brustwarze des Jungen gelegt, und das brrr-brrr-brrr-Vibrieren des Blutes, das in die verkehrte Richtung floss und gegen ihre Finger pulsierte, liess sie stotternd zu dem Jungen sagen: «Entschuldige, entschuldige«, obwohl er sie anlächelte.

Die Brustwarzen der Frau sind nicht mit denen des Jungen zu vergleichen. Sie sind rissig, geschwollen und dunkelbraun, der Hof darum heller. Chika schaut sie genau an und befühlt sie.

«Hast du ein Baby?», fragt sie.

«Ja. Ein Jahr.»
«Deine Brustwarzen sind trocken, aber sie wirken nicht entzündet. Wenn du das Baby gestillt hast, musst du sie eincremen. Und beim Stillen musst du darauf achten, dass die Brustwarze und auch dieser Bereich, der Brustwarzenhof, sich im Mund des Babys befinden.»
Die Frau bedenkt Chika mit einem langen Blick. «Ist so das erste Mal. Ich habe fünf Kinder.»
«Bei meiner Mutter war es auch so. Ihre Brustwarzen wurden rissig, als das sechste Kind kam, und sie wusste nicht, wieso das passierte, bis eine Freundin ihr sagte, sie müsse sie eincremen», sagte Chika. Sie lügt kaum einmal, aber die wenigen Male, wenn sie es doch tut, hat die Lüge immer einen Zweck. Sie fragt sich, welchem Zweck diese Lüge dient, warum sie sich auf eine erfundene Vergangenheit berufen muss, die ähnlich der dieser Frau ist; sie und Nnedi sind die einzigen Kinder ihrer Mutter. Ausserdem hatte ihre Mutter immer Dr. Igbokwe mit seiner britischen Ausbildung und affektierten Art, der jederzeit telefonisch zu erreichen war.
«Was schmiert deine Mutter auf ihre Brustwarze?» fragt die Frau.
«Kakaobutter. Die Risse sind schnell verheilt.»
«Eh?» Die Frau beobachtet Chika eine Weile lang, als ob diese Enthüllung ein Band geknüpft hat. «Gut, ich besorg das und nehme es.» Sie spielt einen Augenblick mit ihrem Schal und sagt dann: «Ich suche meine Tochter. Wir sind heute morgen zusammen auf den Markt. Sie verkauft Erdnüsse an Bushaltestelle, weil dort sind viele Kunden. Dann fängt Aufruhr an und ich schaue Markt hoch und runter und suche sie.»
«Das Baby?» fragt Chika und weiss schon während ihrer Frage, wie töricht das ist.
Die Frau schüttelt den Kopf und in ihren Augen blitzt Ungeduld, ja sogar Ärger auf. «Du hast Problem mit Ohren? Du hast nicht gehört, was ich sage?»
«Entschuldigung», sagt Chika.
«Baby ist zu Hause! Ich meine erste Tochter. Halima.» Die Frau fängt zu weinen an. Sie weint still, ihre Schultern heben und senken sich dabei. Es ist nicht das laute Schluchzen, das Chika von den Frauen, die ihr vertraut sind, kennt, was laut verkündet: Halte mich fest und tröste mich, weil ich allein nicht damit fertig

werde. Das Weinen der Frau ist privat, als vollziehe sie ein notwendiges Ritual, das keinen anderen Menschen betrifft.

Später, wenn sich Chika wünschen wird, dass sie und Nnedi sich nicht entschlossen hätten, mit dem Taxi zum Markt zu fahren, einfach um die alte Stadt Kano etwas kennenzulernen, ausserhalb des Wohnviertels ihrer Tante, wird sie sich auch wünschen, dass die Tochter der Frau, Halima, an diesem Vormittag krank oder müde oder faul gewesen wäre, damit sie an diesem Tag keine Erdnüsse verkauft hätte.

Die Frau wischt sich mit einem Blusenzipfel über die Augen. «Allah beschütze deine Schwester und Halima», sagt sie. Und weil Chika nicht weiss, wie Muslime ihre Zustimmung zum Ausdruck bringen – gewiss nicht mit «Amen» –, nickt sie einfach.

Die Frau hat einen rostigen Wasserhahn in einer Ecke des Ladens entdeckt, bei den Blechbehältern. Vielleicht hat sich hier der Händler oder die Händlerin die Hände gewaschen, sagt sie und erzählt Chika, dass die Läden in dieser Strasse schon vor Monaten verlassen worden waren, nachdem die Regierung sie zu illegalen Bauwerken erklärt und zum Abriss freigegeben hatte. Die Frau dreht den Hahn auf und sie sehen beide – überrascht – zu, als Wasser herauströpfelt. Bräunlich und so metallisch, dass Chika es sogar riechen kann. Doch es läuft.

«Ich wasche mich und bete», sagt die Frau, jetzt mit kräftigerer Stimme. Sie lächelt zum ersten Mal und lässt gleichmässige Zähne sehen, die Vorderzähne sind braun verfärbt. Ihre Grübchen sind so tief, dass ein halber Finger hineinpassen würde, was für ein so schmales Gesicht ungewöhnlich ist. Die Frau wäscht sich am Wasserhahn unbeholfen Hände und Gesicht, nimmt dann den Schal vom Hals und legt ihn auf den Boden. Chika schaut weg. Sie weiss, dass die Frau auf den Knien liegt, das Gesicht gegen Mekka gewandt, aber sie schaut nicht hin. Das ist wie mit den Tränen der Frau, eine private Sache, und sie wünscht sich, sie könnte aus dem Laden gehen. Oder dass auch sie beten könnte, an einen Gott glauben, eine allwissende Gegenwart in der abgestandenen Luft des Ladens sehen könnte. Sie kann sich nicht erinnern, wann ihre Vorstellung von Gott nicht wolkig gewesen ist wie das Bild in einem dampfbeschlagenen Badezimmerspiegel, und sie kann sich nicht erinnern, dass sie jemals versucht hat, den Spiegel blank zu wischen.

Sie berührt den Fingerrosenkranz, den sie noch immer trägt, manchmal auf dem kleinen Finger oder dem Zeigefinger, ihrer Mutter zuliebe. Nnedi trägt ihren nicht mehr. Einmal hat sie mit einem kehligen Lachen gesagt: «Rosenkränze sind eigentlich wie Zaubertränke, und die brauche ich nicht, besten Dank.»

Später wird die Familie eine Messe nach der anderen lesen lassen, damit Nnedi gesund aufgefunden werden möge, doch nie für Nnedis Seelenfrieden. Und Chika wird an diese Frau denken, wie sie mit dem Kopf auf dem staubigen Boden gebetet hat, und ihrer Mutter nicht wie vorgehabt sagen, dass das Lesen von Messen Geldverschwendung sei, dass es nur eine Einnahmequelle für die Kirche darstelle.

Ais die Frau aufsteht, fühlt sich Chika auf seltsame Weise ermutigt. Es sind über drei Stunden vergangen, und sie stellt sich vor, dass der Aufruhr sich beruhigt hat, die Aufrührer abgezogen sind. Sie muss losgehen. Sie muss sich auf den Heimweg machen und sich vergewissern, dass Nnedi und die Tante wohlauf sind.

«Ich muss gehen», sagt Chika.

Wieder erscheint der Ausdruck von Ungeduld auf dem Gesicht der Frau. «Draussen ist Gefahr.»

«Ich glaube, sie sind fort. Ich rieche nicht einmal mehr Rauch.»

Die Frau sagt nichts, setzt sich wieder auf den Wickelrock. Chika beobachtet sie eine Weile und ist enttäuscht, ohne zu wissen, warum. Vielleicht erwartet sie einen Segen von der Frau, irgendetwas. «Wie weit weg ist dein Haus?», fragt sie.

«Weit. Ich nehme zwei Busse.»

«Dann werde ich mit dem Fahrer meiner Tante zurückkommen und dich nach Hause bringen», sagt Chika.

Die Frau wendet den Blick ab. Chika geht langsam zum Fenster und öffnet es. Sie erwartet, dass die Frau sie bittet, das seinzulassen, zurückzukommen, nichts übereilt zu tun. Doch die Frau sagt nichts, und Chika spürt ihren stummen Blick im Rücken, während sie aus dem Fenster klettert.

Die Strassen sind still. Die Sonne sinkt, und Chika sieht sich in der Düsterheit des Abends um, weiss nicht, wohin sie sich wenden soll. Sie betet, dass ein Taxi auftauchen möge, durch einen Zauber, durch einen glücklichen Zufall, durch Gottes Hand. Dann betet sie, Nnedi möge in dem Taxi sitzen und sie fragen, wo sie denn zum Teufel gesteckt habe, sie hätten sich solche Sorgen ihretwegen gemacht. Chika hat das Ende der zweiten Strasse zum Markt noch nicht erreicht, als sie den Toten sieht. Sie sieht ihn fast nicht, kommt ihm so nahe, dass sie die Hitze spürt. Der Tote muss vor ganz kurzem verbrannt worden sein. Es stinkt unerträglich nach verbranntem Fleisch, einen solchen Gestank hat sie vorher noch nie gerochen.

Als Chika mit ihrer Tante später auf der Suche nach Nnedi durch Kano fährt, mit einem Polizisten auf dem Vordersitz des klimatisierten Autos ihrer Tante, wird sie weitere Tote sehen, viele davon verbrannt, ausgestreckt an den Strassenrändern liegend, als hatte sie jemand absichtlich dorthin geschoben und ausgestreckt. Sie wird nur eine der Leichen anschauen, nackt, steif, das Gesicht nach unten, und es wird ihr auffallen, dass sie an diesem verkohlten Fleisch nicht erkennen kann, ob der halb verbrannte Mann ein Igbo oder ein Hausa ist, Christ oder Muslim. Sie wird den BBC-Sender im Radio einschalten und die Berichte von den Toten und den Ausschreitungen hören – «religiös motiviert, mit zugrundeliegenden ethnischen Spannungen», wird der Sprecher sagen. Und sie wird das Radio an die Wand werfen vor glühender Wut darüber, wie alles keimfrei verpackt und zurechtgemacht wurde, dass es in so wenige Worte passt – alle diese Toten. Aber jetzt ist die Hitze von dem verbrannten Körper ihr so nahe, so gegenwärtig und warm, dass sie sich umdreht und zurück zum Laden rennt. Während sie läuft, spürt sie einen scharfen Schmerz am Unterschenkel. Sie erreicht den Laden und klopft an das Fenster, und sie hört nicht auf zu klopfen, bis die Frau es öffnet.

Chika sitzt auf dem Boden und mustert in dem schwacher werdenden Licht den dünnen Blutfaden, der ihr das Bein hinunterläuft. Ihre Augen wandern ruhelos umher. Es sieht fremd aus, das Blut, als hätte sie jemand mit Tomatenpüree besprizt.

«Dein Bein. Da ist Blut», sagt die Frau, ein wenig müde. Sie befeuchtet einen Zipfel ihres Schals am Wasserhahn und säubert den Schnitt an Chikas Bein, bindet dann den feuchten Schal darum und verknotet ihn auf der Wade.

«Danke», sagt Chika.

«Brauchst du Toilette?»

«Toilette? Nein.»

«Die Behälter dort, wir nehmen sie als Toilette», sagt die Frau. Sie nimmt einen der Behälter mit nach hinten, und bald steigt Chika der Gestank in die Nase, vermischt sich mit dem Geruch von Staub und metallischem Wasser, macht sie benommen und erregt ein Gefühl der Übelkeit. Sie schliesst die Augen.

«Entschuldigung, oh! Mir ist schlecht. Was heute alles passiert ist», sagt die Frau von hinten. Hinterher macht die Frau das Fenster auf und stellt den Behälter hinaus, wäscht sich dann die Hände am Wasserhahn. Sie kommt zurück und sitzt schweigend neben Chika; nach einer Weile hören sie rauhe Sprechchöre in der Ferne, Worte, die Chika nicht versteht. Im Laden ist es fast völlig dunkel, als sich die Frau auf dem Boden ausstreckt, mit dem Oberkörper auf dem Wickelrock und dem übrigen Körper nicht.

Später wird Chika im *Guardian* lesen, dass «die reaktionären Hausa-sprechenden Muslime im Norden schon früher gewalttätig gegen Nichtmuslime geworden sind»; und mitten in ihrem Kummer wird sie innehalten und sich erinnern, dass sie die Brustwarzen einer Frau untersucht hat, die Hausa und Muslimin ist und deren freundliches Wesen sie erlebt hat.

Chika schläft die ganze Nacht kaum. Das Fenster ist fest verschlossen; die Luft ist stickig und der Staub, dicht und grob, kriecht ihr in die Nase. Sie sieht immer wieder, wie die verkohlte Leiche in einem Lichtkreis am Fenster schwebt und anklagend auf sie zeigt. Schliesslich hört sie, wie die Frau aufsteht und das Fenster öffnet, das trübe Blau des frühen Morgens hereinlässt. Die Frau bleibt dort eine Weile stehen, ehe sie hinausklettert. Chika hört Schritte, vorbeigehende Menschen. Sie hört, wie die Frau ruft und die Stimme hebt, als erkenne sie jemanden. Es folgt ein schneller Wortwechsel in Hausa, den Chika nicht versteht.

Die Frau klettert zurück in den Laden. «Gefahr vorbei. Es ist Abu. Er verkauft Lebensmittel. Er sieht nach seinem Laden. Überall ist Polizei mit Tränengas. Soldat kommt gleich. Ich gehe jetzt, bevor Soldat jemand belästigt.»

Chika steht langsam auf und streckt sich; ihr schmerzen die Gelenke. Sie wird den ganzen Weg bis zur Wohnung ihrer Tante in der gesicherten Wohnsiedlung laufen, weil es keine Taxis auf der Strasse gibt, nur Armee-Jeeps und zerbeulte Polizeikombis. Sie wird ihre Tante antreffen, wie sie mit einem Glas Wasser in der Hand von einem Raum in den anderen wandert und immer wieder in Igbo murmelt: «Warum habe ich dich und Nnedi eingeladen? Warum hat mich mein Chi so in die Irre geführt?» Und Chika wird ihre Tante fest bei den Schultern packen und sie zum Sofa führen.

Jetzt bindet Chika den Schal vom Bein los, schüttelt ihn, als wolle sie die Blutflecken herausschütteln, und reicht ihn der Frau. «Danke.»

«Wasch dein Bein gut-gut. Grüss deine Schwester, grüss deine Leute», sagt die Frau und wickelt ihren Rock fest um die Taille.

«Grüss auch deine Leute. Grüss dein Baby und Halima», sagt Chika. Später wird sie auf dem Nachhauseweg einen Stein auflesen, der kupferfarbene Flecken von getrocknetem Blut hat, und das schaurige Souvenir an die Brust drucken. Und sie wird genau da, während sie den Stein umklammert, eine seltsame blitzartige Eingebung haben, die ihr sagt, dass sie Nnedi nie finden wird, dass ihre Schwester verschwunden ist. Aber jetzt wendet sie sich an die Frau und fügt hinzu: «Darf ich deinen Schal behalten? Vielleicht fängt es wieder an zu bluten.»

Die Frau sieht einen Augenblick lang aus, als verstehe sie nicht, dann nickt sie. Vielleicht zeichnet sich bevorstehender Kummer auf ihrem Gesicht ab, doch sie lächelt ein schwaches, abwesendes Lächeln, bevor sie Chika den Schal zurückgibt und sich anschickt, aus dem Fenster zu klettern.

(Aus: Chimamanda Ngozi Adichie, «Heimsuchungen». Zwölf Erzählungen. Aus dem Englischen von Reinhild Böhnke. S. Fischer Verlag, Frankfurt am Main 2019 © by Chimamanda Ngozi Adichie, used by permission of The Wylie Agency (UK) Limited)

Patrick Chamoiseau
Die Verlockungen der Stadt

Sagen ist leichter als tun: Das Leben misst sich nie nach der Elle des Leidens. So habe ich, Marie-Sophie Laborieux, das Leben trotz des Wassers meiner Tränen immer in einem schönen Licht gesehen. Doch wie viele Unglückselige um mich herum haben das Atmen ihres Körpers erstickt?

Kulis erhängten sich an den Ästen der Akazien auf den gebrandschatzten Pflanzungen. Junge Schwarze siechten an greisem Herzen dahin. Chinesen flohen mit der Verzweiflung Schiffbrüchiger. *Bonndié!* Wie viele haben wohl die Welt durch den Schlund des Wahnsinns verlassen?

Ich – nein, ich habe nie so finstre Gedanken gehabt. Die viele Wäsche, die es in den Flüssen des Elends zu waschen galt, hat mir kaum Zeit für ein Stündchen Trübsal gelassen. Was soll's, in den seltenen friedlichen Momenten, die das Leben mir gegönnt hat, habe ich gelernt, mit dem Herzen über tiefe Gefühle zu galoppieren: das Leben zu leben, wie man so schön sagt, es dahinfliessen zu lassen. Und was das Lachen und das Lächeln angeht: Die Haut um meinen Mund hat, bitte sehr, nie die kleinste Spur von Erschöpfung gezeigt.

Was mich gerettet hat, ist die Tatsache, dass ich schon sehr früh von der Stadt gewusst habe, von ihren ganz neuen Verheissungen, Kolporteurinnen von Schicksalen ohne Zuckerrohr und Beké. Von der Stadt, wo die Zehen nicht die Farbe von verkrustetem Schlamm haben.

Von der Stadt, die uns alle magisch anzog.

Um dahin zu gelangen, habe ich es vorgezogen zu handeln. Und wie gewisse junge Politiker hierzulande sagen: Anstatt zu flennen, habe ich es vorgezogen zu kämpfen. Weinen, das war vorbei. Kämpfen, das stand uns bevor.

Der Saft der Blätter läutert sich erst im Geheimnis der Wurzeln. Um Texaco zu verstehen und die Anziehungskraft, welche die Stadt auf unsere Väter ausübte, müssen wir weit auf die Ahnenreihe meiner Familie zurückgreifen, denn das Wissen um die gemeinsame Erinnerung ist letztlich meine eigene Erinnerung. Und die ist heute bloss noch zuverlässig, wenn sie sich auf die Geschichte meiner alten Knochen beschränkt.

Als ich geboren wurde, hatten meine Manman und mein alter Papa die Sklaverei noch nicht lange überwunden: eine Zeit, der man sie nie hat nachtrauern hören. Sie redeten darüber, gewiss, aber nicht mit mir und auch mit niemand sonst. Sie redeten *flisper flisper* miteinander, manchmal kicherten sie sogar, doch alles, was damit zu tun hatte, war von einer fröstelnden Haut umgeben, daher schwiegen sie lieber. Ich hätte von dieser Zeit also gar nichts zu wissen brauchen. Um meinen Fragen auszuweichen, tat Manman so, als sei sie ganz mit meinen widerspenstigen Zöpfen beschäftigt; sie zog den Kamm energisch durch mein Haar wie jemand, der sich mühsam durch einen Geröllhaufen arbeitet und – klar – keine Zeit hat für dummes Geschwätz. Papa hingegen machte sich dünn wie ein Septemberwind, um meiner Neugierde zu entwischen. Er gab brummend vor, ganz dringend eine Jamswurzel aus der Pottasche graben zu müssen, die er allüberall aufbewahrte. Ich jedoch, mit einer Geduld, die geradezu schamlos war – eine Erinnerung hier, ein Viertelwort dort, eine zärtliche Geste, die ihre Gefühle verriet, reimte mir den Schicksalsweg zusammen, der zur Eroberung der Städte geführt hatte.

(Aus: Patrick Chamoiseau, «Texaco. Ein Martinique-Roman», aus dem kreolischen Französisch von Gió Waeckerlin Induni, Piper Verlag, München, Zürich 1995. Original erschienen 1992 bei den Éditions Gallimard, Paris. © Editions Gallimard, Paris 2011. Titel vom Herausgeber)

Pierre Loti
Die beiden Göttinnen der Boxer

Sonntag, 14. Oktober 1900

Eine alte Chinesin, runzlig wie ein Winterapfel, öffnet furchtsam einen Spalt der Tür, an die wir stark geklopft haben. Wir stehen im Halbdunkel eines engen Ganges, der ungesunden Gestank aushaucht, zwischen Wänden, die von Schmutz geschwärzt sind, an einem Ort, wo man sich eingemauert fühlt, wie in der Tiefe eines Gefängnisses. Die Züge der alten Chinesin haben etwas Rätselhaftes; sie mustert jeden von uns mit einem undurchdringlichen, leblosen Blick; dann, als sie den Chef der internationalen Polizei erkennt, tritt sie stumm zur Seite, um uns einzulassen. Wir folgen ihr durch einen kleinen düsteren Hof. Armselige Blumen des Spätherbstes kränkeln hier zwischen alten Mauern, und man atmet faden Gestank. Wir, die wohlverstanden wie in erobertes Land eindringen, sind eine Gruppe von Offizieren, drei Franzosen, zwei Engländer, ein Russe.

Welch merkwürdiges Geschöpf, unsere Führerin, die auf den Spitzen ihrer unglaublich kleinen Füsse einhertrippelt! Ihr graues Haar ist mit langen Nadeln besteckt und derart zum Scheitel emporgezogen, dass es ihr die Augen in die Höhe spannt. Sie hat irgendein dunkles Kleid an; aber auf ihren pergamentfarbigen Zügen zeigt sie im höchsten Grade jenes undefinierbare Gepräge überlebter Rassen, das man als Distinktion zu bezeichnen pflegt. Sie ist anscheinend nur eine bezahlte Dienerin, aber ihr Aussehen, ihr Benehmen setzen in Erstaunen; irgendein Geheimnis scheint dahinterzustecken; man möchte sie für eine Witwe von Stand halten, die zu unlauteren heimlichen Praktiken herabgesunken ist. Überhaupt macht dieser ganze Ort für den Uneingeweihten den übelsten Eindruck ...

Auf den Hof folgt ein schmutziger Vorraum und endlich eine schwarzbemalte Türe mit einer chinesischen Inschrift in zwei grossen roten Lettern. Da ist's – und ohne zu klopfen, schiebt die Alte den Riegel zurück, um zu öffnen.

Man könnte uns verdächtigen, aber wir kommen in allen Ehren, um den zwei Göttinnen – den «Goddesses», wie unsere beiden englischen Begleiter sie ironisch nennen – einen Besuch abzustatten, – gefangenen Göttinnen, die man im Hintergrund dieses Palastes eingesperrt hält. Denn wir sind hier in den Gesindewohnungen, den niedrigen Nebengebäuden, den versteckten Winkeln des Palastes der Vizekönige von Petschili, und um hierher zu gelangen, mussten wir das unendliche Elend der ganzen Stadt Tientsin mit ihren Zyklopenmauern durchschreiten, die gegenwärtig nur noch ein Haufen von Trümmern und Leichen ist.

Es war übrigens ein merkwürdiger, ja ganz einziger Anblick, wie diese Ruinen heute am Sonntag, dem Festtag in den Lagern und Kasernen, von fröhlichen, durch den Zufall hergeführten Soldaten belebt waren. In den langen, trümmerbedeckten Strassen, zwischen geborstenen Häusern ohne Dächer spazierten fröhlich Zuaven und Chasseurs d'Afrique Arm in Arm mit Deutschen in Pickelhauben; man sah kleine japanische Soldaten, glänzend und automatenhaft, Russen mit flachen Mützen, Bersaglieri mit Federbüschen, Österreicher, Amerikaner im grossen Filzhut, und indische Reiter mit riesigen Turbanen auf dem Kopf. Alle Fahnen Europas flatterten über dieser Verwüstung von Tientsin, in das sich die verbündeten Armeen geteilt haben. In einzelnen Vierteln hatten Chinesen, die nach und nach von ihrer allgemeinen Flucht zurückkehrten, meistens Raubgesindel und heimatloses Volk, im Freien unter der schönen Sonne dieses Herbstsonntags Verkaufsstände aufgeschlagen. Mitten im grauen Staube der zerstörten Gebäude und der Asche der Feuersbrünste verkauften sie an die Soldaten allerlei in den Ruinen zusammengeraffte Dinge, Porzellan, seidene Kleider und Pelzwerk. Die ganze Strasse wimmelte von Soldaten in den verschiedensten Uniformen, und so unzählig viele Schildwachen präsentierten das Gewehr, dass der Arm mir lahm wurde vom Erwidern der unaufhörlichen Ehrenbezeigungen auf unserem Wege durch dies unerhörte Babel.

Am Ende der zerstörten Stadt, neben den hohen Wällen, vor dem Palast der Vizekönige, in den wir eingedrungen sind, um die Göttinnen zu sehen, waren längs der Mauer Chinesen am Schandpfahl angebunden, und über ihnen verkündeten Aufschriften die von jedem begangenen Verbrechen. Zwei Posten mit aufgepflanztem Bajonett, ein Amerikaner und ein Japaner, bewachten die Tore neben alten steinernen Ungeheuern mit scheusslichem Grinsen, die nach chinesischem Brauche als Hüter zu beiden Seiten der Schwelle kauern.

Nichts Prunkvolles in diesem Palast des Verfalles und des Staubes, den wir zerstreut durchquerten; auch nichts Grosses, aber echtes China, das uralte China, fratzenhaft und feindselig; Ungeheuer in Fülle, aus Marmor, aus zerbrochener Fayence, aus wurmstichigem Holze, so alt, dass sie von den Dächern in die Höfe fallen oder drohend an ihrem Rande hängen. Entsetzliche Dinge treten überall unter der Asche hervor, verwitterte Hörner, Krallen, gespaltene Zungen und grosse schielende Augen. Und in finster ummauerten Höfen blühen letzte Rosen unter dem Schatten hundertjähriger Bäume.

Jetzt endlich, nach vielen Umwegen durch dunkle Gänge, stehen wir vor der Tür der Göttinnen, der mit zwei grossen roten Buchstaben bezeichneten Tür. Die alte Chinesin, immer noch geheimnisvoll und stumm, mit erhobener Stirn, doch den leblosen Blick hartnäckig gesenkt, stösst mit einer Gebärde der Unterwürfigkeit, die sagen will: «Da sind sie, schaut!» die schwarzen Türflügel vor uns auf.

Mitten in der jämmerlichen Unordnung eines halbdunklen Zimmers, in das keine Abendsonne dringt und in dem es schon dämmerte, sitzen zwei arme Mädchen, zwei sich gleichende Schwestern, gebeugten Hauptes oder vielmehr zusammengesunken, in der Haltung äusserster Bestürzung, die eine auf einem Stuhl, die andere auf dem Rand des Ebenholzbettes, das sie für die Nacht teilen müssen. Sie tragen schlichte schwarze Kleider; aber hier und dort auf der Erde liegen Seidenstoffe in schreienden Farben wie verloren umher, Überwürfe mit grossen, goldgestickten Blumen und Fabelwesen: der Putz, den sie anlegten, um an Schlachttagen unter dem Pfeifen der Kugeln ins Feuer zu gehen –; ihr Staat als Kriegerinnen und Göttinnen ...

Denn sie waren eine Art «Jungfrau von Orleans» – wenn es nicht Blasphemie ist, diesen reinen idealen Namen in einem Atem mit ihnen zu nennen. Sie waren Fetischmädchen, die man in die von Granaten durchlöcherten Pagoden stellte, um ihre Altäre zu schützen, Begeisterte, die sich schreiend den Kugeln entgegenstürzten, um die Soldaten mit sich fortzureissen. Sie waren die Göttinnen jener unbegreiflichen, zugleich wilden und bewunderungswürdigen Boxer, jener Hysteriker des chinesischen Patriotismus, die von Hass und Wut gegen alles Fremde betört waren –, die heute feige und kampflos flohen, um sich morgen mit dem Geschrei von Besessenen der blanken Waffe und dem Tod entgegenzuwerfen, mitten im Kugelregen zehnfach überlegener Truppen.

Jetzt als Gefangene sind die Göttinnen Eigentum der acht verbündeten Mächte, ein eigenartiger Nippesgegenstand, wenn man so sagen darf. Man tut ihnen nichts zuleide. Sie sind nur eingesperrt, um sie am Selbstmord zu verhindern, der zur fixen Idee bei ihnen geworden ist. Was mag in der Folge ihr Los sein? Schon wird man müde, sie zu betrachten, man weiss nicht, was mit ihnen beginnen.

An einem Tage der Flucht wurden sie in einer Dschunke umzingelt, in die sie sich geflüchtet, und stürzten sich mit ihrer Mutter, die ihnen stets folgte, in den Fluss. Alle drei wurden von Soldaten ohnmächtig aus dem Wasser aufgefischt. Sie, die beiden Göttinnen kamen nach langen Bemühungen wieder zu sich. Aber die Mama öffnete nie wieder ihre alten chinesischen Schlitzaugen, und ihre Töchter wurden in dem Glauben gelassen, sie würde in einem Spital gepflegt und bald zurückkommen. Anfangs waren die Gefangenen mutig, äusserst lebhaft, selbst hochmütig und immer geputzt. Aber heute morgen ist ihnen mitgeteilt worden, dass sie keine Mutter mehr haben, und das hat sie wie ein Keulenschlag niedergeschmettert.

Da sie kein Geld besassen, um sich Trauerkleider zu kaufen, die in China weiss getragen werden, verlangten sie wenigstens nach den weissen Lederschuhen, die jetzt ihre Puppenfüsschen schmücken und die hierzulande den Inbegriff der Trauer bilden, wie bei uns der Kreppschleier.

Alle beide sind zart, von wachsgelber Blässe, kaum hübsch, aber nicht ohne gewisse Grazie und vornehmen Reiz. So sitzen sie da, eine vor der anderen, ohne Tränen, die Augen zu Boden geheftet, die Arme schlaff niederhängend. Ihr verzweifelter Blick hebt sich nicht einmal, um zu sehen, wer eintritt, um zu erfahren, was man von ihnen will; keine einzige Bewegung bei unserem Kommen, keine Gebärde, kein Hochfahren. Für sie gibt es nichts mehr: das Bild der Gleichgültigkeit gegen alles, in Erwartung des Todes.

Jetzt flössen sie uns durch die Würde ihrer Verzweiflung unerwartet Respekt ein, Respekt und vor allem grenzenlose Teilnahme. Verlegen über unser Hiersein, wie über eine begangene Ungehörigkeit, finden wir keine Worte.

Da kommt uns der Gedanke, einige Dollars als Spende auf das ungemachte Bett zu legen; aber eine der Schwestern wirft die Geldstücke zu Boden, als sähe sie uns nicht, und macht der Dienerin ein Zeichen, sie als ihr Eigentum zu betrachten ... Nun, es war unsererseits eine Ungeschicklichkeit mehr ...

Es gibt solche Abgründe von Nichtverstehen zwischen europäischen Offizieren und Boxergöttinnen, dass wir ihnen selbst unser Mitleid in keiner Weise bezeugen können. Und wir, die gekommen waren, uns an einem sonderbaren Schauspiel zu ergötzen, gehen schweigend von dannen und behalten in gepresstem Herzen das Bild dieser beiden armen, gebrochenen Gefangenen in diesem traurigen Zimmer, auf das der Abend herabsinkt.

(Aus: Pierre Loti, «Die letzten Tage von Peking», Paul Aretz Verlag, Dresden 1902. Ins Deutsche übertragen von Friedrich von Oppeln-Bronikowski. Französisches Original: «Les Derniers Jours de Pékin», Calmann-Lévy, Paris 1902)

Cees Nooteboom
Der König von Surinam

Ausser von der Antonov 140 und der DC-3 habe ich mir die Namen der komischen Flugzeuge, in denen ich geflogen bin, nie gemerkt. Ich hätte es tun sollen, und sei es nur, um die Nachwelt damit zu verblüffen. Manchmal gelingt mir das schon jetzt. Dann sehe ich auf dem schwitzenden Asphalt irgendeines Flughafens in irgendeinem Dritte-Welt-Land eine prähistorische Maschine und sage locker, in so einer sei ich seinerzeit noch geflogen. Das macht natürlich entsprechend alt, verleiht einem aber auch den Glanz des Abenteurers. Allein schon deshalb tut es mir leid, dass ich die meisten Namen nicht mehr weiss, es hätte meine Geschichten um so vieles schöner gemacht.

Es war 1957, auf dem Flugplatz von Albina in Surinam, am Marowijne, dem Grenzfluss zu Cayenne, Französisch-Guyana. Der schlammfarbene Fluss, auf beiden Seiten die schwere, raschelnde, so undurchdringlich scheinende Schlachtordnung von Bäumen – es versetzte mich in eine Stimmung permanenter Aufgeregtheit. Alles war mir auf die eine oder andere Weise zu einem Abenteuerbuch geworden, die Busfahrt nach Albina auf der Strasse, die damals eigentlich noch keine Strasse war, die ungeheuer rote Erde, die laute und unverständliche Pracht der Stimmen um mich herum, und dann wieder, in Albina, die so stille Fahrt in einem Einbaum auf dem spiegelglatten breiten Fluss. Wunderbar, das alles, aber natürlich ging es irgendwann dem Ende zu, ich musste zurück nach Paramaribo. Von Amsterdam war ich mit dem Schiff gekommen, der Flug von Albina nach Paramaribo sollte, wenn ich mich richtig erinnere, der zweite meines Lebens werden. Der erste war ein Rundflug über Amsterdam, den ich, Jahre zuvor, bei einem Preisausschreiben in *de Volkskrant* gewonnen hatte.

Fünfzig Jahre ist das nun her! Wer weiss noch, wie der Flugplatz von Albina damals aussah? Durch das Halbdunkel all der Jahre sehe ich eine Art von grossem Fussballfeld ausgespart in dem, was ich der Einfachheit halber Urwald nenne. Darauf stand ein kleines Gebäude und daneben ein ganz kleines Flugzeug, eigentlich eher ein Autochen mit Flügeln, das komischerweise die Nase oben anstatt vorn hatte. Es gab drei Plätze in diesem Flugzeug, von dem ich, wie gesagt, nicht mehr weiss, wie es hiess.

Einer war für mich, das war klar. Der zweite für den Piloten, versteht sich. Ich war sehr aufgeregt und hatte im Grunde sogar Angst. Wir warteten auf den dritten Passagier, und die Hitze zählte die Tropfen. Es dauerte, aber der Pilot sagte, wir könnten noch nicht starten, da der Passagier, der so auf sich warten liess, ein gewichtiger Mann sei. Das war er, in mehr als einer Hinsicht. Nach einer Stunde, in der sich die Hitze immer höher türmte, fuhr plötzlich eine grosse schwarze Limousine in einer roten Staubwolke auf das Rollfeld. Das Auto sprengte den durch Urwald, Hütten und Einbäume vorgegebenen Rahmen völlig, und dass ein buntes Fähnchen auf einem der vorderen Kotflügel flatterte, machte alles noch interessanter. Ein Chauffeur stapfte durch den Staub zum hinteren Wagenschlag, und ein ungeheuer grosser schwarzer Mann in absolut makelloser Uniform stieg aus. Der König von Surinam, dachte ich, ein Geringerer konnte es nicht sein. Er schritt auf die Mücke zu, in der wir sassen, und der Chauffeur trippelte hinter ihm her, beladen mit Aktentaschen und einem Diplomatenkoffer.

«Oje», sagte der Pilot, daran erinnere ich mich jedenfalls noch genau. Der König von Surinam nahm Platz, und das Luftfahrzeug neigte sich deutlich nach rechts.

«Oje», sagte der Pilot wieder, «das geht unmöglich.»

Der Chauffeur legte erst eine Aktentasche auf den so prächtig uniformierten Schoss, dann noch eine und noch eine und zum Schluss das Diplomatenköfferchen. Man sah das Gras näherkommen.

Der König von Surinam grüsste uns freundlich mit einem Lachen, in dem man ein Jahr lang herumreisen konnte, und machte Anstalten, seinen Sicherheitsgurt zu schliessen. Ich versuchte, etwas nach links auszuweichen, doch da ich auf dem Kindersitz hinten in der Mitte sass, half das nicht viel.

Der dritte Passagier war, wie sich herausstellte, der Chef des Distrikts Marowijne, und wahrscheinlich irre ich mich, wenn ich meine, dass der Pilot ihn mit «Exzellenz» anredete, wohl aber ist wahr, dass er mit dem untertänigsten Klang seines Registers kundtat, die vielen Taschen könnten nicht mit.

«Die müssen mit», sagte der König, «und da ist noch ein Koffer. «Mit meiner Uniform», fügte er *for good measure* hinzu.

«Dann kommen wir nicht hoch», sagte der Pilot. Stille. Hitze. Der König drehte sich um und sah mich an. Ich sah, dass er mich wog.

«Ich habe eine wichtige Sitzung beim Gouverneur», sagte er. Niemand antwortete.

«So kommen wir nicht hoch», sagte der Pilot nach einer Weile, als wäre ihm das gerade aufgegangen. «Ich meine, das schaffen wir nicht.»

«Haben Sie's eilig?» fragte der König, und diese Frage konnte nur an mich gerichtet sein.

«Der Herr hat ein gültiges Ticket», sagte der Pilot. Ich hätte ihn küssen können.

«Ich muss in einer Stunde in Paramaribo sein», sagte der König.

«So wie die Sache steht, kommen wir nicht mal hoch», sagte der Pilot.

Das Ende vom Lied war, dass alle Passagiere gewogen wurden. Weil es nur zwei waren, ging es schnell. Ich war zu der Zeit ausgesprochen schmächtig und deshalb für wehruntauglich befunden worden. Viel mehr als fünfzig Kilo wog ich nicht, bedeutend weniger als das Gepäck des Grossmächtigen. Als dieser sich auf die Waage stellte, schoss der Zeiger herum, als wolle er Schwung holen zu einem Walzer. Nun hiess es verhandeln oder, besser gesagt, das Theaterstück spielen, das zum Verhandeln gehört. An meiner minimalen Gestalt liess sich nichts einsparen, das war klar, und Gepäck hatte ich auch nicht. Seufzend öffnete der Bezirkschef Tasche um Tasche, begann Dokumente zu lesen, schüttelte den Kopf. Wie sollte das Land regiert werden, wenn er seine Papiere nicht mitnehmen durfte? Was würde der Gouverneur sagen, wenn er ihm in einer verschwitzten Uniform seine Aufwartung im weissen Palast machte? Lediglich das Argument, dass wir alle dem sicheren Tod entgegensähen, schien einen wenigstens leisen Eindruck auf ihn zu machen. Nun wurde um jedes einzelne Kilo gefeilscht. Ein Paar Schuhe hier, ein Ordner da, eine Generalstabskarte, ein Packen Briefe, eine Flasche Aftershave, die Tasche selbst, das kupferbeschlagene Diplomatenköfferchen, alles wanderte auf die Waage, bis der Moment kam, in dem wir unser Leben aufs Spiel setzen sollten.

«Wir sind noch immer viel zu schwer», wandte der Pilot gegen das Staatsinteresse ein. Ich warf einen letzten Blick auf die geliebte Erde, die mir jetzt so reizvoll vorkam. Dann begann das kleine Flugzeug über das Fussballfeld zu stürmen, genau auf die bösartigen Bäume zu. Ich muss meine Augen kurz geschlossen haben, denn plötzlich hörte das rasende Geholper auf und wich diesem eigenartigen, immer wieder freudigen Gefühl, in der Luft zu sein.

«Oje», sagte der Pilot, und das hätte gut das letzte Mal sein können, denn wir flogen geradewegs in die Wipfel der hohen Bäume, nein, fast, oder doch, oder doch nicht, und, die Vision dieser grabschenden gefährlichen Äste vor meinen wieder geschlossenen Augen, erwartete ich mein Ende. Bis ich den König von Surinam zufrieden summen hörte und unter mir die glatte, breite Fläche des Marowijne sah, eine glitzernde Schlange, die im Urwald verschwand, über den wir nun, kurzatmig brummend, hinwegflogen und für den keinem Piloten oder Schriftsteller bisher ein besserer Vergleich eingefallen ist als Grünkohl.

(Aus: Cees Nooteboom, «Roter Regen. Leichte Geschichten». Aus dem Niederländischen von Helga van Beuningen. Mit Zeichnungen von Jan Variet. Suhrkamp Verlag, Frankfurt am Main 2007. ©Suhrkamp Verlag Berlin 2023. Die Originalausgabe erschien 2007 unter dem Titel «Rode Regen» bei Uitgeverij Atlas, Amsterdam/Antwerpen)

Navid Kermani
Völkerwanderung

Von der Veranda meines Hotels auf Lesbos blicke ich auf die türkische Küste, die ein paar Kilometer entfernt auf der anderen Seite des Mittelmeers liegt. Es ist halb neun Uhr morgens, und jetzt, da ich diesen Satz schreibe, kommt unten auf der Gasse die erste Gruppe von Flüchtlingen um die Ecke, dem Augenschein und den Gesprächsfetzen nach sämtlich Afghanen, alles Männer, deren Schlauchboot offenbar ohne grössere Schwierigkeiten in Europa gelandet ist. Sie wirken weder durchnässt noch durchfroren wie viele andere Flüchtlinge, die aus Furcht vor der Polizei an Felsen oder steil abfallendem Gebüsch anlegen oder deren Boot heillos überfüllt ist. Da der gefährlichste Teil ihrer langen Reise überstanden ist, sind sie fröhlich, geradezu aufgekratzt, plaudern und scherzen, sehen aus wie eine Gruppe junger Ausflügler mit keinem oder höchstens mit Handgepäck. Allerdings wissen sie nicht, dass sie mehrere Kilometer steil bergauf gehen müssen, bis sie einen der Busse erreichen, die das Flüchtlingswerk der Vereinten Nationen gechartert hat, um die Flüchtlinge zum Hafen von Mytilini zu fahren; schon gar nicht ahnen sie, dass die Vereinten Nationen leider nicht genügend Busse haben, so dass die meisten Flüchtlinge die fünfundfünfzig Kilometer zum Hafen zu Fuss laufen müssen, in der tagsüber noch immer grellen Sonne und den kühlgewordenen Nächten, ohne Essen, ohne Schlafsack, ohne warme Kleidung.

Es gibt Flugzeuge, die schneller als der Schall fliegen, und Schiffe, die wie Urlaubsstädte anmuten, es gibt Züge so bequem wie Wohnzimmer und Linienbusse mit Küche, Bad und Schlafsesseln, es gibt Taxis mit drahtlosem Internet und bald selbstfahrende Autos – aber im Jahr 2015 marschieren die Flüchtlinge durch Europa wie das Volk Israel nach der Flucht aus Ägypten. In Bibelfilmen oder auf Gemälden sieht man dann immer einen grossen Menschenpulk mit dem Propheten an der Spitze. Auf der Fahrt von Mytilini an die Nordküste sah ich, wie Völker wohl tatsächlich wandern: eine lange, nicht enden wollende Kette von kleinen und kleinsten Grüppchen in unterschiedlichen Abständen und wechselnden Anordnungen, mal im Gänsemarsch, mal drei oder vier nebeneinander. Nichts scheint die Gruppen zu verbinden als ihr Ziel. Selbst wenn sie aus demselben Land stammen, kommen sie gewöhnlich doch aus unterschiedlichen Städten und Gegenden. Und auch innerhalb der kleinen Gruppen sind sich die Menschen oft fremd, Zufallsbekanntschaften, die zu Schicksalsgemeinschaften geworden sind. Anfangs bleiben noch alle vierzig oder fünfzig zusammen, die gemeinsam im Schlauchboot sassen, aber schon mit der ersten Steigung, keine hundert Meter hinter meinem Hotel, gehen die jungen, alleinstehenden Männer voran und fallen die Familien zurück.

Sie sind das Schreckgespenst Europas: die alleinstehenden Männer, die nach Europa wollen, *junge muslimische Männer!*, wie es in Leserbriefen und Talkshows oft warnend heisst. Ob sie tatsächlich religiös sind, verrät ihr Äusseres nicht; kaum jemand trägt Bart, niemand ein traditionelles Gewand, nirgends halten sie an zum gemeinsamen Gebet. Bedenkt man die Verhältnisse

– wann konnten sie das letzte Mal duschen, wann schliefen sie das letzte Mal in einem Bett? –, sind die Männer sogar auffallend gut rasiert. Das allein wäre in islamischen Diktaturen schon ein Zeichen der Aufmüpfigkeit und ist vielleicht tatsächlich eines, schliesslich sind gerade die Syrer, Iraker und Afghanen oft vor Verhältnissen geflohen, in denen eine Rasur mit dem Tod bestraft werden kann. Aber Männer bilden die grosse Mehrheit der Flüchtlinge, ja, und die meisten sind jung, achtzehn, zwanzig, fünfundzwanzig Jahre. Allerdings hat das vielleicht auch einen simplen, auf Lesbos unmittelbar einleuchtenden Grund: Am ehesten stehen sie die Strapazen durch, die Gefahren, die schiere physische Anstrengung, die es bedeutet, in Europa Asyl zu beantragen. Indem es alle Flüchtlinge in die Schlauchboote und auf tagelange Fussmärsche zwingt, betreibt das europäische Asylrecht ungewollt eine Auslese der körperlich Starken und übrigens auch der Bedürfnislosen, also der Armen, die an bürgerlichen Komfort ohnehin nicht gewöhnt sind. Fünfundfünfzig Kilometer sind lang, erst recht wenn man schon beim Abmarsch erschöpft oder ausgehungert ist, über kein ordentliches Schuhwerk, keine warme Kleidung, keinen Proviant verfügt, dann ziehen sich fünfundfünfzig Kilometer endlos hin. Und jedes Auto, das mit leeren Rücksitzen die Flüchtlinge überholt, muss zum Hassobjekt werden, nehme ich an. Aber eine blosse Flasche Wasser, aus dem Fenster gereicht, wird zum Geschenk des Himmels, stellte ich auf der Fahrt an die Nordküste fest.

(Aus: Navid Kermani, «Einbruch der Wirklichkeit. Auf dem Flüchtlingstreck durch Europa». C.H. Beck Verlag, München 2016 ©C.H. Beck Verlag, München 2023)

Nationalsozialismus:
Wirklichkeit und Hypothek

Kurt Tucholsky
Ein älterer, aber leicht besoffener Herr

– Wie Sie mich hier sehn, bin ick nämlich aust Fensta jefalln. Wir wohn Hochpachterr, da kann sowat vorkomm. Es ist wejn den Jleichjewicht. Bleihm Se ruhich stehn, lieber Herr, ick tu Sie nischt – wenn Se mir wolln mah aufhehm ... so ... hopla ... na, nu jeht et ja schon. Ick wees jahnich, wat mir is: ick muss wat jejessen ham ... !

Jetrunken? Ja, det auch ... aber mit Massen, immer mit Massen. Es wah – ham Sie 'n Auhrenblick Sseit? – es handelt sich nämlich bessüchlich der Wahlen. Hips ... ick bin sossusahrn ein Opfer von unse Parteisserrissenheit. Deutschland kann nich untajehn; solange es einich is, wird es nie bebesiecht! Ach, diss wah ausn vorjn Kriech ... na, is aber auch janz schön! Wenn ick Sie 'n Sticksken bejleiten dürf ... stützen Sie Ihnen ruhig auf mir, denn jehn Sie sicherer!

Jestern morjen sach ick zu Elfriede, wat meine Jattin is, ick sahre: «Elfriede!» sahr ick, «heute is Sonntach, ick wer man bissken rumhörn, wat die Leite so wählen dhun, man muss sich auf den laufenden halten», sahr ick – «es is eine patt ... patriotische Flicht!» sahr ick. Ick ha nämlich 'n selbständjen Jemieseladn. Jut. Sie packt ma 'n paar Stulln in, und ick ssottel los.

Es wücht ein ja viel jebotn, ssur Sseit ... so ville Vasammlungen! Erscht war ich bei die Nazzenahlsosjalisten. Feine Leute. Mensch, die sind valleicht uffn Kien! Die janze Strasse wah schwarz ... un jrien ... von de Schupo ... un denn hatten da manche vabotene Hemden an ... dies dürfen die doch nich! «Runta mit det braune Hemde!» sachte der Wachtmeister zu ein. «Diss iss ein weisses Hemde!» sachte der. «Det is braun!» sachte der Jriene. Der Mann hat ja um sich jejampelt mit Hände und Fiesse; er sacht, seine weissen Hemden sehn imma so aus, saubrer kann a nich, sacht a. Da ham sen denn laufen lassen. Na, nu ick rin in den Saal. Da jabs Brauselimmenade mit Schnaps. Da ham se erscht jeübt: Aufstehn! Hinsetzn! Aufstehn! Hinsetzn! weil sie denn nämlich Märsche jespielt ham, und die Führers sind rinjekomm – un der Jöbbels ooch. Kenn Sie Jöbbels? Sie! Son Mann is det! Knorke. Da ham die jerufen: «Juden raus!» un da habe ick jerufen: «Den Anwesenden nadhierlich ausjenomm!» un denn jing det los: Freiheit und Brot! ham die jesacht. Die Freiheit konnte man jleich mitnehm – det Brot hatten se noch nich da, det kommt erscht, wenn die ihr drittes Reich uffjemacht ham. Ja. Und scheene Lieda ham die –!

Als die liebe Morjensonne
schien auf Muttans Jänseklein,
zoch ein Rejiment von Hitla
in ein kleines Städtchen ein...!

Na, wat denn, wat denn... man witt doch noch singen dürfn! Ick bin ja schon stille – ja doch. Und der Jöbbels, der hat ja nich schlecht jedonnert! Un der hat eine Wut auf den Thälmann! «Is denn kein Haufen da?» sacht er – «ick willn iebern Haufn schiessen!» Und wir sind alle younge Schklavn, hat der jesacht, und da hat er ooch janz recht. Und da war ooch een Kommenist, den ham se Redefreiheit jejehm. Ja. Wie sen nachher vabundn ham, war det linke Oohre wech. Nee, alles wat recht is: ick werde die Leute wahrscheinlich wähln. Wie ick rauskam, sachte ick mir: Anton, sachte ick zu mir, du wählst nazzenahlsosjalistisch. Heil!

Denn bin ick bei die Katholschen jewesn. Da wollt ick erscht jahnich rin... ick weess nich, wie ick da rinjekomm bin. Da hat son fromma Mann am Einjang jestandn, der hatte sich vor lauter Fremmichkeit den Krahrn vakehrt rum umjebunden, der sacht zu mir: «Sind Sie katholischen Jlaubens?» sacht er. Ick sahre: «Nich, dass ick wüsste...» – «Na», sacht der, «wat wollen Sie denn hier?» – «Jott», sahre ick, «ick will mir mal informieren», sahre ick. «Diss is meine Flicht des Staatsbirjers.» Ick sahre: «Einmal, alle vier Jahre, da tun wa so, als ob wa täten... diss is ein scheenet Jefiehl!» – «Na ja», sacht der fromme Mann, «diss is ja alles jut und scheen... aber wir brauchen Sie hier nich!» – «Nanu...!» sahre ick, «sammeln Sie denn keene Stimm? Wörben Sie denn nich um die Stimm der Stimmberechtichten?» sahre ick. Da sacht er: «Wir sind bloss eine bescheidene katholische Minderheit», sacht er. «Und ob Sie wähln oder nich», sacht er, «desderwejn wird Deutschland doch von uns rejiert. In Rom», sacht er, «is ja schwierijer... aber in Deutschland...» sacht er. Ick raus. Vier Molln hak uff den Schreck jetrunken.

Denn wak bei die Demokratn. Nee, also... ick hab se jesucht... durch janz Berlin hak se jesucht. «Jibbs denn hier keene

Demokraten?» frahr ick eenen. «Mensch!» sacht der, «Du lebst wohl uffn Mond! Die hats doch nie jejehm! Und nu jippse iebahaupt nich mehr! Jeh mal hier rin», sacht er, «da tacht die Deutsche Staatspachtei – da is et richtich.» Ick rin. Da wah ja so viel Jugend ... wie ick det jesehn habe, musst ick vor Schreck erscht mal 'n Asbach Uralt trinken. Aber die Leute sinn richtich. Sie – det wa jrossachtich! An Einjang hattn se lauter Projamms zu liejn ... da konnt sich jeder eins aussuchen. Ick sahre: «Jehm Sie mir ... jehm Se mia ein scheenet Projamm für einen selbständigen Jemieseladen, fier die Interessen des arbeitenden Volkes», sahre ick, «mit etwas Juden raus, aber hinten wieder rin, und fier die Aufrechterhaltung der wohlerworbenen Steuern!» – «Bütte sehr», sacht det Frollein, wat da stand, «da nehm Sie unsa Projramm Numma siemundfürrssich – da is det allens drin. Wenn et Sie nicht jefällt», sacht se, «denn kenn Siet ja umtauschn. Wir sind jahnich so!» Diss is eine kulante Pachtei, sahre ick Ihn! Ick werde die Leute wahrscheinlich wähln. Falls et sie bei der Wahl noch jibbt.

Denn wak bei die Sozis. Na, also ick bin ja eijentlich, bei Licht besehn, ein alter, jeiebter Sosjaldemokrat. Sehn Se mah, mein Vata war aktiva Untroffssier ... da liecht die Disseplin in de Familie. Ja. Ick rin in de Vasammlung. Lauta klassenbewusste Arbeita wahn da: Fräser un Maschinenschlosser un denn ooch der alte Schweisser, der Rudi Breitscheid. Der is so lang, der kann aus de Dachrinne saufn. Det hat er aba nich jetan – er hat eine Rede jehalten. Währenddem dass die Leute schliefen, sahr ick zu ein Pachteigenossn, ick sahre: «Jenosse», sahre ick, «woso wählst du eijentlich SPD –?» Ick dachte, der Mann kippt mir vom Stuhl! «Donnerwetter», sacht er, «nu wähl ick schon ssweiunsswanssich Jahre lang diese Pachtei», sacht er, «aber warum det ick det dhue, det hak ma noch nie iebalecht! – Sieh mal», sachte der, «ick bin in mein Bessirk ssweita Schriftfiehra, un uff unse Ssahlahmde is det imma so jemietlich; wir kenn nu schon die Kneipe, un det Bier is auch jut, un am erschten Mai, da machen wir denn 'n Ausfluch mit Kind und Kejel und den janzen Vaein ... und denn ahms is Fackelssuch ... es is alles so scheen einjeschaukelt», sacht er. «Wat brauchst du Jrundsätze», sacht er, «wenn dun Apparat hast!» Und da hat der Mann janz recht. Ick werde wahrscheinlich diese Pachtei wähln – es is so ein beruhjendes Jefiehl. Man tut wat for de Revolutzjon, aber man weess janz jenau: mit diese Pachtei kommt se nich. Und das is sehr wichtig fier einen selbständjen Jemieseladen!

Denn wah ick bei Huchenberjn. Sie ... det hat ma nich jefalln. Wer den Pachteisplitter nich ehrt, is det Janze nich wert – sahr ick doch imma. Huchenberch perseenlich konnte nich komm ... der hat sich jrade jespaltn. Da hak inzwischen 'n Kimmel jetrunken.

Denn wak noch bei die kleinern Pachteien. Ick wah bei den Alljemeinen Deutschen Mietabund, da jabs hellet Bia; und denn bei den Tannenberchbund, wo Ludendorff mitmacht, da jabs Schwedenpunsch; und denn bei die Häusserpachtei, die wähln bloss in Badehosn, un da wah ooch Justaf Nahrl, der is natürlicher Naturmensch von Beruf; und denn wak bei die Wüchtschaftspachtei, die sind fier die Aufrechterhaltung der pollnschen Wüchtschaft – und denn wark blau ... blau wien Ritter. Ick wollt noch bei de Kommenistn jehn ... aber ick konnte bloss noch von eene Laterne zur andern Laterne ... Na, so bink denn nach Hause jekomm.

Sie – Mutta hat valleicht 'n Theater jemacht! «Besoffn wie son oller Iiiijel –!» Hat se jesacht. Ick sahre: «Muttacken», sahre ick, «ick ha det deutsche Volk bei de Wahlvorbereitung studiert.» – «Besoffn biste!» sacht se. Ick sahre: «Det auch ...» sahre ick. «Aber nur nehmbei. Ick ha staatspolitische Einsichten jewonn!» sahre ick. «Wat wisste denn nu wähln, du oller Suffkopp?» sacht se. Ich sahre: «Ick wähle eine Pachtei, die uns den schtarkn Mann jibt, sowie unsan jeliebtn Kaiser und auch den Präsidenten Hindenburch!» sahr ick. «Sowie bei aller Aufrechterhaltung der verfassungsjemässichten Rechte», sahr ick. «Wir brauchen einen Diktator wie Maxe Schmeling oder unsan Eckner», sahre ick. «Nieda mit den Milletär!» sahre ick, «un hoch mit de Reichswehr! Und der Korridor witt ooch abjeschafft», sahre ick. «So?» sacht se. «Der Korridor witt abjeschafft? Wie wisste denn denn int Schlafzimmer komm, du oller Süffel?» sacht se. Ick sahre: «Der Reichstach muss uffjelöst wem, das Volk muss rejiern, denn alle Rechte jehn vom Volke aus. Na, un wenn eener ausjejang is, denn kommt a ja sobald nich wieda!» sahre ick. «Wir brauchen eine Zoffjett-Republik mit ein unumschränktn Offsier an die Spitze», sahre ick. «Und in diesen Sinne werk ick wähln.» Und denn bin ick aust Fensta jefalln.

Mutta hat ohm jestanden und hat jeschimpft ...! «Komm du mir man ruff», hat se jebrillt. «Dir wer ick! Du krist noch mal Ausgang! Eine Schande is es –! Komm man ja ruff!» Ick bin aba nich ruff. Ick als selbstänjdja Jemieseladen weess, wat ick mir schuldich bin. Wollen wa noch ne kleene Molle nehm? Nee? Na ja... Sie missn jewiss ooch ze Hause – die Fraun sind ja komisch mit uns Männa! Denn winsch ick Sie ooch ne vajniechte Wahl! Halten Sie die Fahne hoch! Hie alleweje! Un ick wer Sie mal wat sahrn: Uffjelöst wern wa doch... rejiert wern wa doch...

Die Wahl is der Rummelplatz des kleinen Mannes! Det sacht Ihn ein Mann, der det Lehm kennt! Jute Nacht –!

(Kurt Tucholsky unter dem Pseudonym Kaspar Hauser in: «Die Weltbühne», 09.09.1930, Nr. 37, S. 405. Abgedruckt in «Gesammelte Werke» Band 3, S. 522–525, Rowohlt Verlag, Reinbek bei Hamburg 1960)

Jorge Semprún
Die Juden aus Tschenstochau

Die ersten zwei Juden aus den polnischen Lagern, deren Karteikarten ich hatte ausfüllen müssen, waren Ungarn. Der dritte, der vor mir antrat, war Pole. Er war wesentlich jünger als seine beiden Vorgänger. Oder vielmehr, man konnte, wenn man ihn genauer betrachtete, mit viel Phantasie folgern, dass er ein junger Mann war. Ein Mann, der schätzungsweise fünf bis sechs Jahre älter war als ich: das heisst, fünf- oder sechsundzwanzig. Er war noch nicht allem um ihn herum gegenüber abgestumpft, er wollte wissen, woran er war. Er hat mir einige hastige Fragen auf deutsch gestellt. Danach habe ich ihm meinerseits einige Fragen gestellt. Ich habe ihn gefragt, warum sie den Hitlergruss gemacht hatten. Aber er verstand diese Frage nicht, sie erschien ihm absurd. So war es eben, das sei alles. Es war die Gewohnheit, es war die Vorschrift, sonst nichts. Er zuckte mit den Achseln, meine Frage erschien ihm absurd. Was sie übrigens auch war.

Dann habe ich das Thema gewechselt, ich habe ihn gefragt, woher sie kamen. Er hat mir geantwortet, dass sie seit Monaten unterwegs seien, mit kurzen Aufenthalten an allerlei Orten. Sie hätten, sagte er mir, Polen schon vor langem verlassen. Sie seien in einem kleinen Lager bei Tschenstochau gewesen, eines

Tages hätten sie Kanonendonner, das Geräusch des sich nähernden Krieges, gehört. Und dann seien eines Morgens, bei Tagesanbruch, die Deutschen abgezogen. Sie seien allein geblieben, ohne deutsche Aufseher. Keine Posten mehr auf den Wachttürmen. Das sei verdächtig gewesen, sicher eine Falle. Sie hätten sich versammelt, die Alten hätten entschieden, dass es verdächtig sei, sicher eine Falle. Dann hätten sie sich unter der Führung der Alten zusammengeschart, sie hätten das Lager verlassen, sie seien in Reih und Glied zur nächsten Stadt marschiert, keiner habe die Kolonne verlassen. In der Stadt habe es einen Bahnhof gegeben, deutsche Transportzüge, die nach Westen fuhren. Sie hätten sich bei den Deutschen gemeldet, sie hätten gesagt: da wären wir, man hat uns vergessen. Es sei zu Diskussionen gekommen, die Deutschen hätten nichts von ihnen wissen wollen. Aber schliesslich hätten die Deutschen sie in einen Zug einsteigen lassen. Auch sie seien nach Westen abgefahren und hierher nach Buchenwald gekommen.

«Aber warum denn», frage ich verblüfft.

Er schaut mich an, als wäre ich ein Idiot. Er erklärt es mir.

«Die Deutschen fuhren ab, nicht wahr?» sagt er zu mir.

«Na und?»

Er schüttelt den Kopf. Ich kapiere absolut nichts. Er erklärt es mir ruhig:

«Wenn die Deutschen abfuhren, kamen die Russen, nicht wahr?» Das scheint mir unwiderlegbar zu sein. Ich nicke.

«Ja», sage ich zu ihm, «na und?»

Er beugt sich zu mir, gereizt, von jäher Wut gepackt. Er schreit fast.

«Sie wissen also nicht», schreit er mir zu, «dass die Russen die Juden hassen?»

Ich schaue ihn an.

Er weicht zurück, er hofft, dass ich es jetzt kapiert habe. Ich glaube, dass ich es tatsächlich kapiert habe. Mit tonloser Stimme frage ich ihn nach seinem Beruf.

«Kürschner», antwortet er mir.

Ich schaue ihn an, ich schaue seine Gefangenennummer an. Ich trage ihn als Facharbeiter ein. Ich trage ihn als Elektriker ein, das ist die erste berufliche Qualifikation, die mir einfällt.

Du wirst niemals die Juden aus Tschenstochau vergessen. Du wirst altern, der schwarze Schleier des fortschreitenden Gedächtnisverlustes, vielleicht des Schwachsinns, wird sich über einen Teil deiner inneren Landschaft breiten. Du wirst nichts mehr von der leidenschaftlichen Zärtlichkeit von Frauenhänden, Frauenmündern, Frauenlidern wissen. Du wirst den Faden der Ariadne in deinem eigenen Labyrinth verlieren, du wirst, geblendet vom ganz nahen grellen Licht des Todes, darin herumirren. Du wirst Th., das Kind, das du über alles auf der Welt geliebt hast, anschauen, und du wirst vielleicht nichts mehr zu dem Mann sagen, der aus ihm geworden ist, der dich mit einer Mischung aus mitleidiger Zärtlichkeit und unterdrückter Ungeduld betrachten wird.

Du wirst bald tot sein, mein Alter.

Du wirst nicht in Rauch aufgegangen sein, als leichte Wolke über dem Ettersberg, die zu einem letzten Abschiedsgruss an die Kumpel noch kurz herumschwebt, ehe der Wind über der Thüringer Ebene sie auflöst. Du wirst bald irgendwo, unter der Erde liegen: jedes Stück Erde ist es wert, darin zu verwesen.

Aber du wirst sie niemals vergessen. Du wirst dich bis zu deiner letzten Minute an die Juden aus Tschenstochau erinnern, die erstarrt strammstehen, wobei sie eine übermenschliche Anstrengung machen, um den Arm zum Hitlergruss erhoben zu halten. Die tatsächlich Juden geworden sind, das heisst, ganz im Gegenteil, die wahre Negation des Juden, dem Bild entsprechend, das eine bestimmte Geschichtsperiode sich von den Juden gemacht hat. Eine ganz offen antisemitische Geschichtsperiode, die nur elende und unterwürfige Juden duldet, um sie verachten und ausrotten zu können. Oder eine noch lächerlichere andere Geschichtsperiode, die zuweilen nicht weiss, dass sie antisemitisch ist, die sogar vorgibt, es nicht zu sein, aber die nur unterdrückte Juden duldet, Opfer, um sie bejammern und anlässlich ihrer Ausrottung beklagen zu können.

(Aus: «Was für ein schöner Sonntag!» Aus dem Französischen von Johannes Piron. Suhrkamp Verlag Frankfurt am Main 1991. © Suhrkamp Verlag Berlin 2023. Französisches Original: «Quel beau dimanche!» Editions Grasset et Fasquelle, Paris 1980. Titel vom Herausgeber)

Primo Levi
Der Kommandant von Auschwitz

SS-Sturmbannführer Richard Baer, von dessen Verhaftung man soeben erfahren hat, war Nachfolger von Rudolf Höss im Amt des Lagerkommandanten von Auschwitz. Ich war fast ein Jahr lang sein Untertan, einer seiner hunderttausend Sklaven. Zusammen mit anderen Zehntausend wurde ich sogar von ihm an die IG Farben «verpachtet»: jenem riesigen deutschen Chemie-Trust, der für jeden von uns vier bis acht Mark pro Tag zahlte, quasi als Arbeitslohn. Man zahlte zwar, aber nicht an uns, wie man ja auch ein Pferd oder einen Ochsen nicht entlöhnt. Das Geld wurde unseren Chefs ausbezahlt, in diesem Fall also der machthabenden Lager-SS.

Folglich war ich sein Eigentum. Dennoch würde ich sein Gesicht nicht wiedererkennen, sofern es nicht zu jener finsteren und fettleibigen Gestalt mit ordenstrotzendem Bauch gehört, die jeden Morgen und Abend dem endlosen Marsch unserer Kolonne beizuwohnen pflegte, wenn es mit Musik hin zur Arbeit und wieder zurück ging. Aber sie glichen sich alle in ihren Visagen, ihren Stimmen, ihrer Körperhaltung: alle gleichermassen verzerrt vom selben Hass, vom selben Zorn und von ihren Allmachtsgelüsten. Deswegen blieb uns ihre Hierarchie auch verborgen: SS, Gestapo, Arbeitsdienst, Partei, Firma, diese ganze enorme Maschinerie existierte über uns. Aus unserer Perspektive schien sie flach, ohne Tiefe. Ein Nacht- und Nebelreich, von dessen Struktur wir nichts wussten.

Von Richard Baer wusste man bis heute nicht viel. Er wird nur kurz in den Erinnerungen seines Vorgängers Höss erwähnt und als jemand beschrieben, der während der schrecklichen Januarwochen 1945 völlig überrascht und entschlussunfähig war. Er sitzt in Gross-Rosen, einem Lager von zehn-, zwölftausend Häftlingen, und ist vollauf damit beschäftigt, dorthin die Hundertvierzigtausend aus dem Lager Auschwitz zu verfrachten, das es angesichts des überraschenden russischen Vorstosses unbedingt zu «evakuieren» gilt. Man bedenke, was dieses Zahlenverhältnis bedeutet; man bedenke auch jenen anderen Ausweg, den Verstand, Menschlichkeit und Klugheit nahelegten, nämlich das Unvermeidbare zur Kenntnis zu nehmen, den Haufen Halbtoter seinem Schicksal zu überlassen, die Tore zu öffnen und sich auf und davon zu machen. Man bedenke all dies, und man wird sich von diesem Mann ein hinreichend klares Bild machen können.

Er gehört zum gefährlichsten Menschentypus des Jahrhunderts.

Denn recht besehen, ohne ihn, ohne die Höss, die Eichmann, die Kesselring und ohne die tausend anderen treuen und blinden Befehlsvollstrecker wären die grossen Bestien, Hitler, Himmler, Goebbels, macht- und waffenlos geblieben. Ihre Namen kämen in der Geschichte nicht vor; sie wären vorbeigezogen wie düstere Meteore am Nachthimmel Europas. Aber das Gegenteil ist passiert: Der Samen, den diese schwarzen Apostel ausstreuten, hat, wie die Geschichte bewies, mit bestürzender Geschwindigkeit und Gründlichkeit bei allen Schichten in Deutschland Wurzeln geschlagen und Wucherungen des Hasses gezeitigt, der auch heute noch Europa und die Welt vergiftet.

Widerstand kam nur zögernd und spärlich auf und wurde augenblicklich unterdrückt. Das Wort der Nationalsozialisten fand sein Echo gerade in den traditionellen Tugenden der Deutschen, in ihrem Sinn für Disziplin und nationalen Zusammenhalt, in ihrem ungestillten Hunger nach Vormachtstellung und in ihrer Neigung zum vorauseilenden Gehorsam.

Aus diesem Grunde sind sie so gefährlich, die Leute wie Baer, diese masslos unterwürfigen, masslos treuen, masslos gefügigen Menschen. Ich will nicht als Ketzer oder Gotteslästerer erscheinen: Im Selbstverständnis eines vollkommen aufrechten Menschen, der als Beispiel für eine moderne Moral figurieren könnte, wird es immer noch genug Platz für Vaterlandsliebe und überlegten Gehorsam geben.

Das wirft spontan die Frage auf: Wie soll man über das deutsche Volk von heute sprechen? Wie es beurteilen? Was von ihm erwarten?

Es ist schwer, das Herz eines Volkes abzuhorchen. Wer heute nach Deutschland reist, scheint dort Verhältnisse anzutreffen, wie man sie überall antrifft: wachsenden Wohlstand, friedliebende Menschen, kleine und grosse Intrigen, kaum Aufruhrstimmung; am Kiosk Zeitungen wie bei uns, im Zug und in der Strassenbahn Gespräche wie bei uns; hin und wieder einen Skandal, der ausgeht wie alle Skandale. Und doch liegt etwas in der Luft, was man anderswo nicht findet. Wer ihnen die schrecklichen Tatsachen der jüngeren Geschichte vorhält, trifft ganz selten auf Reue oder auch nur auf kritisches Bewusstsein. Sehr viel häufiger begegnet er unschlüssigen Reaktionen, in die hinein sich Schuldgefühle, Revanchegelüste und eine hartnäckige und anmassende Ignoranz vermengen.

So kann auch die auffallend schwerfällige, gewundene Arbeitsweise der deutschen Polizei und der Ermittlungsbehörden nicht in Erstaunen setzen. Das Bild ist unscharf und reich an Widersprüchen, aber eine im wesentlichen beibehaltene Linienführung taucht darin immer wieder auf: Die Fragen nach den Verbrechen, Verwüstungen und dem Leid, das es Europa zugefügt hat, versucht Deutschland, man könnte sagen, zivil und nicht strafrechtlich zu beantworten. Bekanntlich hat sich die deutsche Regierung bereit gezeigt, den Opfern des Nazismus in allen seinerzeit besetzten Ländern (nicht aber in Italien) Entschädigungen zu gewähren; ebenso handelten und handeln heute noch diejenigen deutschen Firmen, die während des Krieges die versklavten Arbeitskräfte ausbeuteten. Weit weniger bereit aber zeigten sich Polizei und Behörden, die von den Alliierten begonnene Entnazifizierungskampagne zum Abschluss zu führen. So ist es zu der gegenwärtigen unfassbaren Situation gekommen, in der es möglich ist, dass ein Auschwitzkommandant in Deutschland über fünfzehn Jahre lang ungestört leben und arbeiten kann und dass der Henker von Millionen Unschuldiger aufgespürt wird, nein, nicht von der deutschen Polizei, sondern «illegalerweise» von Opfern, die seiner Hand entkommen sind.

23. Dezember 1960

(Aus: Primo Levi, «Die dritte Seite: Liebe aus dem Baukasten und andere Erzählungen». Aus dem Italienischen von Michael Kohlenbach. Verlag Stroemfeld/Roter Stern, Basel, Frankfurt am Main 1992. Die italienischen Originaltexte erschienen 1986 unter dem Titel «Racconti e saggi» bei Editrice La Stampa, Turin. © 1990 et 2016 Giulio Einaudi Editore s.p.a., Torino)

Marguerite Duras
27. April 1945: Ich habe nie wieder Hunger

Nichts. Das schwarze Loch. Kein Licht geht an. Ich rekonstruiere die Folge der Tage, aber da ist ein Vakuum, ein Abgrund zwischen dem Augenblick, in dem Philippe keinen Schuss gehört hat, und dem Bahnhof, auf dem niemand Robert L. gesehen hat. Ich stehe auf. Madame Kats ist zu ihrem Sohn gegangen. Ich habe mich angezogen, sitze neben dem Telefon. D. kommt. Er verlangt, dass ich mit ihm ins Restaurant essen gehe. Das Restaurant ist voll. Die Leute reden vom Ende des Krieges. Ich habe keinen Hunger. Alle reden von den deutschen Gräueln. Ich habe nie wieder Hunger. Ich bin angeekelt von dem, was die andern essen. Ich will sterben. Ich bin mit einem Rasiermesser von der übrigen Welt abgeschnitten, sogar von D. Die höllische Rechnung: wenn ich bis heute abend keine Nachricht von ihm habe, dann ist er tot. D. sieht mich an. Er kann mich ruhig ansehen, er ist tot. Ich kann es noch so oft sagen. D. wird mir nicht glauben. Die *Prawda* schreibt: «Für Deutschland hat die zwölfte Stunde geschlagen. Der Ring aus Feuer und Eisen um Berlin wird enger.» Es ist vorbei. Er wird nicht da sein für den Frieden. Die italienischen Partisanen haben Mussolini in Faenza gefangengenommen. Ganz Norditalien ist in den Händen der Partisanen. Mussolini gefangen, sonst weiss man nichts. Thorez spricht von der Zukunft, er sagt, dass man arbeiten muss. Ich habe alle Zeitungen für Robert L. aufgehoben. Wenn er zurückkommt, werde ich mit ihm essen. Vorher, nein. Ich denke an die deutsche Mutter des kleinen, sechzehnjährigen Soldaten, der am siebzehnten August 1944 allein, auf einem Steinhaufen am Quai des Arts liegend, mit dem Tod rang, sie wartet immer noch auf ihren Sohn. Jetzt, wo de Gaulle an der Macht ist, wo er der geworden ist, der vier Jahre lang unsere Ehre gerettet hat, wo er sich im vollen Tageslicht zeigt, geizig mit Komplimenten für das Volk, hat er etwas Erschreckendes, etwas Furchtbares. Er sagt: «Solange ich da bin, läuft der Laden.» De Gaulle wartet auf nichts mehr als auf den Frieden, nur wir warten noch, mit einem Warten wie zu allen Zeiten, dem

Warten der Frauen zu allen Zeiten, an allen Orten dieser Welt: dem Warten auf die Männer, die aus dem Krieg heimkommen. Wir gehören zu jener Seite der Welt, wo die Toten in einem unentwirrbaren Leichenhaufen übereinandergestapelt sind. Und das geschieht in Europa. Dort verbrennt man die Juden, zu Millionen. Dort beweint man sie. Das erstaunte Amerika sieht zu, wie die riesigen Krematorien Europas rauchen. Ich muss an diese alte Frau mit den grauen Haaren denken, die wehklagend auf Nachrichten von diesem Sohn warten wird, der so allein war im Tod, sechzehn Jahre alt, am Quai des Arts. Vielleicht hat den meinen jemand gesehen, wie ich diesen gesehen habe, in einem Graben, während seine Hände zum letzten Mal riefen und seine Augen nicht mehr sahen. Jemand, der nie wissen wird, was dieser Mann für mich war, und von dem ich nie wissen werde, wer er ist. Wir gehören zu Europa, dort geschieht das, in Europa, wo wir zusammen eingeschlossen sind im Angesicht der übrigen Welt. Um uns herum die gleichen Ozeane, die gleichen Invasionen, die gleichen Kriege. Wir gehören zur Rasse derer, die in den Krematorien verbrannt werden, und zu den Vergasten von Maidanek, wir gehören auch zur Rasse der Nazis. Die gleichmachende Funktion der Krematorien von Buchenwald, des Hungers, der Massengräber von Bergen-Belsen, an diesen Gräbern haben auch wir unseren Teil, diese so unglaublich identischen Skelette sind die einer europäischen Familie. Nicht auf einer Sundainsel oder in einer entlegenen Gegend des Pazifiks haben diese Ereignisse stattgefunden, sondern auf unserem Boden, auf dem Boden Europas. Die vierhunderttausend Skelette der deutschen Kommunisten, die zwischen 1933 und 1938 in Dora umgekommen sind, liegen ebenfalls in dem grossen europäischen Massengrab, mit den Millionen Juden und dem Gottesbegriff dazu, für jeden Juden, dem Gottesbegriff für jeden Juden. Die Amerikaner sagen: «Es gibt im Augenblick nicht einen einzigen Amerikaner, sei er Friseur in Chicago, sei er Bauer in Kentucky, der nicht weiss, was sich in den Konzentrationslagern in Deutschland abgespielt hat.» Die Amerikaner wollen uns die wunderbare Mechanik der amerikanischen Kriegsmaschine illustrieren, sie verstehen darunter die Beruhigung des Bauern und des Friseurs, die sich zu Anfang nicht sicher waren über die Gründe, deretwegen man ihre Söhne eingezogen hat, um an der europäischen Front zu kämpfen. Wenn man ihnen die Hinrichtung Mussolinis melden wird, der an Fleischerhaken aufgehängt wurde, werden die Amerikaner aufhören zu verstehen, sie werden schockiert sein.

(Aus: Marguerite Duras, «Der Schmerz». Aus dem Französischen von Eugen Hemlé. Carl Hanser Verlag, München Wien 1986. ©Carl Hanser Verlag 2023. Titel vom Herausgeber)

Carson McCullers
Der stumme Mister Singer und das Komplott gegen Hitler

Mit Mister Singer war es anders. Das Gefühl, das Mick für ihn hegte, war erst ganz allmählich gekommen; so weit sie auch zurückdachte – sie konnte nicht sagen, wie das eigentlich zugegangen war. Die anderen waren gewöhnliche Menschen gewesen, aber das war Mister Singer nicht. Als er zum ersten Mal bei ihnen klingelte und nach einem Zimmer fragte, hatte sie ihn lange angestarrt. Sie hatte ihm aufgemacht und die Karte gelesen, die er ihr reichte. Dann rief sie ihre Mama und ging in die Küche, um Portia und Bubber von ihm zu erzählen. Sie folgte ihm und Mama die Treppe hinauf und sah zu, wie er die Matratze befühlte und die Jalousien aufzog, um zu kontrollieren, ob sie funktionierten. Als er einzog, sass sie vorn auf der Verandabrüstung und sah ihn mit seinem Koffer und mit dem Schachbrett aus dem Taxi steigen. Später hörte sie ihn in seinem Zimmer rumoren, und sie versuchte ihn sich vorzustellen. Das andere kam ganz allmählich. Nun hatte sie das Gefühl, dass zwischen ihnen ein Geheimnis sei. So viel wie mit ihm hatte sie noch nie mit einem Menschen geredet. Und wenn er hätte sprechen können – wieviel würde er ihr zu erzählen haben! Als wäre er ein grosser Lehrer, der nur deshalb nicht lehren konnte, weil er stumm war. Abends im Bett malte sie sich aus, sie wäre verwaist und lebte mit Mister Singer zusammen – sie lebten beide ganz allein in einem Haus im Ausland, wo es im Winter schneite. Vielleicht in einem Schweizer Städtchen zwischen Bergen und hohen Gletschern. Wo auf den steilen, spitzgiebligen Hausdächern lauter Steine lagen. Oder in Frankreich, wo die Leute das Brot uneingewickelt nach Hause trugen. Oder am winterlich grauen Meer im fernen Norwegen.

Morgens war er ihr erster Gedanke. Er und die Musik. Beim Anziehen überlegte sie, wo sie ihn heute wohl sehen werde. Sie nahm von Ettas Parfum oder einen Tropfen Vanille, um gut zu riechen, falls sie ihm in der Diele begegnete. Sie ging möglichst spät zur Schule, damit sie ihn auf seinem Weg zur Arbeit noch die Treppe herunterkommen sähe. Und wenn er nachmittags oder abends daheim war, ging sie nicht aus dem Haus.

Jede Einzelheit an ihm war ihr wichtig. Er bewahrte Zahnbürste und Zahnpasta in einem Glas auf, das auf seinem Tisch stand. Also liess auch sie ihre Zahnbürste nicht mehr auf dem Badezimmerregal liegen; sie tat sie in ein Glas. Er mochte keinen Kohl, wie Harry, der bei Mister Brannon arbeitete, ihr gelegentlich erzählt hatte. Von nun an konnte auch sie keinen Kohl mehr essen. Wenn sie etwas Neues über ihn erfuhr oder wenn er ein paar Worte mit seinem silbernen Bleistift aufschrieb, musste sie lange allein sein und darüber nachdenken. Wenn sie bei ihm war, richtete sie ihr ganzes Denken darauf, alles in sich zu bewahren, um sich später darauf besinnen und alles noch einmal durchleben zu können.

Aber nicht alles trug sich in der inneren Welt, bei der Musik und bei Mister Singer, zu. Vielerlei geschah auch in der äusseren Welt. Sie fiel die Treppe herunter und schlug sich einen Vorderzahn aus. Miss Minner gab ihr in Englisch zweimal eine schlechte Note. Sie verlor auf einem Bauplatz einen Vierteldollar und fand ihn nicht wieder, obwohl sie mit George drei Tage lang suchte. Und dann geschah noch dieses:

Eines Nachmittags sass sie draussen auf der Hintertreppe, um sich auf eine englische Klassenarbeit vorzubereiten. Drüben, jenseits des Zaunes, begann Harry Holz zu hacken, und sie rief ihn an. Er kam herüber und half ihr ein paar Sätze zergliedern. Seine Augen blitzten munter hinter der Hornbrille. Nachdem er ihr den englischen Text erklärt hatte, stand er auf und fummelte nervös in den Taschen seines Lumberjacks herum. Harry war immer so zappelig und voll überschüssiger Kraft; jeden Augenblick hatte er was anderes zu erzählen oder zu tun.

«Weisst du, heutzutag gibt's einfach bloss zwei Möglichkeiten», sagte er. Das tat er mit Vorliebe: die Leute verblüffen; manchmal wusste sie nicht, was sie ihm antworten sollte.

«Wirklich wahr: heutzutage hat man bloss diese zwei Möglichkeiten.»

«Welche denn?»

«Für die Demokratie kämpfen oder Faschist sein.»

«Und die Republikaner – magst du die nicht?»

«Quatsch», sagte Harry. «Ich mein was ganz andres.»

Er hatte ihr eines Nachmittags genau erklärt, wie das mit den Faschisten war: dass die Nazis kleine Judenkinder zwangen, auf allen vieren zu kriechen und Gras zu fressen, und dass er sich's fest vorgenommen habe, Hitler zu ermorden. Er hatte in Gedanken schon alles fix und fertig. Unter dem Faschismus gebe es weder Gerechtigkeit noch Freiheit, und die Zeitungen führten die Leute absichtlich irre, so dass kein Mensch wisse, was in der Welt wirklich vorging. Dass die Nazis etwas Fürchterliches waren, wisse doch jedes Kind. Sie machte ein Komplott mit ihm, um Hitler zu beseitigen. Am besten war's, noch vier oder fünf in die Verschwörung einzuweihen, dann konnten andere einspringen und ihn umlegen, falls einer ihn verfehlte. Sie würden alle Helden sein – und mussten sie's mit dem Leben bezahlen. Und ein Held war beinahe ebensoviel wie ein grosser Musiker.

«Entweder – oder. Ich bin zwar gegen den Krieg, aber ich bin bereit, für die gerechte Sache zu kämpfen.»

«Ich auch», sagte sie. «Gegen die Faschisten würd ich gern kämpfen. Ich könnt mich als Junge verkleiden, das würde keiner merken. Ich könnt mir das Haar abschneiden und so.»

(Aus: Carson McCullers, «Das Herz ist ein einsamer Jäger». Aus dem amerikanischen Englisch von Susanna Rademacher. Copyright der deutschsprachigen Ausgabe © 1963, 2013 Diogenes Verlag AG, Zürich. Titel vom Herausgeber)

Heinrich Böll
Ambulanter politischer Zahnarzt

«Sag mir einmal ganz offen», sagte Padraic nach dem fünften Glas Bier zu mir, «ob du nicht alle Iren für halbverrückt hältst.»

«Nein», sagte ich, «ich halte nur die Hälfte aller Iren für halbverrückt.»

«Du hättest Diplomat werden sollen», sagte Padraic und bestellte das sechste Glas Bier, «aber nun sag mir einmal wirklich offen, ob du uns für ein glückliches Volk hältst.»

«Ich glaube», sagte ich, «dass ihr glücklicher seid, als ihr wisst. Und wenn ihr wüsstet, wie glücklich ihr seid, würdet ihr schon einen Grund finden, unglücklich zu sein. Ihr habt viele Gründe, unglücklich zu sein, aber ihr liebt auch die Poesie des Unglücks – auf dein Wohl.»

Wir tranken, und erst nach dem sechsten Glas Bier fand Padraic den Mut, mich zu fragen, was er mich schon so lange hatte fragen wollen.

«Sag mal», sagte er leise, «Hitler – war – glaube ich – kein so schlechter Mann, nur ging er – so glaube ich – ein wenig zu weit.»

Meine Frau nickte mir ermutigend zu:

«Los», sagte sie leise auf deutsch, «nicht müde werden, zieh ihm den Zahn ganz.»

«Ich bin kein Zahnarzt», sagte ich leise zu meiner Frau, «und ich habe keine Lust mehr, abends in die Bar zu gehen: immer muss ich Zähne ziehen, immer dieselben, ich habe das satt.»

«Es lohnt sich», sagte meine Frau.

«Hör gut zu, Padraic», sagte ich freundlich, «wir wissen genau, wie weit Hitler ging, er ging über die Leichen vieler Millionen Juden, Kinder...»

Padraics Gesicht zuckte schmerzlich. Er hatte das siebte Bier kommen lassen und sagte traurig: «Schade, dass auch du dich von der englischen Propaganda hast betören lassen, schade.»

Ich liess das Bier unberührt: «Komm», sagte ich, «lass dir den Zahn ziehen; vielleicht tut's ein bisschen weh, aber es muss sein. Danach erst wirst du ein wirklich netter Kerl sein; lass dein Gebiss berichtigen, ich komme mir sowieso schon wie ein ambulanter Zahnarzt vor. Hitler war», sagte ich, und ich sagte alles; ich war schon geübt, schon ein geschickter Zahnarzt, und wenn einem der Patient sympathisch ist, macht man es noch vorsichtiger, als wenn man aus blosser Routine, aus nacktem Pflichtgefühl arbeitet. «Hitler war, Hitler tat, Hitler sagte ...» – immer schmerzlicher zuckte Pads Gesicht, aber ich hatte Whisky bestellt, ich trank Pad zu, er schluckte, gurgelte ein wenig.

«Hat es sehr weh getan?» fragte ich vorsichtig.

«Ja», sagte er, «das tut weh, und es wird ein paar Tage dauern, ehe der ganze Eiter raus ist.»

«Vergiss nicht nachzuspülen, und wenn du Schmerzen hast, komm zu mir, du weisst, wo ich wohne.»

«Ich weiss, wo du wohnst», sagte Pad, «Und ich werde bestimmt kommen, denn ich werde bestimmt Schmerzen haben.»

«Trotzdem», sagte ich, «ist es gut, dass er raus ist.» Padraic schwieg. «Trinken wir noch einen?», fragte er traurig.

«Ja», sagte ich, «Hitler war ...»

«Hör auf», sagte Padraic, «hör bitte auf, der Nerv liegt ganz bloss.»

«Schön», sagte ich, «dann wird er bald tot sein, trinken wir also noch einen.»

«Bist du denn nie traurig, wenn dir ein Zahn gezogen worden ist?» fragte Padraic müde.

«Im ersten Augenblick ja», sagte ich, «aber nachher bin ich froh, wenn's nicht mehr eitert.»

«Es ist nur so dumm», sagte Padraic, «weil ich jetzt gar nicht mehr weiss, warum ich die Deutschen so gern habe.»

«Du musst sie», sagte ich leise, «nicht wegen, sondern trotz Hitler gern haben. Nichts ist peinlicher, als wenn jemand seine Sympathie für dich aus Quellen speist, die dir verdächtig sind; wenn dein Grossvater ein Einbrecher war, und du lernst jemand kennen, der dich furchtbar nett findet, *weil* dein Grossvater ein Einbrecher war, so ist das peinlich; andere wieder finden dich nett, weil du kein Einbrecher bist, aber du möchtest, dass sie dich nett fänden, auch wenn du ein Einbrecher wärst.» Das achte Glas Bier kam: Henry hatte es kommen lassen, ein Engländer, der hier jedes Jahr seinen Urlaub verbrachte.

Er setzte sich zu mir und schüttelte resigniert den Kopf: «Ich weiss nicht», sagte er, «warum ich jedes Jahr wieder nach Irland fahre; ich weiss nicht, wie oft ich es ihnen schon gesagt habe, dass ich weder Pembroke noch Cromwell je gemocht habe noch verwandt mit ihnen bin, dass ich nichts bin als ein Londoner Büroangestellter, der vierzehn Tage Urlaub hat und an die See fahren will: ich weiss nicht, warum ich den weiten Weg von London hierher jedes Jahr mache, um mir erzählen zu lassen, wie nett ich bin, wie schrecklich aber die Engländer sind: es ist so ermüdend. Über Hitler», sagte Henry...

«Bitte», sagte Padraic, «sprich nicht von dem: ich kann den Namen nicht mehr hören. Jetzt jedenfalls nicht, vielleicht später wieder...»

«Gut», sagte Henry zu mir, «du scheinst gut gearbeitet zu haben.»

«Man hat so seinen Ehrgeiz», sagte ich bescheiden, «und ich bin nun mal dran gewöhnt, jeden Abend irgend jemand einen bestimmten Zahn zu ziehen: ich weiss schon genau, wo er sitzt; ich kenne mich allmählich aus in der politischen Dentologie, und ich mache es gründlich und ohne Betäubungsmittel.»

«Weiss Gott», sagte Padraic, «aber sind wir nicht trotz allem reizende Leute?»

«Das seid ihr», sagten wir alle drei, wie aus einem Mund: meine Frau, Henry und ich, «ihr seid wirklich reizend, aber ihr wisst es auch ganz genau.»

«Trinken wir noch einen», sagte Padraic, «als Nachtmütze!»

(Aus: «Irisches Tagebuch», Berlin 1957, zuletzt in Kölner Ausgabe der Werke Heinrich Bölls, Band 10. ©2023 by Verlag Kiepenheuer & Witsch GmbH & Co.KG, Köln)

Hass, Angst und Trauer
im Krieg

Romain Rolland
Allgemeines und persönliches Leid des Krieges

1. Januar 1916 ... Mit Tränen in den Augen und blutenden Herzens habe ich das alte Jahr beendet, das neue begonnen. Nie ist mir meine seelische Einsamkeit schwerer und unwiderruflicher zum Bewusstsein gekommen. Mein Glaube an die Ideen, die ich verteidige, ist fest; aber ich habe jedes Vertrauen die Menschheit verloren. Welcher Umschwung der öffentlichen Meinung auch eintreten mag (und ich weiss, sie wird mich später mit derselben Übertreibung ehren, mit der sie mich heute verleumdet), so kann ich nie mehr vergessen, was ich gesehen habe: die kindliche (oder senile) Schwäche der menschlichen Vernunft; die niedrigen, feigen oder tierischen Instinkte, die sich hinter der unbewussten Heuchelei der Biedermänner verbergen; eine krankhafte Sucht nach Vernichtung, die die Individuen so weit erniedrigt, dass sie sich mit sinnloser Freude ihren blinden Herdeninstinkten hingeben. Zahllose Jahrhunderte hatte der Mensch gebraucht, um sich davon zu befreien, aber in seinem Wahn rühmt er sich sogar noch dieser Abdankung. Ich kann auch nicht vergessen, dass nicht einer meiner teuersten und bestgeachteten Freunde von vor 1914, auf die ich am meisten rechnete, unberührt geblieben ist. Und wenn ich es ihnen auch nicht nachtrage (denn es wäre sinnlos), so kann ich doch nicht mehr an sie glauben, auch kann ich ihnen später nicht wieder mein Vertrauen und mein Herz schenken. Ich kann nie mehr die allgemeine Ungerechtigkeit und die allgemeine Gerechtigkeitslüge vergessen. Zu keinem der kriegführenden Länder kann ich je wieder gehören. – Und anderes geheimes Leid, persönliches Leid, fügt sich der allumfassenden Trauer hinzu. Ich blicke zurück und sehe mein Leben und was ich geliebt habe, und wie weit ich auch zurückdenke, ich finde nicht eine einzige treue, beständige Seele, die das Versprechen ihrer Augen, ihrer Lippen (die doch nicht logen) gehalten hätte – nein, nicht einmal meine eigene. Niemand ist schuld. So ist die menschliche Natur. Gott gebe, dass ich bald von ihr erlöst werde.

(Aus: Roman Rolland: «Journal des années de guerre 1914–1919». Edition Albin Michel, Paris 1952. Aus dem Französischen übertragen von Barbara Traber. Titel vom Herausgeber)

George Bernard Shaw
Warum nicht die deutschen Frauen töten?

Es herrscht keinerlei Unklarheit über diese Frage. Diese Deutschen, die zu töten es bloss einen Augenblick brauchte, hatten die Mühe einer Frau für drei Vierteljahre beansprucht, um geboren zu werden und achtzehn Jahre, um für die Schlächterei reif zu sein. Alles was wir zu tun haben ist, sagen wir 75 Prozent aller Frauen unter sechzig Jahren umzubringen. Dann können wir Deutschland seine Flotte lassen und sein Geld und sagen: «Mögen sie dir recht gut bekommen!» Warum nicht, wenn ihr wirklich tun wollt, was ihr, die ihr niemals «this Neech they talk of» gelesen habt, einen Nietzsche-Übermenschen nennt? Krieg ist nicht eine Gefühlsangelegenheit. Manche unserer Zeitungen klagen darüber, dass die Deutschen Verwundete töten und auf Kriegslazarette und Ambulanzen des Roten Kreuzes schiessen. Diese selben Zeitungen füllen ihre Spalten mit triumphierenden Berichten, wie unsere Verwundeten sich über die Wunden moderner Geschosse hinwegsetzen und hoffen, in Wochenfrist wieder an der Front zu sein, was ich für die denkbar direkteste Aufforderung an die Deutschen halte, die Verwundeten zu töten. Es ist zwecklos, sich tugendhaft zu entrüsten. «Stone dead hath no fellow» ist ein englisches Sprichwort, nicht ein deutsches. Sogar das Töten von Gefangenen ist eine Agincourt-Überlieferung. Nun ist es keine grössere Feigheit, eine Frau zu töten, als einen verwundeten Mann zu töten. Und es gibt nur einen Grund, dass es ein grösseres Verbrechen ist, eine Frau zu töten als einen Mann und weshalb Frauen geschont und beschützt werden müssen, wenn Männer preisgegeben und vernichtet werden. Der Grund ist der, dass die Vernichtung der Frau die Zerstörung der Gemeinschaft bedeutet. Männer zählen vergleichsweise nicht. Man töte 90 Prozent der deutschen

Männer und die verbleibenden zehn Prozent können Deutschland wieder bevölkern. Doch man töte die Frauen und delenda est Carthago. Nun, genau das ist es, was unsere Militaristen wünschen, dass mit Deutschland geschehen soll. Darum wird der Einwand gegen das Töten von Frauen in diesem Falle ein Grund es zu tun.

Warum nicht? Vom militaristischen Standpunkt, den Gegner zu schwächen, ist keine Entgegnung möglich. Wenn ihr die Schwächung wollt, hier ist euer Weg dazu und das einzig wirksame Mittel. Wir sollten wirklich nicht den Kaiser und den Kriegstreiber von Bernhardi Schüler des mythischen «Neech» nennen, da sie eine so einleuchtende biologische Notwendigkeit entweder übersehen haben oder davor zurückgeschreckt sind. So ein paar winselnde, fromme Gefühlsmenschen! Doch Übermenschen? Unsinn! O, meine Bruder-Journalisten, wenn ihr die Preussen beschimpfen müsst, nennt sie Schafe, geführt von Snobs, nennt sie Bettler zu Pferd, nennt sie Wurstesser, schildert sie nach guter altenglischer Mode mit Brille und Halstuch, den schäbigen Überrock über den dicken Leib geknöpft und in einer Strassenmusik den Kontrabass blasend. Doch schmeichelt ihnen nicht mit der heldischen Bezeichnung des Übermenschen und haltet nicht für grossartige Schurkereien, würdig eines Lucifer Miltons, diese gewöhnlichen Vergehen von Gewalt, Überfall und Gelüsten, die jeder betrunkene Kerl verüben kann, wenn die Polizei abwesend ist und die keine einfache Multiplikation zu veredeln vermag. Was Nietzsche mit seinem polnischen Hass auf die Preussen anbelangt (die das Gefühl herzlich erwiderten), wann hat er je zu den Deutschen gesagt, sie sollten sich wie Schafe zu Millionen zur Schlachtbank führen lassen von bösartigen Tölpeln, die in der Mehrzahl unfähig sind, zehn Sätze einer philosophischen Abhandlung zu lesen, ohne einzuschlafen? Oder von Journalisten, ebenso unbelesen wie sie selbst, überreden lassen, er habe seinen grossen Ruf dadurch erlangt, dass er einen billigen Katechismus für Renommisten schrieb? Ganz unter uns, wir sind auch ein ungebildetes Volk, aber wir könnten doch wenigstens über Dinge, die wir nicht verstehen, den Mund halten und nicht angesichts Europas behaupten, die Engländer hielten den Komponisten des Parsifal für einen militaristischen Preussen (es war ein verbannter Revolutionär), Nietzsche für einen Schüler Wagners (Nietzsche gab der Musik von Bizet, einem Franzosen, den Vorzug) und den Kaiser für einen Schüler Nietzsches, der seinen kindischen Pietismus verlacht haben würde.

(Aus: Georg Bernard Shaw, «Der gesunde Menschenverstand im Krieg», «Die vorliegende Übersetzung ist die einzige berechtigte.» 2 Bände. Max Rascher Verlag, Zürich 1919. Das englische Original «Common Sense About the War» erschien 1914 in der «New York Times»)

Vladimir Nabokov
Das Rasiermesser

Nicht ohne Grund hatten sie ihn beim Regiment «Rasiermeser» genannt. Das Gesicht dieses Mannes war en face nicht vorhanden. Wenn seine Bekannten an ihn dachten, konnten sie sich nur sein Profil vorstellen – und dieses Profil war grossartig: die Nase spitz wie der Winkel eines Zeichendreiecks, kräftig wie ein Ellbogen das Kinn, dazu lange, weiche Wimpern, wie nur sehr halsstarrige und grausame Menschen sie haben. Sein richtiger Name war Iwanow.

Der ihm ehedem verpasste Spitzname bewies seltsame Hellsicht. Es kommt ja öfter vor, dass ein Mensch namens Stein ein herausragender Mineraloge wird. Und als Hauptmann Iwanow nach einer epischen Flucht und allerlei öden Strapazen in Berlin gelandet war, gab er sich genau damit ab, worauf sein früherer Spitzname anspielte – mit dem Barbierhandwerk.

Er arbeitete in einem kleinen, doch reinlichen Friseursalon, wo mit Haareschneiden und Rasieren noch zwei weitere Gesellen beschäftigt waren, die dem «russischen Hauptmann» fröhlichen Respekt entgegenbrachten; ausserdem gab es noch den Inhaber, einen sauertöpfischen Dickwanst, der unter silbrigem Geratter die Kurbel an der Kasse drehte, sowie eine anämische, durchsichtige Maniküre, die von der Berührung der zahllosen, immer gleich zu fünft auf dem Samtkissen vor ihr hingebreiteten menschlichen Finger verwelkt zu sein schien. Iwanow versah seine Arbeit vorzüglich, ein wenig hinderlich war nur, dass er schlecht Deutsch sprach. Allerdings hatte er bald begriffen, wie er verfahren musste, nämlich nach dem einen Satz ein fragendes «Nicht?» einschieben, nach dem nächsten ein fragendes «Was?», dann wieder ein «Nicht?» und abwechselnd so weiter. Und obwohl er erst in Berlin Haareschneiden gelernt hatte, hatte er erstaunlicherweise dieselben Angewohnheiten wie die russischen Haarscherer, die ja bekanntlich mit der Schere dauernd ins Leere schnippen – sie schnippen, zielen, kappen eine Haarsträhne, noch eine, und wieder klappern sie blitzschnell, als könnten sie sich nicht bremsen, mit der Schere in der Luft. Seine Kollegen respektierten ihn eben wegen dieses rasanten Geklappers.

Schere und Rasiermesser sind zweifellos kalte Waffen, und dieses beständige Beben des Metalls tat Iwanows kriegerischem Herzen offenbar wohl. Von Natur war er nachtragend und keineswegs dumm. Sein grosses, edles, prächtiges Vaterland war von einem abgeschmackten Narren schöner Worte wegen zugrunde gerichtet worden – das konnte Iwanow nicht verzeihen. Wie eine straff gespannte Feder zog sich in seinem Herzen bisweilen die Rache zusammen.

An einem sehr heissen, graublauen Sommermorgen hatten beide Kollegen Iwanows, da zu solcher Zeit fast keine Kunden kamen, sich eine Stunde freigenommen, während der Inhaber, halbtot vor Hitze und lange herangereiftem Verlangen, die bleiche, zu allem bereite Maniküre schweigend ins Hinterzimmer entführt hatte. Im lichten Friseursalon alleingeblieben, sah Iwanow die Zeitungen durch, dann steckte er sich eine Zigarette an, trat, ganz in Weiss, unter die Tür und betrachtete die Passanten. Menschen huschten vorüber, begleitet von ihren blauen Schatten, die sich am Rand des Gehsteigs brachen und furchtlos unter die blitzenden Räder der Automobile glitten, welche auf dem heissen Asphalt bandförmige Spuren hinterliessen, den Schnurornamenten von Schlangen gleich. Plötzlich kam vom Trottoir, direkt auf den weissen Iwanow zu, ein stämmiger, untersetzter Herr im schwarzen Anzug, der eine Melone auf dem Kopf hatte und unterm Arm eine schwarze Aktenmappe. Iwanow blinzelte gegen die Sonne, trat beiseite und liess ihn in den Friseursalon. Von allen Spiegeln gleichzeitig wurde der Eingetretene widergespiegelt – sein Profil, sein Halbprofil, dann die wächserne Glatze, mit der die schwarze Melone sich hochreckte, um an den Haken gehängt zu werden. Und als der Herr sein Gesicht den Spiegeln zuwandte, die über

Marmoraufsätzen mit golden und grün schillernden Flakons blinkten, da hatte Iwanow augenblicklich dieses bewegliche, schwammige Gesicht mit den stechenden Äuglein und dem dicken, angeborenen Pickel am rechten Nasenflügel wiedererkannt.

Der Herr setzte sich schweigend vor einen Spiegel, nuschelte etwas und klopfte mit seinem kurzen Finger an die ungepflegte Wange, was bedeutete: rasieren. Iwanow, vor Bestürzung wie benebelt, umhüllte ihn mit einem Laken, schlug im Porzellanschälchen lauwarmen Schaum, pinselte dem Herrn die Wange, das runde Kinn und die Oberlippe, sparte vorsichtig den Pickel aus und massierte mit dem Zeigefinger den Schaum ein – all das mechanisch, so erschüttert war er, diesem Menschen erneut begegnet zu sein.

Jetzt bedeckte eine weisse, lockere Schaummaske das Gesicht des Herrn bis zu den Augen, die Augen aber waren klein und blitzten wie die Flimmerrädchen eines Uhrwerks. Iwanow klappte das Rasiermesser auf, und als er es am Riemen zu wetzen begann, erholte er sich plötzlich von seiner Bestürzung und spürte nun, dass dieser Mensch in seiner Macht war.

Und über die wächserne Glatze gebeugt, führte er die blaue Klinge des Rasiermessers an die Seifenschaummaske heran und sagte sehr leise:

«Meine Verehrung, Genosse! Sie kommen direkt aus der Heimat? Nein, bitte sich nicht zu bewegen, sonst könnte ich Sie schon jetzt schneiden.»

Die Flimmerrädchen rotierten rascher, blickten auf Iwanows scharfes Profil und blieben stehen.

Iwanow entfernte mit der stumpfen Seite der Klinge eine überflüssige Schaumflocke und fuhr fort:

«Ich erinnere mich sehr gut an Sie, Genosse ... Ihren Namen auszusprechen wäre mir unangenehm, Sie verzeihen. Ich erinnere mich, wie Sie mich verhörten, es war in Charkow, vor rund sechs Jahren. Ich erinnere mich auch an Ihre Unterschrift, mein Bester ... Doch wie Sie sehen – ich bin am Leben.»

Darauf geschah folgendes: Die Äuglein flackerten heftig, und plötzlich schlossen sie sich fest. Der Mann presste sie zu, wie jener Wilde, der meint, mit geschlossenen Augen sei er unsichtbar.

Iwanow zog sanft das Rasiermesser über die knisternde, kalte Wange.

«Wir sind vollkommen allein, Genosse. Verstehen Sie? Das Rasiermesser braucht bloss auszurutschen – und schon gibt es viel Blut. Hier, da pulsiert die Schläfenschlagader. Viel Blut, sehr viel sogar. Aber vorher möchte ich Ihr Gesicht anständig rasieren, und ausserdem möchte ich Ihnen einiges erzählen.»

Iwanow hob vorsichtig, mit zwei Fingern, das fleischige Nasenende und rasierte nun genauso sanft die Fläche über der Lippe.

«Die Sache ist nämlich die, Genosse, dass ich mich an alles erinnere, hervorragend erinnere, und möchte, dass auch Sie sich erinnern ...»

Und mit leiser Stimme begann Iwanow zu erzählen, wobei er ohne Hast das unbewegliche, zurückgelehnte Gesicht rasierte. Und diese Erzählung war anscheinend sehr schrecklich, denn bisweilen hielt seine Hand inne, und er neigte sich ganz dicht über den Herrn, der im weissen Leichenhemd des Lakens dasass wie ein Toter, die wulstigen Lider fest geschlossen.

«Das wäre alles!» Iwanow seufzte. «Das wäre die ganze Geschichte. Was glauben Sie, wie liesse sich das alles sühnen? Womit vergleicht man gewöhnlich einen scharfen Säbel? Und bedenken Sie noch: Wir sind allein, vollkommen allein.»

Iwanow führte die Klinge von unten nach oben über den straff gespannten Hals. «Verstorbene werden immer rasiert», fuhr er fort. «Auch zum Tod Verurteilte werden rasiert. Und jetzt rasiere ich Sie. Sie verstehen, was gleich kommt?»

Der Mann sass, ohne sich zu rühren, ohne die Augen zu öffnen. Jetzt war die Seifenmaske von seinem Gesicht herunter, nur an den Backenknochen und bei den Ohren hingen noch Schaumreste. Das angespannte, augenlose, volle Gesicht war so bleich, dass Iwanow schon der Gedanke kam, ob ihn wohl der Schlag getroffen habe, doch als er ihm das Rasiermesser mit der flachen Seite an den Hals legte, zuckte der Mann am ganzen Leib. Die Augen öffnete er allerdings nicht.

Iwanow wischte ihm hastig das Gesicht ab und schwappte Puder aus dem Zerstäuber darüber.

«Sie haben Ihr Fett», sagte er ruhig. «Ich empfinde Genugtuung, Sie können gehen.»

Mit geringschätziger Hast riss er ihm das Laken von den Schultern. Der Mann blieb sitzen.

«Steh auf, Trottel!» schrie Iwanow und zerrte ihn am Ärmel hoch. Die Augen fest geschlossen, stand der andere starr in der

Mitte des Salons. Iwanow stülpte ihm die Melone auf den Kopf, schob die Mappe unter seinen Arm und drehte ihn um zur Tür. Erst da setzte der Mann sich in Bewegung, sein Gesicht mit den geschlossenen Augen huschte über alle Spiegel, wie ein Automat schritt er durch die Tür, die Iwanow offenhielt, und mit demselben mechanischen Gang, die Mappe unter den ausgestreckten, steifen Arm gepresst und aus Augen wie die griechischer Statuen in den Sonnenglast der Strasse blickend – ging er fort.

(Aus: Vladimir Nabokov, «Erzählungen I, 1921–1934». Deutsch von Gisela Barker, Jochen Neuberger, Blanche Schwappach, Rosemarie Tietze, Thomas Urban, Marianne Wiebe und Dieter E. Zimmer. Rowohlt Verlag, Reinbek bei Hamburg 1989. Band XIII der Gesammelten Werke von Vladimir Nabokov, Herausgegeben von Dieter E. Zimmer. ©Rowohlt Verlag, Hamburg 2023)

Salvatore Quasimodo
Mailand, August 1943
Fünf Gedichte, aus dem Italienischen
von Christoph Ferber

Mailand, August 1943

Vergebens suchst du im Staub,
arme Hand, die Stadt ist tot.
Ist tot: ein letztes Dröhnen
hat man auf dem Herzen des Naviglio
gehört. Und die Nachtigall
ist von der Antenne gefallen,
hoch über dem Kloster,
wo sie beim Einbruch der Dämmerung sang.
Grabt keine Brunnen
in den Höfen: keinen Durst mehr
haben die Lebenden.
Berührt nicht die Toten,
sie sind aufgedunsen und rot:
lasst sie in der Erde in ihren Häusern:
die Stadt ist tot, ist tot.

Im weissen Kleid

Du betrachtest mich, neigst dich
im weissen Kleid,
aus den launischen Spitzen
deines Schultertuchs schaut deine Brust.

Das Licht übertrifft mich: zitternd
berührt's deine nackten Arme.

Ich sehe dich wieder. Du hattest
schnelle, verschlossene Worte.
Sie gaben dem Leben, das ein wenig
nach Zirkus roch, Herz und Gewicht.

Tief war die Strasse, auf die
der Wind in den Märznächten
fiel, uns als Unbekannte erweckend
wie's erste Mal.

Der Eukalyptus

Nicht Süsse reift mich, es war
Abdriften vor Kummer
an jedem Tag,
die Zeit, die im Herbhauch
des Harzes erneuert.

In mir bebt von schläfrigem
Ufer ein Baum,
beflügelte Luft
drängt aus dem bitteren Laub.

Du, schmerzliches Grünen, stichst mir ins Herz,
Geruch der Kindheit, die trübe
Freude empfing, krank
schon aus heimlicher Liebe sich selbst
zu erzählen den Wassern
Insel im Frühlicht:
an einer Quelle getötet
im Halbschatten
der goldene Fuchs.

Strand bei Sant'Antioco

In der Galle des Tonbodens,
im Pfiff der Reptilien,
bewohnt das kräftige Dunkel,
das der Erde entsteigt, dein Herz.

Unter Schmerzen schon nährtest du dir
vor dem Himmel der Strände
grausames Blut eines Stammes
ohne Gesetz.

Hier, wo die Luft dieser brandigen Meere
grün schläft,
tritt weiss ein Meeresskelett zutage,
und du spürst einen armen menschlichen Wirbel
mit jenem vermählt, welchen Strömung
und Salz zermalmen.

Solang dich Gedächtnis zum ersehnten
Echo erhebt, ist vergessen
der Tod: und das leuchtende
Bild auf den Algen ist Zeichen
der Göttlichen.

Ich habe Blumen und nachts lad ich
die Pappeln ein

Krankenhaus von Sesto S. Giovanni,
November 1965

Mein Schatten ist wieder auf einer
Spitalwand. Ich habe Blumen und nachts
lad ich die Pappeln ein und die Platanen
des Parks, mit ihren fast weissen, nicht gelben,
gefallenen Blättern. Nie sprechen
die irischen Nonnen vom Tod. Mir scheint,
sie bewege ein Wind, sie wundern
sich nicht, freundlich und jung
zu sein: ein Versprechen, das
sich in ihren herben Gebeten befreit.
Mir ist so, als wär ich ein Emigrant,

der eingeschlossen in seine Decken
ruhig am Boden wacht. Vielleicht
sterbe ich immer. Doch lausche ich gerne
den Worten des Lebens, die ich
nie hörte, und verweile in langen
Vermutungen. Gewiss: entrinnen
werd ich nicht können; in Körper
und Geist werd ich Leben und Tod
treu sein und dem Raum in jeder sichtbaren,
vorhergesehenen Richtung. Etwas Leichtes
überholt mich zuweilen, eine geduldige Zeit,
der sinnlose Unterschied zwischen
dem Tod und der Täuschung
des pochenden Herzens.

(Aus: Salvatore Quasimodo, «Gedichte 1920–1965», aus dem Italienischen von Christoph Ferber. Dieterichsche Verlagsbuchhandlung, Mainz 2010. © Dieterichsche Verlagsbuchhandlung Mainz 2023)

André Gide
«Eine grosse, angstvolle Trauer lastete über dieser geschlagenen Menschheit»
Tagebucheintrag vom 3. März 1943

Gestern kurz vor Mittag ein wesentlich stärkerer Bombenangriff als alle vorhergehenden im letzten Monat. Ich war im städtischen Krankenhaus, als es anfing. Doktor Ragu nahm mich mit auf die Terrasse, von wo aus man die ganze Stadt überblickt, eben noch rechtzeitig, um zahlreiche Rauchsäulen aufsteigen zu sehen. So weit weg von den Explosionen wir auch waren, hörten wir doch das Pfeifen der Bomben in ihrem Fall. Ein eisiger Wind wehte, der mich schnell wieder ins Haus zurückjagte, und so konnte ich bald Autos und Karren voller Verwundeter ankommen sehen. Araber wurden gleich ins Hospital Sadiki weitergeschickt, Italiener ins italienische Krankenhaus; einzig die Franzosen wurden aufgenommen und in die Pavillons verteilt, wo, sagte mir nachher Ragu, ein fürchterliches Durcheinander herrschte. Ich bedauere, ihn bei seinem Rundgang nicht begleitet zu haben. Vor dem Gittertor des Krankenhauses drängte sich eine Menge armer Leute, unter die ich mich eine Zeitlang mischte, vergeblich nach einem Gesicht Ausschau haltend, auf dem der Blick mit Wohlgefallen hätte ruhen können. Nichts als heruntergekommene, verwahrloste, erbärmliche, elende und so hässliche Menschenwesen, dass das Mitleid sich kaum hervorwagte. Eine grosse, angstvolle Trauer lastete über dieser geschlagenen Menschheit. Die Leute warteten darauf, zu den Opfern gelassen zu werden; was aber erst möglich wurde, nachdem diese die erste Hilfe empfangen hatten. Ich sah einige, die auf Bahren aus dem Sanitätswagen ausgeladen wurden, durch furchtbare Wunden entstellt, mit nur noch einer Gesichtshälfte; andere ausgeblutet, mit geschlossenen Augen, vielleicht schon tot ...

Im Krankenhaus gegessen, dann gleich wieder in die Stadt. Beim Nachhausekommen in die Avenue Roustan erfahren, dass in meinem Zimmer sämtliche Fensterrahmen herausgefallen sind. Etwa dreissig Meter vom Haus der R.s entfernt hat eine Bombe die Gebäude der Zivilkontrolle hinweggefegt.

Kein Strom; kein Gas; kein Wasser mehr.

Ich habe wieder das Haus verlassen; bin in den uns benachbarten Vierteln herumgeirrt, die von den Bomben getroffen worden sind. Drei sind in den Hof des Gymnasiums gefallen, unseren Fenstern gegenüber. Keine ist explodiert; zum Glück, denn die Schüler waren noch in ihren Klassenräumen. Andere Bomben haben überall im Umkreis schweren Schaden angerichtet; eine hat die Fahrbahn der Avenue Jules-Ferry aufgerissen, vor dem grossen Café, dem bedeutendsten der Stadt, das unser *Wehrmacht-Café* geworden war; alle Scheiben der Fassade sind zersprungen. Das ebenfalls für die Deutschen reservierte grosse Kino daneben bietet nur noch den Anblick eines Trümmerhaufens. Wenn nur der Saal noch voll gewesen wäre ... Aber nein; diesen Bomben sind nur unschuldige Zivilisten zum Opfer gefallen; sie haben, wie es scheint, kein einziges militärisches oder für die Kriegführung irgendwie interessantes Ziel getroffen. Die Zielrichtung der Bombenwürfe lag weit diesseits des Hafens, wo kurz vorher kriegswichtige italienische Schiffe angelegt hatten, und es sieht so aus, als sei es tatsächlich die Stadt, die angegriffen werden sollte; als Repressalie, meinten manche, für die Bombardierungen der Stadt Algier neulich.

Der Anblick der eingestürzten Häuser ist schauerlich; die dünne Schale, die den Gebäuden einen Anschein von Wohlanständigkeit verlieh, ist aufgeplatzt und gibt nun alles preis, was man sich zu verbergen bemüht hatte: die ganze elende Billigkeit und Baufälligkeit des Materials. Die Strassen sind mit Glasscherben und Schutt bedeckt. In den aufgeschlitzten Wohnungen ist alles welk, verschmutzt, glanzlos. Beim Gehen wirbelt man einen dicken weisslichen Staub auf, der einen im Hals würgt und Tränen in die Augen treibt. Der Ekel triumphiert über das Entsetzen.

Man erfährt, dass im Mädchengymnasium drei Lehrerinnen getötet und viele verwundet worden sind; aber von den Kindern, die rechtzeitig in den Keller geschickt werden konnten, wurde keines verletzt.

Nach einem kalten Imbiss beim Licht einer Kerze habe ich mich, da ich zum Lesen nicht genug sehen konnte, gleich hingelegt. Jeanne hatte in der Meinung, mein Zimmer sei unbewohnbar, mein Bett auf einem der Sofas im Salon hergerichtet. Um fünf Uhr früh Alarm. Bei den ersten Bombeneinschlägen habe ich Victor und Chacha in den Keller begleitet. Dieser dient zahlreichen Flüchtlingen als Schlafraum; sie haben Matratzen ausgebreitet, die meisten auf dem blanken Boden. Ich höre jemanden neben mir sagen: «Das muss doch schliesslich einmal aufhören, die Bombardiererei!» Jawohl; aber mit uns könnte es vorher vorbei sein. Sterben, unter Trümmern begraben, Sterben durch langsames Ersticken, in trostloser Enge, unter den Exkrementen des Leibes und der Seele... Nein; ich glaube, ich werde nicht mehr in den Keller gehen.

Man spricht von mehr als zweihundert Unglücklichen, die auf diese Art unter den Trümmern eines zusammengebrochenen Gebäudekomplexes begraben wurden und die man wohl nicht mehr rechtzeitig wird retten können; ebensowenig wie die im Soldatenheim, deren immer schwächer werdende Klopfzeichen man noch drei Tage lang hörte. Es scheint, als wären die Hilfsdienste sehr schlecht organisiert und als fehlte es an einer kompetenten Leitung, welche deren Einsatz koordinieren könnte.

(Aus: André Gide, «Gesammelte Werke IV», Autobiographisches. Tagebuch 1939–1949. 1990 herausgegeben von Raimund Theis. Die Rechte an der deutschen Übersetzung von Maria Schäfer-Rümelin liegen bei der Deutschen Verlagsanstalt, München, in der Verlagsgruppe Random House GmbH. ©Penguin Random House 2023. Titel vom Herausgeber)

Jostein Gaarder
Falscher Alarm

Die Uhr zeigte dreizehn Minuten nach fünf. Und ihr fiel auf, dass sie nicht das geringste Anzeichen von Angst verspürte.

Der Bombenalarm der Sirenen war durchaus wirklich. Sie hörte ihn jetzt überall in der Stadt. Doch die Uhr zeigte dreizehn Minuten nach fünf. Und sie hatte an diesem Tag die Zeitungen gelesen. Es konnte also keine Übung sein.

Bestimmt war es falscher Alarm. Technisches Versagen. Ein Unfall.

Und doch. Sie legte das Geschirrtuch beiseite und trat ans Fenster. Auf der Strasse sah alles aus wie immer. Die Autos glitten über den nassen Asphalt nach Hause. Vor den Wäschepfählen spielten einige Jungen Fussball. Frau Henriksen wankte mit schweren Einkaufstüten auf den Hauseingang zu. Unten konnte man auch Kristin und John sehen. Bald würden die beiden jede Menge Dreck und Sand in die Wohnung schleppen.

Dieses schreckliche Geräusch wollte nicht verstummen. Die kurzen Sirenenstösse gingen durch Mark und Bein. Und zeigten die Menschen, die aus dem Bus stiegen, jetzt nicht deutliche Anzeichen von Nervosität? Von Panik? Sie hörte ihre Kinder die Treppe hochkommen.

Sekunden nur. Alles Wichtige geschieht innerhalb weniger Sekunden.

Die Türklingel geht. Sofort stürzt sie hin, und die Kinder kommen hereingestürmt.

«Was ist denn das für ein Tuten, Mama?»

Plötzlich hört sie ein schrilles Geräusch in der Luft. Wieder rennt sie ans Fenster. Und sieht in der Ferne den giftigen Pilz, der sich zum Himmel erhebt.

«Krieg!» ruft sie.

Sie packt die Kinder, eins an jeder Hand, und stürzt auf den Flur. Die Treppe hinunter, in den Luftschutzraum im Keller.

Eine oder zwei Minuten vergehen. Schon haben sich alle Hausbewohner eingefunden. Was ist mit Jens, denkt sie. Sitzt er im Auto, ist er auf dem Heimweg? Oder noch im Büro?

Der Nachbar hat ein Radio mitgebracht: «... wir wiederholen: Zwischen der NATO und den Ländern des Warschauer Paktes ist ein Atomkrieg ausgebrochen. Bitte begeben Sie sich sofort in die Schutzräume. Kolsås wurde vor einigen Minuten von einer Atombombe getroffen. Tausende unserer Landsleute wurden getötet. Ärzte, Krankenschwestern und Zivildienstleistende werden aufgefordert, am Radio zu bleiben. Dasselbe gilt für Militärs und Wehrpflichtige. In wenigen Minuten wird die Ministerpräsidentin eine Ansprache halten ...»

Sie legt die Arme um ihre Kinder und weint.

Diese Sekunden hatte sie gefürchtet. Sie hatte davon geträumt, wie oft schon? Nachts war sie schreiend aus dem Schlaf aufgefahren.

Doch das hier war weder Traum noch Alptraum. Es war hier und jetzt.

Ihr Leben. Was bedeutete das jetzt noch? In diesem Moment war ihr Leben ein Traum, und alles andere Wirklichkeit. Sie war in dieses Leben, in diese Zeit hineingesetzt worden. Jetzt weinte alles um sie herum: Frauen und Kinder lagen weinend auf dem Betonboden. Auch Männer. Der Hausmeister aus dem ersten Stock. Auch er schluchzend in seiner Ecke.

Sekunden.

Dann ein furchtbarer Knall. Bläuliches Licht füllt das Zimmer. Danach eine Welle tropischer Hitze. Die Augen beginnen zu schmelzen.

Sie betet. Zum erstenmal seit fünfzehn Jahren.

«Lieber Gott«, betet sie. «Mach, dass das hier ein Traum ist! Ich habe so viel falsch gemacht. Mach, dass es nur ein Traum ist, lieber Gott. Nur Du kannst das. Gib mir noch eine Chance, das hier zu verhindern!»

Da schlägt sie die Augen auf. Sie *wird* erhört. Sie *bekommt* ihre Chance.

Diesmal hat sie nicht geschrien. Das Bett neben ihr ist leer. Da kommt Jens herein und fährt ihr durchs Haar.

«Bist du wach, Liebes? Ich muss jetzt los. Bin gegen fünf, halb sechs wieder hier. Wie immer.»

(Aus: Jostein Gaarder, «Der seltene Vogel». Erzählungen. Deutsch von Gabriele Haefs. Carl Hanser Verlag, München 1996. © Carl Hanser Verlag 2023. Die norwegische Originalausgabe hiess «Diagnosen – og andre noveller» und erschien 1986 bei H. Aschehoug & Co, Oslo)

Zwischen Daseinsbejahung
und Lebensekel

Leo Tolstoj
«Vor allem muss man an die Seele denken»

Ein Gespräch mit einem Fremden

Ich war am frühen Morgen ausgegangen. Gut und fröhlich war mir ums Herz. Ein prachtvoller Morgen! Die Sonne war eben erst über den Bäumen hervorgekommen, der Tau funkelte auf den Grashalmen und den Blättern. Lieblich war die Erde, und alles war gut. Es war so schön, dass man nicht hätte sterben mögen. Wirklich, man hätte nicht sterben mögen. Man hätte noch eine Weile auf dieser Erde mit all ihrer Pracht leben mögen, mit dieser Freude im Herzen. Nun ja, aber das liegt nicht in meiner Hand, sondern in der des Herrn ...

Als ich zum Dorf gelangte, stand an der Strasse vor dem ersten Hause, mir seitlich zugewandt, ein Mann und rührte sich nicht vom Fleck. Er wartete offenbar auf irgendwen oder irgend etwas; er wartete ohne Ungeduld und Verärgerung, wie nur Arbeitsleute zu warten verstehen. Ich trat näher an ihn heran. Er war ein bärtiger, gesunder Bauer mit zerzausten, grauen Haaren; er hatte ein schlichtes Arbeitergesicht und rauchte, nicht eine Zigarette, sondern eine Pfeife. Wir begrüssten uns.

«Wo wohnt hier der alte Alexej ?» fragte ich.

«Weiss nicht, mein Lieber, wir sind nicht von hier.»

Er sagte nicht, «ich bin nicht von hier», sondern «wir sind nicht von hier». Der Russe ist fast nie allein. (Nur etwa wenn er etwas Schlechtes tut, sagt er: «ich».) Aber sonst heisst es: wir, die Familie, wir, die Genossenschaft, wir, die Gemeinde.

«Nicht von hier? Woher denn?»

«Wir sind von Kaluga.»

Ich deutete auf seine Pfeife.

«Wieviel verrauchst du wohl im Jahr? Drei Rubel doch sicher, was?»

«Drei? Drei werden kaum langen.»

«Warum lässt du es nicht?»

«Wie kann man's lassen? Es ist eine Angewohnheit.»

«Ich habe früher auch geraucht, dann habe ich es gelassen, und jetzt ist mir viel wohler zumute, es geht ganz leicht.»

«Wissen wir wohl, aber es ist langweilig ohne Pfeife.»

«Lass es nur sein, du wirst doch keine Langeweile haben. Es ist doch nichts Schönes dabei.»

«Was soll Schönes dabei sein?»

«Nichts Schönes ist dabei, also muss man es nicht tun. Auf dein Beispiel hin fängt auch ein anderer an zu rauchen. Und obendrein werden noch die Jungen sagen: ‹Guck, der Alte raucht, nun, dann erlaubt es Gott auch uns.›»

«So ist's, genau so.»

«Und dein Sohn fängt auch an zu rauchen, wenn er dich rauchen sieht.»

«Wissen wir wohl, der Sohn auch ...»

«So lass es sein!»

«Würde's schon lassen, aber ohne Pfeife ist's langweilig, die Fliegen sollen sie fressen! Mehr aus Langeweile! Wird einem langweilig, gleich greift man nach der Pfeife. Der ganze Jammer ist – dass es immer so langweilig ist. So langweilig ist es manchmal, so langweilig, langweilig», sagte er mit gedehnter Stimme.

«Gegen die Langeweile sollte man lieber an seine Seele denken.»

Er starrte mich an; sein Gesicht wurde plötzlich ernst und aufmerksam, während es vorher einfältig komisch ausgesehen und einen dreisten und etwas grosssprecherischen Ausdruck gehabt hatte.

«An seine Seele denken, an die Seele also», sagte er und sah mir forschend in die Augen.

«Jawohl, wenn man an seine Seele denkt, gibt man sich nicht mehr mit dummen Nichtigkeiten ab.»

Sein ganzes Gesicht strahlte vor Milde und Freundlichkeit.

«Wahr ist's, Alter. Du sagst die Wahrheit. Die Seele ist die Hauptsache. Vor allem muss man an die Seele denken.» Er schwieg einen Augenblick. «Danke, Alterchen, du hast recht.» Er deutete auf seine Pfeife. «Das hier sind alles Dummheiten, die Seele ist die Hauptsache», wiederholte er. «Du sagst die Wahrheit.»

Und sein Gesicht ward noch gütiger und ernster.

Ich wollte das Gespräch fortsetzen, allein mir stieg etwas die Kehle hoch (ich habe jetzt die Schwäche, leicht zu weinen);

ich konnte nicht mehr sprechen, verabschiedete mich von ihm, schluckte meine Tränen hinunter und ging mit milden, frohen Gefühlen davon.

Wie soll man nicht froh sein, wenn man inmitten eines solchen Volkes lebt, wie soll man nicht das Herrlichste von solchem Volk erwarten!

Krekschino, 9. September 1903

(Aus: Leo Tolstoj, «Hadschi Murat und andere Erzählungen». Aus dem Russischen übersetzt von Erich Boehme. Malik Verlag Berlin 1928)

Rainer Maria Rilke
Die neunte Elegie

WARUM, wenn es angeht, also die Frist des Daseins
hinzubringen, als Lorbeer, ein wenig dunkler als alles
andere Grün, mit kleinen Wellen an jedem
Blattrand (wie eines Windes Lächeln) –: warum dann
Menschliches müssen – und, Schicksal vermeidend,
sich sehnen nach Schicksal? ...

Oh, *nicht,* weil Glück *ist,*
dieser voreilige Vorteil eines nahen Verlusts.
Nicht aus Neugier, oder zur Übung des Herzens,
das auch im Lorbeer *wäre* .....

Aber weil Hiersein viel ist, und weil uns scheinbar
alles das Hiesige braucht, dieses Schwindende, das
seltsam uns angeht. Uns, die Schwindendsten. *Ein* Mal
jedes, nur *ein* Mal. *Ein* Mal und nichtmehr. Und wir auch
ein Mal. Nie wieder. Aber dieses
ein Mal gewesen zu sein, wenn auch nur *ein* Mal:
irdisch gewesen zu sein, scheint nicht widerrufbar.

Und so drängen wir uns und wollen es leisten,
wollens enthalten in unsern einfachen Händen,
im überfüllteren Blick und im sprachlosen Herzen.

Wollen es werden. – Wem es geben? Am liebsten
alles behalten für immer ... Ach, in den andern Bezug,
wehe, was nimmt man hinüber? Nicht das Anschaun,
                                                                            das hier
langsam erlernte, und kein hier Ereignetes. Keins.
Also die Schmerzen. Also vor allem das Schwersein,
also der Liebe lange Erfahrung, – also
lauter Unsägliches. Aber später,
unter den Sternen, was solls: *die* sind *besser* unsäglich.
Bringt doch der Wanderer auch vom Hange des
                                                                            Bergrands
nicht eine Hand voll Erde ins Tal, die Allen unsägliche,
                                                                                  sondern
ein erworbenes Wort, reines, den gelben und blaun
Enzian. Sind wir vielleicht *hier,* um zu sagen: Haus,
Brücke, Brunnen, Tor, Krug, Obstbaum, Fenster, –
höchstens: Säule, Turm ... aber zu *sagen,* verstehs,
oh zu sagen *so,* wie selber die Dinge niemals
innig meinten zu sein. Ist nicht die heimliche List
dieser verschwiegenen Erde, wenn sie die Liebenden
drängt,
dass sich in ihrem Gefühl jedes und jedes entzückt?
Schwelle: was ists für zwei
Liebende, dass sie die eigne ältere Schwelle der Tür
ein wenig verbrauchen, auch sie, nach den vielen vorher
und vor den Künftigen ..., leicht.

Hier ist des *Säglichen* Zeit, *hier* seine Heimat.
Sprich und bekenn. Mehr als je
fallen die Dinge dahin, die erlebbaren, denn,
was sie verdrängend ersetzt, ist ein Tun ohne Bild.

Tun unter Krusten, die willig zerspringen, sobald
innen das Handeln entwächst und sich anders begrenzt.
Zwischen den Hämmern besteht
unser Herz, wie die Zunge
zwischen den Zähnen, die doch,
dennoch, die preisende bleibt.

Preise dem Engel die Welt, nicht die unsägliche, *ihm*
kannst du nicht grosstun mit herrlich Erfühltem;
                                                im Weltall,
wo er fühlender fühlt, bist du ein Neuling. Drum zeig
ihm das Einfache, das, von Geschlecht zu Geschlechtern
gestaltet, als ein Unsriges lebt, neben der Hand und im Blick.
Sag ihm die Dinge. Er wird staunender stehn; wie du
                                                standest
bei dem Seiler in Rom, oder beim Töpfer am Nil.
Zeig ihm, wie glücklich ein Ding sein kann, wie schuld
                                                los und unser,
wie selbst das klagende Leid rein zur Gestalt sich
                                                entschliesst,
dient als ein Ding, oder stirbt in ein Ding –, und jenseits
selig der Geige entgeht. – Und diese, von Hingang
lebenden Dinge verstehn, dass du sie rühmst;
                                                vergänglich,
traun sie ein Rettendes uns, den Vergänglichsten, zu.
Wollen, wir sollen sie ganz im unsichtbarn Herzen
                                                verwandeln
in – o unendlich – in uns! Wer wir am Ende auch seien.

Erde, ist es nicht dies, was du willst: *unsichtbar*
in uns erstehn? – Ist es dein Traum nicht,
einmal unsichtbar zu sein? – Erde! unsichtbar!
Was, wenn Verwandlung nicht, ist dein drängender
                                                Auftrag?
Erde, du liebe, ich will. Oh glaub, es bedürfte
nicht deiner Frühlinge mehr, mich dir zu gewinnen –,
                                                einer,
ach, ein einziger ist schon dem Blute zu viel.
Namenlos bin ich zu dir entschlossen, von weit her.
Immer warst du im Recht, und dein heiliger Einfall
ist der vertrauliche Tod.

Siehe, ich lebe. Woraus? Weder Kindheit noch Zukunft
werden weniger ...... Überzähliges Dasein
entspringt mir im Herzen.

(Aus: Rainer Maria Rilke, «Sämtliche Werke», herausgegeben vom Rilke-Archiv in Verbindung mit Ruth Sieber-Rilke, Band 2, Gedichte. Erster Teil. Zweite Hälfte. Duineser Elegien. Insel Verlag, Frankfurt am Main 1975. Rilke vollendete die Elegien im Februar 1922 auf dem Château de Muzot. In der neunten Elegie versucht Rilke laut dem Rilke-Spezialisten Wolfram W. Storck zu zeigen, «wie das Schicksal in seiner unaufhebbaren Beschränkung und Einmaligkeit dennoch anzunehmen und für uns, ja für alles Seiende im Sinne einer Wandlung fruchtbar zu machen sei».)

Anton Tschechow
Die Macht des Bösen

Im fünften Jahrhundert ging wie heute jeden Morgen die Sonne auf, und jeden Abend begab sie sich zur Ruhe. Des Morgens, wenn die ersten Strahlen den Tau küssten, belebte sich die Erde, die Luft war erfüllt von Lauten der Freude, des Entzückens und der Hoffnung, und des Abends wurde die gleiche Erde still und tauchte in die Schatten der Dunkelheit. So glich ein Tag dem anderen und eine Nacht der anderen. Zuweilen zogen sich Wolken zusammen, und der Donner grollte böse, oder es fiel eine Sternschnuppe vom Himmel, oder es kam ein bleicher Mönch gelaufen und erzählte den Brüdern, er habe in der Nähe des Klosters einen Tiger gesehen – das war alles, und wieder glich ein Tag dem anderen und eine Nacht der anderen.

Die Mönche arbeiteten und beteten zu Gott, und ihr alter Prior spielte auf der Orgel, verfasste lateinische Verse und schrieb Noten. Dieser wunderbare Greis hatte eine ungewöhnliche Gabe. Er spielte die Orgel mit solcher Kunstfertigkeit, dass sogar die ältesten Mönche, deren Gehör gegen Ende ihres Lebens schwach geworden war, nicht die Tränen zurückhalten konnten, wenn aus seiner Zelle die Töne der Orgel drangen. Wenn er von einer Sache sprach, und sei es von der allergewöhnlichsten, von Bäumen zum Beispiel, von Tieren oder vom Meer, konnte man ihm nicht ohne Lächeln oder ohne Tränen lauschen, und es war, als tönten in seiner Seele die gleichen Saiten wie auf der Orgel.

Wenn er aber zürnte oder sich einer starken Freude hingab oder von etwas Schrecklichem oder Grossem zu sprechen begann, dann überwältigte ihn leidenschaftliche Erregung, in seine blitzenden Augen traten Tränen, sein Antlitz rötete sich, die Stimme hallte wie der Donner, und die Mönche spürten, wenn sie ihn hörten, wie seine Erregung ihre Seele ergriff; in solchen herrlichen wunderbaren Minuten war seine Macht grenzenlos, und hätte er seinen Mönchen befohlen, sich ins Meer zu stürzen, sie hätten sich entzückt beeilt, seinem Willen zu gehorchen. Seine Musik, seine Stimme und seine Verse, mit denen er Gott, den Himmel und die Erde pries, waren für die Mönche ein Quell ständiger Freude. Bei der Einförmigkeit des Lebens ergab es sich, dass sie die Bäume und die Blumen, der Frühling und der Herbst langweilten, dass das Rauschen des Meeres ihr Ohr ermüdete und dass ihnen der Gesang der Vögel unangenehm wurde, aber die Talente des alten Priors brauchten sie so nötig wie das tägliche Brot.

Es verstrichen Jahrzehnte, und immer noch glich ein Tag dem anderen und eine Nacht der anderen. Ausser wilden Vögeln und anderen Tieren zeigte sich in der Nähe des Klosters keine einzige Seele. Die nächste menschliche Wohnstätte lag weit entfernt, und um vom Kloster zu ihr oder von ihr zum Kloster zu gelangen, musste man an die hundert Kilometer durch die Einöde laufen. Zu solcher Wanderung entschlossen sich nur Menschen, die das Leben verachteten, ihm den Rücken kehrten und in das Kloster gingen wie in das Grab.

Wie gross war deshalb das Erstaunen der Mönche, als eines Nachts an ihre Tore ein Mann pochte, der sich als Stadtmensch und als der gewöhnlichste Sünder erwies, einer, der das Leben liebte. Ohne den Segen des Priors zu erbitten oder zu beten, forderte dieser Mensch Speise und Trank. Auf die Frage, wie er aus der Stadt in diese Einöde geraten sei, erzählte er eine lange Jagdgeschichte: Er war auf die Jagd gegangen, hatte zuviel getrunken und sich dann verirrt. Als sie ihm vorschlugen, in das Kloster einzutreten und seine Seele zu retten, antwortete er lächelnd: «Ich bin nicht der Eure.»

Nachdem er gegessen und getrunken hatte, besah er sich die Mönche, die ihn bedienten, wiegte vorwurfsvoll das Haupt und sprach: «Ihr Mönche tut nichts! Ihr kennt weiter nichts als Essen und Trinken. Aber rettet man so eine Seele? Überlegt doch:

Während ihr hier ruhig dasitzt, esst, trinkt und von der Seligkeit träumt, kommen eure Nächsten um und fahren zur Hölle. Seht euch mal an, was in der Stadt los ist! Die einen sterben vor Hunger, die anderen, die nicht wissen, wohin mit dem Geld, stürzen sich ins Verderben und kommen um wie die Fliegen, die am Honig kleben. Unter den Menschen gibt es weder Glauben noch Wahrheit! Wer soll sie retten? Wer soll ihnen predigen? Ich etwa, der ich von morgens bis abends betrunken bin? Gab euch denn Gott einen demütigen Sinn und ein liebendes Herz dafür, dass ihr hier in euren vier Wänden sitzt und nichts tut?»

Die trunkenen Reden des Stadtmenschen waren vermessen und unschicklich, aber sie wirkten sehr seltsam auf den Prior. Der Alte sah sich nach seinen Mönchen um, er erbleichte und sagte: «Brüder, er spricht die Wahrheit! Die armen Menschen verkommen wirklich aus Unwissenheit und Schwachheit in Laster und Unglauben, und wir rühren uns nicht von der Stelle, als ginge es uns nichts an. Weshalb soll ich nicht hingehen und sie an Christus erinnern, den sie vergessen haben?»

Die Worte des Städters hatten den Alten gepackt; am nächsten Tag nahm er seinen Stock, verabschiedete sich von den Brüdern und begab sich in die Stadt. Und die Mönche blieben ohne Musik, ohne seine Reden und Verse zurück.

Sie langweilten sich einen Monat und zwei, doch der Alte kam nicht wieder. Endlich, nach Ablauf des dritten Monats hörte man das bekannte Klopfen seines Stockes. Die Mönche stürzten ihm entgegen und überschütteten ihn mit Fragen; er aber, statt sich über sie zu freuen, begann bitterlich zu weinen und sprach nicht ein einziges Wort. Die Mönche merkten, dass er sehr gealtert und abgemagert war; auf seinem Gesicht malten sich Müdigkeit und tiefer Kummer, und als er weinte, sah er aus wie ein Mensch, den man sehr gekränkt hat.

Die Mönche begannen ebenfalls zu weinen, und sie fragten voller Teilnahme, weshalb er weine und warum sein Gesicht so finster sei, er aber sagte kein Wort und schloss sich in seiner Zelle ein. Sieben Tage sass er für sich allein, er ass nicht, er trank nicht, er spielte nicht auf der Orgel, sondern er weinte nur. Auf das Klopfen an seiner Tür und auf die Bitten der Mönche, herauszukommen und seine Trübsal mit ihnen zu teilen, antwortete er mit tiefem Schweigen.

Endlich kam er heraus. Nachdem er alle Mönche um sich versammelt hatte, erzählte er mit verweintem Gesicht, bekümmert und entrüstet, wie es ihm in den letzten drei Monaten ergangen war. Seine Stimme war ruhig, und die Augen lächelten, als er seinen Weg vom Kloster in die Stadt beschrieb. Auf dem Weg, so sprach er, hätten die Vögel gesungen, die Bäche gerauscht, und süsse junge Hoffnungen hätten seine Seele erregt; er ging und fühlte sich wie ein Soldat, der in den Krieg zieht und vom Sieg überzeugt ist; träumend schritt er dahin, verfasste Verse und Hymnen und merkte nicht, dass er das Ende des Weges erreicht hatte.

Aber seine Stimme bebte, seine Augen blitzten auf, und er erglühte vor Zorn, als er von der Stadt und den Menschen sprach. Niemals im Leben hatte er gesehen, ja er hatte es sich nicht einmal vorzustellen gewagt, was er erlebte, als er in die Stadt kam. Hier sah und begriff er zum ersten Mal im Leben, wie mächtig der Teufel ist, wie schön das Böse und wie schwach, kleinmütig und nichtswürdig die Menschen sind. Durch einen unglücklichen Zufall war das erste Gebäude, das er betrat, ein Haus des Lasters. An die fünfzig Menschen, die viel Geld besassen, vergnügten sich hier, assen und tranken im Übermass. Trunken vom Wein sangen sie Lieder und redeten keck schreckliche, abscheuliche Worte, die ein gottesfürchtiger Mensch nicht auszusprechen wagt. Grenzenlos frei, kühn und glücklich, fürchteten sie weder Gott noch Tod, noch Teufel, sondern redeten und handelten so, wie sie wollten, und gingen dorthin, wohin ihre Begierde sie trieb. Und der Wein, klar wie Bernstein und golden funkelnd, war offenbar ungeahnt süss und aromatisch, denn jeder Trinkende lächelte selig und begehrte noch mehr davon. Auf das Lächeln der Menschen antwortete er ebenfalls mit einem Lächeln, und wenn man ihn trank, funkelte er fröhlich, als wisse er, welch teuflischer Reiz sich in seiner Süsse verberge.

Der Alte, der immer mehr in Harnisch geriet und vor Zorn weinte, beschrieb weiter, was er gesehen. Auf dem Tisch, inmitten der Zecher, so erzählte er, stand ein halbnacktes Weib. Etwas Schöneres und Reizvolleres könne man sich nicht vorstellen und in der Natur nicht finden. Diese junge, langhaarige braune Dirne, mit schwarzen Augen und wulstigen Lippen, schamlos und frech, nackt, bleckte die schneeweissen Zähne und lächelte, als wolle sie sagen: Seht her, wie schamlos und wie schön ich bin! Seide und Brokat fielen in herrlichen Falten von ihren Schultern, aber die Schönheit wollte sich nicht unter Kleidern verbergen, und wie das junge Grün aus der Frühlingserde, so drängte sie sich gierig durch die Falten. Die schamlose Frau trank Wein, sang Lieder und gab sich jedem hin, der sie begehrte.

Weiterhin beschrieb der Alte, und er ballte dabei vor Zorn die Fäuste, Turniere, Stierkämpfe, Theater und Künstlerateliers, in denen man nackte Frauen malte und aus Ton formte. Er sprach voller Begeisterung, schön und klangvoll, als spiele er auf unsichtbaren Saiten, und die Mönche sassen wie versteinert, lauschten gierig seinen Reden und keuchten vor Entzücken... Nachdem der Alte alle Lockungen des Teufels beschrieben hatte, die Schönheit des Bösen und die bezaubernde Grazie eines verführerischen Frauenkörpers, verfluchte er den Teufel, wandte sich ab und verbarg sich hinter seiner Tür... Als er am nächsten Morgen aus seiner Zelle trat, war kein einziger von den Mönchen mehr im Kloster. Sie waren alle auf dem Weg zur Stadt.

(Aus: Anton Tschechow, «Flattergeist». Erzählungen 1888–1892. Aus dem Russischen von Gerhard Dick, Ada Knipper und Hertha von Schulz. Herausgegeben und mit Anmerkungen von Peter Urban. Diogenes Taschenbuch 1976, Lizenzausgabe des Winkler Verlags, München, 1968. ©Aufbau Verlag Berlin 2023)

Hermann Hesse
Der innere Reichtum

Ein Text für die Kriegsgefangenen des 1.Weltkriegs
Erst in üblen Lebenslagen tritt der Charakter eines Menschen unverhüllt zutage. So zeigt sich auch das Verhältnis des Einzelnen zum Geistigen oder Idealen, zu alledem, was man nicht schmecken und greifen kann, erst dann in seiner Echtheit und seinem wahren Wert, wenn die gewohnten Stützen seines äusseren Lebens gewichen oder erschüttert sind. Man kann in Zeiten grosser Prüfungen die seltsame Erfahrung machen, dass es wohl mehr Menschen gibt, welche für ideale Güter zu sterben, als solche, die für sie zu leben wissen.

Kultur, im Gegensatz zur Natur, ist alles das, was der Mensch über die Bedürfnisse der Stunde und des nackten Lebens hinaus an geistigen Werten gefunden und geschaffen hat, obenan die Religionen, Künste und Philosophien. Auch das Volkslied des armen Mannes, die Freude des Wanderburschen an Wald und Wolken, die Liebe zum Vaterland und zu den Idealen der Partei – alles das ist «Kultur», geistiger Besitz, Menschentum. Über alle Schwankungen der Weltgeschichte und der Völkerentwicklung hinweg hat dieser ideale Besitz der Menschheit sich erhalten, bewährt und gemehrt. Wer innerlich Teil an diesem Besitze hat, der gehört einer unzerstörbaren Gemeinschaft des Geistes an und besitzt etwas, das niemand ihm rauben kann. Wir können Geld, Gesundheit, Freiheit, Leben verlieren. Aber nur zugleich mit dem Leben kann uns das genommen werden, was wir an geistigen Werten wirklich erworben haben und besitzen.

In Zeiten der Not und des Leidens zeigt sich erst, was wirklich unser ist, was uns treu bleibt und nicht genommen werden kann. Es gibt viele, denen ein schöner Spruch aus dem Neuen Testament oder ein gedankenvoller Goethe-Vers in guten Zeiten lieb und wertvoll war, die gern einen guten Vortrag und eine gute Musik hörten, und denen doch von alledem nichts zu eigen bleibt, wenn Not, Hunger, Sorge ihr Leben beschatten. Wem es so geht, wer an den Werten der Kultur nur den Anteil des stillen Geniessers hatte und sich in der Not von diesen Werten verlassen sieht, wem mit seiner Bibliothek die geistige Welt, mit seinem Konzert-Abonnement die Musik verloren geht, der ist ein armer Mann, und ohne Zweifel hat er zu jener schönen Welt des Geistigen schon vorher nicht das echte, richtige Verhältnis gehabt.

Denn das richtige Verhältnis zu diesen Dingen ist nicht das des Geniessers, er sei noch so gebildet, noch so belesen, noch so kennerhaft bewandert. Der Geniesser besitzt Kultur bloss so wie ein untätiger Reicher Geld besitzt – am Tage, wo er es verliert, ist er ärmer als der Bettler, dem es bei seiner Armut wohl sein kann.

Die Besitztümer der Kultur sind eben nicht unpersönliche Dinge, die man sich erwerben, die man einkaufen und benützen kann. Die Musik, die ein grosser Künstler unter Kämpfen und tiefen Erschütterungen seines inneren Lebens geschaffen hat, kann ich mir nicht als behaglicher Zuhörer im Konzertsessel so leichthin zu eigen machen. Und das tiefe Wort eines Denkers oder Dulders, das aus Drang und Not geboren ist, kann ich mir nicht als träger Bücherleser im Lehnstuhl erwerben und zu eigen machen. Im täglichen persönlichen Erleben macht jeder von uns die alte Erfahrung, dass keine Beziehung, keine Freundschaft, kein Gefühl uns treu bleibt und zuverlässig ist, dem wir nicht Blut vom eigenen Blut, dem wir nicht Liebe und Mitleben, Opfer und Kämpfe dargebracht haben. Jeder weiss und erlebt es, wie leicht es ist, sich zu verlieben, und wie schwer und schön es ist, wirklich zu lieben. Liebe ist, wie alle wirklichen Werte, nicht käuflich. Es gibt einen käuflichen Genuss, aber keine käufliche Liebe.

Die Erziehung, die wir vom Leben erfahren, fordert von jedem, der aus einem Kinde ein Mann werden soll, die Fähigkeit der Unterordnung und des Opferns, die Anerkennung von Zusammenhängen, deren Erhaltung und Pflege wir unsre eigene augenblickliche Lust und Begierde opfern müssen. Wir werden innerlich erwachsen und erzogen in der Stunde, wo wir diese Zusammenhänge anerkennen und uns ihnen nicht nur gezwungen, sondern freiwillig fügen. Darum ist der Verbrecher, der das niemals lernt, für unsere Erkenntnis ein Zurückgebliebener und Minderwertiger.

Ebenso wie die menschliche Gesellschaft den Einzelnen nur trägt und stützt, wenn er sie anerkennt und ihr Opfer bringt, so fordert die allen Menschen und Völkern gemeinsame Kultur von uns eine Anerkennung und Unterordnung, nicht bloss ein Kennenlernen, Benützen und Geniessen. Sobald wir diese Anerkennung innerlich geleistet haben, erwerben wir den wahren Mitbesitz an den Gütern der Kultur. Und wer nur ein einziges Mal einen hohen Gedanken in sich zur Tat hat werden lassen, wer einer Erkenntnis ein Opfer gebracht hat, ist aus dem Kreise der Geniesser ausgetreten und gehört zu denen, welchen ihr geistiger Besitz in jeder Lage treu und eigen bleibt.

Kein Mensch ist so arm, dass er nicht einmal am Tage zum Himmel aufblicken und sich eines guten, lebendigen Gedankens erinnern kann. Und der Gefangene, der auf dem Gang zur Arbeit einen guten Vers im Geiste wiederholt oder eine schöne Melodie vor sich hin summt, kann diese schönen Dinge mit all ihrer Tröstlichkeit inniger besitzen als mancher Verwöhnte, der sich längst in lauter Schönheiten und süssen Reizen müde gewühlt hat.

Du, der Du traurig und fern von den Deinen bist, lies zuweilen einen guten Spruch, ein Gedicht, erinnere Dich einer schönen

Musik, einer schönen Landschaft, eines reinen und guten Augenblickes in Deinem Leben! Und sieh, ob nicht, wenn es Dir ernst ist, das Wunder geschieht, dass die Stunde heller, die Zukunft tröstlicher, das Leben liebenswerter ist!

(1916)

(Aus: Hermann Hesse, «Die Kunst des Müssiggangs». Kurze Prosa aus dem Nachlass. Herausgegeben und mit einem Nachwort von Volker Michels. Suhrkamp Taschenbuch 100, 1973. ©Suhrkamp Verlag Berlin 2023)

Sándor Márai
Im Land des zähnefletschenden Selbstbewusstseins

Dank einer Einladung konnte ich im Winter 1946 in die Schweiz und weiter nach Italien und Paris reisen. Es war eine Gruppeneinladung – gewöhnliche Sterbliche hatten in jener Zeit kaum eine Möglichkeit, anders auf Reisen zu gehen –, aber ich nahm sie an, weil ich das dringende Bedürfnis nach einem Luftwechsel verspürte. Wir waren zu sechst, einer weniger als die bösen Sieben; ausser mir zwei Maler, ein Bildhauer, ein Volksdichter und ein gebildeter, literaturkundiger Hochschullehrer. In der Schweiz liefen wir auseinander, jeder machte sich auf, sein eigenes, sein persönliches Europa zu suchen.

Für mich war diese Reise ein Spiessrutenlauf durch Frost und Frieren. Das Europa des zweiten Nachkriegsjahres war ein Kontinent des zähnefletschenden Schuldbewusstseins. Dem Reisenden, der sich aus den osteuropäischen Trümmern hervorwagte, wurde angesichts des schweizerischen Wohlstands speiübel. Der Schweizer Grenzposten blätterte mit so feindseligem Argwohn im ungarischen Pass, als wäre jeder, der von dort kam, ein Spion, ein Valutenschmuggler, ein kommunistischer Agent, ein Drogenhändler. (Oder, einfacher, ein Bazillenträger – und in diesem Verdacht steckte vielleicht sogar ein Funke Wahrheit.)

Trotzdem, auf einmal war da die Schweiz mit dem Überfluss eines Tischleindeckdichs, und sie war handgreiflich da: die hell beleuchteten Strassen, in den Schaufenstern die meisterhaften Uhren, am Gehweg entlang die nachlässig abgestellten Fahrräder ... und der Ankömmling von der anderen Seite des Eisernen Vorhangs überlegte unwillkürlich, was wohl ein Russe für so brillante Zappzarapp-Möglichkeiten gäbe ...

Dies war also die neutrale Schweiz, die auch unter grossen Gefahren und gegen hinterhältige Versuchungen brav ihren Mann gestanden hatte – und dies war der Reisende «Von drüben», der wortkarg zuhörte, wenn die Schweizer zutraulich erzählten, auch hier sei nicht alles und nicht jeder so ohne Fehl und Tadel gewesen, wie es von ausserhalb aussah, auch hier habe man mit den Nazis gefeilscht ... Aber welche Rolle spielte das schon, wenn das kleine Land als Ganzes mutig und konsequent zu den Ideen der Neutralität und der nationalen Selbstbestimmung stand. Ich stapfte durch Genf und Zürich und geizte nicht mit respektvollen Blicken: Schau an, ein kleines Volk, und es hat sich in einer schwierigen geopolitischen Situation bewährt ...

Ein Ausflug, der insgesamt unwahrscheinlich wirkte, wie ein Wunder – da war ich nun wieder in Westeuropa! Ich hatte den Krieg überlebt, war aus der Grube hervorgekrochen, aus der Schmach ... und jetzt von neuem in Westeuropa! Ich reiste wieder, wie früher, immer, wenn es nur möglich war ... und ich entsann mich einer Zeit, als ich, ein wenig angeberisch, beteuert hatte, der wahre Sinn des Reisens liege nicht im Ankommen, sondern im Reisen. (Nach dem historischen Stubenarrest erlebte ich jetzt unterwegs Augenblicke, in denen mir war, als sei nicht die Ortsveränderung wichtig, nicht die Ankunft, nicht, wann ein Zug abfährt und wo er ankommt, sondern allein, was sich beim Reisen in uns selbst in Bewegung setzt ... Zugleich begleitete mich auf diese Reise – ohne mich zu verlassen – die Unsicherheit: Lohnte es, noch einmal auf Reisen zu gehen und die vieljährige Ruhe, das stille, stumpfe Wasser aufzuwühlen, in dem so vieles versunken war, was früher wichtig schien?

Wie Wasser auf den Wind reagiert, indem sein Spiegel sich kräuselt, so lief mir ein Schauder über den Rücken, während ich widerstrebend durch die schönen, sauberen, mit allen irdischen Gütern vollgestopften, unbeschädigten Strassen in der Schweiz schlenderte. Es tat mir wohl, endlich wieder dem «Kaufmann» zu begegnen – ich lüpfte den Hut vor ihm, denn in der Heimat vermisste ich ihn allmählich. Jedes Gesellschaftssystem und so auch das sogenannte sozialistische System ist hilflos ohne ihn, und der östliche Sozialismus begeht einen gewaltigen Fehler, wenn er zum Kreuzzug gegen den «profitgierigen Händler» aufruft, ihn als unabhängigen Vermittler aus der Gesellschaft ausschliesst und ihn durch staatliche Angestellte zu ersetzen versucht, durch schlafmützige Bürokraten, die oft korrupt und immer langsam und träge sind, weil sie die konsumierende Masse nicht dazu erziehen können, anspruchsvoll zu sein – und ohne Anspruch stagniert die gesellschaftliche Entwicklung: Der Allerweltskaufmann, der dem Allerweltskunden Allerweltsware andreht, ist kein Kaufmann, sondern nur ein schäbiger Krämer. Aber jetzt hatte ich ihn endlich vor mir, Auge in Auge, den lächelnden und höflichen Schweizer Kaufmann, der mit Qualität in reicher Auswahl aufwartete. Ich wählte unter den vielen Dingen und dachte beiläufig, doch respektvoll an seine Vorgänger, die Kaufleute von Venedig, die mit hohem Risiko, also mit hoher Gewinnspanne den modernen Tauschhandel einführten, und an den Lübecker Kaufmann, der den Wechsel erfand und nicht mehr persönlich zu den Nowgoroder Messen reiste. Nach dem Starrkrampf des scholastischen Mittelalters halfen nicht nur die zum Scheiterhaufen verdammten Humanisten, sondern auch die Kaufleute, das neue Europa zu verwirklichen; hinter dem tragisch verzerrten Gesicht des Giordano Bruno ahnte man im europäischen Rahmen das pfiffige Gesicht des Kaufmanns Jacques Cœur aus Bourges, wie er hinter dem Pult hantierte... Dieses Gesicht richtete jetzt in einem Zürcher oder Genfer Laden die Augen auf den Kunden, der sich aus dem Osten hierher verirrt hatte. Dankbar und bereitwillig erwiderte ich das freundliche Anerbieten und kaufte schnell einen Elektrorasierer.

Und doch fühlte ich mich in der Schweiz nicht wohl. In jedem Augenblick hatte ich das mahnende Gefühl, irgend etwas binde mich an dieses Europa mit seinem sterilen Leichengeruch, als wäre es in Formalin getaucht. Dostojewski hatte seine Landsleute winselnd davor gewarnt, sich mit Europa zu umarmen, wenn sie nicht über kurz oder lang eine Leichenvergiftung bekommen wollten ... Und jetzt umarmen sich die Väterchen doch, dachte ich mit säuerlicher Zufriedenheit. (Ein Minister namens Schuman notierte nach einem Besuch bei Stalin in Moskau, der Diktator habe im Gespräch die Karte Europas und Asiens betrachtet, dann die Hand auf Europa gelegt und mit Bedauern in der Stimme gesagt: «Wie klein doch Europa ist! ...» Er habe es nicht spöttisch gesagt, sondern eher trocken, sachlich.) Was zog mich, den Randeuropäer, hierher, was band mich an Europa? (Und war ich wirklich ein «Europäer», wie zum Beispiel die Schweizer? Franzosen? Deutschen? ... War nicht über alle Annäherung, manchmal über das heroische Bemühen von Generationen hinaus in unserer gelebten Europanostalgie auch Misstrauen und Zurückhaltung versteckt? ...) Was bindet mich an Europa? dachte ich und kaufte auch noch einen neumodischen Füllfederhalter. Die Erinnerung an eine «erlöschende» Kultur? ... Das sind nur Worte. Aber vielleicht die Erinnerung an die gemeinsame Schuld, das Bewusstsein, dass wir alle schuldig sind, wir Europäer, westliche wie östliche – weil wir hier gelebt und es geduldet haben, dass sich alles dorthin bewegte, wohin es sich bewegt hat. In diese Erkenntnis mischte sich etwas Komplizenhaftes, realer als alle sonstigen Empfindungen und Träumereien: Wir sind schuldig, weil wir Europäer sind und es hingenommen haben, dass aus dem Bewusstsein des Europäers der «Humanismus» getilgt wird.

Denn dies (so empfand ich es damals und auch später noch viele Male) war Europas grosses Geschenk für die Menschenwelt: der Humanismus. Ein Begriff, der nach Seminaren schmeckt und nach Bibliotheken riecht ... Die grossen Kulturen, die fernen Zivilisationen schufen vergeblich moralische und metaphysische Weltbilder – der «Humanismus» war nur in Europa eine lebendige, Leben, Schicksal, geistige Haltung und gesellschaftliches Zusammenleben formende Herausforderung. Was ist der «Humanismus»? ... Menschliches Mass. Dass das Individuum den Massstab bildet. Das Individuum ist der Sinn der Entwicklung. (Sofern es eine «Entwicklung» gibt, sofern es überhaupt möglich ist, dass der Mensch über die aus der Höhle mitgebrachten Triebe herrscht.) Menschliches Verhalten, das keine übernatürliche Antwort auf das Problem des Todes erhofft und die Lösung der irdischen Probleme nicht von übermenschlichen Kräften erwartet; das sich selbst überlassene, im gleichgültigen und feindseligen Universum durch blinden Zufall Gestalt gewordene zweibeinige Säugetier, der Mensch, ist das einzige Lebewesen, das sich unabhängig von den Trieben in der Welt zu orientieren vermag.

Das Menschliche, das Humane fehlte sehr in Europa. Es war zugrunde gegangen. (Wo zugrunde gegangen? In den Gaskammern von Auschwitz, im Massengrab von Katyn, in der Hölle der russischen und deutschen Straflager, in den Trümmern von Dresden und Coventry, im Gebüsch des Maquis? ... Jede Frage dieser Art ist rhetorisch, eine Papierfrage.) Und fehlte nun, das war die Wirklichkeit.

Ich streifte durch die gefegten, von schmucken Schaufenstern gesäumten Schweizer Strassen und fühlte mich bestohlen. Als ob ich die Hosentaschen abtasten müsste nach ... Ja, wonach? Nach dem «Humanismus», der kein klassisch-philosophischer, kein kulturgeschichtlicher Begriff ist. Jetzt, da ich wieder in den Westen gekommen war, fehlte er mir in allem; ich vermisste ihn in der Wirklichkeit, in den Büchern, in den Fragen und Antworten der Menschen. (Der Begriff wurde hier erschaffen, vor vierhundert Jahren, und die beiden geistigen Erdbeben, die in Europa aus einem Landzipfel Asiens einen Kulturkreis machten – die Renaissance und die Reformation –, traten zum erstenmal bei den Humanisten in Erscheinung.) Die Russen haben keine Renaissance und keine Reformation erlebt, denn sie waren keine Humanisten – der russische «Philanthrop» wollte nie ein menschliches Mass, sondern stets das Unmässige, das Masslose, das Unmenschliche –, auch das fiel mir auf den Strassen von Zürich ein, gleichsam als beiläufige Begriffsverknüpfung. (Der ist ausgestorben, dachte ich zerstreut; der Humanist ist in Europa ausgestorben wie in den polnischen Wäldern der Wisent. In Europa macht sich heute jeder verdächtig, der an den Menschen glaubt – was führt er im Sinn, wenn er noch an den Menschen glaubt? ...)

Die grosse Lehre, die die Humanisten – Erasmus, Pirckheimer, Thomas Morus und noch manch anderer – verkündeten, wirkt nicht mehr; auch daran dachte ich. (Die Namen Pirckheimers und der anderen fielen mir nicht in Zürich ein, ich füge sie nachträglich hinzu, pingelig wie ich bin.) Aber was wollten vierhundert Jahre später die Leute, die sich für Humanisten hielten, weil sie Europäer waren – Schriftsteller, Volksfreunde, manchmal ein Spezialist, der über «das Exakte» hinaus etwas wollte, das man Entwicklung nennen könnte? Sie wollten, dass nicht das System das Mass bilde, einerlei, ob Religions- oder politisches, Wirtschafts- oder gesellschaftliches System, sondern der Mensch. Es hat nicht geklappt, dachte ich und sah um mich. Überall bemerkte ich nur

Systeme. In der Schweiz herrschte eine akkurate Ordnung. Die Züge in Europa fuhren wieder pünktlich. Aber gegen Ende der zweiten Woche wandelte ich in einer regelrechten Nervenkrise durch die Zürcher Strassen. Das Hotel wurde gut geheizt; mich aber heizte hier nichts von innen. Ich erwog, die Reise abzubrechen und vorzeitig in das frostige, besetzte, im Elend vegetierende Budapest heimzufahren. Aber dann blieb ich, mich damit tröstend, dass Europa für mich mehr bedeutet als «Humanismus», der nicht mehr existiert, nämlich all das, woran Erinnerungen auch im paralysierten Dämmern des Krieges zuweilen aufblitzten: die bewusst gemachte Leidenschaft. Es hatte ein leidenschaftliches Europa gegeben, als die Menschen nicht nur wissen, sondern sich auch begeistern wollten. Begeistern wofür? ... Für Illusionen, also für Gott. Oder für die Liebe, weil sie in ihr eine schöpferische Energie sahen. Oder für die erotische Harmonie von Schönheit und Mass. Und als sie suchten. Was suchten? ... Nicht nur die Wahrheit, auch das edle und leichte Abenteuer, angefeuert von der Leidenschaft – weil sie Kultur wollten, und die gibt es nicht ohne Leidenschaft. Das Abenteuer, aus dem Kunst wird, oder Tragödie. Den Schwips des Geistes und die mit kristallenem Schillern formulierten Gedanken. Die weise und harmonisch gealterten, meisterwerkhaft gealterten Städte, wo Menschen lebten, die in den Häusern nicht nur wohnen, sondern auch leben wollten, die nicht glaubten, dass der Kunstdünger ebenso wichtig sei wie der Kontrapunkt, und ein Genie nicht an der Börse notierten wie Schlachtvieh, wenn der Fleischpreis steigt, die vielmehr am Widerstand massen, was das Genie auszeichnete. Mit einem Wort – aber mit was für einem gewaltigen Wort! –, es hatte ein anderes Europa gegeben. Du musst es suchen, sagte ich mir aufmunternd. Und reiste aus der geheizten, neutralen Schweiz in das ungeheizte, unordentliche, besiegte Italien.

(Aus: Sándor Márai, «Land, Land ...», Band 2. Deutsche Erstveröffentlichung. Oberbaum Verlag, Berlin 2000. © Piper Verlag München 2013. Titel vom Herausgeber)

Frans Eemil Sillanpää
Taavetti Antila

Was ist hienieden gross – was klein …? Im Gasthof war heute abend die Rede von irgendeinem ganz unbekannten Helden, der als ein wahrer Mann und Kämpfer gefallen war.

Da kommt mir Taavetti Antila in den Sinn; ihm hätte jener Mann, von dem wir sprachen, geglichen, wenn er alt geworden wäre. Dieser Taavetti war ein tüchtiger, zuverlässiger Arbeiter, der, zufrieden mit dem ortsüblichen Lohn, nicht nach anderen Arbeitsplätzen mit höheren Löhnen strebte. Rodehaue und Axt waren seine Waffen im Daseinskampf, Waffen, mit denen er wahrlich das Leben zwang. Seinetwegen mochten die Birkenstümpfe noch so ästig sein. Wenn andere Arbeiter sie hatten liegen lassen, nachdem sie vergeblich versucht hatten, ihnen von verschiedenen Seiten beizukommen, und dann Taavetti auf den Hof kam, um klafterweise im Stücklohn Holz zu hacken, so bedingte sich der Bauer aus, dass er auch diese widerspenstigen Stubben kleinkriegte. Und er kriegte sie klein. In hohem Bogen hieb die grosse Axt erst eine sichere Kerbe und trieb dann den Keil hinein. Die Holzfasern wimmerten böse auf, wenn Taavettis Keil sie losriss, aber es half ihnen nichts, sie mussten sich von ihrem Stammgefüge lösen. Lösten sich auch genau an der Stelle, wo Taavetti es wollte, so dass sie zu guter Letzt in all ihrer Verknorztheit an Aussehen und Grösse denen glichen, die ein leichter, klingender Schlag von einem schönen, schieren Stamm losgehauen hatte.

Auch beim Roden und Grabenausheben war Taavetti Antila unvergleichlich. Der Boden kann dem Anschein nach gut sein und sich zum Anbau eignen – der Bauer stellt es jedenfalls so hin, wenn er mit Taavetti über den Stücklohn verhandelt. Und Taavetti ist es einerlei; er prüft nicht näher nach, er nimmt denselben Lohn, den er anderswo für solch eine Fläche Rodeland genommen hat und den seines Wissens auch andere Arbeiter nehmen. Aber der scheinbar harmlose Mischwald, niedrig und spärlich, wie er ist, birgt doch eine überraschende Fülle jener beiden Übel, die für die Kräfte und Gliedmassen des Rodenden eine rechte Prüfung bedeuten: Steine und Stümpfe! Da gibts alte Kiefernstümpfe, die schon tüchtig mit Teer getränkt sind und doch nicht vermorschen wollen ... Ist solch einer mitsamt allen Wurzeln herausbefördert worden, so erweist er sich als ein klotziges Ungeheuer, neben dem der Rodende trotz all seiner Stärke wie ein Knirps wirkt, so wie jene Männer, die auf Bildern von fernen Ländern neben einem Urriesen von Baum stehen, den sie gefällt haben. Und dann die Steine! Auch ein Stein kann ganz bescheiden wirken, nur wie ein unschuldiges Höckerchen auf der Erdoberfläche. Haut man mit der Eisenstange darauf, so klingt es ganz weich und nachgiebig, als reiche der Stein nur ein Stückchen in die Erde hinein und man brauche nur die Stemmstange darunter zu stossen und ein bisschen zu drehen ... Aber selbst für unsern Taavetti, der doch nicht nur kräftig, sondern auch durch Erfahrung gewitzigt ist, bedeutet das ein Stück Arbeit.

Wie ging es doch mit jenem Kutinperä-Bauern, der so unglaublich geizig war und die Rodearbeit nicht in Akkord an Taavetti geben wollte? – Taavetti selber pfiff übrigens auf den ganzen Auftrag, als er hinter die Gepflogenheiten des filzigen Mannes gekommen war. – Nun, der Bauer machte sich also mit seinen Knechten ans Roden als an eine Art Zwischenarbeit. Da waren tückische Steine, die tief im Boden steckten, genau wie Taavetti gesagt hatte – aber der Bauer ging mit verbissener Wut daran. Als am Abend die Essenglocke erscholl und die Tagelöhner ihr Werkzeug weglegten, blieb er draussen und plackte sich weiter ab. Es war ein Samstagabend. Aber auf eigenem Grund und Boden braucht man ja zum Glück nicht auf den Glockenschlag die Arbeit niederzulegen! Stundenlang hatte er sich schon mit seinen Leuten an einem besonders grossen Stein gemüht; der aber hatte nicht wanken und nicht weichen wollen. Nun versuchte der Bauer allein, ihn auf die Seite zu kippen, auf die er ihn haben wollte. Er schob, stiess, wuchtete, versuchte es schliesslich voll wütender Verzweiflung mit den blossen Händen. Diese Hände waren hager und sehnig mit herausgewölbten Nägeln. Und diese Hände, an die Seiten des Steins gepresst, waren alles, was dann von dem Mann zu sehen war, als man schliesslich auf die Suche nach ihm ging ... Der Stein hatte sich, als es so weit war, gelöst – langsam und sicher – und den Mann unter sich gedrückt, so wie ein starkwilliger, überlegener Erwachsener ein widerstrebendes Kind allmählich dahin bringt, wohin er es haben will.

«Ich wusste es ja und hab's ihm auch gesagt, was für Sackermenter die Steine da auf dem Rodeland sind», bemerkte Taavetti Antila, als er vom Unglück erfuhr.

Wenn aber Taavetti von einer Rodung zurückkommt, die so recht nach seinem Sinn ist und bei der er mit der ihm eigenen willengeladenen Kopfhaltung und dem gestrafften Ausdruck in dem grosslinigen Gesicht sieghaft das Gelände bezwungen hat – ja, wenn er davon zurückkehrt, dann trägt er eine prächtige Last schöner Kienholzspäne auf dem Rücken. Das ist das Mitbringsel für Miina, seine Frau. Das heisst: er wirft die Späne nur in eine Ecke des Holzschuppens daheim, Miina findet sie schon. Sie zünden wie Pulver! Bei sich daheim ist Taavetti Herr im Haus, sorgt für alles, befiehlt auch alles. Und keinem würde es einfallen, daran zu zweifeln.

Taavetti Antila lebt noch. Freilich verletzte er sich einmal schlimm seinen Fuss: er renkte sich das Gelenk aus in dem Spalt eines Baumstammes und lag lange danieder. Seitdem ist er nicht ganz der alte; er muss mehr auf der Fussseite als auf der Sohle gehen, und dass es so etwas wie eine Unfallversicherung auf der Welt gibt, ahnt er nicht. Das Gehen bereitet ihm Schmerzen, namentlich, wenn er schwer tragen muss, und oft bricht die Wunde auf. Aber die alten Arbeiten gehen ihm doch noch von der Hand. Wenn ich mir Taavettis Lebensende ausmale, so weiss ich nur so viel: die Hilfe der Gemeinde wird er möglichst nicht in Anspruch nehmen.

Taavetti Antila ist ein ganzer Mann, der weiss, was er will. Aber wozu gehe ich eigentlich so lange um das herum, was mir heute abend in Verbindung mit ihm einfiel? – oder vielmehr: Taavetti fiel mir ein, als von der Wesensart der Finnen überhaupt die Rede war –, dass nämlich Taavetti Antila die Urgestalt dieses Charakters darstellt, so wie er sich in vorgeschrittenem Mannesalter offenbart.

Ich trieb mich mitunter in einer Mussestunde, nur so zum Vergnügen, auf Taavettis Arbeitsplatz umher und sah ihm zu, sah ihm ein Weilchen zu, ohne dass er mich bemerkte, und ging dann hin, um mit ihm zu plaudern. Er kennt mich seit der Zeit, als ich noch in den Windeln lag. Wir stehen sozusagen von Natur aus auf du und du. Ich nähere mich ihm also ganz anders als etwa ein selbstbewusster Städter auf Sommerurlaub, dessen Vorstellungen von solch einem biederen, etwas einfältigen Holzknecht

– könnte man sie aus seinem Kopf herausnehmen und vor sich auf dem Tisch ausbreiten – wohl recht erheiternd wirkten. Dieser Stadtherr kann auf seine Weise ganz eingenommen von Taavetti sein, kann sogar später im Herbst begeistert seinen Klub- und Amtsgenossen von ihm als von einem famosen Typ oder in ähnlichen Ausdrücken erzählen. Aber im Innern hält er ihn für ein dumpf dahinlebendes Naturwesen, eigentlich nicht einmal für ausgesprochen naiv, denn dieses gutmütige Geringschätzen des anderen ist durchaus nicht einseitig, sondern Taavetti Antila, den man für gewöhnlich nicht unnötig lachen sieht, kann trotz aller Mühe ein Lächeln nicht unterdrücken, wenn so ein schmächtiges Herrchen sich neben ihm aufbaut und in vollem Ernst meint, es könne ihm – Taavetti! – fachkundige Anweisungen über die elementaren Grundbedingungen beim Auswuchten von Steinen und Stümpfen geben.

Wenn Taavetti abends heimkehrt, pflegt er beim Essen mürrisch und wortkarg zu sein. Solche Art Arbeit macht müde, und manchmal muss er sich ja auch über seine Alte ärgern. Aber an so einem Tag lacht Taavetti sogar noch beim Essen vergnüglich vor sich hin. In dem Augenblick, wo er seine Kartoffel in die Schüssel getunkt hat und sie senkrecht hochhebt – wo der Mund also sowieso aufgesperrt sein muss, kann man wohl ein Wort über das erheiternde Erlebnis mit dem Stadtherrn fallen lassen. Und hat man den Bissen im Munde, kann man noch ein bisschen weiter davon reden. Durchaus nicht alles und jedes ziemt sich in solchem Augenblick zur Sprache zu bringen, aber eine Geschichte wie diese, die passt!

«Na, was war's denn für eine Art Herr?», fragt Miina.

«Weiss der Teufel», antwortet Taavetti und führt wieder eine Ladung in den Mund, «aber kann man sich was Blöderes vorstellen? So'n jämmerlicher Kerl will mitreden, wenn vernünftige Männer verhandeln?»

Ich stehe ja nun gottlob in einem ganz anderen Verhältnis zu Taavetti – er hat meinen verstorbenen Vater gut gekannt und betrachtet mich im Grunde immer noch als Jungen.

Nein, mich würde er nicht insgeheim verspotten mit seinen Antworten, wenn ich etwas über sein Arbeitsgebiet fragte. Er begreift, dass ich darin eben nicht beschlagen sein kann. Wenn er wiederum einen Mann braucht, der ihm etwas Schriftliches aufsetzt, und deshalb zu mir kommt, dann kann er wohl den

Schwung bewundern, mit dem mir das von der Hand geht – auch ist ihm nicht unlieb, dass es nichts kostet und er hinterher auf Kaffee und mitunter, wenn gerade Festtag ist, auch auf einen stärkeren Tropfen rechnen kann.

Aber auf dem Rodeland, da komme ich mir neben ihm hoffnungslos nichtig vor, da habe ich weder körperliche noch geistige Fähigkeiten, mit denen ich prunken könnte.

Als Schlussvignette möchte ich diesem bescheidenen Erinnerungsbild ein hübsches, kleines Erlebnis anfügen: Ich war wieder einmal auf Taavettis Rodeland, schlenderte umher, sah mich um, schätzte für mich selber den Flächeninhalt ab. Dabei fiel mir auf, dass hier und da eine kleine Erdinsel unausgerodet geblieben war. Ich witterte zunächst arbeitstechnische Gesichtspunkte dahinter. Aber ich konnte an den Stellen weder besonders grosse Steine noch Stümpfe entdecken, nur etwa einen dichtbelaubten Busch oder eine etwas höhere Moosbülte. Da wagte ich Taavetti zu fragen, wenn auch nicht ganz ohne das peinliche Gefühl, auch wie so ein Herr zu wirken.

«Nein, da ist gar nichts Besonderes», antwortete er, «nur ein paar Nester von kleinen Vögeln, die haben gerade Junge, und die Alten fliegen mit dem Futter hin und her. Da mochte ich sie nicht stören und habe lieber drum herum gerodet. Ich dachte: mögen die paar Büsche und Bülten dableiben; später im Herbst kann ich sie ja wegnehmen, wenn die Vögel fort sind. Gehen Sie mal heran und sehen Sie, wie nett sie sind!»

Und Taavettis Mund öffnet sich, so dass die Kautabaksspuren darin sichtbar werden, als er mit warnendem Sch … sch …! mir winkt, leise heranzutreten.

Kraft, Tüchtigkeit und – ein Herz!

(Aus: Frans Eemil Sillanpää: «Die kleine Tellervo. Finnische Gestalten», übertragen von Rita Öhquist, Insel-Bücherei Nr. 524, 1938. ©Suhrkamp Verlag Berlin 2023)

Antoine de Saint-Exupéry
Der Flieger hat wieder teil am Wesentlichen

Wenn man gegen zwei Uhr früh mit dem Flugzeug die Post von Dakar nach Casablanca bringt, stellt man inmitten von Sternen, deren Namen ich nicht kenne, die dunkle Haube des Motors etwas rechts von der Spitze des grossen Wagens ein. Je mehr andere Sternbilder aufsteigen, wechselt man die Sterne, um nicht die Augen zu hoch heben zu müssen. Man sucht anderswo Rat. Und nach und nach, ebenso wie die Nacht grosse Wäsche in der sichtbaren Welt hält und nur Sterne hoch über einer schwarzen Sandfläche bestehen lässt, hält sie auch grosse Wäsche im Herzen. Alle unwichtigen Sorgen, die man für die Hauptsache hielt, die Zornesregungen, die unbestimmten Wünsche, die Eifersüchteleien werden ausgelöscht, und nur die ernsten Sorgen bleiben.

Während man dann von Stunde zu Stunde diese Sternentreppe bis zum Morgengrauen hinabsteigt, fühlt man sich rein.

Grösse und Knechtschaft des Fliegerberufs – Maurice Bourdet bietet in diesem Buch sein ganzes Talent und sein ganzes Herz auf, um sie kenntlich zu machen. Ich möchte hier bloss ein Wort über das sagen, was mir als das Wesentliche erscheint.

Ja, der Beruf hat seine grossen Augenblicke: die starken Freuden der Ankunft, sobald der Sturm überwunden ist; dieses Hinabgleiten auf Alicante oder Santiago zu, die im Sonnenschein daliegen, während man Finsternis oder Gewitter hinter sich hat; dieses machtvolle Gefühl, dass man heimkommt, um wieder seinen Platz im Leben einzunehmen: im Wundergarten, in dem es Bäume gibt und Frauen und kleine Hafencafés. Wenn man mit abgedrosseltem Motor auf den Flugplatz hinuntergeht, hinter einem die düsteren Wolkenberge, von denen man sich befreit – welcher Linienflieger hat da nicht schon frohlockt?

Ja, der Beruf hat seine elenden Augenblicke, derentwegen man ihn vielleicht ebenfalls liebgewinnt. Dieses unvorhergesehene Wecken, diese plötzlichen Starts nach Senegal, diese Entsagungen ... Und die Notlandungen in Sumpfgebieten, und die Gewaltmärsche durch Sand oder Schnee! Wenn einen das

Schicksal auf einen unbekannten Planeten verschlagen hat, muss man wohl oder übel aus ihm herausfinden, in die lebendige Welt entweichen, den Kreis dieser Berge, dieses Sandes, dieses Schweigens durchbrechen! Ja, es gibt das Schweigen. Wenn ein Kurierflugzeug nicht zur vorgesehenen Zeit gelandet ist, wartet man eine Stunde, einen Tag, zwei Tage; doch das Schweigen, das einen Menschen von den Hoffenden trennt, ist dann schon zu dicht geworden. Viele Kameraden, von denen man nie mehr etwas erfahren hat, sind im Tode versunken wie in Schneemassen.

Elend und Grösse, gewiss – aber es gibt auch noch etwas anderes! Jener Flieger, der sich in der Nacht niedergelassen hat und der nach Casablanca zurückfliegt, während die dunkle Motorhaube sachte wie ein Schiffssteven zwischen den Sternen schaukelt – jener Flieger hat wieder teil am Wesentlichen.

Dieses entscheidende Ereignis: den Übergang von der Nacht zum Tage, überrascht er in seinem Geheimnis. Er überrascht den Tag an seinem Ursprung. Er wusste wohl, dass der Himmel im Osten lange bleicht, bevor die Sonne auftaucht, aber nur im Fliegen entdeckt er diesen Lichtbrunnen. Hätte er tausendmal die Morgendämmerung erlebt, so wüsste er, dass der Himmel hell wird, nicht aber, dass das Licht wie aus einem Quell entspringt und sich ausdehnt: er hätte nicht diesen artesischen Brunnen des Tages entdeckt. Der Tag, die Nacht, das Gebirge, das Meer, das Gewitter ...

Inmitten der elementaren Gottheiten, von einer einfachen Moral geleitet, findet der Linienflieger zur Weisheit des Bauern zurück.

Der alte Landarzt, der abends von Hof zu Hof geht, um in den Augen das Licht wieder anzuzünden, der Gärtner in seinem Garten, der sich auf die Geburtshilfe bei Rosen versteht, alle, deren Beruf sich dem Leben annähert und dem Tode, erlangen in ihm die gleiche Weisheit. Da ist auch der Adel, den die Gefahr verleiht. Wie fern liegt uns das Prunken mit der Gefahr, das literarische Gefallen am Wagnis oder jene Devise, die früher einmal auf ein Flugzeug gemalt war und deren Doppelsinn gleichzeitig die Kurtisane und den Tod verherrlichte.

Wer von uns, meine Kameraden, spürte nicht aus solchen billigen Attitüden etwas Kränkendes heraus gegenüber dem wirklichen Mut, gegenüber den Männern, denen die Gefahr zum täglichen Brot wird und die hart kämpfen, um heimzukehren?

Das Wesentliche? Das sind vielleicht nicht die starken Freuden des Berufs, nicht sein Elend, nicht die Gefahr, sondern der Gesichtspunkt, zu dem dies alles emporfährt. Wenn der Flieger jetzt mit fortgenommenem Gas, mit eingeschläfertem Motor zur Landung ansetzt und die Stadt betrachtet, in der die Miseren der Menschen zu Hause sind: ihre Geldsorgen, ihre Niedertracht, ihre Neidgefühle, ihre Ränke, dann fühlt er sich rein und unberührt. Er geniesst ganz einfach, wenn er eine schlechte Nacht hinter sich hat, die Freude am Leben. Er ist nicht der Sträfling, der sich nach getaner Arbeit in seinem Vorort einschliessen wird, sondern er ist der Prinz, der mit langsamen Schritten zu seinen Gärten zurückkehrt.

Grüne Wälder, blaue Flüsse, rosa Dächer, das sind die Schätze, die ihm wiedergeschenkt sind. Und die Frau, die noch inmitten dieser Steine versunken ist, die Frau, deren Geburt bevorsteht, die wachsen wird, bis sie sein Mass erreicht hat, die er lieben wird ...

(Aus: Antoine de Saint-Exupéry, Vorwort zu Maurice Bourdets Buch «Grösse und Knechtschaft der Fliegerei». Wieder abgedruckt in Antoine de Saint-Exupéry, «Gesammelte Schriften in drei Bänden», Band 3, aus dem Französischen übersetzt von Oswalt von Nostitz, © Karl Rauch Verlag GmbH, Düsseldorf 1959/2023. Titel vom Herausgeber)

Jean-Paul Sartre
«Wenn ich mich daran hindern könnte zu denken!»

Ich sehe meine Hand, die sich auf dem Tisch ausbreitet. Sie lebt – das bin ich. Sie öffnet sich, die Finger spreizen und strecken sich. Sie liegt auf dem Rücken. Sie zeigt mir ihren fetten Bauch. Sie sieht aus wie ein umgefallenes Tier. Die Finger, das sind die Beinchen. Ich vergnüge mich damit, sie zu bewegen, sehr schnell, wie die Beinchen einer Krabbe, die auf den Rücken gefallen ist. Die Krabbe ist tot: die Beinchen krümmen sich, ziehen sich auf den Bauch meiner Hand zurück. Ich sehe die Nägel – das einzige Ding an mir, das nicht lebt. Und noch einmal. Meine Hand dreht sich um, breitet sich bäuchlings aus, sie zeigt mir jetzt ihren Rücken. Einen silbrigen, ein wenig glänzenden Rücken – man könnte meinen, ein Fisch, wenn da nicht die roten Härchen am Ansatz der Fingerglieder wären. Ich fühle meine Hand. Das bin ich, diese beiden Tiere, die sich am Ende meines Armes bewegen. Meine Hand kratzt eines ihrer Beinchen mit dem Nagel eines anderen Beinchens; ich fühle ihr Gewicht auf dem Tisch, der nicht ich bin. Das dauert lange, lange, dieser Eindruck von Gewicht, das vergeht nicht. Es gibt keinen Grund, weshalb das vergehen sollte. Auf die Dauer ist es unerträglich ... Ich ziehe meine Hand zurück, ich stecke sie in die Tasche. Aber sofort spüre ich, durch den Stoff, die Wärme meines Schenkels. Sofort reisse ich meine Hand aus meiner Tasche; ich lasse sie an der Stuhllehne herunterhängen. Jetzt spüre ich ihr Gewicht am Ende meines Armes. Sie zieht ein bisschen, kaum, schlaff, schlabberig, sie existiert. Ich gebe es auf: wohin ich sie auch tue, sie wird weiter existieren, und ich werde weiter fühlen, dass sie existiert; ich kann sie nicht unterdrücken, noch kann ich den Rest meines Körpers unterdrücken, weder die feuchte Wärme, die mein Hemd schmutzig macht, noch dieses ganze warme Fett, das träge kreist, als rühre man es mit dem Löffel um, noch alle diese Empfindungen, die sich darin hin und her bewegen, die kommen und gehen, die von meinen Rippen in meine Achselhöhle aufsteigen oder die von morgens bis abends still in ihrer gewohnten Ecke dahinvegetieren.

Ich springe auf: wenn ich bloss aufhören könnte zu denken, das wäre schon besser. Die Gedanken sind das Fadeste, was es gibt. Fader noch als Fleisch. Das zieht sich endlos in die Länge und hinterlässt einen komischen Geschmack. Und dann sind da die Wörter, innerhalb der Gedanken, die unfertigen Wörter, die angefangenen Sätze, die ständig wiederkehren: «Ich muss fertig ... ich ex ... Tot ... Monsieur de Roll ist tot ... Ich bin nicht ... Ich ex ...» Es reicht, es reicht ... und das hört nie auf. Das ist schlimmer als alles übrige, weil ich mich verantwortlich und mitschuldig fühle. Zum Beispiel dieses schmerzhafte Wiederkäuen: *ich existiere,* das halte ich selbst in Gang. Ich. Der Körper, das lebt von ganz allein, wenn es einmal angefangen hat. Aber den Gedanken, den führe ich fort, den wickle ich ab. Ich existiere. Ich denke, dass ich existiere. Oh, die lange Papierschlange, dieses Gefühl zu existieren – und ich wickle sie ab, ganz langsam ... Wenn ich mich daran hindern könnte zu denken! Ich versuche es, es gelingt: mir kommt es vor, als füllte sich mein Kopf mit Rauch ... und schon fängt das wieder an: «Rauch ... nicht denken ... Ich will nicht denken ... Ich denke, dass ich nicht denken will. Ich darf nicht denken, dass ich nicht denken will. Weil das auch wieder ein Gedanke ist.» Wird das denn nie ein Ende nehmen?

Mein Denken, das bin *ich:* deshalb kann ich nicht aufhören. Ich existiere, weil ich denke ... und ich kann mich nicht daran hindern zu denken. Sogar in diesem Moment – es ist grässlich, wenn ich existiere, *so, weil* es mich graut zu existieren. Ich bin es, *ich bin es,* der mich aus dem Nichts zieht, nach dem ich trachte: der Hass, der Abscheu zu existieren, das sind wiederum nur Arten, mich existieren zu *machen,* in die Existenz einzutauchen. Die Gedanken entstehen hinter mir, wie ein Schwindelgefühl, ich fühle sie hinter meinem Kopf entstehen ... wenn ich nachgebe, kommen sie gleich hier nach vorne, zwischen meine Augen – und ich gebe immer nach, das Denken schwillt an, schwillt an, und da ist es, riesengross, das mich vollständig ausfüllt und meine Existenz erneuert.

Mein Speichel ist süss, mein Körper ist lauwarm; ich fühle mich fade. Mein Taschenmesser liegt auf dem Tisch. Ich klappe es auf. Warum nicht? Das bringt jedenfalls ein wenig Abwechslung. Ich lege meine linke Hand auf den Notizblock und stosse mir das Messer fest in die Handfläche. Die Bewegung war zu nervös: die Klinge ist abgerutscht, die Wunde ist oberflächlich. Das blutet. Und was nun? Was hat sich geändert? Immerhin, ich sehe voll Genugtuung auf dem weissen Blatt, quer über die Zeilen, die ich vorhin geschrieben habe, diese kleine Blutlache, die endlich aufgehört hat, ich zu sein. Fünf Zeilen auf einem weissen Blatt, ein Blutfleck, das gibt ein schönes Andenken. Ich müsste darunter schreiben: «An diesem Tag habe ich es aufgegeben, mein Buch über den Marquis de Rollebon zu schreiben.»

Soll ich meine Hand verbinden? Ich zögere. Ich blicke auf das kleine, monotone Blutrinnsal. Jetzt gerinnt es. Es ist vorbei. Meine Haut sieht um den Einschnitt herum verrostet aus. Unter der Haut bleibt nur eine leichte Empfindung, genau wie die anderen, vielleicht noch fader.

(Aus: Jean-Paul Sartre, «Der Ekel». Roman. In: Jean-Paul Sartre, «Gesammelte Werke in Einzelausgaben, Romane und Erzählungen» Band 1. Deutsch von Uli Aumüller. Rowohlt Taschenbuch Verlag, Reinbek bei Hamburg 1982. ©Rowohlt Verlag, Hamburg 2023. «La Nausée» erschien im Original erstmals 1938 bei der Librairie Gallimard, Paris. Titel vom Herausgeber)

Verlassenheit

Thomas Mann
Enttäuschung

Ich gestehe, dass mich die Reden dieses sonderbaren Herrn ganz und gar verwirrten, und ich fürchte, dass ich auch jetzt noch nicht imstande sein werde, sie auf eine Weise zu wiederholen, dass sie andere in ähnlicher Weise berührten wie an jenem Abend mich selbst. Vielleicht beruhte ihre Wirkung nur auf der befremdlichen Offenheit, mit der ein ganz Unbekannter sie mir äusserte ...

Der Herbstvormittag, an dem mir jener Unbekannte auf der Piazza San Marco zum ersten Male auffiel, liegt nun etwa zwei Monate zurück Auf dem weiten Platze bewegten sich nur wenige Menschen umher, aber vor dem bunten Wunderbau, dessen üppige und märchenhafte Umrisse und goldene Zierate sich in entzückender Klarheit von einem zarten, lichtblauen Himmel abhoben, flatterten in leichtem Seewind die Fahnen; grade vor dem Hauptportal hatte sich um ein junges Mädchen, das Mais streute, ein ungeheures Rudel von Tauben versammelt, während immer mehr noch von allen Seiten herbeischossen ... Ein Anblick von unvergleichlich lichter und festlicher Schönheit.

Da begegnete ich ihm, und ich habe ihn, während ich schreibe, mit ausserordentlicher Deutlichkeit vor Augen. Er war kaum mittelgross und ging schnell und gebückt, während er seinen Stock mit beiden Händen auf dem Rücken hielt. Er trug einen schwarzen, steifen Hut, hellen Sommerüberzieher und dunkel gestreifte Beinkleider. Aus irgendeinem Grunde hielt ich ihn für einen Engländer. Er konnte dreissig Jahre alt sein, vielleicht auch fünfzig. Sein Gesicht, mit etwas dicker Nase und müde blickenden grauen Augen, war glattrasiert, und um seinen Mund spielte beständig ein unerklärliches und ein wenig blödes Lächeln. Nur von Zeit zu Zeit blickte er, indem er die Augenbrauen hob, forschend um sich her, sah dann wieder vor sich zu Boden, sprach ein paar Worte mit sich selbst, schüttelte den Kopf und lächelte. So ging er beharrlich den Platz auf und nieder. Von nun an beobachtete ich ihn täglich, denn er schien sich mit nichts anderem zu beschäftigen, als bei gutem wie bei schlechtem Wetter, vormittags wie nachmittags, dreissig- und fünfzigmal die Piazza auf und ab zu schreiten, immer allein und immer mit dem gleichen seltsamen Gebaren.

An dem Abend, den ich im Sinne habe, hatte eine Militärkapelle konzertiert. Ich sass an einem der kleinen Tische, die das Café Florian weit auf den Platz hinausstellt, und als nach Schluss des Konzertes die Menge, die bis dahin in dichten Strömen hin und wider gewogt war, sich zu zerstreuen begann, nahm der Unbekannte, auf abwesende Art lächelnd wie stets, an einem neben mir frei gewordenen Tische Platz.

Die Zeit verging, rings umher ward es stiller und stiller, und schon standen weit und breit alle Tische leer. Kaum dass hier und da noch ein Mensch vorüberschlenderte; ein majestätischer Friede lagerte über dem Platz, der Himmel hatte sich mit Sternen bedeckt, und über der prachtvoll theatralischen Fassade von San Marco stand der halbe Mond.

Ich las, indem ich meinem Nachbarn den Rücken zuwandte, in meiner Zeitung und war eben im Begriff, ihn allein zu lassen, als ich mich genötigt sah, mich halb nach ihm umzuwenden; denn während ich bislang nicht einmal das Geräusch einer Bewegung von ihm vernommen hatte, begann er plötzlich zu sprechen.

«Sie sind zum erstenmal in Venedig, mein Herr?» fragte er in schlechtem Französisch; und als ich mich bemühte, ihm in englischer Sprache zu antworten, fuhr er in dialektfreiem Deutsch zu sprechen fort mit einer leisen und heiseren Stimme, die er oft durch ein Hüsteln aufzufrischen suchte.

«Sie sehen das alles zum ersten Male? Es erreicht Ihre Erwartungen? – übertrifft es sie vielleicht sogar? – Ah! Sie haben es sich nicht schöner gedacht? – Das ist wahr? – Sie sagen das nicht nur, um glücklich und beneidenswert zu erscheinen? – Ah!» – Er lehnte sich zurück und betrachtete mich mit schnellem Blinzeln und einem ganz unerklärlichen Gesichtsausdruck.

Die Pause, die eintrat, währte lange, und ohne zu wissen, wie dieses seltsame Gespräch fortzusetzen sei, war ich aufs neue im Begriff, mich zu erheben, als er sich hastig vorbeugte.

«Wissen Sie, mein Herr, was das ist: Enttäuschung?» fragte er leise und eindringlich, indem er sich mit beiden Händen auf seinen Stock lehnte. – «Nicht im kleinen und einzelnen ein Misslingen, ein Fehlschlagen, sondern die grosse, die allgemeine Enttäuschung, die Enttäuschung, die alles, das ganze Leben einem bereitet? Sicherlich, Sie kennen sie nicht. Ich aber bin von Jugend auf mit ihr umhergegangen, und sie hat mich einsam, unglücklich und ein wenig wunderlich gemacht, ich leugne es nicht.

Wie könnten Sie mich bereits verstehen, mein Herr? Vielleicht aber werden Sie es, wenn ich Sie bitten darf, mir zwei Minuten lang zuzuhören. Denn wenn es gesagt werden kann, so ist es schnell gesagt ...

Lassen Sie mich erwähnen, dass ich in einer ganz kleinen Stadt aufgewachsen bin in einem Pastorhause, in dessen überreinlichen Räumen ein altmodisch pathetischer Gelehrtenoptimismus herrschte, und in dem man eine eigentümliche Atmosphäre von Kanzelrhetorik einatmete – von diesen grossen Wörtern für Gut und Böse, Schön und Hässlich, die ich so bitterlich hasse, weil sie vielleicht, sie allein, an meinem Leiden die Schuld tragen.

Das Leben bestand für mich schlechterdings aus grossen Wörtern, denn ich kannte nichts davon als die ungeheuren und wesenlosen Ahnungen, die diese Wörter in mir hervorriefen. Ich erwartete von den Menschen das göttlich Gute und das haarsträubend Teuflische; ich erwartete vom Leben das entzückend Schöne und das Grässliche, und eine Begierde nach alledem erfüllte mich, eine tiefe, angstvolle Sehnsucht nach der weiten Wirklichkeit, nach dem Erlebnis, gleichviel welcher Art, nach dem berauschend herrlichen Glück und dem unsäglich, unahnbar furchtbaren Leiden.

Ich erinnere mich, mein Herr, mit einer traurigen Deutlichkeit der ersten Enttäuschung meines Lebens, und ich bitte Sie, zu bemerken, dass sie keineswegs in dem Fehlschlagen einer schönen Hoffnung bestand, sondern in dem Eintritt eines Unglücks. Ich war beinahe noch ein Kind, als ein nächtlicher Brand in meinem väterlichen Hause entstand. Das Feuer hatte heimlich und tückisch um sich gegriffen, bis an meine Kammertür brannte das ganze kleine Stockwerk, und auch die Treppe war nicht weit entfernt, in Flammen aufzugehen. Ich war der erste, der es bemerkte, und ich weiss, dass ich durch das Haus stürzte, indem ich einmal über das andere den Ruf hervorstiess: ‹Nun brennt es! Nun brennt es!› Ich entsinne mich dieses Wortes mit grosser Genauigkeit, und ich weiss auch, welches Gefühl ihm zugrunde lag, obgleich es mir damals kaum zum Bewusstsein gekommen sein mag. Dies ist, so empfand ich, eine Feuersbrunst; nun erlebe ich sie! Schlimmer ist es nicht? Das ist das Ganze? ...

Gott weiss, dass es keine Kleinigkeit war. Das ganze Haus brannte nieder, wir alle retteten uns mit Mühe aus äusserster Gefahr, und ich selbst trug ganz beträchtliche Verletzungen davon.

Auch wäre es unrichtig, zu sagen, dass meine Phantasie den Ereignissen vorgegriffen und mir einen Brand des Elternhauses entsetzlicher ausgemalt hätte. Aber ein vages Ahnen, eine gestaltlose Vorstellung von etwas noch weit Grässlicherem hatte in mir gelebt, und im Vergleich damit erschien die Wirklichkeit mir matt. Die Feuersbrunst war mein erstes grosses Erlebnis: eine furchtbare Hoffnung wurde damit enttäuscht. Fürchten Sie nicht, dass ich fortfahren werde, Ihnen meine Enttäuschungen im einzelnen zu berichten. Ich begnüge mich damit, zu sagen, dass ich mit unglückseligem Eifer meine grossartigen Erwartungen vom Leben durch tausend Bücher nährte: durch die Werke der Dichter. Ach, ich habe gelernt, sie zu hassen, diese Dichter, die ihre grossen Wörter an alle Wände schreiben und sie mit einer in den Vesuv getauchten Zeder am liebsten an die Himmelsdecke malen möchten – während doch ich nicht umhinkann, jedes grosse Wort als eine Lüge oder als einen Hohn zu empfinden!

Verzückte Poeten haben mir vorgesungen, die Sprache sei arm, ach, sie sei arm – o nein, mein Herr! Die Sprache, dünkt mich, ist reich, ist überschwänglich reich im Vergleich mit der Dürftigkeit und Begrenztheit des Lebens. Der Schmerz hat seine Grenzen: der körperliche in der Ohnmacht, der seelische im Stumpfsinn – es ist mit dem Glück nicht anders! Das menschliche Mitteilungsbedürfnis aber hat sich Laute erfunden, die über diese Grenzen hinweglügen.

Liegt es an mir? Läuft nur mir die Wirkung gewisser Wörter auf eine Weise das Rückenmark hinunter, dass sie mir Ahnungen von Erlebnissen erwecken, die es gar nicht gibt?

Ich bin in das berühmte Leben hinausgetreten, voll von dieser Begierde nach einem, einem Erlebnis, das meinen grossen Ahnungen entspräche. Gott helfe mir, es ist mir nicht zuteilgeworden! Ich bin umhergeschweift, um die gepriesensten Gegenden der Erde zu besuchen, um vor die Kunstwerke hinzutreten, um die die Menschheit mit den grössten Wörtern tanzt; ich habe davorgestanden und mir gesagt: Es ist schön. Und doch: Schöner ist es nicht? Das ist das Ganze?

Ich habe keinen Sinn für Tatsächlichkeiten; das sagt vielleicht alles. Irgendwo in der Welt stand ich einmal im Gebirge an einer tiefen, schmalen Schlucht. Die Felsenwände waren nackt und senkrecht, und drunten brauste das Wasser über die Blöcke vorbei. Ich blickte hinab und dachte: Wie, wenn ich stürzte? Aber ich hatte Erfahrung genug, mir zu antworten: Wenn es geschähe, so würde ich im Falle zu mir sprechen: Nun stürzt du hinab, nun ist es Tatsache! Was ist das nun eigentlich?

Wollen Sie mir glauben, dass ich genug erlebt habe, um ein wenig mitreden zu können? Vor Jahren liebte ich ein Mädchen, ein zartes und holdes Geschöpf, das ich an meiner Hand und unter meinem Schutze gern dahingeführt hätte; sie aber liebte mich nicht, das war kein Wunder, und ein anderer durfte sie schützen... Gibt es ein Erlebnis, das leidvoller wäre? Gibt es etwas Peinigenderes als diese herbe Drangsal, die mit Wollust grausam vermengt ist? Ich habe manche Nacht mit offenen Augen gelegen, und trauriger, quälender als alles übrige war stets der Gedanke: Dies ist der grosse Schmerz! Nun erlebe ich ihn! – Was ist das nun eigentlich? –

Ist es nötig, dass ich Ihnen auch von meinem Glücke spreche? Denn auch das Glück habe ich erlebt, auch das Glück hat mich enttäuscht... Es ist nicht nötig; denn dies alles sind plumpe Beispiele, die Ihnen nicht klarmachen werden, dass es das Leben im ganzen und allgemeinen ist, das Leben in seinem mittelmässigen, uninteressanten und matten Verlaufe, das mich enttäuscht hat, enttäuscht, enttäuscht.

‹Was ist›, schreibt der junge Werther einmal, ‹der Mensch, der gepriesene Halbgott? Ermangeln ihm nicht eben da die Kräfte, wo er sie am nötigsten braucht? Und wenn er in Freude sich aufschwingt oder in Leiden versinkt, wird er nicht in beiden eben da aufgehalten, eben da zu dem stumpfen, kalten Bewusstsein wieder zurückgebracht, da er sich in der Fülle des Unendlichen zu verlieren sehnte?›

Ich gedenke oft des Tages, an dem ich das Meer zum ersten Male erblickte. Das Meer ist gross, das Meer ist weit, mein Blick schweifte vom Strande hinaus und hoffte, befreit zu sein: dort hinten aber war der Horizont. Warum habe ich einen Horizont? Ich habe vom Leben das Unendliche erwartet.

Vielleicht ist er enger, mein Horizont, als der anderer Menschen? Ich habe gesagt, mir fehle der Sinn für Tatsächlichkeiten – habe ich vielleicht zuviel Sinn dafür? Kann ich zu bald nicht mehr? Bin ich zu schnell fertig? Kenne ich Glück und Schmerz nur in den niedrigsten Graden, nur in verdünntem Zustande?

Ich glaube es nicht; und ich glaube den Menschen nicht, ich glaube den wenigsten, die angesichts des Lebens in die grossen Wörter der Dichter einstimmen – es ist Feigheit und Lüge! Haben Sie übrigens bemerkt, mein Herr, dass es Menschen gibt, die so eitel sind und so gierig nach der Hochachtung und dem heimlichen Neid der anderen, dass sie vorgeben, nur die grossen Wörter des Glücks erlebt zu haben, nicht aber die des Leidens?

Es ist dunkel, und Sie hören mir kaum noch zu; darum will ich es mir heute noch einmal gestehen, dass auch ich, ich selbst es einst versucht habe, mit diesen Menschen zu lügen, um mich vor mir und den anderen als glücklich hinzustellen. Aber es ist manches Jahr her, dass diese Eitelkeit zusammenbrach, und ich bin einsam, unglücklich und ein wenig wunderlich geworden, ich leugne es nicht.

Es ist meine Lieblingsbeschäftigung, bei Nacht den Sternenhimmel zu betrachten; denn ist das nicht die beste Art, von der Erde und vom Leben abzusehen? Und vielleicht ist es verzeihlich, dass ich es mir dabei angelegen sein lasse, mir meine Ahnungen wenigstens zu wahren? Von einem befreiten Leben zu träumen, in dem die Wirklichkeit in meinen grossen Ahnungen ohne den quälenden Rest der Enttäuschung aufgeht? Von einem Leben, in dem es keinen Horizont mehr gibt? ...

Ich träume davon, und ich erwarte den Tod. Ach, ich kenne ihn bereits so genau, den Tod, diese letzte Enttäuschung! Das ist der Tod? werde ich im letzten Augenblicke zu mir sprechen; nun erlebe ich ihn! – *Was ist das nun eigentlich?* –

Aber es ist kalt geworden auf dem Platze, mein Herr; ich bin imstande, das zu empfinden, hehe! Ich empfehle mich Ihnen aufs allerbeste. Adieu ...»

(Aus: Thomas Mann, «Gesammelte Werke in dreizehn Bänden», Band VIII, Erzählungen, Fiorenza, Dichtungen. S. Fischer Verlag, Frankfurt am Main 1960/1974. © S. Fischer Verlag, Frankfurt am Main 2023)

Georg Trakl
Verlassenheit

1

Nichts unterbricht mehr das Schweigen der Verlassenheit. Über den dunklen, uralten Gipfeln der Bäume ziehn die Wolken hin und spiegeln sich in den grünlich-blauen Wassern des Teiches, der abgründlich scheint. Und unbeweglich, wie in trauervolle Ergebenheit versunken, ruht die Oberfläche – tagein, tagaus. Inmitten des schweigsamen Teiches ragt das Schloss zu den Wolken empor mit spitzen, zerschlissenen Türmen und Dächern. Unkraut wuchert über die schwarzen, geborstenen Mauern, und an den runden, blinden Fenstern prallt das Sonnenlicht ab. In den düsteren, dunklen Höfen fliegen Tauben umher und suchen sich in den Ritzen des Gemäuers ein Versteck. Sie scheinen immer etwas zu befürchten, denn sie fliegen scheu und hastend an den Fenstern hin. Drunten im Hof plätschert die Fontäne leise und fein. Aus bronzener Brunnenschale trinken dann und wann die dürstenden Tauben. Durch die schmalen, verstaubten Gänge des Schlosses streift manchmal ein dumpfer Fieberhauch, dass die Fledermäuse erschreckt aufflattern. Sonst stört nichts die tiefe Ruhe.

Die Gemächer aber sind schwarz verstaubt! Hoch und kahl und frostig und voll erstorbener Gegenstände. Durch die blinden Fenster kommt bisweilen ein kleiner, winziger Schein, den das Dunkel wieder aufsaugt. Hier ist die Vergangenheit gestorben.

Hier ist sie eines Tages erstarrt in einer einzigen, verzerrten Rose. An ihrer Wesenlosigkeit geht die Zeit achtlos vorüber.

Und alles durchdringt das Schweigen der Verlassenheit.

2

Niemand vermag mehr in den Park einzudringen. Die Äste der Bäume halten sich tausendfach umschlungen, der ganze Park ist nur mehr ein einziges, gigantisches Lebewesen.

Und ewige Nacht lastet unter dem riesigen Blätterdach. Und tiefes Schweigen! Und die Luft ist durchtränkt von Vermoderungsdünsten!

Manchmal aber erwacht der Park aus schweren Träumen. Dann strömt er ein Erinnern aus an kühle Sternennächte, an tief verborgene heimliche Stellen, da er fiebernde Küsse und Umarmungen belauschte, an Sommernächte, voll glühender Pracht und Herrlichkeit, da der Mond wirre Bilder auf den schwarzen Grund zauberte, an Menschen, die zierlich galant, voll rhythmischer Bewegungen unter seinem Blätterdache dahinwandelten, die sich süsse, verrückte Worte zuraunten, mit feinem verheissenden Lächeln.

Und dann versinkt der Park wieder in seinen Todesschlaf.

Auf den Wassern wiegen sich die Schatten von Blutbuchen und Tannen und aus der Tiefe des Teiches kommt ein dumpfes, trauriges Murmeln.

Schwäne ziehen durch die glänzenden Fluten, langsam, unbeweglich, starr ihre schlanken Hälse emporrichtend. Sie ziehen dahin! Rund um das erstorbene Schloss! Tagein! tagaus!

Bleiche Lilien stehn am Rande des Teiches mitten unter grellfarbigen Gräsern. Und ihre Schatten im Wasser sind bleicher als sie selbst. Und wenn die einen dahinsterben, kommen andere aus der Tiefe. Und sie sind wie kleine, tote Frauenhände.

Grosse Fische umschwimmen neugierig, mit starren, glasigen Augen die bleichen Blumen, und tauchen dann wieder in die Tiefe – lautlos!

Und alles durchdringt das Schweigen der Verlassenheit.

3

Und droben in einem rissigen Turmgemach sitzt der Graf. Tagein, tagaus. Er sieht den Wolken nach, die über den Gipfeln der Bäume hinziehen, leuchtend und rein. Er sieht es gern, wenn die Sonne in den Wolken glüht, am Abend, da sie untersinkt. Er horcht auf die Geräusche in den Höhen: auf den Schrei eines Vogels, der am Turm vorbeifliegt, oder auf das tönende Brausen des Windes, wenn er das Schloss umfegt.

Er sieht, wie der Park schläft, dumpf und schwer, und sieht die Schwäne durch die glitzernden Fluten ziehn – die das Schloss umschwimmen. Tagein! Tagaus!

Und die Wasser schimmern grünlich-blau. In den Wassern aber spiegeln sich die Wolken, die über das Schloss hinziehen; und ihre Schatten in den Fluten leuchten strahlend und rein, wie sie selbst. Die Wasserlilien winken ihm zu, wie kleine, tote Frauenhände, und wiegen sich nach den leisen Tönen des Windes, traurig träumerisch.

Auf alles, was ihn da sterbend umgibt, blickt der arme Graf, wie ein kleines, irres Kind, über dem ein Verhängnis steht, und das nicht mehr Kraft hat, zu leben, das dahinschwindet, gleich einem Vormittagsschatten. Er horcht nur mehr auf die kleine, traurige Melodie seiner Seele: Vergangenheit!

Wenn es Abend wird, zündet er seine alte, verrusste Lampe an und liest in mächtigen, vergilbten Büchern von der Vergangenheit Grösse und Herrlichkeit. Er liest mit fieberndem, tönendem Herzen, bis die Gegenwart, der er nicht angehört, versinkt. Und die Schatten der Vergangenheit steigen herauf – riesengross. Und er lebt das Leben, das herrlich schöne Leben seiner Väter.

In Nächten, da der Sturm um den Turm jagt, dass die Mauern in ihren Grundfesten dröhnen und die Vögel angstvoll vor seinem Fenster kreischen, überkommt den Grafen eine namenlose Traurigkeit.

Auf seiner jahrhundertalten, müden Seele lastet das Verhängnis. Und er drückt das Gesicht an das Fenster und sieht in die Nacht hinaus. Und da erscheint ihm alles riesengross traumhaft, gespensterlich! Und schrecklich. Durch das Schloss hört er den Sturm rasen, als wollte er alles Tote hinausfegen und in Lüfte zerstreuen. Doch wenn das verworrene Trugbild der Nacht dahinsinkt wie ein heraufbeschworener Schatten – durchdringt alles wieder das Schweigen der Verlassenheit.

(Georg Trakls Text «Verlassenheit» erschien 1906 in einer Salzburger Zeitung.)

Nelly Sachs
Schwer zu sagen

Schwer zu sagen, wie man lebt im masslosen Leiden. Jedes Wort an der äussersten Landzunge – nicht mehr angewachsen schon ausgesehnt – absprungbereit.

Aber die Lehre des Traumes: die Lehre vom Samenkorn. Anfang und Ende ist eine Lehre ohne Samenkorn. Schlafen in

Liebe, Reue, Sehnsucht – in das «anders gerenkt» werden. Wie Abram tief in der chaldäischen Nacht unter allen Mondsüchtigen schon anderswo ertrunken – hindurchgesogen von den magischen Schalen der Pentagramme – die, sich wieder öffneten für den Gottsüchtigen. Wie schläft der Stein tief unter der Mooshülle so tief, dass er mit Feuer wie mit Blut umgeht zuletzt.

Jeder hat so seine eigene Zeitrechnung von Untergang und Auferstehung. Die kleine private Engelrechnung. Schon bete ich Dank. Denn von der Marter bin ich ins Leiden gerettet. Wie viele Wagen über ein Herz fahren können. Der Wahnsinn sitzt – ein Auge – mit verbogenen Strahlen in unterster Nacht. Will das weinende Universum der Liebe in falsche Strahlen zwingen. Die Seele zum Fixstern der falschen Ansichten machen. Vieles springt leuchtend ab vom rasenden Kometen. Sind aber nur Steine. Bekannte Stoffe. Ich danke dir – weil Sehnsucht wieder Sehnsucht ist.

Wer stirbt – hat noch vieles Neues zu bewältigen – wir aber haben noch Altes zu tun.

Eine Versagende bin ich. Ich lasse los. Und ich bitte um die Loslassung. Ich schlafe nicht. Meine Augen sind weit offen, wie die des Hasen, die immer auf das Ende gerichtet sind.

Der fastende Jünger das grosse Schmuckstück eines Lebens. Aber Demut darf nicht auf Vollendetes schauen. Dies sei kein Trost für die, die losliessen.

Abram das liegende Auge in lauter Schlaf.

Orpheus – Christus – die Berge Versetzenden –

Moses – Licht aus dem Stein schälend – Sinai –

Ein so spätes Auge wie das des Baalschem sah noch den Stein als drehende Töpferscheibe, bis er fort war – Kraft und Nichts. Und den Stern als gedrehten Stein. Und wir Staub mit dem Kopf in die Schmerzen gedrückt bis an die Grenzen der Welt aus kaltem Metall – Liebe ist Sprengstoff der Seele der gleich Brücken baut – Löcher in der Luft – und die Stelle Seelig beginnt –

Alles geht in den Sternenraum – den innerlichen – das Universum der Unsichtbarkeit – darin das dunkel Vollbrachte lebt –

Angst vor dem Abstossen – Zurückkehren in die stubenwarmen Gebete – Franziskus und Mohammed haben der Tiere gedacht. An irgendeinem Punkt standen sie selbst mit ihnen tiefer im Flammentopf der Erde. Diese Gischt der Schmerzen aus den Mäulern – Engel machen Abstriche –

Ist es Anmassung seinen Seelenweg zu gehen? Nur die Leiden diese Tigerzähne aus Sternenlicht, die an der Kehle sitzen immer bereit durchzubeissen, die wagen zu bitten: um Dieses willen -

Nicht das Ende bedrängen – der Seher von Lublin: Man darf sich nicht erlauben so zu leiden – aber wenn die Sehnsucht das Licht an beiden Enden entzündet –

was dann –

(Aus: Nelly Sachs, «Werke, Kommentierte Ausgabe in vier Bänden». Herausgegeben von Aris Fioretos. Band IV, Prosa und Übertragungen. Suhrkamp Verlag Berlin 2010 © Suhrkamp Verlag Berlin 2023)

Anaïs Nin
Tishnar

Paris war in weissen Nebel gehüllt. Es hatte sich in tiefes Dunkel zurückgezogen und war ungreifbar geworden. Unerwartet tauchten Gesichter vor ihr auf, blieben jedoch verschwommen. Es begegneten ihr schwarze Schatten, die Menschen aus anderen Zeiten hätten sein können. Alle Geräusche waren gedämpft und unvertraut. Sie ging durch dunstverhangene Strassen ohne Ende und schlug Wege ein, die sie in Nebelschwaden führten. Sie sah Bücher in den Kästen, die bis auf das Trottoir ragten, und konnte ihre Titel nicht lesen. Auch die kleinen Tische der Cafés standen ihr im Weg, aber sie waren leer und feucht. Sie war abgeschnitten von der übrigen Welt und heimatlos. Andere sahen ihr Gesicht nur undeutlich, ihre Gestalt war geisterhaft, ihre Stimme ohne Echo und Wärme, ihre Augen hatten ihren Glanz eingebüsst, und sie ging wie gleitend dahin, lautlos und mechanisch.

Sie hatte auf der ganzen Welt einen solchen Augenblick gesucht, in dem sie ganz allein wäre und niemand ihrem Gesicht Gedanken entnehmen würde, die sie nicht verbergen konnte; in dem niemandem gleich auffallen konnte, dass sie langsam und traurig dahinging, und niemand den Klang ihrer Schritte vermisste, wenn sie nicht weitergehen konnte; einen Ort, wo sie vergessen und verloren sein könnte. Sie hatte danach gesucht, am Rand einer anderen Welt zu stehen, wo ihre Stimme keinen warmen Klang hätte, wo ihre Schritte unhörbar wären, wo sie endlosen Strassen folgen und mit stumpfem Blick ein Leben absehen könnte, das sich nicht fassen liess und nicht anfühlte wie das unsere.

Der Regen auf ihrem Gesicht war wirklich und der Wind in ihrem Rücken auch, aber was trieb sie voran? Und wie konnte der Klang wirklicher Stimmen sie erschrecken und ängstigen? Sie war gern allein und spürte den Regen auf ihrem Gesicht und den Nebel und den Wind im Rücken. Die lachenden Leute sollten an ihr vorübergehen und die sprechenden auch. Sie suchte nach einer Welt ohne Farbe und Klang, wo niemand bemerken würde, dass ihre Finger Träume umklammerten und dass ihre Augen nichts als Gespenster wahrnahmen.

Sehr allmählich hatte sich der Nebel ein wenig gehoben, wie ein sehr alter Vorhang in einem sehr alten Theater. Sie stand auf einmal an einer Bushaltestelle, mit einem kleinen Fahrschein in der Hand, inmitten vieler Leute, die ebenfalls warteten.

Der Bus war sehr voll und bewegte sich mühsam von der Oper fort, knarrend, schlingernd und ruckend. Der Regen peitschte und tanzte und trommelte auf dem Asphalt. Die Leute auf den Sitzen starrten einander an oder schauten durch die regennassen Scheiben. Es roch nach Schirmen, nach Gummischuhen, nach feuchter Wolle und nassem Leder, nach Zigarren und billigen Parfums.

Die Lichter im Bus glimmten gelb und blass. Gelangweilte Augen blickten starr und ziellos aus zusammengepferchten Körpern.

Niemand stieg aus.

Der Schaffner stand mit hochgeschlagenem Kragen in einer Ecke am Wagenende. Immer weiter entfernte sich der Bus von der Oper, unter Quietschen, manchmal plötzlich ausscherend, um anderen Fahrzeugen auszuweichen, plötzlich langsamer fahrend, wenn es bergauf ging.

Niemand stieg aus. Der Schaffner hatte ein Schild ausgehängt: *Complet.* Der Bus kam durch die Strassen, die sie kannte, er passierte sie schnell und achtlos, und immer mehr Leute standen wie Schafe im Lampenlicht, mit regennassen Gesichtern. Sie stand auf und lief zum Wagenende. Sie konnte keine Klingel finden ...

«Bitte», sagte sie zum Schaffner, «würden Sie für mich halten?»

«Dieser Bus hält nie», sagte der Mann. «Sie müssen sich geirrt haben ... vielleicht im Nebel. Das passiert den Leuten oft. Wir machen diese Fahrt nur einmal ... Haben Sie nicht das Schild vorne gesehen?»

«Was steht denn drauf?»

«Andere Welt», sagte der Schaffner.

«Aber da will ich nicht hin», sagte sie, «nicht wirklich. Es war nur ein Wunsch, nur so ein Wunsch ... Ich möchte zurück zur Oper. Bitte, lassen Sie mich aussteigen. Sehen Sie doch, so viele Leute hätten gern meinen Platz.»

In diesem Moment rannte jemand dem Bus nach, sprang auf das Trittbrett und hielt sich einen Augenblick an dem Griff fest. Sie sah das Gesicht, das sie schon lange in der Seele trug, das sie finden und ihr Leben lang lieben wollte.

«Besetzt», schrie der Schaffner verärgert, stiess den Mann fort und schüttelte heftig seine Klingel, damit der Bus weiterfuhr.

Und den Mann liess man mitten auf der Strasse im Regen stehen, der ihm über das Gesicht strömte, während er sie ansah.

(Aus: Anaïs Nin, «Ein gefährliches Parfum. Die frühen Erzählungen». Deutsch von Linde Salber. Rowohlt Taschenbuch Verlag GmbH, Reinbek bei Hamburg, 1993. ©2024 by The Anaïs Nin Trust, Übersetzung © Rowohlt Verlag 2024)

Eugenio Montale
«Entschwinden ist also das Los jedes Loses»

Fünf Gedichte, aus dem Italienischen von Christoph Ferber

Reich mir die Sonnenblume: in mein von Salzhauch
verbranntes Erdreich will ich sie pflanzen,
dass sie dem Blauglanz des Himmels den ganzen
Tag lang ihr gelbliches Antlitz entgegenhalte.

Zur Helle drängen die finsteren Dinge,
und am Ende sind alle Körper ein blosses
Zerfliessen in Farben: in Klängen. Entschwinden
ist also das Los jedes Loses.

Reiche mir du die Pflanze, die hinschaut,
wo die Luft in goldener Durchsicht sich lichtet
und das Leben wie duftender Rauch sich verflüchtigt;
reich mir die Sonnenblume im Lichtrausch.

***

Was immer von mir
ihr gewusst habt, war
nur die Tünche, des menschlichen
Schicksals hüllende Kutte.

Vielleicht war dahinter
Bläue und Stille:
den strahlenden Himmel
verbot nur ein Siegel.

Doch auch: meines Lebens
bizarres Sich-Wenden,
die Scholle, erblendend,
ich such sie vergebens.

So ist diese Rinde
mein wirkliches Wesen,
Nichtwissen mein zehrendes
Feuer gewesen.

Ihr seht einen Schatten –
der bin ich. O könnte ich
ihn von mir lösen,
ihn euch verschenken.

Xenia II

1

Der Tod ging dich nichts an.
Auch deine Hunde waren gestorben, auch
der Irrenarzt, Klapsonkel genannt,
auch deine Mutter und ihre Reis-Frosch-
‹Spezialität›, ein Mailänder Triumph;
und auch dein Vater, der mich abends und morgens
von einer Miniatur an der Wand überwacht.
Trotz allem: der Tod ging dich nichts an.
Zu Begräbnissen schicktest du mich,
wo ich fern vom Geschehen in einem Taxi versteckt blieb,
um Tränen und Ähnlichem zu entgehen. Doch auch
    das Leben
mit seinem Jahrmarkt der Eitelkeit und der Gier
war dir nicht wichtig, und noch viel weniger
der universelle Krebs, der die Menschen
in Wölfe verwandelt.
Eine tabula rasa; bis auf den einen,
mir unverständlichen Punkt, der doch da war,
und dieser Punkt ging dich an.

Sorapis, vor 40 Jahren

Die Berge habe ich nie sehr liebt
und ich verachte die Alpen. Die Anden, die Kordilleren
habe ich nie gesehen. Doch die Sierra
de Guadarrama hat mich begeistert, ihre sanfte
Steigung und auf dem Gipfel das Damwild, die Hirsche,
wie's die Touristenprospekte versprechen. Besiegt
hat mich einzig die elektrische Luft auf den Höhen
des Engadins, mein kleines Insekt, doch wir waren
nicht reich genug, um zu sagen: hic manebimus.
Unter den Seen war der Sorapis-See
unsere grosse Entdeckung, die Einsamkeit
der mehr gehörten als gesichteten
Murmeltiere und die himmlische Luft. Doch
welcher Weg, um dorthin zu gelangen? Ich beging

ihn zuerst allein, um zu sehen, ob deine Äuglein
sich zurechtfinden würden zwischen Zickzackgängen
und hohen Platten aus Eis.
Und wie lang er nur war! Tröstlich allein
am Anfang, im Dickicht der Tannen,
der Warnruf der Häher. Dann
führte ich dich bei der Hand
zum Gipfel, zur verlassenen Hütte.
Dies war unser See, ein paar Handbreit Wasser,
zwei Leben zu jung, um sich alt
zu nennen, zu alt, um sich jung zu fühlen.
Damals entdeckten wir unser wahres
Alter. Es hat mit der Zeit nichts zu tun, es ist etwas,
das uns sagt, das uns sagen lässt: wir sind da,
ein Wunder, das sich nicht wiederholt. Im Vergleich
ist die Jugend eine billige Täuschung.

Die Wahrheit

Die Wahrheit ist Mottenfrass,
Nagen der Mäuse,
Staub aus verrotteten, modrigen Kästen,
Rinde vertrockneten Parmesans.
Die Wahrheit ist Bodensatz, Stockung,
nicht die eklige Diarrhöe der Dialektiker.
Ein Spinnnetz, das dauern kann,
fegt's nicht herunter.
Scholiastenspott ist die Idee, es bewege sich alles;
die Idee, einem Vorher folge ein Nachher,
ist seichtes Gewäsch. Ein herzhaftes Tschüss
all den Hasenfüssen, die sich nicht einschiffen. Ohne sie
wird man's leichter haben, oder auch schwerer,
doch man wird aufatmen.

(Aus: Eugenio Montale, «Gedichte 1920–1980». Aus dem Italienischen von Christoph Ferber. © Dieterichsche Verlagsbuchhandlung, Mainz 2013)

Daniel Kehlmann
Auflösung

Nach der Schule versuchte er es mit verschiedenen Berufen, aber nichts wollte ihm so recht passen. Eine Zeitlang machte er die Kleinarbeit in einem Bürokomplex – Papiere sortieren, Briefmarken kleben, stempeln –, aber wem gefällt so etwas schon? Dann nahm er eine Stelle in einer Autowerkstatt an. Zuerst ging es ganz gut, aber dann fand er heraus, dass die tiefe Zuneigung, die seine Kollegen zu den Fahrzeugen hatten, sich in ihm niemals entwickeln würde. So gab er es bald auf und sah sich nach etwas anderem um.

Er war damals ziemlich religiös. Vielleicht war das der Grund, dass er nirgendwo so recht hingehörte. Er ging fast regelmässig in die Kirche, und einmal las er auch die Bekenntnisse des Heiligen Augustinus. Er kam nicht bis zum Ende, aber der seltsame Ton der Sätze, die alle nachhallen, als würden sie im Inneren einer Kathedrale vorgetragen, beeindruckte ihn sehr. Er arbeitete auch in der Pfarre mit, bei der Organisation von Prozessionen, der Vorbereitung von Messen und solchen Dingen, und weil das nicht gerade viele Leute tun, fiel er einigen Herren im Pfarrgemeinderat auf. Einer von ihnen bot ihm eine Stellung an.

Es klang ziemlich interessant: Der Beruf dieses Mannes war es, Kongresse zu organisieren, also jedem, der einen veranstalten wollte, dafür einen Saal und Hotelzimmer in der nötigen Zahl zu verschaffen, Mikrofone und Lautsprecher anzuschliessen, Bleistifte und Papier einzukaufen und allerlei Dinge bereitzustellen, an die jemand anderer nie gedacht hätte. Nun wollen die Veranstalter von Kongressen üblicherweise alle Reden, Referate und Diskussionen auf Tonband aufgenommen haben, zur Erinnerung, oder wer weiss warum. Und damit das auch sicher funktioniert, muss jemand mit Kopfhörern am Aufnahmegerät sitzen und aufpassen, dass die Aufzeichnung störungsfrei vor sich geht; fällt ein Mikrofon aus, muss er Alarm schlagen, und spricht jemand zu leise, muss er am Empfindlichkeitsregler nachjustieren.

Das machte er nun. Es war weiss Gott nicht schwer, die einzige Anforderung bestand darin, dass er immer zuhören und die kleinen Lichtpunkte, die den Lautstärke- und den Tonhöhenpegel anzeigten, im Auge behalten musste. Er durfte also nicht weggehen, lesen oder auf irgendeine andere Art geistesabwesend sein, aber es war ihm noch nie schwergefallen, sich zu konzentrieren, und das Gehalt war auch recht gut. Also sass er täglich in irgendeinem Kongresssaal, ganz hinten an der Wand vor seinem Tisch mit dem Aufnahmeapparat, und hörte zu. Davor die Hinterköpfe der letzten Reihe, die Haare meist grau und spärlich, Hinterköpfe so abgewetzt wie die Kanten der Sessellehnen darunter. Die Leute, die vorne standen und sprachen, waren meist alt und ihre Stimmen hoch und schwach, so dass er ihnen mit dem Verstärker Kraft leihen musste.

Natürlich verstand er sehr wenig, meist ging es um medizinische oder komplizierte technische Dinge. Aber immer hörte er zu. Aufmerksam und offen.

Er hatte bald begriffen, dass es besser war, nicht zu versuchen, über das, was er gehört hatte, nachzudenken. Es führte zu nichts und weckte in ihm ein unbehagliches Gefühl, als ob er sich in der Nähe von etwas seltsam Boden- und Formlosem bewegte. Und so bemühte er sich, das, was Tag für Tag vor ihm geredet wurde, an sich vorbeifliessen zu lassen und allem gegenüber gleichgültig zu bleiben. Und das gelang auch.

Zu Beginn jedenfalls. Er hörte Vorträge über so ziemlich alles. Und er sah, dass es keine Einigkeit gab. Niemals. Wann immer jemand von einer Entdeckung erzählte, folgte ihm ein anderer und erklärte die Entdeckung für Unsinn. Und nach ihm kam wieder ein dritter und sagte, es sei falsch, die Entdeckung für Unsinn zu halten, und dann wieder ein anderer, und so ging es weiter, und so war es immer, egal, ob es um Zahnheilkunde ging oder um Werbestrategien. Einmal, es war eine Tagung von Philosophen, hörte er, dass vor langer Zeit jemand behauptet hatte, man könne alles bezweifeln, nur nicht, dass man selbst es sei, der zweifle; hierin also liege eine Gewissheit, und zwar die einzige. Aber dann wurde genau diese Idee angegriffen und mit Begriffen, die er nicht kannte, widerlegt. Also auch das nicht.

Ein Stein kann jahrtausendelang daliegen, von Wasser umspült, und doch ein Stein bleiben. Aber wie lang ist die Zeit? Denn einmal wird er ausgehöhlt sein. Er hörte vom unendlichen Raum, der doch nicht unendlich ist, von dem Geheimreich der Zahlen, von der chemischen Bindung und Lösung. Mit alldem füllten sich vor ihm viele Kilometer Magnetband, die keiner jemals anhören würde. So vergingen die Jahre.

An einem Sonntagvormittag ging er im Park spazieren. Es war Frühling, in den fernen Autolärm mischten sich Vogelstimmen und das Quieken kleiner Kinder im Sandkasten. Die Bäume liessen ihre weissen Blüten aufstrahlen; ein schwacher Wind wehte. Plötzlich blieb er stehen und setzte sich, sehr erstaunt, auf eine Bank. Er sass lange da, und als er aufstand, wusste er, dass er keinen Glauben mehr hatte. Er ging nach Hause, starr und ein etwas schiefes Lächeln auf dem Gesicht. Daheim weinte er dann.

Sonst ereignete sich wenig. Es hatte für ihn immer festgestanden, dass er einmal heiraten sollte. Aber irgendwann bemerkte er, dass es bald zu spät sein würde. Er kam kaum mehr in Gesellschaft, seine Freunde von früher fanden, dass er ein wenig seltsam geworden war, und neue hatte er nicht. Wenn er sich früher seine Zukunft ausgemalt hatte, war da immer eine Frau gewesen und, etwas verschwommen, auch Kinder. Aber sie war nie aufgetaucht. Jetzt musste er wohl handeln. – Aber wie? Und überhaupt, seine Fähigkeit zu handeln war mit der Zeit fast verschwunden. Dann fand er zu seiner Überraschung, dass der Gedanke, dass es sie vielleicht niemals geben würde, eigentlich nichts Schmerzliches hatte. Und dann, bald darauf, war es auch wirklich zu spät.

Unterdessen zeichnete er weiter Vorträge auf. Eine eigenartige Verwirrung umspülte ihn, nicht einmal unangenehm, er stand darin und spürte, wie er versank. Es war nicht Zweifel, sondern ein allumfassender Unglaube, eine nirgendwo endende, alles durchdringende, von nichts begrenzte Leere. Nichts war richtig, nichts endgültig, nichts besser oder schlechter als alles andere. Täglich hörte er Leute ihre Meinungen verkünden und andere ihnen widersprechen, und er sah, dass sie nie zu einem Ende kamen. Fanden sie doch eine Einigung, trat sicher ein dritter auf, der ihre Einigung verwarf. Bei alldem hatte er, ganz von selbst und eigentlich gegen seinen Willen, allmählich ein grosses Wissen gewonnen. Aber davon hielt er nichts.

Und die Welt um ihn, alles Normale und Alltägliche, die Dinge, mit denen er immer zu tun hatte, an die er anstiess, auf denen er sass, die er berührte und roch, wurden unmerklich andere. Seine Wohnung, Bett und Tisch und der Fernseher, die langen Sitzreihen in den Konferenzsälen, der graue Asphalt der Wege, der Himmel darüber und die Bäume und Häuser – alles hatte an Intensität verloren, die Farben waren matter geworden, es war weniger Glanz darin. Ein feiner Nebel, kaum zu erkennen, hatte sich um all das gelegt, der Nebel eines schläfrigen Novembermorgens.

Der Mann, der ihn damals angestellt hatte, war längst gestorben. Die Geschäfte wurden von dessen Sohn weitergeführt, der sich in nichts Wesentlichem von seinem Vater unterschied, und auch sonst gab es keine Veränderung, die von Bedeutung war. Er machte seine Arbeit, und es war inzwischen offensichtlich, dass er sie für immer machen würde. Morgens war er da, schaltete die Geräte ein, setzte die Kopfhörer auf und hörte zu. Abends ging er heim. Wenn ihn jemand ansprach, antwortete er kurz, manchmal auch gar nicht.

Wenn er frei hatte, ging er durch die Stadt und sah die Menschen an. Sie zogen an seinem Blick vorbei; oft schien ihm, dass sie sich bald auflösen würden oder langsam durchsichtig werden und verschwinden. Aber das geschah nicht, oder jedenfalls zu selten. Und so verlor er auch daran das Interesse.

Er begann, zu spät zu kommen. Nicht aus Faulheit, sondern weil der Zusammenhang zwischen der fliessenden Zeit und dem Winkel der Zeigerchen auf seiner Armbanduhr ihm entglitt. Es wurde zunächst toleriert («… doch schon so lange Mitarbeiter, da kann man nicht einfach …»), aber seine Verspätungen wurden häufiger und länger. Und das Schlimmste daran war, dass er nicht nur nicht bereit war, eine Erklärung dafür zu geben oder sich eine auszudenken, sondern dass er gar nicht zu verstehen schien, dass eine Verfehlung vorlag. Das Problem löste sich von selbst: Eines Tages kam er gar nicht mehr. Seine Kündigung, fristgerecht und mit einem sehr höflichen Schreiben des Chefs, kam mit der Post.

Er las sie nie. Er öffnete keine Briefe mehr. Er sass am Fenster und sah hinaus auf den Himmel. Dort zogen Vögel vorbei, deren Farbe sich mit der Jahreszeit änderte. Der Himmel selbst war gewöhnlich grau. Wolken malten Muster auf ihn, morgens rotgezackt und flammend, abends trüb. Im Winter Schnee: Unzählbar die Flocken, lautlos und langsam, ungeheuer weiss. Manchmal, selten, auch hell und blau. Keine Wolken, viel Licht, und die Vögel schienen freundlicher. An diesen Tagen war alles gut.

Dann erfüllte ihn eine eigenartige Heiterkeit. Er spürte: Wären Menschen um ihn, gäbe es einiges, was er ihnen sagen könnte. Aber das ging vorbei. Dann stand er auf und ging einkaufen.

Ja, einkaufen ging er noch. Etwas in ihm zog es noch regelmässig in das Lebensmittelgeschäft unten an der Ecke. Dort kaufte er wenig und immer das gleiche. All sein Geld hatte er schon vor Monaten von der Bank geholt, jetzt lag es in seiner Wohnung, ein schmaler Stapel von Banknoten, der stetig kleiner wurde.

Und irgendwann war nichts mehr da. Er zuckte die Achseln und kaufte ohne Geld ein. Eine Zeitlang – ziemlich lange – gab die Besitzerin des Ladens ihm Kredit. Dann nicht mehr.

Eine Frau vom Sozialamt besuchte ihn, geschickt von der Ladenbesitzerin, die sich Sorgen gemacht hatte. Er liess sie herein, aber er sprach nicht mit ihr. Von da an kam täglich jemand und brachte Essen. Einmal war ein Psychiater dabei; auch dem gab er keine Antwort. Ein Gutachten wurde erstellt, und zwei höfliche Männer holten ihn ab.

Die Anstalt war kalt, weiss und roch nach chemischer Sauberkeit. Manchmal schrie jemand. Das Mondlicht fiel nachts durch das Fenstergitter in dünnen Streifen auf seine Bettdecke. Er war mit drei anderen im Zimmer. Sie waren meist ruhig und rührten sich nicht, aus ihren Augen blickten verkrümmte Seelen. Hin und wieder versuchten zwei von ihnen, sich zu unterhalten, aber sie brachten es nicht fertig; es war, als ob sie in verschiedenen Sprachen redeten. Mittags brachte ein Pfleger Tabletten. Draussen stand ein Baum und glänzte in der Sonne, oft regnete es, und Flugzeuge malten Streifen in den Himmel, aber von alldem wusste er nichts. Er ging nicht mehr zum Fenster, sondern sah hinauf zur Decke. Eine weisse Fläche, durchschnitten von einem länglichen Riss. Abends, ehe das Licht eingeschaltet wurde, war sie grau. Morgens gelblich.

Einmal besuchte ihn sein ehemaliger Chef. Aber er reagierte nicht, es war nicht auszumachen, ob er ihn erkannte, ob er ihn überhaupt wahrnahm.

Sein Posten wurde nicht nachbesetzt; es gab inzwischen ein Gerät, das das genausogut machte. Er blieb noch einige Jahre in der Anstalt, dann, plötzlich, hörte er auf zu leben. Sein Körper sah friedlich aus, sein Gesicht unberührt, als wäre es nie in der Welt gewesen. Und sein Bett bekam ein anderer.

(Aus: Daniel Kehlmann, «Unter der Sonne». Erzählungen. Paul Zsolnay Verlag, Wien 1998. © Deuticke im Zsolnay Verlag, Wien 2023)

Auf der Schattenseite

Knut Hamsun
Wer nun ein wenig Brot hätte

Wer nun ein wenig Brot hätte! Ein solch herrliches kleines Roggenbrot, von dem man herunterbeissen konnte, während man durch die Strassen ging. Und ich ging weiter und stellte mir eben diese besondere Sorte Roggenbrot vor, von der jetzt so herrlich zu essen gewesen wäre. Ich hungerte bitterlich, wünschte mich tot und fort, wurde sentimental und weinte. Mein Elend wollte kein Ende nehmen! Dann blieb ich mit einemmal auf der Strasse stehen, stampfte auf das Pflaster und fluchte laut. Was hatte er mich doch geheissen? Dummkopf? Ich werde es diesem Schutzmann zeigen, was das sagen will, mich einen Dummkopf zu heissen! Damit kehrte ich um und lief zurück. Ich flammte vor Zorn heiss auf. Unten in der Strasse stolperte ich und fiel, aber ich beachtete es nicht, sprang wieder auf und lief. Beim Bahnhofplatz war ich jedoch so müde geworden, dass ich mich nicht dazu imstande fühlte, bis hinunter zum Hafen zu gehen; auch hatte mein Zorn während des Laufens abgenommen. Endlich hielt ich an und holte Atem. War es schliesslich nicht ganz gleichgültig, was solch ein Schutzmann gesagt hatte? – Ja, aber alles liess ich mir doch nicht gefallen! – Freilich! unterbrach ich mich selbst, schliesslich verstand er es eben nicht besser! Und diese Entschuldigung fand ich zufriedenstellend; ich wiederholte für mich selbst, dass er es eben nicht besser verstand. Damit kehrte ich wieder um.

Mein Gott, worauf du auch verfallen kannst! dachte ich zornig; wie ein Verrückter in solchen regennassen Strassen bei dunkler Nacht herumzulaufen! Der Hunger nagte unerträglich und liess mich nicht zur Ruhe kommen. Wieder und wieder schluckte ich Speichel, um mich auf diese Weise zu sättigen, und es schien, als wolle dies helfen. Es war nun viele Wochen allzu schmal mit dem Essen für mich gewesen, bevor es so weit gekommen war, und meine Kräfte hatten in letzter Zeit bedeutend abgenommen. War ich so glücklich gewesen, ein Fünfkronenstück durch das eine oder andere Manöver aufzutreiben, wollte dieses Geld nie so lange reichen, dass ich wieder ganz hergestellt war, ehe eine neue Hungerzeit über mich hereinbrach. Am schlimmsten war es meinem Rücken und meinen Schultern ergangen; das leise Bohren in der Brust konnte ich ja für einen Augenblick bekämpfen, wenn ich hart hustete oder wenn ich ordentlich vornübergebeugt ging; aber für den Rücken und die Schultern wusste ich keinen Rat. Woher kam es nur, dass es gar nicht heller für mich werden wollte? War ich nicht ebenso berechtigt zu leben wie irgendwelch anderer, wie der Antiquarbuchhändler Pascha und der Dampfschiffexpediteur Hennechen? Hatte ich nicht etwa Schultern wie ein Riese und zwei starke Arme zur Arbeit, und hatte ich nicht sogar einen Holzhackerplatz in der Möllerstrasse gesucht, um mein tägliches Brot zu verdienen? War ich träge? Hatte ich mich nicht um Stellen bemüht und Vorlesungen gehört und Zeitungsartikel geschrieben und Nacht und Tag wie ein Verrückter studiert und gearbeitet? Und hatte ich nicht wie ein Geizhals gelebt, von Brot und Milch, wenn ich viel hatte, Brot, wenn ich wenig hatte, und gehungert, wenn ich nichts hatte? Wohnte ich im Hotel, hatte ich eine Flucht von Zimmern im ersten Stock? Auf einem Speicher wohnte ich, in einer Klempnerwerkstatt, aus der Gott und alle Welt im letzten Winter geflüchtet war, weil es hineinschneite. Ich konnte mich auf das Ganze durchaus nicht mehr verstehen.

Über all dieses dachte ich im Weitergehen nach, und es war kein Funken von Bosheit oder Missgunst oder Bitterkeit in meinen Gedanken.

Bei einem Farbenladen blieb ich stehen und sah durch das Fenster hinein; ich versuchte die Aufschriften auf einigen hermetischen Büchsen zu lesen, aber es war dunkel. Ärgerlich auf mich selbst wegen dieses neuen Einfalles und heftig und zornig darüber, dass ich nicht herausfinden konnte, was diese Dosen enthielten, klopfte ich einmal ans Fenster und ging weiter. Oben in der Strasse sah ich einen Polizisten, ich beschleunigte meinen Gang, ging dicht bis zu ihm hin und sagte ohne den geringsten Anlass:

Es ist zehn Uhr.

Nein, es ist zwei Uhr, antwortete er erstaunt.

Nein, es ist zehn, sagte ich. Es ist zehn Uhr. Und stöhnend vor Zorn trat ich noch ein paar Schritte vor, ballte meine Hand und sagte: Hören Sie, dass Sie es wissen – es ist zehn Uhr.

Er stand da und überlegte eine Weile, betrachtete meine Person, starrte mich verblüfft an. Endlich sagte er ganz still:

Auf jeden Fall ist es an der Zeit, dass Ihr heimgeht. Wollt Ihr, dass ich Euch begleite?

Durch diese Freundlichkeit wurde ich entwaffnet; ich fühlte, dass mir Tränen in die Augen traten, und ich beeilte mich zu antworten:

Nein, danke! Ich bin nur ein wenig zu lange aus gewesen, in einem Café! Ich danke Ihnen vielmals.

Er legte die Hand an den Helm, als ich ging. Seine Freundlichkeit hatte mich überwältigt, und ich weinte, weil ich keine fünf Kronen besass, die ich ihm hätte geben können. Ich blieb stehen und sah ihm nach, während er langsam seinen Weg wandelte, schlug mich vor die Stirn und weinte heftiger, je weiter er sich entfernte. Ich schalt mich wegen meiner Armut aus, gab mir Schimpfnamen, erfand verletzende Benennungen, herrlich rohe Entdeckungen von Scheltworten, mit denen ich mich selbst überschüttete. Das setzte ich fort, bis ich beinahe ganz zu Hause war. Als ich an das Tor kam, entdeckte ich, dass ich meine Schlüssel verloren hatte.

(Aus: Knut Hamsun, «Hunger». Roman. Norwegische Erstausgabe 1890. Deutsche Übersetzung von Julius Sandmeier aus der 9-bändigen Werkausgabe des Verlags Paul List, München 1950. Titel vom Herausgeber)

Victor Hugo
Geständnis eines zur Guillotine Verurteilten

Hier ist meine Geschichte, wie sie sich zugetragen hat. Ich bin der Sohn eines braven Gauners; nur schade, dass Charlot (der Henker) sich eines Tages die Mühe nahm, ihm seine Krawatte zusammenzuziehen. Das war in den Zeiten, in denen der Galgen regierte, von Gottes Gnaden. Mit sechs Jahren hatte ich weder Vater noch Mutter. Im Sommer schlug ich im Staub am Strassenrand das Rad, auf dass die Leute mir durch das Fenster der Postkutsche einen Sou zuwerfen sollten. Im Winter lief ich mit nackten Füssen durch den Dreck und blies in meine feuerroten Hände; durch die Hosen hindurch sah man meine Oberschenkel. Mit neun Jahren fing ich an, von meinen Pfoten Gebrauch zu machen, von Zeit zu Zeit leerte ich eine Tasche oder klaute einen Mantel; mit zehn Jahren war ich ein richtiger Filou. Dann machte ich Bekanntschaften; mit siebzehn Jahren war ich ein echter Ganove. Ich brach in einen Laden ein, ich machte mir einen Nachschlüssel. Man fasste mich. Da ich die Altersgrenze überschritten hatte, schickte man mich als Ruderer in die kleine Marine (auf die Galeeren). Das Bagno ist hart; auf dem nackten Boden schlafen, Wasser trinken, schwarzes Brot essen und eine idiotische Schleifkugel hinter sich herschleppen, die zu nichts gut ist; Stockschläge und Sonnenstiche. Zu alledem wird man geschoren, und ich hatte so schöne braune Haare! Egal – ich diente meine Zeit ab. Fünfzehn Jahre, das will etwas heissen! Nun war ich zweiunddreissig. Eines schönen Morgens drückte man mir ein Papier in die Hand und sechsundsechzig Francs, die ich in meinen fünfzehn Jahren auf den Galeeren zusammengespart hatte; dafür arbeitete ich sechzehn Stunden pro Tag, dreissig Tage pro Monat und zwölf Monate pro Jahr. Egal – ich wollte mit meinen sechsundsechzig Francs ein anständiger Mensch werden und hatte unter meinen Lumpen edlere Gefühle, als gemeinhin unter der Soutane eines Abbés stecken. Aber der Teufel hole diesen Pass! Er war gelb, und darauf stand: entlassener Galeerensträfling. Dies Ding musste ich überall zeigen, wo ich durchkam, und alle acht Tage musste ich ihn dem Bürgermeister des Dörfchens vorlegen, in dem ich Zwangsaufenthalt hatte. Eine schöne Empfehlung, ein Galeerensträfling! Ich erregte Furcht, die kleinen Kinder flohen vor mir, und alle Türen schlossen sich, wenn ich vorbeikam. Niemand wollte mir Arbeit geben. Ich frass meine sechsundsechzig Francs auf. Aber dann musste ich auch weiterleben. Ich zeigte meine Arme, die für jede Arbeit gut waren – man schloss die Türen. Ich bot mein Tagewerk für fünfzehn Sous, für zehn Sous, für fünf Sous an. Nichts. Was sollte ich tun? Eines Tages hatte ich Hunger. Ich stiess mit den Ellbogen in das Schaufenster eines Bäckers; ich packte ein Brot, und der Bäcker packte mich; das Brot ass ich nicht, aber ich kam auf die Galeeren auf Lebenszeit, mit drei eingebrannten Buchstaben an der Schulter – ich werde es dir zeigen, wenn du willst. Das nennt man ‹rückfällig werden›, diese Justiz da. So bestieg ich also die Kutsche zurück ins Bagno. Man brachte mich wieder nach Toulon, diesmal mit der grünen Mütze der Lebenslänglichen. Ich musste ausbrechen. Dazu brauchte ich nur drei Mauern zu durchdringen, zwei Ketten zu durchfeilen, und ich hatte einen Nagel. Aber ich brach aus. Man schoss mit der Alarmkanone; wir sind nämlich vornehm wie die römischen Kardinäle, musst du wissen: rot gekleidet, und wenn wir reisen, schiesst die Kanone. Diesmal ging ihr Pulver zu den Spatzen. Jetzt hatte ich keinen gelben Pass, aber dafür auch kein Geld. Ich begegnete Kameraden, die auch ihre Zeit abgemacht oder ihre Kette zerbrochen hatten. Ihr Chef schlug mir vor, einer der ihrigen zu werden; man befasste sich mit Raubmorden an den Landstrassen. Ich akzeptierte und so begann ich zu töten, um zu leben. Bald traf es eine Kutsche, bald einen Postwagen, bald einen Viehhändler zu Pferd. Man nahm das Geld, überliess das Tier oder den Wagen dem Zufall und verscharrte den Mann unter einem Baum, wobei man aufpasste, dass seine Füsse nicht rausguckten; und dann tanzten wir auf dem Grab, damit die Erde nicht zu frisch aussähe. So wurde ich langsam alt; ich nächtigte im Busch, schlief unter den Sternen und wurde wie ein Wild von Gehölz zu Gehölz gejagt, aber ich war wenigstens frei und gehörte mir selbst. Alles hat ein Ende, und dieses Leben ebensogut wie irgendein anderes. Eines Nachts packten uns die Gendarmen am Kragen. Meine Kumpanen konnten sich retten; ich war der Älteste und so blieb ich in den Krallen dieser galonierten Katzen. Man führte mich hierher. Ich hatte schon alle Stufen der Leiter erreicht, mit einer Ausnahme. Ob ich nun ein Taschentuch gestohlen oder einen Menschen getötet hatte, das war jetzt für mich ganz dasselbe; es galt nur noch, ein neues ‹rückfällig werden› auf mich anzuwenden. Ich war reif für den Henker. Eine kurze Geschichte. Mein Gott, ich begann alt zu werden und zu nichts mehr zu taugen. Mein Vater hat die Witwe gefreit, und jetzt ziehe ich mich ins Kloster zur Guillotine zurück. – Das ist alles, Kamerad.

(Aus: Victor Hugo, «Der letzte Tag eines Verurteilten». Aus dem Französischen und mit einem Vorwort von W. Scheu. Diogenes-Taschenbuch 21234, Diogenes Verlag, Zürich 1984. Die Originalausgabe erschien 1829 im Paris unter dem Titel «Le dernier jour d'un condamné». © Diogenes Verlag 2023)

Émile Zola
Das Grubenunglück

Der Zug fuhr wieder los. Und bei der nächsten Fahrt, als Bataille die Lüftungstür mit einem Kopfstoss geöffnet hatte, weigerte sich der Gaul vorwärtszugehen, wieherte, zitterte. Dann galoppierte er davon.

Der kleine Jean war zurückgeblieben. Er beugte sich hinunter, betrachtete die Wasserlache, in der er watete; dann, als er seine Lampe hochhielt, bemerkte er, dass das Holz sich durch das ständige Versickern von Quellwasser gekrümmt hatte. In diesem Moment tauchte ein Hauer namens Chicot, der es eilig hatte, weil seine Frau in den Wehen lag, neben ihm auf. Auch er hielt an und prüfte das Schachtholz. Plötzlich – Jean wollte gerade auf den Zug aufspringen – hörte man ein gewaltiges Krachen: Ein Erdrutsch begrub Mann und Kind unter sich.

Es folgte eine grosse Stille. Eine dicke Staubwolke verbreitete sich durch die Gänge. Geblendet, beinahe erstickt stiegen die Bergleute von allen Seiten von weiter entfernten Baustellen mit ihren irrlichternden, die schwarzen Gestalten in den Maulwurflöchern schwach beleuchtenden Lampen herunter. Als die ersten auf die Einsturzstelle stiessen, schrien sie auf und riefen ihren Kumpels. Ein zweiter Trupp befand sich auf der anderen Seite des durch die Erdmasse versperrten Stollens. Die Decke war auf einer Länge von mindestens zehn Metern eingestürzt. Kein grosser Schaden, aber es wurde allen angst und bang, als ein Röcheln aus dem Trümmerhaufen drang.

«Jean liegt darunter!» schrie Bébert.

In diesem Augenblick tauchte Maheu mit Zacharia und Etienne auf und fluchte verzweifelt: «Verdammt nochmal!»

Catherine, Lydia und die Mouquette, ebenfalls herbeigeeilt, begannen zu schluchzen und zu schreien. Es gelang nicht, sie zu beruhigen, sie gerieten nur noch mehr in Panik.

Der Aufseher Richomme, nun auch angekommen, war ausser sich, dass weder der Ingenieur Négrel noch Dansaert sich in der Grube befanden. Er presste das Ohr gegen den Steinhaufen und behauptete, das seien nicht die Klagelaute eines verschütteten Kindes, sondern jene eines Mannes.

Wieder und wieder hatte Maheu den Namen seines Jungen gerufen. Umsonst. Jean musste erdrückt worden sein.

Die monotonen Klagelaute hörten jedoch nicht auf. Man sprach zum Verschütteten, fragte nach seinem Namen. Nur ein Röcheln war die Antwort.

«Schnell, beeilen wir uns!», wiederholte Richomme, der die Rettungsaktion in die Wege leitete. «Reden können wir später.»

Von beiden Seiten her begannen die Bergleute zu graben. Chaval arbeitete schweigend neben Maheu und Etienne, während Zacharias den Abtransport des Gerölls überwachte. Es wäre längst Zeit für das Ausfahren gewesen, aber niemand wollte die Unfallstelle verlassen, während sich die Kumpels in Gefahr befanden. Um die Leute in der Bergbausiedlung nicht zu beunruhigen, wurde beschlossen, die drei Frauen hinaufzuschicken, doch keine wollte die Grube verlassen. Levaque übernahm es, den Einsturz oben zu melden, allerdings mit der Erklärung, es handle sich um einen harmlosen Schaden, der rasch behoben sein werde.

Es ging gegen vier Uhr, und die Männer hatten in weniger als einer Stunde die Arbeit eines ganzen Tages geschafft; die Hälfte des Schutts wäre bereits weggeräumt gewesen, doch ständig stürzte neues Geröll nach. Maheu schaufelte verbissen und lehnte es ab, abgelöst zu werden.

«Sachte!» rief Richomme plötzlich. «Wir sind kurz davor ... Passt auf, sie nicht zu verletzen.»

Das Röcheln wurde immer deutlicher. Die ununterbrochenen Klagelaute hatte den Arbeitern geholfen, an der richtigen Stelle zu graben, und jetzt schien das Geräusch direkt unter den Pickeln zu hören sein – und brach auf einmal ab.

Alle schauten sich schweigend an, und ein Frösteln überlief sie, als hätten sie im Finstern den kalten Hauch des Todes gespürt. Schweissnass gruben sie, jeder Muskel angespannt, weiter. Da, ein Fuss kam zum Vorschein, und von jetzt an entfernten sie den Schutt mit den Händen und legten nach und nach einen Körper frei. Der Kopf war unverletzt. Im Schein der Grubenlampen erkannten sie Chicot. Sein Körper war noch warm. Ein Felsblock hatte die Wirbelsäule zerschmettert.

«Wickelt ihn in eine Decke und legt ihn auf einen Karren!», befahl der Aufseher. «Und jetzt holt den Kleinen. Schnell. Beeilt euch!»

Maheu öffnete mit einem letzten Schlag einen Durchgang, so dass sie sich mit den Männern auf der anderen Seite verständigen konnten. Sie schrien auf, eben hatten sie Jean gefunden, bewusstlos, aber noch atmend. Der Vater trug seinen Jungen auf den Armen, ununterbrochen fluchend, um seinem Schmerz Luft zu machen, während die Frauen wieder zu heulen anfingen.

Der Transport der Verunglückten wurde rasch in die Wege geleitet. Bébert hatte Bataille geholt und vor zwei Wagen gespannt; im ersten lag, von Etienne festgehalten, der Leichnam Chicots, im zweiten sass Maheu, den bewusstlosen Jean mit einem Stück Segeltuch bedeckt auf den Knien. Und los ging's. Auf jedem Karren leuchtete rot eine Lampe. Dahinter schleppten sich die erschöpften Kumpel, fünfzig schwarze Schatten hintereinander durch den Schlamm, an eine düstere, von einer Seuche befallene Herde mahnend. Es dauerte fast eine halbe Stunde bis zum Förderschacht. Der Zug unter Tage durch die Windungen des Stollens, die sich in der dunklen Tiefe gabelten, schien kein Ende zu nehmen.

Richomme war nach vorne geeilt und hatte einen leeren Förderkasten bereitstellen lassen. Pierrot schob die beiden Karren hinein. Im einen sass Maheu mit dem Kleinen, im andern umfasste Etienne den Leichnam von Chicot. Sobald die Arbeiter sich auf die anderen Etagen verteilt hatten, fuhr der Aufzug hoch, was zwei Minuten dauerte. Aus der Schachtverkleidung rann eisiges Wasser herunter. Die Männer schauten nach oben, voller Ungeduld, endlich Tageslicht zu sehen.

Zum Glück hatte der Schlepperjunge, den man zum Doktor Vanderhagen geschickt hatte, diesen herbeigeholt. Der kleine Jean und der Tote wurden in die Aufseherstube getragen, in der stets ein Feuer im Ofen brannte. Die mit heissem Wasser gefüllten Eimer zum Füssewaschen wurden beiseitegeschoben, zwei Matratzen ausgebreitet und die Verschütteten daraufgelegt. Nur Maheu und Etienne blieben im Raum, während die Schlepper, Hauer und Grubenjungen sich draussen flüsternd unterhielten.

Sobald der Arzt einen Blick auf Chicot geworfen hatte, brummte er:

«Der ist futsch! Ihr könnt ihn waschen.»

Zwei Aufseher entkleideten und wuschen den von Kohlenstaub geschwärzten Leichnam.

«Der Kopf hat nichts abbekommen», stellte der Arzt weiter fest, «auch die Brust nicht. Ah, die Beine hat's erwischt.»

Er selbst nahm sich des Kindes an, öffnete die Haube, zog ihm sorgsam Jacke, Hose und Hemd aus. Und der armselige kleine Körper, mager wie ein Insekt, kam zum Vorschein, staubgeschwärzt und mit verkrusteter Erde voller Blutspuren bedeckt, so dass man ihn zuerst waschen musste und er danach noch magerer erschien, die Haut so blass, fast durchsichtig, dass die Knochen durchschimmerten. Ein erbarmenswerter Anblick, diese letzte Degeneration eines armseligen Geschlechts von Elenden, dieses leidende Nichts, halb zerquetscht von berstendem Gestein. Als er sauber war, sah man die Prellungen an den Schenkeln, zwei blaue Flecken auf der Haut.

Der Kleine, aus der Ohnmacht erwachend, stöhnte. Maheu schaute mit dicken Tränen in den Augen auf seinen Sohn.

«Aha, du bist der Vater?», sagte der Doktor. «Kein Grund, zu weinen, du siehst ja, dass er nicht tot ist ... Hilf mir lieber.»

Er stellte zwei einfache Knochenbrüche fest, aber das rechte Bein machte ihm Sorgen, es musste amputiert werden.

Da traten der Ingenieur Négrel und Dansaert, endlich benachrichtigt, samt Richomme ein. Ersterer hörte sich die Schilderung des Aufsehers verärgert an. Dann brach es aus ihm heraus: Hundertmal schon habe er wiederholt, es werde einmal zu einem Unglück kommen, und diese Blödiane redeten immer noch davon, zu streiken, wenn man sie zwinge, besser zu zimmern! Und das Schlimmste sei, dass die Compagnie nun auch noch die verursachten Schäden bezahle müsse.

«Wer ist das?» fragte er Dansaert und verstummte vor der Leiche, die gerade in ein Tuch gewickelt wurde.

«Chicot, einer unserer besten Arbeiter», antwortete der Aufseher. «Er hinterlässt drei Kinder. Armer Kerl!»

Dr. Vanderhaghen veranlasste, Jean sofort zu seinen Eltern zu bringen. Es schlug sechs Uhr und dämmerte bereits; auch die Leiche musste abtransportiert werden. Der Ingenieur befahl, den Lastwagen zu bespannen und eine Tragbahre herbeizuschaffen. Das verletzte Kind wurde auf die Bahre gelegt und die Matratze mit dem Toten auf den Wagen gehoben.

Vor der Tür standen immer noch die Schlepper im Gespräch mit den Bergleuten. Als die Tür der Aufseherstube sich öffnete, verstummten sie. Ein neuer Zug bildete sich: an der Spitze der

Wagen mit der Leiche, dann die Tragbahre und zuletzt die Arbeiter. Man verliess den Vorhof der Grube und stieg langsam ins Dorf hinunter.

(Aus: Émile Zola, «Germinal». 111. mille, Édition Charpentier et Fasquelle, Paris 1902. Aus dem Französischen übersetzt von Barbara Traber. Titel vom Herausgeber)

Władysław Reymont
Ein früher Morgen in der polnischen industriemetropole

Lodz erwachte.

Der erste schrille Pfiff einer Fabrik zerriss die Stille des frühen Morgens. An allen Enden der Stadt begannen andere immer greller sich loszureissen und gellten mit ihren heiseren, ungebändigten Stimmen wie ein Chor von ungeheuerlichen Hähnen, aus deren metallenen Kehlen sich der Ruf zur Arbeit losringt.

Die langen, schwarzen Rümpfe und die schlanken Hälse der Riesenfabriken – die Schornsteine sahen bei Nacht, in Nebel und Regen ganz gespenstisch aus – erwachten langsam; sie spien Feuergarben, atmeten Rauchschwaden aus, begannen zu leben und sich in der Dunkelheit, die noch die Erde bedeckte, zu bewegen.

Ein dünner Sprühregen, ein richtiger Märzregen, vermischt mit Schnee, fiel ununterbrochen hernieder und umgab Lodz mit einem schweren, klebrigen Dunst. Er trommelte auf den Blechdächern und floss von ihnen herunter direkt auf die Bürgersteige, auf die schwarzen und mit schlüpfrigem Kot bedeckten Strassen, auf die nackten, an lange Mauern sich anschmiegenden Bäume, die, vom Wind gezaust, vor Kälte erzitterten. Der Wind hatte sich irgendwo von den aufgeweichten Feldern losgerissen und wälzte sich schwer durch die schmutzigen Strassen der Stadt, rüttelte an den Zäunen und Dächern, sank in die Pfützen und heulte in den Baumzweigen.

Der Regen rieselte ununterbrochen herab und schlug schräg gegen die Scheiben der kleinen Häuser, die am Ende der Piotrkower Strasse ganz dicht nebeneinander standen. Nur hier und da drängte sich ein Fabrikkoloss dazwischen oder das prachtvolle Palais des Fabrikbesitzers. Auf dem Bürgersteig bogen sich die Reihen der niedrigen Lindenbäume automatisch hin und her; der Wind zauste sie und fegte über die schmutzige, fast schwarze Strasse. Die wenigen Laternen ergossen nur kleine Kreise gelben Lichts, in dem der zähe, schlüpfrige Morast aufflackerte. Hunderte von Menschen tauchten in der grossen Stille auf und huschten eiligst von dannen, dem Ruf der Pfeifen folgend.

Tausende von Arbeitern krochen auf einmal wie stille schwarze Schwärme aus den Seitenstrassen hervor, die wie mit Kot angefüllte Kanäle aussahen, und aus den Häusern, die am Ende der Stadt wie Kehrichthaufen herumlagen. Das Geräusch der Schritte, das Geklirr der Blechnäpfe, die im fahlen Licht der Laternen erglänzten, das harte Geklapper der Holzschuhe erfüllten die Piotrkower Strasse mit unheimlichen Lauten, mit einem schäfrigen Gemurmel und dem Aufklatschen des Schmutzes unter den Füssen.

Sie überfluteten die Strasse. Von allen Seiten kamen sie und drängten sich auf den Bürgersteigen. Mitten auf dem Strassendamm liefen sie und wateten durch Pfützen und Kot. Die einen stellten sich in ungeordneten Haufen vor den Fabriktoren auf, die anderen verschwanden in langen Reihen hintereinander in den Toren, wie verschlungen von den aus dem Inneren hervorquellenden Lichtmassen.

Aus den dunklen Tiefen begannen Lichter aufzuflackern. In dem schwarzen, schweigsamen Fabrikviereck entflammten plötzlich Hunderte von Fenstern und leuchteten wie mächtige Feueraugen. Elektrische Sonnen tauchten in den Schatten auf und funkelten in dem leeren Raum.

Aus den Schornsteinen stieg weisser Rauch auf und verhüllte den ganzen gewaltigen steinernen Wald, der sich auf tausend Säulen zu stützen schien und vom Zucken des elektrischen Lichts erzitterte.

Die Strassen leerten sich, die Laternen wurden gelöscht, die letzten Pfeifen verstummten. Nur der Regen und das immer leisere Heulen des Windes unterbrachen die Stille, in der die Strasse versank.

Kneipen und Bäckereien wurden aufgemacht. Hier und da, in einem kleinen Dachfenster oder in den Souterrains, in die der

Strassenkot hereindrang, flackerte ein Licht auf. Bloss in den Fabriken schäumte ein aufreibendes, fieberhaftes Leben.

Vom Stadtrand her bewegten sich Schlangen von Bauernwagen die Piotrkower Strasse hinunter, riesige Kohlenfahrzeuge rumpelten aus der Innenstadt über die ausgefahrenen Strassen, zwischen den mit Garnen, Baumwollballen, Rohmaterialien und Fässern beladenen Fuhrwerken schlängelten sich schnelle kleine Britschkas und die Kaleschen der Fabrikanten hindurch, die ihren Geschäften nacheilten; ein Beamter, der sich verspätet hatte, fuhr in einer lärmenden Droschke vorbei.

(Aus: Wladyslaw Reymont, «Das gelobte Land». Roman. Ins Deutsche übersetzt von Aleksander von Guttry. Sammlung Dieterich Band 403, Dieterich'sche Verlagsbuchhandlung, Leipzig 1984. Polnisches Original: «Ziemia obiecana», Warschau,1897/98. Titel vom Herausgeber)

Susan Sontag
Beschreibung (einer Beschreibung)

Kürzlich an einem Vormittag um elf ein retardierender Einschub. Memorabilien sind Dinge, die erinnerungswürdig sind, nicht Dinge, an die man sich erinnert. Man kann alles vergessen, und dann kommt es doch wieder. Lieber skrupulöse Ungenauigkeit. Ich nenne die Zeit (elf Uhr vormittags), aber nicht das Dorf (Neuengland?). Denk dir bitte ein Genrebild. Gasthaus, Kirche. Kuhglocken, Kirchenglocken. Meine Schlaflosigkeit, meine schlechten Träume: Für mich war es schon spät. Ich hatte mein hübsches, niedriges Zimmer, ein Gehäuse neurasthenischer Zurückgezogenheit, verlassen und war schon auf der Strasse, nicht weit vom Postamt, von dem aus ich dir so viele niedergeschlagene Briefe geschickt hatte. Unter Wolkenfetzen und einer orangeroten Wintersonne. Auf dem Weg.

brach plötzlich vor mir ein Mann zusammen und durchschnitt das prächtige Band meiner Schrittfolge. Jemand, den ich nicht kannte: mesomorph im blauen Anzug. Nur wenige Menschen waren auf der Strasse, und es war Zufall, dass ich gerade da war – hinter ihm ging, stehen blieb. Er lag am Bordstein, die rechte

Wange auf dem eisigen Pflaster. Verdarb das Genrebild: Strohdächer, ein paar Zentimeter Schnee auf der Strasse.

wie vom Blitz getroffen, was die Vorstellung vermitteln wird, dass es plötzlich geschah (nichts hatte mich auf dieses Drama vorbereitet) und die Ursache nicht ersichtlich war. Niemand hatte ihm mit einem Tomahawk den Schädel eingeschlagen.

Kein Pistolenschuss ertönte. Ich hatte mit diesem Unglück nichts zu tun.

und alle Frauen, die in der Nähe waren, kreischten laut auf; man sieht das nicht alle Tage, dass jemand anständig Gekleideter einfach umkippt. Die Anständigen bleiben in der Vertikale. Die Extravaganz des dörflichen Wetters, die Biederkeit der dörflichen Sitten. Aber da dies keine moderne Geschichte ist, waren die Leute nicht gleichgültig. Die Schweiz, oder das neunzehnte Jahrhundert? Die Frauen waren überrascht, entsetzt, erschrocken. Wer? Das bucklige Mädchen am Zeitungsstand zum Beispiel, das eine schwarze Ledermütze mit hochgeknöpften Ohrenklappen trug. Noch weitere? Auch noch weitere. Nicht nur Frauen natürlich. Aber niemand tat etwas. Meine Reaktion war anders.

ich hievte ihn auf die Beine, seinen schweren Körper, tatsächlich war er gar nicht ohnmächtig geworden, vielleicht hatte er nur dem Ruf des Bodens gehorcht. Ich mühte mich mit dem Gewicht in meinen Armen, spürte wie sein Körper sich ausdehnte. Er war viel älter als ich, von der Zeit eingeholt. Nicht auf Raubzug, sondern am Verenden. Seine lebensgrosse Schwerkraft, seine todesgrosse Trägheit. Ich erinnere mich an seine krampfartige Atmung.

und kümmerte mich um ihn Ich staubte seinen Mantel ab und setzte ihm die Brille wieder in sein schmales intelligentes graues Gesicht, so holte ich ihn von der Schwelle zurück. Er trug keinen Hut und ich wischte ihm den Staub vom Kopf. Eine vertrauliche Geste. Von ihm hörte ich sonderbare murmelnde Laute.

bis er seine Sprache wiedergefunden hatte – denn erst als er wieder sprechen konnte, wusste ich, dass er auch imstande sein würde weiterzugehen. Er fing an zu reden. Er erzählte mir, er heisse Ralph und sei vor drei Wochen aus dem Gefängnis entlassen worden; seine Frau habe sich von ihm getrennt; er habe viele Feinde. Ich liess zu, dass seine Worte sich in mein Herz nagten. Du kannst es dir vorstellen ... falls es dich interessiert. Während er sprach, verdüsterte sich sein Gesicht, von Furcht überschattet. Er muss sich etwas kreatürliches AufeinanderEingehen erhofft haben.

die ganze Zeit regte sich kein Muskel in meinem Gesicht aber bestimmt benetzte Schweiss meine Stirn, meine Hände, vielleicht hoben sich meine bogenförmigen Augenbrauen. Es kann prätentiös wirken zu sprechen, also blieb ich stoisch. Ausdruckslos

und ich spürte nichts, weder Angst noch Anteilnahme, zumindest sagte ich mir das in diesem Moment. Ich hasse verletzliche Menschen, ich bin nicht bereit, mich von anderen zu einer Annehmlichkeit machen zu lassen, bin keine Wärmepfanne für versehrte Seelen. Andere krallen und kraulen und kosen. Ich bin konsequenter, ich habe den Einfluss von Mitleid aus mir herausgespült

aber ich tat, was zu tun war, hörte ihm zu, wischte seine Kleider ab, fragte ihn, ob er zum Arzt gebracht werden (nein) oder ein Taxi gerufen bekommen wollte (nein danke). Sein schwammiges Lächeln, seine verquollenen Augen. Er wankte davon, nachdem er mir einen guten Tag gewünscht hatte. Vielleicht war es ein gewaltiges Missverständnis. War er bloss betrunken? Ich war bereit, mehr zu tun, wenn er mich brauchte, seine lakonische Wohltäterin. Ich hätte ihn in Sprache hüllen können wie in eine Decke. Mein altes Gefühl, dass die ganze Welt meinen Schutz braucht. Wir leben in schrecklichen Zeiten

und ging dann gleichmütig meines Weges. Ein leichter Schmerz zwischen den Rippen von der Anstrengung. Das Gefühl, nützlich, gelassen, souverän gewesen zu sein – nicht zu sehr, aber auch nicht zu wenig. Hätte ich einer verqueren Regung folgen sollen? Nein. Ich werde mich dieses Moments nicht schämen.

Nehmen wir an, jemand hätte mir am Tag zuvor erzählt, wie Leute es oft tun, sie erzählen einem etwas und behandeln die Zeit, als wäre sie ein Essen, das man bestellen kann, eine Filmvorschau, ich höre aufmerksam zu

morgen Vormittag um elf wie auf Verabredung. Bin ich so berechenbar? Ich male und zeichne jeden Tag zu festen Zeiten draussen im Freien, das stimmt. Aber in besagtem Moment um elf Uhr hätte ich auf dem Weg zu einer Beerdigung sein können, einen Welpen auf den Fersen. Ich hätte auf dem Weg zum Bahnhof sein können, um in die Skiferien zu fahren. Ich hätte gerade auf der anderen Strassenseite eine Zeitung kaufen können.

wird ein Mann auf diese Weise neben mir stürzen – nicht vor mir. Ohne Vorwarnung. Die gleiche Szene. Aber vielleicht hinter der Schule statt unweit des Postamts. Jemand mit faulen Zähnen, einem rissigen Daumennagel. Hyperdrama

Ich hätte alle möglichen vorgreifenden Qualen durchlitten, mich gefragt, ob ich der Situation gewachsen sein würde, mich gefragt, was er wohl hatte (eine Krankheit? irgendeinen Kummer?), es hätte mich berechnend gemacht. Nach viel zu wenig Schlaf hätte ich mich eigens für den Anlass gekleidet, zu elegant gekleidet (Glacéhandschuhe, ein seidenes Taschentuch), ich wäre verschwitzt gewesen, feucht. Und noch weiter entfernt von meiner alten Unschuld und Gelassenheit. Waren wir wirklich einmal glücklich?

und im entscheidenden Moment in der Ewigkeit gibt es Einschnitte, den Gesetzen der Faszination entsprechend, die Zeit scheint wirklich stehen zu bleiben, die Zeit wird ausgesetzt in Tableaus. Ein Zustand der Hypersensibilität.

hätte ich, statt dem Mann zu helfen, vielleicht getan, was er tat. Stürzen. Dann wären wir zu zweit gewesen, bäuchlings neben dem Bordstein hingestreckt. Wie vom Blitz getroffen. Hätten die Hilfe einer dritten, zufällig vorbeikommenden Person gebraucht ...

Denn in der Zwischenzeit der Zeit zwischen Ankündigung und Ereignis ... aber wer hätte ein solches Ereignis vorhersagen können? Niemand. Niemand, es sei denn, man glaubt, dass es Menschen mit der Gabe der Prophetie gibt, abgesehen von der Person, die den Mann zu Fall bringen sollte ... Eigentlich sehr spannend, das Ganze.

hätten alle möglichen Impulse Zeit gehabt, dieses Erlebnis vorwegzunehmen Impulse? Und vorbereitet zu sein. Vorgewarnt, ich hätte Riechsalz mitbringen können, eine Schubkarre.

und zu kommentieren. – Mir zu sagen, wie ich mich fühlen soll. Ich hätte diese Strasse um elf Uhr meiden können. Aber warum hätte ich das tun sollen? Ein Moment der Gewissheit hat einiges für sich. Eine Störung gebiert die nächste. Ich war in einer fragilen Stimmung. Du verlässt mich. Du bist ruhig, sehr höflich; ich dagegen ergehe mich in den Unarten der Verzweiflung ... ich weine, bettle, lüge, beleidige. Ich schlafe zur Zeit sehr wenig, ich habe viel zu lernen. Wie man kämpft, wie man unfreundliche Gesten vollführt, wie man sich selbst parodiert. Mein Unbehagen, mein evangelistischer Eifer. Es muss alles akzeptiert werden. Ich entdecke, wer ich geworden bin.

Was also sind unsere Erfahrungen? Das, was uns ereilt, worauf wir nicht vorbereitet sind. Meine Kampagne des aufgeklärten Eigennutzes: Manchmal gelingt es mir, aus meinen unbedeutenden Schrecken Fassung zu gewinnen. Jede Erfahrung trägt ein Etikett. Auf dem steht: Wenn man bedenkt, dass auch dies im Bereich des Möglichen liegt.

Viel mehr da ist immer mehr, wir versuchen immer uns vorzubereiten. Wie man anderen ohne Angst und Schwäche gegen übertritt

das, was wir in sie hineinlegen, als ich wusste, dass du mich nicht liebtest und nicht glücklich machen konntest, aber ich konnte meine Liebe zu dir nicht aufgeben, mein idyllisches Selbst

das, was sie bereits enthalten! Kein Grund, überhaupt zu reagieren, man hätte einfach weitergehen können, aber ich wollte zeigen, dass ich stark und kompetent bin. Keine grossartigen Gesten. Aus mangelndem Stolz handelte ich stolz, ich weiss dass ich dir gegenüber viele Fehler gemacht habe

Oder müssen wir so weit gehen zu sagen Mit dir zusammen zu sein ist wie mit einer tickenden Bombe zusammenzuleben. Ständig schrecke ich auf, horche nach einer Veränderung im Ton, diesem leichten Zögern, dem Stocken im Rhythmus, bevor das elende Ding in die Luft fliegt

die Erfahrungen an sich, wenn man sie so nennen kann, oder das Verlustgefühl. Tick tack. Vielleicht fliegt sie ja doch nicht in die Luft. Ich kann mir angewöhnen, mich langsam zu bewegen.

enthalten nichts? Momentan ist da nichts. Ich verzehre mich nicht vor Gram. Aber man kann alles vergessen, und dann kommt es wieder, durch Gewaltphantasien verstärkt.

Erfahren heisst erfinden? – Mein wachsames Alleinsein. Ich habe diese Geschichte schon oft erzählt, ein urbaner Robinson Crusoe.

(Aus: Susan Sontag, «Wir wir jetzt leben». Erzählungen. Aus dem Englischen von Kathrin Razum. Mit einem Nachwort von Verena Lucken. ©Carl Hanser Verlag, München 2020/2023)

Glück und Unglück
der Liebe

Carlos Fuentes
Amor – Liebe

In Yucatán sieht man das Wasser nie. Es fliesst unterirdisch unter einer dünnen Schicht aus Erde und Kalkgestein. Manchmal zeigt diese empfindliche yucatekische Haut Wasseraugen, kleine Seen – die *cenotes* –, die beweisen, dass es einen geheimnisvollen unterirdischen Fluss gibt. Ich glaube, die Liebe ist wie die verborgenen Flüsse und das überraschend aufsteigende Wasser von Yucatán. Unsere Leben stehen manchmal vor unzähligen Abgründen, die kein Ende nehmen würden, wenn in der Leere nicht ein Fluss wäre, mal ruhig und schiffbar, mal reissend, auf jeden Fall ist da immer die Umarmung des Wassers, das verhindert, dass wir für immer in der Weite des Nichts verschwinden.

Wenn die Liebe dieser dahinfliessende Fluss ist, der das Leben erhält, heisst das nicht, dass die Liebe und ihre am meisten geschätzten Attribute – das Gute, Schönheit, Gewogenheit, Solidarität, Erinnerung, Gesellschaft, Begehren, Leidenschaft, Intimität, Grosszügigkeit, der Wille zu lieben und geliebt zu werden – das ausschliessen, was all das zu negieren scheint: das Schlechte? In der Politik ist es möglich, sich davon zu überzeugen, dass man aus Liebe zu einem Volk handelt, auch wenn man dieses Volk zerstört und Hass erzeugt, von innen und von aussen. Ich zweifle beispielsweise nicht daran, dass Hitler Deutschland liebte. Aber in «Mein Kampf» hatte er klargemacht, dass Deutschland zu lieben untrennbar mit dem Hass auf das verbunden war, was er als konträr zu diesem Deutschland empfand. Die von dem Hass auf die anderen genährte Liebe äusserte sich in einer Politik des Bösen, die in der Geschichte ihresgleichen sucht. Von Anfang an erklärte Hitler, dass er im Dienste des Guten eine Politik des Bösen betreiben würde. Im Gegensatz zu Stalin hat er es nicht verheimlicht: Stalin schrieb sich eine humanistische Ideologie – den Marxismus – auf die Fahnen und richtete dann ein Hitler vergleichbares Übel an, ohne es beim Namen zu nennen. Hitlers Liebe zum Bösen führte zu einer wagnerschen Apokalypse inmitten des brennenden Berlin. Stalins Liebe zum Bösen zeigte sich im Verfall eines Kremls aus Sand, der von den langsamen, aber beständigen Wellen derselben Geschichte ausgehöhlt wurde, die die Diktatur des Proletariats verkörpern wollte. Der Nazismus fiel wie ein schrecklicher verwundeter Drache. Der sowjetische Kommunismus schleppte sich wie ein kranker Wurm zu Tode. Fafner und Oblómov.

Auch Marquis de Sade propagierte eine Liebe zum Bösen, die nach körperlicher Lust trachtet, um den Schmerz des Körpers und sein Verschwinden im Tode zu begründen. Die sadistische Liebe, sagt uns der Marquis, mag ein Übel für das Opfer sein, aber für den Henker ist sie das höchste Gut. Aber Sade wollte seine monströse Vision des Bösen als das Gute nicht in die Praxis umsetzen. Er war kein Politiker, er war Schriftsteller, fast immer im Gefängnis, also unfähig zu handeln, ausser im Reich der Phantasie. Dort war er der Alleinherrscher seiner Schöpfung. Und er weist uns darauf hin: «Ich bin ein Libertin, aber ich bin kein Verbrecher und kein Mörder.»

Es gibt noch eine weitere Form des als Liebe verkleideten Bösen. Sie besteht darin, unseren Willen einem anderen «zu seinem Besten» aufzuzwingen, wir greifen in sein Schicksal ein und nehmen ihm im Namen der Liebe seine Freiheit. Das ist ein allgegenwärtiges Thema in der Literatur, aber meiner Meinung nach hat es niemand so hellsichtig bearbeitet wie ein Autor, der in der Jugend meine Begeisterung weckte: François Mauriac.

«Die Tat der Thérèse Desqueyroux», «Die Einöde der Liebe», «Natterngezücht», «Der Aussätzige und die Heilige» und «Le Mal» sind Romane über das pervertierte Böse, das in dem Bestreben, das Gute zu tun, die Fähigkeit zu lieben mindert oder zerstört, manipuliert durch Religion, Geld und vor allem gesellschaftliche Konvention und Pharisäertum. Thérèse Desqueyroux wird auf dem Höhepunkt dieses Dramas der guten Absichten, die den Weg zur Hölle pflastern, im Namen eines alten Fehlers zur Mörderin, um die Hybris der Familie um den Preis ihrer eigenen Gesundheit zu retten. Die Gesellschaft, die Familie, die Ehre bedingen – im Namen der diesen Institutionen geschuldeten Liebe – die erotische Abhängigkeit und das Verbrechen aus Leidenschaft der Heldin.

Das Lob der Liebe als Wirklichkeit oder höchstes Ziel des Menschen kann und darf seine enge Verwandtschaft mit dem Bösen nicht ausser acht lassen, auch wenn es im Kern mehrheitlich überwiegt. Die Liebe kann das Böse mildern, aber niemals vollständig besiegen. Sie braucht die Wolke des Zweifels gegen das Böse, das ihr auflauert. Aber nicht nur diese Wolke, sondern auch der Zorn des Himmels lösen sich manchmal in der Lust, der Zärtlichkeit, der blinden Leidenschaft auf, mag das Glück der Liebe, wie wir Männer und Frauen sie erleben, noch so flüchtig sein. Die leidenschaftlichste Liebe kann im Verlauf der Zeit zu Gewohnheit, Gereiztheit verkommen. Ein Paar lernt sich vor allem deswegen kennen, weil alles am anderen unbekannt ist. Alles ist überraschend. Wenn es keine Überraschungen mehr gibt, kann die Liebe sterben. Manchmal versucht sie das Erstaunen der Anfangszeit wiederzubeleben, muss dann aber feststellen, dass das Erstaunen das zweite Mal nur noch Wehmut ist. Sich in der Gewohnheit einzurichten mag von manch einem als schwere Last gesehen werden, eine nicht endende Wüste, in der sich alles bis zum Überdruss wiederholt und deren einzige Oase der Tod, der Fernseher oder getrennte Betten sind. Aber haben nicht viele Paare gerade in der Gewohnheit die passendste und haltbarste Liebe gefunden, in der man sich aufgehoben fühlt, Gesellschaft und Unterstützung findet, die letztlich auch nur andere Bezeichnungen für die Liebe sind? Aber ist nicht Leidenschaft ohne Unterlass eine andere, tagsüber glühend heisse und nachts eiskalte Wüste, so ermüdend, dass die grossen Helden der romantischen Liebe den jungen leidenschaftlichen Tod auf dem Höhepunkt dem Verlust der Leidenschaft im grauen Alltag vorzogen? Könnten Romeo und Julia zusammen alt werden? Vielleicht. Aber der junge Werther könnte nicht das Ende seiner Tage damit zubringen, als einzige Form der ersatzmässigen Teilhabe an weniger schläfrigen Leidenschaften als seiner eigenen «Big Brother» im Fernsehen anzuschauen.

Liebe will so lange wie möglich das volle Mass an Lust.

Das ist, wenn das Begehren im Innern erblüht und sich in den Händen, den Fingern, den Schenkeln, den Hüften, dem aufgerichteten und geöffneten Fleisch, den Zärtlichkeiten, dem unruhigen Puls und dem Universum liebender Haut fortpflanzt. Wenn die Liebenden einzig auf die Entdeckung der Welt, die im stillen vollzogene Taufe aller Dinge reduziert sind. Wenn wir nichts denken, damit es nie aufhört. Oder wenn wir an alles denken, nur um nicht daran zu denken und der fleischlichen Lust ihre Freiheit und ihre längste kurze Dauer zu schenken. Wenn wir dem Heiligen Augustinus recht geben, ja, die Liebe ist *more bestiarium,* aber mit einem Unterschied: Nur wir Menschen (von Komplikationen einmal abgesehen) sehen uns bei der Liebe ins Gesicht. Für das Tier gibt es keine Ausnahmen. Für uns Menschen ist die tierische Ausnahme die Regel.

Wann ist das Liebesglück am grössten? Beim Liebesakt oder beim Sprung nach vorn, bei der Vorstellung, wie die nächste Vereinigung aussehen wird? Die erschöpfte Freude der Erinnerung und erneut das volle Begehren, gesteigert durch die Liebe, durch einen neuen Liebesakt: ist das Glück? Diese Lust der Liebe versetzt uns immer wieder in Erstaunen. Wie ist es möglich, dass das ganze Wesen, ohne dass etwas verlorengeht, sich im Fleisch und Blick des geliebten Wesens verliert und dabei zugleich jeden Sinn für die äussere Welt jenseits der Liebe einbüsst? Wie ist das möglich? Womit bezahlt man diese Liebe, diese Lust, diese Illusion?

Die Preise, die die Welt für die Liebe verlangt, sind vielfältiger Natur. Wie bei den Theatern und Stadien gibt es unterschiedliche Preise und bevorzugte Sitzplätze. Der Blick ist die unverzichtbare Eintrittskarte für die Liebe. Liebe geht durch die Augen, sagt das Sprichwort. Und es stimmt, wenn wir lieben, schwindet die Welt aus unserem Blick, wir haben nur noch Augen für das geliebte Wesen. Eines Nachts in Buenos Aires habe ich, nicht ohne Scham und Rührung, eine andere Dimension des verliebten Blickes kennengelernt: seine Abwesenheit. Unsere Freundin Luisa Valenzuela nahm meine Frau und mich in einen Tangosalon in der unendlich langen Avenida Rivadavia mit. Es war ein authentisches Tanzlokal, ohne Touristen und Lichtorgeln, diese blind machenden *strobelights,* ein einfaches Lokal, wo die Leute aus dem Viertel hingehen, mit einem Orchester, bestehend aus Klavier, Geige und Bandoneon. Die Leute sassen wie bei den Familienfesten auf den an der Wand aufgereihten Stühlen. Paare in jedem Alter und von jeder Statur. Und als Königin der Tanzfläche: ein blindes Mädchen mit einer dunklen Brille und einem geblümten Kleid. Eine wiedergeborene Delia Garcés. Sie war die begehrteste Tänzerin. Sie liess ihren weissen Stock auf dem Stuhl und ging tanzen, sie selbst sah nichts, aber sie wurde gesehen. Sie tanzte wunderbar. Sie gab dem Tango die Definition von Santos Discepolo zurück: «Ein trauriger Gedanke, den man tanzen kann.» Es war eine seltsame, schöne Form tanzbarer Liebe, gleichzeitig im Licht und im Schatten. Im Zwielicht.

Die «innere Dämmerung» lehrt uns auch mit der Zeit, dass man die Unvollkommenheit des geliebten Wesens lieben kann. Nicht trotz, sondern gerade wegen dieser Unvollkommenheit.

Denn ein kleiner Fehler macht uns die geliebte Person nur um so liebenswerter, nicht weil sie uns ein Gefühl von Überlegenheit vermittelt – die Griechen verurteilten die Hybris als tragischen Affront gegen die menschlichen Grenzen –, sondern weil sie uns gestattet, uns die eigenen Unzulänglichkeiten einzugestehen und uns, genaugenommen, auf eine Stufe zu stellen. Davon ist eine andere Form der Liebe zu unterscheiden, die in dem Willen zu lieben besteht. Eine zwiespältige Sache: Dieser Wille kann auf den Fahnen der Solidarität wehen, aber auch auf den Lumpen des Eigennutzes, der Verschlagenheit oder der Zweckfreundschaft, die Aristoteles beschreibt. Man muss diese beiden Formen der Liebe klar unterscheiden, denn erstere beinhaltet Grosszügigkeit, und die zweite ist Egoismus.

«Ein perfekter Egoismus zu zweit», so lautet die französische Definition von Sacha Guitry, die der Intimität einen Hauch von Ironie verleiht. Der geteilte Egoismus setzt einerseits voraus, dass man die verschiedenen Nöte, die, um es mit Hamlets Worten zu sagen, «das Fleisch vererbt», toleriert und Diskretion bewahrt. Aber der reine Egoismus – radikale, geizige Einsamkeit – trennt einen nicht nur vom anderen, sondern auch von sich selbst. Es wird bestimmt jemanden geben, der trotz allem behauptet, der schönste Augenblick der Liebe wäre die Trennung, die Einsamkeit, die Melancholie der Erinnerung, das Alleinsein ... Dieser Zustand ist der Wehmut über eine Liebe vorzuziehen, die nie stattgefunden hat, aus Eile, aus Gleichgültigkeit, aus mangelnder Zeit. «Es blieb keine Zeit. Es blieb keine Zeit für das letzte Wort. Es blieb keine Zeit, um sich so viele Liebesdinge zu sagen.»

Ob Wille oder Gewohnheit, Grosszügigkeit oder Unvollkommenheit, Schönheit und Erfüllung, Nähe und Trennung, die Liebe als menschlicher Akt zahlt wie alles Menschliche den Preis der Endlichkeit. Wenn wir aus der Liebe das erstrebenswerteste Ziel und die erstrebenswerteste Freude unseres Lebens machen, dann können wir das nur, weil wir sie uns unendlich vorstellen obwohl sie, fatalerweise, begrenzt ist. Nur die Liebe selbst begreift sich als grenzenlos. Die Liebenden wissen (auch wenn sie es blind vor Leidenschaft negieren), dass ihre Liebe begrenzt ist – wenn nicht im Leben, dann im Tod, der für Bataille das Reich der realen Erotik ist: «die Fortsetzung intensivster Liebe in tödlicher Abwesenheit des geliebten Wesens». Cathy und Heathcliff in «Wuthering Hights», Susana San Juan und Pedro Páramo in dem gleichnamigen Roman von Juan Rulfo. Aber im Leben, befriedigt uns da die absoluteste und erfüllendste Liebe? Wollen wir nicht immer mehr? Wenn wir unendlich wären, wären wir Gott, sagt der Dichter. Ab wir wollen wenigstens unendlich lieben. Es ist unsere mögliche Annäherung an das Göttliche. Es ist unser Abschieds- und unser göttlicher Blick.

Es gibt eine Liebe, die möchte sich besonders hervorheben, damit sie immer gegenwärtig ist: Die Liebe als Aufmerksamkeit gegenüber dem anderen, sich für die Aufmerksamkeit öffnen. Die intensivste Form der Aufmerksamkeit ist die kreative Fähigkeit, und sie setzt Liebe voraus.

Agnes Heller, die Philosophin ungarischer Herkunft, schreibt, die Ethik sei eine Frage persönlicher Verantwortung, die Verantwortung, die wir im Namen einer anderen Person übernehmen, unsere Antwort auf den Ruf des anderen. Jegliche Ethik gipfelt in einer Moral der Verantwortung: Wir sind moralisch für uns und die anderen verantwortlich. Aber wie kann eine einzelne Person für alle die Verantwortung übernehmen? Das ist die zentrale Frage in Dostojewskis Romanen.

«Wie kann man die umfassende Erfahrung einer leidenden, gedemütigten, sehnsüchtigen Menschheit erfassen?» fragt Dostojewski mit jugendlicher Verzweiflung den grössten russischen Kritiker der damaligen Zeit, Vissarion Gregorievich Bielinsky. Die Antwort des Kritikers war bedrückend präzise: Fang mit einem einzelnen Menschen an. Mit dem, der neben dir steht. Nimm voller Liebe die Hand des letzten Mannes, der letzten Frau, die du gesehen hast, und in ihren Augen wirst du alle Bedürfnisse, Hoffnungen und die ganze Liebe der gesamten Menschheit finden.

(Aus: Carlos Fuentes: «Woran ich glaube. Alphabet des Lebens». Aus dem mexikanischen Spanisch von Sabine Giersberg. Deutsche Verlagsanstalt, München 2004)

Stéphane Mallarmé
Die Pfeife

Gestern habe ich meine Pfeife wiedergefunden, als ich von einem langen Abend der Arbeit träumte, schöner Arbeit im Winter. Fort mit den Zigaretten und all den kindischen Sommerfreuden der Vergangenheit, leuchtend von den im Sonnenschein blauen Blättern und leichten Kleidern, und wieder hervorgeholt meine gewichtige Pfeife von einem ernsten Mann, der lange rauchen will ohne gestört zu sein, um besser arbeiten zu können: aber ich war nicht auf die Überraschung gefasst, die mir die Verlassene bereitete, kaum dass ich den ersten Zug getan hatte; ich vergass meine grossen Bücher, an denen ich arbeiten wollte, verwundert, zärtlich atmete ich den letzten Winter ein, der wiederkehrte. Ich hatte die treue Freundin seit meiner Rückkehr nach Frankreich nicht angerührt, und das ganze London, London, so wie ich es ganz für mich allein erlebt hatte, war wieder da; zuerst der liebgewordene Nebel, der unser Gehirn einlullt und dort drüben einen eigentümlichen Geruch hat, wenn er durch das Fenster dringt. Mein Tabak schmeckte nach einem dunklen Zimmer mit Ledersesseln, überpudert von Kohlenstaub, auf denen die magere schwarze Katze eingerollt lag; das schöne Feuer! und das Mädchen mit den roten Armen, das Kohlen nachschüttete, und das Gepolter der Kohlen, wenn sie aus dem Blecheimer auf den Eisenrost fielen, der Morgen – damals als der Briefträger zweimal anklopfte mit dem feierlichen Pochen, das mich ins Leben zurückrief! Ich habe durch die Fenster wieder die kränklichen Bäume auf dem öden Platz gesehen – ich habe das weite Meer gesehen, in jenem Winter so oft überquert, fröstelnd auf dem Deck des im Sprühregen feuchten und vom Rauch geschwärzten Dampfers – mit meiner armen heimatlosen Geliebten im Reisekleid, einem langen blassen Kleid von der Farbe des Strassenstaubs, in einem Mantel, der feucht an ihren fröstelnden Schultern klebte, mit einem jener Strohhüte ohne Feder und fast ohne Bänder, wie sie die reichen Damen bei der Ankunft fortwerfen, so verunstaltet sind sie durch die Meeresluft, und wie sie die armen Geliebten für noch manches Jahr wieder aufputzen. Um ihren Hals schlang sich das schreckliche Tuch, mit dem man winkt, wenn man sich Lebewohl sagt für immer.

(Aus: Stéphane Mallarmé, «Sämtliche Gedichte», französisch mit deutscher Übertragung von Carl Fischer. Verlag Lambert Schneider, Heidelberg 1957. © wbg Wissenschaftliche Buchgesellschaft Darmstadt 2023. «La pipe» erschien im Original erstmals 1893 im Band Mallarmé, «Vers et Prose» im Verlag Perrin in Paris.)

Marcel Proust
Erinnerung

Ein Bediensteter in brauner Livree mit Goldknöpfen öffnete mir und geleitete mich gleich darauf in einen kleinen kretonnebespannten Salon mit Tannenholztäfelung und Blick auf das Meer. Bei meinem Eintreten erhob sich ein junger Mann, ein hübscher Junge, o ja, begrüsste mich kühl und setzte sich wieder in seinen Sessel, wo er die Lektüre seiner Zeitung fortsetzte, während er seine Pfeife rauchte. Ich blieb stehen, einigermassen verlegen, um nicht zu sagen, einigermassen besorgt ob des Empfangs, der mir zuteil werden mochte. Tat ich recht daran, nach so vielen Jahren in dieses Haus zu kommen, wo man meiner vielleicht längst vergessen hatte? – in dieses Haus, das einst so gastfrei war, wo ich unendlich süsse Stunden verlebt hatte, die glücklichsten meines Lebens?

Der Garten, der das Haus umgab und an einer seiner Schmalseiten eine Terrasse bildete, das Haus selbst mit seinen zwei Türmchen aus rotem Backstein mit verschiedenfarbigen Faienceeinlagen, der lange rechteckige Eingangsraum, in dem wir uns an den Regentagen aufzuhalten pflegten, und sogar die Möblierung des kleinen Salons, in den man mich geführt hatte: alles war unverändert.

Nach wenigen Augenblicken trat ein weissbärtiger Greis ein; er war untersetzt und ging sehr gebeugt. Der unstete Blick verlieh seiner Miene einen überaus desinteressierten Ausdruck. Ich erkannte in ihm sogleich Monsieur de N., doch er entsann sich meiner nicht. Ich nannte wiederholt meinen Namen: Er weckte keinerlei Erinnerung in ihm. Meine Verlegenheit nahm stetig zu. Wir starrten einander an und wussten einander nichts Rechtes zu sagen. Vergebens bemühte ich mich, ihm auf die richtige

Fährte zu verhelfen: Er hatte mich ganz und gar vergessen. Ich war für ihn ein Fremder. Wir wollten uns gerade voneinander verabschieden, als die Tür aufgerissen wurde: «Meine Schwester Odette», sagte zu mir mit Piepsstimme ein hübsches, zehn- bis zwölfjähriges Mädchen, «meine Schwester hat soeben von Ihrem Besuch erfahren. Würden Sie wohl zu ihr kommen? Das würde ihr eine grosse Freude machen!» Ich folgte ihr, und wir gingen in den Garten hinunter. Dort fand ich wahrhaftig Odette auf einem Liegestuhl vor, in eine grosse Decke mit Schottenkaros eingemummt. Ich hätte sie weiss Gott nicht wiedererkannt, so verändert war sie. Ihr Gesicht war lang geworden, und ihre schwarzgeränderten Augen schienen das farblose Gesicht schier zu durchlöchern. Einst war sie so hübsch gewesen, und nichts war mehr davon zu sehen! Etwas gezwungen bat sie mich, neben ihr Platz zu nehmen. Wir waren allein.

«Gewiss wundern Sie sich, mich in einem solchen Zustand vorzufinden», sagte sie nach kurzem Schweigen zu mir. «Das kommt daher, dass ich seit meiner schrecklichen Krankheit dazu verurteilt bin, zu liegen, ohne mich zu bewegen, wie Sie sehen können. Ich lebe von meinen Gefühlen und meinen Schmerzen. Ich verliere mich mit dem Blick in diesem blauen Meer, dessen Grösse und vermeintliche Unendlichkeit so grossen Zauber für mich besitzt. Die Wellen, die sich am Strand brechen, sind wie die traurigen Gedanken, die mir durch den Sinn gehen, wie die Hoffnungen, deren ich mich begeben muss. Ich lese, sehr viel sogar. Die Musik der Verse weckt die süssesten Erinnerungen in mir und versetzt mein ganzes Wesen in Schwingungen. Wie liebenswert von Ihnen, mich nach so vielen Jahren nicht vergessen zu haben und mich zu besuchen! Das tut mir gut. Es geht mir schon viel besser. Das darf ich doch sagen, nicht wahr?, denn schliesslich waren wir so gute Freunde. Entsinnen Sie sich noch unserer Tennismatches, die wir hier abhielten? Damals war ich gewandt; ich war fröhlich. Heute kann ich nicht mehr gewandt sein, nicht mehr fröhlich sein. Wenn ich sehe, wie das Meer sich in weite, weite Ferne zurückzieht, denke ich oft an unsere einsamen Spaziergänge bei Ebbe. Ich habe sie in bezaubernder Erinnerung, die genügen sollte, mich glücklich zu machen, wäre ich weniger selbstsüchtig, weniger böse. Aber Sie müssen verstehen, dass es mir schwerfällt, mich zu bescheiden, und bisweilen lehne ich mich gegen mein Geschick auf, ohne es zu wollen. Ich langweile mich allein so sehr, denn seit Mamas Tod bin ich allein. Papa ist zu krank und zu alt, um sich mit mir abzugeben. Mein Bruder hat mit einer Frau, die ihn abscheulich betrogen hat, einen grossen Kummer erlebt. Seit jener Zeit lebt er ganz zurückgezogen; nichts kann ihn trösten oder auch nur ablenken. Meine kleine Schwester wiederum ist noch so jung, und sie soll glücklich leben, solange sie kann.»

Während sie mit mir sprach, hatte ihr Blick sich belebt; die leichenblasse Farbe ihres Teints war verschwunden. Sie hatte ihren entzückenden Gesichtsausdruck von früher wiedererlangt. Sie war wieder hübsch geworden. Mein Gott, wie schön sie war! Am liebsten hätte ich sie in die Arme genommen, hätte ich ihr gesagt, dass ich sie liebe... Wir blieben noch lange zusammen. Man trug sie in das Haus, als es draussen kühl wurde. Und dann musste ich von ihr Abschied nehmen. Die Tränen erstickten meine Stimme. Ich durchschritt den langen rechteckigen Eingangsraum, den reizenden Garten, wo der Kies der Wege leider! nie wieder unter meinen Schritten knirschen würde. Ich wanderte zum Strand hinunter; er war menschenleer. Verträumt, in Gedanken an Odette verloren, wanderte ich am Saum des Meeres entlang, das sich unbeteiligt und ruhig zurückzog. Die Sonne war am Horizont verschwunden, doch ihre purpurnen Strahlen röteten noch den Himmel.

(Aus: Marcel Proust, «Nachgelassenes und Wiedergefundenes». Aus dem Französischen übersetzt von Melanie Walz. Suhrkamp Verlag, Frankfurt am Main 2007. Supplementband zu Marcel Proust, Frankfurter Ausgabe, herausgegeben von Luzius Keller. ©Suhrkamp Verlag, Berlin 2023. «Souvenir» erschien erstmals am 12. September 1891 in «Le Mensuel» unter dem Pseudonym Pierre de Touche. Erstmals trifft man darin bei Proust auf den Namen Odette.)

Alfred Döblin
Kleine Alltagsgeschichte, berlinerisch

Weesste, ick zittere noch, nee frag mir nich, ick komm schon alleene damit, wart een bisken.

Also ick hab nämlich eben ne Freundin von mir getroffen, von früher, war meine letzte, jetzt hak gakeene mehr, will von keener wat wissen, hab die Neese voll davon. Und det war meine letzte. Wat mit die gewesen ist, det kann ick dir gar nich erzählen. Det gloobt keen Mensch, jewoll, da kannste dir druff verlassen, det gloobt keen Mensch – son Luder, son Luder. –

Na nu ween doch nich, Mensch, gebissen wird sie dir doch nicht haben, und denn bist se doch los! – Bist se los. Natierlich, Mensch, bin ick se los, und wenn die mir vor die Visage tritt, ick sage dir, denn beherrsch ick mir nich, denn soll die man meine Handschrift, denn soll die wissen, wat los is, son Luder, det gloobste ja nich. – Wat denn, nu wat denn. – Gloobt keen Mensch. – Nu nu. – Ick denk, ick seh nich recht, ick kenn die doch, wer is det, trägt die nen neuen Hut, hat ihn valleicht der Osterhase gebracht, und feine Handschuh und is gar nich wiederzuerkennen und mir kuckt se jar nich an, am Stralauer Tor, da an de Hochbahn, ick denk, mir trifft der Schlag, ick zittere noch immer, so een Luder hats ja noch nich, is ja nich dagewesen. – Hatn Zavalier bei sich gehabt? – Tierlich, die ohne Zavalier, der hat mir leid getan, du den hak nich beneidt, ick nich, dem jehts mal genau wie mir, der hat nich zu lachen, Junge. Will dir man sagen, wat det fürn Luder is. Also wenn de se ankuckst, is nischt an ihr. Sieht nett aus, war Wicklerin bei uns im Betrieb, ick denk, wir loofen een bischen zusammen, nachher nehm ick mir ne andre, so zum Tanzen und Ausgehen wirds ja reichen. Na, gemacht. Sie sagt ja und kommt und is allens in Butter. Und denn hab ick mir doch richtig verkuckt in det Luder, sie macht son Getue und is immer ordentlich und is richtig angezogen, wie sich det gehört. –

Nu ween doch nich.– Weeste, wenn ick son Italiener wär wie der, der seine Frau totgeschossen hat, denn hätt ick die umgebracht. – Hat dir betrogen? – Darüber reg ick mir uff, betrügen tun alle Weiber, wir sind ja ooch nich besser als die, det es et nich, det hat sie ooch getan, aber wie, nach Strich und Faden, aber det

nich. Die war ja so gemein. Also ick merk doch – nee, weesste wie et war? Die muss mir verzaubert haben! – Mensch. –
Anders is det nich zu verstehen. Ick hab doch meinen gesunden Verstand, mir hat doch keener, ick geh in die Fabrik und weess und tu doch, na seh mir doch an, hak nich meinen gesunden Verstand, also, sie sagt, wir wollen uns bei ihr vor die Tür treffen und ick geh hin mit meinn gesunden Verstand und ick sag, ick werd die verdreschen, det ooch keen Stück an ihr ganz bleibt, und denn gehn wir und denn, denn, und denn redt sie nich und denn frag ick: warum gibst mir keene Antwort, bin ick dein Dussel oder biste taub, und denn kuckt se weg und hält meinn Arm fest, und ick wer wütend und denn zieht se mir rum, son Luder, und weent, die weent, Mensch, die kann weenen, wenn de een Jroschen inn Automat schmeisst, so scheen kann der det nich wie die, und denn muss ick ihr nach Hause bringen, denn wat soll ick uff de Strasse mit son Getu, die Leite kucken einen an, denken, ick hab die wat getan, ick die, Mensch, is ja zu lachen, aber so sieht det aus, so is det immer, immer hast du die wat getan. –
Denn hat se dir doch noch lange nich verzaubert! Wo hat sie dir denn verzaubert, wenn se dir bloss einseifen dut. – Sag ich doch, erzähl de een Menschen und schon heest et: einseifen und bist ja keen Mann, wat gloobste, hat mein Bruder zu mir gesagt: bist ja keen Mann, aber denn sei du ma dabei und pass uff, oder mein Bruder, wie die det Ding fingert. Ihr kennt reden, ja kennt Ihr. Ick denke, ick geh ruff und werde ihr Bescheid stossen, und denn sind keene zehn Minuten um, da stehste da und bist schon zufrieden, wenn se nischt sagt, dass se bloss die Luft anhält, det sie bloss uffhört. Mensch, Mensch, sie hört nich uff, sie sagt «ja» zu alles, wat du willst, und bettelt und heult, und ruft det ganze Haus zusammen und schmeisst sich uff die Erde – und Mensch, Mensch. –
Jott, ist dabei! Machen alle so, bist bloss grün, uff son Kalmus piept een Erwachsener nich. – Quatsch nich, quatsch du bloss ooch nich, dazu setz ick mir her, damit du ooch noch quatscht, denn jeh ick schon lieber und zopp ab. – Na is ooch quatsch! Und sag ick dir ooch. – Und du verstehst von soviel wie meine Grossmutter vom Radfahren, nischt.– Is quatsch du, und is quatsch mit dein Verzaubern. – Wenn dus weest. – Na wie is et denn? – Edgar. –

Sag ick doch, det du übergefahren bist. – Werd ick dirs erklären, weil du mein Freund bist. Heerste! Die verzaubert dir! Det hat sie getan, det is nich natierlich zugegangen, nie und nimmer, sag ick dir! Ick hol ihr ab vom Betrieb, ick hab den hellsten Kopp, ick will Schluss machen mit se – denk ich, denkich – und da will ick Karl Piepenstengel heessen, wenn ick nich klar inn Kopp bin wie jetzt und sage: aus is et, Karline, wat zuviel ist, ist zuviel, und man is ooch nur een Mensch und det hat ja alles ja keen Zweck und die is een Luder und Canallje, wie sie im Buch steht, und ick will den ganzen Zauber nich mehr und denn. – Denn kommste vielleicht grade uff ihren Bau, wenn een anderer davor spaziert und wartet und kuckt sie an und du bist besoffen und merkst nischt, du merkst eben nischt, wat sagste, nachher merkste allet, denn schlägste dir an den Kopp, und wie is denn sowat möglich, und denn haste noch alles im Deetz, wat sie dir von ihr gestossen ham, und du sagst et ihr, Stück um Stück, jedes Gericht würde sagen, nützt nischt, war alles ganz anders.– Und denn fällste mit ihr in de Klappe. – Wenn det noch wenigsten. Habe det Luder nich mehr anfassen können, ick hab –.–Gloob ick nich. – Denn noch. Und det is drei Monat so gegangen, du, und nu sag du. Und denn – is sie weggeloofen, sie, sie, und ick bin ihr nachgeloofen. – Warum denn, warum aber bloss? –

Und denn war ick schon ganz kaputt und hab mir wieder erholt und denn treff ick die am Stralauer Tor. Und die gehts gut, und die strahlt übers ganze Gesicht und darum hab ick die Monate über det ausgehalten und die hat een Zavalier am Arm und ick hätt ihr übern Haufen knallen müssen oder mir selber. –

Mensch, wenn du nich verrückt bist.

(Aus: Alfred Döblin, «Die Ermordung einer Butterblume». Mit einem Nachwort von Heinz Drügh und Christian Metz, © 2013 S. Fischer Verlag GmbH, Frankfurt am Main.)

Simone de Beauvoir
Wie ich Jean-Paul Sartre kennenlernte

Am folgenden Morgen begab ich mich klopfenden Herzens zur Sorbonne; an der Tür traf ich Sartre: ich war zur weiteren Prüfung zugelassen, ebenso Nizan und er. Herbaud hatte versagt. Er verliess noch am gleichen Abend Paris, ohne dass ich ihn wiedergesehen hatte. ‹Sag dem Biber, ich wünsche ihm viel Glück›, schrieb er an Sartre in dem Rohrpostbrief, in dem er seine Abreise ankündigte.

«Von jetzt an werde ich mich um Sie kümmern», erklärte mir Sartre, nachdem er mir meinen Erfolg verkündet hatte. Er hatte viel Sinn für Freundschaften mit Frauen. Als ich ihn in der Sorbonne zum erstenmal sah, hatte er einen Hut auf und plauderte angeregt mit einer langen Latte von Lehramtsbeflissener, die ich sehr hässlich fand; sie hatte es bald fertiggebracht, sein Missfallen zu erregen; darauf hatte er sich mit einer anderen, hübscheren, angefreundet, aber es war auch mit ihr sehr rasch wieder auseinandergegangen, weil sie ihm Ungelegenheiten bereitete. Als Herbaud ihm von mir erzählt hatte, wollte er auf der Stelle meine Bekanntschaft machen, und jetzt war er sehr zufrieden, dass er mich mit Beschlag belegen konnte; mir selbst aber kam es nun so vor, als sei jede Stunde, die ich nicht mit ihm verbrachte, verlorene Zeit.

Während der vierzehn Tage, die von den mündlichen Prüfungen für den ‹Concours› eingenommen wurden, verliessen wir einander nur gerade, um zu schlafen. Wir gingen in die Sorbonne, um unsere Prüfungen abzulegen und denen unserer Studienkameraden beizuwohnen. Wir gingen mit dem Ehepaar Nizan aus. Im ‹Balzar› tranken wir hie und da etwas mit Aron, der seine Militärzeit im Wetterdienst absolvierte, und mit Politzer, der jetzt eingeschriebenes Mitglied der Kommunistischen Partei war. Am häufigsten aber gingen wir beide allein spazieren. An den Seinequais kaufte Sartre mir Pardaillan- und Fantomashefte, die er der Korrespondenz zwischen Rivière und Alain-Fournier bei weitem vorzog; am Abend ging er mit mir in Cowboyfilme, für die ich mich als Neuling begeisterte, denn bislang war ich besonders mit dem abstrakten und dem Kunstfilm vertraut. Vor Cafés sitzend oder beim Cocktail im ‹Falstaff› unterhielten wir uns viele Stunden hindurch.

«Er hört nie auf zu denken», hatte Herbaud zu mir gesagt. Das bedeutete aber nicht etwa, dass er nun bei jeder Gelegenheit Formeln und Theorien von sich gab: er hatte einen Horror vor jeder Schulmeisterei. Doch sein Geist war immer wach. Er kannte keine Erschlaffung, Schläfrigkeit, Gedankenflucht, Abschweifung, Ermattung, aber auch keine Vorsicht und keinen Respekt. Er interessierte sich für alles und nahm niemals etwas als selbstverständlich hin. Wenn er einem Objekt gegenüberstand, so schob er es nicht um eines Mythos, eines Wortes, eines Eindrucks, einer vorgefassten Idee willen beiseite, sondern schaute es an und liess es nicht wieder fallen, bevor er nicht sein Wie und Wohin und jeden ihm möglicherweise innewohnenden Sinn verstanden hatte. Er fragte sich nicht, was man denken müsste oder was zu denken pikant oder interessant sein könnte, sondern nur danach, was er wirklich dachte. Daher enttäuschte er auch die Ästheten, die nach erprobten Formen der Eleganz verlangten. Nachdem Riesmann, der sich stark von Baruzis Wortgefechten blenden liess, ihn zwei- oder dreimal einen Vortrag hatte halten hören, erklärte er traurig: «Genie hat er nicht!» Im Verlaufe eines Vortrags über ‹Klassifikation› hatte in diesem Jahr einmal seine in alle Einzelheiten gehende Gewissenhaftigkeit unsere Geduld auf eine schwere Probe gestellt: schliesslich aber war es ihm doch gelungen, uns zu fesseln. Er interessierte immer die Leute, die vor etwas Neuem nicht zurückschreckten, denn, ohne es auf Originalität abzusehen, geriet er nie in irgendeinen Konformismus hinein. Seine hartnäckige, naive Aufmerksamkeit griff alle Dinge mit all ihrer Unmittelbarkeit und Fülle auf. Wie eng war meine kleine Welt neben diesem wimmelnden Universum! Einzig gewisse Geisteskranke, die in einem Rosenkelch eine Wirrnis düsterer Intrigen zu sehen meinten, zwangen mich zu gleicher Bescheidenheit.

Wir sprachen von unendlich vielen Dingen, vor allem aber über ein Thema, das mich mehr als jedes andere interessierte, nämlich über mich. Wenn andere Leute mein Wesen zu deuten behaupteten, so taten sie es, indem sie mich als einen Annex ihrer eigenen Welt betrachteten, was mich verdross; Sartre hingegen versuchte meinen Platz in meinem eigenen System zu respektieren, er begriff mich im Lichte meiner Werte und Projekte. Er hörte mir ohne Begeisterung zu, als ich ihm von Jacques erzählte; für eine Frau, die so wie ich erzogen worden war, mochte es schwierig sein, um die Ehe herumzukommen: aber er selbst hielt nicht viel davon. Auf alle Fälle sollte ich mir das bewahren, was das Schätzenswerteste an mir sei: meinen Hang zur Freiheit, meine Liebe zum Leben, meine Neugier, meinen Willen zu schreiben. Nicht nur ermutigte er mich bei diesem Unterfangen, er wollte mir sogar dabei behilflich sein. Da er zwei Jahre älter war als ich – und zwar zwei Jahre, die er wohl ausgenutzt hatte – und sehr viel früher einen viel günstigeren Start gehabt hatte, wusste er über alle Dinge besser Bescheid. Die wahre Überlegenheit aber, die er sich selber zuerkannte und die auch mir in die Augen sprang, war die ruhevolle, besessene Leidenschaft, die ihn zu seinen künftigen Büchern drängte. Früher einmal hatte ich die Kinder verachtet, die weniger als ich auf Kroketspielen oder aufs Lernen brannten: nun aber begegnete ich jemandem, in dessen Augen mein frenetischer Eifer noch immer ein schüchternes Streben war. Und wirklich, wenn ich mich mit ihm vergleiche, wie lau erscheint mir dann mein fieberndes Bemühen! Ich hatte mich für etwas Aussergewöhnliches gehalten, weil ich mir mein Leben nicht ohne Schreiben vorstellen konnte: er lebte nur, um zu schreiben.

(Aus: Simone de Beauvoir, «Memoiren einer Tochter aus gutem Hause», aus dem Französischen übersetzt von Eva Rechel-Mertens, Rowohlt Verlag, Hamburg 1960, 39. Auflage 2005. Original: «Memoires d'une jeune fille rangée», Éditions Gallimard, Paris 1958. ©2023 Rowohlt Verlag, Hamburg. Titel vom Herausgeber)

Cesare Pavese
Jahre

Von dem, der ich damals war, ist nichts mehr übrig: schon Mann, war ich doch noch ein Junge. Ich wusste es bereits eine Weile – aber alles geschah Ende des Winters, an einem Abend und einem Morgen. Wir waren, fast versteckt, in einem Zimmer zusammen, das auf eine Allee hinausging. Silvia sagte mir in dieser Nacht, ich solle gehen – wir hätten nichts mehr miteinander zu schaffen. Ich bat sie flehentlich, ob wir es nicht noch weiter versuchen wollten; ich lag neben ihr und hielt sie umarmt. Sie sagte: «Wozu?» Wir sprachen leise, im Dunkeln.

Dann schlief Silvia ein, und ich stemmte bis zum Morgen ein Knie gegen das ihre. Es wurde Morgen, wie es immer Morgen geworden war, und es war sehr kalt; Silvia hatte die Haare über den Augen und regte sich nicht. Ich sah im Halbdunkel zu, wie die Zeit verging, ich wusste, dass sie verging, dass sie geradezu raste; und draussen war Nebel. All die Zeit, die ich mit Silvia in diesem Zimmer verbracht hatte, war wie ein einziger Tag und eine Nacht, die nun, am Morgen, ein Ende nahm. Da begriff ich, dass sie nie mehr mit mir in den kühlen Nebel hinausgehen würde.

Es war besser, ich zog mich an und ging, ohne sie zu wecken. Aber nein, erst musste ich sie noch etwas fragen. Ich wartete und versuchte wieder einzuschlafen.

Als Silvia wach war, lächelte sie mir zu. Wir begannen wieder davon zu sprechen. Sie sagte: «Es ist schön, wenn man so aufrichtig ist wie wir.» «O Silvia», flüsterte ich, «was soll ich tun, wenn ich von hier fortgehe? Wohin soll ich gehen?» Das war die Frage, die ich ihr hatte stellen wollen. Ohne den Nacken vom Kissen zu heben, lächelte sie wieder, glücklich. «Du Dummkopf», sagte sie, «geh doch, wohin du willst. Ist es nicht schön, frei zu sein? Du wirst viele Mädchen kennenlernen, wirst alles tun, was du willst. Auf mein Wort: ich beneide dich.»

Jetzt füllte der Morgen das Zimmer, nur im Bett war es noch ein bisschen warm. Silvia wartete geduldig.

«Du bist wie eine Dirne», sagte ich zu ihr, «und du bist es immer gewesen.»

Silvia machte die Augen nicht auf. «Fühlst du dich besser, nachdem du das gesagt hast?» fragte sie.

Da blieb ich liegen, als wäre sie gar nicht da, sah zur Zimmerdecke und weinte lautlos. Die Tränen füllten mir die Augen und tropften aufs Kissen. Es lohnte nicht, dass man es mir anmerkte. Viel Zeit ist darüber hingegangen, und jetzt weiss ich, dass jene stummen Tränen das einzige wahrhaft Männliche waren, was ich bei Silvia tat; ich weiss, dass ich nicht um sie weinte, sondern weil ich mein Schicksal flüchtig erblickt hatte. Von dem, der ich damals war, ist nichts mehr übrig. Übrig ist allenfalls, dass ich begriffen hatte, wer ich in Zukunft sein würde.

Dann sagte Silvia: «Jetzt ist es genug. Ich muss aufstehen.» Wir standen beide gleichzeitig auf. Ich sah nicht, wie sie sich anzog. Ich war rasch auf den Füssen, am Fenster, und betrachtete die durch den Nebel hindurchschimmernden Bäume. Hinter dem Nebel schien die Sonne, die Sonne, die so oft das Zimmer erwärmt hatte. Auch Silvia war rasch angekleidet und fragte mich, ob ich mein Zeug nicht gleich mitnähme. Ich sagte zu ihr, erst wolle ich den Kaffee warm machen, und zündete den Herd an.

Silvia sass auf dem Bettrand und begann ihre Nägel zu bearbeiten. Früher hatte sie das immer am Tisch getan. Sie schien in Gedanken, und die Haare fielen ihr ständig über die Augen. Dann schüttelte sie den Kopf und warf sie zurück. Ich ging durch das Zimmer und suchte mein Zeug zusammen. Alles – es war ein ganzer Haufen – legte ich auf einen Stuhl, und plötzlich sprang Silvia auf und machte eilig die Flamme aus; der Kaffee lief über.

Dann zog ich den Koffer hervor und legte das Zeug hinein. Inzwischen mühte ich mich, im stillen alle die unangenehmen Erinnerungen zu sammeln, die ich an Silvia hatte – die Kleinigkeiten, die viele schlechte Laune, die gereizten Worte, die Falten. Das nahm ich aus ihrem Zimmer mit. Was ich dort liess, war ein Nebel.

Als ich gepackt hatte, war der Kaffee fertig. Wir tranken ihn stehend, neben dem Herd. Silvia sagte irgend etwas – sie werde an diesem Tag zu dem und dem gehen, um über ein Geschäft zu reden. Kurz danach setzte ich die Tasse hin und ging mit meinem Koffer fort. Der Nebel draussen und die Sonne blendeten mich.

(Aus: Cesare Pavese, «Nacktheit». Sämtliche Erzählungen. Deutsch von Charlotte Birnbaum. Clsassen Verlag, Hamburg/Düsseldorf 1966)

Pablo Neruda
In dir die Erde
Fünf Liebesgedichte, deutsch von Fritz Vogelsang

In dir die Erde

Kleine
Rose,
Rose du, kleine,
manchmal
winzig und nackt,
als hättest du
Platz
in meiner einen Hand,
als schlösse ich dich drin ein
und führte dich zu meinem Mund,
aber plötzlich
berühren meine Füsse die deinen,
und mein Mund berührt deine Lippen,
gewachsen bist du,
deine Schultern heben sich wie zwei Hügel,
deine Brüste schlendern über meine Brust,
mein Arm kann kaum die schlanke
Neumondlinie deiner Taille umfassen:
in der Liebe, wie Meerwasser brandend, brichst du aus:
kaum noch ermessen kann ich die gewaltigsten Augen
    des Himmels
und neige mich zu deinem Mund, die Erde zu küssen.

Die Königin

Ich hab dich zur Königin ernannt.
Grössere gibt es, grösser als du.
Reinere gibt es, reiner als du.
Schönere gibt es, schöner als du.

Doch du bist die Königin.

Wenn du durch die Strassen gehst,
erkennt dich keiner.
Niemand sieht deine Krone aus Kristall,
niemand schaut
den Teppich aus rotem Gold,
den jeder Schritt von dir betritt,
den Teppich, der gar nicht da ist.

Und wenn du erscheinst,
rauschen alle Flüsse
in meinem Körper auf, rütteln
die Glocken am Himmel,
und ein Hymnus erfüllt die Welt.

Nur du und ich,
nur du und ich, meine Liebe,
hören ihn tönen.

Der Töpfer

Dein ganzer Körper
hat Becher oder Süsse, einzig für mich.

Hebe ich die Hand,
finde ich überall eine Taube,
die mich gesucht hat, als hätte man dich,
Liebe, eigens aus Lehm gemacht
für meine Töpferhände.

Deine Knie, deine Brüste,
deine Hüften
mangeln mir, wie einer Höhlung
in dürstender Erde,
aus der man einst
eine Form gelöst,
und zusammen
sind wir vollkommen wie ein einziger Fluss,
wie ein einziger Strand.

Deine Füsse

Wenn ich dein Gesicht nicht betrachten kann,
so betrachte ich deine Füsse.

Deine Füsse aus gewölbtem Knochen,
deine kleinen, festen Füsse.

Ich weiss, dass sie dich tragen,
und dass dein liebliches Gewicht
auf ihnen sich erhebt.

Deine Taille und deine Brüste,
der zwiefache Purpur
deiner Kuppen,
der Taubenschlag deiner Augen,
die eben noch flogen,
dein breiter Fruchtmund,
deine rote Mähne,
mein kleiner Turm du.

Aber ich liebe deine Füsse
nur deshalb, deshalb allein,
weil sie über die Erde gewandert sind,
über das Wasser, den Wind,
bis sie zu mir gefunden.

Deine Hände

Wenn deine Hände, Liebe,
meinen entgegenkommen,
was bringen sie mir, fliegend?
Warum hielten sie plötzlich
inne auf meinem Mund?
Wie erkenne ich sie,
als hätte ich sie damals,
früher schon mal berührt,
und als wären sie früher,
ehe sie selber waren,
mir schon über die Stirne,
über die Hüfte gestreift?

Ihre Sanftheit kam her,
fliegend über die Zeit,
über das Meer, den Rauch,
über den Frühling flügelnd,
und als du deine Hände
mir auf die Brust gelegt,
erkannte ich die Flügel
der goldfiedrigen Taube,
erkannte ich die Kreide
und die Farbe von Weizen.

Mein ganzes Leben habe ich
nach ihnen gesucht.
Treppen stieg ich empor,
ging über Pflasterstrassen,
Züge trugen mich fort,
Wasser brachten mich her,
und auf der Haut der Trauben
meinte ich dich zu fühlen.
Das Holz gab unversehens
mir Berührung mit dir,
und die Mandel verhiess mir
deine heimliche Sanftheit,
bis deine Hände sich
schlossen auf meiner Brust,
um hier nun wie zwei Flügel
zu beenden die Reise.

(Aus: Pablo Neruda, «Liebesgedichte». Deutsch von Fritz Vogelsang, Sammlung Luchterhand. Luchterhand Literaturverlag, in der Penguin Random House Verlagsgruppe GmbH, München 1977, 1989. ©Luchterhand Literaturverlag 2023)

Jorge Luis Borges
Ulrike

*Hann tekr sverÞit Gram ok
leggr i me Þal Þeira bert*
Völsungen-Saga, 27

Meine Erzählung wird getreulich bei der Wahrheit bleiben, oder jedenfalls bei meiner persönlichen Erinnerung an die Wahrheit, was das gleiche ist. Zugetragen hat sich die Sache erst vor kurzer Zeit, doch ich weiss, dass die literarische Gewohnheit zugleich die Gewohnheit ist, Einzelheiten einzufügen und Höhepunkte hervorzuheben. Ich möchte meine Begegnung mit Ulrike (ihren Nachnamen wusste ich nicht und werde ich vielleicht nie wissen) in der Stadt York schildern. Die Chronik wird eine Nacht und einen Morgen umfassen.

Es würde mich nichts kosten, zu behaupten, dass ich sie das erste Mal neben den «Fünf Schwestern» von York erblickte, diesen ungegenständlichen Glasfenstern, die von Cromwells Bilderstürmern verschont wurden, aber Tatsache ist, dass wir uns am Ausgang des «Northern Inn» begegneten, welches sich auf der anderen Seite der Stadtmauern befindet. Wir waren nur zu wenigen, und sie stand mit dem Rücken zu mir. Jemand bot ihr ein Glas an, und sie lehnte ab.

«Ich bin Feministin», sagte sie. «Ich will die Männer nicht nachäffen. Ihr Tabak und ihr Alkohol sind mir ein Greuel.»

Der Satz wollte geistreich sein, und ich erriet, dass sie ihn nicht zum ersten Mal gesagt hatte. Später wurde mir klar, dass er nicht charakteristisch war für sie, aber nicht immer gleicht uns das, was wir sagen.

Sie erzählte, dass sie zu spät zum Museum gekommen sei, aber dass man sie eingelassen habe, als man erfuhr, dass sie Norwegerin war.

Einer der Anwesenden bemerkte:

«Es ist nicht das erste Mal, dass die Norweger nach York kommen.»

«Das stimmt», sagte sie. «England hat uns gehört, und wir haben es verloren, wenn irgend jemand etwas besitzen oder irgend etwas verloren gehen kann.»

Als ich diese Worte hörte, sah ich sie an. In einer Zeile von William Blake kommen Mädchen von mildem Silber und wildem Gold vor, doch in Ulrike begegneten sich Gold und Milde. Sie war leicht und gross, hatte edle Züge und graue Augen. Weniger als ihr Gesicht beeindruckte mich das stille Geheimnis, das in ihrem Aussehen lag. Sie lächelte mit Leichtigkeit, und das Lächeln schien sie zu entrücken. Sie war schwarz gekleidet, eine Seltenheit in den nördlichen Ländern, die ihre verhangene Umwelt mit Farben aufzuheitern versuchen. Sie sprach ein einwandfreies und genaues Englisch mit leicht akzentuierten Rs. Ich bin kein Beobachter; all dies entdeckte ich erst nach und nach.

Wir stellten uns vor. Ich sagte, dass ich eine Professur an der Anden-Universität in Bogotà hätte. Zur Erläuterung setzte ich hinzu, dass ich Kolumbianer sei.

Sie fragte nachdenklich:

«Was ist das, Kolumbianer sein?»

«Ich weiss nicht», sagte ich. «Es ist ein Glaubensakt.»

«Wie Norwegerin sein», erklärte sie zustimmend.

Von dem, was wir an diesem Abend redeten, habe ich nichts weiter in Erinnerung. Am Tag darauf ging ich früh in den Speisesaal hinunter. Durch die Fenster sah ich, dass es geschneit hatte; die kahlen Felder verloren sich im Morgenlicht. Sonst war niemand da. Ulrike lud mich ein, mich an ihren Tisch zu setzen. Sie sagte, sie gehe gern allein spazieren.

Mir fiel ein Scherz Schopenhauers ein, und ich antwortete: «Ich auch. Dann können wir also zusammen gehen.»

Auf dem neuen Schnee entfernten wir uns von dem Haus. Keine Seele war auf den Feldern. Ich schlug vor, nach Thorgate zu gehen, das einige Meilen flussabwärts lag. Ich weiss, dass ich bereits in Ulrike verliebt war; keinen anderen Menschen hätte ich an meiner Seite gewünscht.

Plötzlich hörte ich das ferne Geheul eines Wolfs. Ich hatte nie einen Wolf heulen hören, aber ich wusste, dass es ein Wolf war. Ulrike blieb gelassen.

Kurz darauf sagte sie, als denke sie laut: «Die wenigen und armseligen Schwerter, die ich gestern im Yorker Münster gesehen habe, haben mich tiefer bewegt als die grossen Schiffe im Museum von Oslo.»

Unsere Wege kreuzten sich. Ulrike würde am gleichen Nachmittag nach London weiterfahren; ich nach Edinburgh.

«Auf der Oxford Street», sagte sie, «wiederhole ich dann de Quinceys Schritte, der seine Anne suchte, die er in der Menschenmenge Londons verloren hatte.»

«De Quincey», erwiderte ich, «hat die Suche aufgegeben. Ich suche all die Zeit immer weiter nach ihr.»

«Vielleicht», sagte sie leise, «hast du sie gefunden.»

Ich begriff, dass etwas Unerwartetes mir auch nicht verboten war, und küsste sie auf Mund und Augen. Sie schob mich mit sanfter Bestimmtheit von sich und erklärte: «Im Wirtshaus von Thorgate gehöre ich dir. Ich bitte dich inzwischen: berühre mich nicht. Es ist besser so.»

Für einen unverheirateten, schon in die Jahre gekommenen Mann ist die dargebotene Liebe eine Gabe, mit der er nicht mehr rechnet. Das Wunder hat das Recht, Bedingungen zu stellen. Ich dachte an meine Jugendstreiche in Popayán und an ein Mädchen in Texas, hell und schlank wie Ulrike, das mir seine Liebe verweigert hatte.

Ich beging nicht den Fehler, sie zu fragen, ob sie mich liebe. Ich wusste, dass ich nicht der erste war und nicht der letzte sein würde. Dieses Abenteuer, vielleicht mein letztes, wäre für diese strahlende und entschlossene Elevin Ibsens nur eines von vielen.

Hand in Hand setzten wir unseren Weg fort.

«Das alles ist wie ein Traum», sagte ich, «und ich träume doch nie.»

«Wie jener König», antwortete Ulrike, «der nicht träumte, bis ihn ein Zauberer in einem Schweinestall schlafen liess.»

Dann fügte sie hinzu: «Horch. Ein Vogel wird singen.» Kurz darauf hörten wir den Gesang.

«In diesen Gegenden», sagte ich, «glaubt man, dass einer, der bald stirbt, die Zukunft voraussieht.»

«Und ich sterbe bald», sagte sie. Ich sah sie bestürzt an.

«Wir wollen den kürzeren Weg durch den Wald nehmen», drängte ich. «Dann sind wir schneller in Thorgate.»

«Der Wald ist gefährlich», antwortete sie. Wir gingen weiter über die kahlen Felder.

«Ich wünschte, dieser Augenblick dauerte für immer», murmelte ich.

«*Immer* ist ein Wort, das den Menschen nicht gestattet ist», behauptete Ulrike, und um die Emphase abzuschwächen, bat sie mich, meinen Namen zu wiederholen, den sie nicht richtig verstanden hatte.

«Javier Otárola», sagte ich.

Sie wollte ihn nachsprechen, aber es gelang ihr nicht. Genau wie sie scheiterte ich am Namen Ulrike.

«Dann nenne ich dich eben Sigurd», erklärte sie lächelnd.

«Wenn ich Sigurd bin», erwiderte ich, «dann bist du Brünhild.»

Sie war stehen geblieben.

«Du kennst die Sage?» fragte ich.

«Aber ja doch», sagte sie. «Die tragische Geschichte, die die Deutschen mit ihren verspäteten Nibelungen zugrundegerichtet haben.»

Ich wollte keine Diskussion und erwiderte: «Brünhild, du gehst, als wünschtest du, dass zwischen den beiden ein Schwert im Bett liegt.»

Plötzlich befanden wir uns vor dem Wirtshaus. Es überraschte mich nicht, dass es wie das andere «Northern Inn» hiess.

Oben von der Freitreppe herab rief mir Ulrike zu: «Hast du den Wolf gehört? Es gibt keine Wölfe mehr in England. Beeil dich.»

Als wir ins Obergeschoss stiegen, fiel mir auf, dass die Wände im Stil von William Morris tapeziert waren, in einem ganz tiefen Rot mit verschlungenen Früchten und Vögeln. Ulrike trat vor mir ein. Das dunkle Zimmer war niedrig und hatte eine spitzgiebelige Mansarde. Das erhoffte Bett verdoppelte sich in einem vagen Glas, und das polierte Mahagoni erinnerte mich an den Spiegel der Heiligen Schrift. Ulrike hatte sich bereits entkleidet. Sie nannte mich bei meinem wirklichen Namen, Javier. Ich fühlte, dass es stärker schneite. Von Möbeln und Spiegeln blieb nichts mehr. Zwischen den beiden lag kein Schwert. Wie der Sand verrann die Zeit. Alterslos strömte die Liebe im Dunkel, und zum ersten und letzten Mal besass ich Ulrikes Bild.

(Aus: Jorge Luis Borges. Gesammelte Werke, Band 4, Erzählungen 1975–1977. Übersetzung von Dieter E. Zimmer. Nachwort von Horst Bienek. Carl Hanser Verlag, München 1982. ©Carl Hanser Verlag, München 2023)

Paul Celan
«Corona», «Nachts», «Zuversicht»
Drei Gedichte

CORONA

Aus der Hand frisst der Herbst mir sein Blatt: wir sind
                                                                Freunde.
Wir schälen die Zeit aus den Nüssen und lehren sie gehn:
die Zeit kehrt zurück in die Schale.

Im Spiegel ist Sonntag,
im Traum wird geschlafen,
der Mund redet wahr.

Mein Aug steigt hinab zum Geschlecht der Geliebten:
wir sehen uns an,
wir sagen uns Dunkles,
wir lieben einander wie Mohn und Gedächtnis,
wir schlafen wie Wein in den Muscheln,
wie das Meer im Blutstrahl des Mondes.

Wir stehen umschlungen im Fenster, sie sehen uns zu
    von der   Strasse:
es ist Zeit, dass man weiss!
Es ist Zeit, dass der Stein sich zu blühen bequemt,
dass der Unrast ein Herz schlägt.
Es ist Zeit, dass es Zeit wird.

Es ist Zeit.

NACHTS, wenn das Pendel der Liebe schweigt
zwischen Immer und Nie,
stösst dein Wort zu den Monden des Herzens
und dein gewitterhaftes blaues
Aug reicht der Erde den Himmel.

Aus fernem, aus traumgeschwärztem
Hain weht uns an das Verhauchte,
und das Versäumte geht um, gross wie die Schemen der
                                                                        Zukunft

Was sich nun senkt und hebt,
gilt dem zuinnerst Vergrabnen:
blind wie der Blick, den wir tauschen,
küsst es die Zeit auf den Mund.

ZUVERSICHT

Es wird noch ein Aug sein,
ein fremdes, neben
dem unsern: stumm
unter steinernem Lid.

Kommt, bohrt euren Stollen!

Es wird eine Wimper sein,
einwärts gekehrt im Gestein,
von Ungeweintem verstählt,
die feinste der Spindeln.

Vor euch tut sie das Werk,
als gäb es, weil Stein ist, noch Brüder.

(Aus: Paul Celan, «Gesammelte Werke in sieben Bänden», Suhrkamp-Verlag, Berlin, 2000. © «Zuversicht»: S. Fischer Verlag, Frankfurt am Main 2023. © «Corona», «Nachts»: Deutsche Verlagsanstalt, Stuttgart 2023)

Ingeborg Bachmann
«Die gestundete Zeit», «Tage in Weiss», «Erklär mir, Liebe», «Böhmen liegt am Meer»
Vier Gedichte

Die gestundete Zeit

Es kommen härtere Tage.
Die auf Widerruf gestundete Zeit
wird sichtbar am Horizont.
Bald musst du den Schuh schnüren
und die Hunde zurückjagen in die Marschhöfe.
Denn die Eingeweide der Fische
sind kalt geworden im Wind.
Ärmlich brennt das Licht der Lupinen.
Dein Blick spurt im Nebel:
die auf Widerruf gestundete Zeit
wird sichtbar am Horizont.

Drüben versinkt dir die Geliebte im Sand,
er steigt um ihr wehendes Haar,
er fällt ihr ins Wort,
er befiehlt ihr zu schweigen,
er findet sie sterblich
und willig dem Abschied
nach jeder Umarmung.

Sieh dich nicht um.
Schnür deinen Schuh.
Jag die Hunde zurück.
Wirf die Fische ins Meer.
Lösch die Lupinen!

Es kommen härtere Tage.

Tage in Weiss

In diesen Tagen steh ich auf mit den Birken
und kämm mir das Weizenhaar aus der Stirn
vor einem Spiegel aus Eis.

Mit meinem Atem vermengt,
flockt die Milch.
So früh schäumt sie leicht.
Und wo ich die Scheibe behauch, erscheint,
von einem kindlichen Finger gemalt,
wieder dein Name: Unschuld!
Nach so langer Zeit.

In diesen Tagen schmerzt mich nicht,
dass ich vergessen kann
und mich erinnern muss.

Ich liebe. Bis zur Weissglut
lieb ich und danke mit englischen Grüssen.
Ich hab sie im Fluge erlernt.

In diesen Tagen denk ich des Albatros',
mit dem ich mich auf-
und herüberschwang
in ein unbeschriebenes Land.

Am Horizont ahne ich,
glanzvoll im Untergang,
meinen fabelhaften Kontinent
dort drüben, der mich entliess
im Totenhemd.

Ich lebe und höre von fern seinen Schwanengesang!

Erklär mir, Liebe

Dein Hut lüftet sich leis, grüsst, schwebt im Wind,
dein unbedeckter Kopf hat's Wolken angetan,
dein Herz hat anderswo zu tun,
dein Mund verleibt sich neue Sprachen ein,
das Zittergras im Land nimmt überhand,
Sternblumen bläst der Sommer an und aus,
von Flocken blind erhebst du dein Gesicht,
du lachst und weinst und gehst an dir zugrund,
was soll dir noch geschehen –

Erklär mir, Liebe!

Der Pfau, in feierlichem Staunen, schlägt sein Rad,
die Taube schlägt den Federkragen hoch,
vom Gurren überfüllt, dehnt sich die Luft,
der Entrich schreit, vom wilden Honig nimmt
das ganze Land, auch im gesetzten Park
hat jedes Beet ein goldner Staub umsäumt.

Der Fisch errötet, überholt den Schwarm
und stürzt durch Grotten ins Korallenbett.
Zur Silbersandmusik tanzt scheu der Skorpion.
Der Käfer riecht die Herrlichste von weit;
hätt ich nur seinen Sinn, ich fühlte auch,
dass Flügel unter ihrem Panzer schimmern,
und nähm den Weg zum fernen Erdbeerstrauch!

Erklär mir, Liebe!

Wasser weiss zu reden,
die Welle nimmt die Welle an der Hand,
im Weinberg schwillt die Traube, springt und fällt.
So arglos tritt die Schnecke aus dem Haus!

Ein Stein weiss einen andern zu erweichen!

Erklär mir, Liebe, was ich nicht erklären kann:
sollt ich die kurze schauerliche Zeit
nur mit Gedanken Umgang haben und allein
nichts Liebes kennen und nichts Liebes tun?
Muss einer denken? Wird er nicht vermisst?

Du sagst: es zählt ein andrer Geist auf ihn ...
Erklär mir nichts. Ich seh den Salamander
durch jedes Feuer gehen.
Kein Schauer jagt ihn, und es schmerzt ihn nichts.

Böhmen liegt am Meer

Sind hierorts Häuser grün, tret ich noch in ein Haus.
Sind hier die Brücken heil, geh ich auf gutem Grund.
Ist Liebesmüh in alle Zeit verloren, verlier ich sie hier gern.

Bin ich's nicht, ist es einer, der ist so gut wie ich.

Grenzt hier ein Wort an mich, so lass ich's grenzen.
Liegt Böhmen noch am Meer, glaub ich den Meeren wieder.
Und glaub ich noch ans Meer, so hoffe ich auf Land.

Bin ich's, so ist's ein jeder, der ist soviel wie ich.
Ich will nichts mehr für mich. Ich will zugrunde gehn.

Zugrund – das heisst zum Meer, dort find ich Böhmen wieder.
Zugrund gerichtet, wach ich ruhig auf.
Von Grund auf weiss ich jetzt, und ich bin unverloren.

Kommt her, ihr Böhmen alle, Seefahrer, Hafenhuren und Schiffe
unverankert. Wollt ihr nicht böhmisch sein, Illyrer, Veroneser,
und Venezianer alle. Spielt die Komödien, die lachen machen.

Und die zum Weinen sind. Und irrt euch hundertmal,
wie ich mich irrte und Proben nie bestand,
doch hab ich sie bestanden, ein um das andre Mal.

Wie Böhmen sie bestand und eines schönen Tags
ans Meer begnadigt wurde und jetzt am Wasser liegt.

Ich grenz noch an ein Wort und an ein andres Land,
ich grenz, wie wenig auch, an alles immer mehr,

ein Böhme, ein Vagant, der nichts hat, den nichts hält, begabt nur noch, vom Meer, das strittig ist, Land meiner Wahl zu sehen.

(Aus: Ingeborg Bachmann, «Werke I». Herausgegeben von Christine Koschel, Inge von Weidenbaum und Clemens Münster. ©Piper Verlag, München 1978 ©Piper Verlag 2023)

Marguerite Yourcenar
Phädra oder die Verzweiflung

Phädra vollbringt alles. Sie gibt ihre Mutter dem Stier preis, ihre Schwester der Einsamkeit: Diese Formen der Liebe interessieren sie nicht. Sie verlässt ihr Land, wie man auf seine Träume verzichtet; sie verleugnet ihre Familie, wie man seine Erinnerungen verschleudert. In diesen Kreisen, wo die Unschuld ein Verbrechen ist, wohnt sie voll Ekel dem bei, was schliesslich aus ihr einmal werden wird. Ihr Schicksal, von aussen gesehen, macht sie schaudern: Noch kennt sie es erst in Gestalt von Inschriften auf der Mauer des Labyrinths: Sie entzieht sich durch die Flucht ihrer schrecklichen Zukunft. Sie heiratet Theseus so gleichgültig, wie die Heilige Maria von Ägypten den Preis ihrer Reise mit dem Körper bezahlte; sie lässt die riesigen Schlachthäuser ihres kretischen Amerika im Westen in einem Legendennebel versinken. Durchtränkt vom Geruch der Ranch und der Gifte Haitis geht sie an Land, ohne zu ahnen, dass sie sich unter einem sengenden Wendekreis des Herzens die Lepra zugezogen hat. Ihr Staunen beim Anblick Hippolyts gleicht dem einer Reisenden, die, ohne es zu wissen, wieder an ihren Ausgangspunkt zurückgekehrt ist: Das Profil dieses Kindes erinnert sie an Knossos und an die Doppelaxt. Sie hasst Hippolyt, sie zieht ihn gross; er wächst gegen sie heran, ihr Hass stösst ihn zurück. Er ist seit jeher gewohnt, den Frauen zu misstrauen, muss seit dem Gymnasion, seit den Neujahrsferien die Hindernisse überspringen, welche die Feindschaft einer Stiefmutter um ihn errichtet. Sie ist eifersüchtig auf seine Pfeile, das heisst auf seine Opfer, eifersüchtig auf seine Gefährten, das heisst auf seine Einsamkeit. In diesem Urwald, der Hippolyts Stätte ist, stellt sie wider Willen die Wegweiser zum Palast des Minos auf: Sie zieht durch dieses Gestrüpp die Einbahnstrasse des Verhängnisses. In jedem Augenblick erschafft sie Hippolyt; ihre Liebe ist Inzest; sie kann den Jungen nicht töten, ohne eine Art Kindsmord zu begehen. Sie fabriziert seine Schönheit, seine Keuschheit, seine Schwächen; sie zieht sie aus dem Grund ihrer selbst; sie sondert von ihm diese abscheuliche Reinheit ab, um sie in der Gestalt einer faden Jungfrau hassen zu können: Sie greift die inexistente Arikia aus der Luft. Sie berauscht sich am Geschmack des Unmöglichen, dieses Alkohols, der die Grundlage aller Unglücksmischungen bildet. Im Bett des Theseus hat sie das bittere Vergnügen, in der Wirklichkeit den zu betrügen, den sie liebt, und in der Phantasie den, den sie nicht liebt. Sie ist Mutter. Sie hat Kinder, wie man Gewissensbisse hat. Auf ihren fieberfeuchten Laken tröstet sie sich mit Beichtgeflüster, ähnlich den Kindheitsgeständnissen, die sie am Hals ihrer Amme gestammelt hatte; sie saugt an den Zitzen ihres Unglücks; sie wird schliesslich zur elenden Magd Phädras. Angesichts der Kälte Hippolyts verhält sie sich wie ein Sonnenstrahl, der auf einen Kristall fällt: Sie wird zur Brechung; sie bewohnt ihren Körper nur noch wie ihre eigene Hölle. Sie bildet auf dem Grund ihrer selbst ein Labyrinth nach, in dem sie immer wieder nur sich selbst wiederfinden muss; Ariadnes Faden kann sie nicht mehr hinausführen, da sie ihn sich ums Herz gewickelt hat. Sie wird Witwe; endlich kann sie weinen, ohne dass man sie nach dem Grund fragt; doch das Schwarz kleidet diese dunkle Gestalt nicht: Sie grollt dem Trauergewand, weil es ihrem Schmerz eine falsche Note gibt. Nachdem sie Theseus los ist, trägt sie ihre Hoffnung wie eine schimpfliche posthume Schwangerschaft. Sie treibt Politik, um sich von sich selbst abzulenken: Sie nimmt die Regentschaft an, so als würde sie sich einen Schal stricken. Theseus' Wiederkehr findet zu spät statt, um sie in die Formelwelt zurückzuführen, worin dieser Staatsmann sich einschliesst; sie kann nur durch den Spalt einer List in sie gelangen; sie erfindet Lust um Lust die Schändung, deren sie Hippolyt anklagt, so dass die Lüge für sie zur Stillung ihres Verlangens wird. Sie sagt die Wahrheit: Sie hat die schlimmste Schmach erlitten; ihr Betrug ist eine Umsetzung der Wirklichkeit. Sie nimmt Gift, da sie gegen sich selbst immun ist: Hippolyts Hinscheiden schafft um sie eine Leere; im Sog dieses Vakuums stürzt sie sich in den Tod. Bevor sie stirbt, beichtet sie, um ein letztes Mal das Vergnügen zu haben, von ihrem Verbrechen zu reden. Ohne den Ort zu wechseln, betritt sie wieder den Familienpalast, wo Verfehlung Unschuld ist. Sie gleitet im Zug ihrer Vorfahren durch diese von Tiergeruch erfüllten U-Bahnschächte, wo der schmierige Styx braust und die glänzenden Schienen nur Selbstmord oder Abfahrt anbieten. Auf der Bergwerkssohle ihres unterirdischen Kretas wird sie irgendwann dem durch ihre Raubtierbisse entstellten Jüngling begegnen, denn sie verfügt dazu über alle Umwege der Ewigkeit. Sie hat ihn nicht wiedergesehen seit der grossen Szene des dritten Aktes; seinetwegen ist sie gestorben; seinetwegen hat sie nicht gelebt; er schuldet ihr nur den Tod; sie schuldet ihm die Zuckungen einer unstillbaren Agonie. Sie darf ihn zu Recht für ihre Verbrechen verantwortlich machen, für ihre Unsterblichkeit, die so verdächtig ist auf den Lippen der Dichter, welche sich ihrer Person nur bedienen werden, um eigene Inzestgelüste auszudrücken, so wie der Autofahrer, der mit zertrümmertem Schädel auf der Strasse liegt, den Baum anklagen kann, gegen den er gerast ist. Wie jedes Opfer, war sie ihr Henker. Ein Schlusswort wird von diesen Lippen fliessen, die keine Hoffnung mehr beben macht. Was wird sie sagen? Zweifellos: Danke.

(Aus: Marguerite Yourcenar, «Feuer». Aus dem Französischen von Rolf und Hedda Soellner, Carl Hanser Verlag, München 1996. © Carl Hanser Verlag, München 2023. Originalausgabe «Feux», Éditions Gallimard, Paris 1974)

Günter Grass
Zwei Tänze

TANGO NOCTURNO

Der Herr knickt die Dame,
nein, biegt sie, so beugsam die Dame,
der Herr gibt sich steif.

Zwei Körper, die eins sind, doch nichts
von sich wissen, geschieden in Treue,
in Treue vereint.

Die Hand in der Beuge, gedehnt tropft die Zeit,
bis plötzlich die Uhr schlägt:
fünf eilige Schritte.

Wir stürzen nach vorne und retten uns rücklings,
wo nichts ist als Fläche,
nach vorne zurück.

In Angst, doch ich fange – der Sturz
ist gespielt nur – mit rettendem Händchen
dich oftgeübt auf.

Sind leer jetzt mit Haltung und schauen
im Schleppschritt, beim Leerlauf mit Haltung
uns unbewegt zu.

Das ist der Tango, die Diagonale.
Aus Fallsucht zum Stillstand.
Ich höre dein Herz.

TANGO MORTALE

Befehl wie von oben: der Leib, der den Leib flieht,
gestreckt auf der Flucht ist,
so reisst es uns hin.

Kein Abgrund, doch Weite, in die wir,
als stünden rings Spiegel,
Blicke verwerfen.

Und nochmals befohlen: die Einkehr nach innen.
Wir treten die Stelle, zuinnerst die Stelle
und bleiben im Takt.

Gezählt sind die Stürze, die Beinahestürze,
der Fortgang der Schritte, die zögernd, verzögernd
das Ende verschleppen.

Unsterblich, unsterblich! Das doppelte Ich,
solange beim Tango, beim Tango Mortale
ein Schrittmuster führt.

Mit restlichem Atem beim Fest ohne Gäste.
Das Paar, das sich feiert, ist dennoch und endlich
auf Beifall bedacht.

Der Schmerz ist nur Maske. Wir gleiten verkleidet
auf grenzloser Fläche, dem Tod auf den Fersen,
uns selbst hinterdrein.

(Aus: Günter Grass, «Letzte Tänze», Steidl Verlag, Göttingen 2003.© Steidl Verlag, Göttingen 2023)

Odysseas Elytis
Die Radlerin
Zwei Liebesgedichte

Die Radlerin

Ich ging spazieren auf dem Weg entlang am Meer
   den fuhr tag täglich auch die Radlerin einher

Ich fand die Früchte, aus dem Korb gefallen gar
   den Ring auch, der vom Finger ihr geglitten war

Ich fand die kleine Klingel und noch ihren Schal
   die Lenkstange, die Räder und auch das Pedal

Fand an entlegnem Ort den Gürtel ganz allein
   und einer Träne gleich, durchscheinend einen Stein

Bewahrte alles auf, was ich am Wege fand
   und fragte mich, wohin die Radlerin verschwand

Ich sah sie, wie sie über Meereswogen schritt
   wie sie am andern Tage über Gräber glitt

Am dritten Tag zur Nacht verlor ich ihre Spur
   seitdem blinkt hoch am Himmel ihre Lampe nur.

Ich sagt es für die Wolken dir

Ich sagt es für die Wolken dir
   ich sagt es für die Augen die verweinten
und für die Spuren die mit unsren Händen dort
   wir auf den nassen Tischen hinterliessen
verstohlen und ganz offenbar
   ich sagt es für die Wolken dir
dir und auch mir zuliebe

Ich sagt es mit den Wogen dir
    ich sagt es dir mit einem dunklen Strudel
mit einem Hund, mit heimlichem Laternenlicht
    beim Kaffeesatz und auch beim Kartenlegen
mit leiser Stimme und ganz laut
    ich sagt es mit den Wogen dir
ich sagt es dir zur Nachtzeit

Ich sagt es dir um Mitternacht
    ich sagt es dir als du geschwiegen hattest
als mit dem Sinn ich zärtlich dich betastete
    und Feuer fing das Kleid das du getragen
ganz aus der Nähe ganz von fern
    ich sagt es dir um Mitternacht
mit Sternen, die du schautest.

(Aus: Odysseas Elytis, «Lieder der Liebe». Neugriechisch und deutsch. Übertragen von Hans Eideneier. Suhrkamp Verlag, Frankfurt am Main 1981. ©Suhrkamp Verlag 2023)

Leidenschaften

Gerhart Hauptmann
Agata und Francesco

Als die Haushälterin gegangen war, trat eine längere Stille ein. Das Mädchen hatte die Hände in den Schoss gelegt und sass noch auf dem gleichen, scheinbar zerbrechlichen Stuhl, den Petronilla für sie an die weissgetünchte Wand gerückt hatte. In Agatas Augen zuckte es noch, und die erlittene Kränkung spiegelte sich in Blitzen der Entrüstung und heimlichen Wut, aber ihr volles Madonnengesicht hatte mehr und mehr einen hilflosen Ausdruck angenommen, bis endlich ein stiller, ergiebiger Strom seine Wangen badete. Francesco, ihr den Rücken kehrend, hatte mittlerweile zum offenen Fenster hinausgeblickt. Während er seine Augen über die gigantischen Bergwände des Soana-Tales, von der schicksalsträchtigen Alpe an bis zum Seeufer, gleiten liess und, mit dem ewigen Summen des Falles, Gesang einer einzelnen, schmelzenden Knabenstimme aus den üppigen Rebenterrassen drang, musste er zögern zu glauben, dass er nun wirklich die Erfüllung seiner überirdischen Wünsche in der Hand hatte. Würde Agata, wenn er sich wendete, noch vorhanden sein? Und war sie zugegen, was würde geschehen, wenn er sich wendete? Müsste diese Wendung nicht entscheidend für sein ganzes irdisches Dasein, ja, darüber hinaus entscheidend sein? Diese Fragen und Zweifel bewogen den Priester, die eingenommene Stellung so lange wie möglich einzuhalten, um noch einmal vor der Entscheidung mit sich ins Gericht oder doch wenigstens zu Rate zu gehen. Es handelte sich dabei um Sekunden, nicht um Minuten: doch in diesen Sekunden wurde ihm nicht nur, vom ersten Besuche Luchino Scarabotas an, die ganze Geschichte seiner Verstrickung, sondern sein ganzes bewusstes Leben unmittelbar Gegenwart. In diesen Sekunden breitete sich eine ganze gewaltige Vision des Jüngsten Gerichts mit Vater, Sohn und Heiligem Geist am Himmel über der Gipfelkante des Generoso aus und schreckte mit dem Gedröhn der Posaunen. Den einen Fuss auf dem Generoso, den andern auf einem Gipfel jenseits des Sees, stand, in der Linken die Waage, in der Rechten das blosse Schwert, furchtbar drohend, der Erzengel Michael, während sich hinter der Alp von Soana der scheussliche Satan mit Hörnern und Klauen niedergelassen hatte. Fast überall aber, wo der Blick des Priesters hinirrte, stand eine schwarzgekleidete, schwarzverschleierte, händeringende Frau, die niemand anderes als seine verzweifelte Mutter war.

Francesco hielt sich die Augen zu und presste dann beide Hände gegen die Schläfen. Wie er sich dann langsam herumwandte, sah er das in Tränen schwimmende Mädchen, dessen purpurner Mund schmerzlich zitterte, lange mit einem Ausdruck des Grauens an. Agata erschrak. Sein Gesicht war entstellt, wie wenn es der Finger des Todes berührt hätte. Wortlos wankte er auf sie zu. Und mit einem Röcheln, wie das eines von unentrinnbarer Macht Besiegten, das zugleich ein wildes, lebensbrünstiges Stöhnen und Röcheln um Gnade war, sank er zerbrochen vor ihr in die Knie und rang gegen sie die gefalteten Hände.

Francesco würde seiner Leidenschaft vielleicht noch lange nicht in solchem Grade unterlegen sein, wenn nicht das Verbrechen der Dorfbewohner an Agata ihr ein namenloses heisses, menschliches Mitgefühl beigemischt hätte. Er erkannte, was diesem von Gott mit aphrodisischer Schönheit begabten Geschöpf in seinem fernen Leben und in der Welt ohne Beschützer bevorstehen musste. Er war durch die Umstände heute zu ihrem Beschützer gemacht worden, der sie vielleicht vom Tode durch Steinigung errettet hatte. Er hatte dadurch ein persönliches Anrecht auf sie erlangt. Ein Gedanke, der ihm nicht deutlich war, aber doch sein Handeln beeinflusste: unbewusst wirkend, räumte er allerlei Hemmungen, Scheu und Furchtsamkeit hinweg. Und er sah in seinem Geist keine Möglichkeit, seine Hand je wieder von der Verfemten abzuziehen. Er würde an ihrer Seite stehen und stünde die Welt und Gott auf der anderen. Solche Erwägungen, solche Strömungen verbanden sich, wie gesagt, unerwartet mit dem Strome der Leidenschaft, und so trat dieser aus den Ufern.

Vorerst war sein Verhalten indessen noch nicht die Abkehr vom Rechten und die Folge eines Entschlusses, zu sündigen: es war nur ein Zustand der Ohnmacht, der Hilflosigkeit. Warum er das tat, was er tat, hätte er nicht zu sagen gewusst. In Wahrheit tat er eigentlich nichts. Es geschah nur etwas mit ihm. Und Agata, die nun eigentlich hätte erschrecken müssen, tat dies nicht, sondern schien vergessen zu haben, dass Francesco ein ihr fremder Mann und ein Priester war. Er schien auf einmal ihr Bruder geworden. Und während ihr Weinen zum Schluchzen sich steigerte, liess sie es nicht nur zu, dass der nun auch von trocknem Schluchzen Geschüttelte sie, wie zum Troste, umfing, sondern sie senkte ihr überströmtes Gesicht und verbarg es an seiner Brust.

(Aus: Gerhart Hauptmann, «Der Ketzer von Soana», S. Fischer Verlag, Berlin 1918. Titel vom Herausgeber)

David Herbert Lawrence
Ein zwiespältiges Geschenk

Mit achtzehn ungefähr hatten Hilda und Connie ihre ersten tastenden Liebeleien gehabt. Den jungen Männern, mit denen sie so leidenschaftlich diskutierten, so fröhlich sangen und in solcher Freiheit unter den Bäumen kampierten, ging es natürlich um ein Liebesverhältnis. Die Mädchen zögerten, doch wurde so viel über die Sache geredet, dass sie wohl wichtig sein musste. Und die Männer waren so demütig, so voll Verlangen. Warum sollte ein Mädchen da nicht grossmütig sein und sich selber zum Geschenk machen?

So hatten sie sich denn zum Geschenk gemacht, jede dem jungen Mann, mit dem sie die subtilsten und intimsten Gespräche führte. Die Gespräche, die Diskussionen – das war das Grosse; Zärtlichkeit und körperliche Vereinigung waren eher ein Atavismus, ein Rückfall ins Primitive. Man war hinterher weniger verliebt in den Jungen, neigte sogar ein wenig dazu, ihn zu hassen – als hätte er die Grenzen der privatesten Sphäre, der inneren Freiheit missachtet, denn: man war ein Mädchen, und die ganze Würde und Bedeutung, die man im Leben gewann, hing daher vom Erringen einer absoluten, einer vollkommenen, einer reinen und edlen Freiheit ab. Was anders bedeutete das Leben eines Mädchens als die alten niedrigen Bindungen abzuschütteln?

Und wie sehr man sie auch mit Gefühlen aufladen mochte, diese geschlechtlichen Dinge gehörten zu den urältesten, niedrigsten Bindungen und Abhängigkeiten. Die Dichter, die sie verherrlichten, waren zumeist Männer. Frauen hatten immer gewusst, dass es etwas Besseres gab, etwas Höheres. Und jetzt wussten sie es entschiedener denn je. Die herrliche, reine Freiheit einer Frau war unendlich wunderbarer als jede geschlechtliche Liebe. Es war ein Jammer, dass die Männer in dieser Hinsicht so weit hinter den Frauen herhinkten. Gierig wie Hunde waren sie auf das Sexuelle aus.

Und eine Frau hatte nachzugeben. Ein Mann war in seinen Begierden wie ein Kind. Die Frau musste ihm gewähren, wonach ihn gelüstete, sollte er nicht unausstehlich werden wie ein Kind, im Trotz davonlaufen und zerstören, was doch eine sonst so erfreuliche Beziehung war. Aber eine Frau konnte sich einem Mann hingeben, ohne zugleich auch ihr inneres, freies Wesen hinzugeben. Das schienen die Dichter und alle, die über den Sexus schwatzten, nicht genügend bedacht zu haben. Eine Frau konnte einen Mann nehmen, ohne sich selber wirklich herzugeben. Sicherlich konnte sie ihn nehmen, ohne sich seiner Macht auszuliefern. Eher noch konnte sie das Geschlechtliche dazu benutzen, ihn in *ihre* Macht zu bekommen. Denn sie brauchte sich im geschlechtlichen Zusammensein nur zurückhalten und ihn sich ausgeben zu lassen, ohne selbst zum Höhepunkt zu gelangen: und dann konnte sie die Vereinigung hinausziehen und *ihren* Orgasmus und *ihren* Höhepunkt erreichen, während er nur ihr Werkzeug war.

Beide Schwestern hatten ihre Erfahrung in der Liebe hinter sich, als der Krieg ausbrach und sie überstürzt heimgerufen wurden. Keine von beiden verliebte sich je in einen jungen Mann, wenn sie ihm nicht im Wort sehr nahe gekommen war – das heisst, wenn das Verlangen nach dem *Gespräch* nicht aus der Tiefe kam. Der wunderbare, tiefe, unfassliche Schauer, mit einem wahrhaft klugen jungen Mann ein leidenschaftliches Gespräch zu führen, stundenlang, Tag für Tag den Faden wieder aufzunehmen, durch Monate hin ... davon hatten sie nie etwas gewusst, bis es ihnen geschah. Die paradiesische Verheissung «Du sollst Menschen haben zum Gespräch!» war nie ausgesprochen worden. Sie erfüllte sich, noch ehe sie wussten, was diese Verheissung bedeutete. Und wenn die aus diesen lebhaften und seelenerleuchtenden Diskussionen erwachsene Intimität das Geschlechtliche mehr oder weniger unumgänglich machte – nun gut. Es bezeichnete das Ende eines Kapitels. Und es hatte auch seinen eigenen Reiz: ein eigentümliches vibrierendes Erheben innen im Körper, ein letztes Aufbäumen der Selbstbehauptung, wie ein letztes Wort, erregend und jener Reihe von Sternchen vergleichbar, die zuweilen den Schluss eines Kapitels bezeichnen und eine neue Wendung im Thema.

(Aus: David Herbert Lawrence, «Lady Chatterly. Ein Roman», 3. unzensierte Fassung, ins Deutsche übersetzt von Maria Carlsson, Rowohlt Verlag, Reinbek bei Hamburg 1960. ©Rowohlt Verlag, Hamburg 2023. Nach einer ersten Fassung von 1926 erschien die dritte und letzte Fassung des Romans des englischsprachigen Originals «Lady Chatterley's Lover» erstmals 1928 bei Giuseppe Orioli/Tipografia Giuntina, Florenz. Titel vom Herausgeber)

Blaise Cendrars
Leidenschaften

Die Landschaft des Fleisches

Auf dem Weg ins Unendliche krächzte die Stimme eines furchtbaren Säufers:

Deine ausgeprägten breiten Schultern, deine Knochen, Gesteinsschichten einer weiten Landschaft, eine Granitkette, feste Stützen, auf denen sich wie gewellte Hügel deine Brüste erheben! Deine süssen Brüste, Zitzen, besonnt von deinem feurigen Mund, Felder und Weiden fallen von ihnen ab zu Ebenen voller goldenem Getreide, deinem Bauch! Fruchtbares Land, weitläufiger Bauch, der widerhallt von den Mähdreschern und dem Licht des Lebens, weites Land, wo menschliche Siedlungen leuchten – die Flüsse und Strassen umgarnen ihn wie einen Fisch im Netz, deinen Bauch in Arbeit, Karawanen klettern auf ihm herum, kleben sich wie die Fliegen an ihn und weiden es aus, dieses Aas, diesen abgeernteten Friedhof! Weiter unten, am Horizont, wölbte sich das Meer, der Ursprung, das blutige Meer, dort sind deine Haare von lächerlich goldener Farbe, ein Gold, von dem hat meine ganze Leidenschaft trinken wollen, doch es hat sie vergiftet; denn du bist unverbesserlich, ich bin erschöpft vom Betrachten deiner Augen, in denen, Suffvorstellung, Rad der Folter, Stern des Wahnsinns am verfluchten Himmel, alles kreist, wessen Sinnbild du bist: das Leben!

All das habe ich umarmt. Ich hatte ein ganzes Meer zum Austrinken, ein Meer aus Blut. Sei verflucht, denn nicht aus Sonne ist dein Haar!
Ich habe immer noch Durst.

Das Rad

Eine Frau stand da, nackt, verblüffend schön, bekleidet nur von ihrem Haar. Ihre Ausstrahlung kam nicht von ihrem schönen Körper. Sie kam von innen, als leuchte aus ihrem fleischlichen Körper von Zeit zu Zeit, wie wenn man hinter eine angelehnte Tür guckt, ein idealer Körper auf! Der Akt im Innern.
 Sie lächelte nicht, meditierte nicht. Ihr Haar verhüllte ihre Augen. Sie strahlte aus. Sie stand da, immens wie der Nabel, die Gebärmutter der Welt.
 Um sie herum ballten sich drohende, bleischwere Wolken, erschüttert von dumpfen Stössen und beladen mit Sinnenrausch.
 Plötzlich entlud sich ein furchtbares Gewitter. Die Kohärenz der beiden nackten Körper zerschlug sich unter Millionen von Donnern. Blitze spritzten. Spritzten auf die Frau.
 Die Blitze waren Hände. Wie eingekreist von Händen, mitten in der Luft, kam die Frau mir vor. Hände umkreisten sie. Hände streckten sich nach ihr aus. Die mageren Hände des Künstlers, die feuchten Hände des Bankiers; die krumme Hand des Geizigen und die starre Hand des Greises; die schüchternen Hände des jungen Mannes, die verehrenden Hände des Priesters und die gottlosen Hände des Mörders.
 Die Hände aller Männer, Hände aller Generationen, griffen, hingerissen von ihr, nach dieser Frau, einer Prostituierten. Und da waren auch die verwirrten Hände Christi.
 Sie schwieg. Sie war die Nabe eines Rades; des Rades der Welt, dessen Speichen sich allesamt bei ihr trafen. Angetrieben von der Nacht, drehte sich dieses Rad, sprang es und hüpfte und sprühte Funken von einem Universum zum andern wie Wagenräder auf Pflastersteinen; wie Blitze zuckten die Strahlen, die von ihr ausgingen, und die Frau blieb gleichgültig mitten in diesem fahlen Himmelskreis voller Elektrizität, inmitten dieser Sintflut der Gier, die aus dem Jenseits heranwogte.
 Dann habe ich erkannt, dass du das warst, diese Frau, umgeben vom verzweifelten Wahnsinn des Seins, du, o du meine Ge-

liebte, die ich jetzt unerbittlich an den verrenkten Baum meines Verlangens nagle.

Erbarmen

Der Mensch ist allein – sehr allein. Gleich nach seiner Geburt ist er in einen Bottich gefallen.
    Es regnet, heute Nacht. Es ist dunkel. In der Stille höre ich so etwas wie schwere Schritte in Pfützen. Es sind die Mammutschritte der Wolken, die sich am Himmel bewegen. Aber gibt es denn noch einen Himmel? – Überall komme ich in Berührung mit dem erstickten Herzen des Menschen, diesem düsteren Herzen, erdrückt, zermalmt von den schweren Schritten der Qualen; ein Herz, das weint.
    Es weint Blut.
    Die Räder des Wahnsinns drehen sich auf den Geleisen des Himmels und bespritzen das Antlitz Gottes mit Schmutz! Die Wolken springen vor Bestürzung hoch.
    Der Mond geht auf. Nein, das Antlitz Gottes ist es. Ein Antlitz, öd und ohne Haar. Ein kahler, kugelrunder Kopf. Ein Mund, als ob er demnächst platzen würde. Zwei Tränen kleben fest an den Wangen.
    Doch nein, ich glaube eher, es ist mein eigener Kopf, der öd im Weltraum hängt.
    Eine Wolke bewegt sich.
    Zwei Bärentatzen legen sich auf meine Schultern, und dort oben leckt eine Zunge aus Fleisch und Blut die Augen Gottes. Alle Wolken tragen jetzt mein Gesicht, und eine von ihnen streckt mir die Zunge heraus, eine hechelnde Hundezunge ...
    Etwas bewegt sich. Ein Stück Nacht stürzt ein. Bist du es, Frau?
    Erbarmen.

(Aus: Blaise Cendrars, «Gesammelte Gedichte». Herausgegeben von Claude Leroy, übersetzt von Peter Burri, Lenos Verlag, Basel 2004)

Umberto Eco
Plato im Striptease-Lokal

Wenn sie auf der kleinen Bühne des «Crazy Horse» erscheint, geschützt durch einen grossmaschigen schwarzen Netzvorhang, ist Lilly Niagara schon nackt. Sogar etwas mehr als nackt, denn sie trägt einen aufgeknöpften schwarzen BH und Strapse. Den ersten Teil ihrer Nummer verbringt sie damit, sich langsam anzukleiden, soll heissen, träge in ihre Strümpfe zu fahren und das lose von ihren Schultern hängende Zaumzeug festzuschnüren. Den zweiten Teil widmet sie der Wiederherstellung ihres Anfangszustandes. Dergestalt, dass dem Publikum, unsicher, ob diese Frau sich nun aus- oder angezogen hat, nicht bewusst wird, dass sie in Wirklichkeit gar nichts getan hat. Denn selbst ihre trägen und leidenden Gesten, kontrapunktisch begleitet von einem verschreckten Gesichtsausdruck, bekunden so klar die professionelle Absicht und stellen sich so ausdrücklich in die Tradition einer hohen Schule, die inzwischen bereits aus Lehrbüchern erlernbar ist, dass sie nichts Überraschendes an sich haben – und somit auch nichts Verführerisches. Verglichen mit der Technik anderer Striptease-Göttinnen, die es so trefflich verstehen, ihre Offerte mit einer anfänglichen Unschuld zu dosieren, aus der sie dann plötzlich Entschlüsse von unerwarteter Schamlosigkeit hervorziehen, in Reserve gehaltene Laszivitäten, wilde, der letzten Infamie vorbehaltene Ausbrüche (Göttinnen also einer dialektischen, okzidentalen Form von Striptease), verglichen damit ist die Technik der Lilly Niagara schon *beat* und *hard*. Sie erinnert uns heute eher an die Figur der Cecilia in Moravias «La Noia»: eine gelangweilte Sexualität, bestehend aus Gleichgültigkeit und dargeboten mit einer Könnerschaft, die wie ein Urteil ertragen wird.

Lilly Niagara will somit die letzte Stufe des Striptease erreichen: die Endstufe, auf der es nicht mehr darum geht, das Schauspiel einer Verführung zu geben, die sich an niemand bestimmten wendet, die der Menge Versprechungen macht und das Versprochene im letzten Moment zurückzieht; sondern auf der es gilt, die äusserste Schwelle zu überschreiten und auch das Verführungsversprechen noch zu umgehen. Ist der traditionelle Striptease das Angebot eines Koitus, der sich unversehens als «interruptus» erweist, womit er in seinen Anhängern eine Mystik der Privation befördert, so züchtigt der Strip à la Lilly Niagara sogar noch die Prahlerei der neuen Adepten, indem er ihnen enthüllt, dass die versprochene Realität nicht nur bloss betrachtet werden kann, sondern nicht einmal die Fülle des blossen Betrachtens gewährt, da man über sie schweigen muss. Gleichwohl bestätigt Lilly Niagaras byzantinische Kunst die gewohnte Struktur des konventionellen Striptease und seine Symbolnatur.

Nur in einigen sehr verrufenen Nachtlokalen kann man die Mädchen, die sich auf der Bühne zur Schau stellen, hinterher zum Verkauf ihrer Reize bewegen. Im «Crazy Horse» wird man sogar dezent darauf hingewiesen, dass es ungehörig sei, nach käuflichen Photos zu fragen – was man zu sehen bekommt, ist nur für ein paar Minuten auf den magischen Brettern der Bühne zu sehen. Und wer die Artikel über den Striptease liest oder die literarischen Kommentare, die manche der in den grösseren Etablissements angebotenen Programmhefte schmücken, der wird erfahren, dass es für die Nackttänzerin charakteristisch sei, ihr Metier mit nüchterner Professionalität zu betreiben, um privatim einer häuslichen Liebe zu pflegen – mit Verlobten, die sie zur Arbeit bringen, mit von Eifersucht zerfressenen Ehemännern, hinter undurchdringlichen Wänden. Und man sollte diese Behauptung nicht geringschätzen, war doch die hochnäsige und naive Belle Epoque ganz im Gegenteil darum bemüht, ihrer Klientel einzureden, dass ihre Divas nimmersatte Ungeheuer seien, privat wie öffentlich, männer- und vermögenverschlingende Frauen, Priesterinnen der raffiniertesten Ruchlosigkeiten im Boudoir.

Doch die Belle Epoque entfaltete ihren sündigen Prunk für eine reiche herrschende Klasse, der sie sowohl das Spektakel wie auch das Nach-Spektakel gewähren musste, das heisst den vollen Besitz der Objekte als unveräusserliches Vorrecht des Geldes.

Der Striptease hingegen, den unsereiner sich heutzutage für recht bescheidene Summen zu jeder Tages- und Nachtzeit ansehen kann, auch in Hemdsärmeln, es gibt keine Kleiderordnung mehr, und sogar zweimal hintereinander, wenn einem danach ist, denn die Show läuft in Permanenz – der Striptease wendet sich an den Durchschnittsbürger, und indem er ihm seine Minuten der religiösen Sammlung gewährt, suggeriert er ihm unterderhand seine Theologie, die durch heimliche Überredung eingetrichtert und nicht *per quaestiones* dargelegt wird. Das Wesen dieser Theologie besteht darin, dass der Gläubige zwar die Pracht der weiblichen Fülle bewundern, aber nicht von ihr Gebrauch machen darf, denn dieses Recht steht ihm nicht zu. Gebrauchen kann er, wenn er will, die Frauen, die ihm von der Gesellschaft zugebilligt oder vom Schicksal zugeführt werden; doch ein maliziöses Plakat im «Crazy Horse» weist ihn darauf hin, dass er, falls er nachher zu Hause nicht mehr mit seiner Frau zufrieden sein sollte, sie zu Lockerungs- und Bewegungskursen schicken könne, welche die Direktion nachmittags für Studentinnen und Hausfrauen organisiere. Es bleibt ungewiss, ob diese Kurse tatsächlich existieren, auch ob der Kunde sich trauen wird, seiner Gattin den Vorschlag zu unterbreiten; was zählt, ist, dass sich der Zweifel in seine Gedanken einnistet: Wenn die Stripteaseuse *die* Frau ist, wäre dann seine Frau etwas anderes? Und wenn seine Frau sehr wohl als Frau anzusehen ist, wäre die Stripperin dann etwas Höheres – die Weiblichkeit, die Sexualität, die Ekstase, die Sünde, das Böse?

Auf jeden Fall ist sie das, was ihm, der sie betrachtet, nicht zusteht: der Ursprung, den er nicht zu fassen bekommt, das Ziel der Ekstase, das er nie erreichen darf, das Gefühl des Triumphes, das ihm versagt ist, die Fülle der Sinne und die Beherrschung der Welt, von denen ihm nur erzählt worden ist. Das typische Striptease-Verhältnis verlangt, dass die Frau, die das äusserste Schauspiel ihrer Möglichkeiten zur Befriedigung der Wünsche des Mannes gegeben hat, keinesfalls konsumierbar ist. Eine im «Concert Mayol» verteilte Broschüre, die mit angestrengt libertinösen Betrachtungen anfängt, endet mit einem aufschlussreichen Gedanken: Der Triumph der nackten Frau, heisst es da sinngemäss, die sich im Scheinwerferlicht den geilen Blicken eines vorgebeugten Parketts darbiete, bestehe genau in dem maliziösen Bewusstsein, dass in diesem Augenblick jeder, der sie da begaffe, sie mit seiner gewohnten häuslichen Kost vergleiche; er bestehe mithin im Bewusstsein einer Demütigung anderer, während das Vergnügen des Gaffenden zum Grossteil aus der eigenen Demütigung resultiere, die als Wesen des Rituals empfunden, erlitten und akzeptiert worden sei.

Wenn psychologisch gesehen der Striptease ein sadomasochistisches Verhältnis begründet, ist soziologisch gesehen dieser Sadomasochismus wesentlich für die Lehre, die damit erteilt wird: Striptease demonstriert dem Betrachter, der sich mit der

Frustration abgefunden hat und sie sucht, dass die Produktionsmittel nicht in seinem Besitz sind.

Doch wenn der Striptease soziologisch gesehen ein unleugbares Kasten- (oder meinetwegen auch Klassen-)Verhältnis ins Spiel bringt, so bewegt er metaphysisch gesehen den Betrachter zu einem Vergleich zwischen den ihm erlaubten Lüsten und denen, die ihm prinzipiell versagt sind: Er vergleicht die Wirklichkeit mit ihrem Modell, seine Weibchen mit der Idee von Weiblichkeit, seine sexuellen Erfahrungen mit der Idee von Sexualität, die Nackten, die er hat, mit der für ihn nie erreichbaren, überirdischen Nacktheitsidee. Danach muss er in seine Höhle zurück und sich mit den Schatten begnügen, die ihm zustehen. So führt der Striptease unterderhand die platonische Situation zurück auf die soziologische Realität der Unterdrückung und Fremdbestimmung.

(Aus: Umberto Eco, «Platon im Striptease-Lokal». Parodien und Travestien. Aus dem Italienischen von Burkhart Kroeber. Carl Hanser Verlag, München Wien 1990. Das Original erschien 1963 im Band «Diario minimo» des Verlags Mondadori, Mailand. ©Carl Hanser Verlag 2023)

Doris Lessing
Lucy Grange

Die Farm lag fünfzig Meilen von der nächsten Stadt entfernt in einer Gegend, in der Mais angebaut wurde. Dicht vor der Haustür begannen die Maisfelder. Mehrere Morgen Land hinter dem Haus dienten in einem üppigen, bunten Durcheinander von Hühnerställen, Gemüsebeeten und Kürbispflanzen häuslichen Belangen. Selbst auf der Veranda standen Getreidesäcke und zahllose Hacken. Das Leben der Farm, das Leben ihres Mannes umspülte das Haus und hinterliess altes Eisen auf der Eingangstreppe, wo die Kinder Fahrer und Wagen spielten, oder eine Flasche mit Medizin für ein krankes Tier auf ihrem Toilettentisch zwischen den Fläschchen von Elizabeth Arden.

Man trat geradewegs von der Veranda dieser nüchternen backsteingemauerten, wellblechgedeckten Scheune von einem Haus in ein grosses, geräumiges Wohnzimmer, in dem Vorhänge aus grünem und orangefarbenem Liberty-Leinen gedämpftes Licht einliessen.

«Elegant?» fragten sich die Frauen der Farmer bei ihren Höflichkeitsbesuchen, während sie mit Lucy Grange über den Preis der Butter und der Schürzen für die Dienstboten sprachen und die Männer mit George Grange über die Farm. Sie kamen nie «einfach vorbei», um Lucy Grange zu sehen; sie riefen nie an, um sie einzuladen, «den Tag zusammen zu verbringen». Sie blätterten in den Büchern über Kinderpsychologie, Politik und Kunst; schuldbewusst blickten sie auf die Bilder an den Wänden, die sie ihrer Ansicht nach eigentlich hätten kennen müssen, und sagten: «Wie ich sehe, lesen Sie viel, Mrs. Grange.»

Jahrelang redeten sie untereinander über Lucy, ehe in ihren Stimmen etwas gutmütig Belustigtes mitschwang, das verriet, man hatte sie akzeptiert: «Ich überraschte Lucy im Gemüsegarten mit Handschuhen voller Fettcreme.» «Lucy hat schon wieder ein Schnittmuster für ein neue Kleid in der Stadt bestellt.» Und noch später verkündeten sie mit selbstbewusst gestrafften Schultern, betont leerem Blick und diskret neutraler Stimme: «Männer finden Lucy sehr attraktiv.»

Man kann sich Lucy vorstellen, wenn die Frauen sie nach solchen gnädigerweise kurzen Besuchen verliessen. Sie stand dann auf der Veranda und sah bitter lächelnd den ordentlichen, gesetzten Damen in ihren einfachen Kleidern nach – das Stück zu siebeneinhalb Shilling «geschneidert» von der Holländerin im Laden und lose über den schlaffen Brüsten geknöpft – mit dem ungepflegten Haar, das alle sechs Monate in der Stadt eine neue Dauerwelle bekam, und ihrer ein für allemal durch einen unbeholfenen roten Strich über den Mund dokumentierten Weiblichkeit. Man kann sich vorstellen, wie Lucy die Fäuste ballte und heftig zu den grünen Maisfeldern sagte, die sie mit ihren schaumweissen Spitzen umwogten wie das Meer: «Ich nicht. Ich ganz bestimmt nicht. Er soll sich nicht einbilden, dass ich jemals so werde!»

«Gefällt dir mein neues Kleid, George?»

«Keine Frau in dieser Gegend sieht so gut aus wie du, Lucy.»

Es schien zumindest an der Oberfläche, als erwarte oder wünsche er nicht, dass sie so werden sollte ...

297

Inzwischen bestellte sie weiterhin Kochbücher in der Stadt, er probte neue Rezepte für Kürbis, grünen Mais und Huhn, pflegte ihr Gesicht vor dem Schlafengehen mit Nährcreme, baute hübsche Möbel fürs Kinderzimmer aus weisslackierten Holzkisten – die Farm ging nicht allzu gut – und führte mit George Diskussionen darüber, dass Klein-Bettys Husten vermutlich psychische Gründe habe.

«Du hast bestimmt recht, Liebes.»

Und dann die wohlklingende, allzu kontrollierte Stimme: «Ja, Liebling. Nein, mein Schatz. Ja, natürlich spielen wir zusammen mit dem Baukasten. Aber erst musst du dein Mittagessen aufessen.» Dann schlug sie um, klang hart und schrill. «Hör mit diesem Lärm auf, Liebling! Ich kann es nicht ertragen. Geh nach draussen, geh und spiel im Garten und lass mich in Ruhe.»

Manchmal flossen die Tränen. Hinterher: «Aber George, hat deine Mutter dir nie gesagt, dass alle Frauen manchmal weinen? Es wirkt wie Medizin oder ein Ferientag.» Es folgten heiteres Lachen und fröhliche Erklärungen. George beeilte sich, in das Gelächter einzustimmen. Er mochte es, wenn sie fröhlich war. Und meist war sie das. So war sie zum Beispiel eine gute Schauspielerin. Um George von den Problemen der Farm abzulenken, imitierte sie die Polizeibeamten, die einmal im Monat durch den Distrikt reisten, um für Ruhe und Ordnung unter den Eingeborenen zu sorgen, oder die Beamten vom Landwirtschaftsministerium, die sie besuchten.

«Möchten Sie meinen Mann sprechen?»

Deshalb waren sie gekommen, doch sie bestanden selten darauf. Sie blieben weit länger, als sie beabsichtigt hatten, tranken Tee und sprachen über sich selbst. Sie gingen und erklärten in der Bar im Dorf: «Mrs. Grange ist eine kluge Frau.»

Und Lucy führte George zuliebe vor, wie ein sonnenverbrannter junger Mann in Khakiuniform mit einer leichten Verbeugung ins Zimmer trat, sich verdutzt und überrascht umblickte, eine Tasse Tee trank, sich dreimal dafür bedankte, einen Aschenbecher umwarf, zum Mittagessen und zum Nachmittagstee blieb und sich mit einem linkischen Kompliment verabschiedete: «Es ist wirklich etwas Besonderes, einer Dame wie Ihnen zu begegnen, die ein so grosses Interesse an den Dingen hat.»

«Du solltest mit uns armen Kolonisten nicht so hart sein, Lucy.» Und schliesslich kann man sich vorstellen, wie der Hausboy eines Tages zu ihr in den Hühnerstall kam, um zu sagen, im Haus warte ein *Baas* auf sie; und es war kein verschwitzter, durstiger Polizist, der fünfzehn Meilen auf dem Motorrad über die staubige Strasse gefahren war, zu dem sie freundlich sein musste.

Es war ein Mann aus der Stadt, etwa vierzig oder fünfundvierzig, und wie ein Städter gekleidet. Beim ersten Anblick empfand sie heftigen Widerwillen. Er hatte ein grobes sinnliches Gesicht und wirkte wie ein geduldiger Geier, während seine durchdringenden Augen unter den schweren Lidern prüfend ihren Körper hinauf und hinunter wanderten.

«Möchten Sie vielleicht meinen Mann sprechen? Er ist heute morgen draussen bei den Kühen.»

«Nein, ich glaube nicht. Ich hatte es zwar vor.» Sie lachte. Es war, als habe er eine Schallplatte aufgelegt, die sie lange nicht gehört hatte und zu der ihre Füsse den Takt schlugen. Sie hatte dieses Spiel seit Jahren nicht mehr gespielt. «Ich mache Ihnen Tee», sagte sie hastig und liess ihn in ihrem hübschen Wohnzimmer allein.

Während sie die Tassen auf das Tablett stellte, zitterten ihre Hände. «Aber Lucy!» ermahnte sie sich kokett. Als sie sehr ernst und gefasst zurückkam, stand er vor dem Bild, das eine halbe Wand des Zimmers einnahm. «Man sollte annehmen, dass Sie hier genug Sonnenblumen haben», sagte er mit seiner dunklen, zu nachdrücklichen Stimme, die Lucy nach der Bedeutung hinter den Worten suchen liess. Und als er sich umdrehte, durch das Zimmer ging, sich setzte, vorbeugte und sie prüfend ansah, unterdrückte sie einen Impuls, sich für das Bild zu entschuldigen: «Van Gogh *ist* vordergründig, aber sehr dekorativ», hätte sie vielleicht gesagt. Und sie spürte, dass dies auf den ganzen Raum zutraf: dekorativ, aber vordergründig. Doch sie war sich auf angenehme Weise bewusst, wie sie aussah: anmutig und kühl in ihrem grünen Leinenkleid, mit den strohblonden Haaren und dem sittsamen Knoten im Nacken. Mit grossen ernsten Augen blickte sie zu ihm auf und fragte: «Milch? Zucker?», und sie wusste, dass ihre Mundwinkel sich vor Befangenheit spannten.

Als er sich nach drei Stunden verabschiedete, drehte er ihre Hand um und küsste sie leicht auf die Handfläche. Sie blickte auf den dunklen, fettigen Kopf und den roten, faltigen Nacken hinunter, blieb starr stehen und dachte an die nackten, faltigen Hälse von Geiern.

Dann richtete er sich auf und erklärte schlicht und freundlich: «Sie müssen hier sehr einsam sein, meine Liebe.» Lucy bemerkte erstaunt, dass in ihren Augen Tränen standen.

«Man tut, was man kann, um das Beste daraus zu machen.» Sie hielt den Blick gesenkt, und die Worte klangen unbeschwert. Innerlich weinte sie vor Dankbarkeit. Verlegen sagte sie schnell: «Sie haben noch nicht gesagt, weshalb Sie gekommen sind.»

«Ich biete Versicherungen an. Und ausserdem habe ich die Leute über Sie reden hören.»

Sie stellte sich das Gerede vor und lächelte steif. «Sie scheinen Ihre Arbeit nicht sehr ernst zu nehmen.»

«Wenn Sie erlauben, komme ich wieder und versuche es noch einmal.»

Sie gab keine Antwort. Er sagte: «Ich verrate Ihnen ein Geheimnis, meine Liebe. Einer der Gründe, weswegen ich mich für diesen Distrikt entschieden habe, sind Sie. In diesem Land gibt es nicht viele Menschen, mit denen man sich wirklich unterhalten kann. Deshalb können wir es uns nicht leisten, uns gegenseitig nicht ernst zu nehmen.»

Er berührte sie mit der Hand an der Wange, lächelte und ging. Seine letzten Worte klangen in ihren Ohren wie eine Parodie dessen, was sie oft gesagt hatte, und sie empfand heftigen Abscheu.

Sie ging in ihr Schlafzimmer und stand vor dem Spiegel. Sie legte die Hände an die Wangen und holte bestürzt tief Luft. «Aber Lucy, was ist mit dir los?» Ihre Augen tanzten, ihr Mund lächelte unwiderstehlich. Doch sie hörte die Koketterie in ihrem *«aber Lucy»* und dachte: «Ich verliere den Verstand. Ich muss den Verstand verloren haben, ohne es zu merken.»

Später ertappte sie sich dabei, dass sie in der Küche beim Kuchenbacken sang, und rief sich zur Ordnung. Mit geschlossenen Augen stellte sie sich das Gesicht des Versicherungsvertreters vor und wischte instinktiv die Handflächen am Rock ab.

Er kam nach drei Tagen. Als sie ihn vertraut lächelnd in der Tür stehen sah, dachte sie im ersten Moment wieder erschrocken: «Er hat ein Gesicht wie ein altes Tier. Wahrscheinlich hat er diese Arbeit gewählt, weil sie ihm so viele Möglichkeiten verschafft.»

Er erzählte von London, wo er vor kurzem seinen Urlaub verbracht hatte; er sprach von Kunstgalerien und Theatern.

Gegen ihren Willen taute sie aus Hunger nach solchen Gesprächen auf. Sie konnte einen entschuldigenden Ton in der

Stimme nicht unterdrücken, denn sie wusste, dass sie nach so vielen Jahren im Exil hier provinziell wirken musste. Sie mochte ihn, denn er stellte sich mit ihr im Verzicht auf Ansprüche auf eine Stufe, indem er sagte: «Ja, ja, meine Liebe, in einem Land wie diesem müssen wir alle lernen, uns mit Zweitklassigem abzufinden.»

Während er sprach, wanderten seine Augen aufmerksam umher. Er lauschte. Vor dem Fenster scharrten und kollerten die Truthähne. Im Zimmer nebenan machte sich der Hausboy zu schaffen; dann wurde es still, denn er war zum Mittagessen gegangen. Die Kinder hatten bereits gegessen und spielten unter Aufsicht des Kindermädchens im Garten.

«Nein», sagte sie sich. «Nein, nein, nein.»

«Kommt Ihr Mann zum Mittagessen zurück?»

«In dieser Jahreszeit bleibt er draussen. Er hat soviel zu tun.» Er kam herüber und setzte sich neben sie. «Wollen wir uns gegenseitig trösten?» Sie weinte in seinen Armen. Sie spürte, wie sie sich ungeduldig und erregt um sie schlossen.

Im Schlafzimmer hielt sie die Augen geschlossen. Seine Hand wanderte ihren Rücken auf und ab. «Was ist los, Kleines? Was ist los?»

Seine Stimme war wie ein Beruhigungsmittel. Sie hätte einschlafen und eine Woche lang in diesen anonymen, tröstenden Armen liegen können. Aber er warf über ihre Schulter hinweg einen Blick auf seine Uhr. «Sollten wir uns nicht lieber anziehen?»

«Natürlich.»

Sie sass nackt auf dem Bett und bedeckte sich mit den Armen. Hasserfüllt blickte sie auf seinen weissen, haarigen Körper und dann auf den roten Nacken mit den vielen Falten. Sie wurde übertrieben fröhlich. Im Wohnzimmer sassen sie nebeneinander auf dem grossen Sofa und wurden ironisch. Dann legte er den Arm um sie; sie kuschelte sich an ihn und weinte wieder. Sie klammerte sich an ihn und spürte, wie er sich von ihr entfernte; ein paar Minuten später stand er auf und sagte: «Es wäre nicht gut, wenn dein Alter nach Hause kommt und uns so findet.» Noch während sie ihn für den «Alten» hasste, umarmte sie ihn und sagte: «Du kommst doch bald wieder.»

«Ich könnte gar nicht anders.» Die Stimme schnurrte zärtlich über ihrem Kopf, und sie sagte: «Du weisst doch, ich bin sehr einsam.»

«Ich komme, sobald ich kann, Liebling. Ich muss Geld verdienen, das weisst du doch.»

Sie liess die Arme sinken, lächelte und sah ihm nach, als er den ausgefahrenen, rostroten Weg zwischen den wogenden, meeresfarbenen Maisfeldern hinunter und davon fuhr.

Sie wusste, er würde wiederkommen, und das nächste Mal würde sie nicht weinen. Wieder würde sie so dastehen und ihm nachsehen, ihn hassen und daran denken, dass er gesagt hatte: *In diesem Land lernen wir, uns mit Zweitklassigem abzufinden.* Er würde wieder kommen, wieder und wieder; und sie würde hier stehen, ihm nachsehen und ihn hassen.

(Aus: Doris Lessing, «Die schwarze Madonna». Erzählungen 3. Aus dem Englischen von Manfred Ohl und Hans Sartorius. © 1951–1964 by Doris Lessing, Verlagsgemeinschaft Ernst Klett Verlag. J.G. Cotta'sche Buchhandlung. Stuttgart 1985. © Verlag Klett-Cotta, Stuttgart 2023)

Nagib Machfus
Am Ufer des Meeres
4 Prosastücke

Am Ufer des Meeres

Ich fand mich wieder auf dem schmalen Streifen, der Meer und Wüste trennt; trostlose Einsamkeit überfiel mich, glich fast schon der Furcht.

Aber da! Mein ängstlicher Blick machte die Umrisse einer Frau aus, nicht weit von mir, aber auch nicht so nah, dass ich Formen und Gesicht hätte genauer sehen können. Dennoch schöpfte ich Hoffnung, Verwandtes oder Bekanntes entdecken zu können.

Ich ging auf sie zu. Doch die Entfernung zwischen ihr und mir nahm nicht ab, die Hoffnung auf Ankunft schlug fehl. Ich rief nach ihr, wählte die verschiedensten Namen, benannte sie nach einer Vielzahl von Eigenschaften. Aber weder blieb sie stehen, noch wandte sie sich um.

Der Abend brach herein, und alle Wesen begannen zu vergehen. Nur ich liess nicht ab – vom Schauen, Laufen und Rufen.

Vor langer Zeit

Seit langem hiess es, dass er geflohen oder ausgewandert sei. Aber in Wirklichkeit verhielt es sich anders. Er hatte am Ufer im Gras gesessen. Der Nil sog alle Mondstrahlen in sich auf, und angesichts der erhabenen Pracht hing er seinen Träumen nach. Um Mitternacht, als nur noch Stille ihn umgab, vernahm er ein leichtes Geräusch, und plötzlich tauchte im Wasser, unweit der Stelle, wo er sich niedergelegt hatte, der Kopf einer Frau auf. Nie zuvor hatte er etwas ähnlich Schönes erblickt. Ob sie sich von einem sinkenden Schiff gerettet hatte? Aber dagegen sprach ihr Aussehen – verlockend und würdevoll zugleich.

Furcht überfiel ihn, und so wollte er aufspringen und zurückweichen, aber da sprach die Frau mit zärtlich weicher Stimme: «Komm, folge mir.»

Ihm wurde noch ängstlicher zumute. «Wohin?»

«Ins Wasser, damit du deine Träume mit eigenen Augen sehen kannst.»

Und wie von Zauberhand gezogen, kroch er, ohne den Blick abwenden zu können, auf die Fluten zu.

Das Geheimnis

Immer wieder hatte ich Geschichten über den Engel gehört, der fleischgeworden die Gestalt einer Frau annimmt. Wie oft habe ich nach ihm Ausschau gehalten – auf Plätzen, in Strassen und Gassen; und ein ums andere Mal habe ich mir gesagt, dass sein Anblick ähnlich gewaltig sein muss wie das Licht in der Nacht des Schicksals. Es kam die Nacht des gesegneten Fests, und da hörte ich es flüstern, dass der Engel bei Mondenschein am Brunnen vorbeigehen würde. Getrieben von der Leidenschaft eines Liebenden und der zähen Entschlossenheit eines Helden streifte ich unermüdlich um den Brunnen herum. Und siehe da, für einen kurzen Moment erschien eine Frau: Unverschleiert zeigte sich mir das engelsgleiche Gesicht, und leidenschaftliche, berauschende Liebe überflutete mich. Trotzdem lief ich ihr nicht hinterher, denn nur allzu genau wusste ich, dass es unmöglich war, von der Welt der Menschen in die der Engel zu gelangen.

Aber eins hatte sich mir offenbart – das Geheimnis der ersten Liebe.

Versinken

Eines Nachts erlebte er eine Mondfinsternis, und die Unglück verheissende Bedrohung, die sich hinter dem dunklen Schleier verbarg, machte ihn so schwermütig, dass die Bande zwischen ihm und den Dingen rissen.

Nichts konnte ihn mehr erfreuen. Die Ärzte waren ratlos, empfahlen ihm, das Land zu verlassen und möglichst weit wegzugehen, um anderes zu sehen und zu erfahren. In seiner Verzweiflung machte er sich zu einem Spaziergang am Ufer des Meeres auf. In der Ferne sah er einen Sonnenschirm, unter dem eine Frau lag – halbnackt, vollkommen an Schönheit und Sanftmut. Zum ersten Mal fühlte er sich wieder zu etwas hingezogen, und Schwermut und Trostlosigkeit fielen von ihm ab. Er spürte, dass sie ihn willkommen hiess, auch wenn kein Wort und keine Geste es verrieten. Die Freude riss ihn mit sich fort. Er sah, wie sie sich erhob und auf die Fluten zuging. Im Nu warf er seine Kleider ab und folgte ihr. Gemeinsam liessen sie sich sinken, tiefer und tiefer, ohne noch einen einzigen Blick zurückzuwerfen.

(Aus: Nagib Machfus, «Echo meines Lebens». Aus dem Arabischen von Doris Kilias. Mit einem Nachwort von Nadine Gordimer. Unionsverlag, Zürich 1997. ©Unionsverlag Zürich 2023. Die arabische Originalausgabe erschien 1994 unter dem Titel «Asda' as-Sira adh-Dhatiya» in Kairo. Titel vom Herausgeber)

Assia Djebar
Weinende Frau

«Alle meinten, ich hätte unrecht gehabt», sagte sie halblaut, dann hob sie kaum merklich die Stimme. «Alle haben sie mir gesagt: ‹Dein Mann ist kein französischer Ehemann! Man erzählt einem Ehemann nicht alles!› Ich ...» Das dumpfe Rollen der Dünung verfremdete ihre Stimme.

«Ich ... jeden Abend mit jemandem zu schlafen, das war so ... (die Sprechweise wurde fiebrig) ... das war so, als läge mein Skelett neben ihm ... Er konnte mich bis auf die Knochen durchschauen!»

Ein trockenes Lachen, ein Schlucken. Und sie dachte an all diese Jahre zurück: «Wie Reliefs auf einem Sarkophag», hatte sie sich damals in diesen Augenblicken des beschwerlichen Zubettgehens gesagt.

Die Meeresbrise: grau und grün. Ein blauer Streifen verschwand im Westen.

«Da hat er mich dann geschlagen ... (ein Blick zum Horizont) ... Er hat mir buchstäblich ‹die Fresse poliert›». Ihre Stimme brach. Sie hätte hinzufügen können: «Zu jener Zeit lief ich durch die Strassen von Algier, ich lief und lief, als würde mein Gesicht mir gleich in Stücken in die Hände fallen, als würde der Schmerz über das Gesicht hinabrinnen, als würde ...»

Und sie träumte: «Das war eine Stadt, wie geschaffen für dieses Herumlaufen, ein schwankender Raum, Strassen nur halb im Gleichgewicht, zwielichtige Komplizen, wenn einen der Wunsch überkommt, sich in die Tiefe zu stürzen ... Azurblau überall.»

Sie stand auf, die Vergangenheit zu ihren Füssen. Ihr zweiteiliger Badeanzug liess ihren Körper weisser erscheinen, besonders an Hüften und Bauch. «Ich gehe!»

Einen Augenblick lang hob sie die Arme zum Himmel hoch und zog ein enges Kleid aus heller Baumwolle über ihren trockengeriebenen Körper, der nicht mit Wasser in Berührung gekommen war. Aus der roten Segeltuchtasche neben ihr holte sie – dazu bückte sie sich langsam – ein grosses Stück weissen Stoffes mit matten, seidigen Streifen. Sie entfaltete das Tuch so behutsam, als könnte es ihr davonfliegen, und tatsächlich fiel es nicht schwer, sich vorzustellen, wie sie dem makellosen Tuch nachrannte, den endlosen Strand entlang. Sie hüllte sich völlig in den Stoff, der knitternd Widerstand leistete und leise knisterte: Der Mann, der immer noch schwieg, nahm dieses Rascheln trotz des diffusen Rauschens des Meeres wahr (nach all den Jahren im Gefängnis hatte sich sein Gehör geschärft).

Jetzt wirkte die weibliche Silhouette wie ein leicht flatterndes Parallelogramm; sie wandte ihm immer noch das Gesicht zu, Hals und Kopf ganz frei, aber weil der Wind unter ihren Achselhöhlen eindringen konnte, blähte sie sich zu einem seltsamen Fallschirm auf, der zwischen Erde und Himmel zu zögern schien. Sie lächelte ihm zu, zum ersten Mal, trotz des vielen Weiss.

Aus ihrer Tasche holte sie nun eine Art Taschentuch, zur Hälfte mit weisser Spitze bedeckt, das sie zum Dreieck faltete. Sie legte es auf den Nasenrücken, verknotete es im Nacken, zog den oberen Teil des seidigen Gewebes über ihre kurzgeschnittenen Haare. Über der Maske aus Spitzentuch wirkten ihre hellbraunen Augen länglicher, lächelten immer noch.

«Auf Wiedersehen!»

Die Worte blieben gleichsam in der Luft hängen. Die weisse, biegsame Silhouette entfernte sich.

Der Mann wandte den Kopf und blickte ihr einen Augenblick lang nach, dann starrte er wieder aufs Meer hinaus. Grau und Grün. Von Blau keine Spur mehr zu Beginn dieses Sonnenuntergangs ohne Sonne.

Am nächsten Tag blieb das Wetter unverändert. Die drückende Hitze liess am Spätnachmittag nach, eine überreife Frucht, die langsam abfallen würde. Kilometer entfernt summten die Städte im Staub.

Der Mann liess sich an derselben Stelle wie tags zuvor nieder. Man konnte nicht sagen, dass er wartete. Man wartet, wenn man nicht selbst über seine Zeit verfügen kann. Seit er in jenem frühen Morgengrauen den Schritt gewagt hatte – es galt, zwei rostige Metallstangen sorgfältig zu verbiegen –, seit er wie eine lange, grosse Raupe durch das enge Fenster gekrochen war und sich dabei die Seite blutig gerissen hatte – seitdem konnte er ganz frei über seine Zeit verfügen. Das Salzwasser hatte seine Wunde schnell vernarben lassen: Eine bräunliche Linie zog sich über die rechte Seite seines Rückens.

Sie starrte auf diesen unregelmässigen Strich, während sie sagte: «Die anderen füllen einen nach und nach aus, wie eine kaum merkliche Flut. Bei mir geschah es über die Augen ... Während der letzten Monate in jenem Haus voll alter Tanten und Cousinen habe ich mir ständig gesagt:
‹Den anderen zuhören, das ist alles, was not tut! Und mehr nicht.›»
Sie dachte nach. Zwei oder drei Möwen flogen ziemlich tief. Ein Schrei in der Ferne, zweifelhaft, ob es der Schrei eines Vogels war.
«Dem anderen zuhören! Ihm einfach zuhören, während man ihn ansieht!» (Eine Pause, wie zwischen zwei Strophen.) «Den anderen lieben», fuhr sie leiser fort, ein ganz klein wenig leiser – «ihn lieben, während man ihn beobachtet, dann erlöschen das eigene Fieber, der eigene Hang zur Gewalt, die Schreie, die man niemals ausgestossen hat (die beiden Möwen entfernten sich, das Meer übertönte die Stille). Sobald die Stimme des anderen Sie erreicht, die Stimme eines Menschen, der leidet oder gelitten hat und der sich Ihnen ausliefert ... dann weinen Sie um ihn oder um sie, können Sie gar nicht anders, als um ihn oder sie zu weinen!»
Ihre Hand begann, viel später, im Sand zu wühlen, nach Kieselsteinen zu suchen. Diesmal lag der Schleier, in den sie bei der Ankunft gehüllt war, in den sie sich beim Aufbruch wieder hüllen würde, in einer Stunde oder in zwei, wie eine tote Haut auf der Erde.
«Manchmal sage ich mir: Ich weiss nicht, wo meine Konturen sind, wie meine Figur beschaffen ist. Wozu sind Spiegel überhaupt gut?»
In diesem Augenblick kam es zur ersten Liebkosung. Der Mann erinnerte sich an den genauen Ablauf, als er später wieder in seinem finsteren Loch kauerte: Sie hob den Arm, betrachtete aufmerksam ihre Finger, spreizte sie, bewegte sie durch die Luft, und ihre Konzentration verlieh ihr ein kindliches Aussehen ... Es dauerte noch eine Weile, bis sie die Hand nach dem Bein des Mannes ausstreckte; sie berührte sein Knie, betastete das Gelenk wie bei einer ärztlichen Untersuchung, liess ihre Finger sodann über die Wade gleiten, von oben nach unten, bis zum Fuss; dann wieder hinauf. Sie streichelte ihn sehr behutsam.
«Deine Muskeln sind straff», stellte sie fest, dann: «Ich weiss nicht, wie alt du bist. Sag es mir nicht, es ist mir egal!»

Er hatte seinerseits eine Hand auf die zarten Finger gelegt, als sie wieder zu seinem Knie emporglitten und weiter zu seinem Schenkel. So verweilten sie mit verschränkten Händen und nahmen sich viel Zeit, um einander zu betrachten. Dann berührte er ihre rechte Brust, ohne sie zu entblössen. Sie unterbrach die beginnende Erregung.

«Ich gehe!»

Stand auf. Knistern von Stoff, trotz des Meeres. Das weisse Parallelogramm schwankte unschlüssig.

Die Frau verschwand, der Mann blieb sitzen, bis die Nacht, eine klare Nacht allerdings, die Meeresfläche einhüllte, an den Rändern beginnend, dort hinten, auf beiden Seiten des Horizonts.

Am dritten Tag, während sie redete, aber mehr noch flüsterte (jene Jahre einer bürgerlichen Ehe, dieser gewaltsame Bruch, das lange, herzzerreissende Hingezogensein zu dem zweiten Mann, dem blassen, empfindsamen Halbwüchsigen, ein Drang, den sie erst nach Monaten zu meistern verstand) – hörte er ihr überhaupt zu, nichts war sicher, verstand er sie? Erst jetzt sagte sie sich, dass er schliesslich auch eine ihr fremde Sprache sprechen könnte ... Aber es gelang ihr doch endlich, sich jemandem anzuvertrauen, sie murmelte, sie schüttete ihr Herz aus, das Meer sang sein ewig gleiches Lied, die Möwen kamen nicht mehr, der Vogelschrei war verstummt. In der Ferne, kilometerweit, waren die staubigen Städte zu Traumgebilden geworden, verwüstet zweifellos von Reiterscharen früherer Jahrhunderte, sie redete, sie offenbarte sich, ihre Hand auf dem rechten Knie des Mannes.

Sie erklärte: «Gleich, wenn endlich alles ausgespuckt ist, der ganze Schmutz, der ganze Unrat, gleich werde ich meinen trockenen Mund auf diese Narbe am Rücken pressen, ich werde mir Zeit nehmen, ich werde mit meiner Zunge die Linie der Wunde nachzeichnen ... Man hat mir ‹die Fresse poliert›, aber ich bin nicht entstellt worden, ich habe wieder einen Mund, ich habe wieder Lippen und eine Zunge ... gleich!» – Und die düstere Vergangenheit kam endlich ans Licht, nach und nach, in Brocken. Dieser Augenblick äusserster Spannung zwischen den beiden Menschen vibrierte von gedämpfter Musik (das Meer rauschte in der Feme ganz leise).

Genau in diesem Moment tauchte hinter ihnen ein erster Soldat auf, in hellbrauner Uniform und bewaffnet.

Ein schriller Pfiff! Die Frau hörte auf zu flüstern, drehte sich aber nicht um. Zwei weitere Uniformen mit Gewehren gesellten sich zu der ersten. Sie bewegten sich nicht, auch sie nicht.

An diesem Tag war die Atmosphäre nicht mehr so drückend. Der diffuse Kreis einer untergehenden Sonne tauchte den ganzen Horizont in ein rosa Licht. Endlich Hoffnung auf einen schönen Sommer.

«Wir könnten aufstehen und spazierengehen», schlug die Frau vor. Sie wollte hinzufügen: «Wie ein Liebespaar.».

Ihr blieb dazu keine Zeit. Das riesige Tier, ein deutscher Schäferhund, kam auf sie beide zugesprungen, und es schien vor Glück zu tänzeln.

Der Mann erhob sich, wandte sich der Frau zu. Er machte einen Schritt, die Hände aneinandergelegt, als trüge er wieder Handschellen. Seine Finger hoben den auf der Erde liegenden weissen Schleier etwas an, liessen ihn dann los. Er hätte fast etwas gesagt: über den Schleier, über die Frau, die wartete.

Er ging auf das Tier zu, das vor Freude zitterte, das ihn und die Frau zu umkreisen begann, vielleicht wild, vielleicht liebevoll.

Etwas später entfernten sich die Silhouetten der Militärs, der Mann mit dem nackten Oberkörper in ihrer Mitte. Der deutsche Schäferhund war nicht mehr zu sehen; zweifellos lief er voraus. Es schien, als könne die Düne jederzeit in sich zusammensinken.

Dem Meer zugewandt, regungslos, ihre Hände in dem weissen Schleier vergraben, den sie mit verkrampften Händen zerknüllte, weinte die Frau, weinte die Frau.

Algier, 20. Juli 1978. Der Text nimmt Bezug auf das, was Arthur Adamov zu Picassos Gemälde «Weinende Frauen» geschrieben hat: «Dieser ununterbrochene Tanz gebrochener Linien ...»

(Aus: Assia Djebar, «Die Frauen von Algier», aus dem Französischen von Alexandra von Reinhardt, Unionsverlag, Zürich 1999)

Alice Munro
Stimmen

Als meine Mutter heranwuchs, ging sie zusammen mit ihrer ganzen Familie tanzen. Diese Tanzabende fanden in der Schule statt oder manchmal in einem Farmhaus mit einer guten Stube, die gross genug war. Jung und Alt fanden sich ein. Jemand spielte Klavier – auf dem Wohnzimmerklavier oder auf dem in der Schule –, und jemand hatte eine Geige mitgebracht. Beim Squaredance galt es, komplizierte Figuren und Schritte auszuführen, die von einer besonders befähigten Person (es war immer ein Mann) dröhnend ausgerufen wurden, und dazu noch seltsam überhastet, was überhaupt nicht hilfreich war, es sei denn, man kannte den Tanz schon. Was allerdings alle taten, denn sie hatten diese Tänze bereits im Alter von zehn oder zwölf Jahren gelernt.

Meine Mutter, inzwischen eine verheiratete Frau mit drei Kindern, war immer noch in einem Alter und einer Verfassung, um an solchen Tanzabenden Spass zu haben, hätte sie mitten auf dem Land gelebt, wo sie immer noch stattfanden. Sie hätte auch Spass an den von Paaren ausgeführten Rundtänzen gehabt, die inzwischen den alten Stil bis zu einem gewissen Grad ablösten. Aber sie befand sich in einer sonderbaren Situation. Wir alle. Unsere Familie lebte zwar ausserhalb der Stadt, aber auch nicht richtig auf dem Land.

Mein Vater, der bei den Leuten wesentlich beliebter war als meine Mutter, war ein Mann, der daran glaubte, dass man sich mit dem abfinden musste, was einem zugeteilt wurde. Nicht so meine Mutter. Sie war von ihrem Leben als Farmerstochter aufgestiegen und Lehrerin geworden, aber das war nicht genug, es hatte ihr nicht die gesellschaftliche Stellung oder die Freundinnen gebracht, die sie gerne in der Stadt gehabt hätte. Sie wohnte am falschen Platz und hatte nicht genug Geld, und sie eignete sich ohnehin nicht dafür. Sie konnte Whist spielen, aber nicht Bridge. Sie war entsetzt, wenn sie eine Frau rauchen sah. Ich glaube, die Leute fanden sie streberhaft und gespreizt. Sie gebrauchte Ausdrücke wie «dergleichen» oder «in der Tat». Sie hörte sich an, als wäre sie in einer merkwürdigen Familie aufgewachsen, die immer so redete. Was nicht stimmte. Draussen auf ihren Farmen redeten meine Onkel und Tanten wie alle anderen. Ausserdem mochten sie meine Mutter nicht besonders.

Ich meine damit nicht, dass sie ihre ganze Zeit damit zubrachte, sich zu wünschen, alles wäre anders. Wie jede andere Frau mit Waschzubern, die in die Küche geschleppt werden mussten, ohne fliessendes Wasser und mit der Aufgabe, den grössten Teil des Sommers über Nahrungsmittel für den Winter zu konservieren, hatte sie viel zu tun. Sie hatte nicht einmal genug Zeit dafür, wie sie sonst gehabt hätte, von mir enttäuscht zu sein und darüber nachzudenken, warum ich nicht die richtigen Freundinnen oder überhaupt keine Freundinnen von der Schule in der Stadt mit nach Hause brachte. Oder warum ich mich vor dem Aufsagen in der Sonntagsschule drückte, etwas, worum ich mich früher gerissen hatte. Oder warum ich mit Haaren nach Hause kam, aus denen die Ringellocken herausgerissen waren – diese Schändung hatte ich schon auf dem Weg in die Schule vollbracht, denn niemand sonst trug die Haare so, wie sie meine frisierte. Oder warum ich es sogar geschafft hatte, das fabelhafte Gedächtnis lahmzulegen, das ich für das Auswendiglernen von Gedichten besass, und mich weigerte, es je wieder einzusetzen, um mich hervorzutun.

Aber ich bin nicht immer voller Trotz und Widerborstigkeit. Noch nicht. Hier bin ich mit zehn Jahren, ganz erpicht darauf, fein angezogen zu sein und meine Mutter zum Tanzen zu begleiten.

Der Tanzabend fand in einem der durchaus respektablen, wenn auch nicht wohlhabend aussehenden Häuser an unserer Strasse statt. Ein grosses Holzhaus, bewohnt von Leuten, über die ich nichts wusste, ausser dass der Mann in der Giesserei arbeitete, obwohl er alt genug war, um mein Grossvater zu sein. Damals hörte man in der Giesserei nicht auf, man arbeitete, solange man konnte, und versuchte, Geld zu sparen für die Zeit, wenn man es nicht mehr konnte. Es war eine Schande, sogar mitten in dem, was, wie ich später lernte, die Weltwirtschaftskrise genannt wurde, ein Altersruhegeld beantragen zu müssen. Es war eine Schande, wenn die erwachsenen Kinder das zuliessen, ganz egal, in welcher Not sie sich ihrerseits befanden.

Einige Fragen kommen einem jetzt in den Sinn, die sich damals nicht stellten.

Veranstalteten die Leute, die in dem Haus wohnten, diesen Tanzabend einfach, um ein Fest zu geben? Oder nahmen sie Eintritt? Sie konnten in finanziellen Schwierigkeiten gesteckt haben, obwohl der Mann Arbeit hatte. Arztrechnungen. Ich wusste, wie schrecklich sie über eine Familie hereinbrechen konnten. Meine kleine Schwester war zart, wie die Leute sagten, und ihre Mandeln waren schon herausgenommen worden. Mein Bruder und ich hatten jeden Winter eine fulminante Bronchitis, die Arztbesuche erforderte. Ärzte kosteten Geld.

Ausserdem hätte ich mich fragen können, warum ich auserkoren wurde, meine Mutter zu begleiten anstelle meines Vaters. Aber das ist eigentlich nicht so rätselhaft. Vielleicht tanzte mein Vater nicht gerne, meine Mutter hingegen schon. Ausserdem gab es zu Hause zwei kleine Kinder, auf die aufgepasst werden musste, und ich war noch nicht alt genug, um das zu tun. Ich kann mich nicht erinnern, dass meine Eltern sich je einen Babysitter nahmen. Ich bin nicht mal sicher, ob es diesen Ausdruck damals schon gab. Als Halbwüchsige verdiente ich mir dann damit etwas Geld, aber da hatten die Zeiten sich schon geändert.

Wir hatten uns feingemacht. Auf den ländlichen Tanzabenden, an die meine Mutter sich erinnerte, trug niemand diese affigen Squaredance-Aufmachungen, wie man sie später im Fernsehen sah. Alle hatten ihre festlichste Kleidung angelegt, und das nicht zu tun – in irgendetwas mit diesen Rüschen und Halstüchern zu erscheinen, mit denen die Landbevölkerung sich angeblich schmückte –, wäre eine Beleidigung für die Gastgeber und alle anderen gewesen. Ich trug ein Kleid, das meine Mutter mir geschneidert hatte, aus weicher Winterwolle. Der Rock war rosa und das Oberteil gelb, mit einem Herz aus der rosa Wolle dort angenäht, wo eines Tages meine linke Brust sein würde. Meine Haare waren gekämmt und befeuchtet und zu jenen dicken, wurstartigen Ringellocken geformt worden, von denen ich mich jeden Tag auf dem Schulweg befreite. Ich hatte mich beschwert, sie zu dem Tanzabend tragen zu müssen, mit der Begründung, dass niemand anders solche hatte. Worauf meine Mutter erwiderte, dass niemand anders solches Glück hatte. Ich liess die Beschwerde fallen, weil ich unbedingt mitgehen wollte, oder vielleicht, weil ich dachte, dass niemand aus der Schule da sein würde, also kam es nicht darauf an. Ich lebte in ständiger Angst vor dem Spott meiner Schulkameraden.

Das Kleid meiner Mutter war nicht selbstgeschneidert. Es war ihr bestes, zu elegant für die Kirche und zu festlich für Beerdigungen, und daher kaum je getragen. Es war aus schwarzem Samt, mit Ärmeln bis zu den Ellbogen und kleinem Ausschnitt. Das Wunderbare daran waren die unzähligen winzigen Perlen auf dem ganzen Oberteil in Gold, Silber und allen möglichen Farben, die im Licht schimmerten und funkelten, wenn sie sich bewegte oder auch nur atmete. Sie hatte ihr Haar, das noch fast ganz schwarz war, in Zöpfe geflochten und zu einem festen Krönchen auf ihrem Kopf zusammengesteckt. Wenn sie jemand anders und nicht meine Mutter gewesen wäre, hätte ich sie aufregend hübsch gefunden. Ich glaube sogar, ich fand sie sehr hübsch, aber sobald wir in das fremde Haus gelangten, musste ich sehen, dass ihr bestes Kleid völlig anders war als die Kleider aller anderen Frauen, obwohl jede von denen bestimmt auch ihr bestes angezogen hatte.

Diese anderen Frauen befanden sich in der Küche. Dorthin gingen wir und sahen uns an, was alles auf einem grossen Tisch stand. Allerlei Törtchen und Plätzchen und Obstkuchen und andere Kuchen. Auch meine Mutter stellte eine Leckerei hin, die sie zubereitet hatte, und machte sich daran zu schaffen, damit sie besser aussah. Sie äusserte Bemerkungen darüber, wie appetitanregend alles aussah.

Bin ich sicher, dass sie das sagte – appetitanregend? Ganz egal, was sie sagte, es hörte sich nie richtig an. Ich wünschte mir, mein Vater wäre da, der sich bei jedem Anlass vollkommen richtig anhörte, sogar, wenn er sich grammatisch korrekt ausdrückte. Was er innerhalb unseres Hauses durchaus tat, ausserhalb aber weniger bereitwillig. Er passte sich dem jeweiligen Gespräch an – er begriff, dass es am besten war, nichts Aussergewöhnliches zu sagen. Meine Mutter war das genaue Gegenteil. Bei ihr war alles klar, eindringlich und Aufmerksamkeit erheischend.

So klang es auch jetzt, und ich hörte sie auflachen, entzückt, als wollte sie wettmachen, dass niemand mit ihr redete. Sie erkundigte sich, wo wir unsere Mäntel ablegen konnten.

Wie sich herausstellte, konnten wir sie überall hintun, aber wenn wir wollten, sagte jemand, konnten wir sie im ersten Stock aufs Bett legen. Man gelangte über eine von Wänden umschlossene Treppe hinauf, und es gab kein Licht, nur oben. Meine Mutter wies mich an, vorzugehen, sie käme gleich nach, also stapfte ich hoch.

Hier stellt sich die Frage, ob wirklich etwas für die Teilnahme an dem Tanzabend bezahlt werden musste. Vielleicht blieb meine Mutter zurück, um das zu erledigen. Andererseits, wenn Leute um Eintrittsgeld gebeten worden wären, hätten sie dann noch all diese Leckereien mitgebracht? Und waren diese Leckereien wirklich so üppig, wie ich sie in Erinnerung habe? Wo alle so arm waren? Aber vielleicht fühlten sie sich schon nicht mehr so arm, weil der Krieg vielen Arbeit gab und weil die Soldaten Geld nach Hause schickten. Wenn ich damals wirklich zehn Jahre alt war, wie ich annehme, dann gingen diese Veränderungen seit zwei Jahren vor sich.

Stufen führten von der Küche hoch und auch vom Wohnzimmer und vereinten sich zu einer Treppe hinauf zu den Schlafzimmern. Nachdem ich meinen Mantel und meine Stiefel in dem aufgeräumten vorderen Schlafzimmer losgeworden war, hörte ich immer noch die Stimme meiner Mutter aus der Küche ertönen. Aber ich hörte auch Musik, die aus dem Wohnzimmer kam, also ging ich dorthin hinunter.

Alle Möbel waren aus dem Zimmer gerückt worden, nur das Klavier stand noch da. Rouleaus aus dunkelgrünem Tuch von der Art, die ich besonders trist fand, waren vor den Fenstern heruntergelassen worden. Trotzdem herrschte in dem Raum keine triste Atmosphäre. Viele Leute tanzten, hielten einander sittsam umfasst, bewegten sich hin und her oder drehten sich in engen Kreisen. Zwei Mädchen, die noch zur Schule gingen, tanzten in einer Weise, die gerade modern wurde, bewegten sich einander gegenüber, hielten sich manchmal bei den Händen und manchmal nicht. Sie lächelten mir zu, als sie mich sahen, und ich verging vor Freude, wie ich es gerne tat, wenn irgendein selbstbewusstes älteres Mädchen mir auch nur die geringste Beachtung schenkte.

Eine Frau war in dem Raum, die mir sofort auffiel, eine, deren Kleid das meiner Mutter bestimmt in den Schatten stellen würde. Sie muss um einiges älter gewesen sein als meine Mutter – ihre Haare waren weiss und zu einer raffinierten Frisur aus eng anliegenden Dauerwellen arrangiert. Sie war eine grosse Person mit kräftigen Schultern und breiten Hüften, und sie trug ein Kleid aus rotgoldenem Taft mit tiefem, rechteckigem Ausschnitt und einem Rock, der nur bis über die Knie reichte. Die kurzen Ärmel umschlossen eng ihre Arme, deren Fleisch fest, glatt und weiss war, wie fetter Speck.

Ein verblüffender Anblick. Ich hätte es zuvor nicht für möglich gehalten, dass jemand alt und dabei elegant aussehen konnte, vollschlank und zugleich anmutig, aufreizend und doch sehr würdevoll. Man hätte sie ordinär nennen können, was meine Mutter vielleicht später tat – das war eines ihrer Wörter. Wohlwollender hätte man auch stattlich sagen können. Sie machte eigentlich nichts von sich her, ausser durch ihren ganzen Stil und die Farbe ihres Kleides. Sie und ihr Partner tanzten sittsam und etwas geistesabwesend miteinander wie ein altes Ehepaar.

Ich wusste nicht, wie sie hiess. Ich hatte sie noch nie zuvor gesehen. Ich wusste nicht, dass sie wohlbekannt war in der Stadt und vielleicht sogar über die Grenzen der Stadt hinaus. Ich glaube, wenn ich jetzt eine Erzählung schriebe, statt mich an etwas zu erinnern, was wirklich geschehen ist, ich hätte ihr nie dieses Kleid verpasst. Eine Art von Reklame, die sie nicht brauchte.

Wenn ich in der Stadt gewohnt hätte, statt nur jeden Tag dort zur Schule zu gehen, hätte ich wahrscheinlich gewusst, dass sie eine berüchtigte Prostituierte war. Ich hätte sie bestimmt irgendwann gesehen, wenn auch nicht in dem rotgoldenen Kleid. Und ich hätte nicht das Wort Prostituierte benutzt. Wohl eher schlechte Frau. Ich hätte gewusst, dass sie etwas Abscheuliches und Gefährliches und Aufregendes und Wagemutiges an sich hatte, ohne zu wissen, was das eigentlich war. Wenn jemand versucht hätte, mir das zu sagen, ich hätte ihm wahrscheinlich nicht geglaubt.

Es gab mehrere Menschen in der Stadt, die ungewöhnlich aussahen, und vielleicht hätte ich sie für einen davon gehalten. Da war der Bucklige, der jeden Tag die Türen des Rathauses wienerte und, soweit ich weiss, nichts sonst tat. Und die völlig ordentlich aussehende Frau, die unablässig laut mit sich selbst redete und Leute ausschimpfte, die nirgendwo zu sehen waren.

Ich hätte mit der Zeit ihren Namen erfahren und eines Tages begriffen, dass sie wirklich diese für mich so unglaublichen Dinge tat. Und dass der Mann, den ich mit ihr tanzen sah und dessen Namen ich vielleicht nie erfuhr, der Besitzer des Billardkasinos war. Eines Tages, als ich in der Highschool war, forderten mich zwei Mädchen heraus, in das Billardkasino hineinzugehen, an dem wir gerade vorbeikamen, und ich tat es, und da stand er, derselbe Mann. Obwohl er jetzt kahler und korpulenter war und schlechter gekleidet. Ich kann mich nicht erinnern, dass er irgendetwas zu mir sagte, aber das brauchte er auch nicht. Ich stürzte hinaus, zurück zu meinen Freundinnen, die wohl eigentlich keine waren, und erzählte ihnen nichts davon.

Als ich den Besitzer des Billardkasinos sah, kam mir die ganze Szene des Tanzabends wieder in den Sinn, das Hämmern des Klaviers und das Gefiedel der Geige und das rotgoldene Kleid, das ich inzwischen lächerlich gefunden hätte, und das plötzliche Erscheinen meiner Mutter im Mantel, den sie wahrscheinlich gar nicht erst ausgezogen hatte.

Da stand sie und rief über die Musik hinweg meinen Namen in einem Ton, den ich besonders verabscheute, der Ton, der mich ausdrücklich daran zu ermahnen schien, dass ich es ihr zu verdanken hatte, überhaupt auf der Welt zu sein. Sie fragte: «Wo ist dein Mantel?», als hätte ich ihn verbummelt.

«Oben.»

«Dann hol ihn.»

Sie hätte ihn dort gesehen, wenn sie selbst oben gewesen wäre. Sie war also gar nicht über die Küche hinausgelangt, musste sich mit dem Essen zu schaffen gemacht haben, ohne den Mantel auszuziehen, bis sie in das Zimmer sah, wo getanzt wurde, und die rotgoldene Tänzerin erkannte.

«Beeil dich», sagte sie.

Ich dachte gar nicht daran. Ich machte die Tür zur Treppe auf und ging die ersten paar Stufen hinauf, wo ich feststellte, dass auf dem Absatz mehrere Leute sassen und meinen Weg blockierten. Sie bemerkten mich nicht – sie waren offenbar mit etwas Ernstem beschäftigt. Nicht direkt ein Streit, aber irgendetwas Dringendes.

Zwei dieser Leute waren Männer. Junge Männer in Luftwaffenuniformen. Einer sass auf einer Stufe, ein anderer auf der Stufe darunter, vorgebeugt und eine Hand aufs Knie gestützt. Ein Mädchen sass auf der Stufe über ihnen, und der Mann, der näher bei ihr sass, streichelte tröstend ihr Bein. Ich dachte, sie musste auf dieser schmalen Treppe gestürzt sein und sich weh getan haben, denn sie weinte.

Peggy. Sie hiess Peggy. «Peggy, Peggy», sagten die jungen Männer in eindringlichem und sogar zärtlichem Tonfall.

Sie sagte etwas, das ich nicht verstehen konnte. Sie sprach mit kindlicher Stimme. Sie beklagte sich, wie man sich über etwas beklagt, das unfair ist. Man sagt ein ums andere Mal, dass etwas unfair ist, aber in hoffnungslosem Tonfall, als erwartete man nicht, dass sich daran etwas ändern könnte. Gemein ist ein anderes Wort, das man unter solchen Umständen benutzt. Das ist so gemein. Jemand ist so gemein gewesen.

Beim Belauschen von dem, was meine Mutter meinem Vater erzählte, als wir nach Hause kamen, erfuhr ich einiges über das, was passiert war, aber ich konnte mir keinen Reim darauf machen. Mrs Hutchison war auf dem Tanzabend erschienen, weil der Billardkasino-Mann, von dem ich da noch nicht wusste, dass er der Billardkasino-Mann war, sie hingefahren hatte. Seinen Namen habe ich nicht behalten, aber meine Mutter war tief enttäuscht von seinem Verhalten. Der Tanzabend hatte sich herumgesprochen, und einige Jungs aus Port Albert – das heisst, aus dem Luftwaffenstützpunkt – hatten beschlossen, sich auch dort sehen zu lassen. Was natürlich völlig in Ordnung war. Die Luftwaffenjungs waren in Ordnung. Es war Mrs Hutchison, die eine Schande war. Und das Mädchen.

Sie hatte eines ihrer Mädchen mitgebracht.

«Wollte vielleicht einfach mal ausgehen», sagte mein Vater. «Tanzt vielleicht gerne.»

Meine Mutter schien das überhaupt nicht gehört zu haben. Sie sagte, es sei eine Schande. Man freute sich auf einen netten Abend, ein harmloses Tanzvergnügen in der Nachbarschaft, und dann das.

Ich hatte die Angewohnheit, das Aussehen älterer Mädchen unter die Lupe zu nehmen. Peggy fand ich nicht besonders hübsch. Vielleicht hatten ihre Tränen ihr Make-up ruiniert. Ausserdem hatten ihre aufgerollten mausfarbenen Haare sich aus einigen der Haarklammern gelöst. Ihre Fingernägel waren lackiert, sahen aber so aus, als ob sie daran kaute. Sie wirkte nicht viel erwachsener als eines dieser weinerlichen, hinterlistigen, ständig jammernden älteren Mädchen, die ich kannte. Trotzdem behandelten die jungen Männer sie, als sei sie eine Person, die es verdiente, keinen einzigen bitteren Moment erleben zu müssen, die mit Recht erwarten konnte, verhätschelt und verwöhnt zu werden und Ehrerbietung zu geniessen.

Einer von ihnen bot ihr eine Zigarette aus einem Päckchen an. Also in meinen Augen etwas ganz Besonderes, da mein Vater sich ebenso wie jeder andere Mann, den ich kannte, seine Zigaretten selbst drehte. Aber Peggy schüttelte den Kopf und klagte mit dieser gekränkten Stimme, dass sie nicht rauchte. Dann bot ihr der andere Mann einen Streifen Kaugummi an, und den nahm sie.

Was ging vor? Ich konnte es mir nicht erklären. Der Junge, der den Kaugummi angeboten hatte, bemerkte mich, während er in seiner Tasche kramte, und er sagte: «Peggy? Peggy, da ist ein kleines Mädchen, das nach oben will.»

Sie senkte den Kopf, so dass ich ihr Gesteht nicht sehen konnte. Ich roch im Vorbeigehen Parfüm. Ich roch auch die Zigaretten und die männlichen wollenen Uniformen, die geputzten Stiefel.

Als ich mit dem Mantel an wieder herunterkam, waren sie immer noch da, aber diesmal hatten sie mich erwartet, also schwiegen alle, während ich vorbeiging. Nur Peggy schluchzte laut auf, und der eine junge Mann streichelte weiter ihren Oberschenkel. Ihr Rock war hochgerutscht, und ich sah ihren Strumpfhalter.

Lange Zeit erinnerte ich mich an die Stimmen. Ich zerbrach mir den Kopf darüber. Nicht über Peggys Stimme. Über die der Männer. Jetzt weiss ich, dass einige der in den ersten Kriegsjahren in Port Albert stationierten Männer aus England gekommen waren, um sich hier auf den Kampf gegen die Deutschen vorzubereiten. Und so frage ich mich, ob es einer der englischen Dialekte war, den ich so sanft und liebevoll fand. Jedenfalls hatte ich noch nie in meinem Leben einen Mann so reden hören, in einem Ton, als sei die Frau ein so edles und hochangesehenes Geschöpf, dass jedwede Kränkung irgendwie ein Verstoss gegen das Gesetz, eine Sünde war.

Was hatte eigentlich stattgefunden, warum weinte Peggy? Diese Frage interessierte mich zu der Zeit kaum. Ich war selbst nicht besonders tapfer. Ich weinte, als ich auf dem Nachhauseweg von meiner ersten Schule gejagt und mit Dachschindeln beworfen wurde. Ich weinte, als die Lehrerin in der städtischen Schule mich vor der ganzen Klasse wegen der erschreckenden Unordnung auf meinem Pult anprangerte. Und als sie meine Mutter deswegen anrief, und meine Mutter beim Auflegen des Hörers selbst weinte und Qualen litt, weil ich ihr Schande machte. Offenbar waren einige Menschen von Natur aus mutig und andere nicht. Jemand musste etwas zu Peggy gesagt haben, und nun schluchzte sie, weil sie genau wie ich kein dickes Fell hatte.

Es musste diese rotgoldene Frau gewesen sein, dachte ich, die ohne jeden Grund gemein gewesen war. Es musste eine Frau gewesen sein. Denn wenn es ein Mann gewesen wäre, hätten ihre Luftwaffen-Tröster ihn bestraft. Ihn angeschnauzt, halt dein Maul, ihn vielleicht hinausgezerrt und verprügelt. Es war also nicht Peggy, die mich interessierte, nicht ihre Tränen, ihr ramponiertes Aussehen. Sie erinnerte mich zu sehr an mich selbst. Es waren ihre Tröster, über die ich staunte. Wie sie ihr zu Füssen zu liegen schienen.

Was hatten sie gesagt? Nichts Besonderes. Schon gut, sagten sie. Ist ja gut, Peggy, sagten sie. Komm, Peggy. Schon gut. Schon gut. So liebevoll. Dass jemand derart liebevoll sein konnte.

Es ist natürlich gut möglich, dass diese jungen Männer, in unser Land geholt, um für die Bombenflüge geschult zu werden, bei denen so viele von ihnen ihr Leben lassen sollten, im ganz normalen Dialekt von Cornwall oder Kent oder Hull oder Schottland sprachen. Aber für mich schienen sie unfähig, den Mund aufzumachen, ohne etwas Wohltuendes zu äussern, einen spontanen Segen. Mir kam nicht in den Sinn, dass ihre Zukunft eng mit dem Unheil verbunden war oder dass ihr normales Leben zum Fenster hinausgeflogen und am Boden zerschellt war. Ich dachte nur an den Segen und daran, wie wunderbar es war, ihn zu erhalten, welches Glück diese Peggy hatte und wie wenig sie es verdiente.

Und lange Zeit, ich weiss nicht, wie lange, dachte ich an sie. In der kalten Dunkelheit meines Schlafzimmers wiegten sie mich in den Schlaf. Ich konnte sie einschalten, ihre Gesichter und ihre Stimmen aufrufen – aber noch weit mehr, ihre Stimmen waren jetzt an mich gerichtet und nicht an eine störende Dritte. Ihre Hände streichelten jetzt meine mageren Schenkel, und ihre Stimmen versicherten mir, dass auch ich liebenswert war.

Und während sie immer noch meine halbgaren erotischen Phantasievorstellungen bevölkerten, hatten sie sich schon auf den Weg gemacht. Einige, viele, auf den Weg in den Tod.

(Aus: Alice Munro, «Liebes Leben». 14 Erzählungen. Aus dem Englischen von Heidi Zerning. S. Fischer Verlag, Frankfurt am Main 2013. ©2023 S. Fischer Verlag, Frankfurt. Das Original erschien 2012 unter dem Titel «Dear Life» bei Alfred A. Knopf, New York.)

Ehepaare

August Strindberg
Reformversuch

Sie hatte mit Ekel gesehen, wie die Mädchen zu Haushälterinnen für ihre künftigen Männer erzogen wurden. Darum hatte sie eine Fertigkeit gelernt, die sie unter allen Verhältnissen des Lebens ernähren konnte. Sie machte Blumen.

Er hatte mit Schmerz gesehen, wie die Mädchen darauf warteten, von ihren künftigen Männern versorgt zu werden; er wollte sich mit einer freien, selbständigen Frau verheiraten, die sich selber ernähren konnte; dann würde er in ihr eine Seinesgleichen sehen und eine Kameradin fürs Leben haben, keine Haushälterin.

Und das Schicksal wollte, dass sie sich trafen. Er war Maler, und sie machte, wie gesagt, Blumen, und in Paris hatten sie diese neuen Ideen bekommen.

Es war eine stilvolle Ehe. Sie hatten sich in Passy drei Zimmer gemietet. Das Atelier lag in der Mitte, sein Zimmer auf der einen Seite, ihr Zimmer auf der andern. Ein gemeinsames Bett wollten sie nicht haben; das sei eine Schweinerei, die durchaus kein Gegenstück in der Natur besitze und nur Übertreibung und Ausschweifung veranlasse. Und sich im selben Zimmer entkleiden! Nein, jeder sein eigenes Zimmer; und dann einen gemeinsamen neutralen Raum, das Atelier. Keine Dienstboten; denn die Küche wollten sie gemeinsam besorgen. Nur eine alte Frau, die morgens und abends kam. ·

Es war gut ausgerechnet, und es war ganz richtig gedacht.

– Wenn ihr aber Kinder bekommt? wandte der Zweifler ein.

– Wir werden keine Kinder bekommen!

Gut! Sie würden keine Kinder bekommen!

Es war entzückend! Er ging morgens auf den Markt und kaufte ein. Darauf kochte er den Kaffee. Sie machte die Betten und räumte die Zimmer auf. Dann setzten sie sich an die Arbeit.

Wenn sie müde wurden, plauderten sie eine Weile, gaben einander einen guten Rat, lachten und waren sehr lustig.

Wenn der Mittag kam, machte er Feuer in der Küche, während sie das Gemüse wusch. Er kochte Rindfleisch in der Brühe, während sie zum Kaufmann hinunterlief; dann deckte sie, während er das Essen auftischte.

Aber wie Geschwister lebten sie nicht. Sie sagten sich abends gute Nacht, und jedes ging in sein Zimmer. Dann aber klopfte es an ihre Tür und sie rief: herein! Doch das Bett war eng und es kam nie zu Ausschweifungen, sondern jedes erwachte morgens im eigenen Bett. Und dann klopfte er an die Wand.
– Guten Morgen, mein Mädchen! Wie steht es heute?
– Danke, gut; und dir?

Es war immer etwas Neues, wenn sie sich morgens trafen, und es wurde nie alt.

Abends gingen sie oft zusammen aus und trafen mit Landsleuten zusammen. Und sie wurde nicht geniert von Tabakrauch, und sie genierte auch selber nicht.

Das sei das Ideal einer Ehe, meinten die andern: ein so glückliches Paar hätten sie noch nicht gesehen.

Aber das Mädchen hatte Eltern, die weit entfernt wohnten. Und die schrieben und fragten unaufhörlich, ob Luise noch nicht guter Hoffnung sei, denn sie sehnten sich nach einem Enkelkind. Luise solle daran denken, dass die Ehe der Kinder und nicht der Eltern wegen da sei. Das hielt Luise für eine altmodische Ansicht. Da fragte die Mama, ob man denn mit den neuen Ideen die Absicht habe, das Menschengeschlecht auszuroden. Daran habe Luise nicht gedacht, und darum kümmere sie sich auch nicht. Sie sei glücklich und ihr Mann auch, und jetzt habe die Welt endlich eine glückliche Ehe gesehen, und darum sei die Welt neidisch.

Aber angenehm lebten sie. Keiner war der Herr des andern, und zur Kasse schossen sie zusammen. Das eine Mal verdiente er mehr, das andere Mal sie, aber das wurde untereinander ausgeglichen.

Und wenn sie Geburtstag hatten! Da erwachte sie davon, dass die Aufwartefrau hereinkam mit einem Blumenstrauss und einem Briefchen, auf das Blumen gemalt waren und in dem zu lesen stand:
– Der Frau Blumenknospe gratuliert ihr Anstreicher und ladet sie zu einem feinen kleinen Frühstück ein – und zwar sofort!

Und dann klopfte es an seine Tür und dann – herein! Und sie assen Frühstück auf dem Bett, auf seinem Bett; und die Aufwartefrau arbeitete dann den ganzen Vormittag. Es war entzückend.

Und nie ward es etwas Altes. Denn es dauerte zwei Jahre. Und alle Weissager weissagten falsch.

So müsste die Ehe sein!

Dann aber geschah es, dass die Frau krank wurde. Sie glaubte, es seien die Tapeten; er aber vermutete Bakterien. Ja, es waren bestimmt Bakterien!

Aber es war auch etwas in Unordnung. Es war nicht so, wie es sein sollte. Es war bestimmt eine Erkältung. Und dann wurde sie so stark. Sollte es vielleicht ein Gewächs sein, von dem man soviel las? Ja, es war bestimmt ein Gewächs. Sie ging zu einem Arzt. Als sie nach Haus kam, weinte sie. Es war wirklich ein kleines Gewächs, aber eins, das zu seiner Zeit ans Tageslicht kommen werde, um Blume zu werden und Frucht anzusetzen.

Der Mann weinte nicht. Er fand Stil darin, und dann ging der Lümmel in die Kneipe und prahlte noch damit. Aber die Frau weinte wieder. Wie würde jetzt ihre Stellung zu ihm werden? Mit Arbeit könne sie jetzt bald nichts mehr verdienen, und dann müsse sie sein Brot essen. Und dann müssten sie sich eine Magd halten. Huh, diese Mägde!

Alle Vorsorge, aller Vorbedacht, alle Voraussicht waren an dem Unvermeidlichen gescheitert...

Aber die Schwiegermutter schrieb begeisterte Gratulationsbriefe und wiederholte immer wieder, die Ehe sei von Gott der Kinder wegen gestiftet, das Vergnügen der Eltern sei nur Nebensache.

Hugo beteuerte, sie brauche niemals daran zu denken, dass sie nichts verdiene! Trage sie nicht mit ihrer Arbeit für sein Kind genug zum Haushalt bei? Sei das nicht auch Geldeswert? Geld sei doch nur Arbeit! Also bezahle sie ja auch ihr Teil.

Doch sie konnte es lange nicht verschmerzen, dass sie sein Brot essen musste. Als aber das Kind kam, vergass sie alles. Und sie war seine Frau und Kameradin wie früher, aber sie war ausserdem die Mutter seines Kindes, und er fand, das sei das Beste von allem.

(Aus: August Strindberg, «Heiraten. Zwanzig Ehegeschichten». Verdeutscht von Emil Schering, Georg Müller Verlag, München und Wien 1917)

Halldór Laxness
Ein Mädchen bei Nacht

Im Thorri, dem vierten Wintermonat nach dem alten Kalender, den es in der Stadt allerdings nicht gibt, war ich absolut sicher, und eigentlich schon viel früher, alle Anzeichen passten, in mir geschah alles, was man in Büchern für Frauen lesen kann, und ich glaube, noch viel mehr. Manchmal träumte ich die ganze Nacht von dem Mann, oft waren es Angstträume, und ich fuhr aus dem Schlaf auf und musste Licht machen und schlief erst wieder ein, nachdem ich mir gelobt hatte, zu ihm zu gehen und ihn um Verzeihung dafür zu bitten, dass ich ihm in der Silvesternacht die Tür vor der Nase zugeschlagen hatte; und es ihm zu überlassen, das mit mir zu tun, was er für richtig hielt.

Wenn ich dagegen morgens aufwachte, fand ich, dass ich ihn nicht kannte, und er mich ganz und gar nichts anging, das Kind würde mir allein gehören. Dann fand ich auch, dass Kinder überhaupt nie Männern gehörten, sondern nur der Frau, wie auf Bildern von der Jungfrau Maria mit dem Kind: Der Unsichtbare ist der Vater aller Kinder, der Anteil des Mannes an der Sache ist nur Zufall, und ich verstand die Naturvölker, die den Beischlaf von Mann und Frau nicht mit dem Kind in Verbindung bringen. Er soll nie mein Kind sehen und nie dessen Vater heissen, sagte ich zu mir selbst. War es nicht an der Zeit, dass in diesem Land ein Gesetz verabschiedet wurde, das Männern verbot, sich die Väter von Kindern zu nennen? Doch als ich mir die Sache genauer überlegte, fand ich, dass in Wirklichkeit das Kind auch nicht der Mutter gehörte; Kinder gehörten sich selbst – und ihre Mutter gehörte ihnen auch, gemäss den Gesetzen der Natur, aber nur, solange sie sie unbedingt brauchten: Sie gehörte ihnen, solange sie in ihrem Bauch wuchsen; und solange sie sie assen, oder besser gesagt tranken, das erste Jahr. Die menschliche Gesellschaft ist jemand, der Pflichten gegenüber Kindern hat, soweit sie überhaupt Pflichten gegenüber jemandem hat; soweit überhaupt jemand Pflichten gegenüber jemandem hat.

Und wenn ich mich abends nach der Stunde auf den Heimweg mache, gehe ich unversehens eine bestimmte Strasse entlang, starre auf ein bestimmtes Haus und zu einem bestimmten Fenster hinauf, in dem manchmal ein bestimmtes Licht brennt, manchmal ein bestimmtes Dunkel ist. Ich bleibe stehen, doch einen Augenblick später halte ich es nicht mehr aus, weil ich mir einbilde, dass mich aus unzähligen Fenstern Augen beobachten, und ich laufe davon und komme erst wieder zu mir, wenn ich am anderen Ende der Strasse meinen eigenen Herzschlag höre; es ist unglaublich, wie viele Seelen ein weibliches Wesen haben kann, besonders abends.

Ja, ich hatte ihm die Tür vor der Nase zugeschlagen; aber tat ich das nicht, weil ich damals noch nicht sicher wusste, ob ich schwanger war; und wenn ich mich jetzt nach ihm sehnte, war das nicht nur, weil ich es jetzt sicher wusste; und mich an ihn hängen wollte; ihn vielleicht sogar zum Traualtar schleppen wollte. So erbärmlich muss ein Frauenzimmer denken, weil die Mutter ihrem Kind gehört und das Kind sie trinken will, sie muss sich einen Sklaven anschaffen und mit ihm diesen Milchladen aufmachen, den man Ehe nennt und der einmal ein Sakrament war, das einzige Sakrament, auf das heilige Männer pfeifen durften; tut sie das nicht, so läuft sie ihr Leben lang als Pechmarie herum, hat den Liebeskummer im Nervensystem wie eine Art versteinertes Kind und ein lebendes Kind an ihrer Seite, eine Anklage gegen Götter und Menschen, eine Herausforderung gegen die Gesellschaft, die alles versucht hat, sie dazu zu bringen, es vor der Geburt abzutreiben oder nach der Geburt auszusetzen, doch ohne Erfolg. In aller Kürze gesagt, ich liebte ihn; und ich hatte ihm die Tür vor der Nase zugeschlagen, weil ein Frauenzimmer viele Seelen hat; und deshalb konnte ich mich jetzt nicht darauf verlassen, dass jemand Zwillinge für mich ausfahren würde.

Nein. Ich gehe wieder denselben Weg in die Strasse zurück. Es mag wohl sein, dass ein schwangeres Mädchen den ersten besten heiratet, weil es ihr, wie der Natur, ziemlich gleich ist, wer beim Pfarrer als Vater des Kindes eingetragen wird, doch er, er, er ist es, den ich liebe, trotz allem und trotz allem. Ja, dieser ungewöhnliche Mann; still, klug, rein; er hat eine Berufung, über die er nicht sprechen will; und sieht einen mit heimlich brennendem Blick an, der umhüllt, aber nicht sticht, so dass es um ihn herum nie leblos ist, soviel er auch schweigt; ein Mädchen spürt ihn allein und keinen anderen unter einer ganzen Menschenmenge; und geht danach schweigend mit in sein Zimmer hinauf; und er legt sie in sein Bett, ohne sie zuerst zu überreden, indem er ihr einen ganzen Zeitungsartikel vorschwatzt: Es ist nichts selbstverständlicher. Und als ich ihm in der Silvesternacht die Tür vor der Nase zumachte, da blieb er bei mir; und er blieb bei mir, weil ich ihn nicht hereingelassen hatte. Wenn er versucht hätte, mich mit Argumenten zu überzeugen oder mich mit Bitten zu erweichen, dann hätte ich ihn vielleicht am Ende hereingelassen, aber er wäre nicht bei mir geblieben, als er am Morgen ging; seine Argumente hätten höchstens mein Gehirn herumgekriegt. Und wenn ich ihn jetzt träfe, würde ich ihm mit keiner Silbe zu verstehen geben, dass ich schwanger bin, und schon gar nicht drängen, dass er mich heiraten solle, sondern ich würde zu ihm sagen, ich liebe dich – und deshalb verlange ich nichts von dir; oder ich liebe dich, und deshalb will ich dich nicht heiraten.

(Aus: Halldór Laxness, «Atomstation». Roman. Aus dem Isländischen übersetzt und herausgegeben von Hubert Seelow, Steidl Verlag, Göttingen 2012. ©2023 by Steidl Verlag, Göttingen. Titel vom Herausgeber)

Bertolt Brecht
Die Antwort

Es war ein reicher Mann, der hatte eine junge Frau, die war ihm mehr wert als all sein Gut, und das war nicht wenig. Sie war nicht mehr sehr jung und er auch nicht. Aber sie lebten zusammen wie zwei Tauben, und er hatte zwei gute Hände, das waren ihre Hände, und sie hatte einen guten Kopf, das war sein Kopf. Sie sagte oft zu ihm: «Ich kann nicht gut denken, lieber Mann, ich sage alles nur so heraus.» Er aber besass einen scharfen Verstand, und darum wurde sein Besitztum immer schöner. Da geschah es nun eines Tages, dass er einen Schuldner in die Hände bekam, dessen Gut er notwendig brauchte, auch war es kein guter Mensch. Deshalb machte er nicht viel Federlesens mit ihm und pfändete ihn aus. Der Mensch sollte noch eine Nacht in seinem Hause schlafen, in dem er alle seine Jahre so gelebt hatte, bis er nun in die Fremde ziehen musste; am Morgen danach sollte ihm alles genommen werden.

In dieser Nacht nun konnte seine Frau nicht schlafen. Sie lag neben ihrem Manne da und dachte nach und stand auf. Sie stand auf und ging zu dem Nachbar hinüber, den ihr Mann pfänden wollte, mitten in der Nacht. Denn sie dachte, dass sie ihren eigenen Mann nicht kränken durfte, indem sie mit seinem Wissen dem Nachbar half. Und sie konnte den Menschen auch nicht leiden sehen. Der Mensch war auch wach, da hatte sie recht geraten, er sass in seinen vier Wänden und genoss die Stunden aus. Als er sie sah, erschrak er, sie aber wollte ihm nur recht schnell ihren Schmuck geben.

Weil sie nun dazu Zeit brauchte oder weil ihr Mann im Schlaf spürte, dass sie nicht bei ihm war, erwachte er und stand ebenfalls auf und ging im Hause herum, rief sie und ängstigte sich und ging auf die Strasse. Da sah er Licht in seines Nachbars Hause und ging hinüber, um zu sehen, ob er was vergrabe, das ihm nicht mehr gehörte, und dabei, als er durchs Fenster sah, erblickte er seine Frau bei dem Nachbar, mitten in der Nacht. Er hörte sie nicht und sah auch das Kästchen in ihrer Hand nicht, darum stieg ihm das Blut in den Kopf, und er zweifelte an seiner Frau. Zugleich fasste er sein Messer in der Tasche und überlegte sich, wie er die beiden töten könnte. Da hörte er seine Frau sagen: «Nimm es nur; ich will nicht, dass mein Mann eine solche Sünde auf sich lädt, und ich will auch nicht, dass ich ihm weh tue, indem ich dir helfe; denn du bist ein schlechter Mensch.» Damit ging sie zur Tür, und der Mann hatte Eile, sich zu verstecken, da sie schnell heraustrat und in ihr Haus hinüberlief.

Er ging stumm hinter ihr her, und drinnen sagte er ihr, er hätte nicht schlafen können und sei aufs Feld gegangen; weil ihn sein Gewissen bedränge darüber, dass er dem Nachbar sein Haus nehmen wolle. Da fiel ihm die Frau an die Brust und weinte, eine solche Freude hatte sie. Aber als sie nun wieder zusammen schliefen, schlug des Mannes Gewissen erst recht, und er hatte eine grosse Scham, denn nun war er zweimal zu klein gewesen, einmal, als er ihr misstraute, und zum andern Mal, als er sie anlog. Seine Scham war so gross, dass er sich einredete, er sei ihrer nicht mehr wert, und wieder aufstand und in die Stube hinunterging und lange dasass, so wie der Nachbar drüben in seinem Haus. Dann aber ward es schlimmer bei ihm, denn ihm half niemand, weil er sogar versagt hatte. Darum ging er gegen Morgen von seinem Hause, als es noch dunkel war, und lief fort mit dem Wind, ohne eine Richtung.

Er lief den ganzen Tag, ohne etwas zu essen, auf einer Strasse, die in eine leere Gegend führte, und wenn sie durch Dörfer kam, machte er einen Bogen. Am Abend kam er an einen schwarzen Fluss, an dem fand er eine zerfallene Hütte, in der niemand war, und da um sie herum in den Auen fette Kräuter wuchsen und der Fluss fischreich war, so blieb er dort drei Jahre lang und vertrieb sich die Zeit mit Kräutersammeln und indem er Fische fing. Dann wurde es ihm zu einsam dort, das heisst: die Stimmen der Wasser wurden zu laut für ihn, und die Gedanken wuchsen zu zahlreich, von denen es heisst: sie sind wie Vögel, die das Essen bedrecken. Darum ging er in eine Stadt und dann in viele Städte, ohne Richtung, und bettelte dort und kniete in den Kirchen.

Aber mit der Zeit wurden seine Gedanken mächtiger über ihn, und sie quälten ihn sehr. So begann er zu trinken und herumzulaufen wie ein Hund, der für die Kette zu schlecht ist. Es vergingen aber unter dem viele Jahre. Da geschah es einmal zu der Zeit, wo er seinen Namen schon vergessen hatte, dass er, der halb blind geworden war, wieder zu der Stadt zurückkehrte, in der er einmal gewohnt hatte, das war viele Jahre her. Er erkannte sie auch nicht wieder und kam nicht weiter als bis zu der Vorstadt, da lag er im Hof einer Schenke.

Nun kam eines Tages um die Mittagszeit eine Frau des Weges in den Hof und redete mit dem Wirt. Als der Bettler aber die Stimme hörte, durchfuhr es ihn, und sein Herz ging schneller, wie das eines geht, der versehentlich in einen Saal gekommen ist, in dem es schöne Musik gibt, aber er hat kein Recht dazu. Und der Mann sah, dass es seine Frau war, die da redete, und brachte kein Wort heraus. Nur die Hand streckte er aus, als sie vorüberging. Aber die Frau erkannte ihn nicht, denn er sah sich nicht mehr ähnlich, in keinem Zug, ja, man sah ihm nicht einmal mehr an, dass er eine solche Qual hatte, so war sein Gesicht geworden. Also wollte die Frau vorübergehen, denn es gab so viele Bettler, und dieser schien unverschämt. Da aber brachte der Mann den Mund auseinander, und es gelang ihm, etwas zu sagen, das klang, als hiesse es: Frau!

Da beugte sich die Frau nieder und sah ihn an und ihre Knie begannen zu wanken, und sie erblasste sehr. Und als er schon nicht mehr sein Herz hörte, da hörte er sie, und sie sagte:

«Mein lieber Mann, wie hast du mich doch lange warten lassen, bis dass ich nun hässlich geworden bin, dieweil sieben Jahre mir wie Schmerzen vergangen sind und ich fast an dir gezweifelt hätte.»

(Aus: «Bertolt Brechts Hauspostille». Erstdruck, Propyläen Verlag, Berlin 1927. Zitiert nach Suhrkamp Taschenbuch 2152, 1. Auflage 1993, Copyright by Suhrkamp Verlag, Berlin 2023)

Italo Calvino
Abenteuer eines Ehepaars

Der Arbeiter Arturo Massolari hatte Nachtschicht; sie endete um sechs Uhr morgens. Der Heimweg war weit, in der schönen Jahreszeit bewältigte er ihn mit dem Fahrrad, in regnerischen und winterlichen Monaten fuhr er mit der Strassenbahn. Er langte zwischen sechs und drei Viertel sieben zu Hause an, das heisst: Manchmal etwas früher, manchmal etwas später, als der Wecker für seine Frau Elide rasselte.

Die beiden Geräusche, das Schrillen des Weckers und die Schritte des Mannes, vermischten sich oft in Elides Empfindung zu einem einzigen, das in die Tiefe ihres Schlafes hinunterfand, in den festen Morgenschlaf, den sie, das Gesicht ins Kissen gedrückt, bis zur letzten und allerletzten Sekunde auszukosten trachtete. Endlich tastete sie sich im Bett auf und fuhr blindlings in die Ärmel ihrer Hausjacke, während ihr noch die Haare über die Augen herabhingen. So erschien sie in der Küche, wo Arturo gerade die leeren Behälter aus der Tasche, die er zur Arbeit mitzunehmen pflegte, hervorkramte und auf den Ausguss legte: Brotbüchse, Thermosflasche ... Den kleinen Ofen hatte er schon angezündet und den Kaffee daraufgestellt. Sobald er Elide erblickte, strich sie sich unwillkürlich das Haar aus der Stirn und riss mühsam die Augen auf, als schämte sie sich jedesmal ein wenig, dass sie ihrem Mann, der nach Hause kam, diesen Anblick bot: immer so unordentlich und mit verschlafenem Gesicht. Wenn zwei Menschen zusammen geschlafen haben, ist das etwas anderes, dann tauchen sie gemeinsam morgens aus dem Schlaf auf, und keiner hat dem anderen etwas voraus.

Zuweilen auch kam es vor, dass er mit der Kaffeetasse in der Hand an ihr Bett trat und sie weckte, eine Minute ehe die Uhr schrillte. Dann war alles viel natürlicher, die Anstrengung des Wachwerdens erfüllte sich mit einer schmerzlichen Süsse, die Arme, die sich nackt emporgestreckt hatten, schlangen sich wie von selbst um den Nacken des Mannes. Sie küssten sich. Arturo trug noch seine Windjacke, und an der Berührung erkannte sie, was draussen für Wetter war, ob es regnete oder neblig war oder Schnee fiel. Trotzdem fragte sie ihn: «Wie ist das Wetter?»

Und er fing daraufhin murmelnd, halb ironisch, seinen Bericht an, erzählte von den Widrigkeiten, die ihm zugestossen waren, von der Fahrt auf dem Rad, welches Wetter ihn erwartet hatte, als er aus dem Fabriktor trat – ein ganz anderes Wetter als am Abend zuvor, bei Beginn der Nachtschicht –, Einzelheiten über die Arbeit, Stimmen, die ihn beim Aufbruch umgeben hatten, und so weiter.

Um diese Zeit war das Haus noch kaum erwärmt, doch Elide stand nun, ganz ausgezogen, etwas zitternd, im kleinen Badezimmer und wusch sich. Er folgte, zog sich ebenfalls aus, mit mehr Ruhe, und spülte sich langsam Staub und Öl der Arbeitsstunden ab. Schliesslich standen sie beide nebeneinander am selben Waschbecken, stiessen einander gelegentlich in die Seite, nahmen einander die Seife aus der Hand, die Zahnpasta, und fuhren fort, einander das zu sagen, was gesagt werden musste. Dann kam allmählich ein Augenblick echter Vertrautheit und Vertraulichkeit, und zuweilen wurde aus einer hilfreichen Geste beim Abtrocknen des Rückens eine Zärtlichkeit, und sie umarmten einander.

Plötzlich aber rief Elide: «Lieber Gott, wie spät es schon ist!»

Und sie lief, den Strumpfhalter zu befestigen, den Unterrock anzuziehen, in aller Eile, und schon strich sie mit der Bürste übers Haar, das Gesicht dem Spiegel über der Kommode entgegengestreckt, Haarnadeln zwischen den Lippen. Arturo trat hinter sie; er hatte sich eine Zigarette angezündet und sah sie an, rauchend, und jedesmal schien er sich ausgesprochen unbehaglich zu fühlen, dass er so stehen musste, ohne etwas tun zu können. Dann war sie fertig, warf im Korridor ihren Mantel um, sie gaben sich noch einen Kuss, Elide öffnete die Tür, und schon hörte er sie die Treppe hinunterrennen.

Arturo blieb allein zurück. Wenn das Geräusch von Elides Absätzen auf den Steinstufen verklungen war, folgte er ihr in Gedanken, stellte sich vor, wie sie eilig durch den Hof trippelte, zum Tor hinaus, den Bürgersteig entlang bis zur Haltestelle der Strassenbahn. Die Bahn konnte er wieder gut hören: wie sie kreischend anhielt und wie das eiserne Gitter am Eingang nach jedem einsteigenden Fahrgast wieder zuschlug.

Na also, sie hat sie erwischt, dachte er, und er sah seine Frau zwischen den Arbeitern und Arbeiterinnen eingeklemmt auf einer Sitzbank der Linie II, die Tag für Tag eine neue Schicht zur Fabrik fuhr. Arturo drehte am Lichtschalter, schloss die Fensterläden, machte ganz dunkel, ging zu Bett.

Das Bett war noch so, wie Elide es verlassen hatte, aber auf seiner, Arturos, Seite, wirkte es unberührt, als wäre es eben neu gemacht worden. Hier legte er sich zunächst hin, kroch tief unter die Decke, aber bald schon streckte er ein Bein dort hinüber, wo etwas von der Wärme seiner Frau geblieben war; dann folgte das andere Bein, und so rückte er nach und nach ganz auf Elides Seite, in jene sanfte Höhlung, die von ihrem Körper geformt war; er drückte das Gesicht in ihr Kissen, in ihren Duft, und schlief ein.

Wenn Elide abends heimkam, strich Arturo schon seit einiger Zeit in der Wohnung herum: Er hatte den Ofen neu in Gang gebracht, irgend etwas zum Kochen daraufgestellt. In diesen Stunden vor dem Abendessen verrichtete er ein paar bestimmte Arbeiten: Er machte das Bett, fegte ein wenig, warf die Wäsche zum Einweichen ins Wasser. Elide meinte dann, er habe alles verkehrt gemacht, aber, um die Wahrheit zu sagen, er strengte sich auch nicht sonderlich an; was er da tat, war nur eine Art Ritus der Erwartung, als ginge er ihr entgegen, indem er doch dabei im Hause blieb. Draussen flammten unterdessen die Lichter auf, und Elide ging an den Läden entlang, mitten in jener ungewöhnlichen Geschäftigkeit auf den Strassen, die das Kennzeichen gewisser Stadtviertel ist, wo viele Frauen erst abends einkaufen können.

Endlich hörte er auf der Treppe ihren Schritt, der jetzt ganz anders klang als am Morgen: schwer von der Müdigkeit eines Arbeitstages und von der Last der Einkäufe. Arturo trat auf den

Vorplatz im Treppenhaus, nahm ihr die Bürde ab, und während sie hineingingen, wechselten sie die ersten Worte. Elide warf sich auf einen Stuhl in der Küche, ohne erst den Mantel auszuziehen, während er die Päckchen aus der Einkaufstasche holte. Schliesslich raffte sie sich auf: «Na, also los!» sagte sie, stand auf, zog den Mantel aus und das Hauskleid an. Sie machten sich daran, ihr Mahl zuzubereiten: Abendessen für beide und den Proviant für ihn, für die Pause um ein Uhr nachts, und das Frühstück für sie, das sie morgen ebenfalls in die Fabrik mitnehmen würde, und das Frühstück für ihn, das er vorfinden musste, wenn er aufwachte.

Sie war jetzt etwas unlustig, setzte sich gern in den Strohsessel und sagte ihm, was er tun solle. Er dagegen war in dieser Stunde gut ausgeruht; er werkte herum, wollte alles selber besorgen, war aber dabei etwas zerstreut, hatte seine Gedanken schon anderswo. In diesen Augenblicken gerieten sie oft fast in Streit. Es kam vor, dass sie sich ein böses Wort sagten, denn sie fand, er könne etwas besser achtgeben auf das, was er tat, oder sich ein bisschen um sie kümmern, zu ihr kommen, sie trösten. Hingegen dachte er, nach der ersten Begeisterung über ihre Ankunft, schon an das, was ihm bevorstand, und dass er sich beeilen müsse.

Wenn dann der Tisch gedeckt war und alles so nahe zur Hand lag, dass man nicht mehr aufstehen musste, kam der Augenblick, der ihnen beiden ins Herz schnitt; ihnen wurde bewusst, wie wenig Zeit sie füreinander hatten, und es wollte ihnen kaum gelingen, den Löffel zum Mund zu führen, weil sie sich am liebsten an den Händen gehalten hätten.

Dann, noch war der Kaffee nicht ganz getrunken, sah er schon nach seinem Rad. Sie küssten sich. Arturo schien es, er habe noch nie so deutlich gespürt, wie zart und warm seine Frau war. Aber er hängte sich den Rahmen des Fahrrades über die Schulter und stieg vorsichtig die Stufen hinunter.

Elide wusch das Geschirr ab, durchstöberte die ganze Wohnung, sah sich kopfschüttelnd an, was ihr Mann vollbracht hatte. Jetzt fuhr er durch die dunklen Strassen, von Laternenschein zu Laternenschein, hinter dem Kegel seiner eigenen Lampe her; vielleicht war er schon beim Gaswerk. Elide ging ins Bett, drehte das Licht aus. Von ihrer Bettseite her streckte sie einen Fuss zum Platz ihres Mannes hinüber, um seine Wärme zu suchen, aber jedesmal stellte sie fest, dass es wärmer war, wo sie selbst lag, ein

Zeichen, dass Arturo hier geschlafen hatte. Und das erfüllte sie mit grosser Zärtlichkeit.

(Aus: Italo Calvino, «Schwierige Liebschaften». Gesammelte Erzählungen. Mit einem Nachwort von Volker Breidecker, Carl Hanser Verlag, München 2013. «Abenteuer eines Ehepaars» ist aus dem Italienischen übersetzt von Nino Erné. ©2023 Carl Hanser Verlag, München)

Joyce Carol Oates
Grenzübergang

Evan, der junge Ehemann, läuft hinüber zur Herrentoilette der Sunoco-Tankstelle beim Tigerstadion in Detroit, blass, angegriffen und verärgert, und Renée, seine Frau, sitzt hilflos im Auto, um zu warten, bis er wiederkommt. Ihr ist elend vor Hitze.

Ein paar Strassen weiter die Brücke. Nach ihrer langen Fahrt vom Süden herauf sind sie jetzt kurz vor der Grenze. Ihr neues Land wird ein nördliches Land sein. Doch bis zur Grenze sind es höchstens drei Minuten; dort wird es auch heiss sein. In Florida hatte sie über der Landkarte von frischer Luft geträumt, von der Arktis gekühlt, von ständig wehendem, alles reinigendem Wind ... und hatte doch gewusst, wie unvernünftig ihre Träume waren. Sie wusste, wie es in Wirklichkeit sein würde. Ihre Träume deuteten Wunder an, aber sie wusste, wie es in Wirklichkeit sein würde.

An dieser Stelle zieht sich die kanadische Grenze tief herunter, läuft südwestlich vom Huronsee zum Eriesee, anmutig wie aus Wasser und nicht fest und starr wie Erde. Wenn man hier die Grenze überquert, bedeutet das, dass man nach Süden fahren muss, südöstlich.

Aber wahrscheinlich ist es nicht so heiss wie in New York; sicher nicht so heiss wie in Florida.

Einmal hatte er sie beschuldigt, sie wolle sich wohl umbringen – bei dieser Hitze die Küchenwände und den Boden scheuern! Was? Aber warum denn? Er ging weg. Er ging immer weg. 35 Grad, und die Klimaanlage funktionierte nicht richtig. Aber ich will mich gar nicht umbringen, hatte Renée protestiert.

Sie log selten.

Wie seltsam. Von Detroit fuhr man nach Süden, um nach Kanada zu kommen. Das wäre etwas, was man in einem Brief nach Hause berichten könnte. Vielleicht hatte sie Evan schon darauf hingewiesen, sie konnte sich nicht daran erinnern. Sie wusste auch nicht mehr, ob er sich die Mühe gemacht hatte, darauf zu antworten.

Schmerz äusserte sich bei ihm in Schweigen.
Tut mir leid! Es tut mir leid! Entschuldige!
Euphorie: Wörter. Erregte, lautstarke Erklärungen. Entschuldigungen. Die Hand drücken, den Unterarm streicheln, leichte, luftige Ehepaar-Küsse: auf die Backe, auf den Nacken (peinlich feucht).

Genau wie sie diese Reise wochenlang vorbereitet hatten, ohne viel darüber zu reden, sprachen sie auch am letzten Vormittag wenig. Das Leben bestand aus Einzelheiten, aus Dingen, die man tun musste, ordnen, wegschliessen, fertigmachen. Ein Schweigen wie beim Tischgebet.

So stumm kam er ihr sehr wirklich vor. Wenn er schwer mit den Fersen zuerst auftrat und viel grösser wirkte, als er war. Die Fussböden bebten, wenn er in ihrem gemieteten Haus barfuss ging ... als setze er die Fusssohlen absichtlich hart auf, um sich zu verletzen. Diese seltsame Verletzlichkeit, die Schwachheit der Ferse: nichts Mythisches, etwas Physisches.

Traf das nicht auf alles zu?

In Florida hatten sie sich angewöhnt, fast immer barfuss zu gehen. Vielleicht war es gefährlich: Spinnen und Schaben. Vielleicht auch Skorpione? Natürlich gab es auch Schlangen, aber nur draussen, selten in der Nähe von Häusern, selten in bewohnten Gegenden. Renée hatte ein paar grosse Schlangen gesehen, aber sie waren tot gewesen. Auf der Strasse. Überfahren, mehrere Male, ganz sicher tot, harmlos, weil sie tot waren, und doch konnte Renée nicht anders, als ihre platten, glattgewalzten Körper in heftigem, wirrem Schrecken anzustarren. Du musst drüberfahren, musst sie überfahren! Was, wenn sie noch am Leben wären? Nein. Unmöglich.

Manchmal streifte sie beim Fahren die Schuhe ab. Fuhr barfuss, den Fuss sicher auf dem Gaspedal. Es war ihr zuerst seltsam vorgekommen – sie hatte ihre Kindheit in einer teuren, aber schlecht geheizten Wohnung auf der Westseite von Manhattan verbracht, und im Sommer fuhren ihre Eltern meistens nach Maine, wo es so oft kalt und feucht war und der Strand voller Steine, so dass sie daran gewöhnt war, immer Schuhe zu tragen.
Warum hast du deine Sachen noch nicht gepackt?
Ungeduldig, ohne Schuhe auf dem dröhnenden Boden, schon ein wenig euphorisch. Sie waren dabei, zu entkommen. Befreit, ohne Fesseln, ohne Schuld.

Sie ging in die Küche, wo er eine Tüte Milch austrank, in grossen Schlucken hinunterstürzte. Er hatte keine Lust darauf. Aber er mochte nichts vergeuden: Lebensmittel, Kleidung, Seife, Papiertaschentücher. Immerhin waren sie arm. Es war demütigend, so arm zu sein. Zwar nur vorübergehend, aber immerhin ... Wie verbittert sie beide darüber waren, die Kaution von hundertfünfzig Dollar für ihr Reihenhaus zu verlieren. Evan trank die Milch und spülte die Tüte säuberlich aus. Er wollte wissen, ob der Seesack schon ganz voll sei? Und wie spät es *sei,* seine Uhr war stehengeblieben.

Für die lange Fahrt nach Norden: Evan in Khakishorts und einem dünnen weissen Pullover, mit ausgeleiertem Ausschnitt und Ärmeln, die vom vielen Waschen die Form verloren hatten. Ziemlich muskulös um die Schultern und die Brust, aber dünne, blasse Beine; die Knöchel weiss und fast so schlank wie Renées. Lange, schmale, nervöse Füsse, blosse Zehen, die die Linoleumplatten kneteten. Renée tat so, als bemerkte sie nichts. Sie sah ihn an und lächelte, und er lächelte zurück. *Ich liebe dich.*

Ob sie am ersten Tag bis Lexington, Kentucky, kommen würden? Renée trug ein weites blaues Kleid ohne Ärmel. Die Sonne würde sicher auf ihre Haut brennen, aber schon der Gedanke an Stoff auf ihren Armen war unerträglich. Irgend etwas war mit ihrer Haut im Gesicht und an den Armen, vielleicht eine Reaktion auf das konzentrierte Licht in diesem Klima ... Diese windlose, dichte, feuchte Hitze. Weissglühendes Sonnenlicht. Etwas, worüber sie sich in den Briefen an ihre Mutter beklagen konnte, etwas, wogegen zu protestieren erlaubt war. Diese erbarmungslose Hitze begann sie zu verwirren, als ob sie anzeigte, dass auch sonst etwas nicht in Ordnung war, etwas, das nicht nur ihr Leben betraf. War diese Hitze nicht beleidigend, entmenschlichend? Und die Abhängigkeit von den Klimaanlagen, von Maschinen, die ständig liefen, um die klebrige Hitze zu vertreiben.

In dem Reihenhaus, das sie gemietet hatten, gab es natürlich eine Klimaanlage im Schlafzimmer. Ein altes, klappriges Modell. Evan war von der Idee besessen, er müsse es ständig überprüfen, weil er meinte, dass es immer schlechter funktionierte. Er rief die Mietagentur an. Jemand versprach, einen jungen Mann hinüberzuschicken. Es war immer dasselbe: *Ein junger Mann. Wir schicken jemand.* Ein paar Tage vor ihrer Abreise hatte die Klimaanlage endgültig versagt. Evan triumphierte. Sie stritten sich. Renée wusste gar nicht mehr, warum sie sich eigentlich gestritten hatten. Wollte Evan den alten Apparat reparieren lassen, oder wollte Renée der Agentur Bescheid geben, damit ein neuer Apparat eingebaut werden konnte, bevor die neuen Mieter einzogen – sie sollten sofort einziehen –, oder hatten sie sich nur gestritten, weil sie sich einfach streiten mussten, wegen der Hitze, wegen Herrn Dr. Maynards Überdruss und Ekel.

Herr Dr. Maynard, das war Evan, drüben im Labor in Lake City.
Imponierend, seine wissenschaftliche Laufbahn! Alle waren sich darüber einig. Ein akademischer Grad in Chemie und einer in Biologie. Einen Doktor in Biologie. Und dabei noch so jung. Abgesehen von seiner Angewohnheit, die Stirn zu runzeln und zu grübeln, war er so jungenhaft, dass es schwerfiel zu glauben, dass er schon so viel geleistet hatte. Er hatte, um dem Militärdienst zu entgehen, als einfacher Forschungsassistent in Lake City angefangen und dann schon nach einem Jahr eine wesentlich bessere Position bekommen, der Gehaltssprung war beachtlich ... Aber ein anderer junger Mann in seinem Alter, ein Neurologe, hatte eine noch steilere Karriere gemacht.

Beim Überqueren der Grenze wird sie anfangen können, zu vergessen. Den Juniper-Weg und den Küchenausguss, der immer roch, die Klimaanlage und die Küchenschaben ... einige waren von seltsamer braunglitzernder, augenblinkender Eiglätte, Eier mit winzigen, aber festen Beinen, Eier mit starrenden, intelligenten Augen ... *Die Geschichte meines Lebens,* lachte Evan eines Nachts, angetrunken, *der falsche Ort, die falsche Zeit, der falsche Anfang einer Ehe* ... und die vier kleinen Zimmer, die zwei winzigen Einbauschränke, der unordentliche Hinterhof, in dem kein Gras wuchs und in dem im Juni sogar das Unkraut verbrannte – die gelben Blüten runzelten sich zu braunen Knoten zusammen und sahen ältlich und komisch aus. Renées Alpträume hatten begonnen, bevor es einen Anlass dafür gab. Viele Monate vorher, als Dr. Maynard noch nicht an diesem Geheimprojekt «Verteidigungsbiologie» mitgearbeitet hatte. Ihre Träume zogen sie in die eine Richtung, ihr bewusstes Denken in eine andere: ein ständiger Streit mit sich selbst, viel schlimmer als die Auseinandersetzungen mit ihrem Mann (die immer beherrscht blieben, nie richtig brutal wurden: sie waren beide zu intelligent, um zu glauben, dass in irgendeiner Sache nur einer recht haben könnte) ... Aber sie wird alles vergessen können, wahrscheinlich. Man vergisst schnell. Sie ist Mitte Zwanzig, das ist die Zeit, um intensiv zu leben, und um Dinge zu vergessen.

In der Herrentoilette erbricht er, und hier draussen im Auto, das mit Gepäck beladen ist, mit Reisetaschen und Bücherkisten und Evans altmodischer, gebogener Lampe, deren Fuss aus Blei sein muss, so schwer ist sie – hier draussen in der staubigen Sonne von Detroit sitzt Renée über die Karte gebeugt und knickt eine Ecke der Karte nach vorne und nach hinten, wie sie es schon seit Hunderten von Meilen tut. Die Grenze zwischen zwei Ländern wird auf Karten immer in gestrichelten, aber deutlichen Linien dargestellt, die zeigen, dass diese Grenze zwar im physikalischen Sinne nicht real vorhanden ist, aber in einem metaphysischen Sinne sehr real: so kapituliert die Natur vor der Politik wie die Mythologie vor der Physiologie. Wahrscheinlich ist das notwendig. Besser so. Wie könnte die Liebe es mit Alpträumen aufnehmen? Die Liebe hätte auch kapituliert. Vielleicht hat die Liebe schon vor Monaten aufgehört, als Renée aus einem quälenden Schlaf erwachte, in dem Küchenschaben, Silberfischchen, Käfer und pfeilschnelle Eidechsen durcheinanderquollen und den das bohrende Bewusstsein durchzog, dass ihr Mann schlaflos neben ihr lag. Gegen Ende kam es öfters vor, dass er vom Tisch aufstand, plötzlich, ohne Erklärung und sich in ihrem winzigen Badezimmer einschloss, hinten im Haus. Obwohl er beide Wasserhähne aufdrehte, hörte sie ihn doch. Schwer für die Liebe, es damit aufzunehmen.

In Jacksonville gab es eine Beratungsstelle für Bürgerrechte.

Evan rief dort an. Renée lauschte nicht. Sie horchte nicht absichtlich ... *Verletzung des Vertrags* ... *sie versuchen mich zu beschuldigen* ... *Gehorsamsverweigerung* ... *ein Jahr Gefängnis* ... *vier oder fünf von uns wollen raus* ... Und eine Woche nervöse Spannung und Warten. Evan fuhr nicht mehr die fünf Meilen zu seinem Arbeitsplatz auf dem Regierungsgelände. Er blieb zu Hause und wartete. Versuchte, die Klimaanlage zu reparieren. Manchmal schweigend, manchmal überschwänglich und fröhlich redend. Er plante schon das neue Leben in einem neuen Land, bevor er darauf hoffen konnte, versicherte ihr schon jetzt, dass ihm jede Arbeit dort recht sei, auch körperliche Arbeit ... Ein neues Leben, ein neues Land.

«Wir sind hier geboren», sagte Renée ironisch.

«Wir sind nicht unbedingt irgendwo geboren», sagte Evan.

Die Ambassador-Brücke ist ein paar Strassen weiter. Evan, der junge Ehemann, kommt jetzt von der Toilette der Sunoco-Tankstelle zurück, er war nur etwa fünf Minuten weg, das war nicht so schlimm, jetzt sieht er blass aus, leichenblass, aber triumphierend. Renée, die junge Frau, lächelt ihm entgegen, ist aber nicht sicher, ob er es sieht.

Egal: *ich liebe dich.* Egal: *jetzt sind wir hier.*

(Aus: Joyce Carol Oates, «Grenzüberscheitungen». Erzählungen. Aus dem Amerikanischen von Helga Pfetsch. Deutsche Verlagsanstalt, Stuttgart 1978. © 1976 by Joyce Carol Oates. © für die Übersetzung: Helga Pfetsch, WortErben.com)

Mo Yan
Die unterirdische Hochzeit

Am Neujahrstag 1988 wurde im Arbeitslager nicht gearbeitet. Von den mehreren hundert Häftlingen sassen einige auf ihrer Pritsche und schrieben Briefe nach Hause, andere hatten sich hingelegt und schliefen, und mehrere drängten sich vor dem Fenster der Lagerleitung, weil im Zimmer ein Schwarzweissfernseher auf dem Tisch stand, in dem gerade die Übertragung der Neujahrsgala lief. Auf einem grossen Stein im Hof sassen Gao Ma und Gao Yang im milden Sonnenschein. Sie hatten ihre wattierten Jacken ausgezogen und suchten sie nach Flöhen ab. Überall im Hof sassen Häftlinge zu zweit oder zu dritt zusammen, um vertrauliche Gespräche zu führen und den Sonnenschein zu geniessen. Der Posten auf dem Wachturm neben Tor zwei hielt sein Gewehr schussbereit. Das Eisentor des Haupteingangs war abgeschlossen. Ein grosses Vorhängeschloss hing im Sperriegel.

Einige Mitarbeiter der Lagerverwaltung schnitten den Häftlingen die Haare und plauderten dabei mit ihnen.

Auf der Mauer der offenen Toilette im Hof rannten grosse Ratten hin und her. Eine schwarze Katze wurde zwischen dem Haupteingang und Tor zwei von einer Schar Ratten auf einen Baum gejagt.

Gao Yang seufzte: «Wenn die Ratten gross sind, bekommen es sogar die Katzen mit der Angst zu tun.»

Gao Ma lächelte und schwieg.

«Ich habe meiner Frau gesagt», erzählte Gao Yang, «sie soll dir nach dem Neujahrsfest ein Paar Schuhe mitbringen.»

«Ich möchte deiner Frau keine Mühe machen», erwiderte Gao Ma gerührt. «Sie hat es schwer genug mit den zwei Kindern. Ich bin Junggeselle und komme schon zurecht.»

«Bruder», sagte Gao Yang, «du wirst dich wundern, wie die Zeit vergeht. Wenn du ein paar Jahre Geduld hast, wird es dir nach der Entlassung viel besser gehen, und du kannst vielleicht heiraten.»

Gao Ma lächelte, sagte aber nichts.

«Du bist Reservist», fuhr Gao Yang fort. «Ich habe bemerkt, dass der Lagerleiter dich sympathisch findet. Wenn du dich gut aufführst, wird dir bestimmt ein Teil der Strafe erlassen. Du kommst vielleicht früher raus als ich.»

«Was macht es für einen Unterschied, wann ich entlassen werde? Mir wäre es lieber, ich könnte deine Strafe mit übernehmen, damit du rauskommst und deine Familie ernähren kannst.»

«Dass uns beide dieses Pech getroffen hat», sagte Gao Yang, «das ist unser Schicksal. Ein Mann kann so etwas schon überstehen, aber um Tante Vier tut es mir leid.»

«Ist sie nicht aus medizinischen Gründen entlassen worden?»

Gao Yang begann plötzlich zu stottern. «Eigentlich hat meine Frau mir verboten, dass ich dir davon erzähle, aber ...»

Gao Ma packte Gao Yangs Hand und fragte drängend: «Was ist passiert?»

«Immerhin war sie deine Schwiegermutter», sagte Gao Yang, «ich finde es nicht richtig, es dir zu verschweigen.»

«Grosser Bruder, spann mich nicht auf die Folter, sag es mir.»

«Meine Frau hat mich doch kurz vor Neujahr besucht. Bei der Gelegenheit hat sie mir alles erzählt.»

«Was hat sie erzählt?»

«Die Söhne von Tante Vier sind Bestien. Sie haben überhaupt keinen menschlichen Anstand.»

Gao Ma wurde ungeduldig. «Bruder Gao Yang, schüttle die Bohnen aus dem Bambusrohr. Sprich nicht so in Andeutungen. Heraus damit.»

«Gut, ich erzähl es dir. Assistent Yang von der Gemeindeverwaltung ist ein gemeiner Schuft. Er hatte einen Neffen mit Namen Cao Wen. Der ist vor kurzem in einen Brunnen gesprungen, um sich das Leben zu nehmen. Bei der Vorbereitung der Beerdigung kam die Familie Cao auf die Idee, für ihn eine unterirdische Hochzeit zu organisieren.»

«Was heisst unterirdische Hochzeit?»

«Weisst du nicht, was eine unterirdische Hochzeit ist?»

Gao Ma schüttelte den Kopf.

«Das bedeutet, dass man zwei Tote miteinander verheiratet. Da Cao Wen tot war, hat die Familie Cao an Jinjü gedacht.»

Gao Ma sprang auf.

«Bruder», sagte Gao Yang, «lass mich in Ruhe erzählen. Die Familie Cao wollte, dass Jinjüs Geist die Frau ihres toten Sohnes wird. Sie haben Assistent Yang um Vermittlung gebeten.»

«Ich ficke seine Ahnen», schimpfte Gao Ma. «Jinjü gehört mir.»

«Das macht mich auch so zornig. Alle im Dorf wissen, dass Jinjü dir gehört. Trug sie nicht dein Kind im Bauch? Aber Assistent Yang hat ihre Brüder überredet, Jinjüs sterbliche Überreste für achthundert Yüan an die Familie Cao zu verkaufen. Die Brüder haben sich das Geld geteilt. Die Familie Cao hat Leute geschickt, die Jinjüs Grab geöffnet und ihre sterblichen Überreste herausgeholt haben.»

Gao Mas Gesicht wurde starr, und er gab keinen Laut von sich.

«Meine Frau sagt, die Familie Cao hat diese unterirdische Hochzeit mit grösserem Pomp gefeiert, als man es von einer normalen Hochzeit kennt. Sie haben eine Musikkapelle aus einem anderen Kreis kommen lassen und viele Gäste eingeladen. Die Leiche von Jinjü und die Leiche von Cao Wen wurden zusammen in einen grossen roten Sarg gelegt und begraben. Es kamen Schaulustige aus vielen Dörfern in der Umgebung, um das Spektakel zu sehen. Sie schimpften alle auf die Familie Cao, auf Assistent Yang und auf Tante Viers Söhne und waren sich einig, dass das Ganze eine himmelschreiende Schande ist.»

Gao Ma sagte nichts.

Gao Yang blickte ihn verstohlen an. «Lieber Bruder, du darfst die Sache nicht so schwer nehmen. Das sind Unmenschen ohne Herz. Der Himmel wird sie bestrafen. Hätte ich doch nur geschwiegen; meine Frau hat mir gesagt, ich darf es dir auf keinen Fall erzählen, aber ich kann meinen verdammten Mund nicht halten.»

Auf Gao Mas Gesicht erschien ein eigentümliches Lächeln.

«Lieber Bruder», sagte Gao Yang angstvoll, «mach keine Dummheiten. Du bist Soldat gewesen, du glaubst ja wohl nicht an Geister und solche Sachen.»

«Was ist mit Tante Vier?» wollte Gao Ma wissen.

Gao Yang brachte es erst nach längerem Zögern heraus. «An dem Tag, als die Familie Cao Jinjüs Leiche ausgraben liess, hat Tante Vier sich erhängt.»

Gao Ma brüllte auf und spuckte hellrotes Blut.

(Aus: Mo Yan, «Die Knoblauchrevolte» Aus dem Chinesischen von Andreas Donath, Unionsverlag, Zürich 2009. ©Unionsverlag, Zürich 2003. Titel vom Herausgeber)

Charles Lewinsky
Liebe ist nicht verhandelbar

Kamionker nickte, als habe man ihm gerade in einer öffentlichen Versammlung das Wort erteilt. «Es ist also so», sagte er, «ich war in Zürich an diesem Kongress und habe da einen Mann aus Witebsk kennengelernt. Ein Schuhmacher, aber nebbech so schmächtig wie ein Schneider. Sein Bruder ist nach New York ausgewandert und zwei seiner Onkel auch. Dieser Schuhmacher, Jochanan heisst er übrigens, wie Rabbi Jochanan aus dem Talmud, der ja auch ein Schuhmacher war, dieser Schuster hat nun also seine ganze Mischpoche in Amerika. Und sitzt selber in Witebsk, wo ein Sozialist so beliebt ist wie ein Floh in einem Hochzeitsbett. Zehn Tage lang hat er mir vorgejammert, wie sehr ihm sein Bruder fehlt, an jedem Tag von diesem unnötigen Kongress. Es war irgendwann nicht mehr auszuhalten, wie er gekrechzt hat. Was sollte ich machen? Irgendwie musste ich ihn zur Ruhe bringen.» Er breitete seine Arme aus; als wolle er jemanden umarmen. «Also habe ich ihm meine Fahrkarte geschenkt. Er ist schon unterwegs. Zürich–Paris. Paris–Le Havre. Le Havre–New York. Obwohl die dort, weiss Gott, schon genügend Schuhmacher haben. Ja, Fräulein Hinda, so ist das.»

Hinda sah ihn nicht an, ignorierte ihn so mit allen Kräften, wie man das nur mit einem Menschen tun kann, der einen mehr interessiert als jeder andere, und so war es Chanele, die ihn fragte. «Und Sie?»

«Ich bleibe in der Schweiz», sagte Kamionker. «Ein Schneider hat's gut. Er kann überall verhungern. Und da ich nun also hier bleibe, habe ich etwas mit Ihnen zu besprechen, Herr Meijer.»

‹Er sucht eine Stelle›, dachte Janki. ‹Er ist ein Schneider, und ich habe ein Kleidergeschäft. Aber ich werde den Teufel tun, mir eine solche Laus in den Pelz zu setzen.›

«Ich bedaure ...» begann er.

Kamionker schlug seine Hände zusammen, so laut, dass Arthur zusammenfuhr, und dehnte knackend die Gelenke.

‹Er hat starke Hände›, dachte Hinda und wartete mit angehaltenem Atem auf das, was er wohl sagen würde.

«Haben Sie in Ihrer Firma eine Gewerkschaft?» sagte Zalman Kamionker.

Gewerkschaft? War er deshalb gekommen?

«Wieso wollen Sie das wissen?» fragte Janki.

«Nu ja», sagte Kamionker, «gewisse Dinge wären dann einfacher zu erklären. Es ist so: Wenn Sie schon mit Gewerkschaftern verhandelt hätten, dann wüssten Sie, dass es immer zwei Arten von Forderungen gibt: solche, über die man reden kann, und solche, die nicht verhandelbar sind. Absolutely non-negotiable. Ist das klar?»

‹Der Mann ist meschugge›, dachte Janki. ‹Einfach meschugge.›

«In unserm Falle, Herr Meijer: wir können über alles reden.» Kamionker hielt die offenen Handflächen vor sich hin, wie es in Arthurs Indianerbüchern die Häuptlinge taten, wenn sie zeigen wollten, dass sie das Kriegsbeil nicht ausgegraben hatten. «Ich gehe noch weiter: Sie können bestimmen, wie Sie es gemacht haben wollen, und so wird es gemacht. Ich bin ein friedlicher Mensch. Nur eine Sache ist nicht verhandelbar.»

‹Wovon redet er eigentlich?› dachte Hinda.

«Absolut nicht verhandelbar», sagte Zalman Kamionker.

«Wovon reden Sie eigentlich?» fragte Janki.

«Von Fräulein Hinda natürlich. Ich werde sie heiraten.»

Hatte er ‹heiraten› gesagt?

«Über alles andere kann man reden», sagte Kamionker.

Janki sagte nein, natürlich sagte er nein. Da kam so ein wildfremder Mensch, ein Mann, der nichts war und nichts hatte, und wollte einfach ... «Kommt nicht in Frage», sagte Janki. «Nicht in Frage. Überhaupt nicht in Frage.» Man habe ja schon mancherlei von galizianischen Sitten gehört, dass die noch ungeschliffener seien als anderswo, aber im Osten mochten solche Lumpenhändlergebräuche ja möglicherweise gang und gäbe sein, da masse er sich kein Urteil an. Das heisst: sein Urteil stehe fest, absolut fest, und jede weitere Diskussion erübrige sich deshalb. Man sei hier nämlich nicht auf dem Balkan und in Amerika schon gar nicht, und es stehe deshalb überhaupt nicht zur Debatte, nicht zur Debatte, Punkt, aus, Schluss. Im übrigen sei es wohl das beste, wenn der Herr Kamionker sich jetzt empfehle, und zwar stante pede.

Der Herr Kamionker lächelte nur ganz friedlich und meinte, der Herr Meijer habe ihm wohl nicht richtig zugehört, er habe doch klar und deutlich gesagt, dass dieser Punkt nicht verhandelbar sei.

François sprang auf, die Schnurrbartspitzen gesträubt, und packte Kamionker am Kragen, kriegte den dicken Jackenstoff mit der Faust zu fassen und wollte den aufsässigen Gast hinausbefördern, aber der blieb einfach sitzen, als zöge und risse da nicht jemand an ihm herum, und erst als François auch noch mit der andern Hand zupackte, schnipste Kamionker ihn weg, es konnte kein passenderes Wort dafür geben, schnipste ihn einfach weg und machte dazu ein Gesicht wie bei einer übermütigen Rauferei unter Freunden.

«Die Polizei!» stiess François atemlos hervor. «Wir müssen die Polizei rufen lassen.»

«Polizei? Narrischkeit!» sagte Zalman Kamionker. Er nahm eine Kristallkaraffe vom Tisch und wog sie in der Hand, als prüfe er sie auf ihre Eignung zum Wurfgeschoss. François ging hinter seinem Stuhl in Deckung.

Arthur merkte stolz und ein bisschen ungläubig, dass er überhaupt keine Angst hatte, obwohl es doch allen Grund dazu gegeben hätte.

Kamionker betrachtete die Karaffe nachdenklich und stellte sie wieder auf das Tischtuch zurück. «Sie sind reiche Leute», sagte er zu Janki. «Nun ja. Ich habe es mir nicht ausgesucht, aber ich kann es auch nicht ändern. Wenn es also wegen der Mitgift ist – wir brauchen keine. Ich habe im Leben noch immer alles mit eigenen Händen geschafft.»

«Es geht nicht um die Mitgift!» sagte Janki überlaut.

«Wie Sie meinen. Ich habe Ihnen ja gesagt: In all diesen Punkten richte ich mich gerne nach Ihnen.»

Jankis Empörung liess nicht nach, nur weil er ihr so lautstark Ausdruck verlieh. Im Gegenteil: sie wuchs immer mehr an, dass er schliesslich nur noch japsen konnte, wie wenn einem ein allzu aufgeblähter Magen die Luft abdrückt. Nur dass es für diesen Fall kein Natronpulver gab, das ihm Erleichterung verschafft hätte.

Irgendwann verstummte er ganz. Die Eruption war vorüber. Zalman Kamionker hatte ganz ruhig abgewartet, ein Feuerwerker, der genau weiss, wann ein bengalisches Feuer ausgebrannt ist. Dann wandte er sich an Chanele. «Und was meinen Sie, Frau Meijer?»

Chanele sah ihn lange an, von der speckigen Ledermütze bis zu den bäurischen Schuhen, von den ungekämmten Haaren bis zu den Fingernägeln mit den schwarzen Rändern. Sie zog die Augenbrauen hoch, dass ihr die schwarze Linie mitten in der Stirne zu stehen schien, und stellte dann die Frage, die Arthur schon lange gestellt haben würde, wenn er nicht nur ein kleiner Junge gewesen wäre, sondern genauso ein Erwachsener wie die anderen. «Haben Sie denn schon mit Hinda darüber gesprochen?»

Hinda hielt immer noch den Suppenlöffel in der Hand und legte ihn jetzt so sorgfältig hin, wie man einen Glückskäfer, der einem zugeflogen ist, auf ein Blatt setzt.

«Nu?» machte Chanele, als Kamionker nicht antwortete.

Zalman war so verlegen, wie es nur jemand sein kann, für den Verlegenheit ein ganz und gar ungewohntes Gefühl ist.

«Es ist also so», sagte er und stockte. «Ich dachte, ich muss zuerst die Eltern fragen.»

«Narrischkeit», sagte Chanele und wusste jetzt schon, dass das eines ihrer Lieblingsworte werden würde.

«Ich wollte ...» sagte Kamionker.

«Fragen Sie sie!»

Janki hatte unterdessen die Sprache wiedergefunden. «Das kommt überhaupt nicht ...», begann er.

«Scha!», machte Chanele.

Zalman Kamionker, der die ganze Zeit so selbstsicher gewesen war, betrachtete jetzt seine Hände, wie ein Instrument, das er nie spielen gelernt hatte. Dann streckte er sie zu Hinda aus, schüchtern wie ein kleines Kind, das einer Königin einen Blumenstrauss überreicht. «Fräulein Hinda», fragte er, «wollen Sie ...?»

Hinda liess ihn warten und sagte erst nach ein paar unendlich langen Sekunden: «Was soll ich machen? Wenn es nun mal nicht verhandelbar ist ...»

(Aus: «Melnitz». Roman. Verlag Nagel & Kimche, Zürich 2006. Copyright by Diogenes Verlag, Zürich 2013. Vom Autor leicht gekürzt. Titel vom Herausgeber.)

Kindheit und Familie

James Joyce
Eveline

Sie sass am Fenster, beobachtete, wie der Abend auf die Strasse herabsank. Ihr Kopf lehnte gegen die Fenstervorhänge, und sie roch den Duft des staubigen Kreton. Sie war müde.

Wenige Leute gingen vorbei. Der Mann aus dem letzten Hause kam auf dem Heimweg vorüber; sie hörte seine Schritte auf dem harten Pflaster hallen und dann auf dem Aschenpfad vor den neuen, roten Häusern knirschen. Früher war da mal ein Feld gewesen, auf dem sie jeden Abend mit den Kindern anderer Leute spielten. Dann kaufte ein Mann aus Belfast das Feld und baute Häuser darauf – die waren nicht wie ihre kleinen, braunen Häuser, sondern helle Backsteinhäuser mit glänzenden Dächern. Die Kinder der Strasse spielten zusammen auf diesem Felde – die Devines, die Waters, die Dunns, der kleine Krüppel Keogh, sie und ihre Brüder und Schwestern. Ernst aber spielte nie mit, er war schon zu gross. Oft jagte der Vater mit seinem Schwarzdornstock hinter ihnen her, jagte sie von dem Felde; aber gewöhnlich stand der kleine Keogh Schmiere und rief, wenn er ihren Vater kommen sah. Aber damals waren sie doch ziemlich glücklich. Der Vater war zu jener Zeit noch nicht so schlimm; und ausserdem lebte die Mutter noch. Das war lange her; sie und ihre Brüder und Schwestern waren jetzt alle erwachsen; ihre Mutter war tot. Tizzie Dunn war auch schon tot, und die Waters waren wieder nach England zurückgekehrt.

Alles ändert sich. Jetzt wollte auch sie fort wie die andern, wollte ihr Heim verlassen.

Heim! Prüfend liess sie die Blicke durch das Zimmer schweifen, sah noch einmal auf all seine vertrauten Gegenstände, die sie so viele Jahre hindurch einmal wöchentlich abgestaubt hatte, wobei sie sich immer wieder fragte, woher all der Staub käme. Vielleicht würde sie diese vertrauten Gegenstände nie wiedersehen, von denen sich einmal trennen zu müssen ihr nie in den Sinn gekommen war. Und doch hatte sie während all der Jahre nie den Namen des Priesters erfahren, dessen vergilbte Photografie an der Wand über dem zerbrochenen Harmonium neben dem farbigen Druck hing, der die Verheissungen an die gesegnete Maria Alacoque darstellte. Er war ein Schulfreund ihres Vaters gewesen. Jedesmal, wenn ihr Vater einem Besucher die Photografie zeigte, hatte er so beiläufig bemerkt: «Er ist jetzt in Melbourne.»

Sie hatte sich bereit erklärt, fortzugehen, ihre Heimat zu verlassen. War das klug? Sie versuchte, die Frage nach jeder Seite zu ergründen. In ihrer Heimat hatte sie auf jeden Fall Schutz und Nahrung; sie hatte die Menschen, die sie ihr ganzes Leben lang um sich gehabt hatte. Natürlich musste sie schwer arbeiten, sowohl zu Hause als auch im Geschäft. Was würde man über sie im Geschäft sagen, wenn man erfuhr, dass sie mit einem Mann fortgelaufen war? Vielleicht, dass sie nicht bei Sinnen wäre; dann eine Annonce, und ihre Stelle war neu besetzt. Fräulein Gavan würde sich freuen. Sie hatte sie immer auf dem Zug gehabt, besonders dann, wenn Kunden in der Nähe waren und zuhörten.

«Fräulein Hill, sehen Sie denn nicht, dass die Damen warten?»

«Machen Sie bitte ein freundliches Gesicht, Fräulein Hill.»

Sie würde dem Geschäft keine Träne nachweinen. Aber in ihrer neuen Heimat, in einem fernen, unbekannten Land, würde alles anders sein. Dann würde sie sich verheiraten – sie, Eveline. Die Leute würden ihr dann voller Achtung begegnen. Sie würde nicht behandelt werden, wie ihre Mutter behandelt worden war. Selbst jetzt noch, obwohl sie schon über neunzehn war, fühlte sie sich oft von den Gewalttätigkeiten ihres Vaters bedroht. Sie wusste, dass sie davon das Herzklopfen hatte. Als sie noch Kinder waren, war er nie zu ihr gewesen, wie er zu Harry oder Ernst zu sein pflegte, weil sie ein Mädchen war; aber seit einiger Zeit hatte er angefangen, sie zu bedrohen, und sagte, dächte er nicht an ihre tote Mutter, würde ihr dies und das passieren. Und jetzt hatte sie niemand, der sie schützte. Ernst war tot, und Harry, der Kirchenmaler war, war fast immer irgendwo anders im Land. Ausserdem waren ihr die ewigen Geldstreitigkeiten am Samstagabend unsäglich widerwärtig. Immer gab sie ihren ganzen Lohn – sieben Shilling – und Harry schickte immer, was er konnte, aber immer hielt es schwer, von ihrem Vater Geld zu bekommen. Er sagte, sie vertäte das Geld, sie wäre nicht bei Trost, er gäbe ihr doch nicht sein schwer verdientes Geld, dass sie es auf die Strasse würfe, und so weiter, denn Samstag abends war er immer sehr schlechter Laune. Schliesslich gab er ihr aber doch das Geld und fragte sie, ob sie das Sonntagessen einkaufen wolle. Dann musste sie so schnell wie möglich aus dem Hause laufen und die Einkäufe besorgen; die schwarze Lederbörse hielt sie fest in der Hand, während sie sich mit dem Ellbogen ihren Weg durch die Menge bahnte; erst spät kehrte sie dann schwerbepackt nach Hause zurück. Sie musste schwer arbeiten, wollte sie das Haus in Ordnung halten, musste darauf achten, dass die beiden kleinen Kinder, für die sie zu sorgen hatte, regelmässig zur Schule kamen und regelmässig ihre Mahlzeiten bekamen. Es war nicht leicht – war ein schweres Leben – aber jetzt, wo sie es aufgeben wollte, fand sie es doch nicht so ganz unerträglich. Sie wollte ein anderes Leben mit Frank zusammen kennenlernen. Frank war sehr freundlich, männlich, offenherzig. Sie wollte mit dem Abendschiff mit ihm fortfahren, wollte sein Weib werden und mit ihm in Buenos Aires wohnen, wo er ein Haus hatte, das auf sie wartete. Wie gut sie sich erinnerte, wie sie ihn zum erstenmal gesehen hatte; er wohnte in einem Haus der Hauptstrasse, in das sie öfters kam. Es schien erst ein paar Wochen her zu sein. Er stand am Gitter, die Mütze hatte er in den Nacken geschoben, und sein Haar fiel ihm in das bronzefarbene Gesicht. Dann hatten sie einander kennengelernt. Jeden Abend hatte er sie vor dem Geschäft getroffen und nach Hause begleitet. Er nahm sie mit in *The Bohemian Girl,* und sie war sehr stolz gewesen, als sie neben ihm auf einem ungewohnten Platz im Theater sass. Er mochte Musik ungeheuer gern und sang ein wenig. Die Leute wussten, dass sie miteinander gingen, und wenn er das Lied von dem Mädchen sang, das einen Matrosen liebt, war sie jedesmal so angenehm verwirrt. Aus Spass nannte er sie Puppi. Zuerst war für sie der Gedanke, einen Geliebten zu haben, eine Erregung gewesen, und dann hatte sie ihn auch bald geliebt. Als Schiffsjunge hatte er auf einem Schiff der Allan Line, das nach Kanada fuhr, angefangen; ein Pfund hatte er monatlich verdient. Er nannte ihr die Namen der Schiffe, auf denen er gefahren war, und die der verschiedenen Gesellschaften. Er war durch die Magellanstrasse gefahren und erzählte ihr Geschichten über die schrecklichen Patagonier. In Buenos Aires hätte es dann geklappt, sagte er, und er wäre mal, um Ferien zu machen, in die alte Heimat gekommen. Natürlich hatte ihr Vater die Geschichte gemerkt und ihr verboten, auch nur ein Wort mit ihm zu reden.

«Ich kenne diese Matrosen», sagte er.

Eines Tages hatte er sich mit Frank gezankt, und nach diesem Zwischenfall konnte sie den Geliebten nur noch heimlich treffen.

Immer dunkler wurde es in der Strasse. Das Weiss zweier Briefe auf ihrem Schoss wurde undeutlich. Der eine war an Harry, der andere an ihren Vater. Ernst war ihr Lieblingsbruder gewesen, aber auch Harry mochte sie gerne. Sie hatte bemerkt, dass ihr Vater seit einiger Zeit alterte; er würde sie vermissen. Manchmal konnte er sehr nett sein. Vor kurzem noch, als sie einen Tag krank zu Bett lag, hatte er ihr eine Gespenstergeschichte vorgelesen und Toast für sie auf dem Feuer bereitet. Ein anderes Mal, als ihre Mutter noch lebte, waren sie alle auf den Hill of Howth gegangen und hatten dort gepicknickt. Sie sah den Vater noch vor sich, wie er den Hut der Mutter aufsetzte, damit die Kinder lachten.

Die Zeit verging schnell, aber immer noch sass sie am Fenster, lehnte den Kopf gegen den Fenstervorhang, atmete den Duft des staubigen Kreton. Weit unten in der Strasse konnte sie eine Strassenorgel spielen hören. Sie kannte die Melodie. Seltsam, dass sie sie grade jetzt hörte, dass sie sie an das Versprechen an die Mutter erinnerte, das Haus so lange sie nur konnte zusammenzuhalten. Sie dachte an den letzten Abend der Krankheit ihrer Mutter; sie war wieder in dem schwülen, dunklen Zimmer auf der andern Seite des Flurs, und draussen hörte sie eine melancholische italienische Melodie. Dem Orgelspieler hatte man gesagt, er solle weitergehen, und hatte ihm six Pence gegeben. Sie dachte auch an den Vater, der wieder ins Krankenzimmer stolzierte und sagte: «Die verfluchten Italiener! Kommen sogar bis hierhin!»

Während sie so sann, tropfte ihr Erkenntnis aus der Vision des jämmerlichen Lebens ihrer Mutter bis ins Innerste – dies banale Opferleben, das im Irrsinn endete. Sie erbebte, als sie immer wieder ihrer Mutter Stimme mit närrischer Beharrlichkeit sagen hörte:

«Derevaun Seraun! Derevaun Seraun!»

Von plötzlicher Angst gepackt, stand sie auf. Fliehen! Sie musste fliehen! Frank würde sie retten! Er würde ihr Leben, vielleicht auch Liebe geben. Aber sie wollte leben. Warum sollte sie unglücklich sein? Sie hatte ein Recht auf Glück. Frank würde sie in seine Arme nehmen, sie in seine Arme hüllen. Er würde sie retten ...

Sie stand in der unruhigen Menge auf dem North-Wall-Bahnhof. Er hielt ihre Hand, und sie wusste, dass er zu ihr sprach, immer wieder etwas über die Überfahrt sagte. Der Bahnhof war voll Soldaten mit braunem Gepäck. Durch die weiten Tore der Schuppen sah sie die schwarze Masse des Schiffes, das mit erleuchteten Luken an der Kaimauer lag. Sie antwortete nichts. Sie fühlte, wie kalt und blass ihre Wangen waren, und aus wirrer Not heraus betete sie zu Gott, sie zu leiten, ihr zu zeigen, was ihre Pflicht war. Das Schiff stiess ein langes, trauriges Pfeifen in den Nebel. Wenn sie ging, war sie morgen mit Frank auf dem Meer, fuhr nach Buenos Aires. Ihre Plätze für die Überfahrt waren bestellt. Konnte sie nach allem, was er für sie getan hatte, noch zurück? Vor innerer Not wurde ihr schlecht, aber immer noch bewegte sie die Lippen in stillem, inbrünstigem Gebet.

Ein Glockenton fiel ihr ins Herz. Sie fühlte, wie er ihre Hand ergriff.

«Komm!»

Alle Meere der Welt umtobten ihr Herz. Er zog sie hinein: er würde sie auf den Grund reissen. Mit beiden Händen packte sie das eiserne Gitter.

«Komm!»

Nein! Nein! Nein! Es war unmöglich. Wie wahnsinnig packten ihre Hände das Eisen. Aus all den Meeren heraus schrie sie einen Angstschrei!

«Eveline! Evvy!»

Schnell trat er auf die andere Seite der Schranke und rief ihr zu, zu folgen. Er wurde angeschrien, weiterzugehen, aber immer noch rief er sie. Sie wandte ihm ihr weisses Gesicht zu, passiv, wie ein hilfloses Tier. In ihren Augen war nichts, keine Liebe, kein Abschied, kein Erkennen.

(Aus: James Joyce, «Dubliner». Übersetzt und mit Anmerkungen von Harald Beck. Nachwort von Fritz Senn. Reclam Taschenbuch 20226, Stuttgart 2012. © Reclam Verlag, Stuttgart 2023. Die «Dubliners» erschienen in englischer Sprache erstmals 1914 bei Grant Richards in London.)

Albert Camus
Zwischen ja und nein

Wenn es wahr ist, dass es nur verlorene Paradiese gibt, weiss ich, wie ich das irgendwie Zärtliche und Unmenschliche benennen muss, das mich heute erfüllt. Ein Auswanderer kehrt in seine Heimat zurück. Und ich – ich erinnere mich. Ironie,

Selbstverhärtung, alles wird still, und nun bin ich heimgekehrt. Ich will nicht in vergangenem Glück schwelgen. Es ist viel einfacher und viel leichter. Denn aus jenen Stunden, die ich aus der Tiefe des Vergessens in mir aufsteigen lasse, ist mir vor allem die unversehrte Erinnerung an eine reine Empfindung erhalten geblieben, an einen in der Zeitlosigkeit schwebenden Augenblick. Das ist die einzige Wahrheit, die ich besitze, und ich werde mir ihrer immer zu spät bewusst. Wir lieben die Eigenart einer Gebärde, das Eingefügtsein eines Baumes in die Landschaft. Und um all diese Liebe wieder aufleben zu lassen, steht uns bloss eine Einzelheit zu Gebote, doch sie genügt: der Geruch eines zu lange verschlossenen Zimmers, der besondere Klang eines Schritts auf der Strasse. Nicht anders steht es mit mir. Und wenn ich mich damals liebend selbst hingab, so war ich doch endlich ich selbst, da uns allein die Liebe uns selbst zu schenken vermag.

Gemessen, friedvoll und ernst kehren jene Stunden zurück, unverändert eindrücklich, unverändert aufwühlend – weil es Abend ist, eine Stunde der Traurigkeit, und weil am lichtlosen Himmel eine unbestimmte Sehnsucht steht. Jede wiedergefundene Bewegung enthüllt mich mir selbst. Jemand sagte mir einmal: «Es ist so schwer, zu leben.» Und ich höre den Tonfall noch jetzt. Ein anderes Mal flüsterte jemand: «Der schlimmste aller Irrtümer ist immer noch, Leiden zuzufügen.» Wenn alles vorbei ist, erlischt der Lebenshunger. Ist es das, was man Glück nennt? Während wir diesen Erinnerungen nachgehen, kleiden wir alles in dasselbe unauffällige Gewand, und der Tod erscheint uns wie ein Hintergrund mit verblichenen Farben. Wir verfolgen unsere eigene Spur zurück. Wir fühlen unsere Not, und sie lehrt uns, besser zu lieben. Ja, vielleicht ist das eben das Glück, dieses mitleidige Wissen um unser Unglück.

So ergeht es mir auch heute abend. In dem maurischen Café am Rande des arabischen Viertels erinnere ich mich nicht an ein vergangenes Glück, sondern an ein seltsames Gefühl. Schon ist es Nacht. An den Wänden jagen kanariengelbe Löwen zwischen fünffächerigen Palmen grüngekleideten Scheichen nach. In einer Ecke des Cafés verbreitet eine Karbidlampe ein flackerndes Licht. Die eigentliche Beleuchtung hat ihre Quelle im Feuer, das in dem kleinen, mit grünem und gelbem Email verzierten Herd brennt. Die Flamme erhellt die Mitte des Raums, und ich spüre ihren Widerschein auf meinem Gesicht. Ich sitze der Tür und der Bucht gegenüber. In einem Winkel kauert der Besitzer des Cafés und scheint mein leerstehendes Glas mit dem am Boden klebenden Minzenblatt zu betrachten. Keine Gäste im Lokal; tiefer unten die Geräusche der Stadt, etwas weiter entfernt Lichter über der Bucht. Ich höre das schwere Atmen des Arabers, seine Augen blitzen im Halbdunkel. Und aus der Ferne – ist es das Rauschen des Meeres?– strömt mir in gedehntem Rhythmus der Hauch der Welt entgegen und bringt mir die Gleichgültigkeit und die Ruhe des Unvergänglichen. Im breit aufzuckenden roten Widerschein geraten die Löwen an den Wänden in Bewegung. Es wird kühl. Eine Sirene auf dem Meer. Die Leuchtfeuer beginnen zu kreisen: grün, rot, weiss. Und unablässig dieses tiefe Atmen der Welt. Eine Art heimliches Lied entspringt dieser Gleichgültigkeit. Und nun bin ich heimgekehrt. Ich denke an einen kleinen Jungen, der in einem Armenviertel lebte. Dieses Viertel; dieses Haus! Es besass nur ein Stockwerk, und auf der Treppe gab es kein Licht. Noch heute, nach langen Jahren, vermöchte er in dunkler Nacht dorthin zurückzukehren. Er weiss, dass er die Treppe in Windeseile hinaufstürmen könnte, ohne ein einziges Mal zu straucheln. Sein ganzer Körper ist von diesem Haus durchtränkt. Seine Beine tragen noch die genaue Höhe der Stufen in sich und seine Hände das instinktive, nie überwundene Grauen vor dem Treppengeländer. Daran waren die Schaben schuld.

An den Sommerabenden setzen die Arbeiter sich auf ihren Balkon. Bei ihm gab es nur ein winziges Fenster. Sie trugen Stühle vor das Haus, um den Abend zu geniessen. Da war die Strasse mit den Eisverkäufern nebenan, den Cafés gegenüber, dem Lärmen der von Tür zu Tür rennenden Kinder. Aber da war vor allem zwischen den Ficusbäumen der Himmel. In der Armut liegt eine Einsamkeit, die jedem Ding seinen Wert verleiht. Von einem gewissen Grad des Reichtums an scheinen sogar der Himmel und die sternenübersäte Nacht selbstverständliche Güter. Auf der untersten Sprosse der Leiter jedoch gewinnt der Himmel wieder seinen ungeschmälerten Sinn: er ist eine köstliche Gnade. Sommernächte, unerforschliche Geheimnisse, in denen Sterne aufsprühten! Hinter dem Jungen lag ein stinkender Gang, und sein Stühlchen mit dem eingebrochenen Sitz sackte ein wenig unter ihm ab. Aber mit erhobenen Augen schlürfte er die reine Nacht. Zuweilen fuhr eine Strassenbahn vorbei, geräumig und schnell. Und schliesslich sang ein Betrunkener an einer Strassenecke vor sich hin, ohne das Schweigen stören zu können.

Die Mutter des Jungen verharrte ebenfalls schweigend. Es kam vor, dass sie gefragt wurde: «Woran denkst du?» – «An nichts», antwortete sie. Und das stimmte wohl. Alles ist da, also nichts. Ihr Leben, ihre Anliegen, ihre Kinder begnügen sich damit, da zu sein, mit einer zu selbstverständlichen Anwesenheit, als dass sie noch empfunden würde. Sie war gebrechlich, das Denken bereitete ihr Mühe. Sie hatte eine strenge, herrschsüchtige Mutter, die alles ihrer triebhaften überempfindlichen Eigenliebe opferte und den schwachen Geist ihrer Tochter lange bevormundet hatte. Die Ehe hatte sie freigemacht, aber nach dem Tode ihres Mannes war sie fügsam ins Joch zurückgekehrt. Er war auf dem Feld der Ehre gefallen, wie man zu sagen pflegt. An gut sichtbarer Stelle kann man in einem vergoldeten Rahmen seine militärischen Auszeichungen und Orden sehen. Das Lazarett hat der Witwe auch noch einen kleinen Granatsplitter geschickt, der in seinem zerfetzten Körper gefunden worden war. Die Witwe hat ihn aufbewahrt. Sie empfindet schon lange keinen Kummer mehr. Sie hat ihren Mann vergessen, aber sie spricht noch vom Vater ihrer Kinder. Um sie durchzubringen, arbeitet sie und gibt ihren Verdienst der Mutter ab. Diese erzieht die Kinder mit der Peitsche. Wenn sie zu heftig dreinschlägt, sagt ihre Tochter: «Nicht auf den Kopf.» Sie hat sie lieb, weil es ihre Kinder sind. Sie liebt sie mit einer unparteilichen Liebe, die sich ihnen nie offenbart hat. An gewissen Abenden, an die er sich erinnert, findet sie bei der Heimkehr von ihrer schweren Arbeit (sie ist Scheuerfrau) das Haus leer. Die Alte besorgt Einkäufe, die Kinder sind noch in der Schule. Dann sinkt sie auf einem Stuhl in sich zusammen und verliert sich mit blicklosen Augen in der verzweifelten Verfolgung einer Fuge im Parkett. Rings um sie verdichtet sich die Nacht, in der diese Stummheit eine unheilbare Trostlosigkeit gewinnt. Wenn der Junge in diesem Augenblick eintritt, erkennt er die schmale Gestalt mit den knochigen Schultern und bleibt stehen: er hat Angst. Er beginnt viele Dinge zu erfühlen. Er ist sich seines eigenen Seins noch kaum bewusst geworden. Aber dieses kreatürliche Schweigen tut ihm so weh, dass er weinen möchte. Er hat Mitleid mit seiner Mutter – heisst das, dass er sie liebt? Sie hat ihn nie liebkost, sie wusste gar nicht, wie. So verharrt er lange Minuten reglos und betrachtet sie. Indem er sich fremd fühlt, wird er sich seines Kummers bewusst. Sie hört ihn nicht, denn sie ist taub. Gleich wird die Alte heimkommen und das Leben wieder erwachen: das runde Licht der Petroleumlampe, das Wachstuch, das Gekeif, die Schimpfworte. Jetzt aber ist dieses Schweigen wie ein Stillstehen der Zeit, ein Augenblick ohne Mass. Weil der Junge das verschwommen spürt, glaubt er in dem Gefühl, das in ihm aufwallt, Liebe zu seiner Mutter zu entdecken. Und das soll auch so sein, denn schliesslich ist sie ja seine Mutter.

Sie denkt an nichts. Draussen Licht und Lärm, hier Stille und Dunkel. Der Junge wird heranwachsen, lernen. Man zieht ihn gross und wird Dankbarkeit von ihm fordern, als ersparte man ihm den Schmerz. Seine Mutter wird immer schweigsam bleiben. Er indessen wird fortschreiten im Schmerz. Ein Mann sein, darauf kommt es an. Seine Grossmutter wird sterben, dann seine Mutter, er selbst. Seine Mutter ist zusammengefahren. Er hat sie erschreckt. Wie dumm er dasteht und sie anschaut! Er soll seine Aufgaben machen. Der Junge hat seine Aufgaben gemacht. Heute sitzt er in einer schmierigen Kneipe. Er ist jetzt ein Mann. Darauf kommt es doch an? Offenbar nicht, da das Erfüllen der Aufgaben und das Einwilligen in das Mannsein nur zum Altwerden führen.

Der Araber hockt immer noch in seinem Winkel und hält mit den Händen seine Füsse. Von den Terrassen steigt mit dem lebhaften Plaudern junger Stimmen ein Geruch nach geröstetem Kaffee empor. Ein Schlepper lässt wieder seinen schwermütigen, warmen Ruf ertönen. Die Welt geht hier zu Ende, wie jeden Tag, und von all ihrer Drangsal ohne Mass bleibt nichts übrig als diese Verheissung des Friedens. Die Gleichgültigkeit dieser merkwürdigen Mutter! Nur die unermessliche Einsamkeit der Welt erlaubt mir, sie zu ermessen. Eines Abends war ihr nun schon grosser Sohn zu ihr gerufen worden. Ein jäher Schrecken hatte ein schweres Nervenfieber ausgelöst. Ihrer Gewohnheit folgend, hatte sie sich nach Feierabend ans Fenster gesetzt. Sie pflegte ihren Stuhl nahe an die Brüstung zu rücken, auf deren kaltes, salzig schmeckendes Eisen sie ihre Lippen presste. So schaute sie den Vorübergehenden zu. In ihrem Rücken verdichtete sich allmählich das Dunkel, während die Geschäfte ihr gegenüber plötzlich hell wurden. Die Strasse füllte sich mit Menschen und Lichtern. In ziellosem Schauen verlor sich ihr Blick darin. An jenem Abend nun war auf einmal ein Mann hinter ihr aufgetaucht, hatte sie zu Boden gerissen und misshandelt und war dann entflohen, als er Lärm hörte. Sie hatte nichts gesehen und war ohnmächtig geworden. Als ihr Sohn eintraf, lag sie im Bett. Auf Anraten des Arztes beschloss er, die Nacht über bei ihr zu bleiben. Er legte sich neben ihr auf die Decken. Es war Sommer. Die eben erst durchgestandene Angst hing noch im überhitzten Zimmer. Schritte scharrten und Türen kreischten. In der drückenden Luft schwebte der Geruch des Essigs, mit dem man der Kranken Kühlung verschafft hatte. Sie warf sich unruhig hin und her, stöhnte, fuhr zuweilen unvermittelt auf. Dann riss sie ihn jedesmal aus dem kurzen Halbschlummer, aus dem er schweissgebadet auftauchte, sogleich voll Wachsamkeit, und in den er nach einem Blick auf die Uhr mit dem dreifachen, tanzenden Spiegelbild des Nachtlichts wie gefällt zurücksank. Viel später erst wurde ihm ganz bewusst, wie allein sie in jener Nacht gewesen waren. Allein gegen alle. Die «anderen» schliefen, während sie beide Fieber atmeten. Alles schien hohl in dem alten Haus. Um Mitternacht entführten die letzten Strassenbahnen alle Hoffnung, die uns von den Menschen kommt, alle Gewissheiten, die uns die Geräusche der Stadt gewähren, Das Haus widerhallte noch von ihrem Vorüberrollen, dann wurde nach und nach alles stumm. Es blieb nichts als ein grosser Garten des Schweigens, in dem bisweilen das angstvolle Stöhnen der Kranken aufspross. Er hatte sich noch nie so verloren gefühlt. Die Welt hatte sich aufgelöst und mit ihr die Illusion, dass Leben jeden Tag neu beginnt. Alles war ausgelöscht, Studium und Ehrgeiz, Leibgerichte und Lieblingsfarben. Alles ausser der Krankheit und dem Tod, von denen er sich umgeben fühlte ... Und doch lebte er – im Augenblick, da die Welt zusammenbrach. Ja, er war schliesslich sogar eingeschlafen, indessen nicht ohne das trostlose und zärtliche Bild einer zweisamen Einsamkeit mit in den Schlaf zu nehmen. Später, sehr viel später sollte er sich an diesen aus Schweiss und Essig gemischten Geruch erinnern, an diesen Augenblick, da er die zwischen ihm und seiner Mutter bestehenden Bande spürte. Als verkörperte sie das unendliche Mitleid seines Herzens, das sich rings um ihn ausbreitete, Gestalt annahm und voll Beflissenheit, unbekümmert um den Betrug, die Rolle einer armen alten Frau mit einem erschütternden Schicksal spielte.

Nun überzieht sich das Feuer im Herd mit Asche. Und immer noch vernimmt man das Atmen der Erde. Eine dreisaitige Gitarre lässt ihren perlenden Singsang ertönen. Eine lachende Frauenstimme mischt sich dazu. Lichter nähern sich in der Bucht – die Fischerboote vermutlich, die in den kleinen Hafen zurückkehren. Aus dem dreieckigen Stück Himmel, das ich von meinem Platz aus erblicke, ist alles Gewölk des Tages verschwunden. Von Sternen überquellend, erbebt er in einem reinen Hauch, und rings um mich regen sich langsam die leisen Schwingen der Nacht. Wie weit wird diese Nacht führen, in der ich nicht mehr mir selbst gehöre? Es liegt eine gefährliche Kraft in dem Wort Einfachheit. Und heute abend begreife ich, dass einen danach verlangen kann, zu sterben, weil gemessen an einer gewissen Durchsichtigkeit des Lebens alles belanglos ist. Ein Mann leidet und erlebt Unglück über Unglück. Er nimmt alles auf sich, schickt sich in sein Los. Er wird von jedermann geachtet. Und dann, eines Abends, eine Nichtigkeit: er begegnet einem Freund, den er sehr geliebt hat. Dieser sagt ihm ein paar zerstreute Worte. Beim Nachhausekommen nimmt der Mann sich das Leben. Liebeskummer und geheime Tragik, heisst es dann. Nein. Und wenn denn unbedingt ein Grund gefunden werden muss, so hat er sich das Leben genommen, weil ein Freund ihm ein paar zerstreute Worte gesagt hat. So hat mich jedesmal, wenn ich den tiefen Sinn der Welt zu erfühlen glaubte, vor allem ihre Einfachheit erschüttert. Heute abend meine Mutter und ihre sonderbare Gleichgültigkeit. Ein anderes Mal wohnte ich in einem Haus ausserhalb der Stadt, allein mit einem Hund, zwei Katzen und ihren Jungen, die alle schwarz waren. Die Katzenmutter vermochte sie nicht zu ernähren. Die Jungen starben eines nach dem anderen. Sie füllten ihren Raum mit Unrat. Und jeden Tag fand ich beim Heimkommen wieder eines ganz steif, mit hochgezogenen Lefzen. Eines Abends entdeckte ich das letzte schon halb von seiner Mutter aufgefressen. Es stank bereits. Der Geruch der Verwesung vermischte sich mit dem des Urins. Da setzte ich mich mitten in all dieses Elend, liess meine Hände in den Schmutz sinken, atmete den Fäulnisgeruch ein und betrachtete lange das irre Funkeln, das in den grünen Augen der unbeweglich in einem Winkel kauernden Katze brannte. Ja. Genauso ist es auch heute abend. Wenn ein gewisser Grad der Not erreicht ist, führt nichts mehr zu nichts mehr, weder Hoffnung noch Verzweiflung scheinen begründet, und das ganze Leben erschöpft sich in einem Bild. Aber warum dabei stehenbleiben? Einfach – alles ist einfach im wechselnden

Lichtstrahl des Leuchtturms, grün, rot, weiss; in der Kühle der Nacht und den Gerüchen der Stadt und des Elends, die bis zu mir herauf dringen. Wenn es heute abend das Bild einer bestimmten Kindheit ist, das zu mir zurückkehrt, wie sollte ich da nicht die Lehre von Liebe und Armut annehmen, die ich daraus ziehen kann? Da doch diese Stunde gleichsam eine Pause ist zwischen ja und nein, verspare ich auf andere Stunden die Hoffnung oder den Abscheu vor dem Leben. Ja, einzig die Durchsichtigkeit und Einfachheit der verlorenen Paradiese fassen: in ein Bild. So hat vor noch nicht langer Zeit in einem Haus der Altstadt ein Sohn seine Mutter besucht. Sie sitzen einander schweigend gegenüber. Aber ihre Blicke begegnen sich.

«Nun, Mama.»

«Nun, eben.»

«Langweilst du dich? Ich bin nicht sehr gesprächig?»

«Ach, das warst du nie.»

Und ein schönes, lippenloses Lächeln zergeht auf ihrem Gesicht. Es stimmt, er hat nie mit ihr gesprochen. Wozu auch, genau genommen? Im Schweigen wird alles klar. Er ist der Sohn, sie ist seine Mutter. Sie kann zu ihm sagen: «Du weisst.»

Sie sitzt am Fussende des Ruhebetts, mit geschlossenen Füssen und im Schoss gefalteten Händen. Er sitzt auf einem Stuhl, schaut sie kaum an und raucht ununterbrochen. Schweigen.

«Du sollst nicht so viel rauchen.»

«Du hast recht.»

Alle Ausdünstungen des Viertels dringen durch das Fenster. Die Ziehharmonika im Café nebenan, der abendliche, hastige Verkehr, der Geruch nach dem an kleinen Spiessen bratenden Fleisch, das, in ledrige Brötchen gepresst, verzehrt wird, ein Kind, das auf der Strasse weint. Die Mutter steht auf und nimmt eine Strickarbeit zur Hand. Ihre steifen Finger sind von der Gicht verkrümmt. Sie arbeitet nicht schnell, nimmt dreimal die gleiche Masche in Angriff oder zieht mit dumpfem Rascheln eine ganze Nadel auf.

«Das gibt eine kleine Weste. Ich werde einen weissen Kragen aufnähen. Das und mein schwarzer Mantel – damit bin ich für die nächste Zeit versorgt.»

Sie hat sich erhoben, um Licht zu machen.

«Es wird früh Nacht jetzt.»

Das stimmte. Es war nicht mehr Sommer und noch nicht Herbst. Noch zwitscherten Mauersegler am milden Himmel.

«Kommst du bald wieder?»

«Ich bin ja noch gar nicht fort. Warum fragst du das?»

«Einfach so, um etwas zu sagen.»

Eine Strassenbahn fährt vorbei. Ein Auto.

«Ist es wahr, dass ich meinem Vater gleiche?»

«O ja, aufs Haar. Du hast ihn natürlich nicht gekannt. Du warst sechs Monate alt, als er fiel. Aber wenn du ein Schnäuzchen trügest!»

Er hat ohne Anteilnahme von seinem Vater gesprochen. Keine Erinnerung, kein Gefühl. Ein Mann wie tausend andere, ohne Zweifel. Übrigens war er voll Begeisterung ins Feld gezogen.

Marne; offener Schädel. Blind, eine Woche lang Ringen mit dem Tod; eingemeisselt in das Gefallenendenkmal seiner Heimatgemeinde.

«Genau besehen ist es besser so», sagte sie. «Er wäre blind zurückgekommen oder verrückt, der Ärmste. In dem Fall...»

«Du hast recht.»

Und was hält ihn denn in diesem Zimmer zurück, wenn nicht die Gewissheit, dass es so immer besser ist, wenn nicht das Gefühl, dass die ganze absurde Einfachheit der Welt in diesem Raum Zuflucht gefunden hat?

«Kommst du wieder?» fragte sie. «Ich weiss, dass du viel Arbeit hast. Nur – von Zeit zu Zeit...»

Aber wo bin ich im gegenwärtigen Augenblick? Und wie soll ich dieses öde Café von jenem Zimmer der Vergangenheit trennen? Ich weiss nicht mehr, ob ich lebe oder ob ich mich erinnere. Die Lichter des Leuchtturms sind da. Und auch der Araber, der jetzt vor mir steht und mir sagt, dass er gleich schliessen wird. Ich muss gehen. Ich will diesem so gefährlichen Hang nicht mehr folgen. Freilich betrachte ich ein letztes Mal die Bucht und ihre Lichter, freilich ist das, was nun zu mir heraufdringt, nicht die Hoffnung auf bessere Zeiten, sondern eine abgeklärte, ursprüngliche Gleichgültigkeit allem, auch mir selbst gegenüber. Doch es gilt, sich von dieser zu weichen, zu einlullenden Melodie zu befreien. Und ich brauche einen klaren Kopf. Ja, alles ist einfach. Die Menschen sind es, die die Verwicklungen schaffen. Man soll uns da nichts vormachen. Man soll von dem zum Tode Verurteilten nicht sagen:

«Er wird seine Schuld gegenüber der Gesellschaft sühnen», sondern: «Man wird ihm den Kopf abhauen.» Das sieht nach nichts aus. Aber es ist doch ein kleiner Unterschied. Und zudem gibt es Leute, die es vorziehen, ihrem Schicksal in die Augen zu blicken.

(Aus: Albert Camus, «Kleine Prosa». Deutsch von Guido G. Meister. Rororo Taschenbuchausgabe. ©2023 by Rowohlt Verlag, Hamburg)

Samuel Agnon
Zum Haus des Vaters

1

Kurz vor dem Pesachfest trug sich folgende Sache zu. Ich war fern vom Haus meines Vaters und von meiner Heimatstadt; ich ging meiner Arbeit nach, einer Arbeit, die weder Anfang noch Ende hat. Wer sie aufnimmt, tut es ohne Verdienst und kommt nie mehr von ihr los. Zwei Männer kamen an, mit Tünche und Farben verschmiert, und einer von ihnen hatte eine Leiter in der Hand. Eigentlich muss man sagen, dass die Leiter von selbst stand, und jener, das heisst derjenige mit der Leiter, sich zwischen zwei Sprossen gezwängt hatte. Ich fragte sie: «Was wünscht ihr?» Sie sagten zu mir: «Wir wurden hergeschickt, um das Zimmer zu streichen.»

Ich war mit meiner Arbeit beschäftigt, und es fiel mir schwer, sie zu unterbrechen. Aber nicht die Unterbrechung bedauerte ich, sondern die Verschmutzung; diese Anstreicher würden sich bestimmt nicht die Mühe machen, ein Laken über die Bücher auszubreiten, und sie würden sie verschmutzen.

Damit die Arbeiter meine Gedanken nicht bemerkten, tat ich so, als ob ich sie nicht sähe, und blickte auf das Mauerloch nahe der Decke, das von Strohhalmen und Palmzweigen, die von der Decke herabhingen, verdeckt wurde. Dort tummelten sich Fliegen und Mücken. Ich sagte mir: «Was hast du davon, dass deine Fenster schliessen, wenn doch die Mücken und Fliegen durch dieses Loch kommen?»

Ich liess die Arbeiter stehen und stieg zur Decke hinauf, um das Stroh und die Palmzweige wegzuräumen, damit das Loch sichtbar würde und zu erkennen sei, bis ich ein Brett fände, es zu schliessen.

Meine kleine Verwandte kam, um mir zu helfen. Aus irgendeinem Grund, den ich selbst nicht verstehe, schrie ich sie an: «Ich brauche weder dich noch deinesgleichen!» Mit hängenden Schultern entfernte sie sich.

Unterdessen machten sich die Arbeiter in meinem Zimmer zu schaffen, als ob es ihr eigenes wäre. Ich sagte mir: «Hier bin ich überflüssig und kann meine Arbeit nicht tun, ich werde in meine Heimatstadt gehen, zum Haus meines Vaters.» Viele Jahre lang hatte ich weder meinen Vater gesehen, noch das Gebot erfüllt, den Vater zu ehren. Ich ging zum Bahnhof hinauf und bestieg einen Zug, der zu meiner Stadt fuhr. Durch einen Umstand, für den ich nichts konnte, wurde der Zug auf dem Weg aufgehalten; als ich in die Stadt hineinkam, begann das Fest bereits. Die Pesachnacht war angebrochen.

2

Die Pesachnacht war gekommen, und ich kam in meiner Stadt an. Da es die Zeit des Gebets war, ging ich beten, jedoch nicht dorthin, wo mein Vater betet, denn es würde ihn bei seinem Gebet verwirren, wenn er mich so plötzlich sähe. Als ich in den Vorhof des Bethauses kam, blieb ich kurz stehen, denn ich sah eine brennende Kerze in der Luft hängen. Sie war in einer Flasche und drehte sich im Wind, ohne auszugehen. Ausserdem kam in diesem Moment einer von denen, die den Bibeltext erklären, zu mir. Er hiess Jizchiq Euchel, und er wies mich auf die Auslegung einer schwierigen Stelle hin, die sich am Ende des Buches Josua befindet, es kann aber auch der Beginn des Buches Hosea gewesen sein. Jiziq Euchels Auslegung klang ein wenig gezwungen, schliesslich war die Stelle schon von früheren Bibelkommentatoren in schlichtem Stil und leichter, gefälliger Sprache dargelegt worden. Trotzdem nickte ich ihm zu, als ob seine Auslegung vonnöten sei.

Noch während er sprach, zog er eine Zigarette heraus und bat um Feuer. Ein Junge kam und steckte ein Streichholz an, doch es erlosch. Er nahm ein anderes Streichholz, gab es mir und sagte zu mir: «Geben Sie das diesem Herrn.» Ich sagte zu Jiziq Euchel: «Ihr mit all eurer Gelehrsamkeit in der Grammatik habt es nicht verstanden, diesen Holzspan mit einem so passenden Wort zu versehen wie Streichholz.» Aber als ich so sprach, wurde mir bewusst, dass er mir antworten würde, vor seiner Zeit hätte es keine Streichhölzer und keinen Bedarf für dieses Wort gegeben. Euchel nahm das Streichholz und sagte: «Das Strichholz, damit macht man also Feuer.» («Strichholz» sagte er, mit «i» statt mit «ei»). «Aber was für einen Nutzen hat das Strichholz, das erlischt, bevor es seine Aufgabe erfüllt hat.» Ach, ich wollte ihn besiegen und fand mich besiegt.

3

Ich erinnere mich nicht, wie wir auseinandergingen. Nachdem ich mich von ihm getrennt hatte, fand ich mich in einem grossen Zimmer wieder. Darin stand ein gedeckter Tisch, auf dem Flaschen, Krüge und Becher waren. Zwei Frauen standen dort, ein junges Mädchen und eine alte Frau. Eine Kerze hing in einer Flasche in der Luft, genauso wie die, die ich im Hof des Bethauses gesehen hatte. Oder waren an jenem Ort vielleicht zwei Kerzen, und es hatte nur den Anschein, als wäre es eine einzige. Das Zimmer war nach zwei Seiten hin offen. Zwei Türöffnungen waren darin, eine Tür gegenüber der anderen. Ich wandte mich zur Tür gegenüber von Vaters Haus und wollte gehen.

Die alte Frau sagte: «So macht man das also, man geht hinein und wieder heraus.» Ich sah, dass ich zufällig in eine Herberge geraten war und sie nichts an mir verdient hatten. Ich legte meine Hand zum Schwur auf mein Herz und versicherte: «Glaubt mir, ich komme ein anderes Mal wieder.» Das Gesicht der alten Frau hellte sich auf, und sie sprach: «Mein Herr, ich weiss, dass Sie Wort halten werden.»

Ich nickte ihr zu und dachte dabei: «Gebe Gott, dass ich es nicht vergesse, gebe Gott, dass ich es nicht vergesse», obwohl es schwierig ist, so ein Versprechen zu halten. Erstens, weil ich in der Stadt meines Vaters angekommen bin und Vater mich doch bei sich behalten und nicht erlauben wird, dass ich Herbergen und Gasthäuser aufsuche; das zweite habe ich vergessen.

Nachdem ich von der alten Frau fortgegangen war, begann ich zu laufen, denn Vater pflegte sich sofort nach dem Gebet zurückzuziehen. Noch während ich lief, fiel mir ein, dass ich vielleicht schon an seinem Haus vorbeigegangen sein könnte. Ich hob den

Blick, um nachzusehen. Meine Augen waren geschlossen, und ich sah nichts. Ich strengte mich an und öffnete sie ein wenig, nur einen kleinen Spalt. Ich sah drei, vier Männer vor mir gehetzt und in Eile laufen. Ich wollte sie fragen, wo Vaters Haus ist. Doch sie waren Fremde, obwohl sie wie die Menschen meiner Stadt gekleidet waren. Ich liess sie vorbei und fragte sie nicht.

Die Zeit bleibt nicht stehen, aber ich bleibe stehen und möchte zu Vaters Haus, weiss aber nicht, wo es ist. Seit vielen Jahren war ich nicht mehr in der Stadt, und viele ihrer Wege sind mir entfallen. Ausserdem hat sich die Stadt selbst ein wenig verändert. Ich erinnerte mich, dass Vater bei irgend jemandem wohnte, jemanden, den alle kennen.

Ich wünschte mir einen Menschen, der mir sagen könnte, wo dieses Haus ist. Meine Augen schlossen sich wieder. Mit aller Kraft strengte ich mich an, sie zu öffnen. Sie öffneten sich nur einen kleinen Spalt. Der Mond ging auf und leuchtete grau und matt über ihnen. Ich sah ein Mädchen. Mit dem Finger wies sie mich auf das Haus hin und sagte: «Das ist es.» Ich wollte sie fragen: «Woher weisst du, was ich will?» Meine Augen öffneten sich, und ich sah Vater. Er hatte seinen Becher in der Hand und war im Begriff, den Wein zu segnen, doch er hielt inne und wartete.

Ich fürchtete, die Stille des Hauses zu unterbrechen, und wollte durch die Sprache der Augen meinem Vater verständlich machen, aus welchem Grund ich mich verspätet hatte. Meine Augen schlossen sich wieder. Ich strengte mich an und öffnete sie. Plötzlich war ein Laut zu hören, wie der Laut eines Lakens, das zerrissen wird. Tatsächlich ist überhaupt kein Laken zerrissen worden, sondern eine kleine dunkle Wolke am Firmament riss auf, und als sie riss, kam der Mond zum Vorschein und schnitt in die Wolken. Ein süsses Licht leuchtete über dem Haus und über Vater.

(Aus: S. J. Agnon, «Buch der Taten». Erzählungen. Aus dem Hebräischen von Gerold Necker. Jüdischer Verlag, Frankfurt am Main 1995. © Jüdischer Verlag im Suhrkamp Verlag)

Zora Neale Hurston
Ich werde geboren

Es ist alles reine Mutmassung. Mag sein, dass manche Einzelheiten meiner Geburt, die ich nur vom Hörensagen kenne, ein wenig ungenau sind. Aber es ist eine einigermassen gesicherte Tatsache, dass ich geboren wurde.

Angeblich trug es sich folgendermassen zu. Meine Mutter stand kurz vor der Niederkunft, und mein Vater war nicht zu Hause. Er war viel unterwegs, nicht nur in seiner Eigenschaft als erfolgreicher Zimmermann, der bei manchen Aufträgen sogar Gehilfen beschäftigte, sondern auch als Prediger. Diesmal war er anscheinend mehrere Monate von zu Hause fort. Ich habe nie erfahren, warum. Es hiess lediglich, er habe gedroht, sich die Gurgel durchzuschneiden, als er von meiner Geburt hörte. Offenbar meinte er, mehr als eine Tochter könne er nicht verkraften. Meine Schwester Sarah war sein Lieblingskind, aber ein Mädchen war genug. Noch jede Menge Söhne, aber keine kleinen Mädchen mehr, die nur Schuhsohlen durchliefen und nichts einbrachten. Ein Krümel Zucker von mir süsste ihm den Kaffee in Nullkommanichts. Das ist so eine Redensart von Negern, die besagt, dass ihm mit mir rasch der Geduldsfaden riss. Ein paar Widerworte von mir – ich bin nun mal ein Widerspruchsgeist –, und schon drohte er mir mit der Peitsche. Nichtsdestoweniger sah ich ihm ähnlicher als irgendein Kind im Hause. Als ich auf die Welt kam, war es natürlich zu spät für irgendwelche Änderungswünsche, und mein alter Herr musste sich mit mir abfinden. Er machte sogar gute Miene zum bösen Spiel. Er steckte mich nicht in einen verschnürten Sack, um mich in den See zu werfen, was er vermutlich am liebsten getan hätte.

Es wurden gerade Süsskartoffeln geerntet, und obendrein war Schlachtzeit. Nicht bei uns zu Hause, aber so gut wie überall ringsum, denn es war Januar und recht kühl. Die meisten Leute schlachteten entweder für sich selber oder halfen anderen beim Schlachten, was fast auf das gleiche herauskam. Es ist eine fröhliche Zeit. In einem grossen Topf brodeln Innereien mit reichlich Gewürzen, und in Pfannen brutzeln dünne Scheiben frisch geschlachteten Schweinefleischs, damit sich die Helfer nach getaner Arbeit stärken können. Mehr als gutnachbarliche Hilfsbereitschaft zählen Essen, Trinken und Geselligkeit.

Und so waren keine Erwachsenen in der Nähe, als Mamas Fruchtblase platzte. Sie schickte eines der kleineren Kinder nach Tante Judy, der Hebamme, aber die war zum Schlachtfest ins drei Kilometer entfernte Woodbridge gegangen. Das Kind sollte Tante Judy dorthin folgen und sie herüberbitten. Aber die Natur, die nichts auf menschliche Vorkehrungen gibt, war ungeduldig. Meine Mutter musste sich alleine behelfen. Nachdem ich mich überstürzt hinausgedrängt hatte, war sie zu schwach, um noch irgend etwas aus eigener Kraft zu tun, und so lag sie bloss da, erschöpft und bang, was aus ihr und mir werden sollte. Sie war so schwach, dass sie nicht einmal die Hand nach mir ausstrecken konnte. Ihr einziger Trost war die Gewissheit, dass ich nicht tot war, denn ich schrie kräftig.

Hilfe kam von gänzlich unerwarteter Seite. Ein weisser Mann, Herr über viele Hektare und Dinge, der unsere Familie gut kannte, hatte am Tag zuvor geschlachtet. Er wusste, dass Papa unterwegs war und dass wir kein frisches Fleisch im Hause hatten, also beschloss er, die acht Kilometer herüberzufahren und uns ein halbes Ferkel, Süsskartoffeln und andere Feldfrüchte zu bringen. Wenige Minuten nachdem ich geboren war, kam er bei uns an. Als er die Haustür offen stehen sah, trat er ein und rief laut: «He da! Ruft eure Hunde!» Auf dem Lande ist es üblich, sich so anzukündigen, weil fast jeder, der etwas Schützenswertes besitzt, bissige Hunde hält.

Niemand antwortete, aber später behauptete er, ich hätte meine Stimme über ganz Orange County erschallen lassen, und da habe er die Tür aufgestossen und sei ins Haus gestürmt.

Er folgte der Stimme, sah die Bescherung und nahm, wie es sich für einen Mann seines Schlages gehörte, sein Barlow-Messer, schnitt die Nabelschnur durch und versah, so gut er konnte, alles andere. Als die Hebamme, die man bei uns in der Gegend «Granny» nannte, etwa eine Stunde später kam, brannte ein Feuer im Herd, und reichlich heisses Wasser war aufgesetzt. Ich war recht und schlecht abgerieben worden, und Mama hielt mich in den Armen.

Als die alte Frau ankam, lud der Weisse seine Mitbringsel ab und fuhr davon. Dabei lästerte er lauthals über nichtsnutzige Elemente, die man nie zu fassen kriegte, wenn man sie brauchte.

Tante Judy dankte es ihm nicht, sondern grollte ihm noch jahrelang. Sie beschwerte sich, die Nabelschnur sei nicht durchtrennt worden, wie es sich gehörte, und die Nabelbinde nicht fest genug angelegt. Sie sorgte sich mächtig, dass ich einen schwachen Rücken bekommen und bis zur Pubertät Mühe haben würde, mein Wasser zu halten. So war es auch.

An einem der darauffolgenden Tage kam eine Mrs. Neale, eine Freundin von Mama, zu Besuch und erinnerte sie an ihr Versprechen, dass sie dem Baby einen Namen geben dürfe, wenn es ein Mädchen sei. Irgendwoher hatte sie einen Namen, den sie sehr hübsch fand. Vielleicht hatte sie ihn irgendwo gelesen, oder irgend jemand in der Gegend rauchte damals türkische Zigaretten. So wurde aus mir Zora Neale Hurston.

Man gewinnt andere Menschen um so lieber, je mehr man für sie tut. Deshalb kam auch der Mann, der für mich Granny gespielt hatte, am nächsten Tag wieder vorbei, um nachzusehen, wie ich mich machte. Vielleicht war es Stolz auf seiner Hände Werk und auf die eigene Geistesgegenwart, dass er am Ball bleiben wollte. Er bemerkte, ich sei ein verfluchtes Prachtbaby, schön dick und kräftig auf den Lungen. Mit der Zeit wurden seine Besuche unregelmässiger, aber irgendwie behielt er immer ein Quentchen Interesse an meinem Wohlergehen. Anscheinend war ich eine Augenweide, wuchs wie eine Kürbisranke und brüllte mit einer Bassstimme wie ein Alligator. Er war kein Freund von halben Sachen, daher war ich ganz nach seinem Geschmack. Er fand, meine Mutter tat recht daran, mich zu behalten.

Aber es gingen neun Monate ins Land, und ich wollte einfach mit der Lauferei nicht vorankommen. Ich war kräftig, konnte gut krabbeln, zeigte aber keine Neigung, meine Füsse zu gebrauchen. Nebenbei bemerkt, ich gehe auch heute nicht gern zu Fuss. Selbst als ich über ein Jahr alt war, wollte ich noch immer nicht laufen. Man hielt mir mein Gewicht zugute, aber das war eigentlich kein Grund, es nicht wenigstens zu versuchen.

Es heisst, eine alte Muttersau habe mir Beine gemacht. Sie brachte mir zwar nicht die Feinheiten bei, aber sie überzeugte mich, dass ich es endlich versuchen sollte.

Und das ging so zu. Meine Mutter wollte Staudenkohl zum Abendessen zubereiten und ging mit der Abwaschschüssel zum Brunnen, die Kohlblätter zu waschen. Sie liess mich auf dem Fussboden sitzen und gab mir ein dickes Stück Maisbrot, um mich friedlich zu stimmen. Alles ging so lange gut, bis die Sau sich plötzlich, flankiert von ihren Ferkeln, vor der Tür aufbaute. Sie musste das Maisbrot gerochen haben, mit dem ich herummanschte und krümelte. Und da kam sie schnurstracks herein und begann umherzuschnüffeln. Meine Mutter hörte meine Schreie und kam herbeigelaufen. Ihr Herz musste ausgesetzt haben, als sie die Sau da drinnen sah, denn Schweine sollen schon Menschenfleisch gefressen haben.

Aber ich dachte nicht daran, der Situation sitzend zu begegnen. Ich war neben einen Stuhl auf den Boden gesetzt worden, und als meine Mutter hereinkam, hatte ich mich am Stuhl hochgezogen und hangelte mich ganz geschickt daran entlang.

Dabei war die arme, missverstandene Schweinedame gar nicht an mir interessiert, sondern an meinem Brot. Ich hatte es verloren, als ich mich hochrappelte, und sie frass es nun auf. Sie hatte es viel weniger auf Mamas Baby abgesehen als Mama auf ihre Ferkel.

Es scheint, dass ich mich ohne weitere Ermunterungen durch die Sau oder sonstwen aufs Laufen verlegte und dabei blieb. Das Allermerkwürdigste war, dass meine Füsse, nachdem ich ihren Gebrauch einmal entdeckt hatte, sich das Wandern angewöhnten. Ich wollte ständig irgendwohin gehen. Geleitet von einem inneren Drang, spazierte ich mutterseelenallein in den Wald. Das versetzte meine Mutter in Angst und Schrecken. Sie sagte immer, sie glaube, dass eine Frau, die ihr übelwolle, am Tag meiner Geburt «Wanderstaub» auf der Türschwelle verstreut habe. Anders konnte sie es sich nicht erklären. Ich verstehe nicht, warum sie nie auf den Gedanken kam, meine Wanderlust mit meinem Vater in Verbindung zu bringen, den es nie an einem Ort hielt. Das hätte ihr zu denken geben müssen. Manche Kinder schlagen einfach nach ihren Vätern, trotz aller Beschwörungen der Frauen.

(Aus: Zora Neale Hurston, «Ich mag mich, wenn ich lache. Autobiographie». Aus dem Amerikanischen übersetzt und mit Anmerkungen versehen von Barbara Henninges. Ammann Verlag, Zürich 2000. Das Original erschien 1991 bei Harper Collins in New York unter dem Titel «Dust Tracks On a Road» © 2023 by Harper Collins Publishers New York)

Mario Vargas Llosa
Der Grossvater

Jedesmal, wenn ein Zweig raschelte oder ein Frosch quakte oder die Fensterscheiben der Küche im hinteren Teil des Gartens vibrierten, erhob sich der kleine Alte behende von seinem improvisierten Sitz, einem flachen Stein, und spähte erwartungsvoll durch das Blattwerk. Aber der Junge kam noch nicht. Durch die Fenster des Esszimmers, die sich zur Pergola hin öffneten, sah er hingegen die Lichter des seit einer Weile brennenden Kronleuchters und darunter verschwommene Schatten, die hin und her glitten, hinter den Vorhängen, langsam. Er war von Jugend an kurzsichtig gewesen, so dass seine Bemühungen, zu erkennen, ob sie schon zu Abend assen oder die unruhigen Schatten von den höheren Bäumen her rührten, vergeblich waren.

Er kehrte zu seinem Sitz zurück und wartete. In der vergangenen Nacht hatte es geregnet, und der Erde und den Blumen entstieg ein angenehmer Geruch nach Feuchtigkeit. Aber die Insekten wimmelten, und Don Eulogios verzweifeltes Herumfuchteln um sein Gesicht vermochte sie nicht zu verjagen. Auf sein zitterndes Kinn, seine Stirn und sogar auf die Wölbungen seiner Augenlider trafen jeden Augenblick unsichtbare Stachel und stachen ihm ins Fleisch. Die Begeisterung und die Erregung, die seinen Körper während des Tages in fieberhafter Bereitschaft gehalten hatten, waren schwächer geworden, und jetzt empfand er Müdigkeit und eine leichte Traurigkeit. Die Dunkelheit des weiten Gartens beunruhigte ihn, und ihn quälte das beharrliche, demütigende Bild von jemandem, der ihn plötzlich in seinem Versteck überraschen könnte, vielleicht die Köchin oder der Hausdiener. «Was machen Sie denn zu dieser Stunde im Garten, Don Eulogio?» Und dann kämen sein Sohn und seine Schwiegertochter, überzeugt davon, dass er verrückt war. Von nervösem Zittern geschüttelt, wandte er den Kopf und erriet zwischen den Beeten mit Chrysanthemen, Narden und Rosenstöcken den winzigen Pfad, der unter Umgehung des Taubenschlags zur hinteren Pforte führte. Er beruhigte sich ein wenig, als er sich daran erinnerte, dreimal nachgeprüft zu haben, dass die Pforte geschlossen, der Riegel vorgelegt war und dass er in wenigen Sekunden, ohne gesehen zu werden, auf die Strasse entweichen konnte.

‹Und wenn er schon gekommen wäre?› dachte er voll Unruhe. Denn es hatte einen Moment gegeben, wenige Minuten nachdem er sein Anwesen vorsichtig durch den fast vergessenen Garteneingang betreten hatte, in dem ihm das Zeitgefühl abhandengekommen und er halb eingeschlafen war. Er reagierte erst, als der Gegenstand, den er jetzt unbewusst streichelte, seinen Händen entglitt und auf seinen Oberschenkel fiel. Aber es war unmöglich. Der Junge konnte den Garten noch nicht durchquert haben, denn seine ängstlichen Schritte hätten ihn geweckt, oder der Kleine hätte einen Schrei ausgestossen, wenn er seinen Grossvater zusammengesunken und dösend genau am Rand des Weges entdeckt hätte, der ihn zur Küche führen sollte.

Diese Überlegung belebte ihn. Der Wind wehte weniger stark, sein Körper gewöhnte sich an die Umgebung, er hatte aufgehört zu zittern. Er tastete in den Taschen seines Sakkos und fand die harte, zylindrische Form der Kerze, die er an diesem Nachmittag im Eckladen gekauft hatte. Der Alte lächelte belustigt im Halbdunkel; er musste an das überraschte Gesicht der Verkäuferin denken. Er hatte einen ernsten Ausdruck bewahrt, elegant mit den Absätzen geklappert und mit seinem langen, metallbeschlagenen Stock leicht im Kreis auf den Boden geklopft, während die Frau vor seinen Augen Altarkerzen und Haushaltskerzen in verschiedenen Grössen defilieren liess. «Die da», sagte er mit einer raschen Handbewegung, welche Verdruss über die unangenehme Beschäftigung ausdrücken sollte, die ihm oblag. Die Verkäuferin wollte sie ihm unbedingt einwickeln, aber Don Eulogio liess es nicht zu und verliess hastig den Laden. Den Rest des Nachmittags verbrachte er im Club Nacional, im kleinen Salon der Tresillospieler, in dem sich nie jemand aufhielt. Trotzdem schloss er in einer übertriebenen Vorsichtsmassnahme die Tür ab, um dem Diensteifer der Angestellten zu entgehen. Dann liess er sich bequem in den Sessel mit der ungewöhnlichen scharlachroten Farbe sinken, öffnete die Tasche, die er bei sich trug, und holte das wertvolle Paket heraus. Er hatte ihn in seinen schönen weissen Seidenschal eingewickelt, denselben, den er am Nachmittag der Entdeckung getragen hatte.

In der aschgrauesten Stunde der Abenddämmerung hatte er ein Taxi genommen und dem Fahrer gesagt, er solle in die Umgebung der Stadt fahren; es wehte ein köstlicher lauer Wind, und der Anblick des halb grauen, halb rötlichen Himmels würde auf dem freien Land rätselhafter sein. Während das Auto sanft über den Asphalt schwebte, glitten die lebhaften kleinen Augen des Alten, das einzig Bewegliche in seinem schlaffen, in Sackfalten herabhängenden Gesicht, zerstreut am Rand des Kanals entlang, der parallel zur Strasse verlief, als er ihn plötzlich erblickte.

«Halten Sie an!» sagte er, aber der Fahrer hörte ihn nicht. «Halten Sie an! Stoppen Sie!» Als der Wagen anhielt und im Rückwärtsgang zu dem kleinen Steinhaufen zurückfuhr, stellte Don Eulogio fest, dass es sich in der Tat um einen Totenschädel handelte. Als er ihn in Händen hielt, vergass er die Brise und die Landschaft und studierte eingehend, mit wachsender Unruhe, jene harte, widerständige, feindselige und undurchdringliche Form, ihres Fleisches und ihrer Haut beraubt, ohne Nase, ohne Augen, ohne Zunge. Er war klein, und er fühlte sich geneigt zu glauben, er stamme von einem Kind. Er war schmutzig, staubig, und eine Öffnung von der Grösse einer Münze, mit zersplitterten Rändern, versehrte seinen kahlen Schädel. Die Öffnung der Nase bildete ein perfektes Dreieck; eine schmale Brücke, weniger gelb als das Kinn, trennte es vom Mund. Er vergnügte sich damit, einen Finger durch die leeren Augenhöhlen einzuführen, während er den Schädel mit der Hand wie mit einer Mütze bedeckte, oder damit, seine Faust durch die untere Öffnung zu stecken, bis er sie innen aufgestützt hatte; dann streckte er einen Fingerknöchel durch das Dreieck und einen anderen durch den Mund wie eine lange, scharfe Zunge, bewegte seine Hand bald auf die eine, bald auf die andere Weise und amüsierte sich gewaltig bei der Vorstellung, dieses Ding sei lebendig.

Zwei Tage hielt Don Eulogio ihn in einer Schublade der Kommode versteckt, wo er, sorgfältig eingewickelt, die Ledertasche ausbeulte, ohne jemandem von seinem Fund zu erzählen. Am Nachmittag nach dem Tag der Entdeckung blieb er in seinem Zimmer und ging nervös zwischen den opulenten Möbeln seiner Vorfahren hin und her. Er hob kaum den Kopf; es schien, als prüfte er mit tiefer Hingabe und leichter Furcht die blutigen, magischen Zeichnungen im mittleren Kreis des Teppichs, aber er sah sie nicht einmal. Am Anfang war er unentschlossen, besorgt; es konnten familiäre Komplikationen eintreten, vielleicht würden sie über ihn lachen. Dieser Gedanke empörte ihn, und er spürte Angst und den Wunsch zu weinen. Von diesem Augenblick an ging ihm der Plan nur ein einziges Mal aus dem Kopf. Es war, als er, am Fenster stehend, den dunklen Taubenschlag voller Öffnungen betrachtete und sich erinnerte, dass dieses Holzhäuschen mit seinen unzählbaren Türen zu einer anderen Zeit nicht leer und ohne Leben, sondern von grauen und weissen Tieren bevölkert war, die eifrig herumpickten, während sie auf dem gerillten Holz hin und her liefen und bisweilen über den Bäumen und den Blumen des Gartens flatterten. Er dachte sehnsüchtig daran, wie schwach und zärtlich sie gewesen waren: sie liessen sich vertrauensvoll auf seiner Hand nieder, in der er ihnen immer ein paar Körner brachte, und wenn er zudrückte, verdrehten sie die Augen und wurden ganz kurz von Zittern geschüttelt. Dann dachte er nicht mehr daran. Als der Hausdiener kam, um ihm zu sagen, das Abendessen sei fertig, hatte er es schon beschlossen. In dieser Nacht schlief er gut. Am folgenden Morgen vergass er, dass er geträumt hatte, eine widerliche Kette grosser roter Ameisen sei plötzlich in das Taubenhaus eingedrungen und habe die Tiere aufgescheucht, während er die Szene von seinem Fenster aus mit einem Fernglas beobachtete.

Er hatte geglaubt, das Reinigen des Totenschädels würde sehr rasch erledigt sein, aber darin täuschte er sich. Der Staub oder was er für Staub gehalten hatte und was dem scharfen Geruch nach vielleicht Exkrement war, haftete fest an den Innenwänden und glänzte wie eine Metallfolie am hinteren Teil des Schädels. Je mehr die weisse Seide des Schals sich mit grossen grauen Flecken bedeckte, ohne dass die Schmutzschicht verschwunden wäre, um so stärker wurde Don Eulogios Erregung. Nach einiger Zeit warf er den Totenschädel empört zu Boden, aber noch bevor er zu rollen aufhörte, hatte er es schon bereut und seinen Sitz verlassen, kroch auf allen vieren über den Boden, bis er ihn zu fassen bekam, und hob ihn vorsichtig hoch. Dann kam ihm der Gedanke, dass er sich vielleicht mit irgendeiner fettigen Substanz reinigen liesse. Über Telefon forderte er in der Küche eine Dose Öl an und wartete an der Tür auf den Angestellten, dem er die Dose heftig aus der Hand riss, ohne auf den beunruhigten Blick zu achten, mit dem dieser versuchte, über seine Schulter hinweg das Zimmer auszuforschen. Voll ängstlicher Unruhe tauchte er den Schal in das Öl und rieb, sanft zunächst, dann immer schneller, bis zur Erschöpfung. Bald stellte er begeistert fest, dass das Mittel wirksam war; ein feiner Staubregen fiel zu seinen Füssen nieder, und er bemerkte nicht einmal, dass das Öl auch den Rand seiner Manschetten und den Ärmel seines Sakkos beschmierte.

Plötzlich sprang er auf und hielt den Totenschädel bewundernd über seinen Kopf: sauber, glänzend, starr, mit ein paar kleinen Punkten wie von Schweiss auf der gewellten Oberfläche der Wangenbeine. Er wickelte ihn abermals liebevoll ein; dann schloss er seine Tasche und verliess den Club Nacional. Das Taxi, das er an der Plaza San Martin nahm, setzte ihn hinter seinem Haus ab, in der Calle Orrantia. Die Nacht war hereingebrochen. Im kalten Halbdunkel der Strasse blieb er einen Augenblick stehen, in der Furcht, die Pforte sei verschlossen. Nervös streckte er seinen Arm aus und zuckte erleichtert zusammen, als er merkte, dass der Griff sich drehte und die Pforte mit einem kurzen Knarren nachgab.

In diesem Augenblick hörte er Stimmen in der Pergola. Er war so geistesabwesend, dass er sogar den Grund für dieses fieberhafte Hin und Her vergessen hatte. Die Stimmen, die Bewegung kamen so unvermutet, dass sein Herz sich plötzlich zusammenkrampfte, wie ein Sauerstoffballon, der mit einem Sterbenden verbunden war. Sein erster Impuls war, sich zu ducken, aber er tat es ungeschickt, rutschte auf dem Stein aus und fiel vornüber. Er spürte einen scharfen Schmerz an der Stirn und im Mund einen unangenehmen Geschmack nach nasser Erde; dennoch machte er keinerlei Anstrengung, um sich aufzurichten, und blieb dort liegen, halb im Gras vergraben, mühsam atmend, zitternd. Während des Sturzes hatte er Zeit gehabt, die Hand zu heben, die den Totenschädel hielt, so dass dieser in der Luft verharrte, wenige Zentimeter über dem Boden, noch immer sauber.

Der Abstand zwischen der Pergola und seinem Versteck bewirkte, dass Don Eulogio die Stimmen als leises Gemurmel hörte und nicht verstand, was sie sagten. Er richtete sich mühsam auf. Als er Ausschau hielt, sah er inmitten des Bogens der grossen Apfelbäume, deren Wurzeln den Sockel des Esszimmers berührten, eine helle, schlanke Gestalt und begriff, dass es sein Sohn war. Neben ihm befand sich, deutlicher und kleiner, eine andere, die sich mit einer gewissen Nachlässigkeit zurücklehnte. Das war die Frau. Blinzelnd, sich die Augen reibend, versuchte er angstvoll, aber vergeblich, den Jungen auszumachen. In diesem Augenblick hörte er ihn lachen: ein kristallklares Kinderlachen, spontan, rückhaltlos, das den Garten wie ein kleines Tier durcheilte. Er wartete nicht länger; er nahm die Kerze aus seinem Sakko, raffte aufs Geratewohl Zweige, Erdklumpen und Steinchen zusammen und arbeitete rasch, bis er die Kerze zwischen den Steinen befestigt und sie, wie ein Hindernis, mitten auf dem Weg aufgebaut hatte. Dann stülpte er mit äusserster Vorsicht, damit die Kerze nicht ihr Gleichgewicht verlor, den Totenschädel darüber. Von grosser Erregung erfasst, näherte er seine Wimpern der festen, geölten Form und freute sich: das Mass war richtig, durch die Öffnung des Schädels ragte die kleine weisse Spitze der Kerze, wie eine Narde. Lange konnte er sein Werk nicht betrachten. Der Vater hatte die Stimme erhoben, und obwohl seine Worte noch immer unverständlich waren, wusste er, dass er sich an den Jungen wandte. Es entstand so etwas wie ein Wortwechsel zwischen den drei Personen: die tiefe Stimme des Vaters, die immer energischer wurde, der melodische Klang der Frau, die kurzen, kleinen, unbeherrschten Rufe des Enkels. Der Lärm hörte plötzlich auf. Die Stille dauerte nur sehr kurz; der Enkel durchbrach sie kreischend: «Aber eines ist klar: Heute ist die Strafe zu Ende. Du hast gesagt, sieben Tage, und heute ist es zu Ende. Morgen geh' ich nicht mehr hin.» Bei den letzten Worten hörte er hastige Schritte.

Kam er angerannt? Es war der entscheidende Augenblick. Don Eulogio überwand die Beklemmung, die ihm die Luft abschnürte, und führte seinen Plan zu Ende. Das erste Streichholz erzeugte nur einen kleinen, flüchtigen blauen Blitz. Das zweite ging richtig an. Während er sich die Fingerspitzen verbrannte, ohne jedoch Schmerz zu spüren, hielt er es an den Totenschädel, noch Sekunden, nachdem die Kerze angezündet war. Er zögerte, denn was er sah, war nicht genau das, was er sich vorgestellt hatte, da loderte eine heftige Flamme zwischen seinen Händen auf, mit jähem Knistern, wie von einem Fusstritt in dürres Laub, und dann war der Totenschädel vollkommen erleuchtet und spie Feuer durch die Augenhöhlen, durch den Schädel, durch die Nase und durch den Mund. «Er brennt lichterloh!» rief er verwundert aus. Er stand reglos und wiederholte wie eine Schallplatte: «Das war das Öl, das war das Öl»,verblüfft, wie verhext angesichts des Totenschädels in Flammen.

Genau in diesem Augenblick hörte er den Schrei. Einen wilden Schrei, das Gebrüll eines von zahllosen Wurfspiessen durchbohrten Tieres. Der Junge stand vor ihm, die Hände ausgestreckt, die Finger verkrampft. Bleich, zitternd, hatte er Augen und Mund aufgerissen und stand jetzt stumm und steif, aber aus seinem Hals kamen, wie von allein, seltsame heisere Laute. ‹Er hat mich gesehen, er hat mich gesehen›, sagte sich Don Eulogio voller Panik. Aber als er ihn anschaute, wusste er sofort, dass er nicht gesehen worden war, dass sein Enkel nichts anderes sehen konnte als diesen brennenden Kopf. Seine Augen waren erstarrt, in ihnen malte sich ein tiefer, ewiger Schrecken. Alles war gleichzeitig geschehen: die Flamme, das Geheul, der Anblick dieser mit kurzer Hose bekleideten, plötzlich von Entsetzen erfassten Gestalt. Er dachte begeistert, dass die Wirklichkeit sogar noch vollkommener gewesen war als sein Plan, da vernahm er näherkommende Stimmen und Schritte und wandte sich um, ohne sich weiter um den Lärm zu kümmern, verliess den Weg, zertrampelte mit seinen Tritten die Beete der Chrysanthemen und Rosensträucher, die er flüchtig sah, solange der Widerschein der Flamme zu ihm gelangte, und durchquerte auf diese Weise in Sprüngen die Fläche, die ihn von der Pforte trennte. Er passierte sie beim Schrei der Frau, der ebenfalls laut widerhallte, aber weniger echt war als der seines Enkels. Er blieb nicht stehen, er wandte nicht den Kopf. Auf der Strasse traf ein kalter Wind seine Stirn und seine spärlichen Haare, aber er spürte es nicht und lief weiter, langsam, mit der Schulter die Gartenmauer streifend, zufrieden lächelnd, besser atmend, ruhiger.

(Aus: Mario Vargas Llosa, «Die Anführer». Erzählungen. Aus dem Spanischen von Elke Wehr. Suhrkamp Verlag, Frankfurt am Main 1983. © Suhrkamp Verlag, Berlin 2023)

Orhan Pamuk
Meine ersten Begegnungen mit Amerikanern

Meine ersten Begegnungen mit Amerikanern waren voll kindlicher Unschuld und trugen doch schon den Keim zwiespältiger Gefühle und Eifersüchteleien in sich.

Als wir 1961 wegen der Arbeit meines Vaters für eine Weile nach Ankara zogen, lebten wir in einer teuren Wohnung gegenüber vom schönsten Park der Stadt, in dessen künstlichem See sich zwei Schwäne langweilten. In der Etage über uns hörten wir die Amerikaner, die in der Garage einen blauen Chevrolet stehen hatten. Denen galt unser Augenmerk.

Ihnen selbst allerdings, nicht der amerikanischen Kultur als solcher. Ob die Filme, die wir sonntags zusammen mit vielen anderen Kindern in der billigen Mittagsvorstellung sahen, nun amerikanisch oder etwa französisch waren, merkten wir nicht einmal. Wir liessen einfach die westliche Zivilisation untertitelt auf uns einwirken.

Die vielen Amerikaner, die damals in jenem neuen, wohlhabenden Viertel Ankaras wohnten, machten uns allein schon durch das neugierig, was sie auf der Strasse so alles konsumierten und wegwarfen. Das Interessanteste daran, also das interessanteste Amerikanische überhaupt, waren leere Coca-Cola-Dosen, «Kuka», wie wir sie nannten. Die sammelten wir, fischten sie auch aus Mülleimern heraus, und manchmal traten wir sie wütend platt. Vielleicht waren auch Dosen anderer Marken dabei oder sogar Bierdosen. Wir spielten damit Spiele wie Kuka-Verstecken, schnitten aus den Dosen kleine Blechschilder aus und benutzten die Dosenverschlüsse als Geldersatz, aber dass ich einmal eine Cola oder sonst irgend etwas aus so einer Dose getrunken hätte, das kam nie vor.

In einem der modernen Hochhäuser, in deren Mülltonnen wir unsere Kukas fanden, wohnte eine junge Amerikanerin, die es uns allen wegen ihrer Schönheit angetan hatte. Ihr Mann holte eines Tages sein Auto aus der Garage und unterbrach damit unser Fussballspiel. Er fuhr langsam an uns vorbei und sandte dabei zu seiner im Nachthemd auf dem Balkon stehenden wunderschönen

Frau, die ihm nachwinkte, einen Luftkuss hinauf, wie man ihn sonst nur in Filmen zu sehen bekam. Wir bekamen den Mund gar nicht mehr zu. Die Erwachsenen, die wir kannten, hätten nie und nimmer – auch wenn sie sich noch so liebten – ihr Glück und ihre Intimität so freizügig zur Schau gestellt.

An all die besonderen Dinge, die die Amerikaner besassen, kam nur heran, wer Beziehungen zu ihnen hatte. Sie stammten aus einem grossen Laden namens Afex, den Türken nicht betreten durften. Bluejeans, Kaugummi, All-Star-Sportschuhe, die neuesten LPs aus den USA, die seltsame halb süsse, halb salzige Schokolade, von der einem schlecht wurde, bunte Haarspangen, Babymilch, Spielzeug. In manchen Geschäften Ankaras wurden zu überhöhten Preisen Sachen verkauft, die irgend jemand aus dem Afex herausgeschmuggelt hatte. Mein Bruder und ich sparten immer so lange, bis wir in einem Laden amerikanische Murmeln aus weissem Porzellan kaufen konnten, die sich neben unseren einheimischen Glas- und Micamurmeln wie Juwelen ausnahmen.

Der Junge im Stockwerk über uns, der jeden Tag mit genau so einem orangefarbenen Schulbus zur Schule fuhr, wie ich ihn später in einem Film über das Leben in Amerika sehen sollte, hatte auch solche Porzellanmurmeln, wie wir eines Tages bemerkten. Es war ein einsamer Junge in unserem Alter, mit amerikanisch kurzgeschorenen Haaren. Höchstwahrscheinlich hatte er uns und unsere Freunde im Hof mit Murmeln spielen sehen und sich daraufhin im Afex Hunderte davon gekauft. Während jeder von uns vielleicht vier oder fünf amerikanische Murmeln besass, kam es uns so vor, als hätte der Junge Tausende, denn wenn er sie oben in seiner Wohnung auf den Boden schüttete, hörte sich das bei uns unten so dröhnend an, als würde ein ganzer Sack ausgeleert, und mein Bruder und ich wurden grün vor Neid.

Die Nachricht von dieser unglaublichen Fülle sprach sich unter unseren Freunden schnell herum. Immer wieder stellten sich ein paar Jungen unter sein Fenster und riefen «Hey, boy!» zu ihm hinauf. Wenn sie nur lange genug plärrten, trat irgendwann einmal der Junge auf den Balkon hinaus, warf in einer wütenden Geste eine Handvoll Murmeln hinunter, sah dann noch kurz zu, wie die Kinder drunten sich darum prügelten, und verschwand wieder. Ein einsamer, zorniger König, der Gold unters Volk wirft! Manchmal zeigte er sich den ganzen Tag nicht auf dem Balkon, dann hiess es wieder, der königliche Bus habe ihn gerade von der Schule heimgebracht oder er sei mit seinen Eltern irgendwohin gefahren. Hin und wieder warf er nicht eine ganze Handvoll, sondern lediglich einzelne Murmeln herunter, um die meine Freunde sich dann balgten.

Eines Nachmittags liess der König Murmeln auf unseren Balkon herunterregnen. Einige sprangen nur auf unserem Balkon auf und flogen in den Hof hinab. Mein Bruder und ich konnten uns nicht beherrschen, wir stürzten auf den Balkon hinaus und sammelten die Murmeln auf. Der Murmelregen wurde noch heftiger, und mein Bruder und ich schubsten und stritten uns.

«Was ist denn da los?!» Meine Mutter stand in der Balkontür.

«Macht, dass ihr reinkommt!»

Wir schlossen die Balkontür und sahen uns von drinnen traurig und beschämt den allmählich nachlassenden Murmelregen an. Als dem König klar wurde, dass wir nicht mehr auf den Balkon herauskommen würden, schüttete er in seinem Zimmer Hunderte von Murmeln auf den Boden; ein Geräusch, das uns schier wahnsinnig machte. In einem unbemerkten Augenblick schlichen wir uns schuldbewusst auf den Balkon hinaus, klaubten die liegengebliebenen Murmeln auf und teilten sie freudlos unter uns auf.

Als am nächsten Tag der König wieder auf seinem Balkon erschien, riefen wir zu ihm hinauf, was unsere Mutter uns geraten hatte: «Hey, boy, do you want to exchange?»

Wir hielten ihm unsere Glas- und Micamurmeln hin. Fünf Minuten später klingelte er bei uns. Wir gaben ihm ein paar von unseren Murmeln und er uns eine Handvoll seiner wertvollen amerikanischen. Schweigend vollzogen wir den Tausch. Dann nannte er seinen Namen und wir die unseren.

Noch mehr als der Gewinn, den uns dieser Tausch brachte, beeindruckte uns, dass der Junge Bobby hiess, dass er schmale blaue Augen hatte und dass seine Knie vom Spielen genauso dreckig waren wie unsere. Aufgeregt eilte er wieder hinauf in seine Wohnung.

(Aus: Orhan Pamuk, «Der Koffer meines Vaters. Aus dem Leben eines Schriftstellers». Aus dem Türkischen von Ingrid Iren und Gerhard Meier. Carl Hanser Verlag München 2010. ©Carl Hanser Verlag 2023)

Vom Tod

George Orwell
Einen Mann hängen

Es war in Burma an einem trüben Tag in der Regenzeit. Ein mattes Licht, gelb wie Stanniol, fiel schräg über die hohen Mauern in den Gefängnishof. Wir warteten vor den Todeszellen, einer Reihe von Verschlägen, an der Vorderseite mit doppelten Eisengittern abgeschlossen wie kleine Tierkäfige. Sie massen etwa zehn Fuss im Geviert und enthielten nichts ausser einer Pritsche und einem Krug mit Trinkwasser. In einigen hockten braunhäutige stumme Gestalten am Gitter, das weisse Bettuch um ihren Körper geschlungen. Es waren die zum Tode Verurteilten, die in ein oder zwei Wochen gehängt werden sollten.

Einen von ihnen hatte man aus seiner Zelle herausgeführt. Es war ein Hindu, ein kleiner, schmächtiger Mann mit rasiertem Schädel und wässrig verschwimmenden Augen. Er hatte einen mächtigen, buschigen Schnurrbart, der in grotesker Weise viel zu gross für seine Figur war und eher zu einem Filmkomiker gepasst hätte. Sechs hochgewachsene indische Wärter bewachten ihn und bereiteten ihn für den Galgen vor. Zwei standen mit Gewehren und aufgepflanztem Bajonett in Bereitschaft, während die andern ihm Handschellen anlegten. Durch die Handschellen zogen sie eine Kette, die sie an ihre Gürtel anschlossen, dann schnürten sie ihm die Arme eng an den Leib. Sie standen dicht um ihn herum und machten sich die ganze Zeit vorsichtig und besorgt an seinem Körper zu schaffen, als wollten sie sich vergewissern, dass er noch da sei – wie man einen lebenden Fisch festhält, der einem jeden Augenblick entschlüpfen und ins Wasser zurückgleiten könnte. Dabei verhielt sich der Gefangene vollkommen ruhig, ohne den geringsten Widerstand, und überliess seine Arme den Stricken, als bemerke er kaum, was vor sich ging. Es schlug acht Uhr. Ein Trompetensignal, dünn und trostlos verloren in der regenschweren Luft, tönte von den fernen Baracken herüber. Bei diesem Signal hob der Gefängnisdirektor, der abseits von uns andern stand und nachdenklich mit seinem Stock auf dem Boden herumstocherte, den Kopf. Er war Militärarzt, ein Mann mit einem grauen Zahnbürsten-Schnurrbart und einer rauhen Stimme.

«Um Gottes willen, beeil dich, Francis», sagte er gereizt.

«Der Mann sollte in diesem Augenblick schon tot sein. Bist du noch nicht bereit?»

Francis, der Oberaufseher, ein dicker Drawidiah, der in einer weissen Drillichuniform steckte und eine goldene Brille trug, winkte mit seiner schwarzen Hand.

«Aber ja, Sir, aber ja, Sir!» blubberte er. «Iss alles schon gutt vorbereitet. Der Henker iss schon da. Kann losgehen.»

«Schön. Dann aber Eilschritt! Das Frühstück kann erst ausgegeben werden, wenn das hier erledigt ist.»

Wir setzten uns in Marsch in Richtung Galgen. Rechts und links neben dem Gefangenen gingen die zwei bewaffneten Wärter, das Gewehr umgehängt; zwei andere hielten ihn an Armen und Schultern gepackt, wie um ihn vorwärts zu stossen und zugleich zu stützen. Der Rest von uns, Gerichtsbeamte und dergleichen, bildete den Schluss. Nach etwa zehn Yards geriet der Zug plötzlich ins Stocken, ohne einen Befehl oder eine Warnung. Etwas Schreckliches war geschehen. Ein Hund war, Gott weiss woher, im Hof aufgetaucht und nach ein paar Sätzen mitten unter uns. Dabei stiess er ein lautes Gebell aus, offenbar aus Freude, soviel Menschen auf einmal beisammen zu sehen. Es war ein grosser, zottiger Hund, halb Airedale, halb Paria. Ein paar Augenblicke tanzte er, immer bellend, um uns herum, und dann war er, ohne dass es jemand hindern konnte, bei dem Gefangenen, sprang an ihm hoch und versuchte, ihm das Gesicht zu lecken. Wir standen wie versteinert, zu verblüfft, um auch nur den Versuch zu machen, ihn zu ergreifen.

«Wer hat dies verdammte Vieh hier hereingelassen?» fragte der Direktor erbost. «So fangt ihn doch!»

Einer der Wärter trat aus der Reihe und machte einen plumpen Versuch, aber der Hund tanzte und hüpfte aus seiner Reichweite, für ihn gehörte das alles zum Spiel. Ein junger eurasischer Wärter raffte eine Handvoll Kies auf und warf nach ihm, um ihn zu verscheuchen. Mit einem Seitensprung wich der Hund aus und kam wieder hinter uns her. Sein Bellen hallte von den Gefängnismauern wider. Der Gefangene blickte teilnahmslos vor sich hin, als sei auch dies eine Formalität, die zur Hinrichtung gehöre. Erst nach mehreren Minuten gelang es jemandem, den Hund zu fassen. Wir zogen mein Taschentuch durch sein Halsband und setzten uns wieder in Bewegung, mit dem Hund, der winselte und sich loszumachen versuchte.

Bis zum Galgen waren es noch etwa vierzig Yards. Ich hatte den nackten, braunen Rücken des Gefangenen direkt vor mir. Er ging schwerfällig mit seinen gefesselten Armen, aber dennoch stetig und mit dem federnden Schritt der Inder, die niemals die Knie durchdrücken. Bei jedem Schritt strafften und entspannten sich die Muskeln, die Haarlocke auf seinem Schädel wippte auf und nieder, seine Füsse drückten sich in dem feuchten Boden ein. Einmal trat er, obwohl die beiden Wärter ihn fest gepackt hielten, geschmeidig beiseite, um nicht in eine Pfütze zu treten.

Seltsam, aber bis zu diesem Augenblick war mir nicht bewusst geworden, was es bedeutet, einen gesunden, denkenden Menschen zu töten. Als ich den Gefangenen beiseitetreten sah, um der Pfütze auszuweichen, erkannte ich das Geheimnis, sah, welch ungeheuerliches Unrecht es ist, einem Leben gewaltsam ein Ende zu setzen, das in voller Blüte ist. Dieser Mann lag nicht im Sterben, er lebte wie wir, all seine Organe arbeiteten – die Därme verdauten Nahrung, die Haut erneuerte sich, die Nägel wuchsen, das Gewebe bildete sich –, alles arbeitete weiter in feierlicher Torheit. Seine Nägel würden noch wachsen, wenn er schon auf dem Fallbrett stand, wenn er ins Leere fiel und nur noch eine Zehntelsekunde zu leben hatte. Seine Augen nahmen den gelben Kies und die grauen Mauern wahr, sein Hirn war noch imstande, sich zu erinnern, vorauszusehen, achtzugeben – selbst auf eine Pfütze. Er und wir waren Menschen, die gemeinsam einen Weg zurücklegten, welche die gleiche Welt erblickten, hörten, fühlten, begriffen, und in zwei Minuten, mit einem plötzlichen Knack, würde einer von uns nicht mehr da sein, ein menschliches Wesen weniger, eine Welt weniger.

Der Galgen stand in einem kleinen, von hohem stachligen Gras überwucherten Hof hinter dem Hauptkomplex der Gefängnisgebäude. Er bestand aus drei Ziegelwänden, wie bei einem Schuppen, und einem Holzpodest. Zwei Pfähle und eine waagerechte eiserne Schiene, von der ein Strick herabhing, bildeten den eigentlichen Galgen. Der Henker, ein weisshaariger Gefangener in weisser Sträflingskleidung, stand bereits neben dem Apparat. Bei unserem Erscheinen grüsste er mit einer devoten Verbeugung. Auf einen Zuruf von Francis packten die beiden Wärter den Verurteilten noch fester, führten ihn, halb schiebend, halb ihn stützend, zum Galgen und halfen ihm umständlich die Leiter hinauf. Nach ihm kletterte der Henker nach oben und legte ihm den Strick um den Hals.

Wir warteten unten in einer Entfernung von etwa fünf Yards. Die Wärter umstanden das Podest in einem unregelmässigen Kreis. Und dann, als die Schlinge geknüpft war, begann der Gefangene laut seinen Gott anzurufen. Mit hoher, gleichförmiger Stimme wiederholte er in einem fort monoton eine Silbe: «Rem – Rem – Rem – Rem ...», nicht drängend und ängstlich wie ein Gebet oder ein Hilferuf, sondern gleichförmig und regelmässig wie das Läuten einer Glocke. Der Hund antwortete mit Gewinsel. Der Henker, der noch immer oben auf der Plattform stand, zog einen kleinen Baumwollsack hervor, einem Mehlsack ähnlich, und zog ihn dem Verurteilten über den Kopf. Aber das Rufen hielt an, jetzt etwas durch den Stoff gedämpft: «Rem – Rem – Rem – Rem ...», gleichmässig, unaufhörlich.

Der Henker kletterte herunter und stand, die Hand am Mechanismus, bereit. Es schien Minuten zu dauern. Das einförmige Rufen des Gefangenen ging ohne Unterbrechung weiter, immer gleichbleibend fest und laut. Der Direktor, das Kinn auf die Brust gesenkt, stocherte mit seinem Stock im Sand. Vielleicht zählte er mit, hatte dem Gefangenen bis zu einer bestimmten Zahl, etwa fünfzig oder hundert, eine Frist gesetzt. Wir alle hatten die Gesichtsfarbe gewechselt. Die Inder sahen grau aus wie abgestandener Kaffee, und die Spitzen von einem oder zwei Bajonetten begannen zu zittern. Wir starrten auf den gefesselten Mann mit der Haube über dem Kopf und lauschten auf seine Rufe, von denen jeder eine weitere Sekunde Leben bedeutete. Wir alle hatten nur den einen Gedanken: Tötet ihn schnell – macht rasch – macht diesen entsetzlichen Rufen ein Ende!

Plötzlich erwachte der Direktor aus seiner Erstarrung. Mit einem Ruck hob er den Kopf, schwang den Stock in die Höhe und rief fast zornig: «Chalo!»

Ein klirrendes Geräusch, dann Totenstille. Der Gehängte war verschwunden. Nur der Strick drehte sich um sich selbst. Ich liess den Hund los. Er lief sofort zur Hinterseite des Galgenbaues, machte aber, kaum dort angelangt, jäh halt, bellte und zog sich dann in die äusserste Ecke des Hofes zurück, wo er in dem hohen Gras stehen blieb und furchtsam zu uns herüberblickte.

Wir gingen um den Galgen herum, um den Gehängten zu sehen. Er hing in der Schlinge, die Zehen nach unten gerichtet, leicht schaukelnd und tot wie ein Stein. Der Direktor hob seinen Stock und stiess damit den nackten Körper an, er pendelte leicht. «Er ist in Ordnung», sagte der Direktor. Er trat rückwärts unter dem Galgen ins Freie und atmete tief aus. Sein diskreter Blick war mit einem Mal verflogen. Er schaute auf die Armbanduhr: «Acht Minuten nach acht. Das wär's für heute vormittag, Gott sei's gedankt.»

Die Wärter nahmen die Bajonette von ihren Gewehren und marschierten ab. Der Hund, der sich beruhigt hatte und wohl spürte, dass er sich schlecht benommen hatte, lief hinter ihnen her. Wir verliessen den Galgenhof, kamen wieder an den Zellen der wartenden Verurteilten vorbei und begaben uns zum grossen Innenhof des Gefängnisses. Unter Aufsicht von Wärtern, die mit Lahtis bewaffnet waren, wurde bereits das Frühstück an die Gefangenen ausgegeben. Sie hockten in langen Reihen am Boden, jeder mit einem Blechnapf in der Hand. Zwei Wärter mit Eimern machten die Runde und teilten Reis aus. Nach der Hinrichtung kam einem die Szene beinahe häuslich, vergnügt vor. Wir alle empfanden eine ungeheure Erleichterung, jetzt, wo die Sache hinter uns lag. Man hatte geradezu Lust, zu lachen, zu laufen, irgendwelchen Unsinn zu machen, und wirklich fingen alle mit einem Male an, laut durcheinanderzuschwatzen.

Der junge Eurasier, der neben mir ging, machte mit dem Kopf eine Bewegung in die Richtung, aus der wir gekommen waren, und sagte mit einem wissenden Lächeln: «Sir, wussten Sie, dass unser Freund (er meinte den Gehängten) den Fussboden in seiner Zelle vollgepisst hat, als er hörte, dass seine Berufung abgelehnt worden ist? Aus Angst. – Bitte nehmen Sie doch eine von meinen Zigaretten, Sir. Finden Sie mein neues silbernes Zigarettenetui nicht auch schön? Vom Bazar – zwei Rupien acht Anas. Klassischer europäischer Stil.»

Einige lachten – worüber, schien niemand zu wissen. Francis ging laut schwatzend neben dem Direktor. «Also, Sir, es ist doch alles zur äussersten Befriedigung gutgegangen. Ganz schnell Schluss – schnapp und aus –, ja so. Iss nicht immer so, o nein, ich habe schon erlebt, dass der Doktor unter den Galgen kriechen musste und den Gefangenen an den Beinen ziehen, um ganz sicher zu sein, dass er tot war. Widerlich, so was!»

«Zappeln noch herum – ja, das ist scheusslich», sagte der Direktor.

«Ach, Sir, es gibt Schlimmeres – zum Beispiel, wenn sie sich wehren. Ich erinnere mich an einen, der sich an den Gitterstäben festhielt, als wir kamen, um ihn zu holen. Ob sie es glauben oder nicht, Sir, aber es waren sechs Wärter nötig, um ihn loszureissen. Drei an jedem Bein. Wir redeten ihm gut zu: ‹Alter Freund, denk doch an die viele Mühe und die Umstände, die du uns machst›, sagten wir zu ihm. Aber er wollte nicht hören. Ach, es war schrecklich mühsam!»

Ich merkte, dass ich lachte. Alle lachten. Selbst der Direktor grinste nachsichtig. «Es wäre gut», sagte er ganz jovial, «wenn wir alle hinausgingen zu einem Drink. Ich habe eine Flasche Whisky in meinem Wagen, die könnten wir leermachen.»

Wir verliessen das Gefängnis durch das schwere Tor mit dem Doppelgitter und traten auf die Strasse. «Einen an den Beinen zu ziehen ...» prustete ein burmesischer Gerichtsbeamter plötzlich los und verfiel in ein lautes Glucksen. Auch wir andern begannen wieder zu lachen. In diesem Moment schien uns Francis' Anekdote ausgesprochen lustig. Wir hatten einen Drink zusammen, Eingeborene und Europäer, in aller Freundschaft. Der Tote war hundert Yards weit weg.

(Aus: «Das George Orwell Lesebuch». Essays, Reportagen, Betrachtungen, herausgegeben und mit einem Nachwort von Fritz Senn. Aus dem Englischen von Tina Richter. Diogenes Verlag, Zürich 1981 ©Diogenes Verlag, Zürich 2023)

Marina Zwetajewa
Fünf Gedichte

Einen schuf er aus Stein und den andern aus Erde
Und aus funkelndem Silber mich!
Verrat ist mein Werk – und mein Name Marina;
Vergänglicher Meer-Schaum bin ich.

Einen schuf er aus Lehm – aus der Rippe den andern.
Ein Sarg grenzt, ein Grab ihre Welt ...
Doch ich bin getauft im Taufstein des Meeres
Und im Flug unaufhörlich zerschellt!

Und keinerlei Herz fängt und keinerlei Reuse
Meinen trotzigen Eigensinn ein.
Nie werde – so sieh meine wildwirren Locken,
Das Salz der Erde ich sein.

Zerteil ich mich auch an granitenen Knien,
Mit den Wellen ich wiederersteh!
Es lebe die Gischt – das fröhliche Schäumen,
Der hohe Schaum auf der See.

23. Mai 1920
Übersetzt von Uwe Grüning

MORGENDÄMMERUNG ÜBERM GLEIS

Noch eh der Tag aufsteht
In fahler Leidenschaft,
Errichte, aus Sumpf und Schwellen,
Ich Russland aus meiner Kraft.

Aus Sumpf – und Sondenpfählen,
Aus Sumpf – und Siechgrau der Welt.
Noch eh der Tag aufsteht,
Der Wärter die Weichen stellt.

Der Nebel ist noch mild.
Noch Ruhe vor den Hämmern
Hat der verhüllte Granit.
Die dunklen Schachfelder dämmern ...

Aus Sumpf – und Silberschwarm ...
Aus schillernden Lügenquellen
Brilliert der rabene Stahl –
Und Moskau jenseits der Schwellen!

So, unterm Starren der Augen –
Ins Körperlose geweitet –
Hat sich Russland, schaut nur!
Dreifahnig ausgebreitet.

Und ich entrolls noch mehr:
Auf unsichtbaren Gleisen
Lasse ich, über den Sumpf,
Waggons mit Gebrannten reisen:

Mit den für immer Verbannten,
Für Gott, die ganze Erde!
(Ihr Signum: Vierzig Mann
Und acht – acht Pferde.)

So, umstellt von Schwellen,
Salutiert die Schranke der Ferne.
Aus Sumpf und Eichenschwellen,
Aus Sumpf – und Suchlaterne;

Noch eh der Tag aufsteht
In fahler Leidenschaft,
Errichte – am Horizont,
Ich Russland aus meiner Kraft!

Ohne Niedrigkeit, ohne Falsch:
Zwei Linien, die ins Ferne weisen ...
Da ist es, he! – Halt fest!
Auf den Gleisen, auf den Gleisen ...

12. Oktober 1922
Übersetzt von Richard Petrass

Vereinsamung: so geh hinein
In dich, wie einst der Ahn ins Leben.
Vereinsamung: in dir allein
Such Freiheit dir, dich frei zu sehen.

Kein Schritt und keine Seele: rein –
Die Welt hat keinen solchen Garten
Der Einsamkeit. In dir allein
Hast du Erfrischung zu erwarten.

Wer auf dem Platz gewinnt im Streit –
Das trage nicht im Sinn und frage.
In dir, in deiner Einsamkeit
Den Sieg vollbringe und begrabe.

Vereinsamung in dir allein.
Vereinsamung: geh fort, du Schein

Und Leben!

September 1934
Übersetzt von Elke Erb

DIE TROMMEL

Durch die Städte Böhmens nun
Ruft die dunkle Trommel stumm:
«Komm um – komm um – komm um,
Böhmen ehrlos, Böhmen wehrlos!»
Mutlos schlägt die Stirn der Kehraus
Dumm – dumm – dumm:
«Bum!
Bum!
Bum!»

Durch die Städte Böhmens pocht
– oder nicht die Trommel, noch
(Berge, polternd, Steine, zischelnd)
Morst das Herz der geschlagenen Tschechen
Wut-ent-
Brannt:
Wo ist mein Land?

In der Städte Todesschlaf
Trommelt aus der harte Schlag:
«Ein Rabe, Rabe, Rabe
Hat sein Nest gebaut im Hradschin!
Durch das Eis des Fensters starrt der
(Bum! bum! bum!)
Hunne! Hunne! Hunne!«

30. März 1939
Übersetzt von Elke Erb

Bist fort: ich schneide
Das Brot mir nicht mehr.
Alles ist Kreide,
Was ich berühr.

… Warst, duftend heiss,
Mein Brot. Warst mein Schnee.
Und der Schnee ist nicht weiss,
Und das Brot tut weh.

23. Januar 1940
Übersetzt von Waldemar Dege

(Aus: Marina Zwetajewa, «Versuch, eifersüchtig zu sein». Gedichte. Russisch und deutsch. Herausgegeben und mit einem Nachwort versehen von Ilma Rakusa. Suhrkamp Verlag, Frankfurt am Main 2002.© Suhrkamp Verlag, Berlin 2023)

Galsan Tschinag
Eine salzige Geschichte

Zu meinem Glück in diesem Leben gehörte unbedingt, dass ich die Grossmutter hatte. Sie glich einer wärmenden Sonne und dann noch einer Zaubertruhe, aus der man hervorholen und hervorholen konnte, ohne dass sie jemals leer geworden wäre. Grossmutter und ich gehörten zueinander wie Gras und Tau, hatten unser eigenes Eckchen in der Jurte, die linke Seite vom Herd. Sie röstete Fleischscheiben am Spiess für mich, wobei sie ihre Erzählung nie unterbrach. Ich klebte an ihr, verfolgte ihr Tun und trieb sie mit immer weiteren Fragen an.

«Warum isst du denn von dem Fleisch nicht mit, Grossmutter?»

«Weil man Zähne haben muss, um es zu können, mein Welpchen.»

«Und warum hast du keine Zähne mehr, Grossmutter?»

«Weil ich schon so alt bin, mein Wieselchen.»

«Und warum bist du so alt geworden, Grossmutter?»

«Ja, warum? Das möchte ich manchmal auch selber wissen, mein Zieselchen.»

Grossmutter war lange achtzig, und eines Tages hiess es plötzlich, sie sei zweiundachtzig geworden. Und weiter hiess es, nun könnte sie gehen.

Wohin? Ins Salz! Und es könnte lange dauern. Dann aber würde sie zurückkommen.

«Wann genau wirst du kommen, Grossmutter?»

«Wenn du schon so gross bist wie dein Vater jetzt.»

«Wird es sehr lange dauern, bis ich so gross bin wie Vater jetzt, Grossmutter?»

«Jede Nacht wirst du um ein Reiskörnchen wachsen, Kind.»

«Das ist zu wenig, es wird zu lange dauern – bleib hier, bitte, Grossmutter!»

«Es geht nicht, ich muss gehen – aber ich werde doch zurückkommen!» Grossmutter ist also entschlossen zu gehen. Dabei will sie, dass ich nicht weine. Aber gerade das werde ich, will ich alleine schon deshalb tun, damit sie hierbleibt. So sage ich immer wieder: «Ich werde sehr weinen, Grossmutter, wenn du von mir gehst!»

Und immer wieder sagt sie bestimmt: «Nein, das wirst du eben nicht tun, mein Spätzchen!»

Eines Morgens fand ich sie dann tatsächlich nicht mehr. Weder in der Jurte noch draussen in der Steppe. Nicht einmal ihr Lager war zu finden. In mir spürte ich das brennende Bedürfnis, in lautes Geschrei auszubrechen, mich auf die staubige und steinige Erde zu werfen und mit dem Kopf und den Fäusten darauf zu hauen. Doch irgendwie hatte ich Hemmungen, mir war, Grossmutter stünde irgendwo und beobachtete mich. Und ich durfte ihr kein Weh antun. So stand ich betäubt inmitten des Lebens und wusste, dass ich warten musste.

Mir war durchaus bewusst, dass mir viel fehlte, um so gross zu werden wie Vater. Doch verfehlte ich keine Gelegenheit zu fragen, wann ich denn endlich erwachsen dastehen würde. Einmal musste Vater übel gelaunt gewesen sein, als ich ihn schon wieder danach fragte – recht barsch fiel seine Antwort aus: «Wieso denn das schon wieder – kannst du nicht mehr warten, dass du zu so einem alten Hautbündel morscher Knochen und Sehnen wirst wie ich es schon bin?» Ich brach in Tränen aus: «Nein, das nicht – aber damit Grossmutter endlich wieder heimkehrt!»

Seitdem lautete die Antwort ziemlich gleich bleibend, ich sollte mich noch eine kleine Weile gedulden. Aber diese kleine Weile war unendlich lang, erstreckte sich über einen ganzen Sommer und auch auf den Herbst darauf. Meine Geduld schien dünner und dünner zu werden, so dass sich in mir ein Hass auf etwas Unbestimmtes zu bilden begann. Eines Tages glaubte ich dieses Unbestimmte beim Namen zu kennen – das Salz war es, weswegen Grossmutter von mir gehen musste! So nahm ich kurz entschlossen den Salzbeutel und schüttete den ganzen Inhalt auf die Steppe.

Als Mutter darauf Tee kochte, fand sie den Beutel leer, sagte aber nur: «Ach, das Salz ist alle!» Und holte neues aus einem grösseren Sack. Dass sie nicht gemerkt hatte, was mit ihrem Salz geschehen war, bestärkte mich wohl erst recht in meinem Hass. So nahm ich ihr auch das neue gleich weg, ging bei nächster Gelegenheit in die Nachbarjurten und leerte alle Salzbehälter.

Dass die so fortlaufende Geschichte für mich schlecht enden musste, lässt sich leicht denken. Aber so schlecht, ja so böse hätte sie gar nicht sein dürfen, wie sie gerade endete: Denn Mutter fing an zu jammern, als sie Salz auf der Erde fand: «Das mache man doch nicht, liebe Leute, da jedes Salzkörnchen, das unaufgelöst im Trocknen bleibt, sich der Tat, die gelingen will, als ein Felsen in den Weg stellt!» Sie kochte Wasser und goss es über die Stelle, wo sie etwas entdecken konnte, sie tat es lange und sorgfältig, damit sich sämtliches Salz auflöste.

Also hatte ich mir wieder etwas eingebrockt! Ich, der ich auf den Tag wartete – aber nun würde sich auf den Weg der Heimkehrenden ein Fels neben den anderen stellen, und dies, wo Grossmutter so schlecht laufen konnte! Und was blieb mir übrig, als klammheimlich mit der Waschkanne voll erhitzten Wassers über die Steppe zu hasten und überall dort, wo ich die Schandspuren meiner eigenen Tat entdecken konnte, dagegen vorzugehen. Dabei beschwor ich die Salzklumpen, die ich sehen und auch nicht sehen konnte, unter Tränen, sich aufzulösen, damit sie mir, dem armen, dummen Kind, die Heimkehr meiner Grossmutter nicht noch erschweren sollten.

Grossmutter kam nicht wieder. Und das belastete mich doppelt schwer. Jahre mussten an mir gerben, bis ich begriff, dass sie auch dann nicht gekommen wäre, wenn ich kein Salz auf die Steppe geschüttet hätte. Und als diese Einsicht zu mir kam, war ich den Leuten doch dankbar dafür, dass sie mir nicht gleich gesagt hatten, was mit Grossmutter geschehen war. Nicht einmal heut will es mir einleuchten, dass ein Mensch aus dem Leben gehen könnte, um nie wieder zurückzukehren, weil er tot, leblos geworden sein soll, wie jedes geschlachtete Schaf, wie jedes erlegte Reh.

Nachträglich fand ich die schonende Umschreibung für das Ende, das immer gross und wichtig bleiben wird, in Ordnung. Denn ich begriff, weshalb man gerade ins Salz, und nicht ins Mehl oder in den Honig, auch nicht nach Seide und Brokat gehen musste. Da verspürte ich in mir erst recht die Ehrfurcht vor dem Urstoff Salz erwachen. Und seitdem weiss ich, wie Salz schmeckt: Es ist unersetzlich und darf darum gerade nicht fehlen.

(Aus: Galsan Tschinag, «Tau und Gras». Unionsverlag, Zürich 2002. Copyright © by Unionsverlag, Zürich 2023)

Zhang Jie
«Ich weiss jetzt um die Nähe des Todes»

Am Sonnabend, den 7. Dezember, vollziehen abends die Priester im Guangji-Tempel für Mutter eine Opferzeremonie. Hu Rong und Su Yu sind auch gekommen. Heute hat es in Peking geschneit, ungewöhnlich viel im Vergleich zu den letzten Jahren. Mutter tritt ihre letzte Reise auf beschneiten Wegen an, durch eine in weisse Trauerfarbe gehüllte Welt schwebt sie in erhabenere Gefilde.

Immer wieder suche ich im Gespräch mit den Ärzten nach den Ursachen für Mutters überraschenden Tod, um mir über meine Verantwortung klar zu werden. Hatte mich Chefarzt Luo nicht warnend darauf aufmerksam gemacht, dass ein alter Mensch den Belastungen einer Operation möglicherweise nicht gewachsen ist? Heute weiss ich, dass das Blut alter Menschen zähflüssig ist und die Blutgefässe ihre Elastizität verloren haben, rauh und brüchig geworden sind. Kommen dann nach einer Operation Veränderungen in der Blutzirkulation noch dazu, bilden sich an den rauhen Gefässwänden leicht Blutgerinnsel, und das führt dann zum Herzinfarkt.

Welcher Teufel hat mich geritten, dass ich mir einbildete, Mutter könne nach einer Operation länger und gesünder leben? Für mich wäre es viel besser, noch eine Mutter zu haben, auch wenn diese vielleicht in ihren Lebensfunktionen stark eingeschränkt wäre.

Noch ein halbes Jahr nach Mutters Ableben meinte ich zu Chefarzt Luo: «Ich hätte damals der Operation lieber nicht zustimmen sollen.»

«Sie hätte ohnehin nicht mehr lange zu leben gehabt, höchstens ein paar Monate. Natürlich kann ich nicht genau sagen, wie lange es noch gedauert hätte. Der Tumor war schon sehr gross, wenn er geplatzt wäre, wäre sie nicht nur erblindet, auch alle anderen Körperfunktionen wären zusammengebrochen ... und dann hätten Sie es wieder bereut, wenn Sie Ihre Zustimmung verweigert hätten», gab er zu bedenken. Vielleicht wollte er mich nur beruhigen, aber ich sollte ihm Glauben schenken. Was bleibt mir auch anderes übrig.

Ich habe mich nie informiert, worauf nach einem so schweren Eingriff geachtet werden muss. Waren es etwa schon Anzeichen einer Herzinsuffizienz, dass Mutters Herzschlag im Krankenhaus häufiger beschleunigt und unregelmässig war? Dann hätte ich mit den Körperübungen, zu denen ich sie zwang, ohne ihr die notwendige Ruhe zu gönnen, Mutters Tod geradezu herbeigeführt.

Doch Cong Weixis Frau meinte, es könne sich dann höchstens um das Anfangsstadium einer Herzinsuffizienz gehandelt haben, bis zum Endstadium hätte es ziemlich lange gedauert. Sie selbst hätte Mutter auch nicht länger im Krankenhaus behalten, sondern zu Hause auskurieren lassen und auch nicht unbedingt ein herzstärkendes Mittel verordnet. Ihre Auffassung stimmt im Grossen und Ganzen mit der von Dr. Luo und Dr. Zhang vom Volkskrankenhaus überein.

Ich halte inne. Mir wird schlagartig klar, warum Mutter nach Tang Dis Weggang zusammengebrochen ist. Meine Tochter ist unabhängig geworden und bedarf nicht mehr meiner Obhut, im Gegenteil: Ich bin im Umgang mit anderen Menschen und im Alltag sogar auf ihren Rat angewiesen, erst recht, da sie sich ausgezeichnet macht. Wirklich gebraucht hat mich nur meine alte Mutter, die sich nicht mehr selbst helfen konnte. Für sie konnte ich mich aufreiben, mich einsetzen, eine Karriere aufbauen. Doch heute lebt dieser Mensch, der mich so nötig hatte, nicht mehr. Damit sind all meine Hoffnungen dahin.

Ich weiss jetzt um die Nähe des Todes.

Ich habe mich bis heute nicht daran gewöhnen können, dass Mutter in meinem Leben nicht mehr allgegenwärtig ist. Komme ich nach Hause, kann ich sie nicht mehr begrüssen, vorbei ist jenes Leben, in dem sie schwankend an den Türrahmen gestützt meinem Kommen entgegensah.

Wenn ich in der Zeitung eine Traueranzeige lese, schaue ich unwillkürlich zuerst auf das Alter, das der Verstorbene erreicht hat, und vergleiche es mit dem meiner Mutter. Einmal, im Kaufcenter Hepingli, erlebte ich, wie eine junge Mutter Bettwäsche für ihre Tochter aussuchte. Verstohlen schlich ich mich an die Seite des Mädchens und rief für mich jene Zeit in Erinnerung, als Mutter mich zum Einkaufen mitgenommen hatte. Das hatte sie schon so viele Jahre lang nicht mehr tun können. Und auch ich kann Tang Di nicht mehr in die Geschäfte mitnehmen. Ich bin erwachsen, gehe dem Alter entgegen, und auch Tang Di ist kein Kind mehr.

Sobald ich einen rüstigen Menschen sehe, der in etwa demselben Alter wie meine Mutter ist, möchte ich am liebsten auf ihn zugehen und mich höflich nach seinem Alter erkundigen. Ich stelle mir dann immer die Frage, wieso derjenige noch am Leben ist und Mutter nicht.

Wenn ich irgendjemanden «Mutter» rufen höre, bleibe ich immer noch abrupt stehen, vergegenwärtige mir die Zeit, da ich ebenso rufen konnte, und würge an der Traurigkeit, dass ich das nie wieder tun kann.

Fallen mir in einem Laden Kleider ins Auge, die Mutter gepasst hätten, nehme ich sie in die Hand, drehe sie hin und her und muss den Impuls unterdrücken, sie zu kaufen.

Sehe ich einen jener Minibusse, die man heutzutage überall mieten kann, dann hadere ich, dass sie erst nach Mutters Tod in Mode gekommen sind. Wie bequem hätte sie sich sonst fortbewegen können.

Immer, wenn ich beobachte, wie erfolgreich Tang Di ist und wie sie sich zu einer aparten Schönheit entwickelt, durchfährt mich der Gedanke: Wie wird Mutter sich freuen, wenn ich ihr davon erzähle! Doch schon im nächsten Augenblick kommt mir schmerzlich zu Bewusstsein, dass ich keinen mehr habe, mit dem ich meinen Stolz teilen kann.

Oftmals glaube ich wirklich, sie ist in meiner Nähe und ich könne sie, sobald ich mich umdrehe, am Fenster hinter meinem Computer lehnen und die Neonlampen auf der Qianmen-Strasse bewundern sehen. Doch ich strecke meine Hand vergebens nach ihr aus.

Auch meine ich sie immer noch leise rufen zu hören:
«Xiao Jie!» Aber sogleich wird mir klar, dass diese liebevolle Anrede für immer aus der Welt verschwunden ist. Wer sollte mich denn noch so zärtlich bei meinem Kindernamen rufen? Und selbst wenn es jemand täte, wäre es doch anders ...

Wen gibt es denn noch, mit dem ich all jene anregenden Geschichten aus der Vergangenheit immer wieder durchhecheln könnte?

Ich habe endlich begriffen, dass man zwar den Geliebten wechseln kann, aber eine Mutter nur einmal im Leben hat.

Nach diesem Unglück bin ich nicht mehr die Alte.

Und ich weiss noch nicht, wie mein neues Ich sein wird. Ma, Ihr seid Euch sicherlich nicht bewusst, dass Ihr mich nochmals neu erschaffen habt.

Welche Wünsche sollte ich noch hegen? Ich kann das Wiedersehen mit Mutter in einem anderen Leben kaum erwarten, aber auch die Aussicht darauf, dass wir dann unsere Beziehung fortsetzen können, befreit mich nicht von meiner Sehnsucht. Ich bitte nur darum, sie möge mir öfter im Traum erscheinen, damit ich ihr noch einmal sagen kann: «Ma, bitte vergebt mir!»

All die Schriftzeichen reichen nicht aus, um über die Liebe meiner Mutter zu schreiben. Eine Liebe, die ich ihr niemals vergelten kann. Sie reichen auch nicht, um meinem Schuldbewusstsein und meiner Sehnsucht nach ihr wirklich Ausdruck zu verleihen.

Ma, wieso habt Ihr mich erst in diese Welt gesetzt, da Ihr mich dann doch verlasst und mich den Schmerz über Euren Verlust doppelt spüren lasst?

Ihr habt doch immer gesagt: «Ich darf nicht sterben, was solltest du sonst ohne mich machen?»

Ma, und jetzt, was soll ich jetzt wirklich ohne Euch anfangen?

(Aus: Zhang Jie, «Abschied von der Mutter». Aus dem Chinesischen von Eva Müller. Unionsverlag, Zürich 2009. © Unionsverlag, Zürich 2023. Titel vom Herausgeber)

Paul Auster
Besuch in Bergen-Belsen

Du hast die Toten nach dir rufen hören – aber nur ein einziges Mal, einmal in all den Jahren, die du am Leben bist. Du zählst nicht zu denen, die Dinge sehen, die nicht da sind, und sosehr dich manches verwirrt, was du siehst, neigst du doch nicht zu Halluzinationen oder absurden Verdrehungen der Wirklichkeit. Dasselbe gilt für deine Ohren. Hin und wieder glaubst du bei einem deiner Spaziergänge durch die Stadt die Stimme deiner Frau, deiner Tochter oder deines Sohnes deinen Namen über die Strasse rufen zu hören, aber wenn du dich danach umdrehst, ist es jedes Mal jemand anders, der Paul oder Dad oder Daddy sagt. Vor zwanzig Jahren jedoch, vielleicht vor fünfundzwanzig Jahren, hast du unter Umständen, die weit vom Strom deines täglichen Lebens entfernt waren, eine akustische Halluzination erlebt, die dir noch heute Kopfzerbrechen bereitet, so deutlich und stark war sie, so laut waren die Stimmen, die du hörtest, auch wenn der Chor der Toten nur für höchstens fünf oder zehn Sekunden in dir aufschrie. Du warst in Deutschland, übers Wochenende in Hamburg, und am Sonntagmorgen machte dein Freund Michael Naumann, der auch dein deutscher Verleger war, den Vorschlag, ihr zwei solltet nach Bergen-Belsen fahren – oder genauer, dorthin, wo Bergen-Belsen einst gewesen war. Du wolltest mit, auch wenn etwas in dir dem widerstrebte, und du erinnerst dich an die Fahrt an jenem bewölkten Sonntagvormittag auf der fast leeren Autobahn, an den weissgrauen Himmel, der kilometerweit über der flachen Landschaft hing, an ein Auto, das gegen einen Baum am Strassenrand geprallt war, und die Leiche des Fahrers daneben im Gras, der Körper so reglos und verdreht, dass du sofort wusstest, der Mann ist tot, und da sasst du im Auto und dachtest an Anne Frank und ihre Schwester Margot, die beide in Bergen-Belsen gestorben waren, zusammen mit Zehntausenden anderen, den vielen tausend, die dort Typhus und Auszehrung, Mord und Folter zum Opfer gefallen waren. Dutzende von Filmen und Wochenschauen, die du über die Todeslager gesehen hattest, spulten sich in deinem Kopf ab, während du auf dem Beifahrersitz sasst, und je näher du und Michael eurem Ziel kamt, desto unruhiger und schweigsamer wurdest du. Von dem Lager selbst war nichts übrig. Die Gebäude waren dem Erdboden gleichgemacht, die Baracken niedergerissen und abtransportiert, die Stacheldrahtzäune verschwunden, statt dessen gab es dort jetzt ein kleines Museum, ein eingeschossiges Bauwerk, in dem plakatgrosse Schwarzweissphotografien mit erklärenden Texten ausgestellt waren, ein düsterer Ort, ein furchtbarer Ort, aber so entblösst und keimfrei, dass du dir kaum vorstellen konntest, wie es dort zur Zeit des Krieges wirklich gewesen sein mochte. Du konntest die Gegenwart der Toten nicht fühlen, das Grauen der vielen Tausend, die in diesem Albtraumdorf hinter Stacheldraht zusammengepfercht waren, und während du mit Michael durch das Museum gingst (in deiner Erinnerung wart ihr die einzigen Besucher dort), wünschtest du, man hätte das Lager intakt gelassen, damit die Architektur der Barbarei für jedermann sichtbar geblieben wäre. Dann gingt ihr auf das Gelände des Todeslagers hinaus, aber das war jetzt eine grasbewachsene Fläche, eine schöne Wiesenlandschaft, die sich mehrere hundert Meter weit in alle Richtungen erstreckte, und ohne die über all aufgestellten Steine mit Angaben, wo die Baracken gestanden hatten, wo bestimmte Gebäude gestanden hatten, hätte man unmöglich erahnen können, was dort einige Jahrzehnte zuvor vor sich gegangen war. Schliesslich kamt ihr zu einem Rasenstück, das ein wenig erhöht lag, vielleicht acht oder zehn Zentimeter höher als der Rest der Wiese, ein perfektes Rechteck von etwa sieben mal zehn Metern, gross wie ein sehr geräumiges Zimmer, und an einer Ecke befand sich eine Tafel im Boden, auf der stand: *Hier ruhen 50 000 russische Soldaten.* Du standest auf dem Grab von fünfzigtausend Männern. Es schien unmöglich, dass so viele Leichen in einen so kleinen Raum passen sollten, und als du dir diese Leichen unter dir vorzustellen versuchtest, die verknäuelten Leichname von fünfzigtausend jungen Männern, dicht gepackt ins tiefste aller tiefen Löcher, schwindelte dir beim Gedanken an so viel Tod, so viel Tod, konzentriert auf so engem Raum, und gleich darauf hörtest du die Schreie, ein gewaltiges Aufbrausen von Stimmen, das sich aus dem Boden unter deinen Füssen erhob, und du hörtest die Knochen der Toten heulen vor Pein, heulen vor Schmerz, aus voller Kehle und ohrenzerreissend heulen vor Qual. Die Erde schrie. Fünf oder zehn Sekunden lang konntest du sie hören, und dann verstummten sie.

(Aus: Paul Auster, «Winterjournal». Aus dem Englischen von Werner Schmitz. Rowohlt Verlag, Hamburg 2013. Copyright © by Rowohlt Verlag 2023. Titel vom Herausgeber)

Natur und Umwelt

Joseph Conrad
Segelschiffe

Mir scheint, kein wirklich aufrichtiger Mensch könnte behaupten, ihm sei die See jemals so jung erschienen wie die Erde im Frühling. Aber manchen von uns, die das Meer mit verstehender Liebe ansehen, ist es schon so alt vorgekommen, als wären aus seinem unberührten Schlammgrund die unvordenklichen Zeiten aufgewühlt worden. Denn es sind die Stürme, die das Meer alt aussehen lassen.

Wenn ich über den Abstand der Jahre hinweg die Erinnerungsbilder erlebter Stürme betrachte, dann löst sich dieser Eindruck ganz deutlich aus dem starken Gesamteindruck heraus, der in den vielen Jahren inniger Vertrautheit entstanden ist.

Wer das Alter der Erde erfahren will, der schaue bei Sturm auf die See. Das Grau dieser unermesslichen Oberfläche, die Windfurchen auf dem Antlitz der Wogen, die riesigen Massen hin und her geschleuderter, wallender Gischt, die weissem Greisenhaar gleichen, lassen die See im Sturm ehrwürdig alt, glanzlos, matt und stumpf erscheinen, als wäre sie noch vor der Schöpfung des Lichtes erschaffen worden.

Rückblickend spürt man nach all der Liebe und all der Furcht, die man erfahren hat, wie im Innern noch einmal der Instinkt des Primitiven geweckt wird, der die Naturgewalten in seiner Zuneigung und seiner Furcht zu personifizieren versucht, obgleich man schon in seiner Kindheit über dieses Stadium hinaus war. Man glaubt Stürme zu Feinden gehabt zu haben, aber selbst als Feinde noch werden sie mit dem liebevollen Bedauern umfangen, das dem Vergangenen anhängt.

Stürme haben ihre persönliche Eigenart, und vielleicht ist das nach alledem gar nicht so sonderbar; denn letzten Endes sind es Gegner, deren Tücken man vereiteln und deren Ungestüm man widerstehen muss, und mit denen man dennoch Tag und Nacht eng vertraut zu leben hat.

Dies sagt ein Mann der Masten und Segel, dem die See nicht ein schiffbares Element, sondern ein vertrauter Gefährte ist. Die langen Reisen, das zunehmende Gefühl der Einsamkeit, die unmittelbare Abhängigkeit von den Mächten, die heute freundlich und morgen, ohne ihr inneres Wesen zu ändern, allein durch das Spiel ihrer Kräfte gefährlich werden, all dies führt zu einem Gemeinschaftsgefühl, das der heutige Seemann bei aller Tüchtigkeit niemals erfahren wird. Ausserdem gehen die Reisen eines modernen Schiffes, eines Dampfschiffes also, nach anderen Prinzipien vor sich, die sich nicht nach Wind und Seegang richten. Der Dampfer muss zwar auch Schläge hinnehmen, doch er kommt dabei noch voran – es ist eine verbissene Schlägerei, aber kein systematischer Kampf mehr. Maschine, Stahl, Feuer und Dampf haben sich zwischen den Menschen und die See gestellt. Die moderne Handelsflotte bezwingt nicht die See, sie nutzt die Seestrassen aus. Das moderne Schiff ist nicht mehr der Spielball der Wellen. Mag auch jede seiner Reisen ein triumphaler Fortschritt sein, es bleibt trotzdem fraglich, ob es nicht ein menschlich höherer Triumph ist, Spielball der Wellen zu sein und dennoch zu überleben und sein Ziel zu erreichen.

Zu seiner Zeit ist jeder Mensch modern, aber niemand weiss, ob die Seeleute in dreihundert Jahren noch fähig sein werden, diese Seelenverwandtschaft zu empfinden. Mit zunehmender Vollkommenheit verhärtet sich das Herz einer unverbesserlichen Menschheit. Was wird in ihrem Herzen vor sich gehen, wenn sie die Illustrationen der Seegeschichten unserer oder vergangener Tage sehen wird? Man kann es sich nicht vorstellen. Aber der Seemann der letzten Generation, der sich mit den alten Karavellen durch das Segelschiff seiner Zeit, ihrem gradlinigen Nachkommen, immer noch verbunden fühlt, kann diese schwerfälligen Fahrzeuge, wie sie auf alten Holzschnitten abgebildet sind, nicht ohne ein Gefühl des Erstaunens, liebevollen Spottes, Neides und der Bewunderung betrachten. Denn auf diesen Schiffen, die schon auf dem Papier so unhandlich aussehen, dass man mit einem gewissen Horror nach Luft schnappen muss, fuhren Männer, die seine direkten beruflichen Vorfahren sind.

Nein, in dreihundert Jahren werden die Seeleute wahrscheinlich weder berührt sein noch sich zu Spott, Zuneigung oder Bewunderung hinreissen lassen. Sie werden die Abbildungen unsrer so gut wie ausgestorbenen Segelschiffe mit einem kalten, neugierigen und doch gleichgültigen Blick flüchtig ansehen. Unsere alten Schiffe werden nicht die Vorfahren ihrer Schiffe sein, sondern ihre Vorgänger, deren Laufbahn zu Ende und deren Art ausgestorben ist. Und so wird auch der Seemann der

Zukunft nicht unser Abkömmling, sondern, was für ein Fahrzeug auch immer er dann fachkundig führen wird, nur unser Nachfolger sein.

(Aus: Joseph Conrad, «Spiegel der See». Erinnerungen und Eindrücke. Aus dem Englischen übersetzt von Görge Spervogel. Verlag Die Brigantine, Hamburg 1964. Titel vom Herausgeber. «Segelschiffe» hiess im Original «Das Wesen des Gegners». Die englische Originalausgabe erschien 1906 unter dem Titel «The Mirror of the Sea. Memories and Impressions».)

Karel Čapek
Wie der Gärtner entsteht

Allem Anscheine zuwider wird der Gärtner weder aus einem Samen, noch einem Triebe, noch einem Knollen oder Ableger geboren, sondern entsteht durch die Erfahrung, durch die Umgebung und die Naturbedingungen. Solange ich klein war, hatte ich ein feindseliges, ja schadenfrohes Verhältnis zu Vaters Garten, weil mir verboten war, auf den Beeten herumzutreten und unreifes Obst zu pflücken. Ähnlich war es auch dem Adam im Paradiesgarten verboten gewesen, auf den Beeten herumzutreten und Obst vom Baum der Erkenntnis zu pflücken, weil es noch nicht reif war; nur dass Adam, so wie wir Kinder, doch das unreife Obst pflückte und deshalb aus dem Paradies hinausgejagt wurde. Von dieser Zeit an ist und bleibt das Obst am Baume der Erkenntnis unreif.

Solange sich ein Mensch in der Blüte seiner Jugend befindet, glaubt er, eine Blüte sei das, was man im Knopfloch trägt oder einem Mädchen schenkt; er hat nicht das richtige Verständnis dafür, dass eine Blüte etwas ist, was überwintert, was man umgräbt und düngt, umsetzt und für Stecklinge verwendet, beschneidet, anbindet und von Unkraut, Fruchtlagern, trockenen Blättern, Blattläusen und Mehltau befreit. Statt die Beete umzugraben, läuft er den Mädchen nach, befriedigt seinen Ehrgeiz, geniesst die Früchte des Lebens, die er nicht selbst aufgezogen hat, und verhält sich überhaupt im ganzen destruktiv. Es ist eine gewisse Reife, ich möchte sagen, ein gewisses väterliches Alter vonnöten, um Amateurgärtner werden zu können. Überdies muss man einen eigenen Garten haben. Gewöhnlich lässt man ihn von einem Berufsgärtner anlegen und denkt, dass man nach getaner Arbeit in den Garten gehen und sich über die Blumen freuen und dem Zwitschern der Vögel lauschen werde. Eines Tages setzt man selbst mit eigener Hand eine Blume ein; ich tat das mit der Hauswurz. Dabei dringt durch einen Riss in der Haut oder sonst irgendwie etwas Erde in den Körper und verursacht eine Vergiftung oder Entzündung. Kurzum, der Mensch bekommt das Gartenfieber.

Ein andermal entsteht ein Gärtner durch Ansteckung seitens der Nachbarn; er sieht vielleicht, wie beim Nachbar die Pechnelke blüht, und denkt sich: verdammt, warum könnte sie nicht auch bei mir blühen? Das wäre noch schöner, wenn ich das nicht besser träfe! Von da an verfällt der Gärtner immer tiefer und tiefer der neu erwachten Leidenschaft, die durch weitere Erfolge genährt und durch weitere Misserfolge aufgepeitscht wird; der Sammlertrieb bricht bei ihm durch, der ihn anspornt, alles nach dem Abc grosszuziehen, von der Achillea bis zur Zinnia; später entwickelt sich in ihm der Eifer für Spezialitäten, der aus dem bis dahin zurechnungsfähigen Menschen einen Rosenliebhaber, Georginenliebhaber oder eine andere Art überspannten Monomanen werden lässt. Andere wieder verfallen einer künstlerischen Leidenschaft, bauen, ändern und setzen ständig ihren Garten um, stellen Farben zusammen und gruppieren die Blumenstökke; gehetzt durch die sogenannte schöpferische Unzufriedenheit, wechseln sie aus, wo etwas steht und wächst. Es soll sich nur ja niemand einbilden, echte Gärtnerei sei eine bukolische und beschauliche Tätigkeit. Eine unstillbare Leidenschaft ist sie, wie alles, was ein gründlicher Mensch anfängt.

Jetzt will ich noch verraten, woran man einen wirklichen Gärtner erkennt. «Sie müssen mich besuchen», sagt er, «ich muss Ihnen meinen Garten zeigen.» Kommt man also hin, um ihm Freude zu machen, so findet man sein Hinterteil irgendwo zwischen den Perennen emporragen. «Ich komme gleich», sagt er über die Schulter hinweg, «ich setze nur das hier um.» – «Lassen Sie sich nicht stören», erwidert man ihm freundlich. Nach einiger Zeit ist das Zeug wahrscheinlich schon umgesetzt; kurzum, er erhebt sich, macht einem die Hand schmutzig und sagt, vor Gastfreundschaft strahlend: «Also kommen Sie, schauen Sie sich ihn an; es ist zwar nur ein kleiner Garten, aber – einen Augenblick», sagt er und bückt sich zu einem Beet nieder, um einige Gräser auszujäten. «Also kommen Sie, ich zeige Ihnen eine Dianthus Musalae, da werden Sie Augen machen. Herrgott, hier habe ich vergessen aufzulockern», sagt er und beginnt in der Erde herumzustochern. Nach einer Viertelstunde richtet er sich wieder auf und meint: «Richtig, ich wollte Ihnen ja die Glockenblume, Campanula Milsonae, zeigen. Das ist die schönste Glockenblume, die – warten Sie, ich muss den Rittersporn da anbinden.» Sobald er ihn angebunden hat, erinnert er sich: «Ach ja, Sie wollten den Reiherschnabel sehen. Einen Augenblick», brummt er, «ich will nur diese Aster hier umsetzen; sie hat zu wenig Platz.» Worauf man auf den Fussspitzen davonschleicht und das Hinterteil des Gärtners zwischen den Perennen emporragen lässt.

Und sobald er einem wieder begegnet, sagt er: «Sie müssen mich besuchen kommen; bei mir blüht eine Rose, so etwas haben Sie noch nicht gesehen. Also Sie kommen? Aber bestimmt.»

Nun gut: besuchen wir ihn, um zu sehen, wie das Jahr vergeht.

(Aus: «Das Jahr des Gärtners», mit Zeichnungen von Josef Čapek. Aus dem Tschechischen übersetzt von Julius Mader. Bruno Cassirer Verlag, Berlin 1932)

Philippe Jaccottet
Auf den Spuren des Mondes

Die beinahe absolute Stille, die manchmal am Ende der Nacht draussen herrscht, selbst in einer grossen Stadt, habe ich nie als ein Glück empfunden, ich war davon eher verstört, und eines Tages werde ich diese seltsam schwierigen Augenblicke überprüfen: Es scheint, als ob in der Wand, die uns beschützt, plötzlich ein Spalt sich jäh öffnete, hinter dem sich die Truppen der Leere ansammelten, grosse, flauschige Phantome, ohne jedoch einzutreten. Ganz im Gegenteil schien die Stille in dieser Mondnacht, von der ich berichten will, ein anderer Name zu sein für den Weltraum, das heisst, die sehr seltenen Geräusche, oder eher Töne, die man im nächtlichen Graben wahrnahm, besonders der ununterbrochene Schrei einer Eule, erhoben sich nur, um Distanzen, Intervalle anzudeuten und ein leichtes, unermessliches, durchsichtiges Gebäude zu errichten. Aber dasselbe galt auch für die Sterne; versucht, sie mit einem glänzenden Netz über mir zu vergleichen, sah ich wohl, dass das Bild zu konkret (ganz gleich wie banal auch immer) war; doch dass es nur Zeichen, Zahlen, Figuren sein sollten, konnte ich mir nicht eingestehen. Sicher ist jedoch, dass sie auf eine gewisse Art miteinander verbunden waren, sie glichen dem Schrei der Eule ... Aber ich werde zuerst nochmals die anderen Elemente dieser Nacht überdenken.

*

Der Ventoux lag ganz im Dunst, er war fast nur noch wie ein Zeichen der Ferne, der letzte erkennbare Teil der Erde. Aber in Wirklichkeit waren alle Dinge, die man in dieser Nacht wahrnehmen konnte – das heisst einfach nur Bäume auf den Feldern, vielleicht ein Mühlstein, einige Häuser und weiter weg Hügel –, alles klare oder schwarze Dinge im Vergleich zum Mond, sie schienen nicht mehr nur die Bewohner des Tages in ihrem Nachtgewand zu sein, sondern echte Kreaturen des Mondlichts; und all diese Dinge, die Stille wie die seltenen Sterne und Blätter beschäftigten meinen Geist; ich war fasziniert, doch nicht befriedigt. Ich dachte an Eis, an das Universum der Gletscher, an das ich tiefe und weit zurückliegende Erinnerungen habe, aber der schwache Wind, der den Geruch von Heu bis zu den blendenden Mauern des Hauses herbeiwehte, verjagte diese zu kalten Bilder. Ich dachte an Nebel, aber alles war glasklar; ich dachte an die Frische der Ströme, die ich immer geliebt hatte (den heftig stäubenden Wasserstrahl im Fels), aber gerade damit trübte ich die extreme Reglosigkeit der Landschaft durch zu viel Turbulenz. Die Worte *leicht, klar, durchsichtig* kamen mir ständig in den Sinn samt der Idee der Elemente *Luft, Wasser* und *Licht;* aber diese mit so viel Bedeutung aufgeladenen Wörter genügten nicht, man hätte sie noch mehr in Beziehung zu den anderen setzen müssen, um zwischen ihnen klangvolle und nicht zu klangvolle Distanzen herzustellen. Ich musste weitersuchen.

*

Woran dachte ich immer noch in diesem Glückszustand? Nun gut, so absurd es auch scheint, die Idee kam mir in den Sinn an das, was man das «Königreich der Toten» nennen könnte; zweifellos verlor ich mich ins Traumhafte oder in die Illusionen des Traumes, aber diese Versuchung lag bereits in der Mondnacht selbst, und wenn ich nur die Wahrheit einer Erfahrung verfolgte, musste ich mich ihr hingeben. Einen Moment lang schien mir, ich hätte wie ein Held aus Versehen eine Tür zu einem Ort geöffnet, der mir bisher unbekannt oder gar verboten gewesen wäre und den ich mit absoluter innerer Ruhe sah: die Welt der Toten. Es war keine Vision der Trauer, noch weniger ein frommes Bild, es glich, glaube ich, keiner überlieferten Vorstellung des Jenseits, und ich muss präzisieren, dass ich zu ihm mit Leichtigkeit und der traumhaften Ereignissen eigenen Natürlichkeit Zugang fand.

Die Dinge hatten keinen Körper mehr oder waren zumindest von all dem, was für uns mit dem Gedanken des Körpers verbunden ist – Feuchtigkeit, Müdigkeit, Gewicht, Verfall, Korruption –, befreit wie echte Vögel; aber diese Befreiung machte sie deshalb nicht etwa gespenstisch oder utopisch, und ich hatte im Übrigen nicht groteske Gebilde aus Rauch vor Augen, so empfand ich es jedenfalls. Wie die Gestirne, ich wiederhole es, waren sie weder Träume noch Vorstellungen; wie der prächtige, noch kaum wahrnehmbare Ventoux, gehörten sie noch zur Erde, wobei der Mond sie verändert hatte. Mir schien, ich begänne, all die Bilder, die mir dabei durch den Kopf gegangen waren, und die ruhige Freude, die mich bei ihrem Anblick erfüllte, besser zu verstehen. Ein freieres Land, durchsichtiger, friedlicher als die Erde; ein von dieser Welt ausgehender Raum und trotzdem intimer, ein Leben im Innern des Lebens, Figuren des Lichts, zwischen Abend und Morgen hängend, das Leid und der Rausch, das Land der Toten, zwar schwarz gefärbt, aber ohne Schrecken, kein Geräusch, das nicht richtig und wichtig erschiene. War ich in dieser Nacht nicht auf den Spuren des Mondes ins Innere eines Gedichts eingetreten? Ich setzte meinen Fuss ins Gras, ohne Angst, bereit für alle Veränderungen, Wandlungen und Metamorphosen, die geschehen könnten.

(Aus: «L'encre serait de l'ombre». Notes, proses et poèmes choisis par l'auteur 1946–2008, ©Gallimard, Paris 2009. Ins Deutsche übersetzt von Barbara Traber. ©Editions Gallimard, Paris 2023)

Peter Handke
Adlerkreistag

Es war dann im Lauf des Jahrs, des Sommers, des Herbstes, als käme es, indem ich so still sass, dabei aber tätig war, in meinem Gesichtskreis zu Geschehnissen, die es da durch Beobachtung oder reine Betrachtung, auch taglange, niemals gegeben hätte; ja, als riefe einzig mein beständiges Schreiben die Auftritte bisher in der Landschaft unsichtbarer, vielleicht überhaupt nicht vorhandener Lebewesen hervor.

Brauchte es nur eine besondere Art, von dem Raum oder dem Gesichtsfeld wegzuschauen, woandershin, und selbst ein für die Gegend unerhörtes Gewächs oder Getier, auch das vermeintlich längst Ausgestorbene, zeigte sich, wie wenn es immer schon dagewesen wäre? Ein Blatt, still auf dem Wasser treibend, wendete sich auf einmal, stand senkrecht und zeigte sich als ein Urtier.

In der Kindheit, wie oft war ich im tiefsten Unterholz gekauert, an der Wildnis der Grabenbäche, in Erwartung eines Ereignisses. Nichts tat sich. Jetzt aber, unter der Hand, während ich an der Geschichte meiner fernen Freunde sass, passierte so viel, wie ich es mir damals, in einer ursprünglicheren Epoche, auf einem noch wenig berührten Land, nicht hätte träumen lassen.

An einem der ersten Sommerschreibtage, still, warm, mit einem hohen blauen Himmel, hatte ich auf dem Weg in den Wald das Wort «Adlerkreistag» im Kopf, und wirklich landete dann zu Mittag, als weit und breit nichts mehr sich bewegte, die Verkörperung dessen, ein Adler, der Adler, nach längerem Kreisen im Zenit, oben in der letzten Gabel des stämmigsten, am meisten felsgrauen der Totbäume im Weiher, mit einem Profil, wie es noch auf keinem Wappen zu sehen war, wenn auch nur für einen Augenblick, auf dessen Wiederkehr ich nun schon monatelang warte; der ganze Stamm kam dann ins Schwanken von seinem Abflug, und ein Teil der Gabel brach in das Wasser.

Und während einiger Tage später im Hochsommer sprangen aus der Lache kleine Fische auf, wie da herausgestupst von dem aufrauschenden Wind, sprangen in weitem Bogen, dass es dann nur so spritzte, jeweils ein Flossenschwarm nach dem andern, der Länge nach über das Gewässer hin, mit einem peitschenähnlichen Knallen, welches wiederum den Schock der Wildtauben, auf den blattlosen Stangen darüber noch eher als sonstwo zu verwechseln mit Geiern, für kurze Zeit in den Laubwald wegscheuchte.

Und ebenso kehrten in der Folge die Wasserschlangen zurück, von mir zuletzt gesehen vor einem Jahrzehnt, im Sommer meines Einzugs, und seitdem nie mehr; glitten aus einer Grasbucht in den Weiher hinein und machten diesen noch einmal so gross, indem sie ihn, immer wieder die Richtungen wechselnd, durchpflügten, hier eine, dort eine, dünn, wie zerbrechlich, am erhobenen Kopf weisse, lauscherhafte Flecken. Nur nach den Sonntagen, wenn das Gegenufer bunt (nicht schwarz) von Leuten und Hunden wurde, musste ich oft die Mitte der Woche abwarten, bis unter meinem Schreiben auf der sonst vielleicht glatten Tümpelfläche an einer Stelle die seltsamen Winzigwellen auftauchten und sich dann über die Stunden hin- und herwärts bewegten auf einer sehr kurvenreichen Kreuzfahrt.

Jedes dieser Tiere hatte während der Sommermonate seine, mehr oder weniger kurze, Zeit, so dass sich mir etwa die Woche der Wasserläufer eingeprägt hat, der Tag der Hornissen, die Dämmerung jenes Riesenigels, mammuthoch durch die Vorjahrslaubschichten tappend, die Stunde der in den Bayou verirrten Möwe, der langlange Augenblick der Riesenlibelle, bei ihrem Luftstand unmittelbar mir vor Augen, Angesicht in Angesicht, der Vierflügelrotor dabei durchsichtig, nichts von ihr klarumrissen als das wie augenlose Gesicht, ungeheuer gelb, oder das ganze Gesicht so ein einziges universumgrosses Gelbauge, indessen Allgegenwart, nach einem gewissen Innehalten, ich meinen Satz weiterführte.

Das war schon im Frühherbst, und die Libellen sind dann selbst noch an den warmen Novembertagen gekommen, wenn auch keinmal mehr so nah.

Die einzigen, die, bis auf die kleinen Strauchvögel, mir die ganze Zeit Gesellschaft boten, waren die allerteichüblichen Enten und die Blesshühner. Die letzteren, leichtgewichtig, konnten obenauf über die in das Wasser gefallenen Blätter rennen, oder, wenn sie schwammen, schnurren sie, die Schwanzfeder gerade aufgerichtet, hinter dem dichtesten Dickicht des Namenlosen Sees als Indianerkanus, von denen manchmal ein Warnschrei erscholl.

Und die Enten hatten hier auf dem Namenlosen Weiher die Eigenart, dass sie gar nicht mehr so üblich aussahen bei ihrem Dümpeln in dem Wasser-, Grünstrauch- und Faulholz-Durcheinander, vielmehr gleich selten und bemerkenswert wie all das andere Getier; jedes, zu seiner Zeit, war ein Fabelwesen (eingeschlossen die wenigen Eichkatzen).

(Aus: Peter Handke, «Mein Jahr in der Niemandsbucht. Ein Märchen aus den neuen Zeiten.» © Suhrkamp Verlag, Frankfurt am Main 1994. Titel vom Herausgeber)

Siri Hustvedt
Blumen

Wenn in einem Raum Blumen sind, werden meine Augen von ihnen angezogen. Ich spüre ihr Dasein in einer Weise, wie ich Stühle, Sofas, Couchtische nicht spüre. Die Faszination, die sie auf mich ausüben, muss damit zu tun haben, dass sie lebendig sind, nicht tot. Das Angezogenwerden ist vorreflexiv – es steigt vor jedem formulierten Gedanken in meinem Körper auf. Bevor ich die Blumen benennen kann (wenn ich es denn kann), bevor ich mir sagen kann, dass ich von den Blüten angezogen werde, ist die Lustempfindung da. Die Farbe Rot ist besonders aufregend. Es ist schwer, sich von roten Blumen abzuwenden – voll erblühte Amaryllis nicht anzusehen, ihre hellgrünen, breiten Stängel aufrecht oder leicht schräg hinter dem Glas einer Vase. Wenn es draussen schneit, macht mich das noch glücklicher – Rot vor dem durch ein Fenster gesehenen Weiss. Und im Sommer kann ich nicht widerstehen, zwei, drei, vier Minuten lang Pfingstrosen anzuschauen, die sich weit aufgespreizt haben in dicke, schwere Blütenblätterballen mit ihren Staubgefässen voll von gelbem Staub.

Sterbende Blumen haben nicht diese Macht über mich. In meinem Garten pflücke ich verwelkte Blüten, schneide Hagebutten ab, zupfe braun werdende vertrocknete Blätter. Ich putze die toten Blumen aus, aber ich bemuttere die lebenden. Ich beobachte eine Biene, die auf dem gelb-roten, geperlten Herzen eines geöffneten Gänseblümchens sitzt.

Manchmal drehe ich sorgsam, damit ich die Blütenblätter nicht quetsche, den Kopf einer Blume zum Licht. Und ich finde meine Begegnungen mit diesen belebenden, aber vernunftlosen Pflanzen so fesselnd, dass ich sie nicht erzähle. Das ist komisch, weil ich ständig dabei bin, Wörter zu lebendigen, laufend sich bildenden Sätzen zu fügen, die mich begleiten, während ich jemanden begrüsse, an einem Dinner teilnehme, die Strasse entlangschlendere, aber es ist keine innere Stimme da, die mir in den Garten folgt. Mein Kopf verstummt.

Als Kind lebte ich in einem Haus ausserhalb einer Kleinstadt in Minnesota. Hinter dem Haus war eine steile Böschung, die zu einem Bach hinunterführte. Im Frühjahr, nach den Schneefällen, stieg das Wasser und überschwemmte den flachen Bodengrund. Auf dem Abhang über dem Bach fand ich die erste Blutwurz in der Erde. Ich erinnere mich an die kalte Feuchtigkeit, die durch meine Hose drang, als ich mich hinsetzte, um die Blumen zu untersuchen. Wenn es viele gab, erteilte ich mir die Erlaubnis, einen Strauss für meine Mutter zu pflücken. Ihre winzigen weissen Köpfchen hingen wie in Trauer herab, doch ihr wahrer Reiz war in ihren Wurzeln angesiedelt, in den Rhizomen, die einen rötlichen Saft enthielten, der auf meine Hände blutete. Beim Pflücken dachte ich an Wunden und an Kummer und wurde von befriedigender Melancholie ereilt. Mein kindlicher Animismus hatte ein langes Leben, aber in meiner bewussten Erinnerung waren diese Personifikationen nie vollständig. Ich lebte in einem Zustand von partiellem, nicht von wahrem Glauben. Weil sie bluten konnte, war die frühe Blutwurz menschlicher als die Glockenblume, die später kam. Ich erinnere mich, wie gern ich, sobald ich zu Hause war, meine Handflächen ausstreckte und die roten Flecken untersuchte, die die Blumen auf meiner Haut hinterlassen hatten, und dass ich so etwas wie Ehrfurcht empfand, eine Ehrfurcht, nehme ich an, gegenüber den Lebenden, den Toten und den Versehrten.

(Aus: Siri Hustvedt, «Leben, Denken, Schauen». Essays. Aus dem Englischen von Uli Aumüller und Erica Fischer. Rowohlt Verlag, Reinbek bei Hamburg 2014. © Rowohlt Verlag Hamburg 2023)

Claude Simon
Fortschreiten einer verschneiten Landschaft

In leichtem Trab dringt er in den Wald ein. Fast ohne dass er es zu lenken braucht, schlüpft sein Reittier zwischen den schwarzen Baumstämmen hindurch. Von Zeit zu Zeit muss er sich über den Hals des Pferdes beugen, um einem niedrigen Ast auszuweichen. Zwei kleine Dunstwolken entweichen den Nüstern der Stute. Ihre Hufe sinken lautlos in den Schnee. Die einzigen Geräusche, die man hört, sind das Schnauben des Tiers, bisweilen unterbrochen von einem heftigeren Ausatmen gleich einem Niesen, das Klirren von Stahl (das Kauen auf der Kandare und der Kinnkette, das gegen den Steigbügel schlagende Säbelfutteral) oder das dumpfe Knacken eines toten Astes, auf den die Stute tritt. Manchmal lassen die Luftbewegung oder vielleicht die unmerklichen, von den Hufen verursachten Erschütterungen des Bodens einen Klumpen Schnee von einem Zweig fallen, der ebenfalls lautlos herabgleitet. Er spürt lediglich einen leichten Schlag auf seinen Hut oder eine Schulter, wie den von einer Hand, die sich sanft darauf legen würde. Im Rhythmus des Trabs leiten die glänzenden Pailletten ruckartig herab, die Klappe einer Satteltasche, das Tuch seiner Hose am Knie bestäubend. Sie schmelzen nicht einmal bei der Berührung mit dem Stoff und zerstreuen sich nach und nach. Dennoch bleiben ein paar feine Spuren in den Nähten haften, in den Knicken des Leders und den Falten des weiten Mantels, von dem er einen Schoss über seine Schulter geworfen hat. Der Himmel ist grau, niedrig, eisenfarben. Als er am Ausgang des Dickichts die Stute galoppieren lässt, geht ihr Atem schneller. Bei jedem Sprung lässt die von den Lungen ausgestossene Luft die weichen Lippen rasch aufeinanderschlagen.

II

Er braucht seine Hand nur ein klein wenig zu verlagern, um die Stute zu lenken, die in leichtem Trab dem Waldrand zustrebt, zwischen den Baumstämmen hindurchschlüpfend. Auf der Weisse des Schnees wirken die Stämme einförmig schwarz. Aus der Nähe indes erscheint die Rinde der Birken von silbrigem, stellenweise rosarotem Grau, übersät mit kohlefarbenen waagrechten Rissen, Wundrändern gleich. Die Fichten haben dicke Schuppen von rötlichem Braun. An den Spitzen der Schuppen halten sich winzige Simse angehäuften Schnees. Zwei Spindeln bläulichen Dunstes entweichen regelmässig den Nüstern des Pferds. Zuerst nach unten geblasen, steigen sie langsam in die eisige Luft empor, in der sie sich auflösen. Trotz dem Schutz des Handschuhs schmerzen an der Hand, die die Zügel hält, die Fingerspitzen wie von einem Schraubstock zerquetscht. Um ihn herum gleiten, je nach der Entfernung in unterschiedlicher Geschwindigkeit, einer hinter dem andern die senkrechten Stämme vorbei wie Gitterstäbe, von einer langsamen horizontalen Bewegung belebt. Die Hufe sinken lautlos in den Schnee, wo sie den Abdruck der Hufeisen hinterlassen. Manchmal zwingt der angehäufte Schnee die Stute, langsamer zu werden, und sie geht nur noch im Schritt, ihre Vorderbeine hebend wie beim Plaffieren, ihre Hinterhand mit kleinen Sprüngen vom Boden lösend, wobei sie im Schnee eine von Geröll durchbrochene tiefe Furche hinterlässt. Ihr Atem geht nun schneller. In den vom Frost hart gewordenen Stiefeln scheinen die Füsse mit dem Leder verwachsen zu sein. Der niedrige Himmel hat eine metallische, leicht kupferne Farbe. Die Stute macht muskulöse Rückenstösse, um sich aus den Schneewehen zu befreien. Er hilft ihr, sich auf die Kandare zu stützen, indem er die Hand hebt, die die Zügel hält, und die Schenkel zusammenpresst, um sich im Sattel zu halten. Von den heftigen Anstrengungen des Tiers geschüttelt, stossen die Säbelscheide und ein Steigbügel mit einem hellen Klirren aneinander in der Stille, von der es sogleich geschluckt wird. Kein Wind bewegt die Wipfel der Bäume. Manchmal lösen sich ohne ersichtlichen Grund, ohne dass irgend etwas im Dickicht sich bewegt hätte, ohne dass er einen Vogel hat auffliegen sehen, Klumpen von Schnee, rutschen von Zweig zu Zweig, andere Klumpen mitziehend in einer kleinen Lawine, die auf einem niedrigen Ast zerstiebt, und die Geschwindigkeit überzieht sein Gesicht mit einem Puder glitzernder Pailletten, die nicht einmal auf der Wärme der Haut schmelzen, an den Stoffhaaren hängenbleiben und sich nach und nach im Rhythmus des Trabs in den drapierten Falten seines Mantels sammeln. Noch immer hält er die Zügel hoch, bereit, den Kopf des Pferdes anzuheben, falls es auf ein Hindernis stossen sollte, auf einen der unsichtbaren toten Äste unter dem Schnee, die man manchmal mit dumpfem Geräusch knacken hört.

III

Die Kälte umschliesst seine Füsse wie mit eisernen Stiefeln. Er spürt, wie sie langsam um sich greift und an seinen Beinen hochkriecht. Von leicht höckrigen Stellen zurückgehaltene kleine Schneehaufen lassen die silbrigen Stämme der Birken dunkler erscheinen, deren Rinde, stellenweise von zartem Rosa, von waagrechten Kerben aufgerissen ist, wie von schwarzen Mündern mit aufgeplatzten Lippen. Gefrorener Schnee liegt auch auf den schuppigen Stämmen der Kiefern, von malvenfarbenem Grau, deren Vorsprünge Unebenheiten aufweisen, an denen er haftet, zuweilen unter seiner krümeligen Schicht eine Seite der Stämme vollständig bedeckend, zwischen denen das Pferd in leichtem Trab hindurchschlüpft, kaum geführt von winzigen Verlagerungen der Hand. Bald steigt leichter Dampf von der Brust und den Schultern des Pferds auf, das manchmal langsamer wird, in den Schritt fällt und sich müht, um sich aus einer Schneeverwehung zu befreien, seine Beine eines nach dem andern herausziehend, den Hals wiegend und sich mit nervösen Lendenstössen helfend, ein wenig in Panik, die der Kavallerist mit der Stimme beschwichtigt, allerdings gezwungen, die Knie zusammenzupressen und sich nach hinten zu beugen, um die jähen Sprünge des starken muskulösen Körpers abzufangen. Der Himmel ist dunkel, farblos, die langgezogenen Massen der Wolken in einer Folge leicht geblähter Streifen erstarrt, eine zusammenhängende Decke bildend, ohne einen Riss, mit dem Bleistift Ton in Ton modelliert in einer Abstufung von metallischem, fast schwarzem Grau, vor der sich die gegabelten Enden der Äste kreuzen. Ihm ist, als steckte ein Stift aus Eis unter jedem Fingernagel der Hand, die er jetzt bis in Brusthöhe hebt, die Zügel anziehend, um es dem Pferd zu ermöglichen, sich auf die Kandare zu stützen, ihm zu helfen, sich aus den Schneewehen zu befreien und es am Stolpern zu hindern, wenn seine Beine sich in einem unsichtbaren toten Ast unter dem Schnee verheddern.

Die Stille scheint alle Geräusche sogleich zu schlucken. Als ob die gestreifte Haube der niedrigen Wolken, fest mit dem Horizont der verschneiten Ebene verschweisst, den Wald, die ganze Landschaft unter einem Stahldeckel verschlösse, den kein Laut zu durchdringen vermag. Man hört keinen einzigen Vogel im Wald. Nicht einmal das verstohlene Rascheln eines aufgeschreckten, ins Dickicht fliehenden kleinen Tiers. Kein Zwitschern, keinen Ruf. Dabei hat er vorhin, als das Pferd sich abmühte, bis zur Brust eingesunken, die zarten Abdrücke gesehen, die Füsse in Form eines Dreizacks im Schnee hinterlassen haben: eine Reihe winziger Fächer, träge Arabesken zeichnend, ohne sichtbares Ziel, manchmal zu sich selbst zurückkehrend, sich überschneidend, Schleifen bildend. Stellenweise haben die Auswirkungen des Windes, die Wirbel zwischen den Bäumen den Schnee in Form von Wellen modelliert, und unter den dicken Kämmen verfestigter Gischt kann man die unter ihrem Gewicht gekrümmten Gräser sehen, auch sie verfestigt, gefroren und vergilbt, brandig. Seine Füsse scheinen in Steigbügeln aus Kälte zu stecken. Sobald es sich aus der Schneewehe befreit hat, lässt er das Pferd wieder traben. Dennoch bringt die Bewegung keinerlei Erwärmung. Oft muss er seinen Oberkörper nach vorn oder zur Seite neigen, um zu vermeiden, dass er von einem niedrigen Ast zerkratzt wird, oder um unter ich hindurchzukommen, oder aber er zieht seine linke Hand unter dem Mantel hervor, um einen Zweig wegzuschieben. Manchmal auch spürt er plötzlich auf seinem Hut oder auf seiner Schulter ein leichtes Gewicht, das kein Geräusch angekündigt hat, und der Klumpen Schnee gleitet, zerbrechend, in die Falten des Mantels. Andere Male legt sich so etwas wie ein Nebel aus ungreifbaren Pailletten auf sein Gesicht. Sie dringen ihm in die Nase, die Augen und den Mund, wo sie rasch schmelzen. Sie haben einen metallischen Geschmack, wie Eisensplitter, Feilspäne, nicht unangenehm. Diejenigen, die an seinen Brauen hängenbleiben, schmelzen nicht, und wenn er die Augen hebt, sieht er einen verschwommenen weisslichen Saum. Trotz dem Mantelschoss, den er über seine Schulter geworfen hat und in dem sein Kinn verschwindet, sickern einige Kristalle unter seiner Krawatte in den Hemdkragen. Die Scheide seines Säbels klirrt bei jedem Schritt des Pferds gegen den rechten Steigbügel, und mit dem Atem des Tiers ist es das einzige Geräusch, das man hört, ungewöhnlich, riesig in dem Mantel der Stille. Wenn sie unter einem schwer beladenen Ast hindurchkommen, geschieht es auch, dass sich durch die wenngleich unmerklichen Erschütterungen des Bodens oder eine Luftbewegung ein grosser Klumpen Schnee ablöst, der kurz hinter ihnen mit schwachem Zischeln herabfällt wie eine Kaskade, ein weisser Vorhang, mit weichem Geräusch zu Boden sinkt, manchmal die Kruppe des Pferds bestäubend, auf der die Kristalle einen Augenblick glitzern, bevor sie erlöschen. Dampf steigt aus dem nassen Fell. Das mahagonibraune Fell des Pferds ist durch den geschmolzenen Schnee und den Schweiss dunkel gefärbt: zuerst kleine Flecken wie Augen, dann ganze, fast schwarze Placken. Auch der Hals beginnt auf den Seiten feucht und dunkel zu werden. Sich vom absoluten Weiss des Schnees abhebend, wirken die Stellen, an denen das Fell noch trocken ist, fast rot. Kleine Eisbrocken bleiben in der schwarzen Mähne hängen. Hinter dem letzten Dickicht, in der Ebene, ist der vom Wind gefegte Schnee weniger dick, und man kann sogar die Spitzen der Stoppeln sehen, die durch die gefrorene Kruste brechen. Einige Augenblicke lang trabt er weiter, und jetzt kann er die dünne Eisschicht hören, die unter den Hufen knackt. Am Ende presst er die Beine ein wenig zusammen und lässt das Pferd in den Galopp fallen.

(Aus: Claude Simon, «ARCHIPEL/Nord. Kleine Schriften und Photographien». Aus dem Französischen von Eva Moldenhauer. Mit einem Vorwort von Brigitte Burmeister. © MSB Matthes & Seitz Berlin Verlagsgesellschaft mbH. 2013/2023. Originalausgabe: Les Éditions de Minuit, Paris 2009)

Elfriede Jelinek
Wildes, grandioses Wasser

Wildes, grandioses Wasser, fällst mit hocherhobenem Köpfchen, auch wenn man dich bereits gezähmt hat! Hier, wo du grade brausest, bist du noch nicht einmal gechlort für die Wohngebieter, die sich in der Stadt unter die Dusche stellen und dich auch noch trinken wollen, aber lieber trinken sie etwas Besseres. Von den Hängen der Hochalpen, wo wir zur Zeit grade sind, stürzest du dich herab, um von uns fortzukommen und etwas Nützliches zu tun, vielleicht auch etwas Lustiges zu unternehmen, eins nach dem anderen, zuerst die Arbeit, dann das Vergnügen, kühl und klar, frei Haus. Die niederösterreichisch-steirischen Kalkhochalpen können von mir aus zugrunde gehen ohne dich, sie wüssten ja nichts mit dir anzufangen, oder nein, so ganz stimmt das nicht, es war zwar nicht hier, aber gleich daneben: ein ganzer See mitsamt den Anrainerbäumen verschwand im Kalkgebirge! Ein Schluck und weg, als wäre er sich nicht selbst genug gewesen, der See, als wollte er jemandem anderen gehören, dem Berg, ein grosser See, ja, der hat Fortschritte gemacht, nur in die rückwärtig gewandte Richtung, hinein, weg von den staunenden Besuchern. Und die gaffend herumstehenden Bäume hat er auch gleich alle mitgenommen, damit er nichts Gewohntes missen wird müssen in seinem unterirdischen Bergverlies. Die Besucher hat er dagelassen. Du liebes Wasser du, wirst von den steilen Forststrassen, den Hängen, den Matten, den Felsen aufgelesen, siehst zuerst entzückend, durchsichtig, glitzerig aus, dann wirst du Schlamm, wirst zu Boden, während wir, gemeinsam mit dir, in die bodenlosen Kalklöcher hineinfallen, aber nur in die kleinen, Dolinen, die Seen fressen könnten, gibts hier noch nicht. Da müssen Sie viel weiter in den Süden. Wasser: Du kommst, ja, auch dies frei Haus, mitsamt dem Boden in die Häuser der Gegend, um einmal nachzuschauen, was du versäumt hast, als du beschlossest, ein Wilder zu bleiben. Da haben sie dir aber einen Strich durch die Rechnung gemacht (und ein Mineral zusätzlich hatten Sie auch noch, oder?), als sie dich fassten und durch die Rohre schickten, mit keiner Botschaft ausser der Reinheit selbst, wozu man dich erst mal auffangen und festhalten musste. Wie glücklich war man da zuerst, deiner inmitten der Almen habhaft geworden zu sein, du willst ja immer nur wegrennen, doch bald bist du zur schlichten Tatsache geworden, die man auch essen kann, falls man sie immer noch nicht fassen kann, also wurdest du natürlich gefasst, damit man dich, allerdings sehr verdünnt, wie alle Wahrheiten hier, dennoch glauben konnte.

Hier, zu Füssen der Schneealpe, und bald höher hinauf, jagt ein Mann im bunten Jogger dahin, als würde er selber fliessen, ein Schatten auf Steinen, ausserhalb der Welt Augen, den überflügelt so leicht keiner. Das ist wieder typisch: ein Unruhiger, der sein geheimes Versperrtes kaum unter der Haut festhalten kann, deshalb sitzt sein Gewand auch wie eine zweite Haut. Sein energisches Wollen, das gefällt mir. Doch ist er nicht einer von denen, die etwas Gutes wollen. Fein. Seine Unzufriedenheit gefällt mir auch. So setzt ich ihn mir zusammen und beurteile das Ergebnis. Was ihn zufriedenstellen würde, gefällt mir wieder nicht so gut. Ich hoffe bloss, der von ihm vorgesehene Unterjochte, wer immer es ist, wird mitspielen, wenn es soweit ist, na, das kann was werden, der Gehorsame unterdrückt den Unterwürfigen; der Mann würde sich dem Wasser sogar entgegenstellen, könnte er es denn finden, aber das Wasser ist endgültig drunten eingesperrt, selbst ein sehr grosser Ort, es zerfliesst, während der Mann seine Grenzen doch sucht. Sein Vorgesetzter zeigt sie ihm, und er nimmt sie, scheinbar unterwürfig, an. Gefällt mir auch gut! Er findet sie trotzdem nicht, die Grenzen, so wie er das Wasser nicht finden kann. Es ist unter die Erde gebracht. Die Erde ein Lippenpaar, das es aufgenommen hat, der Mann in seiner zornigen Finsternis würde sich dort nicht hineinlegen mögen, dort ist schon das Wasser, für ihn ist nirgends Platz. Sogar Häuser schluckt der Boden, denken Sie an Lassing und die Folgen! Das Haus, das ins Innere der Erde gerutscht ist, können Sie immer noch teilweise besichtigen, wenn die Anrainer es Ihnen erlauben, man sieht sogar noch die Blumenkästen. Die Anrainer wünschen keine Menschen, die Katastrophen schön finden, doch sie haben jetzt an sich selber einen Ort, wo Besucher jederzeit hinfahren können, nur um zu schauen. Und nicht einmal diesen Ort fänden sie von allein, sie müssten auf die Landkarte schauen. Nur in einem Haus kann er sich sicher fühlen, glaubt der Mann trotz allem was mit Häusern passieren kann, mit Verschwundenen brauchen wir keinerlei Nachsicht zu haben, denn man sieht sie ja nicht mehr. Gerade plant er einen zusätzlichen Abstellraum im Keller, unter der Treppe, wenn er hier etwas wegnimmt und dort dafür etwas hinbaut, und wäre es ein Hohlraum, ein Nichts, das ja auch Mauern braucht, sonst gäbe es das ganze Haus nicht, das selbst ein Hohlraum ist und nur, ähnlich der Lichtung im Wald, erst eins wird, indem es Grenzen bekommt, bestehend ebenfalls aus Wald. Ob das wohl davon herrührt, dass dieser Mann in seiner respekteinflössenden Einsamkeit seine Grenzen eben: verloren hat und jemand kennenlernen möchte, der sie ihm endlich wieder zeigt? Oder ist er selbst der Grenzenzieher, hat er in sich etwas zu vergessen? Was braucht er, damit er sein Licht nicht mehr unter den Scheffel stellen, sondern in einen schön möblierten Raum hineinwerfen kann? Wir hingegen in unsrem Rechtlichkeitsgefühl müssen gar nicht weit gehen, um unsere Grenzen zu finden, es genügt, wenn wir drei Stunden lang rennen, bis uns die Zunge heraushängt, dann lesen wir die Landeszeitung, die nicht will, dass die Grenzen von Fremden überschritten werden, ausser sie buchen Hotelzimmer oder finden in unsren Bauernhöfen Unterschlupf. Es sind Wärmebildkameras erfunden worden, um die Grenzen zu kontrollieren. Menschen, die Schutz suchen, erkennt man im Sucher sogar noch, wenn sie sich zu Boden schmeissen. Auf den Menschenteppichen rutscht niemand mehr aus, die werden jetzt eingesammelt und in den vergitterten Abfallbehälter geworfen. Wir wissen wieder alles, was wir an Menschlichkeit vergassen, wenn wir Tiere angesehen haben und sie dann wieder uns. Und wir wissen wieder alles, wenn wir die Fremden durch die Wärmebildkameras angesehen haben und sie uns nicht, sie haben nämlich ihrerseits solche Kameras nicht. Ja. Auch wenn sie am Boden liegen, sehen wir sie noch: Aha, dort ist sie also, unsere Grenze, wir werden sie schon finden, wenn wir sie einmal verlegt haben. Spätestens wenn der Partner fremdgeht, werden wir ihm unsere Grenze gewiss zeigen können.

Der Gendarm hat sich ganz allein fürs Laufen schon eine spezialisierte Uhr und einen Pulsfrequenzmesser und ein Messer solo angeschafft, damit könnte er einen Fremden eine Woche lang verköstigen, wenn der auf Uhren steht und weiss, wie man sie zubereitet. Der Gendarm weiss, und es ist ein bescheidenes Wissen: früher war das Wasser noch hier, direkt unter mir. In diesem Geo-Informationssysstem hat er sich ausgekannt. Boden, Wasser, Wald waren unverzichtbar, sie haben, wie er, einen höchst komplexen Aufgabenbereich und dürfen sich nicht irren. Jetzt haben wir die Natur leider verloren und Ordnung gemacht. Das Wasser gehört in den Boden, der Wald gehört auf den Boden, das Wasser gehört nicht auf den Boden drauf, und der Wald gehört nicht ins Wasser hinein, sonst geht das Wasser über, ich meine, sonst kommt es über uns. Solche Entscheidungen in politischer, wirtschaftlicher und förderungstechnischer Hinsicht, mit äusserst weitreichenden Konsequenzen, muss ich dauernd treffen, wenn ich über die Natur etwas auszusagen wünsche. Anders kann man es nicht sagen, denn die Natur gibt es ja nicht mehr. Die Natur ist das Gegenteil von etwas, das uns etwas zu sagen hat, obwohl sie uns oft sehr zusagt. Daher müssen jetzt wir es sagen. Die Natur ist nirgendwo zu sehen. Bitte reichen Sie mir Ihre effiziente Planungs- und Entscheidungsgrundlage, auf dieser Grundlage werde ich dann etwas ganz Neues über die Natur schreiben können, falls Sie das allen Ernstes von mir erwarten.

Als Kind ist der Gendarm mit seinem Vater manchmal drunten im Tal neben dem Bach entlang geradelt, während es beruhigend sprudelte, gerade erst angekommen von des Berges Höhe, und, noch mit dem Schwung seiner Herkunft von ziemlich weit oben, über die Steine hupfte, sein eigen Werk, denn alles Wasser kommt aus sich heraus, daher gehört es sich selbst und keinem anderen und wir haben es dann gestohlen und vernutzt, oder nicht? Und herumspaziert ist der Sohn mit dem Vater auch, der Vater war freundlich, manchmal sogar gütig und beschützend wie eine Hütte in den Alpen, im Gegensatz zum Wetterhäuschen, bei dem man nie weiss, woran man ist, einmal ist das Mädel draussen, dann wieder der Bub, und man kann sich nicht entschieden, was von beiden einem besser gefällt. Man hat die liebe Vorstellung, dass sich einem der betreffende mit dem nackten Gesäss, die Beine links und rechts wie ein Paar Kirschen über den Ohren hängend, aufs Gesicht setzt, und dann denkt man dabei manchmal unwillkürlich: doch lieber der Bub. An dem ist mehr dran. Vielleicht liess der Vater, auch ein Gendarm, an Farbigkeit seines Wesens etwas zu wünschen übrig, wenn wir schon beim Wasser sind, der war so, als könnte sich nichts in ihm spiegeln, das sich erkennen liesse, als wäre sein Inneres verarmt gewesen unter dem Druck des Aufstiegs und der dauernden Pflichterfüllung, mit der der Kleinhäuslersohn sich bewähren musste. Obwohl für den Sohn immer alles da war, wenn er es brauchte, das macht man so: einmal das Kind unbeachtet lassen, dann wieder streng sein, was nur gerecht ist, da man das Kind, das man erbaute, längere Zeit links liegengelassen hat, bis es einmal über die Kellerstiege fiel. Das Kind streng bewachen, womöglich öfter mal beschlagen, damit ihm die Beine schwer werden. Das tut ihm mehr als gut, weil es den Unterschied in den Haltungen des Vaters bereits früh, und zwar nach dem Tiergerechtigkeitsindex, erkennen kann. Eine Haltung ist tiergerecht, wenn folgende Punkte geklärt sind: Bewegungsmöglichkeit, Bodenbeschaffenheit, Sozialkontakt, Stallklima (Lüftung! Licht! Gott!) und Betreuungsintensität (Lehrer! Stock! Stein! Schlag!). Es werden dafür Punkte vergeben, und mehr als 25 sollten es schon sein, wenn das Kind die Prüfung machen soll und die Eltern sie bestehen sollen. Im Vorüberwandern nickt der Vater dir zerstreut zu, nun, da wird er dich nicht schlagen, zumindest die nächsten zwei Minuten nicht. Er wird vielleicht die Mutter schlagen, das macht er nämlich noch lieber, aber dich nicht. Diesmal noch nicht. Nächstes Mal vielleicht wieder. Der Vater ist inzwischen tot durch den Krebs. War es nicht gestern noch, da er, als Leseübung, den Buben in der Stadt die Aufschriften der Geschäfte vorlesen liess? Der Bub schaut, was liegt in der Auslage, dann sagt er den Namen des Geschäfts. Falsch. Es gibt aber nur die Dinge, die man sehen kann. Sogar Wälder, allerdings wiederum nicht solche mit vorrangiger Wohlfahrtswirkung, denn die sollen ja uns schützen, wehren Gefahren ab, indem sie Menschen, Siedlungen und Anlagen, welche die behördlichen Massnahmen oder Unterlassungen nicht einhielten, zu Brei zermantschen. Ja, sie kommen persönlich herab, die Wälder, wenn sie eine Wut haben, wer hätte das von ihnen gedacht, es tut ihnen nicht leid, jetzt dafür Sie leiden zu sehen, dessen Haus vorhin noch hier stand! War er nicht lieb zum Sohn, der Vater, dem der Sohn fast an den Scheitel hochging, nachdem ihm der Vater absichtlich auf die Zehen getreten war? Der Sohn soll gefälligst die Füsse heben beim Gehen. Wenn Sie das lieb finden, könnten Sie genausogut auch die Büsche in meinem Vorgarten als Zierde betrachten.

Der Vater hat sich um den Sohn Verdienste erworben, doch er blieb wie in einer schillernden, fernen Fremde, verschwommen in Wasser, der Vater, und so soll es ja auch sein. Das Kind soll auf einem Photo den Vater dankbar anschauen. Dann brauchen wir dafür wieder ein, zwei Jahre das Kind nicht. Für einen Käsekuchen wäre es ein unerhörtes Ereignis, eine Leiter hochsteigen zu können, für einen Mann ist das eine winzige Aufgabe, eine Kleinigkeit, falls er nicht bereits ein Greis ist oder gelähmt. Ich will damit nichts sagen als: jedes Kind will seinen Vater bewundern, egal wofür, doch nicht einmal Wirtschaftsförderung bekommt man, egal wofür. Die Mutter hat sich um den Rest zu kümmern, das ist mehr, als ich vergessen könnte, in diesem Fall war die Mutter eine heimliche Rotweintrinkerin, wie es viele Frauen in dieser Gegend sind. Wo die Wasser nicht bloss flott dahin marschieren, sondern immer gleich stürzen, ich sagte es schon, man erwischt sie nicht so leicht, dafür darf der Wein in Strömen fliessen, den Doppler behalten wir gleich in der Küchenbank und setzen uns dann drauf. Wenn wir ihn brauchen und noch aufstehen können, haben wir ihn gleich, wir müssen bloss den Banksitz hochklappen. Die Mutter wird doch noch imstande sein, ihre Hausbank zu plündern. Die ist gross und gehaltvoll genug, besonders wenn man sie doppelt sieht, sich zu öffnen, damit der ganze Wein in seinem flaschengrünen Kleid, eidechsengleich, in ihre Hände gleiten und in einer fliessenden Bewegung in einem Mund, immer demselben, verschwinden kann. Was zeichnet die Muttersohnbeziehung aus? Ein Naheverhältnis von Warmherzigkeit, Verständnis und anderen positiven Aspekten würde sie auszeichnen, wenn sich ein solches Verhältnis herstellen liesse. Ich muss nun etwas zurücktreten, denn ich Unwissende kenne nur Muttertochterbeziehungen, und auch die sind nicht grade von der reifenden Sonne liebkost. Als Beilage zu allem, nur leider viel zu selten über uns: der Himmel von einer unbeschreiblichen Bläue, mit scharf abgezirkelten Wolken drauf, dahinziehend und sich in geöffneten, libellenartig schimmernden Fensterflügeln spiegelnd, mütterliches Nicken zeichnete eben noch Schlieren über die Scheiben, halt, da bewegt sich noch einer! Das darf nicht sein! Mama, du hast eingenässt und dich am Popo schmutzig gemacht, während du bettlägerig warst, spricht der Sohn. Und er fährt, weil es ihm nötig scheint, fort: Hoffentlich wird mich das Leben einmal weitertragen zu einem Menschen, der gütig zu mir ist, wie Blumen, die eine fleckige Hausmauer verbergen, wenn man sie nur herzlich darum bittet und anständig düngt.

(Aus: Elfriede Jelinek, «Gier». Rowohlt Verlag, Reinbek 2000. Auszug zitiert nach der Arbeitsfassung der Autorin. ©2023 Rowohlt Verlag, Hamburg. Titel von der Autorin)

Wenn es um Tiere geht

Franz Kafka
Eine Kreuzung

Ich habe ein eigentümliches Tier, halb Kätzchen, halb Lamm. Es ist ein Erbstück aus meines Vaters Besitz. Entwickelt hat es sich aber doch erst in meiner Zeit, früher war es viel mehr Lamm als Kätzchen. Jetzt aber hat es von beiden wohl gleich viel. Von der Katze Kopf und Krallen, vom Lamm Grösse und Gestalt; von beiden die Augen, die flackernd und wild sind, das Fellhaar, das weich ist und knapp anliegt, die Bewegungen, die sowohl Hüpfen als Schleichen sind. Im Sonnenschein auf dem Fensterbrett macht es sich rund und schnurrt, auf der Wiese läuft es wie toll und ist kaum einzufangen. Vor Katzen flieht es, Lämmer will es anfallen. In der Mondnacht ist die Dachtraufe sein liebster Weg. Miauen kann es nicht und vor Ratten hat es Abscheu. Neben dem Hühnerstall kann es stundenlang auf der Lauer liegen, doch hat es noch niemals eine Mordgelegenheit ausgenutzt.

Ich nähre es mit süsser Milch, sie bekommt ihm bestens. In langen Zügen saugt es sie über seine Raubtierzähne hinweg in sich ein. Natürlich ist es ein grosses Schauspiel für Kinder. Sonntag Vormittag ist Besuchsstunde. Ich habe das Tierchen auf dem Schoss, und die Kinder der ganzen Nachbarschaft stehen um mich herum.

Da werden die wunderbarsten Fragen gestellt, die kein Mensch beantworten kann: Warum es nur ein solches Tier gibt, warum gerade ich es habe, ob es vor ihm schon ein solches Tier gegeben hat und wie es nach seinem Tode sein wird, ob es sich einsam fühlt, warum es keine Jungen hat, wie es heisst und so weiter. Ich gebe mir keine Mühe zu antworten, sondern begnüge mich ohne weitere Erklärungen damit, das zu zeigen, was ich habe. Manchmal bringen die Kinder Katzen mit, einmal haben sie sogar zwei Lämmer gebracht. Es kam aber entgegen ihren Erwartungen zu keinen Erkennungsszenen. Die Tiere sahen einander ruhig aus Tieraugen an und nahmen offenbar ihr Dasein als göttliche Tatsache gegenseitig hin.

In meinem Schoss kennt das Tier weder Angst noch Verfolgungslust. An mich angeschmiegt, fühlt es sich am wohlsten. Es hält zur Familie, die es aufgezogen hat. Es ist das wohl nicht irgendeine aussergewöhnliche Treue, sondern der richtige Instinkt eines Tieres, das auf der Erde zwar unzählige Verschwägerte, aber vielleicht keinen einzigen Blutsverwandten hat und dem deshalb der Schutz, den es bei uns gefunden hat, heilig ist.

Manchmal muss ich lachen, wenn es mich umschnuppert, zwischen den Beinen sich durchwindet und gar nicht von mir zu trennen ist. Nicht genug damit, dass es Lamm und Katze ist, will es fast auch noch ein Hund sein. – Einmal als ich, wie es ja jedem geschehen kann, in meinen Geschäften und allem, was damit zusammenhängt, keinen Ausweg mehr finden konnte, alles verfallen lassen wollte und in solcher Verfassung zu Hause im Schaukelstuhl lag, das Tier auf dem Schoss, da tropften, als ich zufällig einmal hinuntersah, von seinen riesenhaften Barthaaren Tränen. – Waren es meine, waren es seine? – Hatte diese Katze mit Lammesseele auch Menschenehrgeiz? – Ich habe nicht viel von meinem Vater geerbt, dieses Erbstück aber kann sich sehen lassen.

Es hat beiderlei Unruhe in sich, die von der Katze und die vom Lamm, so verschiedenartig sie sind. Darum ist ihm seine Haut zu eng. – Manchmal springt es auf den Sessel neben mir, stemmt sich mit den Vorderbeinen an meine Schulter und hält seine Schnauze an mein Ohr. Es ist, als sagte es mir etwas, und tatsächlich beugt es sich dann vor und blickt mir ins Gesicht, um den Eindruck zu beobachten, den die Mitteilung auf mich gemacht hat. Und um gefällig zu sein, tue ich, als hätte ich etwas verstanden, und nicke. – Dann springt es hinunter auf den Boden und tänzelt umher.

Vielleicht wäre für dieses Tier das Messer des Fleischers eine Erlösung, die muss ich ihm aber als einem Erbstück versagen. Es muss deshalb warten, bis ihm der Atem von selbst ausgeht, wenn es mich manchmal auch wie aus verständigen Menschenaugen ansieht, die zu verständigem Tun auffordern.

(Aus: Franz Kafka, «Beschreibung eines Kampfes», Novellen, Skizzen, Aphorismen aus dem Nachlass. In: Franz Kafka, «Gesammelte Werke», herausgegeben von Max Brod. Taschenbuchausgabe in acht Bänden. S. Fischer Taschenbuch Verlag, Frankfurt am Main 1983)

Katherine Mansfield
Der Kanarienvogel

... Sehen Sie den grossen Nagel rechts von der Haustür? Selbst jetzt noch mag ich kaum hinschauen, und doch bring' ich's nicht über mich, ihn rauszuziehen! Ich möchte gern denken, dass er immer dort bliebe, auch wenn ich nicht mehr da bin. Manchmal hör' ich, wie die Leute, die nach mir hier wohnen, zueinander sagen: «Dort muss mal ein Käfig gehangen haben!» Und das tröstet mich; dann denke ich, er ist nicht ganz vergessen.

... Sie können sich nicht vorstellen, wie wunderschön er sang! Gar nicht wie andere Kanarienvögel. Und das bilde ich mir nicht etwa bloss ein. Vom Fenster aus habe ich oft gesehen, wie die Leute an der Gartenpforte stehenblieben, um ihm zuzuhören, oder wie sie sich beim Jasmin über den Zaun lehnten und eine ganze Zeitlang zuhörten, so hingerissen waren sie. Wahrscheinlich kommt es Ihnen verrückt vor – aber nicht, wenn Sie ihn gehört hätten –, doch mir schien es wirklich immer, dass er ganze Lieder sang – mit einem Anfang und einem Ende.

Wenn ich zum Beispiel am Nachmittag mit meiner Hausarbeit fertig war und eine andre Bluse angezogen hatte und meine Näharbeit hier auf die Veranda brachte, dann hüpfte er immer hopp-hopp-hopp von einer Stange auf die andre, klopfte gegen die Gitterstäbe, wie um meine Aufmerksamkeit auf sich zu lenken, nippte einen Schluck Wasser wie jeder Sänger und stimmte dann ein so herrliches Lied an, dass ich die Nadel sinken lassen musste, um ihm zuzuhören. Ich kann's nicht beschreiben – ich wollte, ich könnt's. Dabei ging's jeden Nachmittag so, und immer war mir, als hätte ich jeden Ton verstanden.

... Ich habe ihn geliebt! Und wie ich ihn geliebt habe! Vielleicht kommt es nicht so sehr darauf an, was man in dieser Welt liebt. Aber etwas lieben muss man. Natürlich hatte ich immer mein kleines Haus und den Garten, aber aus irgendeinem Grund genügte mir das nicht. Blumen haben ihre eigene, wundervolle Sprache, aber Mitgefühl kennen sie nicht.

Den Abendstern – den hab' ich geliebt. Klingt Ihnen das töricht? Nach Sonnenuntergang bin ich immer in den Hof gegangen und hab' auf ihn gewartet, bis er über dem dunklen Eukalyptus aufgegangen ist. Dann hab' ich geflüstert: «Da bist du also, mein Guter!» Und genau in jenem ersten Moment schien er für mich allein zu leuchten. Er schien zu verstehen, was mich bewegte – etwas, was wie Sehnsucht und doch keine Sehnsucht war. Vielleicht Trauer – ja, eher wie Trauer. Aber weshalb denn Trauer? Es gibt vieles in meinem Leben, wofür ich dankbar sein muss.

... Doch nachdem er in mein Leben gekommen war, vergass ich den Abendstern. Ich brauchte ihn nicht mehr. Aber es war sonderbar. Als der Chinese, der immer an die Tür kommt und Vögel verkaufen will, ihn in seinem kleinen Käfig hochhielt, flatterte er nicht ängstlich herum, wie die armen kleinen Stieglitze, sondern er piepste nur einmal ganz leise, und ich – genau wie ich's dem Stern über dem Eukalyptus immer zugeflüstert hatte – sagte: «Da bist du also, mein Guter!» Von dem Augenblick an war er mein.

... Selbst jetzt in der Erinnerung wundert es mich, wie er und ich miteinander lebten. Sowie ich frühmorgens nach unten kam und das Tuch von seinem Käfig zog, begrüsste er mich mit einem schläfrigen kleinen Ton. Ich wusste, er meinte: ‹Missie! Missie!› Dann hängte ich seinen Käfig draussen an den Nagel und machte für meine drei jungen Burschen das Frühstück zurecht, und ich holte ihn erst wieder herein, wenn wir das Haus ganz für uns allein hatten. Nachdem ich das Geschirr abgewaschen hatte, begann eine richtige kleine Vorstellung. Ich breitete auf der einen Tischecke eine Zeitung aus, und sowie ich den Käfig draufstellte, schlug er wie ein Verzweifelter mit den Flügeln, als wüsste er nicht, was käme. «Du bist ein richtiger kleiner Komödiant!» schalt ich dann. Ich schrubbte den Einsatz, streute frischen Sand drüber, füllte sein Körner- und Futternäpfchen und klemmte etwas Vogelmiere und eine halbe Paprikaschote zwischen die Stäbe. Und ich bin ganz sicher, dass er jede Einzelheit dieser kleinen Prozedur begriff und schätzte. Er war nämlich von Natur überaus reinlich. Nie hat er seine Stange bekleckert. Und man musste nur sehen, wie er sein Bad genoss – dann wusste man sofort, dass er einen geradezu leidenschaftlichen Sauberkeitsfimmel hatte. Sein Bädchen kam immer zuletzt hinein. Und kaum hing es drin, da stürzte er sich förmlich hinein. Zuerst spreizte er den einen Flügel, dann den andern, dann tauchte er den Kopf ein und besprengte seine Brustfedern. Er hatte die ganze Küche voll Wassertropfen gespritzt, aber er wollte noch immer nicht heraus.

Meistens sagte ich zu ihm: «Das genügt jetzt wirklich – du spielst dich nur auf!» Und endlich hüpfte er heraus, und auf einem Bein stehend, begann er sich trocken zu zupfen. Schliesslich schüttelte er sich noch einmal, wippte und piepste und reckte die Kehle – oh, ich kann's kaum ertragen, daran zu denken. Es war immer die Zeit, in der ich die Messer putzte, und es schien mir fast, als sängen auch die Messer, wenn ich sie auf dem Brett blank rieb.

... Gesellschaft, verstehen Sie – das bedeutete er für mich. Eine einzigartige Gesellschaft! Wenn Sie allein gelebt haben, werden Sie einsehen, wie kostbar so etwas ist. Ich hatte natürlich meine drei jungen Burschen, die abends zum Essen kamen, und manchmal blieben sie hinterher im Esszimmer und lasen die Zeitung. Aber ich konnte nicht von ihnen erwarten, dass sie sich für die hunderterlei Kleinigkeiten interessierten, die zu meinem Alltag gehörten. Warum auch? Ich bedeutete ihnen ja nichts. Eines Abends hörte ich sogar, wie sie auf der Treppe von mir als der ‹Vogelscheuche› sprachen. Macht nichts. Es machte mir nichts aus. Nicht ein bisschen. Ich versteh's gut. Sie sind jung. Warum sollte ich's übelnehmen? Aber ich erinnere mich, dass ich an jenem Abend besonders dankbar war, nicht ganz allein zu sein. Nachdem sie weggegangen waren, hab' ich's ihm erzählt. Hab' zu ihm gesagt: «Weisst du, wie sie deine Missie nennen?» Und er hat seinen Kopf auf die Seite gelegt und mich mit seinen glänzenden Äuglein angeschaut, bis ich lachen musste. Ihm schien es Spass zu machen.

... Haben Sie sich je Vögel gehalten? Wenn nicht, dann muss Ihnen das alles vielleicht übertrieben vorkommen. Die Leute glauben immer, Vögel seien herzlos und kalt – nicht wie Hunde und Katzen. Meine Waschfrau, wenn die montags kam, wunderte sich, weshalb ich mir keinen ‹netten Foxterrier› hielte, und sagte: «Ein Kanarienvogel kann einen doch nicht trösten, Miss!» Stimmt nicht. Stimmt überhaupt nicht! Ich kann mich an eine Nacht erinnern: ich hatte einen furchtbaren Traum gehabt – Träume können schrecklich grausam sein –, und noch nachdem ich wach war, konnte ich ihn nicht abschütteln. Daher zog ich mir meinen Morgenrock über und bin in die Küche hinunter, ein Glas Wasser trinken. Es war eine Winternacht, und es regnete sehr. Vermutlich war ich noch halb im Schlaf, denn mir schien es, dass durchs Küchenfenster – es hatte keine Storen – die Finsternis hereinspähte und spionierte. Da fand ich es auf einmal unerträglich, dass ich niemanden hatte, dem ich hätte sagen können: «Mir hat was Furchtbares geträumt!» oder «Steh mir bei vor der Finsternis!» Eine Minute hab' ich sogar die Hände vors Gesicht geschlagen.

Und plötzlich hör' ich ein kleines ‹Piep! Piep!› Sein Käfig stand auf dem Tisch, und das Tuch war ein bisschen verrutscht, so dass ein Lichtspalt in den Käfig fiel.‹Piep! Piep!› sagte das liebe Kerlchen noch mal ganz leise, als wollt's mir sagen: ‹Ich bin hier, Missie! Ich bin hier!› Und das hat mich so wunderbar getröstet, dass ich beinah geweint hätte.

...Und jetzt ist er nicht mehr da. Nie wieder will ich mir einen Vogel halten, auch kein andres Tier. Wie könnte ich wohl? Als ich ihn fand, wie er mit matten Augen und verkrampften Krällchen auf dem Rücken lag, und als ich begriff, dass mein kleiner Liebling nie wieder für mich singen würde, da war mir, als würde etwas in mir sterben. Mein Herz war ausgeleert, leer wie sein Käfig. Ich werd's verwinden. Natürlich. Ich muss ja. Mit der Zeit kann man alles verwinden. Und die Leute sagen immer, ich hätt' eine fröhliche Gemütsart. Da haben sie ganz recht. Dafür bin ich Gott dankbar.

... Immerhin, auch ohne krankhaftes Grübeln und Nichtloskommen von – von Erinnerungen und dergleichen muss ich doch gestehen, dass das Leben was Trauriges zu haben scheint, finde ich. Es ist schwer zu sagen, was es eigentlich ist.

Ich meine nicht den Kummer, den wir alle kennen: Krankheit und Armut und Sterben. Nein, es ist etwas anderes. Es ist da – tief innen ist es, ein Teil von einem selber – wie der eigene Atem. Und wenn ich mich noch so sehr abrackere und plage – sowie ich aufhöre mit der Arbeit, weiss ich, dass es da ist und wartet. Ich frage mich oft, ob alle Menschen das spüren. Man weiss ja nie. Aber ist es nicht seltsam, dass in all seinen fröhlichen kleinen Liedern es gerade das war – diese Trauer – oder was sonst –, was ich gehört habe?

(Aus: Katherine Mansfield, «Sämtliche Erzählungen in zwei Bänden», herausgegeben, ins Deutsche übertragen und mit einem biographischen Nachwort von Elisabeth Schnack. © 1980 Büchergilde Gutenberg, Frankfurt, Wien, Zürich. Die Übersetzung folgt der Originalausgabe in dem von John Middleton Murray im Verlag Constable 1945 herausgegebenen Band «The Collected Stories of Katherine Mansfield.)

Robert Musil
Das Fliegenpapier

Das Fliegenpapier Tangle-foot ist ungefähr sechsunddreissig Zentimeter lang und einundzwanzig Zentimeter breit; es ist mit einem gelben, vergifteten Leim bestrichen und kommt aus Kanada. Wenn sich eine Fliege darauf niederlässt – nicht besonders gierig, mehr aus Konvention, weil schon so viele andere da sind –, klebt sie zuerst nur mit den äussersten, umgebogenen Gliedern aller ihrer Beinchen fest. Eine ganz leise, befremdliche Empfindung, wie wenn wir im Dunkel gingen und mit nackten Sohlen auf etwas träten, das noch nichts ist als ein weicher, warmer, unübersichtlicher Widerstand und schon etwas, in das allmählich das grauenhaft Menschliche hineinflutet, das Erkanntwerden als eine Hand, die da irgendwie liegt und uns mit fünf immer deutlicher werdenden Fingern festhält!

Dann stehen sie alle forciert aufrecht, wie Tabiker, die sich nichts anmerken lassen wollen, oder wie klapprige alte Militärs (und ein wenig o-beinig, wie wenn man auf einem scharfen Grat steht). Sie geben sich Haltung und sammeln Kraft und Überlegung. Nach wenigen Sekunden sind sie entschlossen und beginnen, was sie vermögen, zu schwirren und sich abzuheben. Sie führen diese wütende Handlung so lange durch, bis die Erschöpfung sie zum Einhalten zwingt. Es folgt eine Atempause und ein neuer Versuch. Aber die Intervalle werden immer länger. Sie stehen da, und ich fühle, wie ratlos sie sind. Von unten steigen verwirrende Dünste auf. Wie ein kleiner Hammer tastet ihre Zunge heraus. Ihr Kopf ist braun und haarig, wie aus einer Kokosnuss gemacht; wie menschenähnliche Negeridole. Sie biegen sich vor und zurück auf ihren festgeschlungenen Beinchen, beugen sich in den Knien und stemmen sich empor, wie Menschen es machen, die auf alle Weise versuchen, eine zu schwere Last zu bewegen; tragischer, als Arbeiter es tun, wahrer im sportlichen Ausdruck der äussersten Anstrengung als Laokoon. Und dann kommt der immer gleich seltsame Augenblick, wo das Bedürfnis einer gegenwärtigen Sekunde über alle mächtigen Dauergefühle des Daseins siegt. Es ist der Augenblick, wo ein Kletterer wegen des Schmerzes in den Fingern freiwillig den Griff der Hand öffnet, wo ein Verirrter im Schnee sich hinlegt wie ein Kind, wo ein

Verfolgter mit brennenden Flanken stehen bleibt. Sie halten sich nicht mehr mit aller Kraft ab von unten, sie sinken ein wenig ein und sind in diesem Augenblick ganz menschlich. Sofort werden sie an einer neuen Stelle gefasst, höher oben am Bein oder hinten am Leib oder am Ende eines Flügels.

Wenn sie die seelische Erschöpfung überwunden haben und nach einer kleinen Weile den Kampf um ihr Leben wieder aufnehmen, sind sie bereits in einer ungünstigen Lage fixiert, und ihre Bewegungen werden unnatürlich. Dann liegen sie mit gestreckten Hinterbeinen auf den Ellbogen gestemmt und suchen sich zu heben. Oder sie sitzen auf der Erde, aufgebäumt, mit ausgestreckten Armen, wie Frauen, die vergeblich ihre Hände aus den Fäusten eines Mannes winden wollen. Oder sie liegen auf dem Bauch, mit Kopf und Armen voraus, wie im Lauf gefallen, und halten nur noch das Gesicht hoch. Immer aber ist der Feind bloss passiv und gewinnt bloss von ihren verzweifelten, verwirrten Augenblicken. Ein Nichts, ein Es zieht sie hinein. So langsam, dass man dem kaum zu folgen vermag, und meist mit einer jähen Beschleunigung am Ende, wenn der letzte innere Zusammenbruch über sie kommt. Sie lassen sich dann plötzlich fallen, nach vorne aufs Gesicht, über die Beine weg; oder seitlich, alle Beine von sich gestreckt; oft auch auf die Seite, mit den Beinen rückwärts rudernd. So liegen sie da. Wie gestürzte Aeroplane, die mit einem Flügel in die Luft ragen. Oder wie krepierte Pferde. Oder mit unendlichen Gebärden der Verzweiflung. Oder wie Schläfer. Noch am nächsten Tag wacht manchmal eine auf, tastet eine Weile mit einem Bein oder schwirrt mit dem Flügel. Manchmal geht solch eine Bewegung über das ganze Feld, dann sinken sie alle noch ein wenig tiefer in ihren Tod. Und nur an der Seite des Leibs, in der Gegend des Beinansatzes, haben sie irgend ein ganz kleines, flimmerndes Organ, das lebt noch lange. Es geht auf und zu, man kann es ohne Vergrösserungsglas nicht bezeichnen, es sieht wie ein winziges Menschenauge aus, das sich unaufhörlich öffnet und schliesst.

(Aus: Robert Musil, «Nachlass zu Lebzeiten», Humanitas-Verlag, Zürich 1936. Wieder abgedruckt u.a. in Band 8 der Robert-Musil-Gesamtausgabe in 12 Bänden, Verlag Jung und Jung, Salzburg und Wien 2019)

Ernest Hemingway
Katze im Regen

Im Hotel wohnten nur zwei Amerikaner. Von all den Leuten, die ihnen auf ihrem Weg in ihr Zimmer auf der Treppe begegneten, kannten sie niemanden. Ihr Zimmer war in der zweiten Etage mit dem Blick aufs Meer und auch auf die öffentlichen Anlagen und das Kriegerdenkmal. In den öffentlichen Anlagen gab es grosse Palmen und grüne Bänke. Bei gutem Wetter war da immer auch ein Maler mit seiner Staffelei. Maler mochten die Art, wie die Palmen wuchsen, und die leuchtenden Farben der Hotels, die den Gärten und dem Meer gegenüberlagen. Italiener kamen von weit her, um an dem Kriegerdenkmal emporzusehen. Es war aus Bronze und glänzte im Regen. Es regnete. Der Regen tropfte von den Palmen. Wasser stand in Pfützen auf den Kieswegen. Das Meer durchbrach in einer langen Linie den Regen, glitt über den Strand zurück und kam herauf, um sich wieder in einer langen Linie im Regen zu brechen. Die Autos waren vor dem Platz beim Kriegerdenkmal verschwunden. Auf der Schwelle eines gegenüberliegenden Cafés stand ein Kellner und blickte über den leeren Platz.

Die junge Amerikanerin stand am Fenster und sah hinaus. Gerade unter ihrem Fenster hockte eine Katze unter einem der von Regen triefenden Tische. Die Katze suchte sich so zusammenzuballen, dass es nicht auf sie tropfen konnte.

«Ich geh runter und hole das Kätzchen», sagte die junge Amerikanerin.

«Ich werd's machen», erbot sich ihr Mann vom Bett her.

«Nein, ich hol's. Das arme Kätzchen da draussen; was es sich anstrengt, um unter dem Tisch trocken zu bleiben.»

Ihr Mann las weiter; er lag am Fussende des Bettes auf die zwei Kopfkissen gestützt.

«Werd nicht nass», sagte er.

Seine Frau ging hinunter, und der Hotelbesitzer stand auf und verbeugte sich, als sie am Büro vorbeikam. Sein Pult stand ganz hinten im Büro. Er war ein alter und sehr grosser Mann.

«Il piove», sagte die Frau. Sie mochte den Hotelbesitzer.

«Si, si, Signora, brutto tempo. Es ist sehr schlechtes Wetter.»

Er stand hinter seinem Pult in der Tiefe des dämmerigen Zimmers. Die Frau mochte ihn. Sie mochte die todernste Art, mit der er alle Beschwerden entgegennahm. Sie mochte seine Würde. Sie mochte die Art, wie er ihr gegenüber immer dienstbereit war. Sie mochte, wie er sich als Hotelbesitzer fühlte. Sie mochte sein altes, schweres Gesicht und seine grossen Hände.

Sie mochte ihn, machte die Tür auf und sah hinaus. Es regnete stärker. Ein Mann in einem Gummicape überquerte den leeren Platz zum Café. Rechts um die Ecke musste die Katze sein. Vielleicht konnte sie unter der Dachtraufe trocken bis dahin gelangen. Während sie auf der Schwelle stand, öffnete sich hinter ihr ein Regenschirm. Es war das Mädchen, das ihr Zimmer aufräumte.

«Sie sollen nicht nass werden», sagte sie lächelnd auf italienisch. Natürlich hatte sie der Hotelbesitzer geschickt.

Das Mädchen hielt den Schirm über sie, während sie auf dem Kiesweg unter ihr Fenster ging. Der Tisch stand da, vom Regen hellgrün gewaschen, aber die Katze war fort. Sie war plötzlich enttäuscht. Das Mädchen sah fragend zu ihr auf.

«Ha perduto qualque cosa, Signora?»

«Da war eine Katze», sagte die junge Amerikanerin.

«Eine Katze?»

«Si, il gatto.»

«Eine Katze?» lachte das Mädchen. «Eine Katze im Regen?»

«Ja», sagte sie, «unterm Tisch», und dann: «Ach, ich wollte sie so gern haben. Ich wollte so gern ein Kätzchen haben.»

Als sie Englisch sprach, nahm das Gesicht des Zimmermädchens einen verschlossenen Ausdruck an.

«Kommen Sie, Signora», sagte sie, «wir müssen wieder hinein, Sie werden sonst nass.»

«Vermutlich», sagte die junge Amerikanerin.

Sie gingen den Kiesweg zurück und überschritten die Schwelle. Das Mädchen blieb draussen, um den Schirm zuzumachen. Als die junge Amerikanerin an dem Büro vorbeiging, verbeugte sich der Padrone hinter seinem Pult. Sie fühlte sich innerlich irgendwie sehr klein und wie zugeschnürt. Beim Anblick des Padrone fühlte sie sich sehr klein und gleichzeitig wirklich wichtig. Einen Augenblick hatte sie ein Gefühl von höchster Wichtigkeit. Sie ging weiter, die Treppe hinauf. Sie öffnete die Zimmertür. George lag lesend auf dem Bett.

«Hast du die Katze?» fragte er und legte das Buch hin.

«Sie war weg.»

«Wo sie wohl hin sein mag?» sagte er, während er seine Augen vom Lesen ausruhte.

Sie setzte sich aufs Bett.

«Ich wollte sie so furchtbar gern haben», sagte sie. «Ich weiss eigentlich gar nicht, warum ich sie so gern haben wollte. Ich wollte das arme Kätzchen haben. Es ist kein Spass, ein armes Kätzchen draussen im Regen zu sein.»

George las wieder.

Sie ging hinüber, setzte sich vor den Spiegel ihres Toilettentischs und besah sich in ihrem Handspiegel. Sie besah sich prüfend ihr Profil, erst eine Seite, dann die andere. Dann betrachtete sie ihren Hinterkopf und ihren Nacken.

«Was meinst du, wäre es nicht eine gute Idee, wenn ich meine Haare wachsen liesse?» fragte sie und besah sich nochmals ihr Profil.

George blickte auf und sah ihren Nacken, der wie bei einem Jungen ausrasiert war.

«Ich mag es *so*, wie es ist.»

«Ach, ich hab's so über», sagte sie. «Ich hab's so über, wie ein Junge auszusehen.»

George veränderte seine Lage auf dem Bett. Er hatte, seitdem sie redete, nicht von ihr weggesehen.

«Du siehst ganz verteufelt hübsch aus», sagte er.

Sie legte den Spiegel auf den Toilettentisch, ging zum Fenster hinüber und sah hinaus. Es wurde dunkel.

«Ich möchte meine Haare ganz straff und glatt nach hinten ziehen und hinten einen schweren Knoten machen, den ich wirklich fühlen kann», sagte sie. «Und ich möchte ein Kätzchen haben, das auf meinem Schoss sitzt und schnurrt, wenn ich es streichle.»

«Wahrhaftig?» sagte George vom Bett her.

«Und ich will an meinem eigenen Tisch mit meinem eigenen Besteck essen, und ich will Kerzen. Und ich will, dass es Frühling ist, und ich will mein Haar vor dem Spiegel richtig bürsten können, und ich will ein Kätzchen haben, und ich will ein paar neue Kleider haben.»

«Nun hör schon auf und nimm dir was zu lesen», sagte George. Er las wieder.

Seine Frau sah aus dem Fenster. Draussen war es jetzt ganz dunkel, und es regnete immer noch in den Palmen.

«Auf jeden Fall will ich eine Katze haben», sagte sie. «Ich will eine Katze haben. Ich will sofort eine Katze haben. Wenn ich keine langen Haare oder sonst ein bisschen Spass haben kann, eine Katze kann ich haben.»

George hörte nicht zu. Er las sein Buch. Seine Frau sah aus dem Fenster auf den Platz, wo die Laternen jetzt angezündet waren.

Jemand klopfte an die Tür.

«*Avanti*», sagte George. Er sah von seinem Buch auf.

In der Tür stand das Zimmermädchen. Sie hielt eine grosse, schildpattfarbene Katze eng an sich gepresst, die an ihrem Körper herunterhing.

«Verzeihung», sagte sie. «Der Padrone sagte, ich soll dies der Signora bringen.»

(Aus: Ernest Hemingway, «Stories, Die fünfte Kolonne». Band 4 der Ausgabe Ernest Hemingway in sechs Bänden des Rowohlt Verlags, Reinbek bei Hamburg 1977. «Katze im Regen» ist übersetzt von Annemarie Horschitz-Horst. © Rowohlt Verlag, Hamburg 2023)

Juri Rytchëu
Wal

Der Wal hat dem Tschuktschen alles gegeben. Die Haut mit der dicken Fettschicht galt als erlesener Leckerbissen. Das ausgelassene Fett beleuchtete und wärmte die Wohnung, das Fleisch wurde frisch verwendet oder eingepökelt. Auch die Innereien wurden vollständig genutzt. Die Walbarten beispielsweise wurden für Schlittenkufen verwendet, ausserdem konnte man eine wunderbar feste Angelschnur daraus machen, an der sich kein Reif und Eis festsetzte. Aus den mächtigen Knochen, vor allem aus dem Kiefer, wurden Möbelstücke hergestellt. Mit ihren Biegungen waren die Rippen wie geschaffen für die konische Wölbung der Jaranga, die jedem Sturm trotzte. Viele Jahre dienten die Walbarten, die die modebewussten tangitanischen Damen zur Herstellung von Korsetts verwendeten, auch als feste Valuta beim Handel der Küstenbewohner mit den amerikanischen Kaufleuten. Ein Bündel Walbarten wurde mit harten Dollars bezahlt. Und für diese harte Währung kauften meine Landsleute Feuerwaffen, Patronen, Holzboote, Zeltplanen, Feuerwasser und sogar kleine Walfangschoner.

Gleichzeitig galt der Wal als besonders verehrtes heiliges Wesen. Ihm ist ein bedeutender Teil unserer Märchen und Legenden gewidmet. Eine Legende besagt, dass das tschuktschische Volk von Rëu und der Erstfrau Nau abstamme. Zuerst gebar Nau Waljunge, die in der Lagune aufwuchsen, die folgenden Kinder aber waren bereits Menschen. Viele Lieder und Tänze sind dem Wal gewidmet. Jedes Mal, wenn es den Jägern gelang, einen Meeresriesen zu harpunieren, wurde zu Ehren des Wals ein besonderes Fest gefeiert, das manchmal Tage dauerte.

Im Verlauf meines langen Lebens hatte ich nicht oft das Glück, auf Waljagd zu gehen. Als ich noch in Uëlen wohnte, war ich zu klein, um mit der Harpune umzugehen. Aber man nahm uns Jungen auf diese verantwortungsvolle Fahrt als Hilfsarbeiter mit. Wir entwirrten die verhedderten Lederriemen und knoteten die Pychpychs daran – das sind prall aufgeblasene Blasen aus Seehundhaut –, und wir schöpften Wasser aus dem Boot. Aus dieser Zeit weiss ich, wie eine Waljagd abläuft. Zuerst wurde die Beute aufgespürt. Dazu musste man weit aufs Meer hinausfahren, sodass die Jarangas und die wenigen kleinen Holzhäuser von Uëlen aus dem Blickfeld verschwanden. Unsere Landzunge konnte man nur noch am Mast der Funkstation erkennen. Aber es kam auch vor, dass der Wal von selbst ans Ufer geschwommen kam. Dann gab der Beobachter, der mit einem starken Fernglas auf dem steilen Felsen Eppyn sass, den Jägern ein Zeichen. Schnell und fast lautlos wurden die vorbereiteten Schaluppen und Kajaks ins Wasser gelassen, und in der gesamten Siedlung galt der Befehl, absolute Stille einzuhalten. Die Hunde wurden vom Meeresufer zur Lagune gebracht, Mütter mit Kleinkindern verschwanden in den Fellpologs, damit das Schreien der Babys nicht zu hören war.

Bei Wind wurden auf den Kajaks und Schaluppen Segel gehisst, in die Dollen wurden lange Ruder geschoben.

Zuerst wurde der Wal harpuniert und die Pychpychs, die mit Luft gefüllten Blasen, an ihm befestigt, damit er nicht zum Meeresgrund tauchen konnte. Dazu musste man ziemlich nahe an den Wal herankommen und die Harpune mit der Hand hineinstechen. Manche Steuermänner fuhren so nah an das Tier heran, dass man mit der Hand die Haut berühren konnte, die mit Parasiten, kleinen weissen Krebsen, bedeckt war. Das Herz stand einem still, wenn der Walkörper aus der Meerestiefe, aus der grünen Unendlichkeit, emportauchte. Er war oft zwei-, dreimal länger als das Kajak. Der Kopf schwamm schon weit vor dem Boot, die Fontäne spritzte überm Meer, die Schwanzflosse aber tauchte gerade erst aus dem Wasser.

Wenn am Walkörper vier oder fünf Pychpychs hingen, bildeten die Verfolger einen Kreis, und der Wal wurde beschossen. In alten Zeiten musste man, um den Meeresriesen zu töten, eine Lanze in eine bestimmte Stelle des langen Körpers in der Herzgegend stossen. Das vermochte nur ein erfahrener Walfänger, der grosse Körperkraft besass. Inzwischen verwendete man zum Töten Jagdgewehre, Panzerabwehrwaffen oder Walfangkanonen mit speziellen Geschossen.

Nachdem der Meeresriese seinen Geist ausgehaucht hatte, wurde er vorsichtig an das Kajak oder die Schaluppe herangezogen. Mit scharfen Messern wurden Löcher in die Schwanzflosse gebohrt, durch die die Schleppriemen gezogen wurden. Gleichzeitig schnitt man grosse Stücke Itgilgyn oder Mantak aus dem Körper und ass sie gleich an Ort und Stelle, auf dem Boot. Das war ein schmackhafter Leckerbissen, mit dem keine Süssigkeit mithalten kann, und sei es die beste Schweizer Schokolade. Die Schaluppen und Kajaks bildeten eine Schlange, und es begann das mühselige und langwierige Abschleppen des Riesen.

Am Ufer warteten bereits die Uëlener. Die Ehre des Empfangs der heiligen und reichen Beute gehörte Aryk, dem Sänger und Schamanen, der alle alten Bräuche kannte. Für gewöhnlich stand er an der Spitze der Menschenmenge, direkt am Wasser. Die Wellen leckten an seinen wasserdichten Stiefeln. Auf einem Holzteller lagen sakrale Geschenke – meist kleine gelbe Rentierspeckstücke. Wenn der Wal mit seinem Kopf die Kieselsteine berührte, warf Aryk die Opfergaben ins Wasser und murmelte irgendwelche Zaubersprüche, die nur ihm bekannt waren.

Während der Wal zerteilt wurde, liefen im grössten Klassenraum der Uëlener Schule die Vorbereitungen für das Walfest. Die Feierlichkeiten begannen, wenn vom riesigen Gerippe das letzte Fleischstück gelöst und in die Fleischgrube getragen worden war.

Die Tamburinschellen tönten weit übers Meer, auf dessen Wellen das rote Gerippe des zerteilten Wals schaukelte. Die Töne flogen in die Ferne, bis zum Horizont, an dem noch Walfontänen zu erkennen waren. Die Sänger dankten den Walen, ihren Urahnen, für das grosszügige Geschenk, für die reiche Beute, für das grosse Opfer. Die feierliche Zeremonie konnte bis zum Morgen dauern. In alten Zeiten wurde das Walfest in einer speziellen Jaranga durchgeführt, die Klegran hiess, in der wörtlichen Übersetzung «Männerhaus». Im Rauch des Feuers schwammen unter dem Dach aus Walrosshaut, gleichsam wie in der Meerestiefe, die Figuren von Walen, anderen Meerestieren und Vögeln. Durch den Rauchabzug flogen die Lieder, die gedichtet worden waren von fernen Vorfahren, die sich vielleicht noch an den Urvater des tschuktschischen Volkes erinnern konnten, an den grossen Rëu, der sich in einen Menschen verwandelte.

Ich war völlig davon überzeuge, dass ich vom Wal abstammte, bis ich in der Schule hörte, dass der Mensch, wie sich herausstellte, vom Affen stamme. Das erzählte uns, ohne einen Zweifel zu lassen, unser Lehrer Dunajewski. Er berief sich dabei auf den englischen Gelehrten Charles Darwin. Der Affe war auf einer Seite des Lehrbuchs für Naturwissenschaften abgebildet. Je mehr ich das Porträt meines angeblichen Ahnen betrachtete, desto mehr packte mich Widerwillen. Es war unfassbar, dass er unser Verwandter sein sollte, wenn auch ein entfernter. In diesem aufgelösten Zustand kam ich nach Hause. Meine Grossmutter sah mein trauriges Gesicht und fragte nach dem Grund für meine schlechte Laune. Ich erzählte ihr alles. Die Grossmutter sann nach und sagte:

«Weisst du, unter den Tangitan gibt es verschiedene Menschen. Die russischen Popen, die versucht haben, uns ihren Gott aufzuzwingen, haben behauptet, dass er es war, der den Menschen schuf. Zuerst den Mann, und dann aus seiner Rippe die Frau. So ist es bei den russischen Tangitan. Dieser Darwin aber ist Engländer, sagst du? Dann stammen die Engländer offenbar vorn Affen ab. Aber du weisst doch, dass dein wahrer Urvater der Wal ist – Rëu!»

(Aus: Juri Rytchëu, «Alphabet meines Lebens». Aus dem Russischen von Antje Leetz. Unionsverlag, Zürich, 2012. Copyright © by Unionsverlag, Zürich 2023)

Jean-Marie Gustave Le Clézio
Unser Leben als Spinnen

Direkt auf der Erde, dort wo der Wind entlangfegt und kleine Staubwolken aufwirbelt. Dort leben wir, geräuschlos, fast ohne uns zu rühren, fast ohne etwas zu tun. Es gibt so viele Tage, so viele Nächte, dort oben, über der Erde, über den hohen Bäumen, am blossen Himmel, auf dem Gipfel der Berge.

Wir wohnen im Tal, nicht weit vom Fluss entfernt, den wir stets hören, aber nie sehen. Die Geräusche sind laut: das Geräusch des Wassers, das Geräusch des Windes in den trockenen Ästen, das Geräusch der Erde, das von den Bergspitzen hinabrinnt. Hier geschieht nichts, wir haben nicht viel zu erzählen. Wir sind hinter dicken Scheiben ganz hinten in einem langen leeren Raum. Jeden Tag ist der Himmel über den hohen Bäumen weiss, und nachts sehen wir die regungslosen Plejaden. Vielleicht sind sie unsere Augen. Vielleicht sind die Augen überall, in den Astgabeln, in den Steinen, im Moos, oben auf den Stängeln in den Blütenkronen. Es gibt kein Wort, um den Raum zu benennen, den wir nie kennenlernen werden. Es ist unmöglich, gleichzeitig hier und anderswo zu sein, im weissen Tageslicht und in der schwarzen Nacht, und wir wissen nie, ob wir dabei sind, den Traum fortzusetzen, der vor uns begonnen hat, den Traum, der zu Ende gehen muss, nachdem wir ihn geträumt haben.

Heute ist heute. Manchmal schlafen wir mit offenen Augen ein, und der Raum des Tals dringt in uns und wir werden riesig, der Wind und das Licht lassen unseren Leib anschwellen, und wir zittern, wir vibrieren. Man müsste fressen ohne Unterlass, all das verschlingen, was in der Luft lebt, das hinunterschlucken, was unter unseren Beinen lebt, und so sein wie eine Schleuse in einem Fluss, während das Leben durch uns hindurchfliesst.

Auch die Geräusche wollen wir verschlingen. Sie kommen von überall her, die lauten Geräusche, die ertönen und sich mit ihren Spiralen vorwärtsbewegen, die schlangenförmig in ihrem Körper eingerollt sind, und hopp, hopp!, und die auf den empfindlichsten Punkt in unserem Bauch drücken. Dort befindet sich der Mittelpunkt der Erde und des Himmels, und sogar des Meeres und der Sterne, weil wir die gestirnten Tiere der Welt sind. Das ist etwas schwierig zu erklären, aber im Grunde braucht das nicht erklärt zu werden. Sondern nur ein für alle Mal: die Plejaden oben, der Grosse Bär und die Zwillinge unten, wir. Die Sonne sehen wir nicht. Wir alle lieben sie sehr, vielleicht lieben wir sogar nur sie. Aber wir betrachten sie nie. Oder sie gleicht einem sengend heissen Lid, das den oberen Teil unserer Augen verdeckt, und es tut weh, zu ihr aufblicken zu wollen, es brennt und tut weh. Deshalb betrachten wir sie nicht. Aber wir mögen sie alle gern, wenn sie da ist, auf dem Gipfel des leeren Himmels, hoch über den Ästen der hohen schwarzen Bäume. Etwa alle fünf Minuten denken wir an sie. Wir lauschen gern ihren Geräuschen. Die Sonne knackt, knistert und macht seltsame Insektenlaute, verstehen Sie, das Rascheln von Insektenpanzern oder das Geräusch von zerspringendem Glas. Wir werden noch etwas platter, wenn wir dieses Geräusch hören, wir achten aufmerksam auf dieses leise Rascheln, dieses leise Knistern. Und hier sind wir im Mittelpunkt des Netzes von kleinen Rissen, vielleicht werden auch wir zu kleinen Sonnen, in den Gräsern verborgen, verborgen und warm, kleine knisternde Funken, kleine Feuerbälle. Alles, was im Weltraum geschieht, zeichnen wir, tanzen wir, imitieren wir hier in unseren Hohlräumen zwischen den Gräsern und den Steinen. Wir sind nie allein, immer zusammen, nicht weit voneinander entfernt, natürlich können wir uns nicht sehen, aber wir wissen, dass die anderen da sind, unsere Freundinnen, unsere Feinde, gar nicht weit weg, in den Hohlräumen zwischen den Gräsern und den Steinen versteckt.

In jedem Hohlraum befindet sich eine. Klein, zusammengekauert, unter den Samenkörnern der Bäume begraben, vor dem Wind und dem Licht geschützt, wir sind so zart und empfindlich. Oben, ganz hoch am ständig weissen Himmel, fliegen grosse stumme Vögel, die ihren Schatten über die Erde laufen lassen. Sie ziehen ihre Kreise, aber wir haben keine Angst. Wir schmiegen uns in unsere Verstecke zwischen den Brombeerranken, in unsere Nester, in unsere Spalten. Überall ringsumher sind die Mauern, die den Wind zurückhalten, den Raum begrenzen.

Aber wir rühren uns nicht. Die Stunden gehen an uns vorüber, die Stunden, die Staubkörner, die vom Himmel fallen. Die Tage fliessen sanft über unsere behaarten Rücken, ohne eine Spur zu hinterlassen. Jeden Morgen hängen Tausende von winzigen Tropfen an den weissen Wänden, davon trinken wir. Der Fluss mit dem donnernden Geräusch höhlt die Erde aus, vibriert und zittert, aber wir gehen nie zu ihm. Dann verbrennt die Sonne die Tropfen. Die weissen Schwaden, die grauen Schwaden schweben im Wind. Wir sind an allen empfindsamen Punkten der Erde, und jede Welle, die durch die Felsen, die Bäume, die Gräser läuft, gelangt an unsere Beine und dringt in unseren Körper ein. Auf diese Weise horchen wir auf die Welt.

Es sind keine komplizierten Geschichten, sie haben nichts zu sagen. Es sind Legenden, die aufeinanderfolgen, eine Welle nach der anderen, und die sich anhäufen wie herbstliches Laub. Unsere Wege sind nicht gewunden, sie führen geradeaus von einem Steinblock zu einem Ast, dann zu einem anderen Ast, dann zu einem Grashalm, dann zu einem spitzen Stein, dann zu einer Wurzel und dann zurück zu dem Steinblock. Alles, was direkt auf dem Erdboden geschieht, wissen wir. Die auffliegenden kleinen Mücken, die hüpfenden Heuschrecken, die Heere von Ameisen, die kletternden Maikäfer und Goldschmiede, das Knabbern der Termiten, die Kolonien klebriger Läuse, die Tänze der gelben Schmetterlinge und der blauen Libellen. Wir kennen viele andere Geschichten, seltsame, geheime Geschichten, Blütenblätter, die sich einsäumen, die Ängste der Mimosen, die vergifteten Haare der Brennesseln. Dinge, reglose, spitze Dinge, die Dornen der Brombeeren und die Stacheln der Agaven. Andere Dinge, Dinge in der Ferne, Blätter, die oben an den Bäumen im Wind rascheln, Früchte, die grösser werden, abgestorbene Dinge, die allmählich vermodern, die Gerüche von Honig, Gerüche von Urin, Gerüche von Myrrhe; es gibt überall so viele Dinge, wenn wir in unseren Verstecken verborgen sind, in den Baumstämmen, in unseren Schlupfwinkeln, und deshalb können wir uns nicht rühren, nicht sprechen, nicht denken, sondern nur zuhören, atmen, erschauern.

Ja, es ereignen sich viele Dinge. Wir können sie übrigens nicht alle erzählen, denn wir sind eher verschwiegen, haben keine Zunge, wir haben einen zwischen unseren Beinen verborgenen Mund und einen runden Rücken, wir erklären nicht gern Dinge. Wem sollten wir sie übrigens erzählen? All diese Leute, die sich bewegen, tanzen, fliegen und nicht auf der Stelle bleiben, oder selbst all diese unbeweglichen Dinge, wie Steine und Äste, keiner von ihnen spricht unsere Sprache. Wir ziehen es vor, zuzuhören und zu empfinden, selbst wenn wir nichts sehen. Wir haben alle möglichen Geheimnisse erfahren. Wir haben sie dort gehört, wo wir uns befinden, in unseren Hohlräumen zwischen den Gräsern und den Steinen. Die Geräusche bewegen sich über die weiche Erde, schlagen gegen die harten Steine und stürzen in die kleinen gepolsterten Löcher, die wir herstellen. Die Geheimnisse sind im Staub. Es sind Dinge, die hinabfallen und sich festhaken, und dann werden sie grau. Sie verwandeln sich in Rauch, verschwinden. Aber wir weben Wände und leichte Vorhänge, und wir fangen sie ein.

Wir wissen genau, was nachts vor sich geht. Wenn das Licht ganz, ganz langsam nachlässt. Wenn alles leicht und durchsichtig wird, voll von grauem Rauch, und die Geräusche sich verlangsamen, schwach pochen wie ein schlafender Puls, wenn nichts mehr, fast nichts mehr da ist und die Kühle mit der Dunkelheit eintrifft und in die Zwischenräume gleitet, durch die Löcher, ganz, ganz sacht, dann rollt sich die Welt zu einer Kugel zusammen, holt Fühler & Beine ein, macht sich klein, um zu schlafen, doch wir passen auf, bleiben wachsam. Wir schlafen nicht. Nein, nein, wir horchen ganz intensiv, spüren ganz stark, was geschieht. Zunächst fast gar nichts, weil die Dunkelheit ein berauschender Trank ist, der die Erde und den Himmel einschlafen lässt, und in dem Moment, da die Sonne auf die andere Seite des Horizonts kippt, hinter das Meer und die Berge, hört man so etwas wie einen Schrei oder eine Welle aus weissem Schweigen, die sich in hohem Tempo nähert. Unsere Beine zittern, wenn der Schrei kommt, wenn die Welle kommt, wir kauern uns zitternd in unseren Schlupfwinkeln zusammen. Sie wissen das, es ist immer ein furchtbarer Augenblick, wenn die Sonne verschwindet und die Nacht sich über die Erde legt.

Dann hören alle kleinen Tiere auf sich zu rühren, verstecken sich, werden zu Steinen, zu kalten, eng zusammengerollten, glatten Kugeln. Dann kommt es uns vor, als gäbe es niemanden mehr auf der Erde und am Himmel, bis auf die Fledermäuse. Der Himmel ist grau, es ist, als hörten wir unsere Wände, unsere leichten Fetzen, die von einem Felsen zum anderen schweben. Es herrscht Stille. Stille und Kälte in unserem Tal. Die Stille kommt aus dem Westen, die Kälte aus dem Osten, und sie treffen über unserem Tal aufeinander. Und dann hört alles auf.

Wir rühren uns nicht mehr, halten den Atem an, weil der Augenblick, in dem das Licht verschwindet, das Wichtigste auf der Welt ist. Es ist, als würde der Luft eine Last genommen und als wäre die Leere des Raums plötzlich ganz nah, die eisige Leere des Alls, in der die Plejaden funkeln.

Wir haben keine Angst, aber wir rühren uns nicht mehr, wir atmen nicht mehr, wir denken nicht mehr. Die schwachen kleinen Tiere schliessen Augen und Ohren, rollen sich im welken Laub zu einer Kugel zusammen. Ein geschlossener Geruch steigt aus unseren Verstecken auf, ein schwacher, etwas herber Geruch, der wohl der Geruch des Schlafs ist. Aber es ist ein imaginärer Geruch, denn wir schlafen nicht, wir schlafen nie. Mit von uns gestreckten Beinen verharren wir in unseren flaumigen Verstecken, liegen in der Dunkelheit auf der Lauer.

Wenn in unserem Tal alles schwarz, ganz schwarz ist, sehen wir schwache, kleine Lichter, die kurz aufflimmern, aufleuchten. Die Nachtfalter kommen, die Nachtvögel, die Raubtiere der Nacht. Wir hören zu, wie sie vorüberziehen, das Rascheln von Flügeln, Flügel, die die dunkle Luft schlagen, den Wind der Flügel, und manchmal geschmeidige Schritte, die durch hohe Gräser laufen, zwischen den untersten Ästen hindurchgleiten, das Beben, den kurzen Atem der nächtlichen Jäger.

Die kleinen furchtsamen Tiere zittern in ihren Nestern auf der Erde, in tiefen Schlaf versunken. Sie dürfen nicht erwachen. Diejenigen, die die Augen öffnen, würden etwas Grauenhaftes sehen und sofort sterben.

Wir sind die Wächterinnen des Schlafs, das ist unsere Rolle auf der Erde. Die Luft vibriert in den unsichtbaren Netzen, vibriert bis in unseren Bauch, und wir kennen die Geschichte, die sich abspielt.

Wenn sich die Dunkelheit über unser ganzes Tal gelegt hat, ist es, als sei die Luft von winzigen Fasern erfüllt, von einem Flechtwerk aus staubfarbenen Fäden und Maschen, die sanft zwischen den Ästen der Bäume, den Steinen und den Hügeln schweben, sie bilden Brücken bis ans Ende der Welt. Und daher sind wir die Herrinnen der Zeit. Die Luft gehört uns, wir halten sie zwischen unseren Beinen und unserem Mund. Wir warten, wir warten. Die empfindlichen kleinen Tiere schlafen im Schutz unserer Kokons, die jede Sekunde der Nacht aus unseren Fäden webt. Wir weben unablässig, wir weben nachts. Der Himmel ist bedeckt von unseren Fäden, es ist ein Wald, ein stumpfer Haarwuchs, der das Leben aufsaugt. Wir weben die Stille. In ihren Erdlöchern gefangen schlafen die kleinen

Tiere zusammengeringelt, den Kopf im Nacken, eingehüllt in ihren beissenden Atem. Sie träumen nur wenig, nur wenig, zittern nur etwas, ein leichtes Schimmern in der Nacht. Ihre Pfoten bewegen sich, ihre Barthaare zittern, unter den geschlossenen Lidern verdrehen sie die Augen. Wir wachen, weil wir die Hüterinnen sind. Wir rühren uns nicht, weder am Tag noch in der Nacht, alle grauen Netze sind mit der Erde verbunden und schweben im Wind. Wir warten. Die Zeit verrinnt und liefert uns wohl ein paar Fliegen, ein paar verirrte Schmetterlinge. Aber wir sind nicht nur deshalb da. Wenn die schmächtigen, nackten, kleinen Tiere friedlich in ihren Löchern schlafen, dann verdanken sie das uns. Für uns ist die Nacht nicht so furchterregend. Sie ist nicht mehr leer. Sie ist nicht mehr so kalt, so fern. Da sind überall die wachenden Augen, in den Gräsern, in den Astgabeln bis ins Firmament, wo die Plejaden sind. Bald bricht der Tag an, die Sonne erhebt sich aus dem Wasser und nimmt wieder ihren Lauf um das Tal auf. Wir werden bis zum Ende der Welt hier sein.

(Aus: J.M.G. Le Clézio, «Der Yama-Baum und andere Geschichten». Aus dem Französischen von Uli Wittmann. Verlag Kiepenheuer & Witsch, Köln 2013. Die französische Originalausgabe erschien 2011 bei den Éditions Gallimard in Paris unter dem Titel «Histoire du pied et autres fantaisies».)

Mit den Mitteln
der Satire

Luigi Pirandello
Erster Entwurf zu Informationen über meinen unfreiwilligen Aufenthalt auf der Erde

Ich liebe es nicht, hinter irgend jemandes Rücken zu sprechen; deshalb gehe ich nun, da ich meine Abreise nahe fühle, daran, allen die Informationen ins Gesicht zu sagen, die ich weitergeben werde, wenn man mich anderswo nach Neuigkeiten über diesen meinen unfreiwilligen Aufenthalt auf der Erde fragen sollte; auf der Erde, auf die ich in einer Juninacht heruntergefallen bin wie ein Glühwürmchen, unter eine grosse einsame Pinie in einem Landstrich mit sarazenischen Olivenbäumen, am Rande einer Hochfläche aus bläulichem Lehm, die sich über dem afrikanischen Meer erhebt.

Man weiss ja, wie Glühwürmchen so sind. Die Nacht, die scheint ihr Schwarz gerade für sie auszubreiten, wenn sie, weiss Gott wohin fliegend, da und dort für einen Augenblick ihre sehnsüchtig blitzende grüne Lichtspur durch sie ziehen. Immer wieder fällt eines herab, und dann sieht man gerade so ein bisschen diesen seinen grünen Lichtseufzer zur Erde huschen, der so unerreichbar fern erscheint. So bin auch ich in dieser Juninacht herabgefallen, als so viele andere gelbe Glühwürmchen auf einem Hügel aufblitzten, auf dem sich eine Stadt erhob, in der in diesem Jahr ein grosses Sterben wütete. Durch den Schreck, den meiner Mutter dieses grosse Sterben eingejagt hatte, brachte sie mich früher als erwartet zur Welt, in jener einsamen Gegend auf dem Lande, in der sie Zuflucht gesucht hatte. Ein Onkel von mir irrte mit einem Laternchen durch diese Gegend, auf der Suche nach einer Bäuerin, die meiner Mutter dabei helfen sollte, mich zur Welt zu bringen. Aber meine Mutter hatte sich bereits selbst geholfen, und ich war schon auf der Welt, als der Onkel endlich mit der Bäuerin zurückkam. Von dem Bauernland aufgelesen, wurde meine Geburt in den Registerbüchern der kleinen Stadt auf dem Hügel verzeichnet. Unter den vielen, die in jenem Jahr hier Tag für Tag starben, war einer, der geboren wurde, wie eine Wiedergutmachung, die man um so stärker zu berücksichtigen hatte, je unbedeutender und geringfügiger sie erschien. Ich glaube jedoch, für die anderen wird es eine Gewissheit gewesen sein, dass ich dort und nicht anderswo zur Welt kommen musste und dass ich weder früher noch später geboren werden konnte; aber ich gestehe offen, von all diesen Dingen habe ich mir noch keinen Begriff gemacht und werde mir wohl auch nie einen machen können. Meine Mutter, die insgesamt, tot oder lebendig, Jungen und Mädchen zusammen, neun Kinder zur Welt brachte, war nicht einmal selbst je sicher, ob sie ausser der langen Mühe, sie auszutragen und dem Schmerz, sie zu gebären, noch etwas anderes dazu getan habe, um ihnen das Leben zu geben. Sie wusste recht gut, dass das Leben, wer es gibt und wie man es in dem gemeinsamen Akt der Zeugung gibt, stets ein undurchdringliches Mysterium ist, und dem war sie, wenngleich blind daran beteiligt, fremd geblieben. Sie liebte alle ihre Neugeborenen, auch wenn sie, ohne dass sie es zu empfinden vermocht hätte, verstand, dass sie ihr nicht mehr gehörten; und auch sie blieb stets so wie eine Neugeborene, ein kleines Mädchen, aber mit etwas, das nunmehr auf immer verloren war, und mit dem Kummer, ganz allein sich selbst anzugehören. Denn jeder tritt an einem gewissen Punkt aus dem Rätsel seiner natürlichen Geburt heraus, die noch eine Weile über den Augenblick des Geborenwerdens hinaus andauert, und beginnt – in der Ungewissheit über alles und jedes – allein, für sich selbst, geboren zu werden und sich, so gut er es vermag, sein eigenes Leben zu formen, ganz allein: aus jener Einsamkeit, deren schreckliches Erlebnis man erst so recht hat, wenn es ans Sterben geht.

Nun, ich werde nichts über mein Leben sagen – das, wie das eines jeden anderen, keine Bedeutung besitzt – wenigstens von dem Punkt aus, von dem aus ich mich darangemacht habe, es zu betrachten. Und ja, tatsächlich, da sehe ich es schon gar nicht mehr. Es ist nun bereits, wie die ganze Erde, so gut wie nichts mehr für mich. Das mag der Grund dafür sein, dass ich vielleicht gar keine Informationen darüber weitergeben können werde. Kaum habe ich mich von jeder Illusion der Sinne freigemacht, wird es sein wie dieses unmerkliche Spritzen, mit dem eine Seifenblase platzt. Licht und Farben, Bewegung; dann wird alles sein wie nichts. Und Stille.

(Aus: Luigi Pirandello, «Gesammelte Werke in 16 Bänden», herausgegeben und übersetzt von Michael Rössner. Band 16: «Informationen über meinen unfreiwilligen Aufenthalt auf der Erde. Leben und Werk», erzählt von Michael Rössner, Propyläen Verlag, Imprint des Ullstein-Verlags, Berlin, 2000, © der Übersetzung bei Michael Rössner, Wien)

Sinclair Lewis
Ein Symphonieorchester für Zenith

Das Frühstück des Booster-Klubs von Zenith am 2. März war das wichtigste Ereignis des Jahres, da gleich danach die Jahresneuwahl der Beamten stattfand. Die Erregung war gross. Das Frühstück fand im Ballsaal des O'Hearn-Hauses statt.

Sie sassen zu acht an freundlichen Tischen und losten um ihre Sitzplätze, Babbitt war mit Albert Boos, dem Herrenschneider, mit Hector Seybolt von der Gesellschaft für Kondensierte Milch «Süsser Schatz», mit Professor Pumphrey von der Riteway-Handelshochschule, mit Roy Teegarten, dem Photografen, und mit Ben Burkey, dem Lithografen, zusammen. Babbitts Tischgesellschaft befand sich heute in besonders glücklicher Stimmung, weil Professor Pumphrey gerade Geburtstag hatte und darum allen Neckereien gegenüber wehrlos war.

Die Boosters frühstückten eifrig Hühnercroquettes, grüne Erbsen, geröstete Kartoffeln, Kaffee, Apfelkuchen und amerikanischen Käse. Dann hielt ihnen Chum Frink eine Rede:

«Vielleicht werden einige von euch die Empfindung haben, dass es hier nicht am Platze ist, über hochtrabende, intellektuelle Dinge zu reden, aber ich will mir kein Blatt vor den Mund nehmen und euch Jungens gradeaus bitten, meiner Proposition, ein Symphonieorchester für Zenith zu gründen, zuzustimmen. Eine ganze Reihe von euch begeht damit einen groben Fehler, dass ihr denkt, ihr müsstet um jeden Preis dagegen stimmen, nur weil ihr klassische Musik und all den Kram nicht gern hört. Ich will euch nur gleich eingestehen, dass ich selbst, obwohl ich ein Literaturfatzke bin, für diese langhaarige Musik nichts, aber auch gar nichts übrighabe. Ich höre jeden Augenblick eine Jazz-Band lieber als irgendein Beethoven-Stück, das genau so viel Melodie hat wie ein Pack raufender Katzen und das ich nicht nachpfeifen könnte, selbst wenn mein Leben davon abhinge. Kultur ist heutzutage für jede Stadt ein ebenso notwendiger Schmuck wie Strassenpflaster und Bank-Clearings. Die Kultur, die sich in Theatern und Kunstmuseen offenbart, ist es, die alljährlich Tausende von Besuchern nach New York lockt, und um offen und ehrlich zu sein, wir haben noch nicht annähernd den Kulturstand von New York oder von Chicago oder von Boston erreicht – oder wir haben zumindest nicht den Ruf. Was wir lebhaften, zappeligen Vorwärtsstreber also vor allem tun müssen, ist, die Kultur zu kapitalisieren, einfach draufloszugehen und sie uns anzueignen. Bilder und Bücher sind prächtig für diejenigen, die ihrem Studium Zeit widmen können, nur machen sie keinen grossen Lärm für sich selbst: ‹Seht her, was das gute alte Zenith für eine hochgradige kulturelle Bildung produziert!› Aber ein Symphonieorchester hätte grade das zur Folge! Seht nur, wie berühmt Minneapolis und Cincinnati geworden sind. Ein Orchester mit erstklassigen Musikern und einem vornehmen Dirigenten – und meiner Ansicht nach müssten wir alles tipptopp machen und einen von den bestbezahlten Dirigenten des Musikmarktes anstellen, vorausgesetzt, dass er kein Teutone ist –, so ein Orchester wird nach Boston und New York und Washington berufen; es spielt in den ersten Theatern vor den kultiviertesten und reichsten Leuten; es ist eine Reklameklasse für sich, die sich eine Stadt auf keine andere Weise zu schaffen vermag; und der Schuft, der so blind ist, sich gegen diesen Orchesterplan zu stemmen, vermindert die Chancen, den ruhmreichen Namen Zeniths irgendeinem grossen New Yorker Millionär zu Ohren zu bringen, der vielleicht – der möglicherweise eine Zweigfabrik hier errichten würde!

Ich könnte auch noch darauf hinweisen, dass es für unsere Töchter, die ein Interesse an hochtrabender Musik haben und sich eventuell für den Unterricht ausbilden wollen, selbstverständlich eine 1a prima Lokalorganisation von grösster Wichtigkeit wäre; aber bleiben wir nur bei der praktischen Seite, und nach all dem, was ich gesagt habe, rufe ich euch, liebe Brüder, auf, mit mir für Kultur und für einen Weltschlager von Symphonieorchester zu stimmen!»

Sie klatschten Beifall.

(Aus: Sinclair Lewis: «Babbitt». Roman. Ins Deutsche übertragen von Daisy Bródy. Kurt Wolff Verlag, München 1924. Das amerikanische Original erschien 1922. Titel vom Herausgeber)

Fernando Pessoa
Die genaue und ergreifende Geschichte über den «Conto Vigario»

Irgendwo in einem Bezirk des Ribatejo lebte vor nicht allzu ferner Zeit ein kleiner Bauer und Viehhändler mit dem Namen Manuel Peres Vigario.

Von seiner Tüchtigkeit, wie es die praktischen Psychologen nennen würden, wird die folgende Begebenheit hinlänglich berichten, die den Anstoss zu dieser Erzählung liefert.

Einmal trat ein gewisser illegaler Hersteller von Falschgeld an ihn heran und sagte zu ihm: «Senhor Vigario, ich habe hier ein paar Scheinchen zu hunderttausend Reis, die ich nicht loswerde. Wenn Sie wollen ...? Ich lasse sie Ihnen für zwanzigtausend Reis je Schein.» – «Zeigen Sie mal her», sagte Vigario. Er entdeckte sofort, wie auffällig mangelhaft sie waren, und wies sie zurück:

«Warum sollte ich diesen Mist wollen? Nicht mal Blinden kann man die andrehen.» Doch der andere liess nicht locker; Vigario gab beim Feilschen ein bisschen nach; schliesslich kam es zu einem Geschäft über zwanzig Scheine, das Stück zu zehntausend Reis.

Es traf sich, dass Vigario ein paar Tage darauf zwei Brüdern, die wie er Viehhändler waren, aus einem Handel die Differenz in etwa der Höhe eines Conto bezahlen musste. Zum verabredeten Termin, dem ersten Tag des Viehmarkts, assen die beiden Brüder in einer düsteren Taverne zu Abend, als Vigario sturzbetrunken die Tür hereintaumelte. Er setzte sich an ihren Tisch und bestellte Wein. Nach einiger Zeit und nach reichlich dummem Geschwätz erinnerte er sie daran, dass er sie zu bezahlen habe. Und noch während er die Brieftasche hervorzog, fragte er, ob es ihnen etwas ausmachen würde, die ganze Summe in Scheinen zu fünfzigtausend Reis zu erhalten. Sie verneinten. In diesem Moment öffnete sich die Brieftasche einen Spalt weit, und der Achtsamere der beiden Brüder lenkte mit einem Augenzwinkern die Aufmerksamkeit seines Bruders auf die Scheine, die offensichtlich Hunderttausender waren.

Sie zwinkerten sich zu.

Manuel Peres zählte langsam und mit zittrigen Händen zwanzig Scheine, die er rüberschob. Einer der beiden Brüder steckte sie ein, und da er beim Zählen zugesehen hatte, verschwendete er keinen weiteren Blick auf sie. Vigario setzte seine Schwätzerei fort und bestellte und trank noch mehr Wein. Danach sagte er, erklärlich nur infolge der fortgeschrittenen Zecherei, dass er eine Quittung benötige. Es war zwar nicht üblich, aber keiner der Brüder stellte Fragen. Er diktiere die Quittung, sagte er, denn er wolle die Sachen in bester Ordnung wissen. Also diktierte er die Quittung – eine besoffene, wortreiche und absurde Quittung: geschehen an jenem Tag, zu jener Stunde, in der Dingsda-Taverne und «beim gemeinsamen Abendessen» (und daher und mit aller vor Trunkenheit entfesselten Weitschweifigkeit ...) hätten sie von Manuel Peres Vigario als Ersatz für irgendein Dingsbums die Zahlung für irgendein Soundso in Höhe eines Conto in Scheinen zu fünfzigtausend Reis erhalten. Der Zettel wurde irgendwie gestempelt und unterzeichnet. Vigario steckte ihn in die Brieftasche, blieb noch ein wenig sitzen, becherte weiter, und nach einer Weile machte er sich von dannen.

Noch am gleichen Tag oder einen später bot sich die Gelegenheit, den ersten Schein einzuwechseln. Doch der Händler wies den augenfällig falschen Schein umgehend zurück, desgleichen geschah mit dem zweiten und mit dem dritten ... Die Brüder prüften daraufhin erstmals die Scheine und erkannten sofort, dass diese nicht einmal Blindäugigen angedreht werden könnten.

Also beschwerten sie sich bei der Polizei, und Manuel Peres wurde vorgeladen. Nachdem er sich mit verblüffter Miene den Sachverhalt angehört hatte, hob er seine Hände zum Himmel, um der Vorsehung zu danken, die das Zechgelage auf den Zahltag hatte fallen lassen. Ohne die Vorsehung, sagte er, wäre er jetzt, obwohl unschuldig, vielleicht verloren.

Wenn es die Vorsehung der Becherei nicht gegeben hätte, erklärte er, würde er keinen Beleg verlangt haben oder bestimmt keinen solchen, den er besass, und zeigte den von beiden Brüdern unterschriebenen Zettel vor, der deutlich bewies, dass er die Zahlung mit Scheinen zu fünfzigtausend Reis getätigt hatte. «Und wenn ich mit Hunderttausender-Noten bezahlt hätte, so war ich doch nicht derart besoffen, zwanzig davon hinzublättern, wie diese feinen Herren behaupten, die sie allerdings, und keine

Geringeren als diese ehrbaren Herren hier, eingestrichen hätten», womit er zum Ende kam.

Der Fall konnte natürlich nicht geheim bleiben; wie ein Lauffeuer verbreitete er sich. Und die Geschichte von einem «Conto Reis des Manuel Vigario» ging schlicht als «Conto Vigario» in die Unsterblichkeit des alltäglichen Lebens ein, allein ihr Ursprung wurde vergessen.

Die unvollkommenen privaten oder politischen Imitatoren des Meisters aus dem Ribatejo gingen, soviel ich weiss, niemals über eine schlechte Nachahmung hinaus, die der beispiellosen List würdig wäre. Deshalb bringe ich mit allem zögerlichen Respekt die Tat dieses berühmten Portugiesen in Erinnerung und stelle mir – weil es behauptet wurde – in traumwandlerischen Momenten vor, dass es durchaus einen Himmel für die Tüchtigen geben könnte, wo die Aufnahme der eigentlichen Meister der wirklichen Welt nicht vergessen wird – und wo es weder an einem leichten Glänzen der Augen Machiavellis oder Guicciardinis fehlen dürfe, noch an einem vorübergehenden Lächeln eines George Saviles, den Grafen von Halifax.

(Aus: Fernando Pessoa, «Die Stunde des Teufels und andere seltsame Geschichten», herausgegeben von Frank Henseleit-Lucke, übersetzt von Georg Rudolf Lind, Josefina Lind und Frank Henseleit-Lucke, Ammann Verlag, Zürich 1997. © der Übersetzung bei Frank Henseleit-Lucke, Köln)

Nathalie Sarraute
«Oh, dieses Leben war ausserordentlich!»

Am Nachmittag gingen sie zusammen aus, führten das Leben der Frauen. Oh! dieses Leben war ausserordentlich! Sie gingen zu «Tees», sie assen Kuchen, die sie gewissenhaft aussuchten, mit kleiner Feinschmecker-Miene: Eclairs mit Schokoladeüberguss, Rosinenkuchen und Torten.

Ringsherum war es ein piepender, warmer und lustig beleuchteter und verzierter Taubenschlag. Da blieben sie, sassen dicht gedrängt um ihre kleinen Tische und sprachen.

Ein Strom von Erregung und Lebhaftigkeit umgab sie, eine leichte Unruhe voll Freude, die Erinnerung an eine schwierige Wahl, über die man noch ein wenig zweifelte (wird es zum blauen und grauen Komplet passen? Aber wenn trotzdem, dann wird es bewundernswürdig sein), die Aussicht auf Verwandlung, diese plötzliche Steigerung ihrer Persönlichkeit, dieser Glanz.

Sie, sie, sie, sie, immer sie, gefrässig, piepend und heikel.

Ihr Gesichter wurden von einer Art inneren Spannung wie steif, ihre gleichgültigen Augen litten über den Anschein, über die Maske der Dinge, wägten sie ab, nur einen Augenblick (war das hübsch oder hässlich?), liessen sie dann fallen. Und die Schminke verlieh ihnen einen harten Glanz, eine Frische ohne Leben.

Sie gingen zu Tees. Da blieben sie stundenlang sitzen, ganze Nachmittage vergingen dabei. Sie sprachen: «Jämmerliche Szenen gibt es zwischen ihnen, Streitigkeiten wegen nichts. Ich muss sagen, bei dem Ganzen beklage ich trotzdem ihn. Wieviel? Doch wenigstens zwei Millionen. Und nichts als die Erbschaft der Tante Josephine... Nein... wie denn, meinen Sie? Er wird sie nicht heiraten. Er braucht eine Frau für daheim, er macht es sich selbst nicht klar. Aber nein, ich sage es Ihnen. Eine Frau für daheim, das braucht er... Für daheim... Für daheim...» Man hatte es ihnen immer gesagt. Das, sie hatten es wohl immer sagen gehört, sie wussten es: die Gefühle, die Liebe, das Leben, das war ihr Gebiet. Es gehörte ihnen.

Und sie sprachen, sprachen ununterbrochen, wiederholten dieselben Dinge, drehten sie um, drehten sie noch einmal um, nach der einen Seite, dann nach der anderen, kneteten sie, kneteten, drehten diesen undankbaren und armseligen Stoff, den sie aus ihrem Leben gewonnen hatten (was sie «das Leben» nannten, ihr Gebiet), ununterbrochen zwischen ihren Fingern, kneteten ihn, zogen ihn aus und rollten ihn, bis er nur mehr eine kleine Masse bildete zwischen ihren Fingern, ein kleines graues Kügelchen.

(Aus: Nathalie Sarraute, «Tropismen». Aus dem Französischen von Max Hölzer. Klett-Cotta Verlag, Stuttgart 1985. Das Original erschien 1938 bei den Editions de minuit in Paris unter dem Titel «Tropismes». ©Klett-Cotta Verlag, Stuttart 2023. Titel vom Herausgeber)

Haruki Murakami
Der Bäckereiüberfall

Hunger hatten wir, so viel stand fest. Allerdings keinen gewöhnlichen, nein – uns kam es so vor, als hätten wir ein kosmisches Vakuum verschluckt. Anfangs war das Vakuum ganz klein, wie das Loch in einem Doughnut, wuchs sich in uns aber allmählich zu einem bodenlosen Nichts aus. Zu einem Hungermonument mit erhabener Begleitmusik. Hunger entsteht wie? Aufgrund mangelnder Nahrungsaufnahme natürlich. Warum mangelt es an Nahrung? Weil es an äquivalenten Tauschobjekten fehlt. Und warum, schliesslich, standen uns solche nicht zu Gebote? Weil wir nicht genug Phantasie besassen, vermutlich. Oder aber der Hunger hing direkt und ursächlich mit unserem Mangel an Phantasie zusammen.

Egal.

Gott und Marx und John Lennon sind tot. Wir hatten Hunger, so viel stand fest, und deshalb wollten wir Böses tun. Aber nicht der Hunger trieb uns zum Bösen, sondern das Böse trieb, indem es uns hungern liess. Klingt irgendwie, ich weiss nicht, existentialistisch.

«Scheiss drauf, jetzt kriegt der Affe Zucker», sagte mein Kumpel.

So stand die Sache, kurz gesagt.

Und das nicht ohne Grund. Zwei volle Tage hatten wir nichts als Wasser getrunken. Einmal hatten wir Sonnenblumenblätter probiert, aber uns stand kein zweites Mal der Sinn danach.

So machten wir uns auf zur Bäckerei. Sie lag mitten in der Geschäftsstrasse, eingerahmt von einem Laden für Bürobedarf und einem, der Futons verkaufte. Der Bäckermeister war glatzköpfig, über fünfzig und Mitglied der Kommunistischen Partei.

Mit Messern bewaffnet, gingen wir langsam die Geschäftsstrasse entlang auf die Bäckerei zu. Wir kamen uns vor wie in «High Noon». Mit jedem Schritt duftete es wohliger nach Brot. Und je wohliger es duftete, desto stärker wurde unser Hang zum Bösen. Wir überfielen eine Bäckerei, und wir überfielen einen Kommunisten! Und auch noch gleichzeitig! Das erhitzte und begeisterte uns wie die Hitlerjungen.

Es war schon früher Abend, im Laden befand sich nur eine Kundin. Ein dummes Tantchen mit einer schäbigen Einkaufstüte. Das Tantchen roch nach Gefahr. Immer sind es nämlich dumme Tantchen, die Gangsterpläne durchkreuzen. Jedenfalls im Fernsehen. Ich signalisierte meinem Kumpel mit Blicken, ja nichts zu unternehmen, bis das Tantchen draussen war. Dann verbarg ich das Messer hinterm Rücken und gab vor, mir etwas auszusuchen.

Mit einer Bedächtigkeit, die uns zur Weissglut trieb, und einer Sorgfalt, als ob sie sich für eine Kommode und einen Frisierspiegel entschiede, hob Tantchen einen Krapfen und ein Melonenteilchen auf ihr Tablett. Allerdings nicht, um sie gleich zu erwerben. Der Krapfen und das Melonenteilchen waren für sie nicht mehr als eine These. Beziehungsweise weit und fern wie der hohe Norden. Tantchen brauchte noch ein Weilchen, um sich daran zu gewöhnen.

Mit der verrinnenden Zeit verlor zuerst das Melonenteilchen seinen Status als These. Warum, schüttelte Tantchen den Kopf, habe ich eigentlich ein Melonenteilchen gewählt? Das kann nicht zur Debatte stehen. Melonenteilchen sind doch viel zu süss.

Sie legte es wieder zurück und schob nach kurzem Nachdenken zwei Croissants auf ihr Tablett. Die Geburt einer neuen These. Der Eisberg hatte sich eine Spur bewegt, und zwischen den Wolken lugten gar die Strahlen der Frühlingssonne hervor.

«Das dauert», flüsterte mein Kumpel. «Legen wir die Alte gleich mit um!»

«Nur die Ruhe», bremste ich ihn.

Den Bäckermeister focht das alles nicht an, er lauschte seinem Radiorekorder, aus dem Wagner erscholl. Ob es sich für ein KP-Mitglied geziemt, Wagner zu hören, weiss ich nicht.

Auf der Theke lag ein Nagelknipser; mein Kumpel und ich starrten ihn unverwandt an. Er war von so gigantischen Ausmassen, dass man damit die Krallen eines Geiers hätte stutzen können. Wahrscheinlich ein Scherzartikel.

«Wenn ihr solchen Hunger habt, dann esst Brot», sagte der Bäcker.

«Wir haben aber kein Geld.»

«Ich hab's gehört», sagte der Bäcker gelangweilt. «Geld brauch ich keins, esst, so viel ihr wollt.»

Ich sah noch einmal auf den Nagelknipser. «Hören Sie, wir führen Böses im Schilde.»

«Genau!»

«Und können Almosen deshalb nicht nehmen.»

«Richtig.»

«Verstehen Sie?»

«Verstehe», sagte der Bäcker und nickte wieder. «Machen wir's also folgendermassen: Ihr esst Brot, so viel ihr wollt, und ich verfluche euch dafür. Einverstanden?»

«Verfluchen? Wie zum Beispiel?»

«Ein Fluch bringt ständige Ungewissheit. Im Gegensatz zu einem Fahrplan beispielsweise.»

«Moment mal», warf mein Kumpel ein, «das gefällt mir nicht. Fluch? Nein, danke. Wir legen dich um, und basta!»

«Halt, halt», sagte der Bäcker. «Umgebracht will ich nicht werden.»

Mein Kumpel: «Und ich nicht verflucht.» Ich: «Irgendeinen Tausch brauchen wir aber.»

Eine Weile starrten wir schweigend den Nagelknipser an.

«Ich hab's», begann der Bäcker schliesslich. «Mögt ihr Wagner?»

«Nein», sagte ich.

«Hilfe», sagte mein Kumpel.

«Mögt ihn, und ich gebe euch Brot!»

Das war die Story vom Missionar und den Eingeborenen, in Reinkultur, aber wir gingen sofort darauf ein. Besser als ein Fluch war es allemal.

«Ich mag ihn», sagte ich.

«Klar, gute Musik», sagte mein Kumpel.

Und dann hörten wir Wagner und stopften uns mit Brot voll.

«‹Tristan und Isolde›», las uns der Bäcker vom Kassettenbegleittext vor, «der leuchtende Stern am Himmel der Musikgeschichte, erschien 1859, ein zum Verständnis des späteren Wagner unerlässliches Schlüsselwerk.»

«Mmhmmhmm.»

«Mampf.»

«Tristan, Neffe des Königs von Cornwall, will die Verlobte seines Oheims, Prinzessin Isolde, heimführen, verliebt sich jedoch auf dem Schiff während der Heimreise selbst in sie. Das wunderschöne Cello- und Oboen-Thema der Eröffnung symbolisiert die Liebe der beiden.» Zwei Stunden später schieden wir voneinander, allseits zufrieden.

«Morgen hören wir ‹Tannhäuser›», sagte der Bäcker.

Zu Hause angekommen, war das Nichts in uns völlig verschwunden. Und sachte, wie auf einem sanften Hang ins Rollen gebracht, setzte die Phantasie wieder ein. Klick.

(Aus: Haruki Murakami, «Der Elefant verschwindet». Erzählungen. Aus dem Japanischen von Nora Bierich. Dumont Buchverlag, Köln 2007. ©Dumont Verlag, Köln 2023.)

Andrej Kurkow
Die Denkmäler der russischen Kultur

Die Badewanne stand auf hohen rostigen Beinen. Die hatte Max angeschweisst. Der wohnte in der Nachbarschaft auf einem Autofriedhof. In den letzten fünf Jahren hatte er in einer Schweisserei gearbeitet. Und jetzt, dank diesen angeschweissten Beinen, konnte man direkt unter der Badewanne ein Feuer entfachen. Nach etwa einer halben Stunde hatte sich das Wasser auf eine für den Körper angenehme Temperatur aufgeheizt.

Nachdem er noch einen Armvoll Feuerholz unter die Wanne auf die Glut geworfen hatte, stieg Miron in die Wanne, tauchte unter – schliesslich hatte er eimerweise Wasser aus einem nahegelegenen See herangeschleppt – und kam dann schnaubend wieder an die Oberfläche. Stolz sah er sich um.

Hier war sein Königreich. Hier war er der Hausherr, so wie Max auf seinem Autofriedhof. Aber Miron war sicher, dass Max ihn insgeheim beneidete. Autofriedhöfe gab es im Land viele, von einem zweiten Klavierfriedhof dagegen hatte er noch nie etwas gehört.

Sie lagen auf dem nackten Boden. Schwarze, weisse, beige. Manche waren angeschlagen und zerkratzt, aber sie hatten immer noch etwas von ihrer früheren Erhabenheit.

Donnerstagmittag um zwei war hier traditioneller Badetreff. Davon wusste natürlich ausser Miron und Max niemand.

Zwei Uhr war schon vor zehn Minuten gewesen. In zwanzig Minuten würde Max kommen. Er würde Miron den Rücken schrubben, dann würde er ihn bitten, sich doch nicht allzusehr zu waschen, denn er, Max, müsse ja schliesslich im selben Wasser baden.

Miron sog viel Luft ein, hielt sich die Nasenlöcher zu und tauchte nochmals unter.

Er wollte sich an etwas Schönes aus der Vergangenheit erinnern. Die f-Moll-Sonate von Bach kam ihm in den Sinn. Er lauschte in sich hinein.

Auf dem weissen Steinway-Flügel, der jetzt ohne Beine auf dem Bauch neben seiner kleinen Scheune lag, hatte einmal Prokofiew gespielt.

«Na und?!» hatte Max gefragt, als er dies einmal von Miron hörte.

Aber was kann man von Max auch schon wollen. Er war schliesslich ein Deutscher. Ein Ex-DDR-Deutscher. War gekommen, um sich die Perestroika anzusehen – und geblieben.

Er liebte Goethe und lernte Russisch, um Puschkin im Original lesen zu können. Er hatte es perfekt gelernt, Puschkin tatsächlich im Original gelesen – und war enttäuscht gewesen.

Miron fühlte, wie sein Herzschlag immer träger wurde. Er hätte allmählich aus dem Wasser gemusst, aber er wollte einfach nicht.

Als Kind hatte ihn ein Film mit dem Titel *Der Amphibienmensch* tief beeindruckt.

Schliesslich kletterte er doch heraus. Er wickelte sich in ein Handtuch und sah unter die Wanne – die Holzscheite glühten noch.

Der Herbst liess die Erde kahl werden.

Seine alte Armeeuhr zeigte halb drei. Max war immer noch nicht da. Das war merkwürdig – denn schliesslich war das einzig Deutsche an Max nur noch seine Pünktlichkeit.

Die Sonate in f-Moll ging zu Ende, und es wurde still.

‹Bloss gut, dass Max ein Deutscher ist!› dachte Miron. ‹Wenn er Russe wäre, dann hätte er sich schon längst dem Suff ergeben.›

Hinter einer gefiederten Wolke schaute die Sonne hervor. Ein nicht sehr hoher Zaun und ein paar Ahornbäume und Pappeln, die hinter der kleinen Scheune wuchsen, warfen einen Schatten.

‹Ich war noch nie so glücklich›, dachte Miron und wunderte sich selbst, woher bloss dieser dumme und völlig verlogene Gedanke kam, als wenn jemand in seinem Inneren sässe und versuchte, ihn zu betrügen. ‹Ich war noch nie ...›

Jetzt klappte es schon besser. Man musste den Gedanken nur rechtzeitig abstoppen, dann kam doch noch was Brauchbares heraus ...

Ich war noch nie. Ich war noch nie dort. Ich war noch nie dort, wo ich glücklich war.

Das war auch nicht ganz richtig.

Die Beine der Flügel, in die zierliche Schmuckrillen geschnitzt waren, lagen auf einem Extraplatz – sie nahmen eine ganze Ecke der kleinen Scheune ein.

Miron hatte sie eigenhändig abgeschraubt. Max half nur, die stolzen Instrumente auf die Seite zu wälzen.

Jetzt lagen sie mit ihrem hölzernen Bauch auf der kalten Erde.

Anfangs hatte Miron versucht, sie in einer gewissen Ordnung nebeneinanderzulegen, aber schon bald gab er auf. Die Instrumente wogen zuviel, und sie hochzuwuchten und in Reihen hinzulegen war ein mühevolles und doch sinnloses Unterfangen.

Bei dem weissen Steinway, auf dem einst Prokofiew gespielt hatte, gingen noch zwei Tasten: das d-Moll der unteren Oktaven und das reine F der oberen. Es klang nicht mehr ganz gut, es klirrte ein wenig, aber Miron drückte sie doch manchmal.

Wie oft hatte er Max schon vorgeschlagen, ihm das Klavierspielen beizubringen. Aber der Deutsche liebte nur seinen Goethe.

Das Feuer ging langsam aus – das wusste Miron, ohne nachzusehen. Das Wasser wurde langsam kühler. Ein normaler Mensch hätte das nicht bemerkt, es war nur ein paar Zehntel Grad kälter ...

Und Max war immer noch nicht da.

Miron wollte nicht schlecht von dem Deutschen denken, aber die Uhr zeigte bereits Viertel vor drei. Mirons Rücken war noch nicht geschrubbt, das Feuer verlöschte allmählich. Die Sonne versteckte sich wieder hinter den Wolken. Ein weiteres gelbes Blatt schwebte langsam vom Ahornbaum herunter. Miron war immer froh über seinen kleinen Wuchs gewesen. Wenn er in der Wanne untertauchte, ragte kein einziger Körperteil aus dem Wasser.

Morgen würde man noch zwei Flügel bringen. Von irgendwoher aus Sibirien. Wie viele tausend Kilometer weit man die herschleppen musste! Mit etwas Anstrengung könnte man aus all diesen eleganten musikalischen Kästen ein einziges funktionierendes Instrument zusammenbauen, bei dem höchstens zwei oder drei Tasten stumm bleiben würden. Aber dafür müsste man sich wirklich anstrengen. Miron dachte ernsthaft darüber nach und stellte im Geiste schon ein Verzeichnis der Töne zusammen, die mechanisch gesehen noch am Leben waren und die man aus ihrem jetzigen Aufenthaltsort herausnehmen und irgendwo zusammenstellen müsste, vielleicht sogar in jenem legendären Steinway-Flügel. Das wäre eine höhere Mission, es könnte eine Lebensaufgabe für Miron sein.

Träume, nichts als Träume ...

Wenn wenigstens die Badewanne nicht wäre, wenn man nicht Feuerholz sammeln müsste (und wie oft war Miron schon in Versuchung gewesen, die Beine der Flügel zu verbrennen!) ... Wenn man aus dem Alltag alles Überflüssige, alles nicht unbedingt Notwendige entfernen könnte – ja wieviel Zeit würde dann für Höheres frei.

Und Max war immer noch nicht da. Die Wassertemperatur fiel nun um mehr als ein Grad. Na, wenn dieser Deutsche endlich auftauchte, dem würde Miron aber was erzählen! Und keinerlei Entschuldigungen würde er gelten lassen!

Miron stand auf, indem er sich am Fuss der Wanne festhielt. Die Herbstluft war immer noch warm. Die Weite um ihn herum gab ihm das Gefühl von Freiheit. Es drängte einen geradezu, tief durchzuatmen und sich frei und stolz zu fühlen.

Er trat auf den Boden, zog sich den baumwollenen Bademantel über, warf einen traurigen Blick auf das schon verlöschende Feuer und schlenderte zu der kleinen Scheune.

Auch der einzige Tisch in dem Häuschen konnte es nicht vermeiden, an einen Flügel zu erinnern, denn er war aus dem Deckel dieses Instruments gemacht. Miron stellte einen schwarz verbrannten Aluminium-Teekessel auf die Feuerstelle und setzte sich ans Fenster.

Besonders im Herbst, wenn sich einem die Farben des Sommers mit jedem Tag mehr vor den Augen davonschlichen, wenn sie vom Himmel wie von der Erde langsam verschwanden, dann hatte das Sitzen am Fenster etwas Nostalgisches, etwas

Süsslich-Trauriges, das im Innern Mirons ein besonderes Gefühl auslöste.

Es klopfte an der Tür.

Miron erhob sich träge. Er mochte es nicht, wenn man ihn von besonderen Gefühlen ablenkte. Max hätte er jetzt schon nicht mehr die Tür geöffnet, aber das musste ein Russe sein. Deutsche klopften nicht so.

Die Tür quietschte beim Öffnen.

In der Tür stand der Kulturminister. Miron kannte ihn gut – er war schliesslich sein direkter Vorgesetzter.

Der Minister sah ramponiert aus. Zerrissene Jeans und ein sackartiger Pullover mit Loch am Ellbogen und einem Olympiabären auf der Brust. Seine Augen waren traurig und – so schien es – verweint.

Miron trat einen Schritt zurück und bat den Gast herein.

«Trinkst du einen Tee?» fragte er im Gehen den Minister.

Der Minister nickte.

Schweigend setzten sie sich an den Tisch.

Der Minister zog aus der Jeanstasche ein mehrmals zusammengelegtes Stück Papier. Er faltete es auf und hielt es Miron mit zitternder Hand hin.

«Anordnung über die Zusammenlegung des Kulturministeriums mit dem Ministerium für Konsumentenschutz und über die Liquidierung aller dem Kulturministerium unterstellten Einrichtungen.»

Weiter las Miron nicht. Er brühte Tee auf, schenkte ihn in grosse rote Suppentassen mit weissen Punkten und stellte eine Blechdose mit Zucker auf den Tisch.

«Bis hierher kommen sie nicht», sagte der Minister, während er seinen Tee schlürfte. «Ich habe alle Dokumente des Friedhofs verbrannt, jetzt gibt es ihn praktisch nicht mehr. Du jagst mich doch nicht fort?»

Miron schüttelte verneinend den Kopf.

An der Tür klopfte jemand auf deutsche Art. Der Minister sprang auf, sah sich schon nach einem stillen Plätzchen um, wo man sich, falls Gefahr im Verzug war, verstecken könnte.

«Keine Angst, das ist einer von uns», beruhigte ihn Miron.

Der Minister setzte sich wieder an den Tisch und nahm einen Schluck Tee.

«Am wenigsten mag ich die Japaner», sagte er. «Die haben mit ihrer Elektrizität die Kunst umgebracht.»

Miron nickte. Auch er mochte die Elektrizität nicht.

Es klopfte nochmals auf deutsch. Der Hausherr liess Max ein.

Max entschuldigte sich des langen und breiten, im hölzernen Eingangsbereich stehend. Er erklärte, dass er vergessen hatte, seine Sanduhr rechtzeitig umzudrehen, und so ging sie fast eine Stunde nach. Dann tranken sie zu dritt Tee. Max deklamierte Goethe. Der Minister versuchte Puschkin vorzulesen, hörte aber rechtzeitig damit auf, als er den strengen Blick des Deutschen auf sich fühlte.

Miron ging hinaus, um nochmals Wasser vom See zu holen, und setzte abermals den Kessel auf die Gasflamme.

«Meine Freunde», sagte der Minister plötzlich mit flehender Stimme, dann schluckte er, und nachdem er eine Minute geschwiegen hatte, zog er von irgendwoher unter seiner Kleidung einen Flachmann mit Kognak hervor. «Vier Sterne... Wisst ihr noch, was das bedeutet?!»

Max und Miron schwiegen.

«Heutzutage ist das die beste Medizin, die die Menschheit je erfunden hat», setzte der wieder kühner werdende Minister zum Sprechen an. «Wir alle, und auch Sie, Genosse Deutscher, sind sterbende Überreste der auf immer verschwindenden grossen russischen Kultur, die der Welt solche Genies geschenkt hat wie Dostojewskij, Gogol und Puschkin...»

Max runzelte die Stirn.

«Entschuldigt», sagte darauf der Minister. «Aber wir dürfen nicht einfach so verschwinden, spurlos und schmerzlos für unsere Erde...»

Der Minister sprach durchdringend und mit Verve. Früher einmal war er ein berühmter Schauspieler des tragischen Faches gewesen.

«Das Teewasser kocht wieder!» sagte Miron und sah auf den zur Decke strebenden Dampf.

«Wir dürfen nicht verschwinden, denn nach unseren Barbaren könnten andere Generationen kommen, deren Blick auf die Kultur ein ganz anderer sein könnte...»

«Wie viele rubinrote Sterne sind auf den Kremltürmen?» fragte Max unvermittelt.

Sowohl Miron als auch der Minister zuckten verlegen die Achseln. Dem Minister wurde sogar unbehaglich zumute. ‹Tatsächlich›, dachte er, ‹wieso habe ich die auch selbst nie gezählt?›

Es entstand ein beschämtes Schweigen, das Miron nutzte, um einen starken Tee aufzubrühen und ihn in die grossen roten Suppentassen mit den weissen Punkten zu giessen.

«Hast du keine Gläschen?» fragte der Minister den Hausherrn.

«Gläschen?!» wiederholte Miron philosophisch.

«Das ist doch keine Medizin», sagte Max bestimmt. «Man darf es nicht inwendig anwenden... Daran sind viele nördliche Völker zugrunde gegangen...»

«Wie soll man es denn sonst anwenden?» fragte der auf russische Art erstarrte Minister und sah den Deutschen an.

«Ich mag Vollbäder», sagte Miron träumerisch.

«In unserer russischen Kultur gibt es keinerlei Saufkultur», sagte Max, beugte sich zur Flasche und sah ihr direkt aufs Etikett.

Der Minister war leicht verstört. Mit dem Blick suchte er Mirons Verständnis, dann das des Deutschen, aber vergebens.

«Was sollen wir denn damit machen?» fragte er leise.

Max und Miron tauschten Blicke.

«Es ist besser, den Alkohol äusserlich anzuwenden», sagte Miron und begleitete seine Worte mit einem Blick, der keine Widerrede duldete.

Der Minister wiegte kaum merklich den Kopf, als ob er sich an etwas erinnere, das sich nie wiederholen würde.

Der Hausherr der kleinen Scheune erhob sich vom Tisch, ging zur Tür und sah sich um.

Max sprang ebenfalls auf, und dann kam auch der Minister langsam auf die Beine.

Miron tat einen Schritt auf den Stapel mit den Flügelbeinen zu. Die Beine waren so hingelegt, dass alle mit den Rollen nach einer Seite zeigten. Er strich mit der Hand über die Rollen, sie drehten sich quietschend.

«Für so einen Fall», setzte Miron an, wobei er die Beine betrachtete.

«Nein!» unterbrach ihn erschüttert Max. «Das darf man nicht! Wie willst du die russische Kultur bewahren, wenn du so etwas tust!»

Miron nahm die Hand gehorsam von den Klavierbeinen und ging hinaus.

«Geh zur Badewanne, und wir sammeln jetzt selbst das Brennholz», sagte Max.

Miron ging langsam zur Wanne. Im Gehen strich er über die Taschen des Baumwollbademantels, fand eine Schachtel Zündhölzer, und ihm wurde leichter ums Herz.

Aus Tannenzapfen und kleinen Zweigen entstand ein kleines Feuer unter der Wanne. Er betrachtete das Wasser, es war leicht gelblich, aber nicht wirklich schmutzig zu nennen, schliesslich hatte er sich ja nicht richtig gewaschen, sondern hatte nur etwa vierzig Minuten darin gelegen ...

Die Sonne schien nun wieder – ein frischer Wind hatte den Himmel von den wenigen Wolken freigefegt.

Max und der Minister schleppten einige Bretter in Richtung Wanne, während sie sich leise über etwas unterhielten.

Hoch am Himmel über Miron sang laut ein Vogel. Miron verrenkte den Hals und sah voller Entzücken zu ihm hoch.

Aber dann überdeckte das Zersplittern der auseinanderbrechenden Bretter den Vogelgesang.

Sie umlegten das kleine Feuer nun mit kräftigeren Holzscheiten.

Die drei Männer sassen in der Hocke und sahen unter die Wanne und warteten darauf, dass durch die gerade aufgelegten Bretter die Flammen hindurchzüngeln würden.

Wasser erwärmte sich langsam.

Der Vogel flog davon. Das Feuer knisterte und flackerte.

Miron nahm dem Minister die Kognakflasche aus der Hand, schraubte den Verschluss ab und liess langsam, Tropfen für Tropfen, ihren Inhalt in das gelbliche Wasser fliessen.

Der Minister massierte sich die Stirn – die Last dessen, was in den letzten Tagen vor sich gegangen war, liess eine Migräne befürchten.

Kurz darauf schlug man ihm vor, sich zu entkleiden – entsprechend den Regeln der russischen Gastfreundschaft durfte er als erster baden.

«Vorsichtig!» sagte Max fürsorglich. «Ein amerikanischer Astronaut soll in der Badewanne ausgerutscht und zu Tode gekommen sein.»

«Ja, darüber hat man bei uns viel geschrieben», nickte der Minister und liess sich ins Wasser gleiten. Das Wasser war noch nicht ausreichend heiss, aber der emaillierte Boden erwärmte sich stufenweise immer mehr.

«Auf diesem weissen Steinway-Flügel hat Prokofjew einmal gespielt!» Miron fing den Blick des Ministers ab und lenkte ihn auf das bewusste Instrument.

«Mein Gott!» rief der Minister, wobei er sich tief ins Wasser tauchen liess. «Prokofjew selbst!»

Max schob kleine Brettchen ins Feuer.

‹Ob man das Wasser wohl bis zum Kochen bringen könnte?›

«Man kann noch auf ihm spielen», sagte mit der leisen Stimme eines glücklichen Menschen der Besitzer des Friedhofs. Das d-Moll der unteren Oktaven und das reine hohe F ... Soll ich mal?»

Der Minister lag im gelblichen Wasser, und einzig der Kopf sah noch heraus. In der Luft über dem Wasser schwebte ein angenehmer Geruch.

‹Das ist der Kognak!› erkannte der Minister freudig.

«Ja, spiele bitte!» bat er Miron, ohne sich umzusehen.

Miron ging zum Steinway-Flügel. Er stellte den oberen Deckel auf, dann öffnete er den Deckel der Tastatur, und feierlich die Hände nach den Seiten ausstreckend, berührte er die beiden Prokofiew-Töne, die ihnen vermacht worden waren – und liess sie erklingen.

(Aus: Andrej Kurkow, «Herbstfeuer», Erzählungen. Aus dem Russischen von Angelika Schneider. Diogenes Verlag, Zürich 2007. © Diogenes Verlag 2023)

Herta Müller
Das schwäbische Bad

Es ist Samstagabend. Der Badeofen hat einen glühenden Bauch. Das Lüftungsfenster ist fest geschlossen. In der vergangenen Woche hat der zweijährige Ami wegen der kalten Luft den Schnupfen gehabt. Die Mutter wäscht dem kleinen Ami den Rücken mit einem verwaschenen Höschen. Der kleine Ami schlägt um sich. Die Mutter hebt den kleinen Ami aus der Badewanne. Das arme Kind, sagt der Grossvater. So kleine Kinder soll man noch nicht baden, sagt die Grossmutter. Die Mutter steigt in die Badewanne. Das Wasser ist noch heiss. Die Seife schäumt. Die Mutter reibt graue Nudeln von ihrem Hals. Die

Nudeln der Mutter schwimmen auf der Wasseroberfläche. Die Wanne hat einen gelben Rand. Die Mutter steigt aus der Badewanne. Das Wasser ist noch heiss, ruft die Mutter dem Vater zu. Der Vater steigt in die Badewanne. Das Wasser ist warm. Die Seife schäumt. Der Vater reibt graue Nudeln von seiner Brust. Die Nudeln des Vaters schwimmen mit den Nudeln der Mutter auf der Wasseroberfläche. Die Wanne hat einen braunen Rand. Der Vater steigt aus der Badewanne. Das Wasser ist noch heiss, ruft der Vater der Grossmutter zu. Die Grossmutter steigt in die Badewanne. Das Wasser ist lauwarm. Die Seife schäumt. Die Grossmutter reibt graue Nudeln von ihren Schultern. Die Nudeln der Grossmutter schwimmen mit den Nudeln der Mutter und des Vaters auf der Wasseroberfläche. Die Wanne hat einen schwarzen Rand. Die Grossmutter steigt aus der Badewanne. Das Wasser ist noch heiss, ruft die Grossmutter dem Grossvater zu. Der Grossvater steigt in die Badewanne. Das Wasser ist eiskalt. Die Seife schäumt. Der Grossvater reibt graue Nudeln von seinen Ellbogen. Die Nudeln des Grossvaters schwimmen mit den Nudeln der Mutter, des Vaters und der Grossmutter auf der Wasseroberfläche. Die Grossmutter öffnet die Badezimmertür. Die Grossmutter schaut in die Badewanne. Die Grossmutter sieht den Grossvater nicht. Das schwarze Badewasser schwappt über den schwarzen Rand der Badewanne. Der Grossvater muss in der Badewanne sein, denkt die Grossmutter. Die Grossmutter schliesst hinter sich die Badezimmertür. Der Grossvater lässt das Badewasser aus der Badewanne rinnen. Die Nudeln der Mutter, des Vaters, der Grossmutter und des Grossvaters kreisen über dem Abfluss.

Die schwäbische Familie sitzt frisch gebadet vor dem Bildschirm. Die schwäbische Familie wartet frisch gebadet auf den Samstagabendfernsehfilm.

(Aus: Herta Müller, «Niederungen. Prosa». Carl Hanser Verlag, München 2010. «Niederungen» erschien erstmals 1982 im deutschsprachigen Verlag Kriterion in Budapest. Nach einer gekürzten und veränderten Ausgabe im Rotbuch Verlag, Berlin und anderen Verlagen wurde die Erstausgabe für die Ausgabe des Hanser Verlags wiederhergestellt und von der Autorin überprüft. ©Carl Hanser Verlag, München 2023)

Im Banne des Absurden

Else Lasker-Schüler
Erster Brief an Franz Marc

Mein lieber, lieber, lieber, lieber blauer Reiter Franz Marc.
Du willst wissen, wie ich alles zu Hause angetroffen habe? Durch die Fensterluke kann ich mir aus der Nacht ein schwarz Schäfchen greifen, das der Mond behütet; ich wär dann nicht mehr so allein, hätte etwas zum Spielen. Meine Spelunke ist eigentlich ein kleiner Korridor, eine Allee ohne Bäume. Ungefähr fünfzig Vögel besitz ich, zwar wohnen tun sie draussen, aber morgens sitzen sie alle vor meinem Fenster und warten auf mein täglich Brot. Sag mir mal einer was auf die Vögel, es sind die höchsten Menschen, sie leben zwischen Luft und Gott, wir leben zwischen Erde und Grab. Meine Spelunke ist ein langer, banger Sarg, ich habe jeden Abend ein Grauen, mich in den langen, bangen Sarg niederzulegen. Ich nehme schon seit Wochen Opium, dann werden Ratten Rosen und morgens fliegen die bunten Sonnenfleckchen wie Engelchen in meine Spelunke und tanzen über den Boden, über mein Sterbehemd herüber und färben es bunt; o ich bin lebensmüde. Feige und armselig sind die Kameraden, kein Fest, keine Schellen. Alle meine Girlanden hängen zerrissen von meinem Herzen herab. Ich bin allein auf der Welt lebendig, auf der Hochzeit des leichtlebigen Monats mit der Blume, und ich werde täglich allein begraben und ich weine und lache dazu – denn meine Traurigkeit ist weisser Burgunder, mein Frohsein roter Süsswein. Wenn man die Augen zumacht, weiss man nicht, ob man froh oder traurig ist, da irrt sich der beste Weinkenner. In der Nacht spiele ich mit mir Liebste und Liebster; eigentlich sind wir zwei Jungens. Das ist das keuscheste Liebesspiel auf der Welt; kein Hinweis auf den Unterschied, Liebe ohne Ziel und Zweck, holde Unzucht. Die vergilbte Photografie über meinem Bett grinst dann, sie weiss, dass ich wirklich einmal einen Liebsten hatte, der mit mir Katz und Maus spielte. Einmal aber schenkte er mir eine kleine Krone aus Elfenbein und Tribut für meine Stadt Theben: fünf blanke Markstücke in einem Kästchen auf hellblauer Watte. Ich habe nun keine Stadt mehr, ich will auch nicht mehr Kaiser werden, es gibt keinen Menschen, über den ich regieren möchte, keinen Menschen, den ich zur Krönungsfeier einladen mag. Ich weine auch nicht mehr, damit das kichernde Hurenmonstrum

über meinem Bett nicht mehr mitleidig sein kann. Ich wär der arme Heinrich – sie meint nicht den König Heinrich, aber ihren versoffenen Stiefbruder, der jedes Jahr die Krätze bekommt. Mir fehlt was anders; einer meiner Freunde lauert schon immer auf meine Leiche – meinen Nachlass zu ordnen. Er gratuliert sich schon den ganzen Tag und zur Übung geht er auf alle Geburtstage und gratuliert den Sonntagskindern. Morgen hab ich Geburtstag; die Tante Amalie im Krinolin im Rahmen über meinem Bett stopft mir meine Strümpfe und gibt mir einen heimlichen Rat – wie ich die Miete ihrer Nichte nicht bezahlen brauch. Die tut immer so aufgeblasen und kassiert dazu ein. Wenn sie naht, flattere ich von einer Ecke in die andere wie ein halberstarrter Nachtfalter – bis sie mich einfängt... Früher war ich in meinen Träumen bei meinem Oheim in Vampur und trug einen Palmenzweig in der Hand. Auch besass ich viele, viele Feierkleider, die trägt jetzt meine Wirtin immer; wenn ich keine Miete hatte, nahm sie sich eins dafür; die hängen nun in ihrem Schrank und sind alle grau geworden. Aber ich muss ihr dankbar sein, denn sie will mir einen Kuchen backen und einen Spruch für meine Spelunke schenken unter Glas, damit ich zufriedener werde. Und dabei bin ich viel zufriedener als früher, ich sehne mich wenigstens jetzt manchmal, wenn auch nur – nach einem – bösen – Menschen. Mein Liebster hat mich nie etwas gefragt, weil meine Lippen so gern tanzen wollten. Aber viel gehen musste ich, weil ich so schwer vorwärtskam, und wäre doch so gern einmal gefahren mit dem Auto oder in einer Sänfte. Ich kannte aber vor ihm noch einen böseren Menschen, der liess mich immer barfuss über Nägel gehen; seitdem hängen viele Narben unter den Sohlen, die tun weh. Ich kann noch so manche traurige Geschichte erzählen (die Tante im Rahmen summt aber immer dazu ihr Lieblingslied: «Amalie, was hat man dir gepufft»). Hör nur die Geschichte von dem kleinen Knaben, der am fremden Tisch sass und sich nicht laut freuen durfte über die süssen Speisen. Oder die Geschichte von einem anderen fremden Kind – das von der Stiefmutter spazieren geführt wurde, ihr eigenes Kind aber unter dem Herzen trug. Lieber, lieber, lieber, lieber, blauer Reiter – Amen.

(Aus: Else Lasker-Schüler, «Der Malik. Eine Kaisergeschichte». Verlag Paul Cassirer, Berlin 1919)

Daniil Charms
Vater und Tochter

Natascha hatte zwei Pralinen. Sie ass eine Praline auf, und es blieb eine Praline übrig. Natascha legte die Praline vor sich auf den Tisch und begann zu weinen. Auf einmal sah sie, dass vor ihr auf dem Tisch wieder zwei Pralinen lagen. Natascha ass eine Praline auf und begann wieder zu weinen. Natascha weinte, schielte aber mit einem Auge auf den Tisch, ob da nicht eine zweite Praline auftauchte. Doch die zweite Praline tauchte nicht auf. Natascha hörte auf zu weinen und begann zu singen. Sie sang und sang, und auf einmal starb sie. Nataschas Vater kam, nahm Natascha und trug sie zum Hausverwalter. «Da», sagte Nataschas Vater, «bescheinigen Sie mir den Tod.» Der Hausverwalter hauchte einen Stempel an und drückte ihn auf Nataschas Stirn. «Danke», sagte Nataschas Vater und trug Natascha auf den Friedhof. Dort war der Friedhofswärter Matwej, der sass immer am Tor und liess niemanden auf den Friedhof, so dass man die Toten direkt auf der Strasse begraben musste. Der Vater beerdigte Natascha auf der Strasse, nahm die Mütze ab, legte sie auf die Stelle, wo er Natascha vergraben hatte, und ging nach Hause. Als er nach Hause kam, sass Natascha schon da. Wie das? Ganz einfach: Sie war aus der Erde geklettert und nach Hause gerannt. Das war vielleicht ein Ding! Der Vater war so verwirrt, dass er umfiel und starb. Natascha rief den Hausverwalter und sagte: «Bescheinigen Sie mir den Tod.» Der Hausverwalter hauchte den Stempel an und drückte ihn auf einen Fetzen Papier, dann schrieb er auf denselben Fetzen Papier: «Hiermit wird bestätigt, dass der und der gestorben ist.» Natascha nahm den Zettel und trug ihn auf den Friedhof, um ihn zu begraben. Aber der Friedhofswärter Matwej sagte zu Natascha:

«Nie und nimmer lasse ich dich hier rein.» Natascha sagte: «Ich möchte doch nur dieses Zettelchen begraben.» Aber der Wärter sagt: «Brauchst gar nicht zu betteln.» Da vergrub Natascha das Zettelchen auf der Strasse, legte auf die Stelle, wo sie das Zettelchen vergraben hatte, ihre Söckchen und ging nach Hause. Als sie nach Hause kam, sass der Vater schon da und spielte an einem kleinen Billardtischchen mit Metallkügelchen gegen sich selbst.

Natascha wunderte sich, sagte aber nichts und ging auf ihr Zimmer, um zu wachsen.

Sie wuchs und wuchs, und vier Jahre später war sie ein erwachsenes Fräulein. Nataschas Vater war alt und krumm geworden. Aber immer wenn sich die beiden daran erinnern, wie sie sich gegenseitig für tot gehalten haben, wälzen sie sich vor Lachen auf dem Sofa. Manchmal lachen sie an die zwanzig Minuten am Stück.

Kaum hören die Nachbarn das Gelächter, ziehen sie sich an und gehen ins Lichtspielhaus. Einmal sind sie auch weggegangen und nicht mehr zurückgekehrt. Sind wohl unters Auto gekommen.

(Aus: Daniil Charms, «Werke». Herausgegeben von Vladimir Glozer und Alexander Nitzberg Band 1, Prosa. Aus dem Russischen übersetzt von Beate Rausch, Verlag Galiani, Berlin. ©by Verlag Kipenheuer & Witsch, Köln 2023)

Federico García Lorca
Untergegangene Schwimmerin

Kleine Ehrung eines Salonchronisten

Ich habe zwei Frauen geliebt, die mich nicht liebten, und dennoch wollte ich meinen Lieblingshund nicht umbringen. Dünkt Sie, Gräfin, meine Haltung nicht auch eine der saubersten, die man annehmen kann?

Jetzt weiss ich, was ein Abschied für immer ist. Die tägliche Umarmung hat Molluskenbrise.

Die letzte Umarmung meiner Liebe war so vollkommen, dass die Leute verschwiegen die Balkontüren schlossen. Veranlassen Sie mich nicht zu sprechen, Gräfin. Ich bin in eine Frau verliebt, deren halber Leib im Schnee des Nordens ist. Eine Frau, die eine Hundefreundin und von Grund auf meine Feindin ist.

Nie konnte ich sie nach Belieben küssen. Das Licht wurde gelöscht, oder sie löste sich in einer Whiskyflasche auf. Damals war ich noch kein Liebhaber englischen Gins. Stellen Sie sich, liebe Freundin, die Bedeutung meines Schmerzes vor.

Eines Nachts ritt mich fürchterlich der Teufel. Es war drei Uhr. Ich hatte ein Seziermesser quer an der Kehle und sie ein langes seidenes Halstuch. Ich irre mich! Es war der Schwanz eines Pferdes. Der Schwanz des unsichtbaren Pferdes, das mich fortschleifen sollte. Gräfin – Sie tun wohl daran, mir die Hand zu drücken.

Wir begannen zu diskutieren. Ich fügte mir einen leichten Riss auf der Stirn zu, und sie brachte sich mit erstaunlichem Geschick Sprünge bei im Kristall ihrer Wange. Dann umarmten wir uns.

Alles übrige wissen Sie bereits.

Das ferne Orchester kämpfte dramatisch mit den fliegenden Ameisen.

Madame Barthou machte die Nacht unwiderstehlich mit ihren kranken Diamanten aus Kairo, und das violette Kleid Olga Montchas tat, von Minute zu Minute greifbarer, ihre Liebe zum toten Zaren kund.

Margarete Gross und die allerspanischste Lola Kuhkopf hatten schon tausend Wellen ohne das geringere Ergebnis gezählt.

An der französischen Küste begannen die Matrosenmörder zu singen und die Diebe, die den Fischern das Salz stehlen.

Gräfin – die letzte Umarmung hatte drei Zeitfolgen und entfaltete sich wundervoll.

Seitdem befasste ich mich nicht mehr mit der alten Literatur, die ich mit grossem Erfolg gepflegt hatte.

Man muss alles zertrümmern, damit die Dogmen gereinigt werden und die Normen neu erbeben.

Der Elefant muss Rebhuhnaugen und die Rebhühner müssen Einhornhufe haben.

Durch eine Umarmung kenne ich alle diese Dinge und durch jene grosse Liebe, die mir die Seidenweste zerfetzte.

«Vernehmen Sie nicht den amerikanischen Walzer? In Wien gibt es zuviel Nougateis und Intellektualismus. Der amerikanische Walzer ist vollkommen wie eine Schwimmschule. Wollen wir nicht zusammen ein bisschen auf dem Ball tanzen?»

Am nächsten Morgen wurde Gräfin von X. mit einer Absinthgabel im Nacken am Strand gefunden. Der Tod musste unmittelbar eingetreten sein. Im Sand fand man ein blutbeflecktes Stückchen Papier mit folgenden Worten: «Da du dich nicht in eine Taube verwandeln kannst, bist du wohl tot.»

Die Polizei fährt auf Rädern die Dünen hinauf und herunter.
Man versichert, die schöne Gräfin von X. sei eine grosse Liebhaberin des Schwimmens, und das sei die Ursache ihres Todes gewesen.
Wir jedenfalls können versichern, dass man den Namen ihres wunderbaren Mörders nicht kennt.

(Aus: Federico Garcia Lorca, «Werke in drei Bänden», herausgegeben und übersetzt von Enrique Beck, Insel Verlag, Frankfurt am Main 1952. Übersetzung © 2023 Heinrich Enrique Beck-Stiftung)

Samuel Beckett
Ausgeträumt träumen

Nirgends eine Spur von Leben, sagt ihr, hm, daran soll's nicht liegen, noch nicht ausgeträumt, doch, gut, ausgeträumt träumen. Inseln, Wasser, Blau, Grünes, aufpassen, pfft, futsch, eine Ewigkeit, schweigen. Bis auf den Rundbau, ganz weiss im Weissen. Kein Eingang, hinein, messen. Durchmesser 80 Zentimeter, gleicher Abstand vom Boden bis zum Scheitel der Wölbung. Zwei sich rechtwinklig schneidende Durchmesser AB CD teilen den weissen Boden in die Halbkreise ACB BDA. Auf dem Boden liegend zwei weisse Körper, jeder in seinem Halbkreis. Weiss auch die Wölbung und die 40 Zentimeter hohe, runde Wand, auf der sie ruht. Hinaus, ein Rundbau ohne Zierat, ganz weiss im Weissen, wieder hinein, klopfen, massiv überall, es tönt wie Bein in den Träumen tönt. Vom Licht, das alles so weiss macht, keine Quelle zu sehen, alles strahlt in gleichmässig weissem Glanz, Boden, Wand, Wölbung, Körper, keinerlei Schatten. Grosse Wärme, Flächen fühlen sich heiss an, ohne glühend zu sein, Körper in Schweiss. Wieder hinaus, zurück, er verschwindet, drüber weg, er verschwindet, ganz weiss im Weissen, hinunter, wieder hinein. Leere, Stille, Wärme, Weisse, warten, das Licht wird schwächer, alles wird zugleich dunkel, Boden, Wand, Wölbung, Körper, etwa 20 Sekunden, alle Graus, das Licht erlischt, alles verschwindet. Gleichzeitig sinkt die Temperatur, um ihr Minimum, beinahe null Grad, in dem Moment zu erreichen, da es schwarz wird, was sonderbar erscheinen mag. Warten, mehr oder weniger lang, Licht und Wärme kommen wieder, Boden, Wand, Wölbung und Körper werden zugleich weiss und warm, etwa 20 Sekunden, alle Graus erreichen ihre Stufe von vorher, von wo das Fallen begonnen hatte. Mehr oder weniger lang, denn, wie die Erfahrung zeigt, können sich zwischen Ende des Fallens und Anfang des Steigens sehr verschiedene Zeiträume einschieben, vom Bruchteil einer Sekunde bis zu einer Dauer, die zu anderen Zeiten und an anderen Orten wie eine Ewigkeit hätte erscheinen können. Dasselbe gilt für die andere Pause zwischen Ende des Steigens und Anfang des Fallens. Die Beständigkeit der Extreme ist, solange sie währen, vollkommen, was seitens der Temperatur sonderbar erscheinen mag, in den ersten Zeiten. Es kommt, wie die Erfahrung zeigt, auch vor, dass Fallen und Steigen stocken, und zwar auf jedweder Stufe, und eine mehr oder weniger lange Pause machen, bevor sie fortfahren oder sich verwandeln, jenes in ein Steigen und dieses in ein Fallen, wobei sie ihrerseits, sei es anlangen oder vorher stocken können, um anschliessend fortzufahren oder von neuem umzukehren, am Ende einer mehr oder weniger langen Zeit, und so weiter, bevor sie am einen oder anderen Extrem anlangen. Bei solchen Höhen und Tiefen, Wiederaufstiegen und Rückfällen, die in zahllosen Rhythmen aufeinander folgen, kommt es nicht selten zum Übergang vom Weissen zum Schwarzen und von der Wärme zur Kälte und umgekehrt. Nur die Extreme sind beständig, was die Schwingungen, die sich während der Pausen auf den Zwischenstufen ergeben, noch deutlicher machen, welcher Dauer und Höhe sie auch sein mögen. Dann erschauern Boden, Wand, Wölbung und Körper, grauweiss oder russschwarz oder zwischen den beiden je nachdem. Aber es kommt, wie die Erfahrung zeigt, eigentlich selten zu solchem Übergang. Und meist setzt sich, wenn das Licht schwächer zu werden und mit ihm die Wärme abzunehmen beginnt, die Bewegung reibungslos fort bis zum Tiefschwarz und zum Nullpunkt ungefähr, die gleichzeitig nach etwa 20 Sekunden erreicht werden. Das gleiche gilt für die entgegengesetzte Bewegung zur Wärme und zum Weissen. Dann in der Reihenfolge der Häufigkeit das Fallen oder das Steigen mit mehr oder weniger langen Stockungen in den fiebernden Graus, ohne dass in irgendeinem Moment die Bewegung umgekehrt wird. Nichtsdestoweniger ist, wenn das Gleichgewicht, das von oben wie das von unten, einmal gestört ist, der Übergang zum folgenden unendlich wandelbar. Aber welche Zufälle sie auch immer bestimmen mögen, die früher oder später erfolgende Rückkehr zur einstweiligen Ruhe scheint gewiss, momentan, im Schwarzen oder im hohen Weiss, mit entsprechenden Temperaturen, in dieser Welt, die noch gegen die endlosen Krämpfe gefeit ist. Durch ein Wunder nach welcher Abwesenheit in vollkommenen Einöden wiedergefunden, ist sie schon nicht mehr ganz dieselbe, in dieser Hinsicht, aber es gibt keine andere. Äusserlich bleibt alles unverändert und das Sichten des kleinen Baus immer noch gleich zufällig, da sein Weiss in dem es umgebenden aufgeht. Aber hinein, und jetzt kürzere Ruhepausen und nie zweimal der gleiche Aufruhr. Licht und Wärme bleiben verbunden, wie von ein und derselben Quelle gespeist, von der immer noch keinerlei Spur. Immer auf dem Boden, zweifach gekrümmt, mit dem Kopf an der Wand bei B, dem Hintern an der Wand bei A, den Knien an der Wand zwischen B und C, den Füssen an der Wand zwischen C und A, das heisst in dem Halbkreis ACB, in dem weissen Boden aufgehend, wäre nicht das lange Haar in zweifelhaftem Weiss ein weisser Körper einer Frau, wie sich endlich zeigt. Ähnlich in dem anderen Halbkreis, an der Wand der Kopf bei A, der Hintern bei B, die Knie zwischen A und D, die Füsse zwischen D und B, auch so weiss wie der Boden, der Partner. Auf der rechten Seite also beide und Kopf an Steiss, Rücken an Rücken. Einen Spiegel an ihre Lippen halten, er beschlägt. Mit der Linken hält sich jeder das linke Bein ein wenig unterm Knie, mit der Rechten den linken Arm ein wenig überm Ellbogen. In diesem aufgeregten Licht, wo die grosse, weisse Ruhe so selten und kurz geworden, ist die Inspektion schwierig. Trotz Schweiss und Spiegel würden sie leicht als leblos gelten ohne die linken Augen, die in unberechenbaren Abständen plötzlich aufgesperrt und weit über Menschenmögliches hinaus offengehalten werden. Ihr grelles Hellblau ist von durchdringender Wirkung, in den ersten Zeiten. Nie beide Blicke zusammen, nur ein einziges Mal, etwa zehn Sekunden, als der Anfang des einen auf das Ende des anderen vorgriff. Die weder fetten noch mageren, weder grossen noch kleinen Körper scheinen heil und in recht gutem Zustand zu sein, von den dem Blick dargebotenen Teilen aus zu urteilen. Auch den Gesichtern scheint, vorausgesetzt, dass beide Hälften sich gleichen, nichts Wesentliches zu fehlen. Zwischen ihrer absoluten Regungslosigkeit und dem entfesselten Licht besteht ein auffallender Gegensatz, in den ersten Zeiten, für einen, der sich noch erinnert, für das Gegenteil empfindlich gewesen zu sein. Es ist jedoch klar, aufgrund von tausend kleinen Zeichen, die zu erträumen zu lange dauern würde, dass sie nicht schlafen. Nur kaum ah murmeln in dieser Stille, und im selben Augenblick im Raubauge das gerade wahrnehmbare, sofort unterdrückte Zucken. Sie da lassen, in Schweiss und eiskalt, es gibt anderswo Besseres. Aber nein, das Leben endet, und nein, es gibt anderswo nichts, und keine Rede mehr davon, jenen weissen, im Weissen verlorenen Punkt wiederzufinden, um zu sehen, ob sie ruhig geblieben sind, mitten in diesem Gewitter oder einem schlimmeren, oder in dem für immer tiefen Schwarz, oder dem unwandelbaren hohen Weiss, und wenn nicht, was sie tun.

(Aus: Samuel Beckett, «Werke IV, Erzählungen». In Zusammenarbeit mit Samuel Beckett herausgegeben von Elmar Tophoven und Klaus Birkenhauer. Übertragungen von Elmar Tophoven, Erika Tophoven und Erich Franzen. Suhrkamp Verlag Frankfurt am Main 1976. ©Suhrkamp Verlag, Berlin 2023)

Gabriel García Márquez
Bitterkeit für drei Schlafwandler

Nun hatten wir sie dort, abgestellt in einem Winkel des Hauses. Jemand hatte uns gesagt, bevor wir ihre Sachen gebracht hatten, ihre nach frischem Holz riechenden Kleider, ihre für den Lehmboden viel zu leichten Schuhe, dass sie sich nie an das langweilige Leben gewöhnen würde, ohne süsse Düfte, ohne andere Reize als die harte Einsamkeit aus Kalk und Mauerecke, die gegen ihren Rücken drückte. Jemand sagte uns – und viel Zeit war vergangen, bevor wir uns daran erinnerten –, dass auch sie eine Kindheit gehabt hatte. Vielleicht glaubten wir es damals nicht. Doch nun, als wir sie in dem Winkel sitzen sahen mit erschrockenen Augen, einen Finger an den Lippen, nahmen wir es vielleicht hin, dass sie einmal eine Kindheit gehabt hatte, dass sie einmal ein Gefühl gehabt hatte für die dem Regen vorausgehende Frische und dass sie immer seitlich zu ihrem Körper einen unerwarteten Schatten ertragen hatte.

All das – und viel mehr – hatten wir an jenem Nachmittag geglaubt, an dem wir uns darüber klar wurden, dass sie – ihren entsetzlichen Abgründen entronnen – vollkommen menschlich war. Wir wussten es, als sie mit einem Mal, als sei drinnen ein Kristall gesplittert, angstvolle Schreie auszustossen begann; sie rief einen jeden von uns beim Namen und redete unter Tränen, bis wir uns neben sie setzten; wir stimmten Lieder an und schlugen in die Hände, als vermöchte unser Geschrei die versprengten Glassplitter zusammenzufügen. Erst jetzt konnten wir glauben, dass sie einmal eine Kindheit gehabt hatte. Es war, als glichen ihre Schreie irgendwie einer Offenbarung; als hätten sie viel von einem erinnerten Baum und einem tiefen Fluss, als sie sich aufrichtete, sich leicht vorneigte und, ohne sich das Gesicht mit der Schürze zu bedecken oder die Nase zu schneuzen, noch immer unter Tränen sagte: «Ich werde nie mehr lächeln.»

Ohne ein Wort traten wir drei in den Innenhof hinaus, vielleicht glaubten wir, gemeinsame Gedanken mitzunehmen. Vielleicht dachten wir, es wäre wohl nicht das beste, die Lichter im Haus anzuzünden. Sie wünschte allein zu sein – vielleicht –, in ihrem düsteren Winkel hockend und sich den letzten Zopf flechtend, der das einzige schien, was von ihrem Übergang zum Tier überleben würde.

Draussen im Hof, in den tiefen Insektendunst gehüllt, sassen wir und dachten an sie. Wir hatten das schon manches Mal getan. Wir hätten sagen können, wir taten das, was wir an allen Tagen unseres Lebens getan hatten.

Und doch war jene Nacht anders: Sie hatte gesagt, sie würde nie wieder lächeln, und wir, die wir sie so gut kannten, waren sicher, dass der Alptraum Wahrheit geworden war. Wir sassen im Dreieck, wir sahen sie drinnen vor uns, abstrakt, sogar ausserstande, die zahllosen Uhren zu hören, die den peinlich genauen und deutlich hörbaren Rhythmus massen, in dem sie sich in Staub verwandeln würde: «Wären wir wenigstens mutig genug, ihren Tod zu wünschen», dachten wir im Chor. Doch wir wollten sie so: hässlich und eisig, gleichsam als kleinlichen Beitrag zu unseren verborgenen Mängeln.

Wir waren seit Jahren, seit geraumer Zeit erwachsen. Sie war übrigens die älteste im Haus. In dieser selben Nacht hätte sie dort mit uns sitzen und, umgeben von gesunden Kindern, den massvollen Puls der Sterne fühlen können. Sie wäre die achtbare Herrin des Hauses gewesen, wäre sie die Frau eines braven Bürgers oder die Konkubine eines pünktlichen Mannes gewesen. Doch sie hatte sich daran gewöhnt, in einer einzigen Dimension zu leben wie die Gerade, vielleicht weil ihre Laster oder ihre Tugenden sich nicht im Profil erkennen liessen. Schon seit einigen Jahren wussten wir das alles. Wir waren nicht einmal überrascht, als wir sie morgens nach dem Aufstehen im Innenhof auf dem Bauch liegen und in starrer Haltung in die Erde beissen sahen. Dann lächelte sie und blickte uns wieder an; sie war aus dem Fenster des zweiten Stocks auf die harte Tonerde des Innenhofs gestürzt und war dort stur und steif mit dem Gesicht auf dem feuchten Lehm liegengeblieben. Doch dann erfuhren wir, das einzige, was sie unversehrt bewahrt hatte, sei die Angst vor Entfernungen, der natürliche Schrecken vor der Leere. Wir hoben sie an den Schultern auf. Sie war nicht so hart, wie sie uns anfangs vorgekommen war. Im Gegenteil, alle ihre Organe und Glieder waren locker, von jeder Willenskraft gelöst wie ein lauwarmer Toter, der noch nicht starr geworden war.

Ihre Augen standen offen, ihr Mund war schmutzig von der Erde, die für sie schon Grabesgeschmack haben musste, als wir sie mit dem Gesicht zur Sonne hinlegten, und es war, als hätten wir sie vor einen Spiegel gestellt. Sie blickte uns alle mit erloschenem, geschlechtlosem Gesichtsausdruck an, der uns – ich hielt sie bereits in meinen Armen – das Ausmass ihrer Abwesenheit gab. Jemand sagte, sie sei tot; und dann trug sie jenes kalte stille Lächeln zur Schau, das sie während der Nächte getragen hatte, als sie hellwach durchs Haus irrte. Sie sagte, sie wisse nicht, wie sie in den Innenhof gelangt sei. Sie sagte, ihr sei entsetzlich heiss gewesen, sie habe eine Zikade gehört, schrill und aufsässig, die – so sagte sie – entschlossen gewesen sei, ihre Zimmerwand umzustürzen, und sie habe sich an die Sonntagsgebete erinnert und dabei die Wange auf den Zementfussboden gedrückt.

Im übrigen wussten wir, dass sie sich an keinerlei Gebet erinnern konnte, wie wir auch später erfuhren, dass sie das Zeitgefühl verloren hatte, als sie sagte, dass sie stehend geschlafen und von innen die Wand gestützt habe, gegen die die Zikade von aussen gedrückt habe, und dass sie fest geschlafen habe, als jemand sie an den Schultern packte, die Wand fortschob und sie mit dem Gesicht zur Sonne hinlegte.

In jener Nacht wussten wir, als wir im Innenhof sassen, dass sie nie wieder lächeln würde. Vielleicht tat uns schon im voraus ihre ausdruckslose Ernsthaftigkeit weh, ihr düsteres und freiwilliges Winkelleben. Es tat uns furchtbar weh, wie uns der Tag weh tat, als wir sie in die Ecke kriechen sahen, in der sie nun hockte; und wir hörten sie sagen, dass sie nie wieder durchs Haus streichen werde. Anfangs konnten wir es nicht glauben. Monate hindurch hatten wir sie zu jeder beliebigen Stunde durch die Zimmer wandern sehen, mit festgefrorenem Kopf und hängenden Schultern, ohne innezuhalten, ohne jemals zu ermüden. Nachts hörten wir ihr dichtes Körpergeräusch, wie es sich zwischen zwei Dunkelheiten bewegte, und vielleicht lagen wir oftmals wach im Bett und lauschten ihrem stillen Gang und verfolgten sie mit dem Gehör durchs ganze Haus. Einmal sagte sie uns, sie habe die Zikade im Mond des Spiegels gesehen, versunken, untergetaucht in der festen Durchsichtigkeit, und sie sei durch die Oberfläche des Glases getreten, um sie zu erreichen. In Wirklichkeit wussten wir nicht, was sie uns sagen wollte, doch wir alle konnten feststellen, dass die Kleider ihr nass am Leib klebten, als sei sie soeben einem Wassertank entstiegen. Ohne uns das Phänomen erklären zu wollen, beschlossen wir, mit den Insekten des Hauses kurzen Prozess zu machen: die Gegenstände zu zerstören, die ihr beständig zusetzten.

Wir liessen die Wände säubern; wir gaben Anweisung, dass die Büsche des Innenhofs beschnitten wurden, und es war, als hätten wir die Stille der Nacht von kleinen Abfällen gereinigt. Doch schon hörten wir sie nicht mehr umhergehen, wir hörten sie nicht mehr von Zikaden sprechen bis zu dem Tag, als sie uns nach der Abendmahlzeit anblickte, sich auf den Zementfussboden setzte und, ohne den Blick von uns zu lassen, sagte: «Ich werde hier sitzen bleiben»; und wir erzitterten, denn wir konnten sehen, dass sie bereits etwas zu gleichen begann, das schon fast vollkommen wie der Tod war.

Das lag schon sehr lange zurück, wir hatten uns schon daran gewöhnt, sie dort sitzen zu sehen, den Zopf nur halb geflochten, als habe sie sich in ihrer Einsamkeit aufgelöst und habe, obgleich sie dort sichtbar sass, die natürliche Fähigkeit verloren, anwesend zu sein. Daher wussten wir jetzt, dass sie nie wieder lächeln würde; denn sie hatte es genauso überzeugt und sicher gesagt, wie sie uns einmal gesagt hatte, sie würde nie wieder gehen. Es war, als hätten wir die Gewissheit, dass sie uns später sagen würde: «Ich werde nicht mehr sehen» oder vielleicht: «Ich werde nicht wieder hören», und als wüssten wir, dass sie menschlich genug war, um willentlich ihre lebensnotwendigen Funktionen auszulöschen, und dass ihr ganz spontan ein Sinn nach dem anderen abhanden kommen würde bis zu dem Tag, an dem wir sie an der Wand lehnend entdecken würden, als habe sie zum ersten Mal in ihrem Leben geschlafen. Vielleicht fehlte noch viel Zeit bis dahin, doch wir drei, die im Innenhof sassen, hätten in jener Nacht gerne ihr jähes zartes Weinen von zersplittertem Glas gehört, um uns zumindest der Selbsttäuschung hinzugeben, dass ein Kind – Junge oder Mädchen – im Hause geboren war. Um zu glauben, dass sie neu geboren war.

(Aus: Gabriel García Márquez, «Die Erzählungen». Aus dem kolumbianischen Spanisch von Curt Meyer-Clason, Verlag Kiepenheuer & Witsch, Köln 1974/1990 © 2013 Verlag Kiepenheuer & Witsch & Co. KG, Köln)

Einbruch des Irrationalen

Virginia Woolf
Ein verwunschenes Haus

Egal zu welcher Stunde man wach wurde, es schloss sich eine Tür. Von Zimmer zu Zimmer gingen sie, Hand in Hand, lüpften hier, öffneten dort, vergewisserten sich – ein geisterhaftes Paar.

«Hier haben wir ihn zurückgelassen», sagte sie. Und er fügte hinzu, «Oh, aber hier auch!» «Er ist oben», murmelte sie, «und im Garten», flüsterte er. «Leise», sagten sie, «sonst wecken wir sie.»

Aber ihr habt uns nicht geweckt. Oh nein. «Sie suchen danach; sie ziehen den Vorhang», sagte man wohl und las so eine oder zwei Seiten weiter. «Jetzt haben sie ihn gefunden», war man sich sicher, hielt den Bleistift am Seitenrand an. Und dann, des Lesens müde, stand man wohl auf und sah selbst nach, das Haus völlig leer, die Türen offen, nur die Waldtauben blubberten voller Zufriedenheit und das Summen der Dreschmaschine klang vom Bauernhof. «Weswegen bin ich hier hereingekommen? Was wollte ich finden?» Meine Hände waren leer. «Vielleicht ist er dann oben?» Die Äpfel waren auf dem Speicher. Und so wieder hinunter der Garten still, wie immer, nur das Buch war ins Gras geglitten.

Aber sie hatten ihn im Wohnzimmer gefunden. Nicht dass man sie je sehen konnte. Die Fensterscheiben spiegelten Äpfel, spiegelten Rosen; alle Blätter waren grün im Glas. Wenn sie sich im Wohnzimmer bewegten, drehte der Apfel nur seine gelbe Seite. Dennoch, im Augenblick danach, wenn die Tür geöffnet wurde, war ausgebreitet auf dem Boden, gehängt an die Wände, baumelnd von der Decke – was? Meine Hände waren leer. Der Schatten einer Drossel überquerte den Teppich; aus den tiefsten Brunnen der Stille zog die Waldtaube ihr Klanggeblubber. «Sicher, sicher, sicher», schlug der Puls des Hauses leise. «Der Schatz vergraben; das Zimmer...» stockte der Puls, oh, war das der vergrabene Schatz?

Einen Augenblick später war das Licht verblasst. Also draussen im Garten? Aber die Bäume sponnen Dunkelheit für einen wandernden Sonnenstrahl. So fein, so selten, kühl versunken unter der Oberfläche, brannte der Strahl, den ich suchte, immer hinter dem Glas. Der Tod war das Glas; der Tod war zwischen uns; kam zuerst zu der Frau, vor Hunderten von Jahren, verliess das Haus, verschloss alle Fenster; die Zimmer wurden verdunkelt. Er verliess ihn, verliess sie, ging nach Norden, ging nach Osten, sah die

Sterne am südlichen Himmel gedreht; suchte das Haus, fand es hingeworfen unterhalb der Downs. «Sicher, sicher, sicher», schlug der Puls des Hauses froh, «der Schatz euer.»

Der Wind heult die Allee hinauf. Bäume beugen und biegen sich in diese und in jene Richtung. Mondstrahlen plätschern und schwappen wild im Regen. Aber der Strahl der Lampe fällt ganz gerade aus dem Fenster. Die Kerze brennt starr und still. Durch das Haus wandernd, die Fenster öffnend, flüsternd, um uns nicht zu wecken, sucht das geisterhafte Paar seine Freude.

«Hier haben wir geschlafen», sagt sie. Und er fügt hinzu, «Küsse ohne Zahl.» «Am Morgen aufwachen – » «Silber zwischen den Bäumen – » «Oben – » «Im Garten – » «Wenn der Sommer kam – » «In winterlicher Schneezeit – » Die Türen schliessen sich weit in der Ferne, klopfen sanft wie der Puls eines Herzens.

Näher kommen sie; verhalten an der Tür. Der Wind legt sich, der Regen gleitet silbern das Glas hinunter. Unsere Augen werden dunkel; wir hören keine Schritte neben uns; wir sehen keine Dame ihren geisterhaften Umhang ausbreiten. Seine Hände schirmen die Laterne. «Sieh nur», haucht er. «Fest eingeschlafen. Liebe auf ihren Lippen.»

Sich beugend, ihre silberne Lampe über uns haltend, blicken sie lange und tief. Lange verweilen sie. Der Wind treibt ganz gerade; die Flamme beugt sich leicht. Wilde Strahlen von Mondlicht überqueren Boden und Wand, und, sich treffend, flecken sie die geneigten Gesichter; die nachdenklichen Gesichter; die Gesichter, die die Schläfer forschend betrachten und ihre verborgene Freude suchen.

«Sicher, sicher, sicher», schlägt das Herz des Hauses stolz.

«Lange Jahre – » seufzt er. «Wieder hast du mich gefunden.»

«Hier», murmelt sie, «schlafend; im Garten lesend; lachend, Äpfel auf dem Speicher rollend. Hier haben wir unseren Schatz zurückgelassen – » Sich beugend, hebt ihr Licht die Lider über meinen Augen. «Sicher! sicher! sicher!» schlägt der Puls des Hauses wild. Aufwachend rufe ich «Oh, ist dies *euer* – vergrabener Schatz? Das Licht im Herzen.»

(Aus: Virginia Woolf, «Gesammelte Werke, Prosa I», herausgegeben von Klaus Reichert. «Das Mal an der Wand», gesammelte Kurzprosa. Deutsch von Marianne Frisch, Brigitte Walitzek, Claudia Wenner. S. Fischer Verlag, Frankfurt am Main 1989. ©S. Fischer Verlag, Frankfurt am Main 2023)

Olga Tokarczuk
Der Passagier

Während eines langen Nachtflugs über den Ozean erzählte der Mann neben mir von den Ängsten, die er als Kind gehabt hatte. Stets kehrte derselbe Albtraum wieder, in Panik schrie er auf, rief nach seinen Eltern.

An den langen Abenden war es – die stille, kaum von Lichtern erhellte Zeit, die das Flimmern der Fernsehbildschirme noch nicht kannte (einzig das Murmeln des Radios war ab und an zu hören oder das Rascheln der väterlichen Zeitung), liess manch wunderlichen Gedanken entstehen. Und der Mann erinnerte sich, dass er immer schon von der Vesper an gespürt hatte, wie die Furcht aufzog, woran die beruhigenden Worte seiner Eltern nichts zu ändern vermochten.

Drei, vielleicht vier Jahre alt war er gewesen; sie wohnten in einem dunklen Haus am Rande einer Kleinstadt. Sein Vater war Schuldirektor, ein Mann mit Prinzipien, ja von geradezu unerbittlichem Charakter. Die Mutter arbeitete in einer Apotheke, ständig umwehte sie eine Wolke von Arzneidunst. Er hatte noch eine ältere Schwester, doch im Gegensatz zu den Eltern unternahm sie keine Versuche, ihm zu helfen. Im Gegenteil – mit einer Freude, die ihm unbegreiflich war, sprach sie schon am Nachmittag davon, dass nun bald-bald die Nacht komme. Und wenn keine Erwachsenen in der Nähe waren, tischte sie ihm Geschichten von Vampiren auf, von Leichen, die aus ihren Grüften krochen, allen möglichen Schreckensgestalten der Finsternis. Doch – seltsam genug – diese Phantasien versetzten ihn nicht in Angst. All die Wesen, die gemeinhin als gruselig galten, schreckten ihn nicht. Als wäre der Platz der Angst in ihm bereits besetzt und damit alle Möglichkeit erschöpft, sie zu empfinden. Er hörte den dramatischen Flüsterton seiner Schwester, wenn sie versuchte, ihm Gänsehaut einzujagen. Und er hörte es ohne Regung, denn er wusste, dass ihre Geschichten belanglos waren angesichts der Gestalt, die er Nacht für Nacht erblickte, wenn er unter der Bettdecke lag. Jahre später durfte er seiner Schwester dankbar sein, sie hatte ihn soweit immun gemacht gegen die herkömmlichen Ängste der Welt, dass er als Erwachsener sozusagen furchtlos war.

Die Ursache seiner Angst in Kindertagen liess sich nicht benennen, er fand keine Worte dafür. Wenn seine Eltern ins Zimmer stürzten und fragten, was geschehen sei, was ihn im Traum so erschreckt habe, sagte er nur: «er» oder «einer» oder «der». Der Vater knipste das Licht an, deutete, im Vertrauen auf die Überzeugungskraft des empirischen Beweises, in die Ecke hinter dem Schrank, in den Winkel neben der Tür, und sagte ein ums andere Mal: «Siehst du, da ist nichts. Da ist nichts.» Die Mutter hingegen nahm ihn in die Arme, umfing ihn mit ihrem antiseptischen Apothekenarom und flüsterte: «Ich bin doch bei dir, es kann dir nichts Böses geschehen.»

Er aber war zu jung, im Grunde wusste er noch nichts von Gut und Böse. Und er war zu jung, um Angst zu haben um sein Leben. Zudem gibt es Schlimmeres als den Tod, Schlimmeres als Vampire, die einem das Blut aussaugen, Werwölfe, die einen zerfleischen. Kinder wissen es am besten: Der Tod ist irgendwie auszuhalten. Das Schlimmste ist, was sich wiederholt, mit unveränderlicher Regelmässigkeit, unausweichlich, vorhersehbar – und nicht das Geringste können wir tun dagegen, wie eine Zange packt es uns und schleift uns mit.

Und er sah in seinem Zimmer, zwischen Schrank und Fenster, die dunkle Gestalt eines Mannes. In dem Fleck, der das Gesicht sein musste, glomm ein kleiner roter Punkt – das glühende Ende einer Zigarette. Glomm er stärker auf, war das Gesicht etwas deutlicher zu sehen. Fahle, müde Augen musterten das Kind. Ein dichter, angegrauter Bartwuchs, ein von Falten zerfurchtes Gesicht, schmale Lippen, wie geschaffen, um an einer Zigarette zu ziehen. So stand er reglos da, während das schreckensbleiche Kind in aller Hast sein Abwehrritual vollzog – es steckte den Kopf unter die Decke, klammerte sich an den Metallrahmen des Bettes und richtete ein tonloses Stossgebet an den Schutzengel. Seine Grossmutter hatte es ihm beigebracht. Doch half es nichts, das Gebet wurde zum Schrei, und die Eltern eilten ins Zimmer.

So ging es eine ganze Weile, lange genug, dass in dem Kind ein tiefes Misstrauen gegenüber der Nacht erwuchs. Doch folgte auf jede Nacht ein Tag, der über alle Geschöpfe der Dunkelheit triumphierte. So wuchs das Kind heran und begann zu vergessen. Immer mächtiger wurde der Bann des Tages, immer mehr an Neuem, Überraschendem brachte er mit sich, die Eltern atmeten erleichtert auf, und bald hatten auch sie die Ängste ihres Sohnes vergessen. Sie wurden in Frieden alt, und jedes Frühjahr lüfteten sie sämtliche Zimmer. Der Junge wuchs indes zu einem Mann heran, der allmählich zu der Überzeugung gelangte, dass alles Kindliche weiterer Beachtung nicht wert sei. Zumal die Morgen- und Mittagsstunden alle Dämmerungen und Nächte aus seinem Gedächtnis getilgt hatten.

Kürzlich erst – so erzählte er mir –, als er so sanft, dass er es selbst kaum bemerkte, die sechzig überschritten hatte und eines Abends müde nach Hause kam, entdeckte er die ganze Wahrheit. Vor dem Schlafengehen wollte er noch eine Zigarette rauchen, er stellte sich ans Fenster, das vor der Dunkelheit draussen zu einem kurzsichtigen Spiegel wurde. Das aufgleissende Streichholz brannte für einen Moment ein Loch in die Nacht, dann erhellte die Glut der Zigarette ein Gesicht. Und aus der Finsternis trat wieder dieselbe Gestalt hervor – die bleiche, hohe Stirn, die dunklen Flecken der Augen, der Strich des Mundes, der angegraute Bart. Er erkannte ihn sofort wieder, nicht im Mindesten hatte die Gestalt sich verändert. Und die Gewohnheit – schon wollte er Luft holen, um zu schreien, doch war da niemand, den er hätte rufen können. Seine Eltern waren lange tot, er war allein, die Rituale aus Kindertagen hatten ihre Wirkung verloren, auch an einen Schutzengel glaubte er längst nicht mehr. Und als er in ebendiesem Augenblick verstand, vor wem er sich damals so gefürchtet hatte, empfand er Erleichterung. Die Eltern hatten also recht gehabt – die Welt war nicht gefährlich.

«Der Mensch, den du siehst, existiert nicht, weil du ihn siehst, sondern weil er es ist, der dich anschaut», sagte der Mann am Ende seiner Geschichte. Und dann sanken wir in Schlaf, gewiegt von den Bassklängen der Triebwerke.

(Aus: Olga Tokarczuk, «Die grünen Kinder. Bizarre Geschichten». Aus dem Polnischen von Lothar Quinkenstein. Kampa Verlag AG, Zürich 2018 © Kampa Verlag, Zürich 2023)

Arundhati Roy
Wo sterben alte Vögel?

Sie lebte auf dem Friedhof wie ein Baum. In der Morgendämmerung verabschiedete sie die Krähen und hiess die Fledermäuse zu Hause willkommen. In der Abenddämmerung tat sie das Gegenteil. Zwischen den Schichten unterhielt sie sich mit den Geistern der Geier, die sich in ihren hohen Ästen sammelten. Sie spürte den sanften Griff ihrer Klauen wie den Schmerz in einem amputierten Arm oder Bein. Sie nahm an, dass sie nicht allzu unglücklich waren über ihren Abschied und Abgang aus der Geschichte. Nach ihrem Einzug musste sie monatelang beiläufige Grausamkeiten ertragen wie ein Baum – ohne zusammenzuzucken. Sie drehte sich nicht um, um nachzusehen, welcher kleine Junge einen Stein auf sie geworfen hatte, reckte nicht den Hals, um die Beleidigungen zu lesen, die in ihre Rinde gekratzt wurden. Wenn die Leute sie beschimpften – Clown ohne Zirkus, Königin ohne Palast –, liess sie die Kränkung durch ihre Äste wehen wie eine Brise und benutzte die Musik ihrer raschelnden Blätter als Balsam, um den Schmerz zu lindern. Erst als Ziauddin, der blinde Imam, der einst die Gebete in der Fatehpuri-Moschee angeleitet hatte, sich mit ihr anfreundete und sie zu besuchen begann, beschloss das Viertel, dass es an der Zeit war, sie in Ruhe zu lassen.

Vor langer Zeit erzählte ihr ein Mann, der Englisch konnte, dass ihr Name, rückwärts geschrieben (in Englisch), Majnu buchstabiert wurde. In der englischen Version der Geschichte von Laila und Majnu, erzählte er, hiess Majnu Romeo und Laila Julia. Sie fand das urkomisch. «Du meinst, ich habe ein khichdi aus ihrer Geschichte gemacht?», fragte sie. «Was werden sie tun, wenn sie herausfinden, dass Laila eigentlich Majnu ist und Romi in Wirklichkeit Juli war?» Als er sie das nächste Mal traf, sagte der Mann, der Englisch konnte, er habe einen Fehler gemacht. Ihr Name, rückwärts geschrieben, laute Mujna, was kein Name sei und überhaupt keine Bedeutung habe. Dazu sagte sie: «Macht nichts. Ich bin sie alle, ich bin Romi und Juli, ich bin Laila und Majnu. Und Mujna, warum nicht? Wer behauptet, mein Name ist Anjum? Ich bin nicht Anjum, ich bin Anjuman. Ich bin ein mehfil, eine Versammlung. Von allen und niemand, von allem und nichts. Möchtest du noch jemanden einladen? Alle sind eingeladen.»

Der Mann, der Englisch konnte, sagte, dass das ein schlauer Einfall von ihr sei. Er meinte, darauf wäre er selbst nie gekommen. Sie sagte: «Das wundert mich nicht, bei deinen Urdu-Kenntnissen. Was glaubst du? Dass dich Englisch automatisch schlau macht?»

Er lachte. Sie lachte über sein Lachen. Sie rauchten gemeinsam eine Filterzigarette. Er beschwerte sich, dass Wills Navy-Cut-Zigaretten kurz und dick und ihren Preis einfach nicht wert seien.

Sie erwiderte, dass sie Navy Cut jederzeit Four Square oder den sehr männlichen Red & White vorziehe.

Sie erinnerte sich jetzt nicht mehr an seinen Namen. Vielleicht hatte sie ihn nie gewusst. Er war lange verschwunden, der Mann, der Englisch konnte, wohin er auch immer hatte gehen müssen. Und sie lebte auf dem Friedhof hinter dem staatlichen Krankenhaus. Gesellschaft leistete ihr der Godrej-Almirah aus Stahl, in dem sie ihre Musik aufbewahrte – verkratzte Schallplatten und Kassetten, ein altes Harmonium, ihre Kleider und ihren Schmuck, die Gedichtbände ihres Vaters, Photoalben und ein paar Zeitungsausschnitte, die das Feuer in der Khwabgah überstanden hatten. Den Schlüssel dafür trug sie an einer schwarzen Schnur um den Hals zusammen mit ihrem verbogenen Zahnstocher aus Silber.

Sie schlief auf einem fadenscheinigen Perserteppich, den sie tagsüber einschloss und abends zwischen zwei Gräbern entrollte (zu ihrem privaten Vergnügen nie in zwei aufeinanderfolgenden Nächten zwischen denselben Gräbern). Sie rauchte noch immer. Navy Cut.

Eines Morgens, während sie ihm die Zeitung laut vorlas, fragte sie der Imam, der eindeutig nicht zugehört hatte, geheuchelt beiläufig: «Ist es wahr, dass sogar die Hindus unter euch begraben und nicht verbrannt werden?»

Da sie Ärger voraussahnte, machte sie Ausflüchte. «Wahr? Ist was wahr? Was ist Wahrheit?»

Nicht willens, sich von seiner Frage abbringen zu lassen, murmelte der Imam eine mechanische Antwort: «Sach Khuda hai, Khuda hi Sach hai.» Die Wahrheit ist Gott. Gott ist die Wahrheit. Die Art Weisheit, wie sie die Hecks der bemalten Lastwagen feilboten, die die Schnellstrassen entlangdonnerten. Dann kniff er die blinden grünen Augen zusammen und fragte mit einem durchtrieben grünen Flüstern: «Sag mir, wenn Leute wie du sterben, wo werden sie begraben? Wer wäscht den Leichnam? Wer sagt die Gebete?»

Anjum schwieg eine lange Weile. Dann neigte sie sich zu ihm und erwiderte ganz und gar nicht wie ein Baum, aber ebenfalls flüsternd: «Imam Sahib, wenn die Leute von Farben sprechen – rot, blau, orange –, wenn sie den Himmel während des Sonnenuntergangs beschreiben oder den Mondaufgang während des Ramadans – was geht dir da durch den Kopf?»

Nachdem sie sich auf diese Weise zutiefst, nahezu tödlich gekränkt hatten, sassen die beiden still nebeneinander auf einem sonnigen Grab und bluteten. Schliesslich brach Anjum das Schweigen.

«Sag du's mir», sagte sie. «Du bist der Imam Sahib, nicht ich. Wo sterben alte Vögel? Fallen sie vom Himmel wie Steine auf uns? Stolpern wir auf der Strasse über ihre Kadaver? Glaubst du nicht, dass der Allessehende, der Allmächtige, der uns auf diese Erde gestellt hat, nicht auch angemessene Vorkehrungen getroffen hat, um uns wieder von hier fortzubringen?»

An diesem Tag beendete der Imam seinen Besuch früher als gewöhnlich. Anjum sah ihm nach, wie er sich klopf-klopf-klopfend einen Weg durch die Gräber bahnte, sein Blindenstock machte Musik, wenn er auf leere Schnapsflaschen und weggeworfene Spritzen stiess, die die Wege vermüllten. Sie hielt ihn nicht auf. Sie wusste, dass er wiederkommen würde. Gleichgültig, was für eine raffinierte Scharade sie spielte, sie erkannte Einsamkeit, wenn sie ihr begegnete, sie spürte auf eine merkwürdige, sprunghafte Weise, dass er auf eine merkwürdige sprunghafte Weise ihren Schatten ebenso brauchte wie sie seinen. Und aus Erfahrung wusste sie, dass BEDÜRFNIS ein Lagerhaus war, in dem eine beträchtliche Menge an Grausamkeit Platz hatte.

Obwohl Anjums Auszug aus der Khwabgah alles andere als herzlich verlaufen war, wusste sie, dass nicht nur sie die Träume und Geheimnisse des Gebäudes verraten konnte.

(Aus: Arundhati Roy, «Das Ministerium des äussersten Glücks». Ins Deutsche übersetzt von Annette Grube. S. Fischer Verlag, Frankfurt am Main 2017. ©2023 by David Godwin Associates Ltd., London)

Irène Némirovsky
Magie

In Finnland, während der Revolution von 1918, gehörte ich zu einer Gruppe junger Leute, die sich abends mit Tischerücken die Zeit vertrieb. Wir lebten mitten im Wald, und es war Winter: Dort oben dauert der Sommer nur drei Monate. Jetzt aber waren die Waldwege gefährlich, sobald die Sonne untergegangen war. Flüchtige Aufständische versteckten sich hinter den Bäumen, in den mit Schnee gefüllten Schluchten, und die Soldaten der gegnerischen Armee verfolgten sie, trieben sie von einem Dickicht zum nächsten. Schüsse wurden gewechselt, und wenn eine verirrte Kugel einen russischen Reisenden traf, der sich vor der Revolution bei sich zu Hause in dieses weit entfernte Land geflüchtet hatte ... nun, wir hatten keinen Konsul, der uns hätte verteidigen oder unsere Familie von unserem vorzeitigen Ableben in Kenntnis setzen können.

In diesem Dorf gehörten wir zu einer kleinen russischen Kolonie, die mehr schlecht als recht in einem alten Holzhaus lebte, einer heruntergekommenen Familienpension, die aus grossen, dunklen Zimmern und grossen, leeren Salons bestand. Einer dieser Salons war für die Jugend reserviert; in den angrenzenden Zimmern spielten unsere Eltern Bridge oder Whist.

Seit November gab es keinen Strom mehr; man gewährte uns sechs Kerzen pro Abend: Vier beleuchteten den Tisch der Spieler, zwei den unseren. Stellen Sie sich ein riesengrosses Zimmer mit niedriger Decke und bogenförmigen Fenstern vor, die weder von Vorhängen verhüllt noch von Läden geschützt wurden; die Scheiben waren mit Eis überzogen. Es gab ein Klavier in einer Ecke, unter einem grauen Baumwolltuch, einen Wandspiegel mit Holzrahmen, einen Schrank, in dem einige Bände Balzac neben leider zumeist leeren Marmeladentöpfen standen, und in der Mitte des Zimmers einen Tisch.

Wir setzten uns um diesen Tisch; die zwei Kerzen steckten in Flaschen. Wie kann man die Stille dieser nordischen Nächte beschreiben? Kein Windhauch, kein Ächzen von Rädern, kein freudiger Ruf auf einem Weg, kein Laut, kein Lachen. Nur manchmal das leichte, trockene Klacken eines Schusses im Wald oder das Weinen eines aus dem Schlaf hochgeschreckten

Kindes in den Zimmern des oberen Stocks. Dann warf die Mutter die Karten hin und lief zur Treppe, und das Rascheln ihres langen Kleids verlor sich in den Gängen. Sie waren endlos, eisig und düster, diese Gänge. Gewöhnlich sprachen wir uns ab und gingen alle zusammen hinauf; wir liefen sie gemeinsam entlang, lachend und singend, während sich uns die Brust vor Entsetzen zusammenschnürte. Ich weiss nicht, ob der nervöse Zustand, in dem wir uns damals befanden, die Ursache dafür war oder ob es sich um das Werk eines Spassvogels handelte, doch ich habe seither nie mehr Tische gesehen, die sich unter unseren Händen so bereitwillig bewegten, von einer Wand zur anderen flogen, schwankten wie ein Schiff im Sturm und endlich einen solchen Krach machten, dass unsere Eltern kamen und uns inständig baten, uns einen anderen Zeitvertreib zu suchen. Sie sagten, die Geräusche dieses verfluchten Tisches und der Lärm der Gewehrschüsse seien wirklich mehr, als sie ertragen könnten, und das Alter verdiene Rücksicht.

Daraufhin änderten wir unsere Methode, und nach einiger Zeit hatten wir sie auch perfektioniert. Wir gingen folgendermassen vor: Wir schrieben die Buchstaben des Alphabets auf ein Blatt Papier und stellten eine umgedrehte und mit einem Bleistiftstrich markierte Untertasse in die Mitte des Tischs; dann legten wir unsere Fingerspitzen ohne Druck auf den Rand der Untertasse, und sie bewegte sich von einem Buchstaben zum nächsten, wodurch mit erstaunlicher Geschwindigkeit Worte und Sätze gebildet wurden.

Keiner von uns – wir waren zwischen fünfzehn und zwanzig, im skeptischen Alter –, keiner glaubte an eine Manifestation des Übernatürlichen, doch wir glaubten mit gutem Grund, dass die Dunkelheit, die Stille und sicher auch die Gefahr, an die wir uns zu gewöhnen begannen, die uns jedoch seit Monaten in Atem hielt – wir glaubten, dass das alles genügte, um die unbewussten Kräfte unserer Seelen anzuregen, und dass wir unsere Wünsche, unsere geheimen Sehnsüchte, unsere Träume intensiver und schärfer als sonst wahrzunehmen vermochten. In Wahrheit – das können Sie sich vorstellen – ging es nur um die Liebe, und die magische Untertasse enthüllte, kommentierte und präzisierte unermüdlich unsere Hoffnungen und Gelüste.

Dieser Abend also war der 6. Januar. In Russland ist es die Nacht, in der die jungen Mädchen aus der Tür treten und Vorübergehende bitten, ihnen ihren Namen zu nennen, und dieser Name wird der ihres noch unbekannten Verlobten sein. Andere giessen flüssiges Wachs in kaltes Wasser und versuchen, aus der rasch erstarrenden Form ihr Schicksal zu lesen. Zuweilen entstehen grobe Formen im Wasser, in denen man Kreuze, Ringe oder Kronen erkennen kann. Es gab noch viele andere Spiele, doch uns war jenes das liebste, mit dem wir uns schon so viele Abende lang in diesem eisigen Salon vergnügt hatten.

Es geschah nun, dass einer von uns – wir werden ihn Sascha nennen, ein junger Mann von zwanzig Jahren – fragte: «Geist, sag mir den Namen der Frau, die mir bestimmt ist.» Sascha machte einem blonden, robusten Mädchen namens Nina den Hof. Wir erwarteten also, dass der Geist folgsam diesen Namen schreiben werde, doch die Untertasse drehte sich sehr schnell unter unseren Händen, und wir lasen: Doris.

Dieser Name, im Englischen recht gebräuchlich, existiert im Russischen nicht.

Nina sagte mit einer gewissen Nervosität: «Ist das ein Witz? Ich hab' euch doch lachen gehört.»

Sie zeigte auf mich und auf meine Nachbarin. Unser Protest war aufrichtig.

«Fangen wir nochmal an. Der Geist soll den Namen wiederholen!»

«D.O.R.I.S.», las Sascha sehr leise.

«Den Familiennamen!», forderten wir.

«W.I. L. L. I. A.M.S.»

Nina rief mit einem Achselzucken: «Den Namen habt ihr aus einem englischen Roman! Wie dumm das ist! Gebt zu, es ist ein Witz!» Nichts konnte sie von ihrer Überzeugung abbringen. Sie schob heftig ihren Stuhl zurück. «Das ist ja idiotisch! Spielen wir etwas anderes! Was machen wir?»

Schüchtern – denn ich war die Jüngste und wurde von ihnen nur geduldet – schlug ich vor: «Das Spiegelspiel?»

Es handelte sich um einen weiteren Zeitvertreib am Abend des 6. Januar. Man ist allein in einem dunklen Zimmer und stellt zwei Kerzen vor einen grossen Spiegel; zwei kleinere Spiegel stellt man rechts und links von sich auf. Man wartet. Man wartet, dass es Mitternacht schlägt. Aus den Kerzenflammen im Spiegel wird ein langer, gewundener und düsterer Weg. Nach einiger Zeit sieht man das eigene blasse, ängstliche Gesicht nicht mehr. Aus der Tiefe des Spiegels tauchen Schatten auf, und man gibt ihnen die Form der eigenen Träume.

Also fingen wir an. Nacheinander blieb jeder von uns allein mit seinem Spiegelbild; die anderen warteten im dunklen Gang, drückten sich an die Tür und erzählten leise Gespenstergeschichten, um die Sache nach Möglichkeit noch ein wenig unheimlicher zu machen.

Dann war Sascha an der Reihe. Als er den Raum wieder verliess, wirkte er verstört. Er sagte: «Ich schwöre euch, und es ist mir egal, was ihr sagt, aber ich habe das Gesicht einer Frau gesehen. Sie lächelte. Sie trug einen kleinen schwarzen Hut mit Rosen, und sie machte eine Handbewegung, als würde sie einen Schleier hochheben, einen Hutschleier, ich weiss nicht, was ...»

«Hast du ihr Gesicht gesehen?»

«Nur einen Moment, und dann ist sie verschwunden ...»

«War sie wenigstens hübsch?»

Er schien so gebannt zu sein, dass er nicht antwortete. Sie können sich die Spötteleien vorstellen, die folgten und die Nina noch weniger ertrug als er.

Dann ... verging die Zeit. Eine lange Zeit. Jahre. Von den Russen in unserer Gruppe kehrten einige in ihr Land zurück und verschwanden später wie Steine, die man in einen tiefen See geworfen hat. Andere gingen nach Paris, so auch Sascha und Nina, die einige Monate nach diesem 6. Januar in Helsingfors geheiratet hatten.

Ich sah sie oft. Sie schienen nicht unglücklich zu sein. Auch nicht glücklich, wie ich zugeben muss. Doch ein russischer Emigrant, der damit beschäftigt ist, Arbeit zu suchen, Schulden zurückzuzahlen und seinen Ausweis erneuern zu lassen, hat kaum Zeit, von ehelichem Glück zu träumen. Man lebt zusammen, weil man eines Tages damit angefangen hat, und nach und nach vergehen, mehr schlecht als recht, die Jahre.

Eines Tages traf ich Sascha bei gemeinsamen Freunden. Abends brachte er mich nach Hause. Es war Herbst, und er fragte: «Weisst du es schon? Ich habe Doris Williams gefunden.»

Ich brauchte keine weiteren Erklärungen. Ich erinnerte mich sofort und mit aussergewöhnlicher Deutlichkeit an den grossen, dunklen, kahlen Salon, den Wandspiegel und den alten Tisch aus hellem Tannenholz ...

«Wo?»

«Bei ...» Er nannte den Namen von Russen, die ich kannte. «Ich ging sie einmal besuchen», sagte er, «und da war eine Frau, die einen schwarzen Hut mit Rosen trug. Bei meinem Eintreten war sie im Begriff, sich eine Zigarette zu nehmen, und als ich ihr Feuer gab, hob sie einen kurzen schwarzen Hutschleier. ‹Wo habe ich sie schon einmal gesehen?› dachte ich, aber es gelang mir nicht, mich zu erinnern ... Ich erfuhr, dass die Frau eine englische Journalistin war, nicht mehr jung, um die vierzig. Sie erzählte uns, dass sie viel gereist sei, und ich entdeckte, dass ich mich in jedem Land, das sie kannte, für kurze oder längere Zeit auch aufgehalten hatte, auf meinen Irrfahrten während oder nach der Revolution, doch nie zur gleichen Zeit wie sie. Ich war 1919 in Persien, sie 1921. Ich war acht Tage lang in Bournemouth, vor drei Jahren, und sie im letzten April. Einmal haben wir uns um nur achtundvierzig Stunden verpasst, vor vier Jahren in Salzburg. Als sie plötzlich aufstand, um zu gehen, fiel mir jene Nacht in Finnland ein, und ich sagte: ‹Sie heissen doch Doris Williams, nicht?› Sie war überrascht: ‹Das war mein Mädchenname. Heute bin ich verheiratet.› Damit ging sie. Ich liess sie gehen.»

«Doris Williams ist ein sehr häufiger Name», sagte ich, um ihn zu trösten.

Er brachte ein Lächeln zustande. «Ja, nicht wahr?»

«Und doch», sagte ich, «wenn ...»

Er antwortete mit einem Achselzucken: «Ich bin verheiratet. Ich habe Kinder. Zum Teufel mit dem Schicksal! Es hat sich zu spät bemerkbar gemacht.»

«Ach, wenn es wirklich geschrieben steht, dass du für diese Frau bestimmt bist und sie für dich, werdet ihr euch wiedersehen ...»

«Gott bewahre mich davor», murmelte er. «Mein Leben ist schwer genug. Gefühle, Leidenschaften sind das Letzte, was mir fehlt.»

«Du wirst sie wiedertreffen», sagte ich.

Und doch war er es, der recht behielt. Heute Morgen habe ich gelesen, dass man in London, in ihrer Wohnung, die Leiche einer Frau gefunden hat, einer Journalistin namens Doris Milne-

Williams, die von eigener Hand starb. Weiter hiess es, dass sie privaten Kummer hatte und von ihrem Ehemann getrennt lebte.

Irgendwo in den Fäden, die das Schicksal für uns spinnt, muss ein Fehler sein, eine Unregelmässigkeit.

(Aus: Irène Némirovsky, «Pariser Symphonie. Erzählungen». Aus dem Französischen übersetzt von Susanne Röckel. Manesse Verlag, Zürich 2016. ©Manesse Verlag, Zürich 2023 für die deutsche Übersetzung von Susanne Röckel)

Javier Marías
Isaacs Reise

Sein ganzes Leben brachte er damit zu, ein Rätsel zu lösen: Dem Vater seines besten Freundes, Isaac Custardoy, wurde in seiner Jugend eine Verwünschung, ein Fluch, eine Prophezeiung zugerufen. Er lebte in Havanna, besass Grund und Boden, war Militär; stolz war er auf seine Karriere und seinen Konquistadorenruhm, und er dachte nicht daran zu heiraten, nicht bevor er fünfzig wäre. Eines Morgens, als er auf dem Pferd unterwegs war, kreuzte ein armseliger Mulatte seinen Weg und bat ihn um ein Almosen, das er ihm verweigerte. Er wollte seinen Weg fortsetzen und gab seinem Pferd die Sporen, aber der Bettler konnte es noch aufhalten, indem er es an den Zügeln zu fassen bekam, und rief ihm zu: «Du und Dein ältester Sohn und der älteste Sohn Deines Sohnes, ihr werdet alle drei während einer Reise fern von Eurer Heimat sterben; Ihr werdet keine fünfzig Jahre alt werden, noch werdet Ihr die Ruhe des Grabes finden.» Der Vater seines Freundes, schenkte dem Ganzen nicht viel Beachtung, kehrte mit seinem Reitpferd heim, erzählte die Anekdote beim Essen und vergass sie anschliessend. Das geschah 1873, als der Vater seines Freundes gerade zweiundzwanzig Jahre alt war.

Im Jahre 1898, inzwischen war er verheiratet, Vater von sieben Kindern und bereits Oberstleutnant, als er sah, dass Kommodore Schley den Sieg davontragen würde, und erkannte, dass Kuba kurz davor stand, in die Hände einer fremden Macht zu fallen, weigerte er sich, eine andere Fahne als die spanische im

Hafen von Havanna flattern zu sehen. Überstürzt verschleuderte er seinen Besitz und freundete sich mit der Idee an, das Land, in dem er geboren war, auf immer zu verlassen, und obwohl er die Insel noch nie verlassen hatte und obwohl er unter der Menière-Krankheit litt, schiffte er sich mit seiner ganzen Familie mit Kurs auf Spanien ein. Nach nur einer Woche Überfahrt beendete ein fürchterlicher Anfall dieser Krankheit sein Leben: Er lehnte, in Gedanken versunken, an der Reling des Passagierdecks und dachte nach über das Land (er gestattete sich sogar eine gewisse Vorfreude), dessen Name ihm so vertraut klang, als er plötzlich – ohne Zweifel hörte er schreckliche Geräusche und gleich darauf schon nichts mehr, so jedenfalls machte es aufgrund seiner schrecklichen Schreie, zunächst vor Schmerz und dann vor Überraschung, den Anschein – wie vom Blitz getroffen tot umfiel. Seine sterblichen Überreste wurden, begleitet von einer Kanonensalve, dem Meer übergeben. Er wäre bald fünfzig geworden.

***

Sein Erstgeborener, der wie er Isaac Custardoy hiess, verfolgte in Spanien seine militärische Laufbahn weiter, die er in Kuba unter der Schirmherrschaft seines Vaters begonnen hatte. Da seine Berufung echt war oder nicht in Zweifel gezogen wurde und es ihm nicht an Ehrgeiz fehlte, stieg er sehr schnell in den Rang eines Oberst auf und wurde Adjutant von Fernandez Silvestre. Er lebte in Madrid und fühlte sich seit seiner Jugend für seine jüngeren Brüder und Schwestern verantwortlich, stets trug er für sie Sorge, und er versuchte, es so einzurichten, dass er die Hauptstadt nach Möglichkeit nie verlassen musste. 1921 jedoch kam er nicht umhin, nach Marokko aufzubrechen, um seinen Freund und Vorgesetzten zu begleiten. Inmitten der Katastrophe von Annual, als die spanischen Truppen in alle Winde zerstreut und von den Berbern des Abdel-Krim geschlagen waren, wurden der General, Custardoy und des ersteren Sohn – vom Rest des Gros abgeschnitten, hilflos, aber mit einem Lastwagen zu ihrer Verfügung – Opfer des allgemeinen Durcheinanders, der schweren Panik und der Verwirrung. Silvestre weigerte sich, das Feld zu verlassen, und Custardoy weigerte sich, seinen Vorgesetzten zu verlassen: Zu zweit gelang es ihnen, den Sohn zu überzeugen, dass er versuchen solle, sein Leben zu retten und mit dem Lastwagen zu fliehen. Die beiden Offiziere blieben in der allgemeinen Auflösung allein zurück, und ihre Leichen wurden nie gefunden. Von Custardoy fand man lediglich den Feldstecher und seine Rangabzeichen. Vermutlich wurden sie gepfählt. Isaac Custardoy war fünfundvierzig Jahre alt. Als einzige Hinterbliebene hinterliess er seine Frau.

***

Sein bester Freund brachte sein ganzes Leben damit zu, das Rätsel zu lösen: Warum hatte sich die Prophezeiung des armseligen Mulatten in ihren beiden ersten Teilen vollkommen und absolut exakt erfüllt, und im dritten nicht? Es hatte nie einen ältesten Sohn des ältesten Sohnes gegeben. An einen unehelichen Sohn zu denken, war zu banal. Wenn sich nichts erfüllt hätte ... Wenn sich alles erfüllt hätte ... In jedem der beiden Fälle, was für eine Erleichterung! Er brachte sein ganzes Leben damit zu, das Rätsel zu lösen.

***

Als er schon alt und von Tatenlosigkeit gelangweilt war, fand er seinen einzigen Gefallen darin, die Bibel zu lesen. Und eines Tages, als er zum hundertsten Mal darin las, hielt er an der Stelle inne, wo es heisst: Abraham war sechsundachtzig Jahre alt, als ihm Agar Ismael gebar. Und etwas weiter hielt er neuerlich inne: *Abraham war hundert Jahre alt, als ihm Isaac, sein Sohn, geboren wurde.* Und er dachte, dass Jehova die Geburt von Isaac schon lange Zeit bevor Ismael, der Sohn von Agar, geboren wurde, der schon dreizehn Jahre alt war, als Sara niederkam, prophezeit hätte. Das brachte ihn dazu, sich die Frage zu stellen und zu überlegen: «Wo war Isaac während dieser ganzen Zeit, von seiner Prophezeiung bis zu seiner Geburt, von seiner Ankündigung bis zu seiner Empfängnis? Denn irgendwo musste er ja gewesen sein, da man schon seit damals von ihm wusste: Nicht nur Jehova; auch Abraham und Sara wussten von ihm.» Und das liess ihn noch tiefer in sein Problem eindringen; es brachte ihn auf den Gedanken: «Der Enkel von Isaac Custardoy war auch angekündigt, ist aber nie geboren, wurde weder geboren noch gezeugt. Aber der armselige Mulatte sowie der eigentliche Custardoy wussten bereits seit 1873 von ihm. Wo ist er seit damals gewesen? An irgendeinem Ort musste er sein.»

Er grübelte weiter und entschloss sich, den Rest seines Lebens damit zu verbringen, das Rätsel zu lösen. Und kurz vor seinem Tod schrieb er seine Gedanken auf ein Blatt Papier: «Ich prophezeie, dass ich sterben werde, ich werde mich auf meine letzte Reise begeben. Was wird aus mir werden? Wohin werde ich gehen? Werde ich irgendwohin gehen? Wohin werde ich gehen? Ich erblicke den Tod, weil ich gelebt habe und weil ich gezeugt worden bin, weil ich noch am Leben bin; der Tod, als solcher, ist unzulänglich, er schliesst nicht alles in sich ein, er kann nicht verhindern, dass ausser ihm noch etwas anderes existiert, von wo aus man ihn erwartet, von wo aus man ihn sich ausdenkt: damit muss er sich abfinden. Nur der gehört zum Ganzen, der nicht geboren wurde; mehr noch, der weder gezeugt noch empfangen wurde. Der, der nicht empfangen wird, ist derjenige, der nicht mehr stirbt. Der ohne Unterbrechung auf dem verworrensten und unwegsamsten aller Pfade gewandelt ist: auf dem Pfad der Eventualität. Es ist der einzige, der niemals weder Heimat noch Grab haben wird. Es ist Isaac Custardoy. Ich, hingegen, ich bin es nicht.»

(Aus: Javier Marías, «Während die Frauen schlafen». Erzählungen. Aus dem Spanischen von Renata Zuniga. Verlag Klaus Wagenbach, Berlin 1999. © by Casanova & Lynch Literary Agency Barcelona)

David Malouf
Das Medium

Als ich elf war, hatte ich einmal in der Woche Geigenstunde bei einer Miss Katie McIntyre, die man immer so nannte, um sie von ihrer Schwester Miss Pearl zu unterscheiden, die Klavierstunden gab und uns bei Prüfungen begleitete.

Miss Katie hatte ein grosses, sonniges Studio in einem Gebäude der Innenstadt; unter ihr hatten Zahnärzte, Papierlieferanten und preiswerte Photografen ihre Räume. Es lag auf der vierten Etage, und man erreichte es mit einem altmodischen Fahrstuhl, der bedenklich schwankte, während er hochfuhr (über den Geruch von Chemikalien und gelegentlich einem Hauch von

Gas hinaus) zu der reineren Sphäre, die Miss Katie mit der einzigen anderen Bewohnerin höherer Bereiche teilte, der Spiritistin Miss E. Sampson.

Ich wusste einiges über Miss Sampson aus dem Tratsch, den ich über die Freundinnen meiner Mutter mitgekriegt hatte; und manchmal, wenn ich früh dran war, fand ich mich mit ihr zusammen im Aufzug nach oben, wir beide mit den Füssen fest auf dem Boden, während die dunkle Kabine wackelte.

Sie war die Tochter eines bekannten Arztes, eines Anästhesisten, und hatte das Clayfield-College besucht, war intelligent, beliebt, ein feiner Kerl. Aber dann tauchte ihre Gabe auf – so drückten es die Freundinnen meiner Mutter aus – und offenbarte sich völlig unerwartet der Welt, ohne jedoch ihre Intelligenz oder ihre gute Laune auf irgendeine Weise zu beeinträchtigen.

Zuerst versuchte sie die Gabe zu leugnen: Sie ging zur Universität und studierte Griechisch. Aber die Gabe hatte ihr eigenes Ziel im Auge und liess nicht mit sich spassen. Sie bemächtigte sich der jungen Frau, erhob Anspruch auf sie und gab den Freundinnen meiner Mutter zu denken: nicht über Emily Sampson, sondern über sich selbst. Sie begannen ihr aus dem Weg zu gehen, um sie später, Jahre danach, wieder ausfindig zu machen.

Ihr Kontakt war anscheinend ein Inder, dessen Männerstimme über dem mit Kaffee bekleckerten Spitzenfichu krächzend aus zarter Kehle drang. Manchmal redete sie aber auch mit den Stimmen von Toten: von kleinen Mädchen, die der Diphtherie oder einer Blutvergiftung erlegen oder in Vorstadtparks erwürgt worden waren, Soldaten, die in einem der Kriege gefallen waren, ertrunkenen Matrosen, verlorenen Söhnen und Brüdern, Ehemännern, die es neben ihren Dahlien am Ende des Gartens umgehauen hatte. Den Geigenkasten an mich gedrückt, presste ich mich dicht ans Gitter, um Raum zu schaffen für die Geister, die sie vielleicht mitgebracht hatte.

Sie war inzwischen eine Frau von neunundvierzig oder fünfzig Jahren – klein, aufrecht, geschäftsmässig, in einem Schneiderkostüm, das Haar zu einem silbernen Helm geschnitten. Sie lutschte Bonnington's Irish Moss für ihre Stimme (ich konnte es riechen) und inserierte in der Courier Mail unter «Dienstleistungen», zwischen Chiropraktikern und Darmspülungen. Es war seltsam, ihren Namen E. Sampson, Spiritistin, so kühn in der Eingangshalle neben den Aufzügen aufgeführt zu sehen, zwischen den Zahnärzten und ihrem akademischen Grad, den im Handelsregister eingetragenen Firmen, Pty Ltd, und meiner Miss McIntyre, LTCL, AMEB. Miss Sampsons Beruf, der so unverblümt behauptet wurde, schien ohne jede genauere Bezeichnung für sich zu sprechen. Sie selbst war der Beweis. Vermutlich war es das, was mir Scheu vor ihr einflösste.

Damals schien es angemessen, die Musik von den weltlicheren Tätigkeiten abzusondern, die in den Regionen weiter unten ausgeübt wurden – vom Sirren der Zahnbohrer, vom Plombieren von Löchern mit Amalgam oder Gold und vom Herstellen von Passphotos für Leute, die nach Übersee gingen. Aber ich hielt Miss Sampson ungeachtet ihrer festen Schuhe für eine Art Scharlatan, und es tat mir leid, Miss Katie und die schönen Künste mit ihr in Verbindung gebracht zu sehen und mit den Scharen stiller, melancholisch blickender Frauen (grösstenteils waren es Frauen), die zu ihrem Zimmer wallfahrteten und die letzten Stationen des Aufzugs mit uns teilten: Frauen, deren Männer Bankmanager sein mochten – sie trugen elegante Hüte und Handschuhe und hielten das Kinn etwas schräg trotz des Umstands, dass sie schliesslich «dazu bekehrt» worden waren; andere Frauen in unförmigen geblümten Kleidern mit sommersprossigen Armen und zuviel Körperpuder, die in Krankenhausküchen arbeiteten, Büros putzten oder anderer Leute Wäsche wuschen, jetzt schicklich behandschuht und behütet, aber etwas eingeschüchtert von der Gesellschaft, in der sie sich befanden, und von den Höhen, zu denen der Aufzug hinaufruckelte, während sie sich an den Gitterstäben festhielten. Die verschiedenen Gruppen blieben für sich, gebrauchten die Ellenbogen zwar auf damenhafte Weise, aber gebrauchten sie dennoch, und äusserten höfliche Floskeln wie «Verzeihung» oder «Oh, tut mir leid», wenn sie im Gedränge aneinanderstiessen. Obwohl sich bereits erwartungsvolles Schweigen über alle gesenkt hatte, hatten sie noch nicht ihre Gemeinschaftlichkeit akzeptiert. Es gab Unterschiede zu wahren, selbst hier.

Der Aufzug, bis aufs äusserste ausgelastet, leistete dann Schwerarbeit. Und es war nicht bloss das Gewicht der Körper, kam mir vor (nur acht Personen, mahnte ein Schild), das den alten Mechanismus im Schacht knirschen liess, sondern das Gewicht all des Leids, all der Hoffnunglosigkeit und all der letzten Hoffnung, all der Würde in der Einsamkeit des Kummers und des

Schweigens, das nur von einem gelegentlichen «Nun reg dich nicht auf, Liebes» oder einem geflüsterten «George hätte es so gewollt, das weiss ich genau» unterbrochen wurde. Wir stiegen langsam aufwärts.

Ich zog es vor, früh da zu sein und rasch und wortlos mit Miss Sampson persönlich hochzufahren.

Manchmal liess sie aus müssiger Neugier (wenn man ihr so ein Motiv unterstellen mochte) die Augen einen Moment lang auf mir ruhen, und ich fragte mich aufgeregt, was sie wohl ausser einem rundlichen Elfjährigen mit schrundigen Knien, der sich krampfhaft an Mozart festhielt, sehen mochte. Wie die meisten Jungen dieses Alters hatte ich eine Menge zu verbergen.

Aber sie schien direkt zu mir zu blicken, nicht durch mich hindurch. Sie lächelte, ich lächelte ebenfalls, räusperte mich, damit überhaupt ein Ton kam, und sagte in wohlerzogener Little-Lord-Fauntleroy-Manier, von der ich hoffte, sie würde dadurch getäuscht werden und liesse mich mit meinen Geheimnissen in Ruhe: «Guten Tag, Miss Sampson.»

Ihre eigene Stimme war so unauffällig wie die einer Tante: «Guten Tag, mein Junge.»

Um so beunruhigender dann, wenn ich auf einem der Korbstühle im Flur wartete und Ben Steinberg, Miss McIntyres Star, Max Bruch spielte, dieselbe Stimme seltsam verändert zu hören. Sie schwebte über dem leisen Gerascheln und Atmen ihrer Gemeinde, all dieser Frauen mit Handschuhen und Hüten und Pelzbesätzen, die sich zwischen geisterhaftem Pampasgras zusammendrängten, und war um einen Ton tiefer geworden – nein, um mehrere Töne –, kam von einem anderen Kontinent. Ich fühlte, wie es mich kalt überlief. Es war der Inder, der durch sie aus einer anderen Existenz sprach.

Da ich schräg zur halboffenen Tür sass, bekam ich nur einen Teil der Szene mit. Im Spiel des Kerzenlichts auf den Bronzevasen sass um halb vier nachmittags, während die Stadt draussen im unnatürlichen Licht einer schwarzblauen Gewitterwolke in der Hitze schmorte, ein Wesen, das ich nicht mehr für die Frau im Aufzug mit ihren festen Schuhen und dem gutgeschnittenen marineblauen Kostüm halten konnte, im Schneidersitz inmitten von Kissen, die Augen geschlossen, den Kopf nach hinten gekippt, die Kehle entblösst wie in Erwartung eines zustossenden Messers.

Ein leises Summen erfüllte den Raum. Das schwache Leuchten des Pampasgrases war engelhaft, und ich wurde an etwas erinnert, was ich einmal aus dem Fenster eines Waggons gesehen hatte, als mein Zug dampfend auf dem Gleis stand: drei alte Männer – es mochten Landstreicher sein – hockten in einem leuchtenden Haufen hinter den Glasscheiben eines Wartehäuschens, ihre grauen Köpfe hatten einen Strahlenkranz aus Dunst, und der geschlossene Raum glühte von ihrem Atem wie ein Glasgefäss voller Glühwürmchen. Die Vision liess mich nicht los. Sie war ganz real – das heisst, die Landstreicher waren real genug, man hätte sie beim Näherkommen riechen können –, aber die Art, wie ich sie gesehen hatte, veränderte die Realität, machte mich so überwach, dass ich mich an Einzelheiten erinnerte, die ich bei der Entfernung mit blossem Auge unmöglich bemerkt haben konnte: das Grünlichgrau des Haars von dem einen alten Mann, da, wo es in Locken auf die Schulter fiel, den Dreck auf einer Hand, der ihre vielen Falten hervortreten liess, den Schmutzring am Kragen. In Miss Sampsons Zimmer zu sehen war vergleichbar. Ich sah zuviel. Ich war benommen und begann zu schwitzen.

Ein Schauder der Erregung ging durch den Raum. Eine neue Präsenz hatte den Raum betreten. Sie äusserte sich in einer schrill wimmernden Kinderstimme, und eine der Frauen stiess einen Schrei aus, der sofort von anderen Stimmen aufgenommen wurde. Die Diskantstimme, jetzt kräftiger, übertönte die andern. Miss Sampson schwankte wie eine Blume auf dem Stengel hin und her ...

Minuten später, nachdem ich hinter der Tür von Miss Katies sonnigem Studio Tonleitern, Arpeggios und meine drei Stücke vorgeführt hatte, stand ich mit dem Rücken zum Klavier (das Gesicht zu der Wand, hinter der sich so viele Emotionen bargen), während Miss Katie Intervalle spielte, die ich benennen, oder Akkorde anstimmte, die ich ebenfalls benennen musste. Es war nicht schwierig. Es war nur einfache Mathematik, und ich hatte ein gutes Gehör, obwohl die Akkorde in anderem Zusammenhang und auf unerklärliche Weise einen zu Tränen rühren können.

Es gibt keine Geschichte, keine Folge von Ereignissen, die irgendwohin führen oder irgend etwas beweisen – keine Mitte, kein Ende. Bloss einen Blick durch eine halboffene Tür, Stimmen, die man sieht, aber nicht hört, Schwingungen, die durch eine Wand hindurch verspürt werden, während das geschulte Ohr sich bemüht, nicht zu hören, was im nächsten Raum vor sich geht, sondern die Akkorde abzuschätzen, die auf einem Klavier mit Stahlrahmen angeschlagen werden – genau, festgelegt, benennbar als verminderte Quinten oder neapolitanische Sexten, gelegentlich allerdings Tränen auslösend; und die Stimme, die die Akkorde benennt, ist deine eigene.

(Aus: David Malouf, «Südlicher Himmel. Erzählungen». Aus dem Englischen von Adelheid Dormagen. Paul Zsolnay Verlag, Wien 1999)

Charles Linsmayer

Die 135 Autorinnen und Autoren im Porträt

Anna Achmatova
1889–1966
Beitrag Seite 28

«Stille fliesst der stille Don. / Gelb tritt in das Haus der Mond. / Schaut in alle Winkel keck: / Sieht: Ein Schatten sitzt im Eck. / Eine Kranke muss das sein. / Eine kranke Frau, allein. / Tot der Mann, im Grabe schon, / im Gefängnis sitzt der Sohn. / Diese kranke Frau bin ich. / Betet, schreit zu Gott für mich!» Erschütternder als im «Requiem» von Anna Achmatova ist das Leiden Russlands unter Stalin, ja vielleicht überhaupt das Leiden von Menschen unter einer Diktatur, nirgendwo zu Dichtung geworden. Die am 23. Juni 1889 in Bolschoi Fontan bei Odessa geborene Anna Andrejevna Gorenko hatte bis 1922, bis man ihr wegen Dekadenz und Revolutionsfeindlichkeit das Publizieren verbot, bereits sechs vielbeachtete Lyrikbände veröffentlicht, als sie 1935, aufgefordert durch eine Unbekannte, mit der zusammen sie vor dem Gefängnis auf Nachrichten von ihrem Sohn wartete, einen Gedichtzyklus über das Schicksal der Millionen Opfer von Stalins Terror zu schreiben begann: ein zehnstrophiges Requiem, das 1961 vollendet war, aber in Russland erst 1987, 21 Jahre nach dem Tod der Dichterin am 5. März 1966, erscheinen konnte. So riskant war das Projekt noch 1940 gewesen, dass die Autorin keine Handschrift aufbewahrte, sondern die Verse von einer Freundin auswendig lernen liess. Mit Grund, wie sich 1946 zeigte, als sie nach drei patriotischen Büchern in den Kriegsjahren wieder Publikationsverbot erhielt und ZK-Mitglied Schtanow sie ungestraft als «eine Hure und eine Nonne, bei der Pornographie mit Gebet verflochten ist» beschimpfen durfte. Was immerhin die Kenntnis von Anna Achmatovas Werk verriet, hat sie doch tatsächlich in Liebesgedichten wie jenen von «Abend» (1912) das Erotische wie keine andere Dichterin dieser Zeit zum Leuchten gebracht, und nicht nur im «Requiem», sondern auch im grossartigen, von 1923 bis 1963 entstandenen Zyklus «Poem ohne Held» ist es die zu neuer Intensität erwachte russische Frömmigkeit, die ihre Abrechnung mit dem Terror ins Allgemeingültige erhebt. «Gott schütze uns alle: / Die Flamme ertrank im Kristalle / Und der Wein ist herb wie Arsen.»

Nicht nur in Homers «Odyssee», auch in mittelalterlichen Erzählungen werden die Liebenden auseinandergerissen, finden aber, nachdem der männliche Teil Abenteuer über Abenteuer überlebt hat, am Ende glücklich wieder zusammen. Genau das geschieht auch mit Obinze und seiner Freundin Ifermelu, die sich schon in der Schule verlieben. Nur dass diesmal beide eine Odyssee durchmachen, Obinze als illegale Putzkraft in England, Ifermelu als College-Studentin und Schwarzarbeiterin in den USA, ehe sie nach Jahren in ihrer Heimat wieder zusammenfinden. Wobei diese Heimat nun nicht in Europa, sondern in Nigeria liegt, die Protagonisten in England und Amerika rassistische Diskriminierung erfahren mussten und ihre Geschichte nicht aus europäischer, sondern aus afrikanischer Sicht erzählt ist: unter dem Titel «Americanah» 2013 von der am 15. September 1977 im nigerianischen Enugu geborenen und heute in den USA lebenden Chimamanda Ngozi Adichie. «Americanah» war bereits der dritte Roman der studierten Politologin, die sich im Manifest «Mehr Feminismus!» von 2014 als «glückliche afrikanische Feministin» bezeichnet, «die Männer nicht hasst und Lippenstift und hohe Absätze zum eigenen Vergnügen trägt». Als 2003 ihr Romanerstling, «Der blaue Hibiskus», erschien, traf sie mit Salman Rushdie zusammen, der darüber festhielt: «Sie war zu dieser Zeit sozusagen ‹gerade erst aus dem Ei geschlüpft›, und auffällig war ihr Selbstbewusstsein und ihre Kompetenz. Sie war sehr durchsetzungsfähig, sprach flüssig und kraftvoll, und wir alle konnten sehen, dass da jemand sehr Bemerkenswertes debütierte. ‹A star is born›, dachte ich, und das hat sich bestätigt.» Ihre jüngste Publikation ist der 2021 deutsch erschienene Roman «Trauer ist das Glück, geliebt zu haben» über den Tod des Vaters, den sie 2020 der Pandemie wegen nur aus der Ferne betrauern konnte. Dabei lernte sie nicht nur, was für ein «grausamer Unterricht» die Trauer sei, sondern auch «wie sehr es bei Trauer um Sprache geht, um das Versagen der Sprache und die Suche nach den richtigen Worten».

Chimamanda Ngozi Adichie
*1977
Beitrag Seite 114

Samuel Agnon
1888–1970
Beitrag Seite 361

Wenn etwas vom Charme des osteuropäischen Schtetl, dieser versunkenen jüdischen Lebenswelt zwischen karger Tradition und lebenslustigem Chassidismus, auf hinreissende Weise lebendig blieb, dann in den Romanen und Erzählungen von Samuel Josef Agnon, der am 17. Juli 1888 als Josef Czaczkes im galizischen Buczaz geboren wurde und am 17. Februar 1970 in Tel Aviv starb. Die Katastrophe der Juden-Vertreibung unter Kaiser Titus habe dazu geführt, dass er im Exil geboren wurde, aber er habe immer geträumt, in Jerusalem zur Welt gekommen zu sein, hat Agnon einmal gesagt. Und kurz darauf sprach er von jener Katastrophe, die den Untergang der Ostjuden bewirkt und zur Folge hatte, dass er ein hebräischer Autor in Jerusalem geworden sei und dennoch nie vergessen könne, dass er aus Galizien stamme und eigentlich zum Rabbi bestimmt gewesen sei. Agnon zog bereits 1907 nach Palästina, wo er mit dem Unterbruch eines Berlin-Aufenthalts von 1913 bis 1924 bis zuletzt lebte und zum Klassiker der hebräischen Literatur und zum Nobelpreisträger des Jahres 1966 wurde. Dennoch spielt bereits sein erster, 1912 erschienener Roman «Das Krumme wird gerade», die Geschichte des gottesfürchtigen Menasche Chajim und seiner Liebe zur lebenstüchtigen Kreindel, zur Gänze in der Welt des Schtetl. Die witzig-hintergründige «Bräutigamsuche» von 1929 evozierte das Ostjudentum in seiner Blütezeit, «Nur wie ein Gast zur Nacht» schilderte 1939 einen Besuch im verarmten Buczaz nach dem 1. Weltkrieg, und erst «Gestern, vorgestern» (1945) spielt unter den Pionieren in Palästina, wo sich der Protagonist Jizchak Kummer aber ebenso wenig wohlfühlt wie Agnon selbst in den ersten Jahren. Das Judentum war für Agnon schwere Last und höchstes Glück und Inspiration in einem, und wer das unmittelbar nachfühlen will, lese «Zwei Gelehrte» von 1951, wo die Deutung des Talmud zum Streitpunkt einer erregenden Freundschaft wird, oder «Eine einfache Geschichte» von 1935, wo die Liebe auf erschütternde Weise an den religiösen Traditionen und Gesetzen zerbricht.

Der am 3. Februar 1947 als Sohn jüdischer Eltern in Newark geborene Paul Auster hat sich früh für Dostojewski begeistert, ist in Paris Beckett begegnet, hat als Kritiker gearbeitet und Gedichte geschrieben, ehe er 1982 mit dem Vater-Roman «The Invention of Solitude» zur Prosa fand. Der Durchbruch gelang ihm mit der 1985/86 erschienenen New-York-Trilogie, die mittels vielerlei experimenteller Erzählformen das Genre des Kriminalromans in eine Darstellung von existenziellen Problemen und der Suche der Protagonisten nach sich selbst überführt. «City of Glass» lässt den Privatdetektiv Quinn so drastisch an seinen Ermittlungen scheitern, dass er sich am Ende in

Paul Auster
*1947
Beitrag Seite 396

der Rolle eines Stadtstreichers selbst verliert. «Ghosts» handelt von einem Detektiv namens Blue, der von einem gewissen White damit beauftragt wird, den Schriftsteller Black zu observieren, dessen Mörder er am Schluss wird. In «The Locked Room» wird der Erzähler auf der Suche nach seinem Jugendfreund Fanshawe zum Detektiv, muss aber, als dieser sich in einem geschlossenen Raum verbarrikadiert, erkennen, dass ein Mensch für den andern etwas Unzugängliches darstellt. Ein weiterer Roman, «In the Country of last Things», stellte 1987 dem Identitätsverlust der New-York-Trilogie den Moloch Grossstadt als apokalyptische, im Untergang begriffene Welt gegenüber. Bis zu «1234», den 2017 publizierten vier Versionen des Lebens von Archie Ferguson, hat Paul Auster, der seit 1982 mit der Schriftstellerin Siri Hustvedt verheiratet ist und längst als einer der führenden Autoren der amerikanischen Literatur gilt, zwölf weitere Romane publiziert, darunter «The Book of Illusions» (2002), «Man in the Dark» (2008) und «Sunset Park» (2010). Eine persönliche, auf den Körper und seine lustvollen, aber auch schmerzlichen Empfindungen fokussierte Autobiographie hat Auster 2012 im «Winter Journal» vorgelegt. Wie ein pessimistisches Gegenstück dazu liest sich der Roman «Baumgartner» von 2023. Unübersehbar geprägt durch Austers 2022 diagnostizierte Krebserkrankung handelt er vom Umgang mit dem Tod, der einen 70jährigen zum Nachdenken über die Verluste seines Lebens zwingt.

Ingeborg Bachmann
1926–1973
Beitrag Seite 274

In jeder Generation neu entdeckt, für die weibliche Selbstfindung von kaum zu überschätzender Bedeutung, gilt die am 25. Juni 1926 in Klagenfurt geborene und am 17. Oktober 1973 in Rom verstorbene Ingeborg Bachmann längst als eine der ganz grossen, massgeblichen Autorinnen des 20. Jahrhunderts. «Keine neue Welt ohne neue Sprache», verkündete die Lyrikerin, von den Verstörungen des Krieges und den Verwerfungen der Gegenwart herkommend, auf der Suche nach etwas Grossem, Neuem, endete aber, nachdem sie 1953 in «Die gestundete Zeit» und 1956 in «Anrufung des Grossen Bären» auf erschütternd-grossartige Weise mehr davon erreicht hatte, als ihr bewusst war, im Verstummen: «Mein Teil, er soll verloren gehen.» Mit dem «Dreissigsten Jahr» ging sie 1961 zur Prosa über, und was sie in diesem Band und in den vollendeten und unvollendeten Teilen des 1971 begonnenen «Todesarten»-Projekts – etwa «Malina» oder «Der Fall Franza» – unternahm, war eine Auseinandersetzung nicht nur mit der Situation der Frau und den Möglichkeiten weiblichen Schreibens, sondern auch mit der Gewalt in der Gesellschaft. Einer Gewalt, der sie vor allem auch in der Angst und im Schmerz Liebender nachspürte. «Ich glaube, dass die Liebe auf der Nachtseite der Welt ist, verderblicher als jedes Verbrechen, als alle Ketzereien», hatte 1958 schon ihr «Guter Gott in Manhattan» dem Radiopublikum verkündet, und es entbehrt nicht der Ironie, dass dieses Hörspiel sie mit Max Frisch in Kontakt brachte, dem Mann, mit dem sie die Abgründe der Liebe auf eine Weise erlebte, die sie in eine tiefe Schaffens- und Lebenskrise stürzte und letztlich den Anstoss zum verzweifelt-traurigen Todesarten-Projekt gab. Darin ist aber auch die – am Ende ebenfalls gescheiterte – Liebe zu Paul Celan gespiegelt, der Ingeborg Bachmann 1952 in dem ihr gewidmeten Band «Mohn und Gedächtnis» die denkbar schönste Hommage dargebracht hat: «Mein Auge steigt hinab zum Geschlecht der Geliebten: / wir sehen uns an, / wir sagen uns Dunkles, / wir lieben einander wie Mohn und Gedächtnis, / wir schlafen wie Wein in den Muscheln / wie das Meer im Blutstrahl des Mondes.»

«Einen erschöpften Ästheten, der alle seltsamen giftigen Weine des Lebens geschlürft hat und sie ziemlich langweilig fand», nennt die Zeitschrift des Dubliner Trinity-Colleges Samuel Beckett, als der am 13. April 1906 geborene Assistent 1930 in Paris das Poem «Whoroscope» publiziert. Und bis 1953, als «Warten auf Godot» zur Sensation wird und mit seinen andern, ebenso niederschmetternd-illusionslosen Stücken und Romanen zusammen zur Folge hat, dass die Nobelpreis-Akademie dem Laureaten von 1969 attestiert, mit ihm habe «das Elend des modernen Menschen Erhabenheit erlangt», ist der hagere Ire mit dem traurig-ernsten Blick tatsächlich ein Outlaw wie Wladimir, Estragon, Clov, Hamm, Watt und all die andern. «Er hat Talent, glaube ich», urteilt Joyce, den er zuerst sklavisch imitiert, 1932. Aber Wälzer wie «Ulysses» liegen dem coolen Newcomer nicht. Er verarbeitet den Korb, dem ihm eine Cousine verpasst, zu einem nie vollendeten Roman über «mehr oder weniger schöne Frauen», liegt wochenlang in Peggy Guggenheims Pariser Hotelzimmer, treibt, während 42 Verlage den Roman «Murphy» ablehnen, die Hypochondrie zum Exzess und wäre an «Alkohol, Nikotin und weiblichen Vergiftungen» krepiert, würde Suzanne Déschevaux ihn nach den Messerstichen eines Strichjungen nicht aufpäppeln und zu bürgerlicher Lebensart verführen. Doch die Zeit arbeitet für ihn, und nach dem Krieg, dem er sich bei der Résistance mutig stellt, ist seine nihilistische Trostlosigkeit unversehens nicht mehr krude Hyperbel, sondern reales Abbild einer in Trümmern liegenden Welt. «Es gibt nichts Komischeres als das Unglück», sagt der 1989 verstorbene Clown der modernen Verlorenheit irgendwo, und indem er das spielerisch an vergeblich Wartenden («Godot»), an vom Dasein restlos Enttäuschten («Endspiel») oder an elend in ihre Lebenslüge Verstrickten («Glückliche Tage») vorzeigt, hilft er der aus den Fugen geratenen Welt zu ertragen, was nun mal nicht zu ändern ist. «Nous naissons tous fous. Quelques-uns le demeurent», heisst es in «Warten auf Godot», «Wir werden alle verrückt geboren. Einige bleiben es.»

Samuel Beckett
1906–1989
Beitrag Seite 473

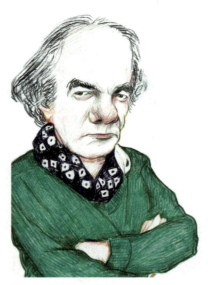

Thomas Bernhard
1931–1989
Beitrag Seite 53

«Lieber Grossvater, ich bin in Saalfeld gut angekommen. Wie geht es Dir, schreibst Du immer Bücher? Mir geht es gut. Wir bekommen viel zu essen. Schreib mir bald, was alle machen. Viele Grüsse und Küsse Dein Thomas.» Der Brief ist vom 20.11.1941, Thomas ist ein 10jähriger Österreicher, der den Vater nicht kennt und von der Mutter nach Deutschland in ein Heim verfrachtet wird. Ausser dem Grossvater, dem Heimatdichter Freumbichler, meint es kaum jemand gut mit dem Jungen, der am 9. Februar 1931 in Holland zur Welt kam, weil die Mutter, ein Dienstmädchen, zuhause den Skandal fürchtete. Auf das NS-Heim folgen ein ebenso bigottes katholisches, das abgebrochene Gymnasium, eine Verkäuferlehre, Jahre im Griff der Tuberkulose – so deprimierend all das, dass der junge Mann, als ihm ab 1950 sein «Lebensmensch», die 37 Jahre ältere Hedwig Stavianicek, ein von Dostojewski inspiriertes zornig-ruheloses Schriftstellerleben finanziert, soviel Hass in sich gesammelt hat, dass der Name Thomas Bernhard zum Synonym für die Verunglimpfung Österreichs werden wird. Zwischen 1968, als er die Staatspreisverleihung platzen lässt, und 1988, als wenige Monate vor seinem einsamen Tod am 11. Februar 1989 die Uraufführung seines letzten Stücks, «Heldenplatz», ganz Wien in Aufruhr bringt, redet die Welt viel zu viel von Skandalen und viel zu wenig von einem Œuvre, das mit seiner hinreissend musikalischen Sprache und der genialen Umsetzung der Themen Verstörung, Krankheit, Einsamkeit, Tod allen Rummel überleben wird: die Anti-Heimatromane «Frost» und «Verstörung»; die Autobiographie «Die Ursache»/«Der Keller»/«Der Atem»/«Die Kälte», die Satiren «Alte Meister» und «Holzfällen»; der Geschichtsroman «Die Auslöschung», aber auch Theaterstücke wie «Über allen Gipfeln ist Ruh», «Die Macht der Gewohnheit» oder «Der Weltverbesserer», welch letzterer dem Schauspieler Bernhard Minetti gewidmet ist, der zusammen mit dem Regisseur Claus Peymann dazu beitrug, dass Bernhard nicht nur einer der bedeutendsten Prosaisten, sondern auch einer der erfolgreichsten Dramatiker des 20. Jahrhunderts wurde.

Wer diese Erzählung liest, wird nie wieder Brot wegwerfen können! «Das Brot der frühen Jahre» von 1955 ist keins der berühmten Werke des am 21. Dezember 1917 in Köln geborenen Heinrich Böll. Aber im Unterschied zum Weltkriegs-Generationen-Roman «Billard um halbzehn» (1959), den mit der westdeutschen Nachkriegs-Politik hadernden, grotesk-satirischen «Ansichten eines Clowns» (1963), «Gruppenbild mit Dame», wo die Titelfigur der harsch kritisierten deutschen Wirklichkeit 1971 eine utopische Alternative entgegenstellte, arbeitet es, statt sie explizit zu benennen, die politischen Zusammenhänge unaufdringlich in eine einfach daherkommende, in Wirklich-

Heinrich Böll
1917–1985
Beitrag Seite 155

keit aber höchst kunstvolle Erzählsprache ein. Im Coup de Foudre zur 20jährigen Hedwig erlebt der Elektriker Walter Fendrich eine radikale Wende vom erfolgsorientierten Wirtschaftswunderkind zum Outsider und Skeptiker. Das Brot aber, nach dem er «süchtig» ist, macht in der Köstlichkeit, die es für die Menschen in den Trümmerstädten besass, nicht nur die Hungerjahre 1945–1948 nachvollziehbar, sondern bildet auch den Gegenpol zum Geld, das die herandämmernde Zeit der PKWs, Eisschränke und Waschmaschinen symbolisiert. So dass der Text letztlich den Nonkonformismus vorausnimmt, den der Nobelpreisträger von 1972 bis hin zu jener «kriminellen Sünde der Differenzierung» weiterpflegte, mit der er sich in der Baader-Meinhof-Krise von 1972–74 mit einem (von der Redaktion abgeänderten) «Spiegel»-Aufsatz und mit der als Rechtfertigung des Terrors missverstandenen, äusserst erfolgreichen Erzählung «Die verlorene Ehre der Katharina Blum» derart suspekt machte, dass nach seinem Tod am 16. Juli 1985 ein unüberhörbares Aufatmen durch das rechte politische Lager Deutschlands ging. Schon 1964 hatte Böll, gerade auch mit seinem mutigen politischen Engagement einer der ganz grossen deutschen Erzähler, im Rückblick auf «Das Brot der frühen Jahre» gesagt: «Man hat mich mit einiger Herablassung oft einen Autor der kleinen Leute genannt: peinlicherweise empfinde ich eine solche Einschränkung immer als Schmeichelei.»

Jorge Luis Borges
1899–1986
Beitrag Seite 268

Mit der «Universalgeschichte der Niedertracht», einer sieben Taugenichtsen in den Mund gelegten Sammlung von formal experimentellen, Realität und Traum verwischenden Erzählungen, eröffnete der am 24. August 1899 in Buenos Aires geborene und am 14. Juni 1986 in Genf verstorbene, aus einem hoch gebildeten Elternhaus stammende Jorge Luis Borges 1935 nach bemerkenswerten Leistungen als Lyriker nicht nur sein Prosawerk als einer der bedeutendsten Erzähler Argentiniens, sondern auch den magischen Realismus in der lateinamerikanischen Literatur. Der Verfasser der 1941 publizierten Erzählung «Die Bibliothek von Babel», welche die Literaturgeschichte als immer wiederkehrende Totalität aller denkbaren Inhalte und Formen spiegelt, und die Umberto Eco zur Klosterbibliothek in «Der Name der Rose» inspirierte, war, obwohl bereits völlig erblindet, von 1955 bis 1973 Direktor der argentinischen Nationalbibliothek. Zu den wichtigsten seiner seit 2009 in zwölf Bänden auch auf Deutsch greifbaren Werke zählen die 1944 erschienenen phantastischen Erzählungen «Ficciones» («Fiktionen»), darunter «Tlön, Uqbar, Orbis Tertius» über die Spekulationen zweier Freunde, die sich eine surreale Welt namens Tlön ausdenken, und «Das unerbittliche Gedächtnis», eine aus Anlass des Todes von James Joyce verfasste Geschichte über Ireneo Funes, der mit seinem absoluten und unfehlbaren Gedächtnis zum idealen Leser von Joyces «Ulysses» wird. Nicht weniger bedeutsam ist der Band «El Aleph» («Das Aleph») von 1949, dessen Titelgeschichte anhand des Berichts über die Auffindung eines Alephs, d.h. eines Punktes im Raum, der alle Punkte der Welt in sich enthält, das für Borges zentrale Thema Unendlichkeit variiert. Ein gutes Beispiel dafür, wie weit Borges' magischer Realismus, der das Lesepublikum andauernd in die Irre führt, gehen kann, ist die späte Erzählung «El otro» («Der andere») von 1975. Da begegnet ein Ich-Erzähler namens Borges nach einen Orts- und Zeitsprung einem früheren Ich, und als sich beide dieser Tatsache bewusst werden, erfasst sie ein unheimliches Grauen und muss der Erzähler das Erlebnis, um es zu verarbeiten, sofort niederschreiben.

Ob das Verschwinden des Proletariats und der Ruin des Kommunismus auch die Abdankung des lange als grösste Dramatiker des 20. Jahrhunderts gehandelten Bertolt Brecht, geboren am 10. Februar 1898 in Augsburg, gestorben am 11. August 1956 in Berlin/DDR, bedeutet? Immerhin ist er mit über 2000 Gedichten – Höhepunkt: «An die Nachgeborenen» von 1939: «Was sind das für Zeiten, wo/Ein Gespräch über Bäume fast ein Verbrechen ist./Weil es ein Schweigen über so viele Untaten einschliesst?» – auch als kühl argumentierender Lyriker einmalig. Und das dramatische Werk, das wie sein von der Weimarer Republik über die Nazizeit und das Exil bis zum Verstummen in der DDR aktiv gelebtes Leben eine erschütternde Spiegelung des unglücklichen 20. Jahrhunderts darstellt, steht, auch wenn der marxistische Einschlag unverkennbar ist, ganz unter dem emanzipatorischen Ansatz, dass den Unterdrückten gegen die Mächtigen geholfen werden müsse. Mit «Trommeln in der Nacht» machte er sich das 1919 erstmals zu eigen, sein (auch dem Komponisten Kurt Weill zu verdankender) Welterfolg «Dreigroschenoper» von 1928 verlegte den Klassenkampf in die Auseinandersetzung zwischen dem Bettlerkönig Peachum und dem Verbrecher Macheath im London von 1837, «Die heilige Johanna der Schlachthöfe» zeigte 1929 am Beispiel der scheiternden Heilsarmee-Offizierin Johanna Dark, wie wenig soziale Kompromisse in der Krise noch nützen. «Aufstieg und Fall der Stadt Mahagonny» war 1930, wieder mit Kurt Weills Musik, ein hinreissender Abgesang auf den Kapitalismus als Unterdrückungsmacht. «Schweyk im Zweiten Weltkrieg» machte 1944 den Kleinbürger Hitler in der Begegnung mit dem Prager Original endgültig lächerlich, während die grossen Stücke des Exils – «Leben des Galilei», «Mutter Courage und ihre Kinder», «Der gute Mensch von Sezuan», «Herr Puntila und sein Knecht Matti» und «Der kaukasische Kreidekreis» Brechts kritische Weltsicht und seinen lebenslang hochgehaltenen aufklärerischen Impetus in Parabeln kleiden, die unabhängig vom jeweiligen Zeitgeist noch lange berühren und zum Nachdenken anregen werden.

Bertolt Brecht
1898–1956
Beitrag Seite 327

Italo Calvino
1923–1985
Beitrag Seite 330

Es ist ein Schlüsselwerk des Neorealismo, der 1947 erschienene, von einem kleinen Buben erzählte Roman «Sentiero dei nidi di ragno» über die Partisanenkämpfe gegen die Deutschen in Ligurien. Wie leicht zu erkennen ist, verbirgt sich hinter dem Buben, der die gestohlene Pistole eines Besatzungssoldaten da versteckt, wo er Spinnen zu beobachten pflegt, der Verfasser Italo Calvino selbst. Am 15. Oktober 1923 auf Kuba geboren, aber in San Remo aufgewachsen, schloss sich der bekennende Kommunist 1944 der Brigade «Garibaldi» an, und als er nach 1945 die Kriegszeit in seinen ersten Geschichten beschrieb, erschienen sie im KPI-Blatt «Unità». Cesare Pavese ermöglichte ihm den Einstieg in den Turiner Verlag Einaudi, wo er zuletzt als Lektor arbeitete und wo sein ganzes Werk erscheinen sollte. Inspiriert durch seine 1956 publizierte Sammlung italienischer Märchen, legte er 1957 und 1969 zwei allegorisch-phantastische Romane vor: «Il Barone rampante» (über einen Baron des 18. Jahrhunderts, der sein Leben auf Bäumen zubringt) und «Il cavaliere inesistente» (über den Ritter Agilulf, der, nur aus einer leeren Rüstung bestehend, um 800 das Volk gegen die brutalen Söldner verteidigt) vor. In Paris entstanden 1970 und 1983 unter dem Einfluss von Roland Barthes die Romane «Le città invisibili» – ein aus 55 Stadtporträts bestehendes Sammelwerk, das vor allem in der amerikanischen Übersetzung Furore machte – und «Palomar», 27 Texte über einen Herrn dieses Namens, hinter dem sich auf witzig-abgründige Weise Calvino selbst versteckt. Als Gastdozent in Harvard entwarf er die Thesen-Reihe «Six Memories for the next Millenium» über die Literatur, die seiner Meinung nach ins neue Jahrtausend hinübergerettet werden sollte. Fünf der sechs Vorträge waren abgeschlossen, als Calvino einen Hirnschlag erlitt und am 19. September 1985 in Siena starb. Dem Rationalismus und dem Humanismus der Aufklärung verpflichtet, zeichnete er sich durch eine thematische und stilistische Wandlungsfähigkeit aus, dank der sein Werk nach wie vor nichts von seiner Faszination verloren hat.

An einem Tiefpunkt der französischen Geschichte, mitten in der deutschen Okkupation von Paris, erschienen 1942 zwei Werke, die das Verhängnis in Worte bannten. «Le mythe de Sisyphe», ein Essay, der die Welt zu einer Hölle stempelt, aus der die Revolte gegen ihre Absurdität noch der einzige Ausweg ist. Und «L'Étranger», der Roman, der den algerischen Angestellten Meursault als einen der Absurdität des Daseins vollkommen gleichgültig gegenüberstehenden, noch dem Tod cool ins Auge blickenden Fatalisten zeichnet. Geschrieben hat die beiden Werke der am 7. November 1913 in einem Elendsviertel der Kolonialstadt Algier geborene und am 4. Januar 1960, drei Jahre nach der Entgegennahme des Literaturnobelpreises, bei einem Verkehrsunfall nördlich von Paris ums Leben gekommene Albert Camus.

Albert Camus
1913–1960
Beitrag Seite 352

Wie Jean-Paul Sartre galt er als prominenter Existenzialist, machte aber schon in seinem Theaterstück «Les Justes» von 1949 und im Essay «L'Homme Révolté» von 1951 klar, dass eine Ideologie wie der von Sartre bewunderte Kommunismus, der den Menschen als Teil eines Kollektivs und nicht als Einzelnen sieht, letztlich in die Despotie führen müsse und dass Freiheit nicht auf Kosten der anderen verwirklicht werden dürfe. Nicht zuletzt steht ja auch in Camus' berühmtestem Roman, «La Peste» von 1947, mit dem Arzt Rieux dem Verhängnis der Pest-Epidemie ein Einzelner gegenüber, der es nicht mit der Revolte gegen das Unabänderliche bewenden lässt, sondern der Unmenschlichkeit eine konkret praktizierte Ethik und Moral entgegenhält. Genauso wie der junge Diego, der in der «Pest»-Bühnenfassung «L'état de siège» von 1948 dem Unheil mit Liebe und Mitleid entgegentritt. «Es gibt keine Liebe zum Leben ohne Verzweiflung am Leben», hatte schon der 24jährige im Erstling «Licht und Schatten» geschrieben. Und diese These, die uns auffordert, die Sinnlosigkeit einer gottfernen Welt zu akzeptieren und das Leben gleichwohl zu lieben, bestimmte Albert Camus' ganzes Denken und Schreiben und begründet letztlich auch seine bis heute andauernde unverminderte Aktualität.

Elias Canetti
1905–1994
Beitrag Seite 25

1933 stellte der am 25. September 1905 in Rustschuck als Sohn sephardischer Juden geborene Elias Canetti in «Die Blendung» dar, wie der Büchernarr Peter Kien im Kampf gegen ordinäre Exponenten der Masse Mensch dem Wahnsinn verfällt. Dieser einzige Roman, und nicht der das Phänomen Masse umfassend auslotende Essay «Masse und Macht» von 1960, aber auch nicht die ab 1977 publizierte autobiographische Trilogie «Die gerettete Zunge», «Die Fackel im Ohr» und «Das Augenspiel», errang 48 Jahre später den Nobelpreis. In der Trilogie aber, Canettis populärstem Werk, liest man, wie die Mutter ihn mit Shakespeare und Schiller zur Literatur führte, wie er in Zürich seine später als «paradiesisch» verklärte Schulzeit verbrachte und danach in Wien und Berlin nicht nur dem Einfluss von Karl Kraus, Bert Brecht oder Hermann Broch ausgesetzt war, sondern auch das Heraufdämmern von Hitlers (Massen-)Wahn erlebte. Ab 1939 wohnte und arbeitete er mit seiner Frau Veza, die Jahrzehnte nach ihrem Tod im Jahre 1963 mit dem Roman «Die gelbe Strasse» und dem Drama «Der Oger» auch selbst als Autorin entdeckt werden sollte, im Londoner Künstlerviertel Hampstead und verkehrte da mit jenen Zeitgenossen, die auf spannende Weise seine Autobiographie bevölkern würden. Wer nach 1971 in Zürich, wo er bis zu seinem Tod am 14. August 1994 lebte, dem freundlichen alten Mann mit dem Löwenhaupt begegnete, konnte sich unter dem in zweiter Ehe glücklich verheirateten Vater einer Tochter nur schwer den Frauenheld vorstellen, der, wie der postum veröffentlichte Band «Party im Blitz» über die Londoner Jahre enthüllt, mit Wissen seiner Frau in jede Menge Affären – darunter eine mit der Schriftstellerin Iris Murdoch – verwickelt war. Einen «Titan, wenn auch in der Gestalt eines Kobolds» nannte ihn Urs Widmer in seinem Nekrolog. Einen der ganz Grossen, der sich aber nicht nur im publizierten Werk, sondern auch in den über hundert Schachteln hinterlassener Aufzeichnungen immer wieder neu und anders präsentiert und wohl nie ganz in seiner Eigentümlichkeit zu fassen sein wird.

Der tschechische Kapitän van Toch entdeckt bei Sumatra eine bis dahin unbekannte Art von grossen Molchen und bringt sie dazu, für ihn nach Perlen zu tauchen. Als van Toch stirbt, züchten seine Erben die Molche massenweise, so dass sie sich als nützliche Arbeitskräfte über die ganze Welt verbreiten, bis sie sich schliesslich, von einem «Chief Salamander» befehligt, verselbständigen und zur Bedrohung der Menschheit werden. Sie erobern ein Land nach dem andern und versenken es im Meer. Die Politik steht der Entwicklung ratlos gegenüber. Auf der Konferenz von Vaduz findet man keine Lösung und lädt am Ende die Molche selbst zu Verhandlungen ein. Man bietet ihnen einen

Karel Čapek
1890–1938
Beitrag Seite 402

Teil Chinas zum Versenken an, als die Nachricht kommt, Venedig sei im Meer verschwunden. Karel Čapek, geboren am 9. Januar 1890 im tschechischen Malé Svatoňovice, Dr. phil. I, Journalist, Dramaturg, hat nicht nur in dem zitierten, gegen den Faschismus gemünzten Roman «Der Krieg mit den Molchen» von 1936 vor Entwicklungen gewarnt, die Millionen in Bedrängnis bringen sollten. Schon 1921, im Drama «R.U.R.», hatte er imaginiert, wie Roboter, mit Gefühlen versehen, die Menschen bis auf einen gewissen Alquist ausrotten. Welch letzterem es dann allerdings gelingt, die Androiden zu stoppen, indem er ihnen das chaotische Element Liebe beibringt: «Häuser und Maschinen werden zusammenstürzen, Systeme werden zerfallen und die Namen der Grossen abblättern wie Laub; nur du, Liebe, blühest empor auf der Trümmerstätte und vertraust den Winden das Samenkörnchen des Lebens an.» Noch die zwei letzten Stücke des Grossmeisters der Science Fiction, «Die weisse Krankheit» (1937) und «Die Mutter» (1938), richteten sich auf phantastisch-surreale Weise gegen den immer mächtiger werdenden Faschismus, und als das Münchner Abkommen vom 30. September 1938 klar machte, dass weder Frankreich noch England die Tschechoslowakei retten würden, wartete er nicht, bis Hitler einmarschierte, sondern verweigerte sogleich jede Nahrung und starb am 25. Dezember 1938 in Prag 48jährig an Entkräftung.

Paul Celan
1920–1970
Beitrag Seite 272

Eine «Unendlichkeitssprechung von lauter Sterblichkeit und Umsonst» nannte er das Schreiben von Gedichten nach Auschwitz. Und er hat es dennoch getan: der am 1920 in Czernowitz geborene Paul Anczel, der dem Holocaust nur knapp entkam und der deutschen Literatur unter dem Pseudonym Paul Celan ein grossartiges lyrisches Kapitel hinzufügte, während er in Bukarest und Wien als Journalist und ab 1948 in Paris als Lektor arbeitete. Von Rilke und Trakl ausgehend, schuf er am Rand des Verstummens eine neue, eigene Sprache, die Stern, Nacht, Blume, Meer und Eis wie Übersetzungen eines verlorenen Originals verwendet und mit der Evokation des Schreckens und der Trauer unmittelbar berührt: «wirklichkeitswund und Wirklichkeit suchend», von der «Todesfuge» (1948) über «Mohn und Gedächtnis» (1952) bis zur «Niemandsrose» (1963) und zum posthumen «Schneepart», wo es heisst: «Sprengstoffe / lächeln dir zu, / die Delle Dasein / hilft einer Flocke / aus sich heraus.» Der Fatalismus seiner letzten Gedichte ging parallel mit dem Scheitern persönlicher Beziehungen. Der zu Ingeborg Bachmann, die in deren Roman «Malina» gespiegelt ist, aber auch jener zu Claire Goll, die ihn mit der Behauptung, die «Todesfuge» sei das Plagiat eines Gedichts von Yvan Goll, zur Verzweiflung trieb. Seiner Zeit weit voraus, fand Celan bei den schreibenden Zeitgenossen bis hin zum virtuos-hermetischen Band «Sprachgitter» von 1959 nur wenig Verständnis. Peter Rühmkorf sah darin «etwas besonders Schmalspuriges», und schon die «Todesfuge» wurde von den Exponenten der Gruppe 47 als «Singsang wie in einer Synagoge» verlacht. «Ich weiss nicht, in welchen meiner Einsamkeiten ich dermaleinst werde verrecken dürfen», schrieb Paul Celan 1968 Franz Wurm. Das letzte Kapitel im Leben des unvergleichlichen Lyrikers und Sprachschöpfers hiess: völlige Vereinsamung in sich selbst. Als er 1970 in der Seine den Tod gesucht hatte, fand man auf seinem Pult eine Hölderlin-Biographie, in welcher der Satz angestrichen war: «Manchmal wird dieser Genius dunkel und versinkt in den bittern Brunnen seines Herzens.»

«L'heure est grave. Point de paroles, donc des actes», waren die ersten Sätze eines Zeitungsaufrufs, der am 29. Juli 1914, fünf Tage vor dem Ausbruch des Ersten Weltkriegs, die in Paris lebenden Ausländer zum Kriegsdienst aufrief. Verfasser war das Enfant terrible der Pariser Avantgarde, der Schweizer Blaise Cendrars alias Freddy Sauser. Am 1. September 1887 als Bürger von Sigriswil in La Chaux-de-Fonds geboren, lief er mit sechzehn von zu Hause fort, lebte in Persien, China und Russland, wo er Zeuge der Revolution von 1905 wurde. 1908 studierte er in Bern Medizin, wandte sich aber schon bald der Literatur zu. Die ersten Liebesgedichte widmete er während eines ver-

Blaise Cendrars
1887–1961
Beitrag Seite 290

liebten Sommers in Spiez der Polin Féla Podnanska, aber als er 1914 in Paris seinen legendären Aufruf publiziert, ist er längst ein zweites Mal in Russland gewesen, hat er Amerika besucht und gilt dank Werken wie «Les Pâques à New York» oder «Prose du Transsibérien» als jener Autor, von dem André Malraux sagen wird, er habe für die Franzosen «die Poesie wiederentdeckt». Am 3. September 1914 tritt er in die Armee ein, zwei Wochen später heiratet er Féla Podnanska. Am 28. September 1915 wird er als Korporal der Fremdenlegion so schwer verletzt, dass ihm der rechte Arm amputiert werden muss. Das befreit ihn vom Fronteinsatz, gibt ihn der Literatur zurück und wird 1946 dem Kriegsroman «La Main coupée» den Titel geben. 1916 als Franzose naturalisiert, lebt Cendrars bis zu seinem Tod am 21. Januar 1961 sein Leben trotz Behinderung so weiter, dass es sich in seiner Abenteuerlichkeit nicht von dem zuletzt 40 Titel umfassenden literarischen Œuvre trennen lässt. Mit «L'Or», dem Lebensroman General Suters, löst er 1925 in Amerika einen Skandal aus, mit «Moravagine» zieht er 1926 die literarische Quintessenz aus den Kriegen seiner Zeit. «Rhum» gilt 1930 dem Unternehmer Jean Galmot und dessen humanem Kolonialismus. In «Bourlinguer» gibt er 1948 ganz sich selbst in seiner unstillbaren Gier nach Leben. «Emmène-moi au bout du monde» fördert 1956 Madame Thérèse zutage: den fleischgewordenen Mythos von Paris, das Sinnbild abgründigster menschlicher Sehnsüchte.

Patrick Chamoiseau
*1953
Beitrag Seite 125

«Weder Europäer noch Afrikaner oder Asiaten, sondern Kreolen» hiess die Losung, mit der sich der am 3. Dezember 1953 in Fort-de-France auf Martinique geborene Nationalökonom Patrick Chamoiseau 1989 in Paris zusammen mit zwei Landsleuten gegen die von Aimé Césaire vertretene «négritude» stellte. Ein Konzept, das er schon 1986 mit der kreolisch eingefärbten «Chronique des sept misères» erstmals literarisch umgesetzt hatte und das ihn, längst in die Karibik zurückgekehrt, 1992 zum meisterlichen Roman «Texaco» befähigte. Da erzählt Marie-Sophie Laborieux dem geheimnisvollen «Oiseau Cham», hinter dem sich der Autor versteckt, wie ihre Eltern nach dem Untergang der alten Hauptstadt Saint-Pierre nach Fort-de-France kamen und zusammen mit anderen Entwurzelten das verlassene Gelände der Ölgesellschaft Texaco zu einem kreolischem Utopia machten – einem multikulturell-multiethnischen Schmelztiegel, den die Erzählerin zu retten vermag, als Stadtpräsident Aimé Césaire ihn niederreissen will. Angelehnt an 9 der 17 buddhistischen Bewusstseinsstufen wird Chamoiseau 2009 seinen allegorischen Erziehungsroman «Les neuf Consciences du Malfini» wie einst Aristophanes ganz unter Vögeln spielen lassen, 2013 wird er in «Hypérion victimaire» dem entsetzlichsten aller Bewohner Martiniques die Gelegenheit geben, einem als Geisel genommenen Polizisten sein Verbrecherleben zu schildern, «La Matière de l'absence» von 2016 wird auf bewegende Weise dem Andenken seiner Mutter und seinem Vorbild Edouard Glissant gelten, während «Le Conteur, la Nuit et le Panier» 2021 das Lob des volkstümlichen kreolischen Geschichtenerzählers singen wird. Nie wieder aber gelang es Chamoiseau, den Themen Kolonialismus und Rassismus und der Selbstfindung eines versklavten Volkes eine so eindringliche Gestaltung zu geben wie im mit dem Prix Goncourt ausgezeichneten Roman «Texaco», diesem sprachlich unerhört virtuosen Epos, das Martinique zum Inbegriff einer offenen künftigen Welt macht, in welcher der Wandel das Konstante, die Vielfalt das Typische und das Kreatürliche das Dominante ist.

«Kursk ist eine sehr unangenehme Stadt ... Ich gelte bei den Einwohnern als Idiot, und auf der Strasse muss mir unbedingt jeder etwas hinterherrufen. Deshalb sitz ich die ganze Zeit im Zimmer.» Was Daniil Charms, geboren am 17. Dezember 1905 in St. Petersburg, 1932 aus der Verbannung schrieb, wirft ein Schlaglicht auf das Schicksal eines Dichters, den eine bigotte Politclique für geistesgestört erklärte, weil er dem sozialistischen einen eigenen, radikalen Realismus entgegenstellte, der jeden logischen Sinn ablehnte und alles «Normale» der Lächerlichkeit preisgab. So grotesk seine Texte, seine Lyrik, sein Drama «Elizabeta Bam», die 30 «Fälle» anmuten, die er

Daniil Charms
1905–1942
Beitrag Seite 470

1939 selbst zu einem Band zusammenstellte: angesichts des Alltags in Stalins Reich, wo immerzu neue, absurde Verordnungen erlassen wurden und man jederzeit aus unerfindlichen Gründen verhaftet und ermordet werden konnte, sind sie vollkommen realistisch. Was nicht zuletzt auch für die Brutalität gilt, die vielen Texten und vor allem auch dem allerletzten, «Rehabilitierung», der «Beichte» eines skrupellosen Mörders, anhaftet. Er entstand im Juni 1941, drei Monate bevor Charms erneut verhaftet und schliesslich in die Zwangspsychiatrie überwiesen wurde, in deren «Obhut» er am 2. Februar 1942, gerade mal 37 Jahre alt, starb. An Hunger, wie er ihn, zusammen mit der Einsamkeit und dem Mangel an Zärtlichkeit, seit Jahren kannte. «Mein Gott», hatte er sich am 23. Oktober 1937 notiert, «ich hab nurmehr die einzige Bitte an Dich: vernichte mich, zerschlage mich endgültig, lass mich nicht auf halbem Wege stehen, sondern nimm von mir die Hoffnung und töte mich schnell ...» Dabei amüsierten sich Generationen sowjetischer Kinder an den drolligen Kinderbüchern, die Daniil Charms unter Titeln wie «Plisch und Plum nach Wilhelm Busch» schrieb, und gehören Miniaturen wie die folgende inzwischen längst zu den Highlights des Absurden: «Ein Mensch schlief von klein auf immer mit gefalteten Händen auf dem Rücken. Schliesslich starb er. Schlaf besser auf der Seite!»

Joseph Conrad
1857–1924
Beitrag Seite 400

Mit dem in den Tropen Borneos spielenden Erstling «Almayer's Folly» (1895), der Geschichte des mutig-integeren Lord Jim, der einen Fehler durch einen selbstlosen Einsatz wiedergutmacht und sein Leben für seine Ehre opfert (1900), dem Anarchistenroman «Mit den Augen des Westens», dem Silberminen-Abenteuer «Nostromo» oder dem Politkrimi «Der Geheimagent» ist er in die Weltliteratur eingegangen, der Pole Józef Konrad Korzeniowski (1857–1924), der als Seemann die Welt bereiste, ehe er als Joseph Conrad in der ihm zunächst fremden englischen Sprache einfach so, aber aus abenteuerlichen Erlebnissen heraus, zu schreiben begann. Seine Kunst des sorgfältig präzisierenden, lebhaft-vitalen Erzählens und seine feinsinnig anrührende Seelenzeichnung findet sich aber auch in der 1903 erschienenen Erzählung «Falk», die ganz beiläufig das Schlimmste und Extremste an den Tag bringt, was je eine von Conrads Seefahrerfiguren erlebt hat. Die Geschichte spielt auf einem Fluss in Deutschland. Während sie stromaufwärts gezogen werden, beobachtet der Ich-Erzähler auf dem vor ihm platzierten Schiff, Kapitän Hermanns «Diana», eine seltsame Brautwerbung. Hermann hat eine 19jährige Nichte, die für ihre Schönheit, aber auch für ihre Unnahbarkeit bekannt ist. Es erregt daher nur Kopfschütteln, als ausgerechnet der die Schiffe bugsierende Schlepperkapitän, ein hünenhafter, seines herrischen Wesens wegen von allen gefürchteter Norweger namens Falk, um die Hand des Mädchens anhält. Dies um so mehr, als Falk vorher öffentlich bekanntgibt, was ihn zum Einzelgänger machte. Vor Jahren wurde er nämlich auf einem steuerlosen Schiff im Eismeer in letzter Verzweiflung zum Mörder und schreckte auch nicht davor zurück, um des Überlebens willen seine toten Kameraden zu verzehren. Falk hätte all das verschweigen können, aber gerade seine unbedingte Offenheit gewinnt ihm wider Erwarten das Herz des Mädchens, das ihm in der Isolation ihres Outsidertums verwandter ist, als er denkt. «Es schien, als wären sie wie von einer geheimnisvollen Macht zueinander gezogen und geführt worden.»

Weil sie «Le Deuxième Sexe» nicht als intelligente Analyse, sondern wie eine Bibel lasen, machten ihre Anhängerinnen Simone de Beauvoir, am 9. Januar 1908 in Paris als «Tochter aus gutem Hause» geboren und am 14. April 1986 als berühmteste Intellektuelle Frankreichs ebenda gestorben, zu einer der «Mütter des Feminismus». Dabei liess sich die Philosophin, die ihr Studium 1929 mit 21 Jahren gleichzeitig mit dem 3 Jahre älteren Lebenspartner Jean-Paul Sartre glanzvoll abgeschlossen hatte, nie vor irgendwelche Karren spannen und untersuchte 1970 «Das Alter» ebenso leidenschaftlich wie 1949 das «andere Geschlecht», das sie für endgültig-naturgegeben, aber

Simone de Beauvoir
1908–1986
Beitrag Seite 259

in seinen Möglichkeiten zwischen Autonomie, Ehe, Mutterschaft, Zölibat und Prostitution frei wählbar bzw. anerziehbar hielt. Wer die sinnliche, vitale, frauliche Simone de Beauvoir kennenlernen will, muss den Roman «Les Mandarins» von 1954 lesen, der nicht nur den Pariser Existenzialisten der Nachkriegszeit ein Denkmal setzt, sondern auch der Liebe zum Amerikaner Nelson Algren, in dessen Armen sie – mit Wissen Sartres! – «Brust, Leib und Sexus» wiederfand. Oder die Briefe, die sie von 1930 bis 1963 an Sartre schrieb, der das grosse Ereignis ihres Lebens war und blieb, mit dem sie aber nie zusammenwohnte und den sie in seinen letzten Jahren dennoch hingebungsvoll pflegte. Briefe an «meine Toulouse», an «mon amour» und an «mein liebes kleines Geschöpf», die sie mit «Castor» signierte, während Sartre sie «Biber» nannte. Briefe, die auch dann noch liebevoll besorgt klingen, wenn Sartre mit ihrer Ex-Freundin Olga eine Liebschaft angefangen hat oder wenn er, inzwischen 51, mit der 17jährigen Arlette Elkaïm auf Reisen geht, die er schliesslich adoptiert, damit sie nicht nach Algerien ausgeschafft werden kann, und die 1980 seine Generalerbin werden wird. Joyce oder Proust wollte Simone de Beauvoir nicht konkurrenzieren. Was sie wollte, war: «Mich existent machen für die anderen, indem ich ihnen auf die unmittelbarste Weise mitteilte, wie ich mein eigenes Leben empfand.»

Assia Djebar
1936–2015
Beitrag Seite 305

Das Verhängnis, gegen das die am 30. Juni 1936 in Algier geborene und am 6. Februar 2015 in Paris verstorbene Fatima-Zohra Imalayène lebenslang kämpfte, begann, wie sie 1991 im Roman «Loin de Médine» darstellte, um 630 in Medina, als der Islam, anders als von Mohammed vorgesehen, die Emanzipation der Frau unterdrückte und eine einseitige Männerreligion wurde. Obwohl sie später als erste Muslimin an einer französischen Eliteuniversität studierte, erlebte sie die Unterdrückung der muslimischen Frau schon im Elternhaus, das ihr jeden Kontakt zu Männern verbot. 1957, als sie unter dem Pseudonym Assia Djebar (arabisch für «Trost» und «Unnachgiebigkeit») den Roman-Erstling «La soif» publizierte und darin jeden Bezug auf den algerischen Unabhängigkeitskampf vermied, beschimpften sie die Algerier als Hure, während Frankreich sie mit Françoise Sagan verglich. Die Romane, die sie zwei Jahrzehnte später mit der Trilogie «L'amour, la fantasia» (1985), «Ombre sultane» (1987) und «Vaste est ma prison» (1995) vorlegte, verknüpften dann aber bewusst Antikolonialismus mit Geschlechterkampf und waren darauf aus, die erzwungene Stummheit der algerischen Frauen anzuprangern und Wege zur Befreiung zu weisen. So zeigt «L'amour, la fantasia», dass den Algerierinnen auch nach der Entkolonialisierung nur «erstickte, verschleierte, verschüttete Stimmen» blieben, während «Ombre sultane» eine Frau vorführt, die sich mit einem absichtlich herbeigeführten Treppensturz und dem Verlust ihres ungeborenen Kindes aus der Sklaverei ihres Mannes befreit. Assia Djebar, die in den 1990er Jahren ihre Romane – etwa die arabische und jüdische Schicksale ins Elsass verlagernden «Nuits de Strasbourg» von 1997 – auch ausserhalb Algeriens spielen liess, sich aber auch wieder ihrer algerischen Kindheit zuwandte («Nulle part dans la maison de mon père», 2007) – galt mit der Vision eines freieren Islams lange als bedeutendste Autorin Algeriens, was sich 2005 in der Wahl in die Académie française oder 2000 in der Verleihung des Friedenspreises des Deutschen Buchhandels niederschlug.

«Wenn ein Roman nicht wie ein Regenwurm in zehn Stücke geschnitten werden kann und jeder Teil bewegt sich selbst, so taugt er nichts.» Der Berliner Kassenarzt Dr. Alfred Döblin, geboren am 10. August 1878 in Stettin, hatte eben den Novellenband «Die Ermordung einer Butterblume» publiziert und arbeitete am Roman «Die drei Sprünge des Wang-lun», als er 1913 in der Zeitschrift «Sturm» zur Erneuerung des Romans aufrief. Aus der Psychiatrie, die Döblin studiert hatte, aber auch vom Kino solle er lernen und statt linear zu erzählen lieber Bilder montieren. Das praktizierte er nicht nur im «Wang-lun», wo Berliner Szenen chinesisch verschlüsselt sind, sondern auch im eigenwillig-grossartigen historischen Roman «Wallenstein» (1920), den er als Arzt im Krieg schrieb, in der Weltzerstörungsutopie «Berge, Meere und Giganten» (1924) und nicht zuletzt im Grossstadtroman «Berlin Alexanderplatz» (1929), in dem Thomas Mann neidlos «einen grossartig gelungenen Versuch» erkannte, «die proletarische Wirklichkeit unserer Zeit in die Sphäre des Epischen zu heben». 1933 sah sich Döblin seiner jüdischen Herkunft wegen zum Exil gezwungen, obwohl er schon 1912 aus der jüdischen Gemeinde ausgetreten war. 1936 wurde er Franzose, 1940 floh er in die USA, 1945 kam er als französischer Beamter ins besetzte Deutschland zurück. Die im Exil verfassten Romane («Amazonas», «November 1918») aber interessierten kaum noch, und «Hamlet oder Die lange Nacht nimmt ein Ende» konnte 1956 nur in der DDR erscheinen. Erst nach dem Tod des 79jährigen am 26. Juni 1957 zeichnete sich ab, dass Autoren wie Grass oder Rühmkorf sich ihn und nicht den konventionelleren Thomas Mann zum Vorbild nahmen. Und das Persönliche hinter der brillanten Form? Ist überall diskret vorhanden. Sogar in der «Ermordung einer Butterblume», die nicht nur auf die Beobachtung blumenköpfender Buben im Freiburger Schlosspark, sondern auch darauf zurückgeht, dass der Medizinstudent eine Freiburgerin schwängerte und mit dem bald darauf verstorbenen Kind sitzenliess ...

Alfred Döblin
1878–1957
Beitrag Seite 256

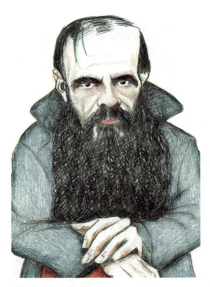

Fjodor M. Dostojewski
1821–1881
Beitrag Seite 70

Eine ganze Anzahl Grössen der Weltliteratur hat zu schreiben begonnen, weil das Schicksal des Studenten Rodion Raskolnikow, der aus Armut zum kaltblütigen Mörder wird, im Straflager Unerträgliches erlebt und durch die als Dirne verschriene Sonja zu Reue und einem gläubigen Leben findet («Schuld und Sühne»), sie bewegt hat. Oder weil der geisteskranke und an Epilepsie leidende und darum als Idiot verschriene Myschkin, an dem sich zwei wunderbare Frauen zugrunde richten, ihnen trotz allem auf ergreifende Weise als Inbegriff von Frieden, Harmonie und mitleidiger Güte erschienen ist («Der Idiot»), weil der auf die Ermordung des Studenten Ivanov folgende explosive Zusammenprall von Nihilismus, Sozialismus und Konservatismus im Russland des 19. Jahrhunderts («Die Dämonen») etwas nach wie vor Exemplarisches besitzt oder weil der das Verhältnis des Menschen zu Gott abgründig karikierende, mit der Verurteilung eines Unschuldigen endende Prozess um einen Vatermord durch seine drei Söhne («Die Brüder Karamasov») alles überragt, was seither an absurder Literatur erschienen ist. Dabei hat der am 11. November 1821 in Moskau geborene und am 9. Februar 1881 in St. Petersburg verstorbene Fjodor M. Dostojewski diese und viele andere Bücher («Erniedrigte und Beleidigte», «Aufzeichnungen aus einem Totenhaus» usw.) einem Leben abgerungen, das aus einer behüteten Kindheit über ein Ingenieurstudium und einen Hochverratsprozess in ein sibirisches Straflager, zu einem von unglücklichen Liebesgeschichten geprägten Dasein als Autor und Zeitschriftenmitarbeiter in St. Petersburg und – auf der Flucht vor den Gläubigern – zu einem ruhelosen Umherreisen in Westeuropa führte, wo im Winter 1868 in Genf in einem ungeheizten Zimmer zwischen schrecklichen epileptischen Anfällen «Der Idiot» entstand. In der Rede zur Einweihung des Puschkin-Denkmals hat dieser grösste Dichter seines Landes 1880 eine Botschaft formuliert, die allem widerspricht, was die Welt inzwischen in Schrecken versetzt: «Ein echter, ganzer Russe werden heisst ein Bruder aller Menschen werden.»

Krieg und Liebe waren ihre grossen Themen. Der Film war für sie ebenso wichtig wie das Schreiben, mit dem sie vom autobiographischen Realismus bis zum *nouveau roman* vielen Stilmöglichkeiten angehörte. Die Liebe bestimmte schon Marguerite Duras' frühe Jahre, welche die am 4. April 1914 in Saigon geborene Tochter eines Lehrerehepaars in Französisch-Indochina zubrachte und die sie 1984 unter dem Titel «L'amant» als Liebesgeschichte einer französischen Gymnasiastin mit einem wesentlich älteren geheimnisvollen Chinesen zum «leichtesten Buch machte, das sie je schrieb». Ab 1931 lebte sie in Frankreich, absolvierte ein Jus-Studium und war in der Résistance aktiv, als ihre ersten, noch eher konventionellen Bücher erschienen. Bedeutsamer als diese waren ihre erst 1985 publizierten, 1944/45 geschriebenen Tagebücher, welche die Zeit der Befreiung von der deutschen Okkupation authentisch dokumentieren. Mit dem Roman «Moderato cantabile», dem Verfallensein einer jungen Frau an einen Mann, der sie tot sehen möchte, übernahm sie 1957 die Schreibweise des *nouveau roman,* was ihr 1960 mit der von Alain Resnais verfilmten Novelle «Hiroshima mon amour» sehr viel überzeugender gelang: Im August 1957 versuchen in Hiroshima ein japanischer Architekt und eine französische Schauspielerin in einer zärtlichen Annäherung zu vergessen, was sie traumatisiert hat: den massenhaften Atomtod in eben jener Stadt den Mann, die öffentliche Ächtung als Kollaborateurin im französischen Nevers die Frau. Die Hoffnung erfüllt sich nicht, und die Liebesgeschichte endet wie fast immer bei Marguerite Duras ernüchternd. In den Büchern, aber auch im Leben, das sie mit Robert Antelme, Dionys Mascolo und anderen teilte, bis sie in den 16 Jahren vor ihrem Tod am 3. März 1996 mit dem 40 Jahre jüngeren Yann Andréa das lang ersehnte Glück fand. Der Roman «Yann Andréa Steiner» von 1992 ist eine liebevolle Hommage an den Geliebten, dessen Erzählung «Cet amour-là» von 1999 eine bewegende Erinnerung ist an die letzten, schweren Jahre einer grossen Autorin.

Marguerite Duras
1914–1996
Beitrag Seite 150

Friedrich Dürrenmatt
1921–1990
Beitrag Seite 20

«Die Welt, wie ich sie erlebte, konfrontierte ich mit einer Gegenwelt, die ich erdachte.» «Der Besuch der alten Dame», die «Mondfinsternis» in den «Stoffen» stellen den europäischen Glauben an die Demokratie radikal in Frage, der Physiker Möbius im nach ihm benannten Stück flieht ins Irrenhaus, weil seine Gedanken «in der Freiheit Sprengstoff» sind, die Erkenntnis, dass die Welt nicht planbar, sondern dem Zufall ausgeliefert ist, schliesst die schlimmstmögliche Wendung der Dinge nicht aus. Orwell und Huxley, Thomas Bernhards «Untergeher» oder Becketts «Endspiel» näher stehend als den Schweizer Zeitgenossen, wandte sich der am 5. Januar 1921 im emmentalischen Stalden geborene und am 14. Dezember 1990 in Neuenburg verstorbene Pfarrerssohn Friedrich Dürrenmatt mit seinem Denken, Schreiben und bildnerischen Gestalten auf verkappt moralische, philosophisch abgründige und künstlerisch virtuose Weise bewusst an die ganze vielfältige, bedrohte und von Widersprüchen zerrissene Welt. Nicht herablassend und unbarmherzig in seinen pessimistischen Erkenntnissen, sondern mit der fast schon missionarisch-theologischen Intention «Sich allein zu fürchten ist schrecklich, nur gemeinsame Furcht hilft», wie er es 1980 in einem Interview mit sich selbst formulierte. So, als Einladung, mit ihm zusammen sich vor dem zu fürchten, was als Bedrohung über der Menschheit liegt und für das er, von den Zeichnungen in seiner Berner Studentenbude über all das immer wieder auch humorvoll verkleidete und damit eingängig gemachte Apokalyptische seiner Komödien bis hin zur kaum je auszulotenden Summe seiner «Stoffe», immer wieder neues, staunenswert aussagekräftiges Anschauungsmaterial lieferte, erweist sich, was Dürrenmatt hinterliess und was noch lange für Zündstoff sorgen wird, tatsächlich als jene weit über die Schweiz und Europa hinaus gültige, dramaturgisches Genie mit philosophischem Tiefgang verbindende, ebenso beunruhigende wie inspirierende dichterische Gegenwelt, die zu schaffen er sich von allem Anfang an vorgenommen hatte.

«Willst du ein Mann der Schrift werden, musst du auch lügen und Geschichten erfinden können, sonst wird die Historia langweilig», gibt Otto von Freising Baudolino, dem Helden des gleichnamigen mittelalterlichen Abenteuerromans, mit auf den Weg. «Baudolino» erschien 2000, und nicht nur da, auch in seinen anderen Romanen hat Umberto Eco das «wissenschaftliche Lügen», das Auftischen von scheinbar wahren Geschichten, zur Perfektion gebracht. In «Der Name der Rose» von 1980, diesem 1327 in einem italienischen Kloster spielenden fulminanten Krimi um die Entdeckung und Vernichtung eines obskuren Aristoteles-Traktats, der in der Verfilmung von

Umberto Eco
1932–2016
Beitrag Seite 293

Jean-Jacques Annaud Furore machte; im phantastischen, um das Geheimnis der Längengrade kreisenden Seefahrerroman «Die Insel des vorigen Tages» (1994) oder in «Die geheimnisvolle Flamme der Königin Loana» von 2004, dem ersten in der Gegenwart spielenden Roman, der vom Verlust des biographischen Gedächtnisses handelt und einen Buchhändler einen echten Shakespeare-Autographen finden lässt. Eco, am 5. Januar 1932 in Alessandria, Piemont, geboren, am 19. Februar 2016 in Mailand gestorben, brachte sogar in seinen Namen Fantasy hinein, leitete er ihn doch von «Ex caelis oblatus», «Vom Himmel geschenkt» ab, weil sein Grossvater ein Findelkind war. Dennoch hatte er, obwohl als Professor für Semiotik in Bologna berufsmässig mit der Bedeutung von Zeichen befasst, vielen Fantasy-Erfindern Wesentliches voraus: dass er in seinem überbordenden Eklektizismus alles und jedes ironisch relativierte. Am augenfälligsten im «Foucaultschen Pendel» von 1989, wo sich aus den Sätzen «Die Templer haben mit allem zu tun» und «Minnie ist die Verlobte von Mickey Mouse» mittels «logischen» Operationen Resultate wie jenes ableiten lassen, dass Maria Magdalena Jesu Geliebte gewesen sei. Was sich wie eine vorweggenommene Parodie auf Dan Browns «Da Vinci-Code» von 2003 ausnimmt, der bis auf die Ironisierung von allem und jedem vom Meisterphantasten Umberto Eco profitiert haben dürfte.

Odysseas Elytis
1911–1996
Beitrag Seite 283

«Unangetastet wird allein / die Rache bleiben / Eisen und Stein sind von eigener Art / Sie werden uns zwingen / und wir eine neue Steinzeit erleben / das Grauen inmitten tobender Drachenechsen.» Wenn es stimmt, dass die ersten Dichter Seher waren, so hat Odysseas Elytis, der am 2. November 1911 in Heraklio auf Kreta geboren wurde, Jahrtausende später ihre Nachfolge angetreten. «Maria Nepheli» heisst das zitierte Poem, das 1979 erschien, im Jahr, als Elytis den Nobelpreis erhielt. Zu Maria Nepheli, die nicht nur Maria und Kassandra, sondern das ganze weibliche Geschlecht verkörpert, tritt der Autor selbst mit nicht minder prophetischer Gebärde hinzu: «Füllen wird sich die Kruste / mit schwarzen Kratern und Strahlenblitz / und langsam der Mensch sich wenden und winden / bis nichts mehr von ihm übrig ist. / Mut. Jetzt. / Mein Gott, lass zumindest die Lust mich retten. / Reich mir den Dolch!» Das summum Opus des Dichters, der kein weltfremder Ästhet war, im Krieg als Partisan kämpfte, später als Radiodirektor arbeitete und in Paris mit Henri Michaux, André Breton, René Char, Matisse, Picasso und Giacometti Umgang hatte, ist der 1959 publizierte, von Mikis Theodorakis teilweise vertonte Zyklus «To Axion Esti»: eine kultisch-religiös klingende und doch ganz diesseitig-weltlich orientierte Dichtung, die die Genesis eines «reinen Menschen kämpferischer Unschuld» mit der (aus einer patriotischen Begeisterung heraus gesehenen) Geschichte Griechenlands und dem Nachdenken über Kraft und Wesen der Dichtung verbindet. Wobei nicht nur die Bibel, Homer und Heraklit, sondern auch Kavafis, Hölderlin und Novalis evoziert werden, die Sprache aber ganz dem Surrealismus verpflichtet ist. Wortgewaltig wie kein zweiter suchte Elytis, dem die Urgebärden des Lebens ebenso vertraut waren wie die hellenische Substanz, zeitlebens nach neuen Ausdrucksmöglichkeiten und gestand 1995, ein Jahr vor seinem Tod am 18. März 1996, im Band «Westlich der Trauer» dennoch ein: «Sprachlos bleibt der Mensch (…), während das Meer uralte Geheimnisse flüsternd mitteilt.»

1848 berichtete das «Journal de Rouen» über den Suizid der Arztgattin Delphine Delamare aus Ry. Die Zeitung lag auf dem Tisch, als der am 12. Dezember 1821 in eben diesem Rouen geborene Arztsohn und gescheiterte Jus-Student Gustave Flaubert seinen Freunden den fast vollendeten romantischen Roman «Die Versuchung des Heiligen Antonius» vorlas und dafür nur Hohn und Spott erntete. «Schreib doch über diese Geschichte», schlug Louis Bouilhet dem Freund, auf den fraglichen Artikel verweisend, vor, und tatsächlich schuf Flaubert aus diesem Stoff den Roman «Madame Bovary», der nicht nur die Freunde, sondern das literarische Publikum damals wie heute entzückte. Der

Gustave Flaubert
1821–1880
Beitrag Seite 31

Roman erschien 1856 als Zeitungsfeuilleton und brachte Flaubert einen Prozess wegen Verstosses gegen die guten Sitten ein, den er gewann und der dem Buch erst recht den Weg ebnete. Die nüchtern erzählte Geschichte von der Frau, die der kleinbürgerlichen Langeweile ihres Daseins entfliehen will, Ehebruch begeht und sich aus Verzweiflung vergiftet, stand am Anfang eines Œuvres, das in der Abgeschiedenheit von Croisset bei Rouen entstand und in strenger Form und beherrschter Sprache nicht mehr das eigene Ich, sondern die Desillusionierung der bürgerlichen Welt zum Thema hatte. «Salambô» von 1862 handelt von einer karthagischen Prinzessin dieses Namens, die an der unmöglichen Liebe zu einem feindlichen Söldnerführer zerbricht. In «L'éducation sentimentale» von 1869 gelingt es dem jungen Frédéric Moreau nicht, in der Liebe seinen eigentlichen Lebenssinn zu finden. Der erst nach Flauberts Tod am 8. Mai 1880 erschienene, unvollendete Roman «Bouvard et Pécuchet» bringt in der satirischen Darstellung der beiden Titelhelden das Thema menschliche Dummheit zum Tragen. Flaubert wurde für viele nachgeborene Autoren zu einem Vorbild. Marcel Proust etwa, der Verfasser von «Auf der Suche nach der verlorenen Zeit», erkannte, dass Flaubert es meisterhaft verstanden habe, den Eindruck der verrinnenden Zeit zu vermitteln. «Er befreite den Erzählfluss von der Zutat des Anekdotischen und setzte ihn in Musik um.»

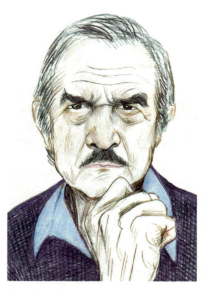

Carlos Fuentes
1928–2012
Beitrag Seite 246

Mit dem Roman «La región más transparente» meldete sich 1958 ein Autor zu Wort, der die mexikanische Literatur auf Jahrzehnte hinaus auf unerbittlich kritische Weise bereichern sollte. Am 11. November 1928 als Sohn des dort akkreditierten mexikanischen Botschafters in Panama geboren und auch selbst viele Jahre in diplomatischem Dienst stehend, nahm Carlos Fuentes eine Aussage Alexander von Humboldts, der die klare Luft Mexikos gepriesen hatte, zum Anlass, um desillusioniert von einer «Hundestadt, Hungerstadt, Prachtstadt, Stadt des Aussatzes und des verbissenen Zorns» zu sprechen. «La muerte de Artemio Cruz» von 1962 beschrieb dann die mexikanische Revolution von 1910–1920 aus der Optik eines total frustrierten Revolutionärs, während im monumentalen Geschichtsepos «Terra nostra» von 1975 die spanische Kolonialgeschichte aus lateinamerikanischer Optik kritisch aufgearbeitet ist und die Frage offenbleibt, ob diese Länder «die zweite Gelegenheit» bekämen, «die ihnen die erste Geschichte verweigerte». «La Cabeza de la Hidra» nähert sich im Stil eines Krimis dem Haupt jener Hydra aus Öl-Multis, Kriminellen und Geheimdienstagenten, das tausendfach nachwächst, wenn es abgeschlagen wird. Über Mexiko hinaus weisen zwei Romane des am 15. Mai 2012 in Mexiko-Stadt verstorbenen, aber auf dem Cimetière Montparnasse in Paris beigesetzten Autors: «Gringo viejo» von 1985, der den 1914 in Mexiko verschwundenen US-Schriftsteller Ambrose Bierce sich in Anrechnung von dessen Aussage «Ein Gringo in Mexiko zu sein – das ist Euthanasie» in die mexikanischen Revolutionskämpfe verwickeln und im Gefolge einer abenteuerlichen Liebesgeschichte zu Tode kommen lässt, und «Diana o la Cazadora solitaria» von 1994, ein Roman, in dem der Ich-Erzähler Don Juan Carlos («Ich war unfähig zu lieben») jene Unsterblichkeit schreibend erreichen will, nach der die Schauspielerin Diana Soren, hinter der sich Jean Seberg (1938–1979) verbirgt, als Kinoheldin strebt. Der frustrierte Don Juan nähert sich der Mondgöttin Diana allerdings aus einem eher trivialen Grund: «Ich wollte mit einer Frau schlafen, nach der Tausende Männer verlangten.»

Eines Tages erhält die 15jährige Sophie Amundsen Briefe mit philosophischen Fragen wie «Wer bist du?» oder «Woher kommen wir?». Dann wird ihr von einem unbekannten Absender ein Philosophiekurs angekündigt, und schliesslich findet sie überall Postkarten mit philosophischen Erörterungen, die an sie selbst oder an eine gewisse Hilde gerichtet sind. Von einem Video erfährt sie, dass der Verfasser der Karten an Hilde deren Vater, Albert Knag, ein Major des UN-Regiments im Libanon, ist, während die an sie gerichteten Meldungen von einem gewissen Roberto Knox stammen, mit dem es schliesslich zu täglichen Begegnungen kommt, bei denen sie über die

Jostein Gaarder
*1952
Beitrag Seite 173

ganze Philosophiegeschichte seit Plato und Aristoteles informiert wird. Nun treten die Denker früherer Jahrhunderte auch persönlich in Erscheinung, und bevor das Ganze an einem Gartenfest ein wildes Ende findet, bekommt man eine Zeitlang den Eindruck, als ob Sophie und Alberto erfundene Märchenfiguren jenes Alberto Knag sind, der wie Roberto Knox die Begabung hat, Philosophiegeschichte zum erzählerischen Faszinosum zu machen. «Sofies verden» / «Sofies Welt» heisst das 1991 auf Norwegisch erschienene Jugendbuch des am 8. August 1952 in Oslo geborenen Philosophen und Theologen Jostein Gaarder, das es, bis heute in 40 Sprachen übersetzt und 40 Millionen Mal verkauft, schaffte, nicht nur den Kindern ein abstraktes Phänomen wie die Philosophie lebendig zu vermitteln, sondern auch den Erwachsenen in einer Zeit der Relativierung aller Werte und Gültigkeiten einen Überblick über das menschliche Denken zu geben. Weniger unumstritten als dieses weltweit gefeierte Buch und «Das Orangenmädchen» von 2002 (über die Liebe eines Vaters zu seinem Sohn) oder der melancholische Liebesroman «Die Frau mit dem roten Tuch» von 2010 sind Gaarders politische Stellungnahmen wie jene von 2006 in der Zeitung «Aftenposten», wo er auf Grund von dessen Militäraktion im Libanon unter europaweiten Protesten dazu aufruft, dem Staat Israel wie seinerzeit dem südafrikanischen Apartheid-Regime die Anerkennung zu entziehen.

Federico García Lorca
1898–1936
Beitrag Seite 471

«Gebt ihm Kaffee, viel Kaffee», antwortete General Queipo de Llano, Kommandant der Nationalisten in Andalusien, als José Guzmán Valdés, Gouverneur von Granada, anfragte, was mit Federico García Lorca zu geschehen habe. Die Anklageschrift, die Lorca als «subversiven Schriftsteller und Homosexuellen» bezeichnete, hatte der frühere Cortes-Abgeordnete Ruiz Alonso verfasst, «Kaffee» aber hiess in der Sprache der Falange «Exekution». Am 18. August 1936 wurde Lorca, zusammengebunden mit dem ebenfalls zum Tode verurteilten Primarlehrer Dióscoro González, aus dem Zivilgouvernement von Granada abtransportiert nach Víznar am Fuss der Sierra de Alfacar. In der Villa Concha oberhalb des Dorfes verbrachte er die letzten Stunden, ehe er zur «Fuente Grande», dem grossen Brunnen an der Strasse nach Alfacar, geführt und dort am 19. August 1936 bei Sonnenaufgang von einem Trupp der «Schwarzen Schwadron» erschossen wurde. Er lebte aber noch und erhielt den «Gnadenschuss» – augenscheinlich von jenem Juan Luis Trescastro, der sich kurz darauf damit brüstete, er habe ihm zusätzlich «zwei Schüsse in den Arsch gegeben, weil er schwul war». Federico García Lorca, am 5. Juni 1898 in Fuente Vaqueros, Provinz Granada, geboren, dichtete die glutvoll-musikantischen, urspanischen «Zigeunerromanzen», legte seine Enttäuschung über Amerika im Gedichtband «Poeta en Nueva York» nieder, feierte in «Bluthochzeit» die zerstörerische Kraft der Liebe, in «Yerma» das verzehrende Feuer der unerfüllten Mütterlichkeit, in «Bernarda Albas Haus» die durch nichts zu bezähmende Kraft der Erotik, in «Mariana Pineda» eine Märtyrerin um Liebe, Ehre und Freiheit, während er in «Doña Rosita bleibt ledig» jene spanische Bigotterie karikierte, die dank dem Faschismus über ihn triumphieren sollte. Das letzte aber, was er schrieb, war der Satz: «Vater, bitte gib diesem Mann 1000 Peseten für die Armee», den ein Milizionär ihm diktierte. Der Erpresser holte das Geld auch wirklich ab, denn das kostbare Blatt fand sich in der Brieftasche von Lorcas Vater, als der 1945 in New York starb …

Am 6. März 1927 im kolumbianischen Dorf Aracataca geboren und am 17. April 2014 in Mexiko-Stadt gestorben, bezog Gabriel García Márquez sein literarisches Rüstzeug von Kafka, Faulkner und Katherine Mansfield. Stofflich aber fielen dem Jesuitenschüler und bekennenden Sozialisten die Geschichte und die Fabelwelt Lateinamerikas zu, die er, Reales und Irreales mischend, auf magische Weise zum Faszinosum machte. Sein Werk umfasst Drehbücher, Kurzgeschichten, Erzählungen, Romane und Memoiren mit dem für sein ereignisreiches Leben sprechenden Titel «Leben, um davon zu erzählen». Der Durchbruch zum Welterfolg gelang ihm 1967 mit dem 30 Millionen Mal verkauften Roman «Hundert Jahre Einsamkeit»: die aufwühlende kolumbianische Geschichte von der Pionierzeit bis ins 20. Jahrhundert, gespiegelt in den Erfahrungen und Schicksalen von sieben Generationen der Familie Buendía aus dem imaginären Dorf Macondo. García Márquez, der für dieses Gipfelwerk der Literatur Lateinamerikas 1982 den Nobelpreis erhielt, schaffte es allerdings wie selten ein Autor, den einmal erreichten Erfolg mit immer neuen Werken wettzumachen. So 1975 mit «Der Herbst des Patriarchen», wo unter ständigem Perspektivwechsel und mit hundertseitigen Sätzen Aufstieg und Fall eines karibischen Diktators mit absurd langer Lebenszeit evoziert werden. 1981 erschien mit der «Chronik eines angekündigten Todes» die hochdramatische, die scheinheilige patriarchalische Moral gekonnt entlarvende Geschichte, wie zwei Brüder unter Mitwissen eines ganzen Dorfes einen Mann namens Santiago Nasar töten, weil er ihrer Schwester die Unschuld geraubt hat. Einen weiteren Höhepunkt bedeutete 1985 «Die Liebe in Zeiten der Cholera»: die Lovestory von Florentino Ariza und Fermina Daza, die sich trotz der unzähligen Liebesbriefe, die der Telegraphist dem Schulmädchen schreibt, nicht bekommen können und die erst nach Jahrzehnten, als Ferminas Ehemann gestorben ist, doch noch zueinanderfinden. Wobei nicht zuletzt ihre altertümlich-romantische Schreibweise die Geschichte zu einer unvergesslichen Lektüre macht.

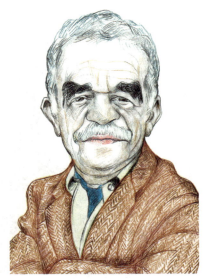

Gabriel García Marquez
1927–2014
Beitrag Seite 476

André Gide
1869–1951
Beitrag Seite 170

André Gide, 1869–1951, das ist «Les Caves du Vatican», das Hohelied des schönen Bastards Lafcadio von 1914, ist die Verherrlichung der Homoerotik in «La Symphonie pastorale» (1919) und «Si le grain ne meurt» (1924), die Auflösung der Romanform in «Les Faux-monnayeurs» von 1925, aber auch die Rückkehr zu den Mythen in «Oedipe» (1931) und «Thésée» (1946). Ein grosser, widersprüchlicher Autor, der mal für, mal gegen den Kommunismus war, mit der «Nouvelle Revue Française» die Pariser Szene prägte, 1947 den Nobelpreis erhielt und 1952 auf den Index der katholischen Kirche kam. Und seine Beziehungen zu Frauen? Er sei erst im Erwachen seiner Liebe zu ihr zum Bewusstsein seiner selbst gelangt, schrieb André Gide 1938 über Madeleine Rondeaux, die er 1891 mit den «Cahiers d'André Walter» für sich hatte gewinnen wollen, obwohl für den 22jährigen eine «sündige» Annäherung an die engelhafte Cousine undenkbar war. 1902, in «L'immoraliste», verriet er, wie's wirklich war. Hinter dem Puritaner-Sohn, der dem sterbenden Vater zuliebe die grazile Marceline heiratet, in Marokko aber seine päderastische Neigung entdeckt und nach dem Tod der Frau den Immoralismus offen auslebt, steht nämlich zum guten Teil Gide selbst. Dies, obwohl Madeleine, die er 1895 der Mutter wegen tatsächlich geheiratet hatte, sein Coming-out um Jahrzehnte überlebte und sicher war: «Mir hat das Beste Deiner Seele gehört, die Zärtlichkeit Deiner Jugend. Und ich weiss, mir wird, ob ich lebe oder tot bin, auch die Seele Deines Alters gehören.» Gides Versagen war im Grunde ein Liebesbeweis, zeugte er doch in einer weniger idealen Beziehung, jener zu Elisabeth van Rysselberghe, 1923 gar eine Tochter! Ehekrise Nr. 1 war übrigens die Madeleine arg enttäuschende Hochzeitsreise in die Schweiz. Kein Wunder denn, dass es in «L'immoraliste» heisst: «Mir graut vor den ehrbaren Leuten ... Das aufrechte Schweizervolk! Sein Wohlverhalten bringt ihm nichts ein ... ohne Verbrechen, ohne Geschichte, ohne Literatur, ohne Künste – ein kräftiger Rosenstock ohne Dornen und Blüten.»

Was für ein hinreissendes Buch, dieser Roman «Ferdydurke» von 1938! In der Geschichte des 30jährigen Schriftstellers Józio, der sich in den 17jährigen Schüler zurückverwandelt und in der Verliebtheit zur 16jährigen Lutka nicht mehr in die Gegenwart zurückfindet, hat der am 4. August 1904 geborene Warschauer Jurist Witold Gombrowicz sämtliche Möglichkeiten des Romans ad absurdum geführt. Wie da wohlanständige Warschauer Bürger sich in einem wollüstigen Kampf Körper gegen Körper austoben und wie dieser Józio, der die jugendliche Infantilität dem Bierernst des Erwachsenwerdens vorzieht, aus dem Chaos einer ländlichen Anarchie in die Arme einer un-

Witold Gombrowicz
1904–1969
Beitrag Seite 50

geliebten Frau flieht, weil er letztlich doch nur bei anderen Menschen sein Heil finden kann – das ist unter Aufbietung aller denkbaren Textsorten eindrucksvoll umgesetzt und löst das Versprechen, gegen die «stählernen Panzer der Form» zu kämpfen, «damit der Mensch seine Steifheit verliere und in seinem Inneren sich die Form mit der Formlosigkeit, das Recht mit der Anarchie, die Reife mit der Unreife versöhne», ganz und gar ein. Diesen Kampf führt nicht nur «Ferdydurke», sondern das ganze epische und dramatische Werk, das Gombrowicz 1939 bis 1962 in Buenos Aires und von 1964 bis zu seinem Tod am 25. Juli 1969 im südfranzösischen Vence geschaffen hat. Der total überkandidelte Liebes-, Gesellschafts- und Kriminalroman «Die Besessenen» von 1939, die zwischen Homosexualität und Frauenliebe oszillierende Éducation sentimentale «Kosmos» von 1965, die Komödie «Yvonne, Prinzessin von Burgund» über die groteske Liebeskarriere eines hässlichen Mädchens, der ebenso sinnliche wie surreale Roman «Pornographie» von 1960 und nicht zuletzt das von 1957 bis 1969 geführte «Tagebuch», das Gombrowiczs Auseinandersetzung mit dem Jahrhundert spiegelt und am Ende den Schmerz als eigentlichen Prüfstein aller Wirklichkeit inthronisiert. «Sei aussergewöhnlich, sei neu, denk dir etwas aus, empfinde Unbekanntes», liest man da einmal und begegnet in nuce all dem, was diesen grossen, viel zu wenig gelesenen Autor ausgemacht hat.

Günter Grass
1927–2015
Beitrag Seite 281

«Ich lüge haltbare Wahrheiten zusammen», sagte Günter Grass 1999 in der Nobelpreisrede. Nicht das wiedervereinigte Deutschland, das die Kunde seltsam zwiespältig aufnahm, sondern das heute polnische Danzig, wo Grass am 16. Oktober 1927 zur Welt kam, und Kalkutta, wo er seit 1986 unzählige Freunde besass, freuten sich am meisten über den Preis, der ein Werk von unbeirrbarem Engagement und barocker Erzähllust krönte. Geprägt durch den 2. Weltkrieg, setzte sich Grass in der Danziger Trilogie («Die Blechtrommel», «Katz und Maus», «Hundejahre») mit dem deutschen Trauma ebenso provokativ wie brillant auseinander. Im «Butt» schildert er maliziös und phantasievoll die (männlich geprägte) Menschheitsgeschichte bis 1975 , «Die Rättin» evoziert das Ende der Zivilisation nach dem atomaren GAU, «Zunge zeigen» ist die Frucht eines Indien-Jahres, «Unkenrufe» eine böse Parabel auf die Rolle der Deutschen nach 1989, «Ein weites Feld» die skeptische Abrechnung mit der deutschen «Wende», «Mein Jahrhundert» die novellistische Vision von hundert bewegten Jahren, «Im Krebsgang» ein starkes Stück deutsche Vergangenheitsbewältigung vor dem Menetekel des neuen Rechtsradikalismus. Was immer er schrieb: Grass genoss im Ausland mehr Anerkennung als im eigenen Land. Ein Faktum, das er selbst relativierte, als er 2006 im Roman «Beim Häuten der Zwiebel» zugab, dass er mit 17 Jahren einem Panzer-Regiment der Waffen-SS angehört habe. Obwohl er selbst nicht mit Schiessen betraut war, löste das Bekenntnis weltweit Entrüstung aus und hatte Folgen für Grass' Reputation, die er bis zu seinem Tod am 15. April 2015 nicht mehr korrigieren konnte. Die Verführbarkeit durch die Nazi-Propaganda, die Grass als Minderjähriger mit Millionen Landsleuten teilte, darf aber nicht dazu führen, das gesamte, weit ausgreifende Œuvre dieses Autors zu disqualifizieren, der, vielleicht eben gerade weil er sich selbst noch zu den Tätern rechnen musste, der problematischen deutschen Vergangenheit mit einer Leidenschaft und einer schriftstellerischen Darstellungskraft zu Leibe gerückt ist, die einmalig waren.

1966 dokumentierte der Film «Africa addio» auf brutale Weise den Völkermord Abeid Kurumes an der arabischen Bevölkerung Sansibars. Im Jahr darauf gelang es dem am 20. Dezember 1948 in Malindi geborenen Abdulrazak Gurnah nach England zu entkommen, wo er Literatur studierte und zuletzt Professor an der University of Kent wurde, aber schon mit 21 Jahren zu schreiben begann. Das Trauma von Sansibar vermochte er erstmals 1988 in «Pilgrims Way», der Geschichte des nach England emigrierten Daud, abzuarbeiten, der sich ihm erst zu stellen wagt, als er in einer jungen Frau eine liebevolle Zuhörerin findet. Das Massaker ist auch der Fluchtgrund von Amin, Rashid und Farida, die, in alle Himmelsrichtungen verstreut, 2006 in «Desertion» eine neue Heimat suchen. In «Admiring Silence» erlebt 1996 ein Afrikaner in England den rassistischen Hass auf erdrückende Weise, muss dann aber erkennen, dass ihm nach seiner Rückkehr auch Afrika fremd geworden ist. Eindrücklich zeigen die Romane «Paradise» (1994) und «By the Sea» (2002), wie Gurnah sein Schreiben mit weltliterarischen Bezügen vertieft. «Paradise» stellt die Reise des von einem reichen Kaufmann verschleppten 12jährigen Yusuf zu einem vermeintlichen Paradies im Innern Afrikas kritisch-entlarvend Joseph Conrads «Herz der Finsternis» gegenüber. In «By the Sea» verbindet Saleh Omar und Latif Mahmud, deren Vorfahren auf Sansibar tödlich verfeindet waren, einzig die Diskussion über den radikalen Verweigerer «Bartleby» aus Melvilles gleichnamiger Erzählung. «Afterlives» (2020) schliesslich führt die Geschichte von Unterdrückung und Flucht bis ins Jahr 1940 weiter, als der 1914 in Deutsch-Ostafrika als «Askari» rekrutierte Hamza im KZ Sachsenhausen «wegen Rassenschande» ermordet wird. Seine Ehrung verabschiede «die wichtigste literarische Auszeichnung der Welt in die Bedeutungslosigkeit», urteilte die «Neue Zürcher Zeitung», als Abdulrazak Gurnah 2021 den Nobelpreis erhielt. Was die «Süddeutsche» ein paar Tage später mit der Anspielung «auf die Begrenztheit der eigenen Position» jenes Journalisten klar zurückwies.

Abdulrazak Gurnah
*1948
Beitrag Seite 104

Knut Hamsun
1859–1952
Beitrag Seite 228

Ein wirklicher Knecht ist er nicht, dieser Knut, der aus der Stadt flieht, herumwandert und nichts anderes mehr will als «die Arbeit tun, die sich gerade bot, im Freien schlafen und mir selbst ein klein wenig zum Rätsel sein». Dazu ist viel zu viel von seinem Autor, Knut Hamsun, in ihm enthalten. Eins aber ist klar: «Liebe ist ebenso heftig und gefährlich wie Mord!» Und obwohl er weiss, «wie sehr sich ein bereits alternder Mann zum Narren macht, wenn er verliebt ist», verfällt er ihr stets von neuem, während er von Hof zu Hof zieht: bei Elisabeth, der Pfarrerstochter, bei deren leichtsinniger Mutter, vor allem aber bei Lovise alias Frau Kapitän Falkenberg auf Övrebö, die er nicht mal mit einem 21tägigen Rausch aus dem Kopf kriegt. 1906, als der Autor der Wunderbücher «Hunger» (1890),«Neue Erde» (1884) und «Pan» (1895) 47 war, ist er erschienen, der Roman «Unter Herbststernen», 1909 Band 2, «Gedämpftes Saitenspiel», 1912 «Die letzte Freude», der 3. Teil der Landstreicher-Trilogie, die tiefsinnig wie kein zweites Buch das Thema Liebe und Alter besingt – aber auch jenes typisch Norwegische, das sein Land dem «tourismusverseuchten» Kleinstaat Schweiz voraushatte und das er zum Entsetzen seiner Landsleute 1933–1945 bei Begegnungen mit Hitler und Goebbels zum nordischen Traum NS-Deutschlands hinzufügen wird. Noch während die Trilogie entstand, hatte er 1907 die 26jährige Marie Andersen kennengelernt und sich nach einer Woche mit ihr verlobt. Und die 1911 geschlossene, dramatisch-krisenhafte – und doch bis zum Tod des 93jährigen am 19. Februar 1952 dauernde – Ehe war mit ein Grund für die erstaunliche Schaffenskraft, die ab 1912 Werke wie «Die Stadt Segelfoss», den 1920 mit dem Nobelpreis geehrten Roman «Segen der Erde», «Nach Jahr und Tag» und «Der Ring schliesst sich» hervorbrachte. Aber auch «Auf überwachsenen Pfaden», das eigentliche Alterswerk des 90jährigen, das den mit einer Geldstrafe beendeten Landesverratsprozess von 1947 beschreibt und die da gesagten Worte zitiert: «Ich habe die Zeit für mich. Ich kann warten, lebend oder tot, das ist gleichgültig.»

Am 6. Dezember 1942 als unehelicher Sohn einer slowenischen Mutter im österreichischen Griffen geboren, konnte Peter Handke, obwohl die Loyalität zu dieser ersten Frau seines Lebens ihn mit seinen Voten für Milošević & Co. fast zur Unperson gemacht hätte, 77 Jahre später in Stockholm den Literaturnobelpreis entgegennehmen. Es hätten, gestand er damals, nebst den Kunstwerken, den Büchern und den Filmen «die von seiner Mutter erzählten kleinen Begebenheiten den Anstoss für sein fast lebenslanges Schreiberleben gegeben». Ein Schreiberleben, das über achtzig bedeutende Werke aus allen möglichen Genres hervorbrachte, die nicht ignorieren kann, wer über Weltliteratur reden will.

Peter Handke
*1942
Beitrag Seite 407

Nicht unbedingt die «Publikumsbeschimpfung», «Kaspar» oder «Die Angst des Tormanns beim Elfmeter» von 1966–1970, als er Sprachkritik als Machtkritik verstand. Aber die erzählenden Texte, in denen er eine ganz eigene, unverwechselbare Sprache entwickelte. In «Langsame Heimkehr» etwa, mit der er 1979 zu jener Langsamkeit fand, die enervieren musste, wer «ein blosses Story-Aufnehmen» gewohnt war. In der «Kindergeschichte», die 1981 von Handkes Erfahrungen als alleinerziehender Vater erzählte. In den Notizbüchern im Gefolge von «Das Gewicht der Welt» (1977), die einen irritierend facettenreichen Zugang zu seinem Kosmos ermöglichen. Im Roman «Mein Jahr in der Niemandsbucht», der, in Handkes französischem Wohnort Chaville bei Paris entstanden und 1994 publiziert, einen Schriftsteller sich an den im Titel genannten mythischen Ort zurückziehen lässt, wo er über sich und sein Schreiben nachdenkt, um nach langem Zweifeln zur Gewissheit zu gelangen, dass die Welt erzählbar sei. Eine Erkenntnis, mit der er sich Horaz, Stifter und Goethe verwandt fühlt und die, so kontrovers sie auch von der Kritik aufgenommen wurde, auch für Handke selbst gelten dürfte, in dessen Schreiben sich in einem lebenslangen Prozess ja tatsächlich ein provokativ-rebellischer Ansatz zu einer traditionsbewussten, fast klassischen Erzählweise entwickelt hat.

Gerhart Hauptmann
1862–1946
Beitrag Seite 286

«Ich liebe die Schweiz, weil sie vorbildlich ist. Weil sie fest, deutsch, starrnackig und brav ist, weil sie lebenstüchtig ist.» Am 20. Mai 1912 hat Gerhart Hauptmann sich das nach einem Spaziergang durch die Umgebung des Gütsch in Luzern ins Tagebuch notiert. Wie Ricarda Huch projizierte er in die Schweiz, was er an Deutschland beklagte. Nicht mal der Nobelpreis, den er 1912 erhielt, bewahrte den Autor von «Bahnwärter Thiel», «Der Biberpelz», «Die Ratten», «Rose Bernd» und «Hanneles Himmelfahrt» vor Repressionen. 1893 war sein berühmtestes und engagiertestes Stück, «Die Weber», von der Berliner Polizei als aufrührerisch verboten worden, 1913 setzte man das «Breslauer Festspiel» als «zu wenig national» ostentativ vom Spielplan ab. Auch nach 1918 hatte es Hauptmann, obwohl als deutscher Dichter schlechthin gefeiert, mit dem Vaterland nicht leicht. Einmal sogar als Reichspräsident im Gespräch, sah der Verfechter des Mitleids und des sozialen Naturalismus in der Weimarer Republik viel von seinem Ideal erfüllt, hatte dann aber nicht mehr die Kraft, den Nazis offen entgegenzutreten, als sie die Demokratie zerstörten. Müde und resigniert wandte er sich in seinem schlesischen Refugium der antiken Tragödie zu und betrauerte den Sieg des Barbarentums indirekt in der Atriden-Tetralogie und im Drama «Finsternisse», einem erschütternden Requiem auf die von Deutschen ermordeten Juden. Ob er, als sein Land ihm derart zur Qual und zum Leid wurde, manchmal noch an das glückliche Schweizer Jahr 1888 zurückdachte, als er an der Zürcher Freiestrasse über der Menschheit enthusiastisch «eine nagelneue Epoche aufgehen» sah? Sicher ist jedenfalls: wenn etwas daran schuld ist, dass seine einzigartigen Theaterstücke nur noch selten auf der Bühne zu sehen sind, dann ist zum einen die Tatsache schuld, dass viele Regisseure selbstbearbeitete Stoffe den «fertigen» Stücken vorziehen und dass zum andern die Gesellschafts- und Sozialkritik nach dem Ende des Sozialismus und dem Triumph des globalen Kapitalismus nur noch einen geringen Stellenwert besitzt.

«Die Beamten haben manchmal zuviel ylud kaboz pady el, und dabei vergessen sie, dass etroky znig ajte ge gybozryzal.» Anders als bei Beckett und Ionesco, von denen er herkam, waren «Das Gartenfest» (1963) oder «Die Benachrichtigung» (1965), die ersten Stücke des am 5. Oktober 1936 geborenen, am Prager Theater «Am Geländer» vom Kulissenschieber zum Hausautor aufgestiegenen Václav Havel, nicht eigentlich absurd, sondern spiegelten den Leerlauf des kommunistischen Unterdrückungsapparats in dessen absurd-verlogener unverständlicher Sprache. Nie nur als – bald einmal im Westen aufgeführter und gefeierter – Autor und Dramatiker, sondern mit seiner ganzen Persönlichkeit und seinem unüberwindbaren Mut gegen die kommunistische Unterdrückung engagiert, gehörte Havel zu den Aktivisten des «Prager Frühlings» von 1968 und der «Charta 77», sass fünf Jahre im Gefängnis, avancierte als Träger des Friedenspreises des deutschen Buchhandels 1989 dann aber zur Symbolfigur der «Samtenen Revolution» von 1989 und schliesslich zum Staatspräsidenten der ČSSR. Zuletzt auch noch Präsident der Tschechischen Republik, der er den Erhalt der tschechisch-slowakischen Zweistaatlichkeit hatte vorziehen wollen, trat er 2003 bescheiden ins Glied zurück, wagte er doch, um mit Moritz Leuenberger zu reden, auch noch das Allermutigste: der Versuchung zu widerstehen, «im Glorienschein der Ikone zu erstarren». Als er am 18. Dezember 2011 an den Folgen der Atemwegserkrankung, die er während seines Gefängnisaufenthalts erlitten hatte, starb, lag auf seinem Pult der Entwurf zu einem letzten Theaterstück, das «Sanatorium» hätte heissen sollen. Das Ergreifendste aber, mit dem er nicht nur sich selbst, sondern dem tschechoslowakischen Widerstand als solchem ein Denkmal setzte, sind die 1979 bis 1982 im Gefängnis entstandenen, 1983 erstmals veröffentlichten «Briefe an Olga», von denen Salman Rushdie sagte, sie hätten zu der Handvoll Bücher gehört, die er in den Jahren mit sich führte, als er sich vor einer drohenden Hinrichtung verstecken musste.

Václav Havel
1936–2011
Beitrag Seite 78

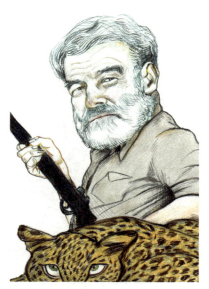

Ernest Hemingway
1899–1961
Beitrag Seite 432

«Ich glaube, wir sind in der Schweiz, Cat.» – «Wirklich?» – «Wir können's nicht wissen, bevor wir Schweizer Truppen gesehen haben.» – «Oder die Schweizer Marine.» – «Die Schweizer Marine ist zum Lachen für uns. Dies letzte Motorboot, das wir hörten, war vielleicht die Schweizer Marine.» – «Wenn wir in der Schweiz sind, wollen wir wunderbar frühstücken. Es gibt fabelhafte Brötchen und Butter und Marmelade in der Schweiz.» Ein amerikanischer Deserteur und eine englische Krankenschwester führen dieses Gespräch 1917 in einem Ruderboot auf dem Lago Maggiore. Es gelingt ihnen dann tatsächlich, in der Schweiz Gastrecht zu finden, aber der Tod der jungen Frau und ihres Kindes bringt dem Ich-Erzähler schon bald einmal bei, dass die Flucht keine Erlösung bringt, weil nicht nur der Krieg, sondern das Leben insgesamt brutal und sinnlos ist. Anders als Leutnant Frederic Henry, der Protagonist des Romans «A Farewell to Arms», desertierte sein Verfasser, Ernest Hemingway, als er im Ersten Weltkrieg als freiwilliger Sanitäter an der italienisch-österreichischen Front Dienst leistete, nicht in ein neutrales Land. Der vielgerühmte Meister der short story liess auch später von der Türkei bis nach Spanien und von China bis zur Wiedereinnahme von Paris im Jahre 1944 keinen Krieg vorbeigehen, den er nicht wenigstens als Reporter mitgemacht hätte. Kein Wunder denn, dass seine erfolgreichsten Bücher mit Ausnahme des späten ergreifenden Männerromans «The Old Man and the Sea» (1952) fast alles Kriegsbücher sind: «For Whom the Bell Tolls» / «Wem die Stunde schlägt» von 1940, «Across the River and into the Trees» / «Über den Fluss und in die Wälder» von 1950 «Islands in the Stream» / «Inseln im Strom», postum 1970 erschienen, und eben «A Farewell to Arms» / «In einem andern Land» von 1929. Selbst seinen eigenen Tod führte Hemingway am 2. Juni 1961 im Alter von 62 Jahren mit der Waffe herbei, und doch muss dieser grossartige Menschengestalter und Berichterstatter letztlich sensibler und trotz seines exzentrischen Liebeslebens einsamer gewesen sein, als sein abenteuerliches Leben es vermuten lässt.

«Die Bewohner, ein leidlich rüstiges Geschlecht, sind fast alle aufs engste verwandt, und reichlich drei Viertel tragen den Namen Camenzind.» Nimikon, «auf einer dreieckigen, zwischen zwei Bergvorsprünge geklemmten schrägen Fläche am See gelegen», ist Gersau am Vierwaldstätterse. Da stehen auch heute noch 161 Träger des Namens im Telefonbuch, mit dem der am 2. Juli 1877 in Calw geborene Basler Antiquar Hermann Hesse 1904 über Nacht zum Erfolgsautor wurde. «Dass meine Schriften rein persönliche Versuche sind, intime Dinge in moderner Form auszusprechen, dass sie daher zu erheblichen Bucherfolgen wohl nicht geeignet sind, brauche ich kaum zu betonen», hatte er 1903 S. Fischer geschrieben, als der den Verfasser des melancholischen «Hermann Lauscher» um Manuskripte bat. Aber Ende 1904 konnte der inzwischen in Gaienhofen am Bodensee ansässige Hesse Stefan Zweig gegenüber ausrufen: «Es lebe Peter Camenzind! Ohne den hätte ich nicht heiraten und hierherziehen können.» Bei allem romantischen Überschwang enthält das Buch schon den ganzen Hesse: die Zivilisationskritik, die sublimierte Liebe und die Verteidigung der Persönlichkeit, die vom indischen «Siddharta» und dem Krisen-Psychogramm «Steppenwolf» bis zu den weit ausholenden Bildungsromanen «Das Glasperlenspiel» und «Narziss und Goldmund» auch den späteren Werken des Nobelpreisträgers von 1947 zugrundeliegen sollte. Obwohl Gottfried Benn den 9. August 1962 in Montagnola verstorbenen Autor als «typisch deutsche Sache» herabstufte, avancierte er in den 1960er Jahren zu einem der weltweit meistgelesenen Autoren. In Amerika wurde er zum Idol der Jugendbewegung, Timothy Leary erklärte den «Steppenwolf» zu einem «unschätzbaren Lehrbuch für jede LSD-Sitzung», und verblüfft begannen man nun auch in Deutschland den Dichter, dessen Werk man lange als einzige grosse Autobiographie missverstanden hatte, neu zu lesen. «Dieser Hermann Hesse ist nicht nur eine romantische Idee der Amerikaner», erkannte sogar ein Peter Handke, «sondern ganz gewiss ein vernünftiger, überprüfbarer grosser Schriftsteller.»

Hermann Hesse
1877–1962
Beitrag Seite 185

Victor Hugo
1802–1885
Beitrag Seite 230

Einen «Apostel der Menschlichkeit» hat Romain Rolland den französischen Dichter Victor Hugo genannt, der am 26. Februar 1802 in Besançon zur Welt kam und am 22. Mai 1885 in Paris starb. – Wie hat er gelebt? – Nach einer schrecklichen Kindheit als herumgeschubster Sohn eines Generals schrieb schon der Gymnasiast eine Tragödie und schaffte es, ohne je einen anderen Beruf auszuüben, lebenslang vom Schreiben zu leben. – Er soll sich mit Napoleon III. verkracht haben ... – Er wechselte mehrfach die Fronten, schrieb eine Ode zur Krönung Karls X., sass nach der Februarrevolution 1848 in der Nationalversammlung, floh aber nach der Machtergreifung Louis Bonapartes auf die englische Insel Guernsey und beschimpfte den Imperator als «Napoléon-le-petit». – Was machte ihn zum berühmtesten Autor seiner Zeit? – Die nationalen Gedichte, die in Frankreich jedes Kind kannte, vor allem aber die zwei grossen Romane, die von seiner Menschlichkeit zeugen. «Notre-Dame de Paris» (1831), ein 1482 spielendes hinreissendes Epos um die zerstörerische Liebe des Archidiakons von Notre-Dame zur Tänzerin Esmeralda, die vom buckligen Glöckner Quasimodo beschützt wird. Und «Les Misérables» (1862), die Lebensgeschichte des ehemaligen Galeerensträflings Jean Valjean vor dem Hintergrund der Restauration und der Pariser Arbeiteraufstände von 1832–1834. «Die leidenschaftliche Parteinahme des Dichters für seine Helden, sein Mitleid, seine Trauer verleihen dem Werk eine mitreissende Lebenskraft», hat Hans Mayer gesagt. – Was gab ihm selbst seine Kraft? – Die Liebe der Frauen, «jener Geschöpfe», die, wie er einmal sagte, «dem Mann die Erde annehmbar machen». Das begann mit der heimlichen Liebe des 17jährigen zur 16jährigen Adèle Foucher, die 1822 seine Frau wurde, ging weiter mit der mit Adèle rivalisierenden lebenslangen Geliebten Juliette Drouet und unzähligen weiteren Geliebten bis zur 23jährigen Kopistin Blanche Lanvin, mit welcher der 76jährige vom 22. bis zum 26. Juni 1878 ein «nie dagewesenes Fest der Sexualität» erlebte, ehe ihn am 27. Juni ein Hirnschlag der Sprache beraubte.

«I am colored», fängt der Text an, um bald schon zu konstatieren: «I do not always feel colored», wonach dann das eigentliche Erzählen mit den Worten beginnt: «I remember the very day that I became colored.» Klare Sache: Zora Neale Hurston, geboren am 7. Januar 1891 in Notasulga, Alabama, gestorben am 28. Januar 1960 in Fort Pierce, Florida, war von Geburt an schwarz, aber sie hat diesen Umstand (z.B. im zitierten Text «How It Feels to Be Colored Me») weder in Klage noch in Anklage umgesetzt, sondern ein eigenständiges Lebensgefühl daraus entwickelt, aus dem heraus die Frage nach der Hautfarbe am Ende wieder zweitrangig wurde. Sie ist von der Anthropologie hergekommen und hat in ihre ersten Werke – «Mules and Men» und «Jonash's Gourd Vine» (1934/1935) – geschickt die Feldforschung eingearbeitet, die sie für Professor Boas in den Siedlungen des schwarzen Amerika geleistet hatte. Über diese Voraussetzungen weit hinausgewachsen aber ist sie, bevor sie sich der Folklore der Karibik zuwandte, im Roman «Their Eyes Were Watching God» / «Und ihre Augen waren auf Gott gerichtet» von 1937. Einem Buch, aus dem der Jazz der Zwanzigerjahre heraustönt und das lange bevor es Mode wurde, auf hinreissend lebendige Weise die Selbstfindung einer Frau in ihren Begegnungen mit dem anderen Geschlecht spiegelt. Janie, die schwarze Südstaatentochter, wird in die Ehe mit dem Farmer Killicks, den sie nicht liebt, der aber sechzig Morgen Land besitzt, «versorgt», bricht jedoch bald wieder aus und tut sich mit Joe Starks, dem «all black»-Aktivisten zusammen. Aber es dauert 20 Jahre, ehe aus der «uh big woman» die Frau wird, die sich neben ihrem Mann in der Öffentlichkeit ihren Platz erkämpft hat. Als Joe stirbt, verliebt sich Janie in den 15 Jahre jüngeren Tea Cake, der ihr in einer glücklichen Zeit den Blues beibringt, den sie aber am Ende aus Notwehr selber tötet. Denn in diesem Buch, das die Welt der amerikanischen Schwarzen erstmals zu mehr als nur zu Folklore gemacht hat, liegt das Gesetz des Handelns bis zur bittersten Konsequenz bei der (schwarzen) Frau!

Zora Neale Hurston
1891–1960
Beitrag Seite 365

Siri Hustvedt
*1959
Beitrag Seite 409

Als die am 19. Februar 1959 in Northfield, Minnesota, als Tochter eines norwegisch-amerikanischen Ehepaars geborene Siri Hustvedt 1993 und 1996 mit «The Blindfold» und «The Enchantment of Lily Dahl», noch als Literaturstudentin, die Welt der Bücher betrat, liessen die zwei Romane nur allzu deutlich die Verehrung für Paul Auster spüren, der seit 1982 ihr Ehemann war. Das änderte sich 2003 mit der von einem alten Kunsthistoriker erzählten, Gewalt, Liebe, Verlust und Tod thematisierenden doppelten Familiengeschichte «What I Loved», die ihren Durchbruch bedeutete. «The Shaking Woman or a History of my Nerves» offenbarte 2009 in engem Zusammenhang mit der unbeschönigten Darstellung einer damals bei ihr ausgebrochenen, an einem Zittern erkennbaren Nervenkrankheit ihr Interesse an Neurologie, das zu einer Reihe von Publikationen und einem Uni-Lehrauftrag führte. Schon in «The Sorrows of an American» war 2008 die Hauptfigur ein Psychiater gewesen, und noch in «The Delusions of Certainty» von 2018 hinterfragte sie in grenzüberschreitenden Überlegungen zwischen Biologie, Psychologie und Literatur die scharfe Trennung zwischen Geist, Körper und Psyche. 2019, in «Memories of the Future», erinnerte sie sich anhand eines 40 Jahre zuvor verfassten Tagebuchs nochmals an die Zeit als Studentin, als sie in einer schäbigen Wohnung mit einem Bett aus Apfelsinenkisten lebte und der Hunger sie dazu trieb, angebissene Sandwiches aus der Mülltonne zu fischen. In jenen Jahren erlebte sie, was sie in den frühen Romanen ausgespart hatte, auch die Brutalität von Männern, indem sie durch eine Beinahe-Vergewaltigung für lange Zeit traumatisiert wurde. Die Liebesgeschichte mit Paul Auster jedoch, die auch in dessen «Winterjournal» bewegend thematisiert ist, hat nicht nur berufliche Rivalitäten, sondern auch tragische Momente wie den Tod des gemeinsamen Sohnes an einer Überdosis Drogen im April 2022 überlebt, und als im März 2023 bekannt wurde, dass Paul Auster an Krebs erkrankt sei, liess Siri Hustvedt verlauten, sie lebe nun an einem Ort, den sie «Krebsland» nenne.

Schriftsteller wurde Aldous Huxley nur mangels besserer Gelegenheit. Der am 26. Juli 1884 geborene Enkel des Biologen Thomas Huxley hatte Biologe werden wollen, erblindete aber einer Hornhautinfektion wegen fast völlig und studierte Englisch und Philosophie, als er 1916 zum Zivildienst auf Lady Ottoline Morells Gutshof in Garsington aufgeboten wurde. In der Begegnung mit Katherine Mansfield, T. S. Eliot und D.H.Lawrence entdeckte er in dem Pazifistenkreis sein Dichtertalent und in der 18jährigen Belgierin Maria Nys seine grosse Liebe. Romane wie «Chrome Yellow» (1921), «Antic Hay» (1923) oder «Point Counter Point» (1928) analysierten hellsichtig

Aldous Huxley
1884–1963
Beitrag Seite 60

das morbide Dahindämmern der High Society nach dem Krieg und brachten ihm 1923 einen Vertrag mit Chatto & Windus ein, der ihm das Leben eines freien Schriftstellers ermöglichte: an vielen Orten in Europa und ab 1937 in Kalifornien, wo er am 22. November 1963 fast unbeachtet starb, wurde am gleichen Tag doch John. F. Kennedy ermordet. Ein genuiner Romancier war Aldous Huxley jedoch nicht. Ein Roman war für ihn etwas, «in das man seine Ideen hineinstecken kann», und letztlich ist auch sein berühmtester, die negative Utopie «Brave New World» von 1932, die der Fortschrittseuphorie das Zerrbild der total manipulierten Wohlstandsgesellschaft entgegenstellt, nichts anderes als ein Essay. Einer allerdings, der die Ironie sarkastisch überspitzt und seine These mittels Personifizierung und Erzählung veranschaulicht. Als Essayist jedenfalls hatte Huxley, der sein Denken bis an die Pforten des Metaphysischen vorantrieb, in seiner Generation kaum seinesgleichen, und auch sein visionärer Blick reichte weit über «Schöne neue Welt» hinaus. So erkannte er schon in den 30er-Jahren, dass «der Kult des Infantilen, zumal in Amerika, ein solches Ausmass erreicht» habe, «dass die erwachsene Existenz weitgehend der kindlichen untergeordnet» sei. Als Radikalkur gegen das Drogenproblem aber empfahl er schon 1932, so rasch wie möglich dessen Ursache zu beseitigen: «das allgemeine Unbefriedigtsein an der Wirklichkeit».

Henrik Ibsen
1828–1906
Beitrag Seite 17

«Der Winter mag scheiden, der Frühling vergehn, / der Sommer mag verwelken, das Jahr verwehn. / Du kehrest mir zurücke, gewiss, du wirst mein, ich hab' es versprochen, ich harre treulich dein ...»› Solvejgs Lied aus «Peer Gynt» ist in der wehmütigen Vertonung seines Landsmanns Edvard Grieg zum Inbegriff romantischer Schwärmerei geworden, obwohl Henrik Ibsen genau das mit dem 1867 in Italien geschriebenen Drama vom faustisch ringenden Peer Gynt, der sein Leben lang nie sich selbst gewesen ist und sterben muss, um es zu werden, leidenschaftlich bekämpfte. Denn was der am 20. März 1828 in Skien geborene Sohn eines bankrotten Schnapsfabrikanten – der erst Apotheker und Medizinstudent gewesen war, ehe er nach ersten Versuchen mit dem Römerdrama «Catilina» und nationalromantischen Stücken wie «Das Fest auf Solhaug» und «Die Kronprätendenten» mit «Brand» 1866 zu seinem unverwechselbar eigenen Stil fand – nicht nur da, sondern in fast allen seinen meisterlichen Stücken beabsichtigte, war nichts anderes als das Pathos und die Verlogenheit der Gesellschaft aufs Korn zu nehmen und die bürgerliche Grundfeste par excellence, die Ehe, als brüchig und marod zu denunzieren. Am konsequentesten in «Nora oder Ein Puppenheim» (1879), aber fast noch eindringlicher, glaubwürdiger in den «Gespenstern» (1881), in «Ein Volksfeind» (1882), «Die Wildente» (1884), «Rosmersholm» (1886), «Hedda Gabler» (1890) oder «Baumeister Solness (1892). Wobei sich der anfängliche Naturalismus immer deutlicher zu einer Schreibweise verdichtete, die sowohl den Symbolismus als auch die Psychoanalyse vorwegnahm. «Im Gegenteil», lautete Ibsens letztes Wort, als er am 23. Mai 1906 78jährig in Oslo starb, das damals noch Kristiania hiess. Ob in dem als unverständlich geltenden Ausspruch nicht doch das Geheimnis seiner nach wie vor ungebrochenen Aktualität liegt? Dass er seine bohrenden Fragen nur stellt, aber nie beantwortet, ja dass von jeder vermeintlich gültigen Antwort in einem nie endenden intellektuellen Pingpong stets auch «das Gegenteil» möglich sei?

Er gehört zu den wenigen Autoren, die bereits zu Lebzeiten in die legendäre Bibliothèque de la Pléiade aufgenommen wurden, der am 30. Juni 1925 in Moudon, Kanton Waadt, geborene, nach einem Universitätsstudium in Lausanne und Jahren als Übersetzer in Paris seit 1953 mit seiner Frau Anne-Marie Haesler in Grignan im französischen Département Drôme wohnhafte und dort am 24. Februar 2021 auch verstorbene Philippe Jaccottet. Wie kein anderer Schweizer steht er ebenbürtig in der Tradition von Autoren wie Rilke, Thomas Mann, Musil oder Giuseppe Ungaretti, deren Bücher er ins Französische übersetzt hat. Und dies, obwohl sich sein eigenes, Gedichte und lyrische Prosa umfassendes Werk weitgehend auf Naturbeobachtungen in der Umgebung seines mediterranen Wohnorts beschränkt.

Philippe Jaccottet
1925–2021
Beitrag Seite 404

In Grignan entstanden neben den zwischen 1984 und 2013 publizierten «Carnets de notes» lyrische Werke wie die Haikus des Bandes «Airs» von 1967, die todestrunkenen «Leçons» von 1969, die federleichten «Pensées sous les nuages» von 1983, die asketischen Prosagedichte «Après beaucoup d'années» von 1994 sowie die auf Tod und Sterben eingestimmten Prosawerke «Truina» und «Notes du ravin», die dem 2001 verstorbenen Lyriker André du Bouchet gewidmet sind. Selbst wenn es um die letzten Dinge ging, war sein Schreiben von jener Leichtigkeit bestimmt, wie er sie 1967 im Band «On voit» antönte: «Sieh meinen Vorrat:/Gras und rasches Wasser,/ich habe mich leicht erhalten, / auf dass der Nachen weniger einsinkt.» Elisabeth Edl und Wolfgang Matz haben grosse Teile von Jaccottets Œuvre auf Deutsch übersetzt, kurz vor seinem Tod auch «Die wenigen Geräusche», Texte, die zu seinem Vermächtnis geworden sind. Der Evokation des Alterns und Sterbens widersetzt er sich da mit Vehemenz. «Verbieten wir der Verwesung das Wort», ruft er aus und wendet sich Dingen zu, die dem Tod entgegenstehen: dem Herbstlicht auf den Bergen, einer Katze, «dieser kleinen Seele in Pelzpantoffeln», und dem Rotkehlchen, «diesem Fussgängervogel, in dem man gern etwas sähe wie eine wiedergeborene Kinderseele».

Elfriede Jelinek
*1946
Beitrag Seite 415

«Am Schreibtisch führe ich Krieg gegen die Menschen, die es sich in der Normalität, um die ich sie beneide, bequem gemacht haben und das Leben geniessen können. Ich bin da im Grunde ganz totalitär. Ich sage, dass niemand nach dem, wie die Nazis hier gehaust haben, das Recht hat, ruhig und glücklich zu leben.» Was die am 20. Oktober 1946 im österreichischen Mürzzuschlag geborene, früh als musikalisches Wunderkind gehandelte und 1975, ein Jahr nach Beginn ihrer 48 Jahre dauernden Ehe mit Gottfried Hüngsberg, mit den marxistisch-feministischen «Liebhaberinnen» zu Berühmtheit gelangte Elfriede Jelinek in einem Interview bekannte, enthüllt, wie sehr der Hass beflügelt, was ihre «Schreibwut» hervorbringt: Die eigenen Kindheitserfahrungen abgerungene «Klavierspielerin» von 1983, wo eine Mutter die Tochter zu einem masochistischen Monster dressiert, «Lust» von 1989, das Vorspiel des mit «Gier» und «Neid» bis 2008 weitergeführten «Todsündenprojekts», wo ebendieses Feeling, durchlebt von einer von Männerherrschaft und Kapitalismus paralysierten Direktorsgattin, «den Leser ins Gesicht zurückschlagen» soll. Dass Romane wie diese auf die Bestsellerlisten kamen und Schauspiele wie der die Spätfolgen des Naziterrors am Beispiel Martin Heideggers thematisierende «Totenauberg» (1992), das den Sport als Fortsetzung des Kriegs mit andern Mitteln denunzierende «Sportstück» (1998), die Demaskierung des Irak-Kriegs in «Bambiland» (2003), das Ulrike-Meinhof-Drama «Ulrike Maria Stuart» (2006), der das Massaker von Rechnitz evozierende «Würgeengel» von 2008 oder die das Fiasko der europäischen Flüchtlingspolitik blosslegenden «Schutzbefohlenen» von 2014 zu provokanten Grossereignissen des Kulturbetriebs wurden, belegt ebenso wie die Verleihung des Literaturnobelpreises 2004 an die «weibliche Ketzerin», dass die von Elfriede Jelinek mit virtuosem sprachlichem Können und nie ganz ohne Ironie vertretene Verneinung von all dem, was als «normal» gilt, seinen legitimen Platz in der künstlerischen Auseinandersetzung mit den entscheidenden Fragen der Gegenwart hat.

Im Roman «Schwere Flügel», mit dem Zhang Jie 1980 zu einer der wichtigsten Autorinnen jener Reformliteratur wurde, welche die chinesische Regierung in Abkehr von der desaströsen Kulturrevolution propagierte, heisst es auf die Frage, warum alles so verdreht sei, einmal: «Weil wir in einer verdrehten Epoche leben, die weder kapitalistisch noch kommunistisch ist.» Was erahnen lässt, welcher Zerreissprobe Leben und Werk der am 27. April 1937 in Peking geborenen und am 21. Januar 2022 in den USA verstorbenen Schriftstellerin ausgesetzt war. Sie hatte Literatur studieren wollen, war aber der Wirtschaftswissenschaft zugewiesen worden und arbeitete zwanzig Jahre in Staatsbetrieben. Erfahrungen, die in ihren Roman einflossen, der an dreissig Beispielen von den Erfolgen und Niederlagen der Reformbefürworter und -gegner erzählt, in aller Drastik die (überwundenen!) Missstände beschreibt und den Sieg der Reformer begrüsst. Die Schattenseiten des erzwungenen Konsenses aber, insbesondere die nach wie vor prekäre Situation der Frau, werden keineswegs verschwiegen. Radikaler ging Zhang Lie das Thema Frau 1981 in der Novelle «Die Arche» an, die unter dem Motto «Weil du eine Frau bist, wird dein Leid unermesslich sein» die Emanzipationsbestrebungen einer weiblichen Wohngemeinschaft protokolliert. Auf den Feminismus festlegen liess Zhang Jie, so vehement sie die aufgezwungene Sprachlosigkeit der Chinesinnen geisselte, sich allerdings nicht, konnte sie doch andererseits in ihrem Fortsetzungsroman «Wortlos» von 1998 auch behaupten, dass die Frau sich selbst der grösste Feind sei. 1994 überraschte Zhang Jie mit dem tagebuchartigen Buch «Abschied von der Mutter», in dem sie die letzten Monate ihrer 1991 verstorbenen Mutter beschrieb. Die selbstkritisch-schuldbewusste Analyse einer schwierigen Mutter-Tochter-Beziehung, die ganz nebenbei auch offenlegt, was für eine privilegierte Stellung inzwischen einer Autorin zukam, die es lebenslang verstand, eine massvoll-dissidente Haltung zum Staat wie ein Einverständnis aussehen zu lassen. So wurde sie trotz offener Kritik am System zweimal mit dem Mao-Dun-Preis ausgezeichnet.

Zhang Jie
1937–2022
Beitrag Seite 393

James Joyce
1882–1941
Beitrag Seite 348

Was schreibst Du in Dein Heft? – Dass James Joyce vor 80 Jahren, am 13. Januar 1941, in Zürich gestorben ist. – War es nicht ein Ire? – Geboren ist er am 13. Februar 1882 in Dublin, der Stadt, der auch die 1904 in Paris begonnenen «Dubliners», galten, in denen er den inneren Monolog ausprobierte. – Das Stilprinzip des «Ulysses»? – Ja, auch der führt ins Jahr 1904 zurück: Joyce schickt seinen Leopold Bloom in Anlehnung an Homer auf eine Odyssee durch Dublin, die nur einen einzigen Tag, nämlich den 16. Juni 1904, in Anspruch nimmt. – Auf 1300 Seiten? – In den Köpfen der Figuren weitet das Bewusstsein das Geschehen auf 18 Kapitel aus und nimmt die ganze Menschheitskultur mit in den Blick. «Ich habe so viele Rätsel und Geheimnisse hineingesteckt», meinte Joyce, «dass es die Professoren Jahrhunderte lang in Streit darüber halten wird, was ich wohl gemeint habe, und nur so sichert man sich seine Unsterblichkeit.» – War der Erfolg nicht auch dem Verbot geschuldet, mit dem das Buch belegt wurde? – Dass der Roman überhaupt erscheinen konnte, war der Amerikanerin Sylvia Beach zu verdanken, die ihn 1922 im Pariser Verlag «Shakespeare and Company» erstmals druckte. Und dies, obwohl er schon 1921 in den USA auf Grund eines Vorabdrucks als «unanständig und widerlich» verboten worden war und zehn Jahre lang nur Ärzten und Psychiatern zu Studienzwecken verkauft werden durfte. – Was beanstandete die Zensur? – Vor allem eine Szene, die das Mädchen Gerty MacDowell, zu dem sich Joyce durch die Zürcherin Martha Fleischmann hatte inspirieren lassen, am Strand von Dublin beim Masturbieren beschreibt. – War er zu Korrekturen bereit? – Keineswegs! Er änderte kein Wort. Ab 1930 trat der Roman seinen Siegeszug an und lässt sich heute in 41 Sprachen ungekürzt lesen. Während die «Sporting Times» 1922 befand, er sei nicht nur «schmutzig-pornographisch, sondern auch höchst langweilig», gehört «Ulysses» inzwischen zu den Highlights der Weltliteratur und liess Salman Rushdie 1999 erklären, nach ihm könne man «unmöglich schreiben, ohne von ihm beeinflusst zu sein».

Als Franz Kafka am 27. August 1911 mit Max Brod die Zürcher Bahnhofstrasse hinaufging, um im Männerbad Bürkliplatz zu baden, empfand er «ein starkes Sonntagsgefühl bei der Einbildung, hier Bewohner zu sein». Ganz im Gegensatz zum Altstädter Ring in Prag, wo sich fast sein ganzes Leben abspielte: Im Haus zum Turm, wo er am 3. Juli 1883 zur Welt kam. Im Kinsky-Palais, wo er bis 1901 das Gymnasium besuchte und wo im Parterre das Modewarengeschäft seines Vaters untergebracht war, von dem er bis zuletzt nicht loskam und dem noch der 36jährige vorhielt, sein Schreiben sei eine einzige Anklage gegen ihn und «ein absichtlich in die Länge gezogener Abschied» von ihm. An der Universität schliesslich, wo er Jus studierte und das Bild jener absurden Gesetzesmaschinerie in sich entstehen liess, die seinem Œuvre das Siegel «kafkaesk» aufdrücken und sein fiktives Alter Ego Josef K. im «Prozess» dazu bringen sollte, freiwillig die Hinrichtung auf sich zu nehmen. Nirgends sonst ist die Unbehaustheit und Verlorenheit des modernen Menschen so eindringlich und in einer derart klaren, nüchternen Sprache umgesetzt wie in den subversiven Fabeln und Schreckensvisionen von Erzählungen wie «Verwandlung», «Das Urteil», «Beim Bau der chinesischen Mauer», «Ein Landarzt» oder «In der Strafkolonie» bzw. in den unvollendeten Romanen «Der Verschollene», «Der Prozess» und «Das Schloss». Werke, die erst Jahrzehnte nachdem der 41jährige, aufopfernd gepflegt von seiner letzten Liebe, Rosa Diamant, am 3. Juni 1924 in Kierling bei Klosterneuburg an Tuberkulose gestorben war, in ihrer Bedeutung erkannt wurden und die heute dastehen als das Vermächtnis eines Mannes, der der Dominanz des Vaters in die Liebe zu entkommen suchte und gerade deshalb im privaten Leben immer wieder scheiterte, während er aus Angst und Depression heraus Texte schuf, von denen selbst Rainer Maria Rilke sagen musste: «Ich habe nie eine Zeile von diesem Autor gelesen, die mir nicht auf das eigentümlichste mich angehend oder erstaunend gewesen wären.»

Franz Kafka
1883–1924
Beitrag Seite 424

Konstantinos Kavafis
1863–1933
Beitrag Seite 75

«Brichst du auf gen Ithaka, / wünsch dir eine lange Fahrt, / voller Abenteuer und Erkenntnisse (...) / Immer halte Ithaka im Sinn. / Dort anzukommen ist dir vorbestimmt. / Doch beeile nur nicht deine Reise. / Besser ist, sie daure viele Jahre; / Und alt geworden lege auf der Insel an, / reich an dem, was du auf deiner Fahrt gewannst ...» Die Mythologie, die Bilderwelt, aber auch der philosophische Reichtum der uralten griechischen Kultur standen dem Schöpfer dieses Gedichts, dem am 29. April 1863 in Alexandria geborenen und am 29. April 1933 in der gleichen Stadt verstorbenen Konstantinos Kavafis, zur Verfügung, als er der Erkenntnis, dass der Weg das Ziel der (Lebens-)Reise sei, lyrischen Ausdruck gab. Obschon er in der Kindheit fünf Jahre in England lebte, war Alexandria, wo er sich 1885 endgültig niederliess und bis 1922 in der englischen Kolonialverwaltung tätig war, der Dichtungsraum dieses Diaspora-Griechen, der sich als Nachfahre der Aufbruchzeit des Hellenismus verstand, aber die Formen, die er vorfand, nicht einfach übernahm, sondern aufbrach und einer modernen Diktion aussetzte. Neben einigen Essays und Notaten besteht sein Werk aus den 154 Gedichten, die zwei Jahre nach seinem Tod erstmals gesammelt im Druck herauskamen, nachdem er sie zu Lebzeiten nur auf losen Blättern an seine Freunde verteilt hatte. Kavafis verwendet zwar mythische Schauplätze und Figuren, lässt aber moderne Lebenssituationen und Schicksale durchschimmern und stellt der antiken Rhetorik und Blumigkeit eine karge, lakonische Sprache gegenüber, die oft ganz nahe an der Prosa ist. Überraschend frei geht er dabei mit der Darstellung der homosexuellen Erotik um, die allerdings nie als gegenwärtige Erfahrung, sondern als Erinnerung an längst vergangene Begegnungen erscheint. Zeilen wie «das ersehnteste Leben ist jenes, das man gar nicht leben kann», lassen ahnen, warum das so ist. Exponent einer Übergangszeit, hütete Kavafis sich auch, politisch Stellung zu beziehen, so dass es nach wie vor unklar ist, ob der neben Elytis bedeutendste griechische Lyriker mit seinem berühmtesten Gedicht, «Warten auf die Barbaren» von 1898, die britische Kolonialmacht kritisierte oder nicht.

Als die Titelfigur der Erzählung «Rosalie geht sterben» den Autor Leo Richter bittet, den Plot zu ändern und sie leben zu lassen, lässt er sich, obwohl sie bereits zum Sterben in der Schweiz eingetroffen ist, erweichen, macht sie zwanzig Jahre jünger und lässt sie leben, um sie dann allerdings nach Beendigung der Geschichte zum Verschwinden zu bringen. – Weit weniger surreal als diese Erzählung aus dem Band «Ruhm» von 2009, wenn auch mindestens so phantasievoll und ebenso pfiffig geschrieben, sind die Texte, dank denen der am 13. Januar 1975 in München geborene Germanist Daniel Kehlmann zu einem der meistgelesenen Autoren des 21. Jahrhunderts avancierte: «Ich und Kaminski» von 2003, die als beissende Satire auf den Kunstbetrieb daherkommende Erzählung von der Monographie, mit welcher der korrupte Kritiker Zöllner den bayrischen Dilettanten Kaminski zum grössten Künstler der Gegenwart stilisiert. Vor allem aber «Die Vermessung der Welt» von 2005, die fiktive Doppelbiographie des Mathematikers Carl Friedrich Gauss und des Naturforschers Alexander von Humboldt, zweier Zeitgenossen vom Ende des 18. Jahrhunderts, die sich unabhängig voneinander an die Vermessung der Welt machen, Humboldt auf abenteuerlichen Expeditionen in Südamerika, Gauss, der ohne Göttingen zu verlassen, die Krümmung des Raumes entdeckt. Was Kehlmann humorvoll-ironisch, ja eminent unterhaltsam umsetzt, indem er die beiden Berühmtheiten, ohne ihnen den Respekt zu verweigern, in ihren Eitelkeiten und Schwächen vorführt: den preussisch-korrekten, ruhmsüchtigen Humboldt, den nörglerischen weltfremden Gauss, der sich einzig bei der Prostituierten Nina geborgen fühlt. Mit zwei weiteren Romanen vermochte Kehlmann seinen Rang als Erzähler zu bestätigen: mit «Tyll», der Neuerfindung des Till Eulenspiegel als Spassmacher im 30jährigen Krieg (2017) und mit «Lichtspiel»(2023), der brillanten Evokation des Filmregisseurs G. W. Papst (1885–1967), der sich den Machthabern in der Nazizeit unter abenteuerlichen Verrenkungen anpasste, weil im «wichtig» war, «Kunst zu machen unter den Umständen, die man vorfindet».

Daniel Kehlmann
*1975
Beitrag Seite 222

Navid Kermani
*1967
Beitrag Seite 135

Wenn es «littérature engagée» im Sinne Sartres im 21. Jahrhundert noch gibt, so findet man sie bei Navid Kermani, am 27. November 1967 in Siegen geboren. Wie Kafka versteht er sich, iranische Wurzeln hin oder her, als Teil der deutschen Literatur, und von der Rolle Deutschlands im Irak- und im Ukrainekrieg über den Antisemitismus bis zur Diskussion über die deutsche Verfassung oder den Genderstern – den er ablehnt! – bezieht er als aufgeklärter Zeitgenosse dezidiert Stellung. Zudem ist er immer auch Wissenschaftler und befasst sich als habilitierter Orientalist mit der Ästhetik des Korans – «Gott ist schön» hiess 1999 seine Dissertation – oder mit frühislamischer Mystik. Auch als Autor hält er eine unverwechselbar eigene Position, indem er die Grenze zwischen Fiktion und Autobiographie bewusst verwischt. So im 2011 erschienenen 1230seitigen Roman «Dein Name», der formal und gehaltmässig ein Ereignis war. Da wollte er, indem er alles, woraus sein Leben zwischen 2006 und 2010 bestand – Berufliches, Privates, Reisen, Todesfälle usw. –, minutiös genau, ungeordnet und ohne Zwischentitel festhielt, das Dasein in seiner ganzen Unmittelbarkeit und Fülle erfassen. Ein an sich zum Scheitern verurteiltes Unterfangen, das darum eine sich steigernde Faszination auf einen ausübt, weil das Ringen um das Material Teil des Ganzen ist und sich aus dessen Fülle immer deutlicher nicht nur eine unverstellte Spiegelung einer politischen und kulturellen Epoche, sondern auch wesentliche Erkenntnisse zu den Themen Liebe und Tod gewinnen lassen. Dass er nicht 1000 Seiten braucht, um Lesenswertes zu liefern, zeigt «Grosse Liebe» von 2014, wo Kermani aus der Schulhofromanze eines 15jährigen im Jahr 1983 mit ethnographisch-distanziertem Blick und unter Beizug von Stimmen aus früheren Jahrhunderten ein anrührendes Beispiel für die Liebe in Zeiten der Gefühlsduselei macht – nicht ohne das Autobiographische ganz aus dem Blick zu verlieren, bekennt er am Ende doch: «Ich war absolut nicht immer der Teilnahmslose, für den ich mich in Gefühlsdingen heute halte.»

Es müsse «langweilig sein, in einem stabilen Land als Schriftsteller zu leben», erklärte der am 23. April 1961 in Leningrad geborene und von Kind auf in der Ukraine lebende Andrej Kurkow 2012 in einem Interview. Das instabile Land ermöglichte ihm aber auch seinen Erfolg, ist das Geheimnis seiner im Westen längst zu Bestsellern avancierten Romane doch die Mischung aus lustvoll kolportierten Ukraine-Klischees (gesellschaftlicher Zerfall, Mafia, verklemmter Nationalismus, Korruption), einem halben Thriller und einer surreal-märchenhaften Pointe. Viktor in «Picknick auf dem Eis» von 1999 schreibt, den Pinguin Mischa zur Seite, Nachrufe noch lebender Prominenzen und merkt lange nicht, dass er nur ein Rädchen im Getriebe der Mafia ist. In «Pinguine frieren nicht» will der bereits bekannte Viktor 2003 dann den Pinguin auf abenteuerliche Weise dem ewigen Eis zurückgeben. In «Der Milchmann in der Nacht» von 2009 ist von einer Mutter namens Irina die Rede, die sich in Kiew die Milch abpumpen lässt und für den Erlös Trockenmilch für ihr Kind kauft, während sich in ihrem eigenen Saft ein Politiker gesundbadet. Seit 2014 aber ist «instabil» nur noch der Vorname, und die Revolution auf dem Maidan, der Krieg im Donbass, Putins Annexion der Krim und schliesslich der Überfall auf die Ukraine selbst stellten einen russisch schreibenden Autor wie Kurkow vor ein fast unlösbares Dilemma. Sowohl den Maidan als auch den 2022 entfesselten Krieg hielt er in gedruckten Tagebüchern fest, «Graue Bienen» erzählte 2019, wie clever der Imker Sergej seine Bienen aus der Kampfzone des Donbass bringt, während eine neue Romanserie sich mit der Ukraine weit weg von heute, während der Russischen Revolution, befasst. Band 1, «Samson und Nadescha», liegt bereits deutsch vor und handelt eher humorlos davon, wie die Kosaken einem Ukrainer den Kopf spalten und seinem Sohn ein Ohr abhacken, welches letzterem, als das Ganze sich zu einem surrealen Krimi entwickelt und der junge Mann für die russische Polizei arbeitet, das isolierte Teil als eine Art Wanze dient, um Verbrecher auszuhorchen.

Andrej Kurkow
*1961
Beitrag Seite 457

Else Lasker-Schüler
1869–1945
Beitrag Seite 468

«Mein Herz – Niemandem!» hiess 1912 das Motto des Briefromans «Mein Herz». Und doch hat sie es in einem fort verströmt: Else Lasker-Schüler, laut Benn «die grösste Lyrikerin, die Deutschland je hatte». An Berthold Lasker, den sie 1902 im ersten Gedichtband, «Styx», lyrisch beweint, an den Poeten Peter Hille, dem sie 1907 die «Nächte von Bagdad» in den Tod nachschickt, an Herwarth Walden, dessen Treulosigkeit sie in «Mein Herz» bedauert, an Franz Marc, den «blauen Reiter» ihrer Sternenwelt, dem sie nach dem Kriegstod 1919 ihren «Malik» widmet. Mit den «Hebräischen Balladen» aber wurde 1913 Israel zu ihrer grossen Liebe: ein wildes, orientalisches, verklärtes Hebräerland, zu dessen Prinzessin sie sich stilisierte und dem sie eine eigene schillernde Bilderwelt schenkte. Als der «Völkische Beobachter» die Kleist-Preisträgerin von 1932 als Autorin «waschechter Beduinenlyrik» beschimpfte, wollte sie für immer in der Schweiz bleiben, wo sie sich geliebt glaubte, wo man 1936 ihren «Arthur Aronymus» uraufführen würde, wo sie aber letztlich nur von ein paar Kulturgurus in heftiger Gegnerschaft zur Fremdenpolizei als «morgenländisches Gastgeschenk» (Eduard Korrodi) bzw. als Alibi für die vielen Ausgeschafften ihres Metiers gerade noch geduldet wurde. Eher zufällig war sie bei Kriegsausbruch 1939 in Palästina, und so wurde ihr das vielbesungene Hebräerland nun selbst zum Exil, wohin sie ihr Leben rettete, aber, wie ihr letzter Gedichtband «Mein blaues Klavier» 1943 auf erschütternde Weise zeigte, in Fremdheit und Einsamkeit ihre Sprache vermisste. Es sei nicht verraten, wie alt sie war, als sie am 22. Januar 1945 in Jerusalem starb. 1936, in Ascona, hatte sie auf die Frage geantwortet: «Sechzehn Jahre wurd' ich alt!! / Seid Ihr jünger, seid Ihr älter? / Hand aufs Herz! Es ist noch kalt, / Doch war es hier schon viel, viel kälter. / Man fragt nicht eine Bürgerin, / ‹Wie alt seid Ihr, Frau Doktorin?› / Geschweige eine Dichterin, Lyrikerin, Indianerin – / Den Prinzen Jussuf, den blauen Jaguar, / O, und alles und / Mein Leben ist seitdem nun wund …»

1928 erschien in Florenz als Privatdruck ein Buch, das die bigotte abendländische Moral wie kein zweites diskreditieren sollte. «Lady Chatterley's Lover» setzte das erstmals in dieser Direktheit beschriebene Erlebnis einer erfüllten Sexualität als individuelle Befreiung der Entseeltheit und Leere einer in ihren Traditionen erstarrten Zivilisation gegenüber. In einer ekstatischen Liaison verfällt Connie, die frustrierte Frau des gelähmten Gutsherrn Chatterley auf Wragby Hall, dem lungenkranken Wildhüter Oliver Mellor, der in einer magisch oszillierenden Natur als Einsiedler lebt und seine Weltsicht «der kargen Schweigsamkeit der Bäume» annähert. Das Buch löste in England und Amerika einen hysterischen Ausbruch von Heuchelei und Hass aus. Obszönität und Verherrlichung des Ehebruchs wurden ihm vorgeworfen, die englische Regierung liess jedes erreichbare Exemplar vernichten. Was den Autor so sehr traf, dass er auf der Mittelmeer-Insel Port-Cros, wohin er sich zurückgezogen hatte, über den nachgesandten Zeitungen einen Blutsturz erlitt. Die «gereinigte» englische Ausgabe von 1932 erlebte er nicht mehr, war er doch am 2. März 1930 in Vence 45jährig der Tuberkulose erlegen. Erst 1960 konnte Penguin das orgiastische, inzwischen leicht verstaubte Hohelied auf die befreite Sexualität unzensuriert in England verbreiten. «Lady Chatterley's Lover» war der Abschluss eines reichen Œuvres, mit dem der aus bürgerlichem Hause stammende, mit der exzentrischen Frieda von Richthofen auf turbulente Weise liierte David Herbert Lawrence in kritisch-unkonventioneller Manier soziale und erotische Themen aufgriff. So entlarvte «Sons and Lovers» 1913 anhand einer Mutter und ihrer Söhne die Determination des Individuums durch das Milieu als Verhängnis, liess die Familienstory «The Rainbow» 1915 erkennen, wie sehr der Mensch sich selbst durch die Industrialisierung entfremdet ist, und stellte das Liebesdrama «Women in Love» 1920 die Behauptung auf, dass die Liebe, von Frauen weitergetragen, die letzte Freiheit des Menschen in einer technisierten und durchrationalisierten Welt sei.

David Herbert Lawrence
1885–1930
Beitrag Seite 288

Halldor Laxness
1902–1998
Beitrag Seite 325

Es hört sich schon selbst wie eine Saga an: Da verlässt Halldór Gudjónsson, geboren am 23. April 1902, nach dem Tod des Vaters, ausgestattet mit dem letzten Familiengeld, 1922 Island und die Mutter. Wird Katholik und Mönch in einem luxemburgischen Kloster, tritt wieder aus und verfasst auf Sizilien sein Meisterwerk «Der grosse Weber von Kaschmir», lernt in den USA bei Upton Sinclair, was soziales Engagement ist, kehrt im Triumph nach Hause, erhält ab 1930 auf Lebenszeit ein staatliches Dichtergehalt und macht, nicht zuletzt dank dem Nobelpreis von 1955, Island unter dem Namen des väterlichen Hofes, Laxness, zu einem Ort der modernen Literatur. «Salka Valka» von 1931/32 ist eines der grossen proletarischen Epen des 20. Jahrhunderts, «Sein eigener Herr» (1935) eine wuchtige Beschwörung des bäuerlichen Unabhängigkeitswillens, die Trilogie «Islandglocke» (1943–1946) die Geschichte der isländischen Selbstfindung, während «Gerpla» von 1952 in neckischer Verfremdung der alten Heldenmythen eine Art isländischen «Tell für die Schule» darstellt und das erstaunlich opulente Spätwerk die Schärfe der kommunistisch inspirierten Gesellschaftskritik gegen die versöhnliche Weisheit des Taoismus eintauscht. Den Nobelpreis aber erhielt Laxness für den 1948 publizierten Roman «Atomstation», der einem nur scheinbar naiven Bauernmädchen in meisterlicher Rollenprosa das Missfallen der isländischen Bevölkerung über die Stationierung amerikanischer Nuklearbomber und die militärstrategische Einbindung der Insel in den Mund legt und damit die weltweit verbreitete Angst vor der Atombombe anspricht. In seinen letzten Werken verliess Laxness in durchaus avantgardistischer Weise auch den sicheren Grund des realistischen Erzählens und zeigte sich in Büchern wie der «Litanei von den Gottesgaben» als Meister der literarischen Collage. Konventionell blieb er nur in der 1975–1980 entstandenen Autobiographie, die das Leben dieses dichterischen Naturtalents, das am 9. Februar 1998 mit 96 Jahren zu Ende ging, ohne jede Schönfärberei nacherzählt.

Er hätte es vorgezogen, «nicht geboren zu werden» schrieb der am 13. April 1940 in Nizza als Nachkomme einer bretonischen, lange auf Mauritius ansässigen Familie geborene Jean-Marie Gustave Le Clézio 1965 in seinem zweiten Buch, der Novellensammlung «La Fièvre», mit der er bestätigte, was 1963 anlässlich seines Erstlings «Le Procès-verbal», die Runde gemacht hatte: dass da ein Autor im Rückgriff auf den Existenzialismus von Camus einen Ausweg aus der (experimentell-abstrakten) Sackgasse des *nouveau roman* weise. Die Welt verzweifelter Menschen ohne Bezug zur Realität geriet dann aber in den Hintergrund, als er die Welt bereiste und nicht nur die Fiktion als «die andere Seite von allem» entdeckte – so in «Voyages de l'autre côté» von 1975 –, sondern auch die europäische Zivilisation mit den Augen der von ihr unterworfenen Kolonialvölker zu sehen begann. «Désert» von 1980 beschreibt zum einen die koloniale Unterwerfung der marokkanischen Nomaden um 1912, zum andern aber auch das Schicksal einer in Frankreich als Model berühmt gewordenen und der europäischen Zivilisation dennoch fremd gegenüberstehenden Marokkanerin. «Onitsha» von 1991 wiederum ist ein Afrika-Roman, der am Beispiel der titelgebenden Stadt am Niger und mit den Augen eines Achtjährigen, der Le Clézio selber war, ein vermeintliches Paradies als brutale Spielwiese der verständnislosen europäischen Überheblichkeit entlarvt. Die persönlichste Begegnung mit der Dritten Welt aber liefert der Roman «Alma» von 2017, mit dem er nach Mauritius zurückkehrt. Da reist ein Forscher auf den Spuren des ausgestorbenen Vogels Dodo auf die Insel seiner Geburt und entdeckt die Welt seiner Familie, die Geschichte der Insel und die Schönheit ihrer Natur. Als Le Clézio 2008 den Nobelpreis erhielt, war gerade «Ritournelle de la Faim», die Geschichte seiner Mutter, erschienen, die 1930 aus Mauritius nach Paris gekommen war und da nicht nur den Hunger, sondern auch die Nazis und den Antisemitismus kennenlernte, so dass, wie ihr Sohn feststellt, die «Zwanzigjährige wider Willen zu einer Heldin wurde».

Jean-Marie Gustave Le Clézio
*1940
Beitrag Seite 439

Doris Lessing
1919–2013
Beitrag Seite 296

1930 schworen sich zwei elfjährige Schülerinnen der katholischen Girls' High School in Salisbury, Rhodesien, Schriftstellerin zu werden. Bis eine von ihnen, Doris May Taylor, am 22. Oktober 1919 in Persien als Tochter eines englischen Kolonialoffiziers und einer Krankenschwester geboren, den Traum verwirklichen konnte, sollten 20 Jahre vergehen, die zugleich den «Urstoff» ihres Erzählens liefern würden. Dazu gehörten neben der Kindheit als Farmerstochter die schwierige Beziehung zur Mutter, die Begegnung mit dem Rassismus, das Rebellieren gegen Elternhaus und Schule, dann aber auch zwei gescheiterte Ehen: die mit dem Kolonialoffizier Charles Wisdom und jene mit dem deutschen Kommunisten Gottfried Lessing, unter dessen Einfluss sie selbst zur Kommunistin wurde und von dem sie, als sie 1949 nach London abreiste, nicht nur einen zweijährigen Sohn, sondern auch den Namen behielt, der sie auf verpflichtende Weise an den Aufklärer Gotthold Ephraim Lessing erinnerte. In London angekommen, hatte sie bereits den Roman im Gepäck, der ihre Karriere begründete: «The Grass ist Singing», die Tragödie der Mary Turner, die in unglücklicher Ehe mit einem Farmer lebt und am Ende von jenem schwarzen Farmarbeiter ermordet wird, dem sie in dunkler Faszination verfallen ist. Bis 1969 arbeitete sie an der 5bändigen Romanfolge «Kinder der Gewalt», die aus sozialistischer Perspektive die Probleme der Unterdrückung der schwarzen Bevölkerung darstellte. Dem folgte erstaunlicherweise bis 1983 ein 5bändiger Science-Fiction-Zyklus: «Canopus im Argos: Archive». Von da an schrieb sie fast jedes Jahr einen Roman, hatte aber oft auch Mühe, Verlage dafür zu finden, so dass es für viele überraschte, als sie 2007, sechs Jahre vor ihrem Tod am 17. November 2013, mit dem Nobelpreis geehrt wurde. Ihr Bedeutendstes hatte sie ohne Zweifel 1962 mit dem «Goldenen Notizbuch» geschaffen, das ihre Jahre als alleinerziehende Mutter in England spiegelte. Ein feministisches Kultbuch, das die wohlwollende Aufnahme ihres uferlosen Œuvres durch Frauen in aller Welt zur Folge haben sollte.

«Wahrscheinlich hätte ich nie geschrieben, hätte ich nicht von dieser Erfahrung zu erzählen gehabt», sagte Primo Levi 1979 und meinte die Zeit, die er 1944/45 in Auschwitz verbracht hatte. «Se questo è un uomo?» hiess 1947 sein Bericht, für den er die Kraft fand, weil er in Lucia Morpurgo die Liebe seines Lebens und jene Zuhörerin gefunden hatte, der er in einem Gedicht zugestand: «Ich kam zurück, weil es dich gab.» Levi war am 31. Juli 1919 in Turin als Kind einer alten jüdischen Familie zur Welt gekommen und hatte seine Leidenschaft auf den Beruf eines Chemikers verwandt, den er in einem Bergwerk ausgeübt hatte, bevor er 1943 zum Widerstand ging und nach seiner

Primo Levi
1919–1987
Beitrag Seite 147

Verhaftung nach Auschwitz deportiert wurde. So dass er, was er da erlebte, in «Ist das ein Mensch?» völlig nüchtern aus der Optik eines Chemikers beschrieb, der eine zwecks physischer Vernichtung von Millionen Menschen errichtete biologische Versuchsanordnung analysiert und das Unbegreifliche zu verstehen sucht. In gleicher «chemisch-sachlicher» Weise schilderte Levi 1963 in «Die Atempause» die Odyssee, die er erlebte, als er durch Polen, Russland und Ungarn nach Turin heimkehrte, wo er am 19. Oktober 1945 ankam. Und ganz der Chemie verpflichtet war auch sein übriges Leben, das er 1975 in der Autobiographie «Das periodische System» in Elemente wie Nickel, Chrom oder Zink einteilte, während er die amorphe Materie als «Hyle» charakterisierte, feindselig und stumpf wie die menschliche Dummheit, die zu überwinden Aufgabe des Wissenschaftlers sei. Einfach so weggesteckt kann Levi das Auschwitz-Trauma aber nicht haben. Als er 1986 von den Holocaust-Leugnern hörte, klagte er Giovanni Tesio, dass offenbar alles, was er schrieb, nichts genützt habe. In tiefster Depression bekannte er einer Freundin, dass er «auch privat» eine Zeit durchmache, die «schlimmer als Auschwitz» sei, und am 11. April 1987 stürzte er sich in seinem Turiner Geburtshaus vom dritten Stock den Treppenhausschacht hinab. Am Arm des Toten registrierte die Polizei die Nummer 174517, die ihm in Auschwitz eingebrannt worden war.

Charles Lewinsky
*1946
Beitrag Seite 342

«Von dem, was ich schreibe, weil es mir ein inneres Anliegen ist, könnte ich nicht leben», antwortete Charles Lewinsky, geboren am 14. April 1946 in Zürich, 1990 einem Interviewer. Das war in den 27 Jahren, in denen er, von den Medien als «geniale Einmanntextfabrik» taxiert, als erfolgreichster Serien- und Sitcom-Verfasser des Schweizer Fernsehens galt. An Büchern lieferte er mit «Mattscheibe» (1991) und «Schuster» (1997) zunächst beissende Satiren auf das Fernsehen, ehe er 2000 mit «Johannistag» einen Krimi vorlegte. Da findet ein pädophiler Lehrer Zuflucht in einem französischen Dorf, was dem Autor bei einer Lesung die Publikumsfrage «Sind sie das?» einbrachte, mit der er 21 Jahre später das einzige Buch betitelte, das er je über sich selber schrieb. Realität war einzig das französische Dorf Vereux, in dem er seither seine Romane schreibt: «Gerron» (2011), die Geschichte des gleichnamigen Regisseurs, den die Nazis zwingen, in Theresienstadt einen Propagandafilm zu drehen; «Kastelau» (2014), der Roman über ein Filmprojekt im Dorf dieses Namens, bei dem von A bis Z alles geflunkert ist; «Andersen» (2016), eine abgründige Parabel auf die menschliche Niedertracht; «Der Stotterer» von 2019 über einen genialen Schreiber und Manipulator; «Der Halbbart» von 2020, der die Hieb- und Stichwaffe der Eidgenossen als Erfindung eines jüdischen Flüchtlings entlarvt, «Der Sohn» von 2022, die Geschichte eines Menschen, der sein Leben einer gefährlichen Illusion opfert, und die witzig-abgründige Goethe-Persiflage «Rauch und Schall» von 2023. Die hinreissendste Umsetzung seiner inneren Anliegen aber ist der Roman «Melnitz» von 2006, der, 600 000 mal gedruckt und elfmal übersetzt, längst zur Weltliteratur gehört. Da werden die Geschicke der jüdischen Schweizer Familie Meijer von 1871 bis 1945 anhand wunderbarer Figuren und filmreifer Szenen derart anschaulich, eindringlich und, dem der Zeit geschuldetem Pessimismus zum Trotz, auf mitunter auch humorvolle Weise zum Ereignis, so dass der Roman weltweit als Parabel für die Grösse und Tragik des Judentums wahrgenommen werden konnte.

Seltsam, dass ausgerechnet das Eldorado des Kapitalismus einen Autor hervorbrachte, der entschieden wie kein zweiter, aber auch volksnah wie kein anderer dessen Auswüchse anprangerte. Die einen sahen in Sinclair Lewis, geboren am 7. Februar 1885, gestorben am 30. Januar 1951, als er 1930 als erster Amerikaner den Literaturnobelpreis bekam, einen «neuen Diogenes», die andern einen «lärmenden Wilden». Wo etwas skandalös oder fragwürdig war, brachte der Arztsohn aus Minnesota es in seinen Romanen auf den Punkt und erreichte damit nicht zuletzt auch in Deutschland jahrzehntelang ein nach Gerechtigkeit dürstendes Publikum. «Main Street», der erste grosse Erfolg, entlarvte 1920 eine scheinbare kleinstädtische Idylle ebenso satirisch wie scharf beobachtet als Hort der Verlogenheit und des Opportunismus. Die Titelfigur von «Babbitt» (1922) wurde in der amerikanischen Umgangssprache zum Synonym für einen naiven, aber rücksichtslos auf Erfolg ausgehenden mittelständischen Unternehmer. «Dr. med. Arrowsmith» zeichnete 1925 ein erschütterndes Bild des US-Gesundheitswesens, dem sich der um das Wohl der Menschen bemühte Arzt des Titels frustriert entzieht. Noch weit radikaler, so dass er mit der Lynchjustiz bedroht wurde, ging Lewis 1927 in «Elmer Gantry» mit der kapitalistischen Ausbeutung der Religion ins Gericht, während er in «It Can't Happen Here» 1935 am Beispiel des amerikanischen «Führers» Huey Long mit Leidenschaft einem gar nicht so unmöglichen faschistischen Amerika entgegentrat. Nichts von seiner Virulenz hat einer von Lewis' letzten Romanen verloren: «Kingsblood Royal» von 1947. Da geht es um einen gewissen Neil Kingsblood, der sich eines Tages plötzlich zu seiner afrikanischen Herkunft bekennt, seinen Job verliert und von einem weissen Mob aus seinem Haus vertrieben wird. Obwohl das Ganze versöhnlich ausgeht, stellte Lewis in dem Roman, aufklärerisch wie bei den andern von ihm aufgegriffenen Themen, die rassistische Diskriminierung zu einer Zeit in ein helles Licht, als im weissen Amerika noch kaum jemand etwas davon wissen wollte.

Sinclair Lewis
1885–1951
Beitrag Seite 448

Pierre Loti
1850–1923
Beitrag Seite 127

Im «Roman d'un enfant», bringt der am 14. Januar 1850 in Rochefort geborene und am 10. Juni 1923 in Hendaye gestorbene Pierre Loti seine Kindheit in der Stadt am Atlantik zum Leuchten: die Begegnung mit dem Meer, die Geschichten der Grossmutter, die karge Landschaft. «Im Zentrum meines Lebens stand, obwohl ich es immer so gewollt habe, das Leid des Abschiednehmens» bekannte Loti, dessen auf die ganze Welt ausgreifende Bücher ihre Intensität nicht zuletzt dem nie erloschenen Heimweh verdanken. Den fernen Ländern aber näherte sich der seefahrende Absolvent einer Marineschule nicht als Ethnologe, sondern von einer spontanen Zuneigung getrieben: zur einheimischen Bevölkerung, aber auch zu Frauen, die ihm den «Exotismus» sinnlich offenbarten. Das von einer exotischen Blume abgeleitete Pseudonym verpasste dem Seeoffizier mit richtigem Namen Louis Marie Julien Viaud 1872 die tahitianische Königin Pomare IV. Erstmals verwendet hat er es 1880 für den Roman «Le mariage de Loti», der von seiner Heirat mit der 18jährigen Japanerin Okane-San erzählt, die 1888 im Roman «Madame Chrysanthème» erneut auftrat und Puccini zu «Madame Butterfly» inspirierte. «Aziyadé», der Erstling von 1879, war noch anonym erschienen, hatte als Fresko des Istanbuler Gesellschaftslebens und Schilderung seiner Liebe zu einer jungen Tscherkassin aber seinen Erfolg als Bestsellerautor begründet. 1882 weckte «Le roman d'un Spahi» Interesse für den Senegal, während 1892, ein Jahr nach Lotis Aufnahme in die Académie française, «Fantôme d'Orient» den Erzähler auf der glücklosen Suche nach Aziyadé aus dem Erstling von 1879 zeigt. Mit Reportagen wie «Les derniers jours de Pékin» von 1902 bewies Loti auch Talent als ein für die Zeit erstaunlich kritischer Analytiker des Kolonialismus. In Europa spielt ausser dem baskischen Abenteuerroman «Ramuntcho» von 1897 und «Roman d'un enfant» nur «Pêcheur d'Islande» / «Islandfischer» von 1886: eine fast klassisch daherkommende Liebes- und Familiengeschichte unter bretonischen Fischern, in der das eindrücklich geschilderte Meer die Hauptrolle spielt.

Ausser zur Abholung des Nobelpreises in Stockholm im Dezember 1988 hat der am 11. Dezember 1911 in Kairo geborene und am 30. August 2006 ebenda verstorbene Beamtensohn Nagib Machfus Ägypten kaum je verlassen und prägte mit seinen 30 Romanen und unzähligen Erzählungen das Bild seines Landes und des von diesem verkörperten Denkens in der Welt dennoch nachhaltiger und differenzierter als jeder andere. Wollte er 1939–1944 mit den Pharaonen-Romanen «Cheops», «Radubis» und «Kampf um Theben» zur Zeit von König Faruq das ägyptische Nationalgefühl stärken, wandte er sich 1946–1952 in der oft mit Thomas Manns «Buddenbrocks» verglichenen Trilogie «Zwischen den Palästen», «Palast der Sehnsucht» und «Das Zuckergässchen» am Beispiel einer Kaufmannsfamilie den Lebensverhältnissen der Kairoer Gesellschaft im 20. Jahrhundert zu und schuf darin gültige Modelle zum Konflikt zwischen Tradition und Moderne. Trugen ihm diese Werke vor allem die Anerkennung von Literaten ein, machten die Romane «Die Midaq-Gasse» (1947) und «Die Kinder unseres Viertels» (1959) ihn bei einer breiten Leserschaft populär. Im ersten Werk wird eine von unzähligen Geschichten belebte Gasse der Kairoer Altstadt, wie Machfus es selbst formulierte, «zum Symbol für die ganze Welt», während das zweite dem Lesepublikum weit über das Kairoer Volksleben eine kühne neue Interpretation des Gottesglaubens zwischen Moses, Jesus und Mohammed zumutet. Kritisch ging Machfus, obwohl er bis auf den von arabisch-nationalistischen Kreisen heftig kritisierten Einsatz für den Frieden mit Israel aktuelle politische Stellungnahmen vermied, als Romancier auch mit der jüngeren ägyptischen Geschichte um. So geisselte «Das Café Karnak» 1974 die Repression unter Gamal Abdel Nasser (1918–1970) und zeichnete «Der letzte Tag des Präsidenten» 1985 ein ernüchterndes Bild des 1981 ermordeten Anwar as-Sadat. Obwohl er selbst 1994 nur knapp einem Mordanschlag entging, blieb Nagib Machfus als erklärter Gegner von Gewalt und religiösem Fanatismus bis zuletzt weit über Ägypten hinaus eine geachtete moralische Autorität.

Nagib Machfus
1911–2006
Beitrag Seite 302

Stéphane Mallarmé
1842–1898
Beitrag Seite 252

An den Dienstagen der frühen Achtzigerjahre des 19. Jahrhunderts versammelte sich, was in Kunst oder Literatur um Ansehen rang –, der Graveur Prunaire etwa, Edouard Manet, André Gide, Paul Claudel und seine Schwester Camille – in einer Wohnung an der Rue de Rome unweit des Bahnhofs Paris St. Lazare. Wohnungsinhaber und Mittelpunkt der Séancen war der am 18. März 1842 geborene Stéphane Mallarmé, der Poe aus dem Englischen übersetzte und mit ein paar wenigen Gedichten auf sich aufmerksam gemacht hatte. «L'après-midi d'un faune» zum Beispiel, der Debussy zu einem Musikstück inspirieren sollte. Er trauerte um seinen mit acht Jahren verstorbenen Sohn, hörte sich wohlwollend ermunternd an, was die Gäste an Neuem vortrugen, und schwärmte selbst davon, der vom Naturalismus zum Gebrauchsidiom banalisierten Sprache die ursprüngliche dichterische Kraft zurückzugeben. Ohne ein wirklich grosses Werk vorzulegen, mit ein paar hundert Gedichten in Vers und Prosa deutete er in den wenigen Jahren, die er bis zu seinem frühen Tod mit 56 Jahren am 9. September 1899 noch zu leben hatte, an, wie er das gemeint haben könnte. Und wurde gerade dadurch, dass alles irgendwie im Rohzustand blieb und letztlich den Zweck verfolgte, die traditionellen Formen der Dichtung aufzubrechen, für viele, die sich, ob in Kunst oder Literatur, ohne Rücksicht auf Erfolg oder den gerade aktuellen Publikumsgeschmack auf künstlerisches Neuland vorwagten, zum Vorbild und Anreger: Tristan Tzara, André Breton, Marinetti, Jacques Derrida. Mit «L'Hérodiade» und «Igitur» versuchte er sich als Dramatiker, die ab 1886 publizierten Prosagedichte erschienen im Vergleich zu seinem sonstigen Werk überraschend leicht verständlich, den Höhepunkt seines avantgardistischen Höhenflugs aber markierte 1897 ein Werk mit dem Titel «Un coup de dès n'abolira le hasard» («Ein Würfelwurf niemals auslöschen wird den Zufall»), dessen vieldeutig-hermetische, graphisch unkonventionell dargestellte Wortkombinationen sich allenfalls als Partitur, nicht aber als etwas inhaltlich Verständliches lesen liessen.

In «12 Edmondstone Street», den Memoiren, die nach dem Namen der Strasse im australischen Brisbane betitelt sind, wo er am 20. März 1934 zur Welt gekommen war, machte David Malouf 1985 klar, wonach er als Autor strebt: «Ich will die Vergangenheit erforschen, Raum für Raum wiederentdecken, in was für eine Realität ich hineingeboren wurde.» So liess er nach einem Anglistikstudium und der Berufung an die Universität Sidney 1975 im Erstling «Johnno» die Titelfigur seine Jugendjahre in Brisbane während des 2. Weltkriegs nacherleben, thematisierte er 1982 in «Fly Away Peter» die Erfahrungen Australiens im 1. Weltkrieg, gestaltete er in «The Great World» 1990 eine

David Malouf
*1934
Beitrag Seite 498

Reihe von Schicksalen vor dem Hintergrund der australischen Geschichte zwischen dem 2. Weltkrieg und der Gegenwart und ging im bis dahin erfolgreichsten Roman, «Remembering Babylon» von 1993, ins Jahr 1850 zurück, in dem er weisse Kolonialisten mit einem Wesen, halb weiss, halb schwarz, konfrontiert, das, wie sich herausstellt, eigentlich ein Engländer namens Gemmy Farley ist, der Jahre zuvor von der Besatzung eines Schiffes über Bord geworfen wurde. Bis auf den Lehrer, der sich von ihm die Pflanzennamen nennen lässt, begegnen die Weissen dem vermeintlichen Ureinwohner mit Misstrauen und sind nicht unglücklich, als er einer illegalen Ausrottungsaktion zum Opfer fällt. Der erschütternden frühen Evokation des australischen Rassismus stehen in Maloufs Œuvre Publikationen gegenüber, die sich mit Europa befassen. So die Erzählungen «Antipodes» von 1983, die unter anderem von Emigranten handeln, die vor der Vernichtungsmaschinerie Hitlers nach Australien flohen, oder der meisterliche Roman «An Imaginary Life» von 1978, der die Begegnung des exilierten römischen Dichters Ovid mit einem in der Wildnis aufgewachsenen Wolfskind darstellt und das Scheitern von dessen Versuch, den Knaben zu einem richtigen Römer zu erziehen, gleich wie später den verfehlten Umgang der australischen Kolonialisten mit dem Findling Farley als Fiasko des vernunftgeleiteten europäischen Weltverständnisses erscheinen lässt.

Ossip Mandelstam
1891–1938
Beitrag Seite 94

«Irgendwann wird man dich hinauswerfen, Parnok, nach einem fürchterlichen Skandal schmählich hinauswerfen», heisst es vom Helden der Erzählung «Die ägyptische Briefmarke», der nach dem Willen Ossip Mandelstams selbst diese Briefmarke ist: klein, gefährdet, bald einmal nutzlos. In St. Petersburg zwischen Februar- und Oktoberrevolution 1917 lässt er die Geschichte spielen. Parnok ist auf der Suche nach seinem (unbezahlten) Sonntagskleid, das ihm der Schneider Merwis wieder abgenommen hat. Doch er bekommt weder den Anzug zurück, noch kann er den Lynchmord der Kanaille an einem Schuldlosen verhindern. «Ein schrecklicher Gedanke, dass unser Leben eine Erzählung ohne Fabel und ohne Held ist, aus Leere und Glas gemacht, aus dem heissen Gestammel der Abschweifungen, aus dem Petersburger Influenzadelirium.» Fast hundert Jahre ist er alt, dieser Text, und noch immer hat er nichts von seiner elementaren Drastik und Kraft verloren, spricht sich da doch der Lyriker Mandelstam, einer der grössten, die Russland hervorgebracht hat, mitten in einer Schaffenskrise in Prosa aus: chiffriert, hermetisch und so, als müsse er die Verzweiflung hinter schrillen Bildern verstecken: «Die Angst nimmt mich bei der Hand und führt mich. Ein weisser zwirnener Handschuh. Ein Handschuh ohne Finger. Ich liebe, ich verehre die Angst. Beinah hätte ich gesagt: Wenn sie bei mir ist, habe ich keine Angst.» «Die ägyptische Briefmarke» von 1928 gehört zu Mandelstams letzten Büchern. 1934 publizierte eine Zeitschrift noch seine Erzählung «Die Reise nach Armenien», dann verstummte er. Wegen eines Epigramms auf Stalin («Wie Himbeeren schmeckt ihm das Töten – Und breit schwillt die Brust des Osseten») kam er drei Jahre nach Sibirien, um danach nochmals zu fünf Jahren Zwangsarbeit verurteilt zu werden. Am 27.12.1938 starb er 47jährig in einem Lager bei Wladiwostok. Vollständig publiziert und gelesen wurde er erst lange nach seinem Tod: ab 1955 in den USA, dank dem Übersetzer Ralph Dutli seit 1985 im deutschen Sprachraum, seit 1990 endlich auch wieder in Russland.

«Lyrisch-dramatischer Dichter» nannte sich der am 6. Juni 1875 geborene Lübecker Gymnasiast Thomas Mann 1889. Ein mässiger Schüler, dem es das Erbe des 1891 verstorbenen Vaters dann tatsächlich erlaubte, ab 1895 die Literatur zum Beruf zu machen. Mit Erfolg, wie sich 1901 zeigte, als er, die Familiengeschichte nutzend, mit den «Buddenbrooks» den Dekadenz-Roman zu einem neuen Höhepunkt führte und dafür noch 1929 den Nobelpreis erhielt. 1924 war bereits der zweite grosse Roman, «Der Zauberberg», erschienen, der einen Hamburger Kaufmann in Davos mit den Repräsentanten der geistigen Auseinandersetzung der Zeit vor 1914 konfrontierte und auch schon den Wandel erkennen liess, der aus dem elitären Konservativen von 1918 einen Republikaner gemacht hatte. Was es ihm ermöglichte, in der Nazizeit die literarische Opposition gegen Hitler anzuführen und 1938 bei der Ankunft im US-Exil «Where I am, there is Germany» zu sagen. 1933–1943 schrieb er den monumentalen biblischen Bildungsroman «Josef und seine Brüder», der sich einzig im 4. Band, der als Hommage an Roosevelts New Deal gelesen werden kann, auf Aktuelles bezog. Anders der Musikerroman «Dr. Faustus» von 1947, wo die Musik zu jenem Dämonischem gesteigert ist, das auch Nazideutschland erfasst hatte. Als Thomas Mann am 12. August 1955 im Zürcher Kantonsspital starb, war er aus dem Amerika der intellektuellenfeindlichen McCarthy-Ära wieder in die Schweiz zurückgekehrt, wo er schon 1933 bis 1938 gelebt hatte. Zu seinen letzten Werken gehörten der Roman «Der Erwählte», die Fragment gebliebenen «Bekenntnisse des Hochstaplers Felix Krull» und die Erzählung «Die Betrogene», in welcher der junge Amerikaner Ken für die alternde Rosalie genauso zum Todesengel wird wie in Thomas Manns berühmtester Erzählung, «Tod in Venedig» von 1911, der Knabe Tadzio für Gustav von Aschenbach. «Nun ist der grosse Thomas tot», schrieb Gottfried Benn am 25. August 1955 einer Freundin. «Er schwebte ja seit Jahrzehnten als grosser alter Erzengel über uns allen, die wir zum grössten Teil Putten und Amoretten geblieben sind.»

Thomas Mann
1875–1955
Beitrag Seite 206

Katherine Mansfield
1888–1923
Beitrag Seite 426

Bertha, 30, verheiratet, Mutter eines Kindes, spürt jäh eine grosse Seligkeit und meint, ihr müsse Himmlisches geschehen. Ist es das Gefühl, das sie mit Miss Fulton verbindet, mit der sie bei einer Einladung entzückt einen Baum bewundert? «Bliss»/«Seligkeit» endet, als Bertha mitbekommt, wie ihr Mann sich heimlich mit Miss Fulton verabredet, schockierend. Was typisch ist für die 73 Erzählungen der am 14. Oktober 1888 im neuseeländischen Wellington geborenen Katherine Mansfield mit ihrer exakten Milieuzeichnung und der Entfremdung zwischen Mann und Frau. Sie selbst verliebt sich 1906 in die Maori-Prinzessin Maata, erlebt 1908 mit der Malerin Edith Bendall die Sexualität «stärker als mit jedem Mann», nimmt Frauen später aber eher als Konkurrentin wie Virginia Woolf oder als besorgte Dienerin wie Ida Baker wahr, der sie schreibt, sie würden verbluten, «schlüge man die Bande zwischen ihnen entzwei». Was Männer angeht, gilt ihre früheste Liebe, noch in Wellington, dem Sohn ihres Cellolehrers, Arnold Trowell. Erstmals schwanger aber wird sie 1908 in England von dessen Zwillingsbruder Garnet, heiratet 1909 jedoch den Gelehrten George Bowden, dem sie noch am Hochzeitstag davonläuft, um in Bad Wörishofen eine Fehlgeburt zu erleiden und die Novelle «In a German Pension» zu schreiben. Nächster Lover ist Floryan Sobieniowski, und es ist denkbar, dass sie lebenslang nicht an der vielbeklagten Tuberkulose, sondern an der Gonorrhöe leidet, die sie dem Polen verdankt. Ein Glücksfall aber ist die Liaison mit dem Publizisten und führenden Kritiker John Middleton Murry (1889–1957), der ihre Texte publiziert, sich nach ihrem Tod um ihr Werk kümmert und mit dem sie bei aller Chaotik von 1911 bis zum 9. Januar 1923 zusammenlebt, als sie in der Obhut des russischen Quacksalbers G. I. Gurdjieff in Fontainebleau an einem Blutsturz stirbt. Das Jahr 1921 hatte sie im Wallis verbracht – im Chalet des Sapins in Montana, wo sie an einem Roman arbeitete, und im Hotel Bellevue in Sierre. Dort war auch ihre letzte Erzählung, «Der Kanarienvogel», entstanden. Sie endet mit dem Geständnis, dass das Leben «etwas Trauriges zu haben scheine».

«Ein Mirakel, und kein kleines» jubelte die «Zeit», als 1998 56 Jahre nach seiner Entstehung der ungarische Roman «Die Kerzen brennen bis zum Stumpf» unter dem Titel «Die Glut» auf Deutsch erschien. Auf einem Schloss in den Karpaten empfängt der ungarische General Henrik den Jugendfreund Konrád, an dem er sich rächen will, weil er ein Verhältnis mit seiner längst verstorbenen Frau hatte. Als sie erkennen, dass beide ihr Leben lang die Sehnsucht nach einer toten Frau mit sich herumtrugen, trennen sie sich als Versöhnte. Seiner sprachlichen Virtuosität, seines Anspielungsreichtums und seines altösterreichischen Flairs wegen wurde der Roman mit Werken von Joseph Roth und Robert Musil verglichen und weckte soviel Neugierde nach dem längst vergessenen Autor, dass auch dessen übrige Werke neu verlegt wurden. Sándor Márai war am 9. April 1900 im damals ungarischen, heute slowakischen Kaschau zur Welt gekommen und nach Studien in Deutschland, einer Korrespondententätigkeit in Paris und der Auswanderung in die USA am 22. Februar 1989 in San Diego gestorben. Eng verwandt mit «Die Glut» ist der drei Jahre früher erschienene Roman «Das Vermächtnis der Eszter», der ebenfalls von einer zerstörerischen Liebe handelt, aber aus der Optik einer Frau erzählt ist. Ein ähnlich hohes Niveau hält der 1941 erschienene Roman «Wandlungen einer Ehe», der den Zerfall der bürgerlichen Gesellschaft in der Dreiecksgeschichte zwischen einem Fabrikanten, seiner Ehefrau und einem Dienstmädchen spiegelt. Lesenswert sind auch «Die Gräfin von Parma» von 1943, eine Art Liebesreigen um den jovial-lebensfreudigen Casanova im Bozen der 1790er-Jahre, und der den Mythos des Odysseus neu erzählende Roman «Die Frauen von Ithaka» von 1952. Historisch ergiebig sind aber auch Márais autobiographische Bücher: der Briefwechsel mit Tibor Simanyi, der Licht in sein «Lebenslabyrinth» bringt, die Romane «Die jungen Rebellen» (1930) über den 1. Weltkrieg in seiner Geburtsstadt Kaschau und «Befreiung» von 1945 über das Ende des Faschismus und die Machtübernahme durch den Kommunismus in Budapest.

Sándor Márai
1900–1989
Beitrag Seite 188

Javier Marías
1951–2022
Beitrag Seite 495

«My hands are of your color, but I shame to wear a heart so white», sagt Lady Macbeth zu Macbeth, dessen Hände von der Ermordung König Duncans blutig sind. Das Shakespeare-Zitat «Mein Herz so weiss» liefert, obwohl es inhaltlich nur bedingt trifft, den Titel des Romans, mit dem der am 20. September 1951 in Madrid geborene und am 11. September 2022 ebenda verstorbene Javier Marías – nicht zuletzt, weil Reich-Ranicki ihn mit Bezug auf diesen Roman «den grössten im Augenblick lebenden Schriftsteller der Welt» nannte – 1992 berühmt wurde. «Corazón tan blanco» spielt unter Übersetzern und Kunstkritikern und vermischt auf verwirrende Weise Wahrheit und Lüge, Fiktion und Realität. Unter anderem verrät er, dass der Kunstexperte Ranz, Vater des mit der Dolmetscherin Luisa wenig glücklich verheirateten Übersetzers und Ich-Erzählers Juan, vor Jahrzehnten auf Kuba seine kubanische Frau ermordet hat, um die Spanierin Teresa heiraten zu können. Die aber bringt sich, nachdem Ranz ihr den Mord gestanden und behauptet hat, er habe es aus Liebe zu ihr getan, kurz nach der Hochzeit mit jenem Schuss aus der Pistole ihres Vaters um, mit dem der Roman beginnt. Marías, Sohn eines Philosophieprofessors, erinnerte in sieben seiner 14 Romane (Gesamtauflage 6 Millionen) an sein Vorbild Shakespeare, zog den spektakulären Plot allerdings der künstlerischen Verfeinerung vor. In «Der Gefühlsmensch» von 1986 verliebt sich ein Operntenor in Natalia, die Frau eines Bankiers, weil er in der Stunde des Todes nicht allein sein will. In «Morgen in der Schlacht denk an mich» von 1994 stirbt die Spanierin Marta Téllez Angulo beim ersten Stelldichein in den Armen des Ich-Erzählers Víctor Francés Sanz. Der dreibändige Roman «Dein Gesicht morgen» von 2002–2007 handelt von den Begegnungen und Erlebnissen des Secret-Service-Agenten Jaime Deza, der die Zukunft vorauszusehen vermag. «So fängt das Schlimme an» enthüllte 2014, was Eduardo Muriels Ehefrau Beatriz mit ihren Liebhabern durchmacht, ehe sie auf ihrer Harley-Davidson ohne Helm schwanger gegen einen Baum fährt.

«Man fragt sich, wie eine junge Person soviel über die einsamen Herzen von Männern, Frauen und auch von Kindern wissen kann», wundert sich die «New York Herald Tribune» 1940, als die 23jährige Carson McCullers mit «The Heart is a Lonely Hunter» Furore macht. Der Rezensent kann nicht wissen, dass die schlaksige 13jährige Mick, die von Musik besessen ist und aus der trostlosen Welt des Südstaatenstädtchens in ihre innere Welt flieht, ein Abbild der Autorin ist und dass sich auch hinter andern Figuren Menschen verstecken, denen sie in Columbus, wo die Eltern sie zum pianistischen Wunderkind machen wollten, oder in New York, wo sie unter deprimierenden Umständen jobbte, ehe sie mit Schreiben Erfolg hatte, irgendwo begegnet ist: Biff, der unglücklich verheiratete Wirt des Cafés New York, Blount, der alkoholkranke Rebell, der verkappte schwarze Aktivist und Arzt Dr. Copeland, der seine Freunde vergeblich von den Ideen von Karl Marx überzeugen will, Singer, der taubstumme Jude, dem alle von ihrer Not erzählen, obwohl er sie nicht versteht. Auch in Frankie aus «The member of the Wedding» (1947), die «aussieht wie ein Witz mit ihren schmalen Schultern und den viel zu langen Beinen», steckt wieder viel von der Autorin, die mit ihren Simpelfransen und ihren grossen dunklen Augen bis zu ihrem Tod mit 50 Jahren am 29. September 1967 wie ein College-Girl aussieht. Dies, obwohl sie auch die Passionen und Abstürze der Liebe kennenlernt: mit der ebenso schlaksigen Annemarie Schwarzenbach, die ihre Gefühle nicht erwidert, mit Reeves McCullers, den sie 1937 zum Zweck einer Schriftstellerpartnerschaft heiratet, von dem sie sich 1941, als ihr Erfolg den Konsens zerstört, scheiden lässt, um ihn 1945 ein zweites Mal zu heiraten und unglücklich zu machen. Mit «Das Herz ist ein einsamer Jäger» tritt Carson McCullers jedenfalls nicht nur in die Weltliteratur ein, der Titel evoziert auch die traumatischen Erfahrungen der ewig Junggebliebenen, die bereits 1941, als der erste Schlaganfall sie trifft, sicher aber seit 1947, als ein zweiter sie an den Rollstuhl fesselt, dem Tode näher steht als dem Leben.

Carson McCullers
1917–1967
Beitrag Seite 152

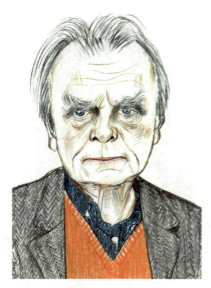

Czeslaw Milosz
1911–2004
Beitrag Seite 44

Nach dem Jus-Studium in Vilnius, ersten Erfolgen als Lyriker, Radiomitarbeit in Warschau, Einsatz im Widerstand und als polnischer Kulturattaché in Paris, sah sich der am 30. Juni 1911 im litauischen Šeteniai geborene Czeslaw Milosz 1951, als er in Frankreich Asyl beantragt hatte, einer «intellektuell, affektiv, materiell und spirituell sehr schwierigen Lage» gegenüber. Jeanne Hersch, die das erkannte, überredete den Freund, sich im aufsehenerregenden Buch «Verführtes Denken» vom Stalinismus zu distanzieren und im Roman «Das Tal der Issa» zu seiner glücklichen litauischen Kindheit zu bekennen. Der Einfluss von Camus, der sich gegen den vom Totalitarismus begeisterten Sartre wehrte, und die Diskussion mit dem christlichen Mystiker Oscar Milosz, die seiner Lyrik neuen Schwung gab, taten ein übriges, um ihn von der ideologischen Fixiertheit zu befreien und einer Weltsicht zu öffnen, die sein ganzes, vorwiegend lyrisches Lebenswerk prägen und ihn im Wechselspiel zwischen Erlösungssehnsucht und Skepsis zu jenem christlichen Humanismus führen sollte, der den Untergangsszenarien des Jahrhunderts entgegenstand. «Poetisches Traktat» hiess die Standortbestimmung von 1957, die ihn dem Existenzialismus näherte, «Stadt ohne Namen» (1969) und «Vom Aufgang der Sonne bis zu ihrem Niedergang» (1974) thematisierten, bereits an der Universität Berkeley entstanden, Entwurzelung und christliche Selbstfindung, oftmals unter Evokation von Kindheitserlebnissen. Ab 1968 machten ihn Übersetzungen ins Englische weltweit bekannt, während 1980 der Nobelpreis zur Folge hatte, dass auch Polen das Druckverbot aufhob und er im Gefolge von Solidarność zum Nationaldichter avancierte. «Jemand, der sein eigenes Leben beschreibt, müsste mehr als der Herrgott sehen, um alle Verknüpfungen zu begreifen», erkannte Milosz, der alle seine Werke auf polnisch schrieb und bis ins hohe Alter zu unnachsichtiger Selbstkritik fähig war, zwei Jahre vor seinem Tod am 14. August 2004 in seinem nüchtern-ironischen Lebensfazit «Mein Abc. Von Adam und Eva bis Zentrum und Peripherie».

Weil ihm Schriftsteller zu prätentiös ist, trägt er sich im Hotel jeweils als Journalist ein, der am 12. Oktober 1896 in Genua geborene und am 12. September 1981 als Senator der Republik und Literaturnobelpreisträger verstorbene Eugenio Montale. Er ist Bibliothekar und Redaktor und betreibt Literatur im Nebenamt, will er doch den Dichter als einen ins bürgerliche Leben eingeordneten Menschen sehen, der sich vom Pathos der lange tonangebenden Grössen Carducci oder d'Annunzio abhebt. Schon im ersten Gedichtband «Ossi di Seppia» («Die Knochen des Tintenfischs») vermittelt er 1925, indem er «dieses Leben und sein Bemühen» als ein «Wandern entlang der

Eugenio Montale
1896–1981
Beitrag Seite 218

Mauer, auf der die spitzen Steine glühen», charakterisiert, ein Lebensgefühl, das hinter all dem Spektakulären und sich wichtig Gebenden Leere, Einsamkeit und Bedrohung sieht. 1939 überwindet, das Trauma des Faschismus im Blick, der zweite Gedichtband «Le occasioni» die Zeitlosigkeit des Erstlings und gibt der Verzweiflung ebenso wie der trotzigen Ablehnung Raum, bringt als tröstliches Geheimnis aber auch die für Montales Werk zentrale ferne Geliebte Clizia ins Spiel: «Ich wob in diese Leere / all meine späten Themen, / am rauen Nichts verzehrt sich / die Qual, dich zu ersehnen. / Das Leben, das erschimmert, / kannst du allein nur sehen. / Zu ihm schaust du aus Fenstern, / die unerleuchtet stehen.» Jener Teil des dritten, 1956 erschienenen, allgemein als Höhepunkt seines Schaffens geltenden Gedichtbandes «La bufera ed altro», der sich mit dem Grauen des Krieges befasst, ist, um ihn der Zensur zu entziehen, unter dem Titel «Finisterre» 1943 bereits in Lugano erschienen. Und in einem dieser Gedichte, «La primavera hitleriana», wo das Grauen des Faschismus mit Dantes Inferno gleichgesetzt wird, geht in dem allgemeinen Untergang auch die Liebe zu Clizia unter: «Noch einmal blicke / empor, Clizia, es ist dein Schicksal, du, / die du die unverwandelte Liebe verwandelt / bewahrst, bis dass die blinde Sonne in dir / sich im anderen blende und in ihm / sich zerstöre, für alle.» (Übersetzung: Christoph Ferber)

Toni Morrison
1931–2019
Beitrag Seite 109

In elf Romanen hat die am 18. Februar 1931 geborene und am 5. August 2019 verstorbene Toni Morrison das Ghetto der amerikanischen «Black Literature» gesprengt. Pecola in «Sehr blaue Augen» (1970) ist noch ganz Opfer des Rassismus: von ihrem Vater geschwängert, treibt sie der Glaube, blaue Augen könnten ihr Glück bringen, in den Wahnsinn. Die Titelheldin von «Sula» (1977) ist bereits Rebellin, wird aber von dogmatisch fixierten Schwarzen zur Hexe gestempelt. In «A Song of Solomon» (1977) steht mit Milkman erstmals ein Mann im Zentrum: ein schwarzer Peer Gynt, der zuletzt zum Sprung über den Abgrund ansetzt, um in die afrikanische Heimat zu fliegen. Jadine in «Teerbaby» (1981) ist ein schwarzes «Elle»-Covergirl, das die Begegnung mit einer Afrikanerin hellhörig für seine Herkunft macht. Nach Identität sucht auch Sethe in «Menschenkind» (1987): die Sklavin tötet, um es vor Ketten zu bewahren, ihr Kind, kommt aber nie wieder von ihm los. Auch Violet im Harlem-Epos «Jazz» (1992) kann das Vergangene nicht vergessen: auf die Geliebte ihres Mannes geht sie noch mit dem Messer los, als diese bereits tot ist. Heilkräfte gegen Entwurzelung ersinnt Consolata in einem alten Kloster: bis die Männer von Ruby, die ein schwarzes «Paradies» – so der Titel des Romans von 1998 – erbauen, die Querulantinnen töten. Mehr Glück hat «L» in «Love» (2003). Sie ist eine der fünf schwarzen Frauen, die auch 20 Jahre nach seinem Tod nicht von Bill Cosey loskommen, der alle Spielarten des einen Faszinosums Liebe verkörperte. «God Help the Child» von 2014 erzählt vom Leben der Schwarzen Lula Ann in einem von Rassenkonflikten geprägten Amerika. Vom feministischen zum vielschichtig umfassenden Frauenbild, von der Black Power zum humanen Freiheitsbegriff: so hat die Nobelpreisträgerin von 1993 sich in ihrem auch formal neuartigen Œuvre auf das Aufgeklärt-Offene zubewegt, für das sie zuletzt stand. Auch als Dozentin, Essayistin und (mit Sohn Slade als Koautor) Kinderbuchautorin: «Ich lese Bücher. Ich lehre Bücher. Ich schreibe Bücher. Ich denke über Bücher nach. Es ist alles ein Job.»

Mit dem Ablegen der Kleider verliert der mächtige Präsident seine ganze Autorität. Den Mann aber, der ihn nackt gesehen hat, muss er, einmal wieder angezogen, als hoffnungslos demoralisiert aus dem Staatsdienst entlassen. So absurd-komisch wie in der Erzählung «Autorität» hat der am 29. Juni 1930 in Borzęcin bei Krakau geborene Sławomir Mrożek, der bis 1968, als er nach Frankreich ins Exil ging, wo er am 15. August 2013 starb, die kommunistisch beherrschte polnische Gesellschaft als satirischer Erzähler amüsiert. Auf eine Weise, die das System entlarvte, aber den Machthabern keine Argumente gegen ihn in die Hand gab. Und nicht anders ging er vor, als er 1958 mit «Policja» («Die Polizei»), einem «Drama aus dem Gendarmenmilieu», das an Komik nicht zu übertreffen war und Polizei und Staat auf abgründige Weise lächerlich machte, eine Karriere als Dramatiker begann, die ihn auf Jahrzehnte hinaus weltweit zu einem der meistgespielten Vertreter des Genres machte. Während die erfolgreichsten seiner schreibenden Zeitgenossen die Welt aus dem Anspruch von «Kulturschaffenden» belehren und missionieren wollten, reihte er sich in der Nachfolge von Witold Gombrowicz und in enger Verwandtschaft mit Ionesco und Dürrenmatt unter die Dramatiker des Absurden ein und torpedierte damit die polnische Literaturpolitik, die den sozialistischen Realismus sowjetischer Art umgesetzt sehen wollte. 35 weitere Mrożek-Stücke sind bis 2011 aufgeführt worden, darunter «Emigranten», ein Schauspiel über zwei politische Flüchtlinge, deren Gespräche an Becketts «Warten auf Godot» erinnern, «Porträt», die groteske Gegenüberstellung eines Stalinisten und eines Regimegegners; der Einakter «Striptease», wo zwei sorgfältig gekleidete ältere Herren nach wortreich-hilflosen Erklärungsversuchen von riesigen Händen ausgezogen und wegtransportiert werden; oder «Tango», das Stück, in dem ein junger Intellektueller namens Artur gegen die alles tolerierende Liberalität seines Vaters die Repression des 19. Jahrhunderts wieder einführt, um am Ende von einem Exponenten der Brachialgewalt liquidiert zu werden.

Sławomir Mrożek
1930–2013
Beitrag Seite 86

Herta Müller
*1953
Beitrag Seite 465

Als die am 17. August 1953 in Rumänien geborene Herta Müller 1987 nach Berlin auswanderte, brachte sie Stoffe mit, die ihr Schreiben prägen sollten: die Erfahrungen der deutschsprachigen Minderheit im kommunistischen Rumänien, aber auch das Schicksal des Grossvaters, der vom Regime enteignet wurde, des Vaters, der in der gleichen SS-Division wie Günter Grass diente, und der Mutter, die jahrelang in sowjetischen Gefängnissen sass. «Niederungen», der Band, den die studierte Germanistin nach Deutschland mitbrachte und der schon 1987 ihren Durchbruch zum Erfolg bedeutete, war wie auch «Barfüssiger Februar» vom gleichen Jahr eine in kurzen lakonisch-satirischen Texten gehaltene Spiegelung des rumäniendeutschen Dorflebens, während «Und Reisende auf einem Bein» 1989 Westdeutschland mit den Augen einer frustrierten Immigrantin beschrieb. Der 1992 erschienene, analog zu einem Film entstandene Band «Der Fuchs war damals schon der Jäger» machte deutlich, wie schwer sich die rumänische Gesellschaft nach dem Sturz Ceauşescus mit der neuen Freiheit tat, während «Herztier» 1994 deutlich machte, wie hoffnungslos die Lage angesichts der Willkür der Behörden und der ständigen Bespitzelung im universitären rumänischen Milieu der Ceauşescu-Zeit war. «Atemschaukel», der letzte eigentliche Roman, bevor Herta Müller sich ausschliesslich dem Genre Bild-Text-Collage zuwandte, führte 2009 weit in die Geschichte zurück und führte drastisch-eindringlich vor, wie rumänische Deportierte in einem sowjetischen Straflager um ihr Überleben kämpften. Obwohl der Roman wie Herta Müllers gesamte Prosa einer realistischen Erzähltradition zugehört, ragt er mit seiner Sprachenvielfalt (u.a. Jiddisch, Russisch, Ungarisch) und seiner tiefgründigen Metaphorik auch weit darüber hinaus. Eindrücklich vor allem die Figur des «Hungerengels», den die Gefangenen erfinden, um dem Tod zu trotzen. Dichterisch überhöht wird das Straflager so zu einer jener «Landschaften der Heimatlosigkeit», für deren intensive Gestaltung Herta Müller im gleichen Jahr der Literaturnobelpreis zuerkannt wurde.

Nimmt man das Mädchen Del aus dem Erzählzyklus «Lives of Girls and Women» von 1971 als autobiographische Verkörperung der am 10. Juli 1931 in Wingham/Ontario geborenen Alice Laidlaw, die unter dem Namen ihres ersten Ehemanns, James Munro, zu einer berühmten, 2013 mit dem Nobelpreis ausgezeichneten Autorin wurde, so lässt sich anhand von dessen Sozialisierung in einem schwierigen, aber anregenden Milieu erahnen, wie es kommen konnte, dass die 19jährige ohne literarische Vorbildung gleich mit einer ersten Short Story Furore machte. Wie Alice Munro selbst wächst Del auf einer Silberfuchsfarm auf, teilt das literarische Interesse mit der Mutter, macht frustrierende Erfahrungen mit Gleichaltrigen und hinterfragt früh die Lebensgeschichten und das Alltagsleben in ihrer Umgebung. 1951 verkauft sie die erste ihrer insgesamt 150, schliesslich zu 14 Sammlungen gebündelten Short Stories an Zeitungen und Radios und schafft damit allmählich ihren eigenen, vorwiegend weiblichen literarischen Kosmos, in dem sie die prekären, manchmal auch unheimlichen Umstände von menschlichen Beziehungen zu erzählerischen Preziosen macht. So schildert «The Bear Came Over the Mountain» von 1999 das Leben einer dementen Pensionärin in einem Heim, lässt aber letztlich durchblicken, dass da ein Mann, der seine Frau lebenslang betrogen hat, am Ende nun selbst betrogen wird. In «Corrie» von 2010 geht die Titelfigur mit einem verheirateten Mann fremd, der seinem Dienstmädchen, das alles weiss, Schweigegeld zahlt. Jahre später aber erfährt sie, dass es eine solche Erpressung gar nie gegeben hat. «Amundsen», eine Geschichte aus dem Sammelband «Dear Life», mit dem Alice Munro ihre literarische Tätigkeit 2012 offiziell beendete, erzählt von einer jungen Lehrerin, die in einem Kinder-Sanatorium in der Ortschaft Amundsen eine Stelle antritt, sich in den leitenden Arzt verliebt, der sie zuerst heiraten will, dann aber ohne Erklärung in einen Zug nach Toronto setzt. «Nothing changes really about love» sind die letzten Worte der Erzählung.

Alice Munro
*1931
Beitrag Seite 310

Haruki Murakami
*1949
Beitrag Seite 454

Höhepunkt der Sportkarriere des am 12. Januar 1949 in Kyoto geborenen Haruki Murakami war, wie er 2007 in «Wovon ich rede, wenn ich laufe» verrät, ein 100 Kilometer-Ultramarathon. Nicht weniger superlativistisch ist jedoch der Ertrag des Schreibfleisses, den er beim Laufen befeuert. Eine Frau kommt im Laufbuch nur vor, weil sie im Zieleinlauf auf ihn wartet, in den anderen Büchern aber sind Frauen omnipräsent. Nicht nur in den Liebesromanen der Jahre 1973 bis 1979, sondern auch in den seither erschienenen, zwischen Krimi und Gesellschaftssatire, Science-Fiction und Popliteratur oszillierenden Büchern, mit denen der in Japan oft als «verwestlicht» kritisierte Autor weltweit Begeisterung auslöst. Denn was immer er angeht: sein Können steht der Phantasie nicht nach. In «Tanz mit dem Schafsmann» (1988) nimmt das turbulente Geschehen seinen Anfang, wenn der Erzähler von seiner Frau verlassen wird. Das gleiche passiert der von traumatischen Weltkriegs-Erfahrungen verfolgten Titelfigur in «Mister Aufziehvogel» von 1994, während die 22jährige Sumire in «Sputnik Sweetheart» (1999) ihren Geliebten aus Liebe zu einer Frau versetzt und in «Naokos Lächeln» (1987) der Student Toru sich nicht zwischen zwei Frauen, der mysteriösen Naoko und der vitalen Midori, entscheiden kann. In «Die Ermordung des Commendatore» (2018) ist es ein Maler, der seinen Halt im Leben verliert, weil ihn seine Frau verlässt. Weder im Leben noch in einer Beziehung finden die Protagonisten von «Kafka am Strand» (2002), der altkluge 15jährige Kafka Tamura und der um viele Jahre ältere behinderte Nakata, eine Orientierung. In «1Q84» wiederum, dem Roman über das, was im von Orwell vorausgesehenen Jahr 1984 wirklich hätte passieren können, sehnen sich die als Rächerin enttäuschter Frauen agierende Fitnesstrainerin Aomame und der verhinderte Schriftsteller Tengo tausend Seiten lang vergeblich nacheinander. Ob der Ich-Erzähler in Murakamis jüngstem, 2021 erschienenen Roman «Erste Person Singular» bessere Karten hat? Das Buch beginnt mit dem Satz: «Vor etwa fünf Jahren machte ich in einem Badeort die Bekanntschaft eines älteren Affen.»

Die Verlorenheit und Orientierungslosigkeit des modernen Menschen hat ihre bis dahin wohl tiefgründigste literarische Gestaltung in Robert Musils «Mann ohne Eigenschaften» gefunden. Am Beispiel der zum Untergang bestimmten Donau-Monarchie führt der am 6. November 1880 in Klagenfurt geborene und am 15. April 1942 in Genf verstorbene Österreicher dem Leser einen «besonders deutlichen Fall der modernen Welt» vor Augen und unterstreicht deren Zerrissenheit und Bodenlosigkeit implizit durch die fragmentarische, ins Uferlose auswuchernde Form, in der er sein Werk hinterlassen hat. Zwei Bände waren bereits gedruckt, als Hitlers Einmarsch in Österreich Musil zur Emigration zwang und er auf dem Weg nach Amerika in der Schweiz hängenblieb. In Zürich und später in Genf fand er zwar eine relativ ruhige Unterkunft und erklärte sich die Fremdenpolizei widerwillig bereit, ihn als Emigrant zu dulden. Das Klima des Verständnisses und der Anerkennung aber, das der sensible, schwierige Mann brauchte, um arbeiten zu können, suchte er in der Schweiz vergeblich. Während mediokre helvetische Heimatdichter im Zeichen der geistigen Landesverteidigung zu Genies emporstilisiert wurden, blieb Musil, der zurückgezogen um sein monumentales Romanwerk rang und dem erwarteten Klischeebild des leutseligen Wieners nicht zu entsprechen vermochte, vom schweizerischen Kulturleben praktisch ausgeschlossen. Verbittert beschrieb er im Tagebuch seine Gastgeber so, wie sie ihm entgegentraten: «Die Schweizer haben keinen Respekt vor dem Fremden (lies das Fremde)! Darum auch ihr Misstrauen gegen den Fremden, ausgenommen, er imponiert durch Reichtum; jeder andere Fremde ist ein Zigeuner.» Der Schweizer Literaturkritik aber schrieb er ins Stammbuch: «Man ist solide im Urteil und hält den Toten die Treue, ob sie nun Keller, Meyer, Rilke oder Hofmannsthal heissen; auch ich fühle mich einigermassen sicher, dass man einst meinen Schweizer Aufenthalt wohlgefällig buchen wird, aber erst auf seinen Tod warten zu müssen, um leben zu dürfen, ist doch ein rechtes ontologisches Kunststück!»

Robert Musil
1880–1942
Beitrag Seite 430

Vladimir Nabokov
1899–1977
Beitrag Seite 163

«Spiel! Erfinde die Welt! Erfinde die Wirklichkeit», wird sein Alter Ego 1974 in Vladimir Nabokovs letztem Roman «Look at the Harlequins» von einer Grosstante aufgefordert. Und es scheint, als ob der am 22. April 1899 in St. Petersburg geborene und am 2. Juli 1977 in Lausanne verstorbene geniale Schachspieler, Schmetterlingssammler und Erzähler, der vor den Kommunisten aus Russland und vor den Nazis aus Europa floh und danach zu einem der bedeutendsten Autoren Amerikas wurde, sich tatsächlich vorgenommen hätte, in seinen 17 Romanen eine eigene, das Schicksal des Exils und das Glück und die Tragik der Liebe thematisierende Welt zu erschaffen. «Die Gabe», sein letzter russisch geschriebener Roman von 1938, erzählt von Fjodor, der erst über seinen Vater und dann über einen russischen Revolutionär schreiben will, mit beidem aber scheitert und daran geht, unter dem Titel «Die Gabe» ein Buch für seine Geliebte zu schreiben. Weltruhm errang Nabokov 1955 in Amerika mit «Lolita», der Geschichte eines Pädophilen, der auf fatale Weise den Reizen einer kindlich-vulgären 12jährigen verfällt und am Ende zum Mörder des Rivalen wird, der sie geschwängert und in den Tod getrieben hat. Im Roman «Pnin» von 1957 kostet einen tollpatschigen Professor die enttäuschte Liebe zu einer an ihm nicht interessierten Psychologin Amt und Stellung. Unbürgerlich-provokant, aber lebenslang unzerstörbar ist die inzestuöse Leidenschaft, die Ivan Veen in Nabokovs umfangreichstem und grossartigstem Roman «Ada» von 1969 mit der Titelfigur – und Ich-Erzählerin! – verbindet. «Fahles Feuer», ein vertrackt experimenteller Roman von 1962, parodiert mit der ausufernd-persönlichen Deutung eines 999zeiligen Gedichts durch einen wahnsinnig gewordenen Philologen die Literaturwissenschaft, zu der Nabokov, bis 1955 Professor an der Cornell-Universität, mit den nachgelassenen «Lectures on Literature» beitrug. Dem «Zerlegen, Zerstückeln, Zerquetschen» eines Textes mit dem Kopf stellt er da eine «Lektüre mit dem Rückenmark» entgegen, um «den kleinen Schauer, der uns über den Rücken läuft», spürbar zu machen.

Am 12. Juli 1942 bekam Robert Esménard, Programmleiter des Verlags Albin Michel, einen Brief aus Issy-l'Évêque, in dem es hiess: «Lieber Freund, denken Sie an mich. Ich schreibe zurzeit viel. Ich denke, es wird ein postumes Werk werden.» Absenderin war seine Autorin Irène Epstein-Némirovsky, die daran war, einen umfangreichen Roman über die französische Niederlage, die Flucht aus Paris und die deutsche Besetzung zu schreiben, der, wenn auch nur in Teilen erhalten, tatsächlich ein postumes Werk werden würde. Irène Némirovsky war am 24. Februar 1903 als Tochter eines reichen jüdischen Bankiers in Kiew zur Welt gekommen und durch die Russische Revolution mit ihrer Familie nach Paris verschlagen worden, wo sie schon als Studentin in der Sprache publizierte, die sie bei ihrer Gouvernante gelernt hatte. Nach dem spektakulären Erfolg ihres 1929 erschienenen Familien- und Unternehmerromans «David Golder», den die «New York Times» mit Balzac und Dostojewski verglich, gehörte die für ihr extravagantes Leben berühmte Mutter zweier Töchter mit neun Romanen und zahlreichen Erzählungen bald zu den vielgelesenen französischen Autorinnen. Bis das deutschfreundliche Vichy-Regime die Juden zu diskriminieren begann und sie nur noch unter einem männlichen Pseudonym publizieren konnte. An ihrem Zufluchtsort Issy-L'Évêque arbeitete sie an ihrem Frankreich-Roman, dessen Manuskript ihre Töchter, für deren Überleben sie Vorkehrungen getroffen hatte, mit sich in ihr Versteck mitnahmen, während sie selbst am 17. Juli 1942 nach Auschwitz deportiert wurde, wo sie am 17. August 1942 an Entkräftung starb. Erst 62 Jahre nach ihrem Tod konnte ihr letztes Buch unter dem Titel «Suite française» erscheinen und wurde zu einem sensationellen Erfolg. In keinem anderen französischen Buch sind der Terror des Vichy-Regimes, die Kollaboration mit der deutschen Besatzungsmacht und die Notlage der Bevölkerung so anschaulich und unbeschönigt dargestellt wie in diesem literarischen Vermächtnis einer hochbegabten jüdischen Erzählerin, der schon bald einmal klar war, dass sie ermordet werden würde.

Irène Némirovsky
1903–1942
Beitrag Seite 490

Pablo Neruda
1904–1973
Beitrag Seite 264

«Ich schreibe diese raschen Zeilen für meine Memoiren 3 Tage nach den empörenden Ereignissen, die zum Tod meines Gefährten, des Präsidenten Allende, führten», steht auf der letzten Seite von Pablo Nerudas Buch «Ich bekenne, ich habe gelebt». Der Arzt hatte dem Kranken die Hiobsbotschaft des 11. September 1973 vorenthalten wollen, aber er hörte am Sender Radio Mendoza davon und fügte den Memoiren das Kapitel «Allende» hinzu, ehe er zusammenbrach und von seinem Wohnhaus Isla Negra ins Spital von Santiago gebracht wurde, wo er am 23. September 1973 starb. Dass er der Politik zum Opfer fiel, ist nicht Zufall. Seit dem Spanischen Bürgerkrieg, als der am 12. Juli 1904 als Ricardo Eliécer Neftalí Reyes Basoalto geborene, seit 1920 als Pablo Neruda publizierende, in vielen Ländern als chilenischer Diplomat tätige Dichter der «reinen» seiner Anfänge die «unreine Dichtung», «von Handarbeit abgenützt wie von einer Säure, von Schweiss und Dunst durchzogen», entgegenzustellen begann, hatte er sich leidenschaftlich für die Weltrevolution und den Aufstand der Dritten Welt engagiert und konnte selbst als Liebender nicht davon absehen: «In deiner Umarmung umarme ich, was existiert, /den Sand, die Zeit, des Regens Baum, / und alles lebt, auf dass ich lebe.» Und obwohl er nach 1960, die inzwischen publik gewordenen Gräuel des Stalinismus vor Augen, vom Kommunismus abrückte, blieb er doch seiner kämpferischen Haltung bis hin zu der im Todesjahr verfassten «Incitación al nixoncidio» («Anstiftung zum Nixonmord») treu. Sein Ergreifendstes hat Neruda wohl 1964 in der lyrischen Autobiographie «Memorial de Isla Negra» geschaffen, jenen Gedichten, die wortmächtig beweisen, dass grosse Lyrik nicht Sonntagskunst, sondern existenzielles Ringen mit sich selbst und der Welt ist. Fragt man sich allerdings, was von den insgesamt 850 Seiten Lyrik des Nobelpreisträgers von 1971 heute noch lebendig ist, tragen jene Liebesgedichte den Sieg davon, für die sich die Verliebten begeistern lassen, die an seinem Grab bei der Isla Negra Blumen niederlegen.

«Während ich diese Zeilen schreibe, hat Anaïs Nin mit dem 50. Band ihres Tagebuchs begonnen ...» Als Henry Miller das 1937 unter dem Titel «Un être étoilique» bekanntgab, war Anaïs Nin sechs Jahre seine Geliebte. Und als sie 1966 mit sensationellem Erfolg die ersten 800 Seiten Tagebuch publizierte, begann sie damit 1931, im Jahr der Begegnung mit Henry Miller, der ihr den Ausbruch aus der Ehe und jene innere Wandlung ermöglicht hatte, die sie für viele zur emanzipierten Frau par excellence machte. Die am 21. Februar 1903 in Paris geborene Tochter einer dänischen Sängerin und eines spanischen Musikprofessors hat von 1914 bis 1977 tatsächlich 35 000 Seiten

Anaïs Nin
1903–1977
Beitrag Seite 216

Tagebuch geschrieben. Aber die zu Lebzeiten gedruckten, vom Amerika des New Age wie eine Offenbarung aufgenommenen Teile waren zensuriert und stilisierten ihr Leben ebenso zur Emanzipationslegende wie die Chirurgen ihr alterndes Gesicht zum Symbol ewiger Jugend. Seit 1923 war sie in zweiter Ehe mit Hugh P. Guiler verheiratet, der bis fast zuletzt für sie aufkam. Dies, obwohl sie ihn spätestens ab 1929 betrog und seit 1949 ein perfekt getarntes Doppelleben zwischen dem Ehedomizil New York und Los Angeles führte, wo sie die Gattin des 17 Jahre jüngeren Rupert Pole mimte. Nicht ohne beiden Männern tunlichst jene Liebschaften zu verheimlichen, die, im ungekürzten Tagebuch detailgetreu protokolliert, die Faszination ihrer exzentrischen Vita ausmachen und nicht nur Henry Miller, Gore Vidal und Lawrence Durrell, sondern auch John Erskine, den Psychiater Otto Rank und – offen als Inzest definiert – den eigenen Vater betrafen. Erst kurz vor ihrem Tod am 14. Januar 1977 merkten die Rivalen, dass die Frau, die seit dem 28. Lebensjahr in Analyse gewesen war und auch selbst als Analytikerin praktizierte, ihre Psychologie nicht zuletzt dazu benutzt hatte, um in einer Person gleichzeitig die emanzipierteste Frau ihrer Zeit und die treue Gemahlin zweier Ehemänner zu verkörpern. «Dem Mann wurden vielfache Beziehungen immer gestattet» schrieb sie einmal. «Man wird sie auch der Frau zugestehen müssen!»

Cees Nooteboom
*1933
Beitrag Seite 132

Inni Wintrop begegnet alle zehn Jahre einem Menschen, der dem an sich sinnlosen Leben mittels Ritualen einen Sinn abzugewinnen sucht. Der Roman «Rituale» brachte dem am 31. Juli 1933 in Den Haag geborenen Cees Nooteboom nach Jahren als Weltreisender und Journalist den Durchbruch als Erzähler. Zuvor hatte er ausser zwei wenig beachteten Romanen fünf Gedichtbände und sechs Reisebücher veröffentlicht, und auch sein weiteres, erstaunlich produktives Schaffen setzte sich aus anschaulich-lebendigen Berichten und Erzählungen über Reisen in alle Welt und Romanen zusammen, die vielfach ebenfalls von seiner Reiselust profitierten. So «Die folgende Geschichte» von 1991, die den Sprachlehrer Mussert in Lissabon erwachen lässt, obwohl er in Amsterdam zu Bett gegangen ist, um sich dann auf einem Schiff wiederzufinden, auf dem die Passagiere sich auf der Fahrt den Amazonas hinauf wie in Boccaccios «Decamerone» gegenseitig Geschichten erzählen. 2006 erst wurden Nooteboooms allererste Reiseerzählungen von 1957 auf deutsch zugänglich. Sie entstanden, als der 23jährige als Leichtmatrose auf Küstendampfern in Südamerika unterwegs war und nicht nur die sengende Hitze, die Farben, die Formen und Düfte der Tropen kennenlernte, sondern in jedem Hafen auch eine Geschichte erlebte oder von einem Zufallsbekannten erzählt bekam. So jedenfalls muss dieses Schriftstellerleben begonnen haben, das sich mittels eines wunderbaren Gedächtnisses und einer nie nachlassenden Erzählfreude die ganze Welt zum Thema machte. «Der verliebte Gefangene» heisst das frühe Buch, und die Titelgeschichte bekommt der Autor in Surinam von einem ehemaligen Sträfling erzählt, der sich auf der Überfahrt aus Frankreich mit einem gewissen Jean befreundete. Obwohl sie immer an eine schwere Kugel gekettet bleiben, verliebt sich dieser Jean in eine junge Einheimische. Bis ein Wärter sich an sie heranmacht und von Jean mit der mitgeschleppten Kugel erschlagen wird. Der verliebte Gefangene wird enthauptet, das Mädchen aber heiratet den Mann, der dem Autor die Geschichte erzählt hat.

Arbeitertochter, erste in der Familie mit Hochschulabschluss, früh begeistert für «Alice im Wunderland» und Thomas Mann: Phantastik und Realismus, was sie wechselweise inspiriert, als sie mit 14 beginnt, Roman um Roman zu schreiben und zu vernichten, bis sie, inzwischen Anglistikdozentin in Detroit, mit «With shuddering Fall» erstmals einen Verlag findet. Bis 2023 hat die am 16. Juni 1938 in Lockport, New York geborene Joyce Carol Oates 137 Bücher (u. a. 60 Romane und 38 Short-Story-Sammlungen) publiziert, unterrichtet mit 85 noch Creative Writing an der Princeton University und gilt vor allem ihrer spektakulären Themen wegen als Star-Autorin. Meistdiskutiert und verfilmt: «Blonde», 2000, ein Roman über das Arbeiterkind Marilyn Monroe, das, zum Produkt geworden, seine Identität verliert. «Them» («Jene») von 1969 erzählt, um einen realistischen Roman herauszugreifen, von einer proletarischen Familie, bei welcher unentwegt erniedrigte und sich prostituierende Frauen rücksichtslosen Männern gegenüberstehen und wo Mord und Totschlag an der Tagesordnung sind. «Bellefleur» von 1980 bringt phantastische Elemente in die 200 Jahre dauernde Familiengeschichte der Bellefleurs ein, die damit endet, dass ein Vertreter der vierten Generation sich mit einem Bomber auf den Familiensitz stürzt und sich und die Familie auslöscht. Unglück, seltsame Schicksale und Verbrechen sind sehr oft auch Gegenstand von Joyce Carol Oates' Short Stories, die zum Besten des Genres gehören. Das gilt etwa für jene des Bandes «Black Dahlia & White Rose» von 2012. Da erzählt die Titelgeschichte von der 1947 erfolgten Ermordung der «schwarzen Dahlie» Elisabeth Short, deren Zimmergenossin die «weisse Rose» Norma Jean Baker, die spätere Marilyn Monroe, war, während «Hey Dad!» von einem Vater und einem Sohn handelt, die sich bei einer akademischen Feier erstmals sehen. Der Vater weiss nicht, dass die Studentin, mit der er vor Jahren eine Affäre hatte, einen Sohn geboren hat, der Sohn aber kennt seinen Vater, und vielleicht wird er auf ihn zutreten und einfach sagen: «Hey Dad, ich bin's.»

Joyce Carol Oates
*1938
Beitrag Seite 334

Juan Carlos Onetti
1909–1994
Beitrag Seite 73

«La vie est brève/un peu d'amour/un peu de rêve/et puis bonjour.» J. M. Brausen, 40, Werber, unglücklich verheiratet, träumt sich in eine erfundene Welt hinein. Im Drehbuch, das er ausheckt, nennt er sich Arce, fängt mit der Dirne Queca ein Verhältnis an und fühlt sich am Ende mitschuldig, als der Zuhälter Ernesto sie erwürgt. Mit dem Mörder flieht er nach Santa María, wo eine weitere Figur lebt, in die er sich hineindenkt: Díaz Grey, ein Arzt, der einer toten Patientin wegen ebenfalls unter Mordverdacht gerät. Arce und Grey gewinnen soviel Eigenleben, dass Brausen sich verflüchtigt. Keiner aber weiss, dass alle, Brausen inklusive, Geschöpfe des grillenhaften Brillenträgers Onetti sind, der im gleichen Büro wie Arce arbeitet. «La vida breve» war nicht der erste Roman des am 1. Juli 1909 in Montevideo geborenen Juan Carlos Onetti. Schon der Erstling «Der Schacht» war 1939 seines existenzialistischen Flairs wegen aufgefallen. Mit «Das kurze Leben» aber eröffnete er 1950 eine Serie, die mit ihrem Mix aus Surrealem und Realistischem prägend für eine ganze Epoche war. In «Leichensammler» (1964) unterstützt Grey den smarten Larsen, der in Santa María mit hässlichen alten Dirnen ein Bordell eröffnet, aber am Ende davongejagt wird. In «Die Werft» (1961) ist Grey aktiv dabei, als der in die Stadt heimgekehrte Larsen vergeblich versucht, die verrottete Schiffswerft zu sanieren. In «Lassen wir den Wind sprechen» (1979) schliesslich steht Santa María selbst im Zentrum, als Grey und Kommissar Medina auf den Wind warten, der die Stadt niederbrennen soll. Zuvor aber wurde Medina von Larsen und Grey darüber aufgeklärt, dass Santa María nur eine Erfindung eines gewissen Brausen und dieser selbst bloss eine Romanfigur ist. «Das steht geschrieben. Weiter nichts. Es gibt keine Beweise.» Juan Carlos Onetti starb am 30. Mai 1994 in Madrid, wohin er 1975 ins Exil gegangen war. 1974 war er in Uruguay im Gefängnis gesessen, weil eine Jury, der er angehörte, die die urugayische Militär-Junta kritisierende Erzählung «El guardaespalda/Der Leibwächter» des jahrelang inhaftierten Oppositionellen Nelson Marra prämiert hatte …

1952 bis 1957 tauchten über Polen und Ungarn Ballone mit Tausenden von Märchenbüchern auf, die von der CIA als subversiv für die kommunistischen Machthaber taxiert worden waren und die diese, weil sie der gleichen Meinung waren, von der Luftwaffe abschiessen liessen. Es handelte sich um das 1945 von George Orwell publizierte Märchen «Animal Farm», das vom Aufstand der Tiere auf einem Bauernhof unter Anführung eines weissen und eines schwarzen Ebers handelte, den man mit der Russischen Revolution von 1917 und den zu Schweinen degradierten Bolschewistengurus Lenin und Stalin in Verbindung bringen konnte. Orwell, am 26. Juni 1903 als Eric Arthur Blair in Motihari, Britisch Indien, geboren und am 21. Januar 1950 in London gestorben, wurde 1922–1926 als Polizist in Burma zum Gegner des Imperialismus und 1928/29 als Tellerwäscher, Landstreicher und Tuberkulosepatient in Paris und London zum Sozialisten – nachvollziehbar im ersten Buch, das er als George Orwell publizierte: «Down and out in Paris and London» von 1933. Als Kämpfer im Spanischen Bürgerkrieg lernte er allerdings 1936/37 Stalin und dessen totalitären Kommunismus so sehr hassen, dass er noch kurz vor seinem Tod als Stalin-Sympathisanten Verdächtigte wie Chaplin oder Orson Welles beim britischen Geheimdienst verpfiff. Dennoch ist es zu einfach, «Farm der Tiere» oder den 1949 publizierten Roman «1984» als Attacken gegen den Kommunismus abzutun. Die düstere Vision eines von einem «Big Brother» regierten, Handeln und Denken der Menschen total gleichschaltenden Staatsgebildes, gegen den das Paar Winston und Julia sich mit seiner verbotenen Liebe vergeblich auflehnt, ist mit Blick auf den in Asien bereits weitgehend umgesetzten totalen Überwachungsstaat längst kein futuristisches Phantasieprodukt mehr, sondern gehört wie der in der «Farm der Tiere» vorgeführte Mechanismus, dass eine Rebellion der Ohnmächtigen nur zu einer neuen, noch drastischeren Repression führt, zu den immer wieder neu zu beobachtenden Realitäten, die einem den Glauben an eine freie, gerechte Zukunft so schwer macht.

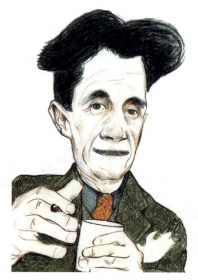

George Orwell
1903–1950
Beitrag Seite 380

Amos Oz
1939–2018
Beitrag Seite 34

Von der schwierigen Situation in seinem Elternhaus, aber auch im noch jungen Staat Israel befremdet, trat der am 4. Mai 1939 in Jerusalem geborene Amos Klausner 1954 in den Kibbuz Chulda ein und nahm den Name Oz, hebräisch für «Stärke», an. Er wurde Soldat, studierte Philosophie und war Lehrer und zuletzt Literaturprofessor an der Ben Gurion-Universität, bewahrte aber sowohl der Öffentlichkeit gegenüber als auch in seinem Schreiben, dank dem er von 1983 bis zu seinem Tod am 28. Dezember 2018 mit Romanen, Essays und Erzählungen einer der erfolgreichsten Autoren seines Landes war, stets einen kritisch-skeptischen Blick auf die Lebenswirklichkeit und die Politik Israels und war bis zuletzt ein überzeugter Anhänger der israelisch-palästinensischen Zweistaatenlösung. Ein erster grosser Erfolg war 1968 «Mein Michael», ein Roman um die unmögliche Ehe des biederen Geologen Michael mit der exzentrischen, irrational-verträumten Hannah, die der opportunistischen Siegeseuphorie Israels den Traum von den arabischen Zwillingen als Provokation entgegenhält. «Bis zum Tod» erzählte 1971 die Geschichte der Kreuzzüge neu und entlarvte die christlichen Ritter als mörderische Antisemiten, während «Keiner bleibt allein» (1976) und «Der perfekte Friede» (1982) das Kibbuz-Leben zum Gegenstand machten, wobei der letztere Roman von einer Dreiecksbeziehung zwischen jüngeren, dem Kampfgeist der Gründergeneration bereits entfremdeten Israelis erzählt. «Black Box» von 1986 wiederum ist ein Briefroman, dessen Protagonisten die verschiedenen, stark divergierenden Meinungen und Mentalitäten Israels verkörpern. Was Oz 2016 bei der Beerdigung von Schimon Perez sagte, klingt wie ein Vermächtnis dieses Autors, den die Sorge um die Zukunft seines Landes bis zuletzt nicht losgelassen hat: «Weil Israelis und Palästinenser nicht auf einmal zu einer einzigen glücklichen Familie werden können und zu Flitterwochen ins Doppelbett springen, müssen wir dieses Haus in zwei Wohnungen teilen. Doch wo sind heute die mutigen und klugen Politiker, die genau das zustande bringen?» Sätze, die angesichts der Geschehnisse von 2023 von unveränderter Aktualität sind.

«Istanbul. Erinnerungen an eine Stadt» von 2003 ist zum einen eine Hommage an die Stadt am Bosporus und zum andern die Autobiographie des am 7. Juni 1952 geborenen Orhan Pamuk bis zu dem Moment, als er beschloss, Schriftsteller statt Künstler zu werden. Von europäischen Vorbildern inspiriert und so, dass seine 12 Romane inzwischen nicht nur der Türkei eine Türe zur Welt, sondern auch der Welt eine Türe zur Türkei öffnen. Der Erstling, die mit der jüngeren türkischen Geschichte parallel verlaufende Familiensaga «Cevdet und seine Söhne» von 1982, lässt an die «Buddenbrooks» denken, und Familienchroniken sind auch «Das stille Haus» von 1983, ein Roman, der an einem Enkel-Treffen ein fatales Ende nimmt, oder «Die rothaarige Frau» von 2017, die Geschichte der Çeliks und ihrer schicksalhaften Verbindung zur rothaarigen Schauspielerin Gülcihan. Sucht man ein Pamuks Romane verbindendes Thema, ist es aus verständlichen Gründen nicht die Politik oder der Gegenwartsbezug – so fehlte in den 1901 spielenden «Nächten der Pest» 2022 jeder Bezug auf die damals aktuelle Pandemie –, sondern die Liebe. Im Mittelpunkt des Mittelalter-Romans «Rot ist mein Name» von 1998 steht die Lovestory von Karas und Şeküres, «Das schwarze Buch» von 1990 entpuppt sich als verzweifelte Suche eines Anwalts nach der Frau, die er liebt, und auch die in «Schnee» von 2002 beschriebene Reise des Dichters Ka in die Stadt Kars ist eine Annäherung an eine unvergessene Jugendliebe. Selbst Mevlut, der Istanbuler Strassenverkäufer in «Diese Fremdheit in mir» von 2014, wird von der Liebe zu einer Frau bewegt, und nicht zuletzt steht auch die geheimnisvolle, an Dante und Novalis gemahnende Abenteuergeschichte in «Das neue Leben» von 1994 ganz im Zeichen von Liebe und Tod. Ein Roman übrigens, der mit dem Satz «Eines Tages las ich ein Buch, und mein ganzes Leben veränderte sich» beginnt und so zum Ausdruck bringt, was auch für Orhan Pamuk selbst zutrifft, der 2006 bei der Entgegennahme des Nobelpreises bekannte: «Ich schreibe, weil ich an nichts so sehr glaube wie an die Literatur und den Roman.»

Orhan Pamuk
*1952
Beitrag Seite 376

Cesare Pavese
1908–1950
Beitrag Seite 261

Er war der Archetyp des urbanen italienischen Intellektuellen, dieser am 9. September 1908 geborene, ernst dreinblickende ewige Jüngling Cesare Pavese, der sich seine Herkunft aus den piemontesischen Langhe zugute hielt, die Hügellandschaft aber schon im Erstling «Paesi tuoi» 1941 zum Schauplatz eines brutalen, alle bäuerliche Idyllik zerschmetternden Geschwistermords machte. Im Stil von Amerikanern wie Dos Passos oder Faulkner nota bene, deren Werke er dem Faschismus als Übersetzer entgegenstellte. Schon 1935 hatte er, nach Kalabrien verbannt, sein Tagebuch «Das Handwerk des Lebens» begonnen, in dem er sein Werk und sein privates Schicksal spiegelte. Frauen waren nicht nur das tragische Thema von Romanen wie «La bella estate» und «Il diavolo sulle colline», sie bestimmten als etwas wie archaische Wildnis evozierende, ebenso verehrte wie unerreichbare Wesen auch sein Leben. Wobei die Frustration ganz banale Gründe hatte. «Für den Mann, der zu rasch ejakuliert, wäre es besser, er wäre nie geboren», vertraute der Dichter, für den selbst die Hügel der Langhe noch nackte Frauen verkörperten, dem Journal an. «Es ist ein Gebrechen, für das sich die Mühe lohnt, sich zu töten.» 1945, als Fernanda Pivano seinen Antrag abwies, verwand er die Enttäuschung nochmals, 1950 aber, als die Schauspielerin Constance Dowling (1920–1969) eine turbulente Romanze mit der Rückkehr nach Amerika beendete und ihm 15 Jahre Frauenbekanntschaften wie 15 Jahre Scheitern vorkamen, «lohnte sich die Mühe»: Am 26. August 1950, zehn Tage vor dem 42. Geburtstag, tötete er sich im Turiner Hotel Roma mit einer Überdosis Schlafmitteln. Nicht nur sein Leben, auch sein Werk hatte den Zenit überschritten. Über die Ich-Erzählerin des letzten Romans, «Tra donne sole», spottete Italo Calvino: «Von Anfang an merkt man, dass Du es bist, mit Perücke und falschem Busen.» Und ohnehin waren es nicht seine Romane, sondern seine Gedichte, die ihn am sichersten überleben würden und in deren letztem er Constance Dowling zu seinem Todesengel machte: «Der Tod wird kommen, / und er wird deine Augen haben.»

1936, zu Beginn des Spanischen Bürgerkriegs, brachte ein junger Lyriker 3500 Exemplare eines Langgedichts, betitelt mit dem Losungswort der Republikaner, «¡No pasarán!», in die (noch!) republikanisch-spanische Botschaft in Mexiko. Indianisch-spanischer Abstammung, setzte sich der am 31. März 1912 in Mexiko-Stadt geborene und am 19. April 1998 ebenda verstorbene Octavio Paz ebenso leidenschaftlich für die indigene Bevölkerung Mexikos wie für die von den Faschisten bekämpfte spanische Republik ein, distanzierte sich aber nach dem Hitler-Stalin-Pakt vom Kommunismus, der das zornige «¡No pasarán!» geprägt hatte. «Gegen das Schweigen und das Getöse erfinde ich das Wort», war fürderhin, wie in «Libertad bajo palabra» von 1949 formuliert, die Losung. In seinen Gedichten, für die er 1990 den Nobelpreis erhielt und die zwischen kämpferischer Realistik, verträumter Romantik und surrealer Artistik einer auf Begegnungen mit Frankreich, Amerika und Japan verweisenden Universalität verpflichtet sind – bewegend etwa die Verse von «Entre la piedra y la flor» aus dem Jahre 1941 über die soziale Diskriminierung der Indios in Mexiko, die kubanische Einflüsse mit der indianische Náhuatl-Dichtung verschmelzenden Haikus des Bandes «Semillas para un himno» von 1954 oder das Langgedicht «Der Sonnenstein» von 1957, von dem Julio Cortázar sagte, es sei «das bewunderungswürdigste Liebesgedicht, das je in Lateinamerika geschrieben worden» sei –, aber auch in seinen Übersetzungen und Essays, mit denen Paz, der sein Land bis 1968 in Europa und in Indien als Botschafter vertrat, einer der grossen Brückenbauer seiner Zeit war. Wie kein anderer machte er Lateinamerika mit der europäischen und amerikanischen Literatur vertraut, lieferte der Welt aber mit seinem epochalen Buch «El laberinto de la soledad» von 1950 auch einen Schlüssel zum Verständnis Mexikos. Dessen Machismo gründet für ihn auf einem Gefühl der Einsamkeit, und das wiederum leitet er vom dominanten Einfluss des Nachbarstaats USA und vom Trauma des Untergangs der aztekischen Kultur im Kampf gegen die Conquistadores her.

Octavio Paz
1912–1989
Beitrag Seite 46

Fernando Pessoa
1888–1935
Beitrag Seite 450

Ein Autor, der unter sechs verschiedenen Pseudonymen schrieb und der längst zu den Grossen der Weltliteratur zählt, obwohl zu Lebzeiten nur ein einziges Buch von ihm erschien. Der am 13. Juni 1888 in Lissabon geborene und am 30. Juni 1935 ebenda verstorbene Fernando Pessoa hat der Nachwelt ein ebenso rätselhaftes wie eigenwilliges Werk hinterlassen, zu dessen Erschliessung Generationen von Fachleuten nötig waren. Er wuchs in Südafrika, wo sein Vater Konsul war, und in Lissabon auf, wo er ein Literaturstudium begann, dann aber lebenslang als Handelskorrespondent tätig war und literarisch nur ein einziges Mal von sich reden machte: als 1934 sein Gedichtband «Messagem» («Botschaft») mit Gedichten zur portugiesischen Geschichte und zum Thema Meer erschien: «O salzig Meer,/ wieviel von deinem Salz / sind Tränen Portugals!» Aus dem Nachlass erschienen dann drei weitere Gedichtbände, die 1915 schon in einer Zeitschrift publizierte «Meeres-Ode», die den Dichter mit dem Meer und mit Piraten in Beziehung setzt, die Sammlung «Der Hüter der Herden», die Pessoa dem 1915 an Tuberkulose verstorbenen fiktiven Autor Alberto Caeiro zuschrieb und die fern jedes intellektuellen Anspruchs das Werk eines ungebildeten Hirten sein soll, und die klassisch-virtuosen «Oden von Ricardo Reis», welch letzterer, hoch gebildet, eine Erneuerung der antiken Poesie beabsichtigt haben soll, aber dennoch auch kühne neue Möglichkeiten ausprobierte. Als Pessoas Hauptwerk gelten inzwischen die 520 Textfragmente, die er dem Hilfsbuchhalter Bernardo Soares zuschrieb, die Maria Aliete Galhoz und Teresa Sobral Cunha aus seinen nachgelassenen Papieren entzifferten und die 1982 als «Buch der Unruhe» erschienen sind. Was so entstand, erweist sich trotz der Zueignung an einen fiktiven Verfasser als Pessoas persönlichstes Werk. Eines, das die Aufteilung in verschiedene Autoren nachvollziehbar macht, indem es die Zersetzung des Bewusstseins und die Auflösung des Ichs in den Mittelpunkt stellt. «Ich erschaffe ständig Personen. Jeder meiner Träume verkörpert sich in einer anderen Person; dann träumt sie, nicht ich.»

Auf die Frage, wer er sei, antwortet der Friedhofsbesucher, der eben einen Strauss auf das Grab mit der Inschrift «Von widrigem Schicksal gefällt, ruht hier freiwillig Mattia Pascal» gelegt hat, dem Neugierigen: «Ja, mein Bester ... Ich bin Mattia Pascal selig.» Und das Buch mit dem überraschenden Finale erzählt dann natürlich das Leben dieses Mattia Pascal, der eines fehlgedeuteten Leichenfunds wegen als lebender Toter der Tyrannei von Gattin und Schwiegermutter entkam, beim Spiel ein Vermögen gewann und als Adriano Meis ein neues Leben begann, bis er einsah, dass das neue in einer bigotten verwalteten Welt um nichts besser als das alte war und er mittels eines fingierten Suizids auch von diesem Abschied nahm und so als ein zweimal Gestorbener weiterlebte. Was in dem 1904 erschienenen Roman «Il fu Mattia Pascal» doppelt vergeblich durchgespielt ist – der Versuch, einer verlogenen Rolle zu entkommen –, hat Luigi Pirandello, geboren am 28. Juni 1867 in Agrigent, gestorben am 10. Dezember 1936 in Rom, nicht nur als Epiker, sondern auch als Dramatiker lebenslang interessiert. Denn in Stücken wie «Sechs Personen suchen einen Autor», «Enrico IV», «L'imbecille» («Der Dummkopf»), «Vestire gli ignudi» («Die Nackten kleiden»), «Come tu mi vuoi» («Wie du mich willst») und 38 anderen, die er unter dem Titel «Maschere nude» gesammelt edierte, tat er im Grunde nichts anderes, als eben diese Divergenz zwischen Kunst und Leben, Sein und Schein, Wesen und Maske aufzuspüren. Und er tat das in jener stupend modernen Schreibweise, die er 1908, im Essay «L'umorismo» / «Der Humor», ankündigte, wo er forderte, dass der Dichter «ein Humorist» zu sein habe, «der zerlege, verwirre und durcheinanderwerfe». Obwohl er ihn als Wegbereiter des existentialistischen modernen Theaters im Grunde in Frage stellte, schaffte es Pirandello dennoch, sich mit dem Faschismus zu arrangieren, und war sogar Direttore generale der Theater in Rom, Turin und Mailand. Irritation verursachte er nur, als er 1934, zwei Jahre vor seinem Tod, den Literaturnobelpreis bekam, wo doch ganz Italien den Mussolini-Intimus Gabriele d'Annunzio für gesetzt gehalten hatte ...

Luigi Pirandello
1867–1936
Beitrag Seite 446

Marcel Proust
1871–1922
Beitrag Seite 253

«Ich begriff, dass Noah die Welt nie so gut sehen konnte wie von der Arche aus, obwohl sie verschlossen war und es Nacht war auf der Erde.» Als der am 10. Juli 1871 in Paris als Sohn eines Arztes und einer jüdischen Bankierstochter geborene Marcel Proust das 1896 in seinem ersten Buch, «Les plaisirs et les jours», schrieb, war er nach einem abgebrochenen Jus-Studium eben unbezahlter Mitarbeiter einer Bibliothek geworden, sollte sich im Jahr darauf, weil dieser eine Anspielung auf seine Homosexualität gemacht hatte, mit dem Kritiker Jean Lorrain duellieren, kurierte sein Rheuma und seine Neurasthenie, und nichts, auch nicht der 1904 unveröffentlicht weggelegte, einiges davon vorwegnehmende Roman «Jean Santeuil», wies darauf hin, dass er zwischen 1909 und seinem Tod am 18. November 1922 ein monumentales Romanwerk mit dem Titel «A la recherche du temps perdu» hervorbringen würde, das er in einem jener Arche gleichenden abgedunkelten Zimmer mit Blick auf eine längst vergangene Epoche schreiben würde. Den roten Faden durch die 7 Bände bildet im Bewusstsein des Erzählers Marcel dessen grossbürgerliche Pariser Kindheit, die Sanatoriumsaufenthalte, die Beziehung zu Albertine, die Entdeckung der dichterischen Berufung. Zu den zahllosen weiteren Figuren gehören etwa der Dandy Baron de Charlus oder der sensible Swann, dessen Liebesgeschichte im 1. Band in Er-Form erzählt ist, während der Roman sonst eine Ich-Erzählung ist. Dabei holt der Erzähler das, was er beschreibt und weiterentwickelt, durch optische, Geruchs- oder Gehöreindrücke – etwa den Geschmack eines in Tee getauchten Gebäcks – aus dem Unterbewusstsein heraus. Der letzte Band heisst «Le temps retrouvé» und schildert, wie Marcel, als ihm ein lange nicht gesehener Bekannter gealtert vor Augen getreten ist, in einer einsamen Meditation plötzlich die Zeit, die sich vom Zifferblatt ablesen lässt, wiederfindet. – Anfang 1922 sagte Proust eines Morgens zu seiner Haushälterin: «Wissen Sie, Céleste, diese Nacht ist etwas Grosses geschehen. Ich habe das Wort Ende gesetzt. Jetzt kann ich sterben.»

Die Überraschung war perfekt und das intellektuelle Italien vor den Kopf gestossen, als 1959 nicht Eugenio Montale oder Giuseppe Ungaretti, sondern der am 20. August 1901 in Syrakus geborene Eisenbahnersohn Salvatore Quasimodo den Literaturnobelpreis erhielt. «Für seine Lyrik, die mit klassischem Feuer dem tragischen Lebensgefühl der Gegenwart Ausdruck gibt», lautete die offizielle Laudatio, die damit weder zuviel noch zu wenig sagte. Weil dem Vater das Geld ausgegangen war, hatte er das von diesem erzwungene Ingenieurstudium nicht beenden können und lebte bis 1938 als technischer Angestellter an vielen Orten Italiens. 1930 war sein erster Gedichtband, «Acque e terre», erschienen, der bei aller Abhängigkeit von Gabriele d'Annunzio und Eugenio Montale auf elementare Weise die verlorene klassisch-hellenische Schönheit Siziliens pries. Vom gleichen Impetus getragen – und oft sogar geglückter! – waren seine Übersetzungen aus dem Griechischen des Anakreon oder der Sappho, die 1940 unter dem Stichwort «Lirici greci» publiziert wurden. Anklänge an Antikes waren damals gefragt, und so wurde Quasimodo 1941 Literaturprofessor am Mailänder Konservatorium. 1942 erschien unter dem Titel «Ed è subito sera» seine bisherige Lyrik gesammelt und ging, wie sich bald zeigte, ein Kapitel zu Ende, das im Rückblick als weltfremd erschien. Denn Krieg und Partisanenkampf, die er 1943/44 miterlebte, machten aus dem verträumten Prediger antiker Grösse einen engagierten Dichter im Sinne des Neorealismo. «Non toccate i morti, così rossi, così gonfi: / lasciateli nella terra delle loro case: / la città è morte, è morte» («Berührt nicht die Toten, / sie sind aufgedunsen und rot: / lasst sie in der Erde in ihren Häusern: / die Stadt ist tot, ist tot,») endete «Milano, agosto 1943», und mit ebensolcher Wucht, wie er zuvor die Toten der Italia graeca betrauert hatte, beklagte er nun die Opfer von Terror und Krieg und nahm 1954 im Band «Il falso e vero verde» auch die Landsleute nicht aus, die in Auschwitz ermordet worden waren. Quasimodo starb, fast 69jährig, am 14. Juni 1968 in Neapel.

Salvatore Quasimodo
1901–1968
Beitrag Seite 167

Władysław Reymont
1867–1925
Beitrag Seite 237

Völlig überraschend wurde 1924 der Literaturnobelpreis nicht dem Favoriten Thomas Mann, sondern Władysław Reymont zugesprochen. Am 7. Mai 1867 in Kobiele Wielkie bei Radomsko geboren, fiel der Pole bei der Aufnahmeprüfung fürs Gymnasium durch, wurde Schneider, schloss sich dann aber dem Tourneetheater an, das er 1896 im Roman «Die Komödiantin» zu literarischem Leben erweckte. Obwohl er ihm 1898 mit «Das gelobte Land» ein aufwühlendes Romanepos über die Karriere dreier korrupter Kapitalisten in der Industriestadt Łódź folgen liess, verdiente er sein Geld bei der Eisenbahn Warschau-Wien. Ein Job, den er erst loswurde, als er 1900 bei einem Bahnunfall verletzt wurde und eine Abfindung erhielt, die ihn finanziell unabhängig machte. Er zog nach Paris und schrieb da bis 1908 den 1000seitigen Roman «Chlopi» («Die Bauern»), der 2023 von Dorota Kobiela und Hugh Welchmann (gleich wie «Loving Vincent» nach van Gogh in gemalten Bildern) verfilmt wurde. Von fern an Zolas Roman «La terre» (1887) orientiert, aber mit einem liebevollen, jedoch nicht verklärenden Blick auf die polnischen Bauern am Ende des 19. Jahrhunderts, lässt der Roman die vier Jahreszeiten eines Jahres im Bauerndorfes Lipce aufleben und endet allen tragischen Geschehnissen zum Trotz auf hoffnungsvolle Weise. Im Zentrum steht der reiche Witwer Boryna, der zum Nachteil seiner Erben die flatterhafte Dorfschöne Jagna zum Altar führt. Als sein Sohn Antek sein früheres Verhältnis mit Jagna heimlich erneuert, kommt es zu einem Vater-Sohn-Kampf, der in einer veritablen Schlacht kulminiert, als das Dorf gegen den autoritären Gutsherrn rebelliert. Reymont hat 1911 auch «Das Jahr 1794», einen Roman über den Untergang der polnischen Republik, publiziert, kein anderes Werk aber löst beim Lesen so ein intensives Miterleben aus wie «die Bauern», für die er ein Jahr vor seinem Tod am 5. Dezember 1925 den Nobelpreis erhielt. Eine absolut richtige Entscheidung, wirken doch im Vergleich zur hinreissenden Wucht und Lebendigkeit dieses Romans jene des Mitbewerbers Thomas Mann bei aller Kunstfertigkeit bildungsbürgerlich steril.

«Ich bin zu nah am eigenen Zerfall, um mich auf Nuancen einzulassen» aus «Eine Verzweiflung» von 1999 ist ein charakteristischer Satz für die am 1. Mai 1959 in Paris geborene Yasmina Reza. Einen Welterfolg mit einem Theaterstück, in dem sich zwei Männer um ein Bild streiten, das für den einen Kunst, für den andern «weisse Scheisse» ist, landet nur, wer selbst vom Theater herkommt und weiss, was ein gebildetes Publikum zum Lachen oder zum Klatschen bringt. Nicht Superkluges à la Sartre oder Pointen à la Louis de Funès, sondern Sätze, bei denen man stutzt, einen Moment irritiert ist und in Gelächter ausbricht, weil man nicht zugeben will, dass man sie nicht verstanden hat.

Yasmina Reza
*1959
Beitrag Seite 42

Natürlich greift das zu kurz, um den Erfolg von «Kunst» (1999), des dreimal wiederholten Zoffs von zwei Astrophysikern in «Dreimal Leben» (2000) oder der hitzigen Auseinandersetzung zweier Paare um eine Schlägerei unter ihren Sprösslingen in «Der Gott des Gemetzels» von 2006 zu erklären. Denn zu Gehalt und Thematik, bei der sie zu Gunsten des mondän sein wollenden Partyklatsches aus Pariser Intellektuellenkreisen bewusst alles weglässt, was auf ihre reichen iranisch-jüdischen Vorprägungen schliessen lassen könnte, kommen ein einmaliges dramatisches Geschick, die Freude am Slapstick und an Gags wie dem Handy in der Blumenvase oder dem Erbrochenem auf dem Bildband von Kokoschka in «Ein Gott des Gemetzels». Frauen haben geklagt, dass in ihren Stücken immer männliche Autoritätspersonen eine Rolle spielen oder dass sie den Phänotyp des modernen Politikers ausgerechnet am Beispiel Nicolas Sarkozys vorgeführt habe, den sie für «Frühmorgens, abends oder nachts» 2006 ein Jahr lang bei der Wahlkampftournee begleitete. Aber feministische Anliegen sind ihr ebenso fremd wie politische Bekenntnisse, gelingt es ihr doch, während sie selbst sich mit einer Aura von Glamour und Eleganz zu umgeben weiss, mit ihren Dramen und Prosabüchern auf raffiniert-pfiffige Weise genau jener Gesellschaft begeisterten Beifall zu entlocken, die sie in ihrer Banalität und Oberflächlichkeit schonungslos blossstellt.

Rainer Maria Rilke
1875–1926
Beitrag Seite 178

1890, in der 4. Klasse der Militärrealschule St. Pölten, erhob sich zu Beginn der Deutschstunde jeweils einer der 15jährigen Kadetten, ging, wie ein Freund erzählt, «mit ganz kleinen Schritten zum Katheder, überreichte dem Lehrer einige kurze Gedichte und bat, sie vorzulesen, was auch stets geschah». Rainer Maria Rilke, denn um ihn handelt es sich, war von allem Anfang an in solcher Unbedingtheit Dichter, dass er es nicht nur in seiner Lyrik, mit der er laut Musil «das deutsche Gedicht zum erstenmal vollkommen gemacht hat», oder als Autor des ersten modernen deutschen Romans, den «Aufzeichnungen des Malte Laurids Brigge», sondern auch in seinen übrigen Lebensäusserungen, in der Wunderwelt seiner Briefe, in seinem persönlichen Umgang, ja der Liebe und dem Tod gegenüber, war. «Immer verwandter werden mir die Dinge / und alle Bilder immer angeschauter», heisst es 1902 im «Buch der Bilder», und diesem Sichanverwandeln des Lebens, wie es im «Stundenbuch» (1905), in den «Neuen Gedichten» (1907/8), aber auch in der Sehschule des «Malte» (1910) vollzogen ist, dieser Feier des Daseins steht der Wille gegenüber, das Leben «gegen den Tod hin offen zu halten». Gegen den Tod, den er 1904 in der «Weise von Liebe und Tod des Cornets Christoph Rilke» als heldisches Phänomen feiert, den er 1909 im «Requiem» zur letzten Vollendung der künstlerischen Existenz erklärt – vor der die im Wochenbett gestorbene Paula Modersohn-Becker und der Selbstmörder Graf Kalckreuth versagt haben –, und den er in den beiden reifsten Werken, den «Duineser Elegien» und den «Sonetten an Orpheus», von 1912 bis 1923 so sehr zu verinnerlichen weiss, dass das Ja zum Tod zugleich zum Ja zum Leben und zu dessen Einmaligkeit wird. Zu jener «Herrlichkeit», von der der 51jährige dann am 29. Dezember 1926, nachdem ein Rosendorn (!) seine Leukämie in ein finales Stadium versetzt hatte, in Valmont so schwer Abschied nahm, als hätte er das «Herr, gib jedem seinen eignen Tod» nie geschrieben.

«Ich bin fassungslos. Ich möchte tot sein! Es ist entsetzlich, inmitten dieser wahnsinnigen Menschheit leben und ohnmächtig den Bankrott der Zivilisation mitansehen zu müssen.» Romain Rolland, 48, der legendäre literarische Biograph von Beethoven, Michelangelo, Tolstoj schrieb das am Tag nach dem Beginn des 1. Weltkriegs, am 3. August 1914, im Hotel Mooser in Vevey ins Tagebuch. Von den Ereignissen überrascht, blieb er in der neutralen Schweiz, arbeitete für die Gefangenenagentur des Roten Kreuzes in Genf und setzte mit der Artikelserie «Au dessus de la mêlée» – für die er 1915 den Nobelpreis bekam! – in hasserfüllter Zeit sein Engagement für eine gewaltfreie,

Romain Rolland
1866–1944
Beitrag Seite 160

brüderliche, humane Menschheit fort. Auf idealistische, hochgemute Weise hatte er sein Credo im 1904–1912 erschienenen 10bändigen Roman «Jean-Christophe» niedergelegt: der Vita des an Beethoven erinnernden deutschen Komponisten Jean-Christoph Krafft, der nach vielen Irrungen zu seiner verlorengeglaubten Grazia zurückfindet und nach deren Tod in einer harmonischen Weltbetrachtung sein Lebensziel erreicht. Zu Christophorus geworden, hilft er, abtretend, dem Kind über den Fluss, das von sich sagt: «Ich bin der Tag, der nun geboren wird.» Als der 1. Weltkrieg begann, hatte Rolland auch schon das heitere Gegenstück zu «Jean-Christoph», den im Barock spielenden Roman «Nicolas Breugnon», beendet, hielt das lebenslustige, die Dummheit und Kriegslüsternheit der Welt geisselnde Meisterwerk aber bis 1918 zurück. Die Zeit schien ihm zu ernst für solche Spässe, doch auch die Nachkriegszeit erfüllte die in sie gesetzten Hoffnungen nicht. 1935 präsidierte Rolland den Pariser Kongress der Autoren gegen den Krieg, als er aber am 30. Dezember 1944 78jährig in Vézelay bei Genf starb, gehörte er aktiv der Résistance an. Denn was seit 1933 in seinem geliebten Deutschland geschah, stellte nicht zuletzt auch jenen Pazifismus in Frage, für den sein Name 30 Jahre lang hell leuchtend in aller Welt gestanden war.

Joseph Roth
1894–1939
Beitrag Seite 97

«Mein stärkstes Erlebnis war der Krieg und der Untergang meines Vaterlandes, der österreichisch-ungarischen Monarchie.» Der am 2. September 1894 im galizischen Brody als Kind einer streng religiösen jüdischen Familie geborene Joseph Roth thematisierte den Heimatverlust erstmals, als er nach dem 1. Weltkrieg zu einem der renommiertesten Journalisten Deutschlands wurde. Sein Blatt, die «Frankfurter Zeitung», druckte 1924 auch seinen Roman «Hotel Savoy», der wie «Flucht ohne Ende» (1927) vom Heimatverlust erzählte. Schon 1923 aber war der erst 1967 publizierte Roman «Das Spinnennetz» entstanden, der als frühe Warnung vor dem Nationalsozialismus gelesen werden kann. Als Korrespondent bereiste Roth ganz Europa, fühlte sich nirgends zu Hause, war auf turbulente Weise eine Zeitlang mit der Afrodeutschen Andrea Manga Bell liiert und fand, von persönlichem Unglück verfolgt, doch die Kraft, die aufgewühlte Epoche in Zeit-Romanen wie «Rechts und Links» (1929) zu spiegeln. Der Durchbruch aber gelang ihm 1930 und 1932 mit zwei Romanen, die nochmals ins Habsburgerreich zurückführten: «Hiob», die Geschichte eines gottesfürchtigen Juden, der Unglück um Unglück erfährt, bis es von ihm heisst: «Mendel hat den Tod, Mendel hat den Wahnsinn, Mendel hat den Hunger, alle Gaben Gottes hat Mendel. Aus, aus, aus ist es mit Mendel Singer.» Und «Radetzkymarsch», wo der Zerfall des Habsburgerreichs am Los von vier Generationen der Familie Trotta vorgeführt und das Verlorene mit soviel Sympathie gezeichnet ist, dass es wie eine rückwärtsgewandte Utopie klingt. 1938 nahm Roth mit «Die Kapuzinergruft» Abschied vom Habsburgermythos und liess den heruntergekommenen letzten Trotta nach dem Einmarsch der Nazis in der Kaisergruft klagen: «Wohin soll ich, ich jetzt, ein Trotta?» In der kurz nach seinem Tod am 27. Mai 1939 in Paris erschienenen «Legende vom heiligen Trinker» fand in der Figur des unglücklichen Pariser Clochards Andreas auch «Hiob» noch eine Entsprechung. Aber ohne das Happyend, das Mendel Singer am Ende erlebt, sondern mit einem Tod, der, wie jener von Joseph Roth selbst, auf den Alkohol zurückzuführen war.

In insgesamt 29 Büchern brachte der am 19. März 1933 in Newark geborene und am 22. Mai 2018 in New York verstorbene Philip Roth auf erzählerisch ebenso meisterhafte wie vertrackte Art und Weise auf den Punkt, was die Konfrontation der jüdischen Tradition und Mentalität mit dem American Way of Life hervorbringt. In der Titelgeschichte der Sammlung «Goodbye Columbus», mit der Roth 1959 nach einem Literaturstudium debütierte, zerbricht, als die Mutter der jungen Frau das Paar anhand eines zufällig entdeckten Diaphragmas einer mit den jüdischen Werten unvereinbaren vorehelichen Beziehung überführt, die Romanze zwischen zwei jüdischen Studenten.

Philip Roth
1933–2018
Beitrag Seite 90

1969 erschien «Portnoy's Complaint», die freizügige Selbstentblössung des Juden Portnoy auf der Couch des Psychiaters, die Roth für Millionen zum Erotiker stempelte und ihm jenen Horror vor dem Bestsellerunwesen beibrachte, den er sich 1982 in «Zuckerman Unbound» von der Seele schrieb. Zuckerman, die Verkörperung des jüdisch-amerikanischen Traumas, steht im Mittelpunkt einer ganzen Tetralogie, die auch die Bände «The Ghost Writer», «The Anatomy Lesson» und «The Prague Orgy» umfasst und als Summum Opus des Romanciers gelten darf. «The Counterlife» führte 1986 an vier Beispielen Lebensgeschichten vor, die unversehens mit einem Gegenleben konfrontiert sind, während 1991 «Patrimony», der Roman, der zusammen mit «The Facts» und «Deception» Roths autobiographische Trilogie bildet, den Tod seines Vaters als existenzielle Erfahrung beschrieb. Als eines von Roths stärksten Büchern darf «I married a Communist» von 1998 gelten, zusammen mit «America Pastoral» und «The Human Stain» Teil seiner amerikanischen Trilogie. Roth hätte das Schicksal des linken Radio-Stars Ira Ringold, den seine Frau mittels eines verlogenen Enthüllungsbuchs der berüchtigten McCarthy-Kommission als Landesverräter ans Messer liefert, kaum so authentisch evozieren können, wäre er nicht selbst 1996 von seiner Ex-Frau, der Schauspielerin Claire Bloom, in deren Buch «Leaving a Doll's House» auf eine hasserfüllte Weise blossgestellt worden.

Arundhati Roy
*1961
Beitrag Seite 487

«‹Der Gott der kleinen Dinge› hinterlässt keine Spuren im Sand, keine Wellen im Wasser, kein Abbild im Spiegel. Er ist der Gott dessen, was verloren geht, der persönlichen und alltäglichen Dinge, nicht der Gott der Geschichte, die die ‹kleinen Dinge› grausam in ihren Lauf zwingt.» Das Zitat erhellt den Titel des Romans «Der Gott der kleinen Dinge», mit dem die am 24. November 1961 in Shillong geborene Arundhati Roy 1997 Weltruhm erlangte. Wobei die kleinen Dinge zur erzählten Familiengeschichte gehören, in deren Mittelpunkt die Geschwister Rahel und Estha stehen und die an einer unerlaubten Liebe zerbricht. Die grossen Dinge aber sind die sozialen Spannungen der 1960er Jahre, durch welche im indischen Bundesstaat Kerala die christlich-syrische Minderheit, der auch die zwei Geschwister und ihre Familie angehören, ihre beherrschende Stellung zu verlieren droht. Mit der erzählten Familiengeschichte, die durch Ereignisse im Dezember 1969 eine tragische Wende nimmt, steht eine Fülle von Themen in Beziehung: die Bedrohung durch die Verwestlichung, die Auseinandersetzung mit dem Kommunismus und die Umweltzerstörung. Arundhati Roy hat erst 2017, 20 Jahre nach dem erfolgreichen Erstling, mit «Das Ministerium des äussersten Glücks» – der Darstellung, wie sich zwei Männer und eine Frau zum politischen Chaos verhalten, das im Indien des späten 20. Jahrhunderts angerichtet wurde – wieder einen Roman geschrieben. Den Erlös des Bestsellers von 1997 und die dadurch erlangte Bekanntheit benutzte sie allerdings im Einsatz für ihre auch in mehreren Essaybänden propagierten politischen Anliegen: den Kampf für die Beendigung des Konflikts mit dem Nachbarland Pakistan und den Bau des Staudamms an der Narmada. Der Einsatz scheint nicht ungehört verhallt zu sein, konnte der Deutschlandfunk doch 2010 eine Sendung titeln mit: «Geliebt, gehasst, gefürchtet: Arundhati Roy». Wie weitsichtig ihr Denken ist, zeigen Sätze, die sie schon 2001 dem «Spiegel» sagte: «Für jeden ‹Terroristen›, der getötet wird, werden Hunderte unschuldiger Menschen getötet. Und an die Stelle von hunter Unschuldigen, die sterben mussten, treten wahrscheinlich ein paar künftige Terroristen.»

Am 12. August 2022 verletzte ein Libanese in Chautauqua NY Salman Rushdie so schwer, dass er seither auf einem Auge blind und teilweise gelähmt ist. Offenbar wollte er das Todesurteil vollziehen, das Ajatollah Chomeini 1989 gegen Rushdie erlassen hatte, weil er in den «Satanischen Versen» eine Verhöhnung Mohammeds sah. Der Roman war nach «Grimus» (1975), der Geschichte eines Indianers, den ein Magier unsterblich, aber unglücklich macht, dem mit dem Booker-Preis geehrten, die Geschichte Indiens mit der bizarren Biographie eines gewissen Saleem Sinai verknüpfenden «Mitternachtskindern» von 1981 und dem die Entwicklung Pakistans pechschwarz zeichnenden Roman «Scham und Schande» von 1983 das 4. Buch des am 19. Juni 1947 in Bombay geborenen und in Cambridge zum Historiker ausgebildeten Autors. «Um wiedergeboren zu werden, musst du erst sterben», lautet der erste Satz des Romans, der auf zwei Inder gemünzt ist, die den Absturz eines Air-India-Jets überleben, danach auf wundersame Weise verwandelt sind und in eine turbulente Beziehung zueinander geraten: den Stimmenimitator Saladin und den Schauspieler Gibril. Während Saladin als illegaler Immigrant verhaftet, im Irrenhaus eine Art Teufelsbesessenheit durchmacht, gesund wird und mit einer Ärztin sein Glück findet, wird Gibril von jenen Träumen heimgesucht, die u.a. die von Chomeini indizierte Darstellung Mohammeds umfassen. Obwohl seit 1989 abgetaucht, ist der weltweit als Fackelträger der Meinungsfreiheit geltende Autor weiter literarisch präsent: Mit der in Kerala spielenden Gewürzhändler-Saga «Des Mauren letzter Seufzer» von 1995, dem Donald Trump karikierenden Roman «Golden House» von 2017 über ein indisches Verbrecherkartell, der 2012 publizierten Autobiographie sowie «Victory City», einem Roman über die mittelalterliche Dichterin Pampa Kampana, die wie Rushdie selbst ein zeitlos gültiges Werk hinterlässt, obwohl sie wegen ihres Einsatzes für Recht und Freiheit geblendet wurde. Was Rushdies eigene Blendung betrifft, wird 2024 übrigens «Knife: Meditations After an Attempted murder», seine Analyse darüber, erscheinen.

Salman Rushdie
*1947
Beitrag Seite 38

Juri Rytchëu
1930–2008
Beitrag Seite 435

Als der Schamane Mietkin dem am 8. März 1930 in Uelen, der Siedlung der tschuktschischen Rentierzüchter an der Beringstrasse geborenen Enkel einen Namen geben wollte, versagte das Orakel und nannte ihn Rytchëu, was «Der Unbekannte» heisst. Zwar wuchs er noch in einer Jaranga, einem Zelt aus Walrosshaut auf, aber es war die Zeit der Sowjetisierung der Polarvölker, und so konnte der junge Tschuktsche eine Schule und ein Lehrerseminar und ab 1948 in Leningrad die Universität besuchen. Da begann er, mit einer Russin verheiratet, auch zu schreiben, und auf die Arbeit an tschuktschischen Schulbüchern folgten eigene Texte, welche die Kultur und die Geschichte der Tschuktschen in einfach erzählten Geschichten spiegelten und zunächst der Sowjetisierung positiv gegenüberstanden, bevor sie nach 1991 den durch die russischen Zwangsmassnahmen herbeigeführten Untergang der ursprünglichen Traditionen betrauerten. «Wenn die Wale fortziehen» erzählte 1977 den tschuktschischen Mythos von der Abstammung des Menschen von der Urmutter Nau und dem Wal Rëu neu. «Traum im Polarnebel» von 1968 ist die Geschichte des Kanadiers John McLennan, der als Schiffbrüchiger in die Welt der Tschuktschen hineinwächst, ein Vorgang, der sich im 2002 erschienenen Roman «Die Reise der Anna Odinzowa» wiederholt, wo die Titelfigur, eine russische Ethnologin, zur Frau eines Tschuktschen und am Ende sogar zur Schamanin wird. Ähnlich auch «Die Suche nach der letzten Zahl» von 1986, die Konfrontation des Polarforschers Amundsen mit den Tschuktschen in den Jahren 1919/20. Der Sowjetisierung kritisch gegenüber steht «Unna» von 2005, die Geschichte eines Tschuktschenmädchens, das zur Verräterin an seinem Volk wird. Erst nach Ritchëus Tod am 14. Mai 2008 in St. Petersburg erschien «Alphabet meines Lebens», die alphabetisch geordnete Summe seines Lebens, die noch einmal alle Themen seines umfangreichen Œuvres bündelt und als Vermächtnis eines Autors gelten kann, der als «Unbekannter» geboren war, aber zu demjenigen wurde, der dem kleinen Volk am Polarkreis einen Platz in der Weltliteratur sicherte.

Noch 1960, zwanzig Jahre nach der Flucht nach Schweden, als sie erstmals wieder deutschen Boden betrat, brach die Angst so stark aus ihr heraus, dass sie für Monate eine Klinik aufsuchen musste. Konsequent wie kein anderes kreist das Werk der am 10. Dezember 1891 als Tochter eines jüdischen Fabrikanten in Berlin geborenen Nelly Sachs um das Entsetzen, das Wörter wie Holocaust oder Auschwitz auslösen. Gefühlvoll-romantisch hatte sie gedichtet, bis das Grauen sich vor ihr auftat. Fünf Tage versagte ihr nach dem Verhör durch die Gestapo die Stimme, und in Schweden, wohin sie dank Selma Lagerlöf 1940 entkam und wo sie bis zu ihrem Tod am 12. Mai 1970 lebte, musste sie ganz neu beginnen, «das Unsägliche in unzulängliche Sprache zu bringen». Der Chassidismus, Martin Buber, Hölderlin, Novalis, die Lyrik des Freundes Paul Celan bildeten den Fundus, von dem sie zehrte und der ihr zu ihrer kompakten, kargen, schmucklosen und doch visionären Sprache verhalf. «Wohnungen des Todes» nannte sie im gleichnamigen, 1943 entstandenen Gedichtband die KZs, deren Terror sie auch im Mysterienspiel «Eli» beschwor, wo ein Hirte die Deportation der Eltern mit seinem Flötenspiel begleitet und mit dem Gewehrkolben erschlagen wird. Mit dem jahrtausendealten jüdischen Leid brachte 1949 der Band «Sternverdunkelung» die im Rauch der Krematorien versinnbildlichte Shoa in Beziehung, «Flucht und Verwandlung» machte 1959 das Verfolgtsein zum Synonym für das Menschsein überhaupt, während die späten Verse in «Glühende Rätsel» (1964) oder «Teile dich Nacht» (1971) die Beschwörung der traumatischen Erfahrungen und Erinnerungen bis an den Rand der Sprachlosigkeit trieben. Hass mischte sich nie in die Trauer dieser Dichterin, die 1966 zusammen mit Samuel Agnon den Nobelpreis erhielt. Eine Auszeichnung, die sie, obwohl längst in Schweden integriert, auf deutsch verdankte. Vergessen aber konnte sie angesichts des unwiderruflichen Risses, den der Holocaust für sie bedeutete, nie. «Wir drücken eure Hand», endet ihr «Chor der Geretteten». «Wir erkennen euer Auge. / Aber zusammen hält uns nur noch der Abschied, / Der Abschied im Staub / Hält uns mit euch zusammen.»

Nelly Sachs
1891–1970
Beitrag Seite 214

Antoine de Saint-Exupéry
1900–1944
Beitrag Seite 199

«Man sieht nur mit den Augen des Herzens in der richtigen Weise», ist die Quintessenz des Märchens vom «Kleinen Prinzen», dem der Flieger Antoine de Saint-Exupéry in der Wüste begegnet sein will und der der Logik der Erwachsenen eine Weltsicht entgegenstellt, die auf eine Aufhebung der Einsamkeit hinausläuft. Als das Buch 1943 in New York mit Zeichnungen des Verfassers erschien, hatte der Pilot und Schriftsteller, der am 3. Juli 1944 von einem Flug über das Mittelmeer nicht mehr nach Korsika zurückkehren sollte, bereits sein ganzes abenteuerliches Leben hinter sich. Am 29. Juni 1900 in Lyon geboren, entdeckte der Architekturstudent nach einer Kindheit auf den väterlichen Schlössern 1921 als Rekrut seine Leidenschaft für das Fliegen. 1927 pilotierte er die durch den Erstling «Courrier sud» berühmt gewordenen Postflüge in Nordafrika. Ab 1929 stand er im Dienst der Aeroposta Argentina, lernte da seine zweite Frau Consuelo kennen und beschrieb die Abenteuer in «Vol de nuit». Ab 1934 flog er für die Air France, war Reporter im Spanischen Bürgerkrieg und stürzte bei Wettflügen mehrfach ab. So 1938 auch in Guatemala, wo er knapp dem Tode entkam und über die turbulenten Erlebnisse das Buch mit dem Titel «Terre des Hommes» schrieb. Im Zweiten Weltkrieg war er zunächst Aufklärungsflieger für Frankreich – literarische Frucht: «Pilote de guerre» – und lebte dann in Amerika, wo er aus Sehnsucht nach der Wüste «Le petit Prince» schrieb. Im Sommer 1943 kehrte er nach Nordafrika zurück, flog für die US-Luftwaffe, erhielt nach einem Unfall aber Flugverbot und arbeitete an seinem letzten Roman «Citadelle». Auf beharrliches Drängen gestand man ihm dann doch wieder fünf Flüge zu, er aber nahm sich zehn heraus, unter ihnen den letzten, von dem er nicht zurückkehrte. So dass der Dichter, der das Fliegen zum Mythos machte, kein Grab in der Erde fand. Schon in «Courrier sud» aber liess er 1929 den Erzähler am Sarg eines toten Piloten sagen: «Als du hinabflogst nach dem Süden, da lösten sich alle Taue, die dich hielten: Ein Luftgeist warst du schon.»

«Wenn mir die Kirche sagte, ich hätte nur ein Auge, dann würde ich dem zustimmen und daran glauben. Zwar weiss ich sicher, dass ich zwei Augen besitze, doch noch sicherer weiss ich, dass die Kirche nicht irren kann.» Ein Spanier sagt das im 16. Jahrhundert in Jewgeni I. Samjatins Drama «Die Feuer des hl. Dominikus», aber 1922, als es in St. Petersburg erschien, lasen die Russen unweigerlich Partei statt Inquisition und bezogen die Aussage auf den Gesinnungsterror in der UdSSR. Weil der Roman «My»/«Wir» erst 1927 (drastisch gekürzt) bzw. 1952 (integral) erscheinen sollte, konnte das Publikum nicht wissen, dass Samjatin die Parteidiktatur schon 1920 noch viel konsequenter ad absurdum geführt hatte: in den Notizen des Ingenieurs D-503, der in einem totalitären Staat der Zukunft eugenisch behandelt wird, weil er an den Krankheiten «Seele» und «Phantasie» leidet und sich gegen die Wiederwahl des Wohltäters stellt. Völlig «geheilt», berichtet er zuletzt teilnahmslos von der Tötung seiner ebenso renitenten Geliebten I-330, die an Entropie und Energie glaubt und verurteilt wird, weil der operierte D-503 sie gegen seinen eigentlichen Willen verraten hat. Samjatin, am 1. Februar 1884 in Lebedjan im Gouvernement Tambow geboren, am 10. März 1937 in Paris gestorben, schrieb nicht nur die von Aldous Huxley und George Orwell mit antikapitalistischer Stossrichtung adaptierte Utopie «My». In der Satire «Die Insulaner», 1916 in England verfasst, wischte er auch der prüd-verlogenen britischen Gesellschaft eins aus, während er mit der vielgespielten Komödie «Der Floh» 1925 auf witzig-originelle Weise das russische Volkstheater erneuerte. 1931 erhielt Samjatin, der bereits 1921, in der Novelle «Die Höhle», das Leben im Kommunismus als Rückfall in eine vorzivilisatorische Höhlenexistenz denunziert hatte, die Erlaubnis zur Ausreise nach Paris. Auf Fürbitten Gorkis und auf Grund eines Briefes an Stalin, in dem es geheissen hatte: «Ich weiss, dass ich die unangenehme Gewohnheit habe, nicht das zu sagen, was im gegebenen Augenblick von Vorteil ist, sondern das, was ich für die Wahrheit halte.»

Jewgeni I. Samjatin
1884–1937
Beitrag Seite 63

Nathalie Sarraute
1900–1999
Beitrag Seite 452

Als sie ihr das «Portrait d'un inconnu» schenkt, liest die Mutter, die in Russland eine erfolgreiche Autorin war, gerade mal das Vorwort, und das stammt von Sartre. Denn Nathalie Sarraute schreibt, was Sartre «Antiroman» nennt: einen Roman, der im Begriff steht, «über sich selbst nachzudenken», aufgespalten in Texte ohne roten Faden, ohne Erzähler-Ich, Evokationen jener flüchtigen, der «sous-conversation» zugehörigen «Tropismes», die 1939 ihrem Erstling den Titel gaben. Aber «Portrait d'un inconnu» wird 1948 trotz Sartre nur vierhundertmal verkauft. «Entdeckt» wird «die» Sarraute erst 1957, als die «Tropismes» zugleich mit Robbe-Grillets «Jalousie» neu erscheinen und sie zu einer Vorläuferin des *«nouveau roman»* erklärt wird, mit dem sie eigentlich bloss die Ablehnung jeder literarischer Tradition teilt. Wie eigenständig sie ist, bestätigt sich 1963 in «Les fruits d'or», wo dem Erzählen eine neue, oszillierende, von jeder Erinnerung befreite Wirklichkeit erschlossen, aber auch die Leerformeln der zeitgenössischen intellektuellen Kommunikation entlarvt werden. Und vor allem in «Enfance» (1983), wo die Evokation der schmerzlichen russischen Kindheitserfahrungen einzig den Zweck hat, das für die Autorin so wichtige spontane Empfinden bei seinen Ursprüngen aufzuspüren. Autobiographisch im landläufigen Sinn aber ist «Enfance» ebenso wenig wie all ihre andern Bücher: die Passion eines Kontaktgestörten in «Martereau» von 1953, die erbarmungslose Sezierung einer Familienbeziehung in «Le planétarium» von 1959 oder die abgründige Demaskierung der menschlichen Dummheit in «Disent les imbéciles» von 1976. Nirgends thematisiert sie die Flucht aus Russland, nirgends die schlimme Zeit, die sie als Jüdin im besetzten Frankreich unter falschem Namen als Lehrerin ihrer Kinder verlebte. Nicht einmal das Geburtsjahr der am 19. Oktober 1999 verstorbenen Schöpferin von zukunftsträchtigen neuen Erzählmöglichkeiten ist zweifelsfrei bekannt, aber vielleicht ist sie ja wirklich am 18. Juli 1902 – und nicht zwei Jahre früher – im russischen Iwanowo zur Welt gekommen …

Mit dem fiktiven Tagebuch «La Nausée», in dem ein Historiker über den Ekel vor sich selbst, den Dingen und den Menschen zur Erkenntnis gelangt, dass der Mensch zur Freiheit verurteilt sei und den Lebenssinn durch eigene Taten bestimmen müsse, begründete der am 21. Juni 1905 in Paris geborene und am 15. April 1980 ebenda verstorbene Jean-Paul Sartre, damals Lehrer am Pariser Pasteur-Gymnasium, 1938 in der Nachfolge von Kierkegaard und Heidegger den französischen Existenzialismus, für den er 1943 mit «L'être et le néant» ein zentrales Grundlagenwerk schuf. 1943 erschien mit «Les mouches» auch das erste jener Dramen, mit denen sein Denken das intellektuelle Frankreich bis hin zu einer bestimmten Lebensweise stärker als die theoretischen Abhandlungen prägte. In die Antike verlegt, wurde der in den «Fliegen» evozierte, die Freiheit des Individuums sanktionierende Tyrannenmord nicht zuletzt als Widerstand gegen die deutschen Besatzer verstanden. Wortwörtlich galt das für «Morts sans sépulture» von 1946, wo Widerstandskämpfer aus Überzeugung in den Tod gehen. In «Le diable et le bon Dieu» von 1951 wird ein Gläubiger zum Existenzialisten, während in «Les séquestrés d'Altona» von 1959 die Frage der Mitschuld von Mitläufern in der Nazizeit aufgeworfen wird. Bereits in «Huis clos» von 1944, wo der Versuch, zur Freiheit zu gelangen, andere in ihrer Freiheit einschränkt – «Die Hölle, das sind die anderen» –, hatte Sartre sich dem Kollektivismus im Sinne des Kommunismus angenähert, zu dem er sich im Unterschied zu Albert Camus, der Faschismus und Kommunismus gleicherweise verurteilte, bis zu seiner Distanzierung nach der Niederschlagung des Prager Frühlings von 1968 auch explizit bekannte. Schon 1964, in den meisterlichen Kindheitserinnerungen «Les mots», hatte Sartre im Unterschied zu seiner gesellschaftlich stärker engagierten Lebenspartnerin Simone de Beauvoir aber auch resigniert von der politischen Wirkungslosigkeit von Literatur gesprochen, was ihn nicht zuletzt auch dazu bewegte, den ihn im gleichen Jahr zuerkannten Literaturnobelpreis abzulehnen.

Jean-Paul Sartre
1905–1980
Beitrag Seite 201

Jorge Semprún
1923–2011
Beitrag Seite 144

Nicht mal mit der berüchtigten Badewannentortur bringt die Gestapo 1943 in Auxerre Georges Sorel dazu, die Résistance-Gefährten zu verraten. Als Häftling 44904 kommt er nach Buchenwald, das er nur überlebt, weil ein deutscher Kommunist Stukkateur statt Student in die Kartei einträgt und wo er sich angesichts des «absolut Bösen» vornimmt, «gegen das Vergessen dieser Vergangenheit zu schreiben. Denn die Toten brauchen keine Fahne mehr, aber einen reinen brüderlichen Blick und unser Gedenken». Als er nach der Befreiung daran geht, das Erlebte in Worte zu fassen, gerät er jedoch an den Rand des Suizids und beschliesst 1946 in Ascona, «statt die mörderische Sprache des Schreibens das raue Schweigen des Lebens» zu wählen. Erst 12 Jahre später, als er erneut einem Maquis angehört und unter dem Namen Federico Sanchez die kommunistische Untergrundorganisation gegen Franco führt, fällt ihm das Schreiben ganz plötzlich zu. Als die Guardia Civil vor der Tür steht und er sein Madrider Versteck tagelang nicht verlassen kann, schreibt er in einem Zug den Roman «Le grand voyage» nieder. Er schildert den Transport nach Buchenwald, aber auch, was vorher und nachher geschah: die Flucht aus Spanien mit 13 Jahren, das Studium, den Kampf gegen Franco. Als «Die grosse Reise» 1963 erscheint, ist der Autor eben als angeblicher CIA-Agent aus der KP eliminiert worden und gibt die wahre Identität preis: Jorge Semprún, geboren am 10. Dezember 1923 in Madrid. Von da an gilt das ganze Engagement des am 7. Juni 2011 in Paris verstorbenen Autors dem Schreiben gegen das Vergessen. In den erschütternden KZ-Romanen «Was für ein schöner Sonntag» (1980) und «Der Tote mit meinem Namen» (2002), in der Autobiographie «Schreiben oder Leben», die ihm 1994 den Friedenspreis des deutschen Buchhandels einträgt, und in Büchern wie «Der zweite Tod des Ramón Mercader» (1969), «Algarabia» (1981) und «Der Weisse Berg» (1986), die seine Erfahrungen als militanter Antifaschist und seine Trauer über das Scheitern der kommunistischen Utopie zum Ausdruck bringen.

«Marx machte mich zum Sozialisten und bewahrte mich davor, Literat zu werden.» Mit beidem hat George Bernard Shaw, der am 26. Juli 1856 in Dublin geborene und am 2. November 1950 im britischen Ayot Saint Lawrence gestorbene Sohn eines Alkoholikers und einer Sängerin, nur halb recht: sein Sozialismus war idealistisch und human, erlaubte ihm aber auch, eine Zeitlang für Hitler und Mussolini zu schwärmen, ein Literat aber war der äusserst produktive Autor nur im Sinne eines langweiligen Traditionalisten nicht. Er war ein glanzvoller Satiriker, ein von Ibsen herkommender, dessen Analyse-Technik aber überwindender Dramatiker, der nicht nur die Formen sprengte, sondern auch die Inhalte eigenwillig umdeutete. So macht er in «Caesar and Cleopatra» (1899) eine kindlich-kokette Pharaonin zu einem willfährigen Subjekt in den Händen eines genialen, aber illusionslosen römischen Feldherrn, lässt er Jeanne d'Arc in «Saint Joan» (1923) als Vorreiterin einer neuen Zeit auftreten, die 25 Jahre nach ihrem Tod erleben kann, dass ihre Mörder ihr Verhalten bedauern, während in «Back to Methuselah» 1921 Adam und Eva sich im Paradies grässlich langweilen und die von der Schlange ermöglichte Sexualität begeistert begrüssen. Die Karikierung der besseren englischen Gesellschaft und der genuin britische Humor machen «Pygmalion» zu Shaws beliebtestem Stück. Die Geschichte des Linguisten Professor Higgins, der aus dem Blumenmädchen Eliza Doolittle eine Herzogin machen will, indem er ihm den Akzent der Londoner High Society beibringt, ist so voller wunderbarer Situationskomik, dass der trottelhafte Professor und das natürliche, aber kluge Versuchsobjekt das Publikum immer wieder neu begeistern: in der Komödie von 1913 wie im Musical «My Fair Lady» von 1956, mit dem Frederick Loewe (Musik) und Alan J. Lerner (Drehbuch) dem Nobelpreisträger von 1925 eine späte, allerdings etwas popularisierte Hommage darbrachten: anders als bei Shaw entwickelt sich da aus dem Sprachexperiment zwischen Higgins und Eliza eine Liebesgeschichte.

George Bernard Shaw
1856–1950
Beitrag Seite 161

Frans Eemil Sillanpää
1888–1964
Beitrag Seite 194

«Der Preis gilt mir und Finnland zu gleichen Teilen», erklärte Frans Eemil Sillanpää, als ihm am 9. November 1939 der Literaturnobelpreis zugesprochen wurde – 21 Tage bevor Wirklichkeit wurde, was die Welt in jenen Wochen befürchtet hatte und Russland den sogenannten Winterkrieg gegen das kleine Nachbarland eröffnete. Das Werk des am 16. September 1888 in Kierikkala geborenen und am 16. September 1964 in Helsinki verstorbenen Bauernsohns, der Biologie studiert hatte und der Naturphilosophie Ernst Haeckels nahestand, war mit seinen Landschaftsschilderungen und seinen Geschichten von Bauern, Mägden und Knechten denn auch bestens geeignet, dem Publikum das vom Tourismus noch kaum berührte Finnland nahezubringen. «Sonne des Lebens», der Erstlingsroman von 1916, evoziert stimmungsvoll einen Nordlandsommer und die Geschichte des jungen Elias, der sich zwischen dem Bauernmädchen Lyyli und der raffinierten Städterin Olga entscheiden muss. Der früh verwaiste Juha Toivola in «Das fromme Elend» von 1919 zieht das Leben als armer Kätner der Fabrikarbeit vor, wird aber immer wieder von Unglück heimgesucht und zuletzt eines Mordes wegen hingerichtet, mit dem er nichts zu tun hatte. «Silja die Magd» von 1931 vermittelt in der Darstellung der Bauerntochter Silja, die sich als Magd verdingen muss und in die Wirren des finnischen Bürgerkriegs hineingerät, ehe sie als Hausmädchen eines Professors der Liebe ihres Lebens begegnet, aber der Tuberkulose erliegt, bevor es zum Happy-End kommt, nicht nur ein geglücktes Beispiel von Sillanpääs Kunst der Charaktergestaltung, sondern auch von seiner Fähigkeit, geschichtliche Ereignisse zu veranschaulichen. Zunächst in Deutschland begeistert aufgenommen, verboten die Nazis seine Bücher, nachdem er sich 1939 in einem «Weihnachtsbrief an die Diktatoren» gegen Hitler, Mussolini und Stalin gewandt hatte. Nach einer schweren seelischen Krise in den Jahren 1940/41 erreichte Sillanpää, der zweimal verheiratet und Vater von acht Kindern war, das Niveau der Vorkriegszeit nur noch in seltenen geglückten Passagen.

Zu den vergeblichen Versuchen, Hitlers Armeen in Belgien zu stoppen, gehört ein Angriff der 4. Kavalleriedivision der 9. Französischen Armee, deren berittene Schwadronen im Mai 1940 von den deutschen Panzern gnadenlos niedergemäht wurden. Einer der wenigen, die überlebten, war der 27jährige Claude Simon, der in deutsche Gefangenschaft geriet, aber freikam, weil er, am 10. Oktober 1913 in Tananarivo als Sohn eines französischen Offiziers geboren, angab, madagassischer Herkunft zu sein. Eine Szene aber blieb ihm von jener Schlacht unvergesslich in Erinnerung: wie sein Oberst, hoch zu Ross, den Degen gezückt, auf der Strasse nach Flandern tot zusammenbrach.

Claude Simon
1913–2005
Beitrag Seite 411

1960, in «La Route des Flandres», hat Simon – mit Büchern wie «Vent» (1957) und «L'Herbe» (1958) längst ein führender Vertreter des *nouveau roman* – sie wieder aufgegriffen. Rittmeister de Reixach, von seiner Frau Corinne mit einem Jockey betrogen, begeht, indem er sich absichtlich den deutschen Gewehren aussetzt, aus Verachtung und Enttäuschung Selbstmord. Seine Geschichte und die aller übriger Beteiligter ist aber nicht linear erzählt, sondern unter stilistischer Umsetzung der zertrümmernden Wirkung des Krieges nach Art des *nouveau roman* in unzählige, nur assoziativ verbundene Momente zerschlagen. Nicht anders, als wie das auch in Simons anderen Werken der Fall ist: in «Le Palace» von 1962, wo der Spanische Bürgerkrieg thematisiert ist, in «Histoire» von 1967, einer labyrinthischen Evokation der individuellen und kollektiven Geschichte anhand alter Postkarten, oder in «L'Acacia» von 1989, wo es ihm gerade seine scheinbar gebrochene Schreibweise ermöglicht, eine bewegende Totenklage für die Opfer des mörderischen Gemetzels der beiden Weltkriege zu schaffen. Claude Simon, der am 6. Juli 2005 in Paris starb, zählt zu den Autoren, die mit ihrer Modernität nicht nur die Werke der Zeitgenossen, sondern auch die vieler Nachgeborener alt aussehen lassen. Dafür aber nahm er es, wie er am 1985 in seiner Nobelpreisrede erklärte, in Kauf, dass eine Mehrzahl der Leser seine Bücher als «schwirig, langweilig, unlesbar oder wirr» ansehe.

Zadie Smith
*1975
Beitrag Seite 22

Mit dem 650seitigen Roman-Erstling «White Teeth» («Zähne zeigen») avancierte die am 25. Oktober 1975 in London geborene Zadie Smith, Tochter einer Jamaikanerin und eines weissen Briten, 2000 zum Shooting-Star der englischen Literatur. Kaum je war das multikulturelle London so gekonnt, variantenreich und gleichwohl satirisch-unterhaltsam dargestellt worden wie in diesem Buch, das in den 1970er Jahren im Londoner Stadtteil Willesden spielt und die Familien des Briten Archibald Jones, des aus Bangladesh stammenden Samad Iqal und des Juden Marcus Chalfen über zwei Generationen hinweg miteinander in Beziehung setzt. Was, ironisiert durch eine auktoriale Erzählinstanz, der für die multikulturelle Gesellschaft begeisterten Autorin Gelegenheit gibt, Themen wie Rassismus, Immigration oder die Suche nach Identität auf glaubwürdige Weise vorzuführen. Auch «On Beauty», ihr dritter Roman von 2005, handelt von zwei unterschiedlichen Familien, spielt nun aber nicht mehr in London, sondern in der fiktiven amerikanischen Universitätsstadt Wellington. Wobei der Familie des multiethnisch orientierten, seinen Wurzeln entfremdeten Kunsthistorikers Howard Belsey jene des streng christlichen, konservativ orientierten Kollegen Montgomery Kipps gegenübersteht, der zu einem Gastsemester nach Wellington kommt. Geht es in diesem Roman um die Überwindung von Schranken zwischen Menschen verschiedener Herkunft und Lebensauffassung, bildet der 2012 erschienene, wiederum in London spielende und nach dem entsprechenden Stadtteil «London NW» betitelte Roman in bunter Vielfalt das urbane Leben unter Menschen der verschiedensten Herkunft und Ethnie ab, ohne dass diesen Elementen wie in den früheren Romanen eine entscheidende Rolle zugebilligt würde. Nur am Rand ist das Multikulturelle in Zadie Smith' Roman «The Fraud» von 2023 noch thematisiert. Der sich in hitzigen Debatten im Salon des Dichters Ainsworth entwickelnde, aus der Optik der Gouvernante Eliza Touchet erzählte Roman gilt in der Causa des 1874 zu Fall gekommenen Milliardärs Arthur Orton einem Hochstapler, der mit seinem Populismus nur allzu deutlich an Donald Trump erinnert.

«Wenn man das Wort ‹feig› in den Mund nimmt, dann sollte man es besser auf jene anwenden, die Vergeltungsschläge aus dem Himmel ausführen, und nicht auf die, die bereit sind, selbst zu sterben, um andere zu töten.» Das waren, unmittelbar nach dem 11. September 2001, starke Worte, und sie katapultierten Susan Sontag in die erste Reihe der Gegner von George Bushs Antiterrorpolitik. Am 16. Januar 1933 als Susan Lee Rosenblatt in New York geboren, hatte sie sich mit 15 in Berkeley immatrikuliert, war mit 17 die Frau des Soziologen Philip Rieff und mit 19 die Mutter von dessen Sohn David geworden und hatte nach der Scheidung in Paris die Frauenliebe für sich entdeckt, die sie zuletzt mit der Photographin Annie Leibowitz verbinden sollte. Anders, als sie es sich wünschte – «Ich bin Schriftstellerin, alles andere ist ein Missverständnis» –, machte Susan Sontag nicht mit ihren Romanen «Der Wohltäter» (1963), «Der Liebhaber des Vulkans» (1989) und «In Amerika» (2000), sondern mit Essays Karriere. Mit «Notes on Camp» begründete sie 1984 die Mode, Thrash ironisch-distanziert als Kultur aufzufassen. In «Against Interpretation» postulierte sie 1966, dass Form und Inhalt – und nicht pompöse akademische Interpretationen – die Bedeutung eines Kunstwerks ausmachten, während «On Photography» 1973 die Photografie zum wichtigsten Medium der Zeit erklärte. 1978, in «Illness as Metaphor», diskreditierte sie, eben selbst von der Krankheit geheilt, die Schuldmetaphorik, die den Krebs zum Inbegriff des Bösen und zur tödlichen Fälle macht. 1998 besiegte sie die Krankheit erneut, und auch 2004, als sie an Leukämie erkrankte, weigerte sie sich, dem Tod in die Augen zu sehn. Aber diesmal war er stärker, und auf den Bildern, die Annie Leibowitz von ihr machte, sind aus dem berühmten pechschwarzen Haar mit der weissen Strähne ein paar armselige weisse Büschel geworden. Sie starb am 28. Dezember 2004 in New York, und ihr Grabspruch auf dem Pariser Friedhof Montparnasse bezeugt mit einem Baudelaire-Zitat noch ein letztes trotziges Aufbegehren der couragierten Amerikanerin: «Je t'aime ô capitale infâme!» / «Ich liebe dich, o niederträchtige Hauptstadt!»

Susan Sontag
1933–2004
Beitrag Seite 239

Wole Soyinka
*1934
Beitrag Seite 81

Kaum ein Autor hat seine Lebensgeschichte ausführlicher dargestellt als der Literaturnobelpreisträger von 1986, der am 13. Juli 1934 im nigerianischen Abeokuta als Sohn eines Lehrers geborene Wole Soyinka. Schilderte «Aké» 1981 seine Kindheit in der Missionsstation dieses Namens, untersuchte «Isara» 1989 am Beispiel seines Vaters, womit sich ein Yoruba in der Kolonialzeit in den politischen Diskurs einbringen konnte, während «Ibadan» 1994 seine Studienzeit in dieser Stadt beschrieb. Soyinka, der in England studierte, Dramaturg in London war, ehe er Professor für vergleichende Literaturwissenschaft in Lagos und – während seines amerikanischen Exils – in Atlanta und Nevada wurde, um schliesslich an die Universität Johannesburg berufen zu werden, hat ausser dieser Trilogie weitere Romane wie «The Interpreters» von 1965 – junge Nigerianer im Zwiespalt zwischen europäischer Bildung und afrikanischer Tradition – oder «Season of anomy» von 1973 vorgelegt, wo die Massaker in Biafra in einen Bezug zum Orpheus-Mythos erscheinen. Als Dramatiker war er aber auch Vorreiter des nachkolonialen afrikanischen Theaters. So mit «The Lion and the Jewel» von 1963, einer Komödie um die Nigerianerin Sidi, die das Juwel ihrer jugendlichen Schönheit lieber dem alten, aber ungebrochenen «Löwen» Baroka als dem flatterhaften jungen Lehrer Lakunle schenkt. Oder «Death and the King's Horseman» von 1976, ein Drama um den rituellen Selbstmord, den der Reitergeneral des Yoruba-Königs von Oyo nach dem Tod des Herrschers zu vollziehen hatte. Obwohl Soyinka als Dramatiker an Aristophanes anknüpfte und gekonnt die afrikanische Geschichte thematisierte, unterliess er es doch nie, zu aktuellen Themen Stellung zu beziehen und sich gegen diktatorische Tendenzen auszusprechen. Ja er nahm es 1967/68 sogar in Kauf, für seinen Widerstand gegen die Biafra-Politik des nigerianischen Diktators Yakubu Dan-Yumma Gowon 22 Monat Einzelhaft abzusitzen, und liess sich davon zu seinem erschütterndsten Text inspirieren: den Gefängnis-Notizen «The Man Died» von 1972.

«Ich lese ihn nicht, um ihn zu lesen, sondern um an seiner Brust zu liegen», hat Kafka von Strindberg gesagt, und in der Tat musste ihn ein Werk wie die am 21. Januar 1908 in Stockholm uraufgeführte «Gespenstersonate» in ihrer grotesken Modernität förmlich elektrisieren. Reale Gestalten und Gespenster zugleich, rechnet eine Familie mit der Vergangenheit ab und wird das Gewesene so alptraumhaft gegenwärtig, dass das Künftige chancenlos ist. Und dies, obwohl nur die Spitze des Eisbergs sichtbar ist und die jüngste Figur, der Student, einmal sagt: «Manchmal kommt eine rasende Begierde über mich, alles auszusprechen, was ich denke. Aber ich weiss, dass die Welt zusammenbrechen würde, wenn man aufrichtig wäre.» Nicht zuletzt an jenem Unglück mit den Frauen leidet Kafka, das auch Strindberg lebenslang quälte. Und nennt der sterbenden Geliebten gegenüber als Grund dafür: «Weil du krank bist im Ursprung des Lebens.» Am 22. Januar 1849 als Sohn eines Reeders in Stockholm geboren und nach Versuchen in Philosophie, Medizin und Journalismus 1879 mit «Das rote Zimmer» als Autor berühmt geworden, verkörpert August Strindberg mit seinen 60 Dramen, 10 Romanen und 10 Erzählbänden die Euphorie und die Depression seines Jahrhunderts, schrieb aber immer aus eigenem Erleben heraus. Mit Siri von Essen, Frida Uhl und Harriet Bosse je längere oder kürzere Zeit unglücklich verheiratet, war er keineswegs der Frauenfeind, für den ihn viele hielten, sondern rang leidenschaftlich mit der weiblichen Seele um Verständnis, Hingabe und Liebe. «Der Vater», «Fräulein Julie», «Totentanz» sind Zeugnisse dieses Ringens, obwohl sie als Schlüsselwerke von Naturalismus und Expressionismus zugleich Theatergeschichte geschrieben haben. Leben und Werk sind untrennbar, und gerade mit seinen offen bekannten psychischen Leiden wurde Strindberg, wie Ludwig Marcuse es formulierte, zur «personifizierten Summe aller Zeiterscheinungen». «Jetzt ist alles Persönliche vorüber», waren am 14. Mai 1912 Strindbergs letzte Worte und der Beginn eines Nachruhms, der noch immer nicht museal wirkt, sondern als eine niemals zu tilgende Provokation weiter für Unruhe sorgt.

August Strindberg
1849–1912
Beitrag Seite 322

Wisława Szymborska
1923–2012
Beitrag Seite 100

«Zwölf Zuhörer sind im Saal, / Zeit anzufangen. / Die Hälfte ist da, weil es regnet, / der Rest sind Verwandte», beginnt das Gedicht «Autorenabend» der am 2. Juli 1923 im polnischen Prowent geborenen und am 1. Februar 2012 verstorbenen Wisława Szymborska. Ein Gedicht, das vor dem entstand, was sie humorvoll-sarkastisch «die Nobel-Tragödie» zu nennen pflegte. Als es sich noch nicht herumgesprochen hatte, dass sie nach ihren noch brav die Forderungen des sozialistischen Realismus erfüllenden frühen Gedichtbänden «Darum leben wir» und «Fragen an mich selbst» von 1952 und 1954 im Zuge der osteuropäischen Tauwetter-Periode in Bänden wie «Anrufung des Yeti» (1957), «Hundert Freuden» (1967), «Die grosse Zahl» (1976) oder «Ende und Anfang» (1993) – immer auch ins Deutsche übersetzt von Karl Dedecius – zu jener unverwechselbar eigenen Schreibweise fand, die eine sprachlich virtuose, aber leicht verständliche, traumhaft sichere Schreibweise mit einer durch nichts eingeschränkten thematischen Breite verband. Die Bibel, Polen im Zweiten Weltkrieg, die persönlichen Erlebnisse als Studentin im Nachkriegspolen, das Engagement für die Ziele der Solidarność-Bewegung, die Liebe und die Emanzipation der Frauen: alles ist da wiederzufinden und hat zur Folge, dass ihr unzählige Gedichte umfassendes Œuvre die Geschichte Polens in den letzten 100 Jahren derart glaubwürdig spiegelt, dass der Titel «Nationaldichterin», den man ihr nach der Verleihung des Nobelpreises im Jahre 1996 zuerkannte, mehr als ein nationalistisches Etikett ist. Leere Säle fand sie jedenfalls nun keine mehr vor, und weit über Polen hinaus wurden ihre Gedichte begeistert aufgenommen. Etwa wenn sie von Tieren handeln wie im «Monolog eines ins Zeitgeschehen verwickelten Hundes», in den eine Szene aus der deutschen Besetzung Polens hineinverwoben ist, oder in «Kot w pustym mieszkaniu» / «Katze in der leeren Wohnung», womit sie 1990 den Tod ihres Lebensgefährten Kornel Filipowicz betrauerte: «Sterben – das tut man einer Katze nicht an, / Denn was soll die Katze / in einer leeren Wohnung.»

Der Untergang des europäischen Humanismus fand in Novi Sad an der Donau, in der Hauptstadt der serbischen Wojwodina, statt, und beschrieben hat ihn der Serbe Aleksandar Tišma in der von ihm analog zu den fünf Büchern Mose' «Pentateuch» genannten Quintologie der in eben diesem Novi Sad situierten Romane «Der Gebrauch des Menschen», «Die Schule der Gottlosigkeit», «Blam», «Kapo» und «Treue und Verrat». Mit dem harmonischen Zusammenleben von Serben, Ungaren, Juden und Deutschen war die Stadt ein Abbild des liberalen, aufgeklärten, friedlichen Europa gewesen, bis die ungarischen Faschisten im Januar 1942 den schönen Traum in einem entsetzlichen Blutbad enden liessen.

Aleksandar Tišma
1924–2003
Beitrag Seite 67

«Wenn sich in der Literatur jemand nicht an seine innere Wahrheit hält, ist er verloren», hat Tišma im Juni 2000, zweieinhalb Jahre vor seinem Tod am 16. Februar 2003, dem Schreibenden gesagt. Und hat sich ein Leben lang daran gehalten. In den frühen Tagebüchern, die erst nach seinem Tod herauskamen und wo er sich 1942 unbeschönigt als sexgierigen Dandy inmitten des Holocaust beschrieb. Aber auch später, im «Pentateuch», den er nicht hätte schreiben können, wenn nicht das Trauma des unverdient Überlebenden ihn getrieben hätte. «Wäre es nicht die redlichere und glücklichere Lösung gewesen, in die Reihen derjenigen zu treten, die untergingen», heisst es 1948 im Journal, und Tišma ist nur deshalb in der Lage, das ganze Spektrum des Schrecklichen aufzurollen und Opfern wie Tätern gerecht zu werden, weil er nicht nur die Wut, sondern auch die Scham und die Schande nachzuempfinden vermag. Zum Weltautor aber ist der am 16. Januar 1924 im jugoslawischen Horgos geborene Sohn eines christlichen Serben und einer ungarischen Jüdin, der nach Arbeitslager und Armee als Lektor und Journalist arbeitete, nicht des Themas wegen, sondern darum geworden, weil er unter Nutzung aller künstlerischen Möglichkeiten nicht nur dem Dunkel-Tragischen, sondern auch der Sinnlichkeit, ja bisweilen dem Humor, Raum zu geben wusste.

Olga Tokarczuk
*1962
Beitrag Seite 484

«Aus der Psychologie sollte eine Disziplin entstehen, die zu verstehen sucht, was die Geistigkeit der Seele ist.» Sie hat Psychologie studiert und als Psychotherapeutin gearbeitet, die am 29. Januar 1962 in Sulechów bei Zielona Góra geborene Olga Tokarczuk, die 2019 den Nobelpreis für das Jahr 2018 erhielt. Zu jener «Disziplin auf der Suche nach der Geistigkeit der Seele» aber hat sie, auch wenn Disziplin für ihre überbordende Erzählfreude das falsche Wort ist, ihr literarisches Werk gemacht. Nach dem spirituellen Sinn des Daseins suchten schon die zwei Liebenden in «Die Reise der Buchmenschen», ihrem Romandebüt von 1993, den Höhepunkt der Sinnsuche aber bedeuteten nach sechs Jahren intensivster Arbeit 2019 «Die Jakobsbrüder», die Geschichte des jüdischen Mystikers Jakob Frank (1726–1791), der vom umjubelten neuen Messias zum Scharlatan wird und in dessen Schatten die grossartige Figur der Jenta steht, Jakobs Grossmutter, die das 1000seitige Buch innerlich zusammenhält und jene Zärtlichkeit verkörpert, von der die Verfasserin in ihrer Nobelpreisrede sprach: die liebende Zuwendung «gegenüber jedem Wesen, das wir nicht selber sind». Olga Tokarczuk hat weitere lesenswerte Bücher vorgelegt: «Ur und andere Zeiten» von 2000, die Geschichte der Familie Niebienski, die zugleich die Geschichte Polens ist; «Letzte Geschichten» von 2006, ein von Polen nach Südostasien führender Generationenroman; «Unrast» von 2009, die Schilderung von Pilgerreisen unterschiedlichster Figuren an viele Orte der Welt, und schliesslich «Empulsion» von 2022, eine «heilkundliche Schauergeschichte» unter frauenfeindlichen Männern und männermordenden Waldhexen, die Thomas Manns «Zauberberg» ins polnische Sanatoriumsstädtchen Görbersdorf verlegt und zumindest mit ihrer abgründigen Phantastik punktet. Olga Tokarczuks weltweit anerkannte Meisterleistung aber bleiben die «Jakobsbrüder», die Polen als Geschichtsklitterung anprangerte und unter deren Titel sie schrieb: «Den Klugen zum Gedächtnis, den Landsleuten zur Besinnung, den Laien zur erbaulichen Lehre, den Melancholikern zur Zerstreuung».

Mit «Krieg und Frieden», dem monumentalen Gesellschafts- und Sittenbild des russischen Adels zwischen 1805 und 1812 – in stupender Anschaulichkeit und Fülle um die Familien Bolkónski und Rostów gruppiert und den in ihrer ganzen Schrecklichkeit geschilderten Schlachten von Austerlitz und Borodino gegenübergestellt – publizierte der am 9. September 1828 in Jasnaja Poljana geborene und am 20. November 1910 in Astapowo gestorbene Leo Tolstoj 1869 das ultimative Romanepos der napoleonischen Epoche. 1878 folgte, ebenso grossartig, «Anna Karenina», der um 1870 spielende Roman um die unglücklich verheiratete Titelfigur, die sich in den leichtlebigen Grafen Vronskij verliebt und aus einer hoffnungslosen Situation heraus den Tod sucht. Wobei Tolstoj diesem Unglück in Anna und Konstantin Levin jenes vollkommene Eheglück gegenüberstellt, das ihm als Vater von 13 Kindern mit Sofia Andrejewna auch selbst lange Zeit vergönnt war. 1880 aber geriet er in eine schwere Krise, distanzierte sich von seinem Werk und bekannte sich zu einem das Eigentum und die orthodoxe Kirche ablehnenden «Bauernkommunismus». Die «Beichte» von 1882 verkündete auf provozierende Weise den Abschied von seinem bisherigen «Scheinleben». In der «Kreutzersonate» erklärte er 1891 die Ehe als eine mit Gott nicht vereinbare Sünde. Längst aber verehrten ihn Unzählige wie einen Heiligen und wurde sein Landgut zum Wallfahrtsort. Die Ereignisse seiner letzten Jahre und die peinlichen Umstände seines Todes während eines unsäglichen Streits um sein Testament verdeckten lange die Tatsache, dass sein religiöser Wahn viele seiner bedeutendsten Werke hervorgebracht hat: die Novelle «Der Tod des Iwan Ilitsch», eines der abgründigsten Werke über den Tod, den Roman «Auferstehung», in dem die zu Unrecht eines Mordes angeklagte Dirne Maslova zur sittlichen Kraft einer opferbereiten Liebe «aufersteht», die bewegende Erzählung «Herr und Knecht», wo ein reicher Kaufmann in einer eisigen Nacht zu echt christlicher Nächstenliebe erwacht und mit seinem Körper sterbend den Knecht Nikita vor dem Erfrieren rettet.

Leo Tolstoj
1828–1910
Beitrag Seite 176

Georg Trakl
1887–1914
Beitrag Seite 212

1906 kamen in Salzburg zwei Dramen eines 19jährigen Apothekerpraktikanten zur Aufführung, von denen wir nur noch die Titel kennen: «Fata Morgana» und «Totentag». Pole, zwischen denen, so man sie mit Rausch und Sterbenmüssen gleichsetzt, Leben und Werk dieses Georg Trakl von Anfang an oszillierte. Er schlitterte, früh orientierungslos, als typische k.u.k. Sandlerexistenz von Stelle zu Stelle – Pharmaziestudium in Wien, Soldat als Einjährig-Freiwilliger, Medikamentenakzessionist in Innsbruck, Ministerialrechnungspraktikant ohne Besoldung in Wien, Sanitäter im Kriegsdienst an der Ostfront – , während zugleich ein lyrisches Werk entstand, das sich dem Rande des Sagbaren entlang bewegte und der Hoffnungslosigkeit und Verzweiflung auf eine Weise Ausdruck gab, die man im Nachhinein aus blosser Verlegenheit dem Expressionismus zurechnete. Gehört die «Sammlung» von 1909 noch der Dekadenz des Fin du Siècle an, zeigen die ab 1910 im Innsbrucker «Brenner» bzw. im «Jüngsten Tag» von Kurt Wolff gedruckten Gedichte die ganze Gewalt und Genialität dieses am Ende in die Schwärze des Schweigens versinkenden poetischen Kosmos. «Psalm» von 1912 nimmt, Karl Kraus, dem späteren Verfasser von «Die letzten Tage der Menschheit», gewidmet, in unerhört persönlicher und doch ichferner Weise vorweg, was ab 33 real passieren sollte: «Aus grauen Zimmern treten Engel mit kotgefleckten Flügeln / Würmer tropfen von ihren vergilbten Lidern / ... Schweigsam über der Schädelstätte öffnen sich Gottes goldene Augen.» Gemäss dem nachgelassenen Gedicht «Grodek» aber, Zeugnis der Schlacht um die Stadt dieses Namens, erlebte Trakl auch selbst schon das Fürchterlichste, was Menschen einander antun können: «Sterbende Krieger, die wilde Klage / Ihrer zerbrochenen Münder / Alle Strassen münden in schwarze Verwesung.» Tagelang hilflos mit 90 Sterbenden allein gelassen, langte sein Verstand bei jenem Ausweg an, dem er am 3. November 1911 im Garnisonsspital Krakau nach einer gehörigen Dosis Kokain keinerlei weiteren Widerstand mehr entgegensetzte ...

«Vaterlos» heisst das von den Bühnen abgewiesene, lang verschollene und erst 1923 als «Platonow» uraufgeführte Stück, mit dem der am 29. Januar 1860 als Sohn eines beruflichen Versagers in einfachsten Verhältnissen geborene Gymnasiast Anton Tschechow 1880 in Taganrog die Welt des Theaters betritt. Arzt will er werden, wird es auch, übt das Metier aber nur nebenbei aus, während die genuine literarische Begabung den früh an Tuberkulose Erkrankten, hustend, Blut spuckend, in ganz Europa herumreisend und sich nach der in seinen Stükken brillierenden Olga Knipper sehnend, mit zähem Fleiss in über 600 Werken zu einem der grössten russischen Dichter macht.

Anton Tschechow
1860–1904
Beitrag Seite 181

Kurz nach der triumphalen Moskauer Uraufführung des «Kirschgartens» erliegt er am 15. Juli 1904 in Badenweiler 44jährig seinem Leiden. Aufgeschreckt durch eine Reise zur Sträflingsinsel Sachalin wendet er sich nach satirischen Anfängen in Novellen wie «Der schwarze Mönch» oder «Krankenzimmer Nr. 6» den sozialen Fragen seiner Zeit zu, während die ab 1896 entstandenen Schauspiele die Entfremdung des Einzelnen und die Unfähigkeit des Adels, sich mit der neuen Zeit abzufinden, thematisieren. «Die Möwe» nimmt mit ihrer tödlichen Langeweile den Nihilismus des 20. Jahrhunderts vorweg, «Onkel Vanja» führt in ihrem Endzeitgefühl erstarrte Menschen vor, für die das Glück in ferner Zukunft zu finden ist, «Drei Schwestern» zeigt, wie brutal Hoffnungen enttäuscht werden können, während im «Kirschgarten», als er abgeholzt wird, einzig der lebensmüde Diener Firs zurückzurückbleibt. Wobei die Tragödien kaum je in Handlung umgesetzt sind, sondern sich im Innern der Figuren abspielen und im Schweigen explodieren. Wenn auch nur selten erkennbar, bewahrt Tschechow trotz allem einen heimlichen Zukunftsoptimismus. In den Ausführungen des Arztes Astrov in «Onkel Vanja» etwa, für den das Klima «in der Hand des Menschen» liegt, die er auffordert, «für das Glück in tausend Jahren» vorzusorgen, oder wenn in der Erzählung «Die Dame mit dem Hündchen» die Liebe über ein armseliges Leben triumphiert.

Galsan Tschinag
*1943
Beitrag Seite 390

«Ich habe den heiligen Tempel der Poesie als Sänger betreten. Meine ersten Gedichte waren Lob- und Bittgesänge an die Berge und Täler des Hohen Altai, an die Sonne und den Mond und die vielen Sterne darüber, und die zehntausend Geister, deren Gegenwart ich zu spüren glaubte, ohne dass ich sie zu sehen und zu hören vermochte.» Der am 26. Dezember 1943 im Altai-Gebirge in der Westmongolei geborene Galsan Tschinag lässt sich nicht auf das Schriftstellerische reduzieren. Er ist ein tief in der Geschichte und im Mythos der turksprachigen Tuwa verwurzelter Schamane und begeisternder Verkünder der archaischen Landschaft des Altai-Gebirges, ein tuwinischer Bauernsohn, der nach der Schulausbildung in der Mongolei zu DDR-Zeiten nach Leipzig kam und da Germanistik studierte. Als Forscher sammelte und edierte er die tuwinischen Märchen und Sagen, ehe er selbst auf deutsch zu schreiben begann und ein 33 Publikationen umfassendes, ganz dem tuwinischen Volk und persönlichen Erfahrungen gewidmetes, von einer angeborenen vitalen Erzählfreude zeugendes Œuvre vorlegte. Das begann 1981 noch in der DDR mit dem Erstling «Eine tuwinische Geschichte und andere Erzählungen», setzte sich fort mit insgesamt sieben weiteren Erzählbänden, acht Romanen, Gedichtbänden, Märchen und autobiographischen Schriften. Darunter «Dojnaa», eine Erzählung über eine mongolische Ehe zwischen Tradition und Moderne, «Tau und Gras», die Geschichten, die Tschinag als Kind gehört hat, «Die Rückkehr», der Roman über die grosse Karawane, mit der er 1995 sein Volk ins Altai-Gebirge zurückführte, «Kennst du das Land», der Roman über seine Leipziger Studentenzeit. Trotz seines Erfolges, dank dem es ihm gelang, die Kunde von den tuwinischen Nomaden weltweit zu verbreiten, hat sich Galsan Tschinag seinem Volk nicht entfremdet. Teils lebt er bei seiner zwanzigköpfigen Familie in Ulan Bator, teils bei seinem tuwinischen Stamm in der mongolischen Wüste und verwendet die Einnahmen aus seinen Lesereisen, um die mongolischen Nomaden und deren Kultur am Leben zu erhalten.

1907 druckt der «Ulk», eine Beilage des «Berliner Tageblatts», anonym ein Märchen, das die Avantgarde der deutschen Kunst in einer Flöte symbolisiert und mit dem Satz endet: «Und was machte der Kaiser damit? Er pfiff drauf.» Der freche Text führt einen 17jährigen Berliner Studenten, der 1914 in Jena den Dr.jur. machen wird, in die Publizistik ein. Bis 1932 schreibt er im «Vorwärts», im «Flieger» (den er als Weltkriegssoldat redigiert), in der «Vossischen Zeitung», vor allem aber in der «Weltbühne», zu deren Starautor er avanciert, unzählige Glossen, Satiren, Polemiken und Gedichte, die zum Schärfsten, Gekonntesten, Träfsten zählen, was deutsche Zeitungen je publizierten.

Kurt Tucholsky
1890–1935
Beitrag Seite 140

Peter Panter, Ignaz Wrobel, Kaspar Hauser, Paulus Bünzly waren die Pseudonyme, mit denen der jüdische Kaufmannssohn Kurt Tucholsky seinen Schreibfleiss tarnte, und es ist kaum zu fassen, dass der Mann, den die Nazis fürchteten wie keinen zweiten und dessen Werke sie 1933 als erste verbrannten, auch die poetischen Liebesromane «Rheinsberg» und «Schloss Gripsholm» schrieb. Obwohl er «jede Frau mit seiner Schreibmaschine betrog», war der korpulente Melancholiker ein passionierter Romantiker und schrieb wunderbare Liebesbriefe. Die ergreifendsten an die in Zürich wirkende Berner Ärztin Hedwig Müller, die er «Nuuna» nannte und der er 1932–1935 nicht nur täglich schrieb, sondern für die er mit seinem «Q»(uatsch)-Tagebuch auch das Gelübde brach, mit dem er auf Hitler reagiert hatte: nicht nur ein «aufgehörter Deutscher», sondern auch ein «aufgehörter Schriftsteller» zu sein. Der Vatikan habe den Christbaum zur heidnischen Sache erklärt, frotzelt er am 17. Dezember 1935 aus Schweden, wo er so gerne eingebürgert worden wäre. «Wer Deutschland zu Weihnachten gesehen hat, weiss, wie klug dieser Schachzug ist.» Ins «Q»-Tagebuch aber notiert er: «Er ging leise aus dem Leben fort wie einer, der eine langweilige Filmvorführung verlässt, vorsichtig, um die andern nicht zu stören.» Am 21. Dezember 1935 starb Tucholsky im Spital von Göteborg an einer Überdosis Veronal.

Mario Vargas Llosa
*1936
Beitrag Seite 369

«Einen Roman schreiben ist kein geringerer Dienst an der Menschheit, als ein Gewehr zu nehmen und in die Berge zu gehen.» Der revolutionäre Impetus, der 1969 in «Conversación en La Catedral», dem dritten Roman des am 28. März 1936 im peruanischen Arequipa geborenen Mario Vargas Llosa, anklang, galt auch für die zwei früheren von 1963 und 1966: «La ciudad y los perros», der schrill-aggressiven Aufarbeitung der Erfahrungen als einer der «Hunde» genannten Kadetten in der Militäranstalt von Callao, und «La casa verde», der um ein Bordell dieses Namens gruppierten Schicksale von Revolutionären und Opfern der peruanischen Geheimpolizei. Bücher, mit denen er sich auch künstlerisch an die Spitze der Literatur Lateinamerikas schrieb. Mit «Pantaleón y las visitores», der Satire auf das peruanische Militär und dessen von Prostituierten wahrgenommenen «Truppenbetreuungsdienst» fand Llosa 1973 zu einer populäreren Schreibweise und zeichnete sich sein Wandel vom Sozialisten zu einem konsequenten Liberalen ab. Vom Schriftsteller-Porträt «La tia Julia y el escribidor» von 1977 und der «Historia de Mayta», der Biographie des peruanischen Trotzkisten Mayta Avendaño von 1984, bis zum Amazonas-Roman «El hablador» von 1987, «La festa del chivo», dem Buch über den dominikanischen Diktator Trujillo von 2000, der Enthüllung der Machenschaften des Geheimdiensts unter der Fujimori-Diktatur in «Cinco esquinas» von 2016 und «Tiempos recios», einem Roman über die jüngere Geschichte Guatemalas von 2019 machte sich Vargas Llosa zu einem weltweit beachteten Analysten und Kritiker von Politik und Geschichte Lateinamerikas, der, wie die Verleihung des Literaturnobelpreises im Jahre 2010 bestätigte, auch literarisch nach wie vor zu den grossen Autoren seiner Zeit gehört. Auch mit über 80 Jahren aber beschränkt sich der ehemalige peruanischer Präsidentschaftskandidat nicht auf Romane, sondern engagiert sich nach wie vor auch politisch und bezieht auch 2023 noch in Zeitungsartikeln in Europa und Amerika zur aktuellen politischen Lage dezidiert Stellung.

Das gibt es: dass eine Figur mitten im Roman das Geschlecht wechselt beziehungsweise vom Mann zur Frau wird – als welche sie bei den Männern dann genau soviel Staub aufwirbelt wie zuvor in der Damenwelt, die sich im besonderen Fall immerhin aus einer englischen Königin, einer russischen Prinzessin und einer rumänischen Herzogin rekrutiert hatte. Die Zeit ist in dem Buch übrigens ebensowenig eine fixe Grösse wie das Geschlecht, lebt das sexuelle Chamäleon doch von 1570 bis (mindestens) 1928, als es zu einer Dichterin mutiert ist, deren Erfolg unter anderem damit zu erklären ist, dass sie in ihrer Person männliche und weibliche Eigenschaften harmonisch miteinander vereint.

Virginia Woolf
1882–1941
Beitrag Seite 482

In diesem Jahr 1928 ist es denn auch erschienen, Virginia Woolfs Buch «Orlando», das, bewusst irritierend, «Biographie» heisst und natürlich nicht zufällig der Kollegin und intimen Freundin Victoria Sackville-West gewidmet ist. «Eines Tages werde ich hier, wie ein grosses historisches Gemälde, die Umrisse aller meiner Freunde skizzieren», hatte die Autorin im März 1927 ihrem Tagebuch anvertraut. «Vita soll darin ein junger Adelsherr sein ...: eine Biographie, beginnend im Jahre 1500 und fortlaufend bis zum heutigen Tag, betitelt ‹Orlando›: Vita, jedoch mit einem Wechsel von einem Geschlecht zum andern.» «Orlando», das humorvollste Buch, das Virginia Woolf – geboren am 25. Januar 1882 in London, freiwillig aus dem Leben geschieden am 28. März 1941 in Rodmell bei Lewes, Sussex – geschrieben hat, ist aber weit mehr als ein Schlüsselroman. Es ist ein Buch, in dem auch die befremdlichsten Einfälle noch einen plausiblen Sinn bekommen. Die verrückten 400 Jahre Leben z.B. ermöglichten es, die literarischen und historischen Einflüsse, die in Orlando wirksam sind, statt trocken zu reflektieren, direkt aus der Vergangenheit herauszuholen. Die Doppelgeschlechtlichkeit aber erlaubte es, die Rollenerwartung von Mann und Frau in einer Zeit satirisch brillant auf die Schippe zu nehmen, als Feminismus noch ein Schimpfwort war und Emanzipation als neurotische Anwandlung blaustrumpfiger Suffragetten galt.

Richard Wright
1908–1960
Beitrag Seite 12

Wer verstehen will, was Barack Obama für die USA bedeutete, sollte Richard Wright lesen. Er hat mit rebellischer Kraft die Verzweiflung und die Frustration der schwarzen Amerikaner beschrieben, die auch zu seinen Lebenszeiten – er wurde am 4. September 1908 in Roxie (Mississippi) geboren und starb am 28. November 1960 in Paris – der Sklaverei noch näher standen als der effektiven Gleichberechtigung. «12 Million Black Voices» z.B., ein Buch, das Wright 1941 als Herausgeber des kommunistischen «Daily Worker» mit anderen zusammen schrieb und das 1948 als «Wir Neger in Amerika» in der Gestaltung Richard P. Lohses in der Zürcher Büchergilde Gutenberg erschien. Der amerikanische Traum sei auf Kosten der Schwarzen geträumt worden, heisst es da: «Sie anerkannten uns nicht als Menschen, sie rissen uns von unserem heimatlichen Boden, belasteten unsere Beine mit Ketten, stopften uns wie Klafterholz in die üblen Löcher ihrer Segelschiffe und schleuderten uns in ein anderes, in ein fremdes und feindliches Land.» Sohn einer Lehrerin und eines Landarbeiters, fand Wright als Postbeamter und Arbeitsloser in Chicago zu seiner Schreibweise, die linkes Engagement mit dem Kampf für die schwarze Emanzipation verband. Bestsellererfolg war 1940 «Native Sun», die Geschichte von Bigger Thomas, der aus Angst vor der weissen Repression zwei Frauen ermordet. Erst 1993 wurde sichtbar, dass man die sexuellen Phantasien des schwarzen Protagonisten über weisse Frauen gestrichen hatte – Passagen, die mit Herzblut geschrieben sind, war Wright selbst doch zweimal mit weissen Frauen verheiratet. Zensuriert wurde auch die Autobiographie «American Hunger», von der zu Lebzeiten Wrights nur der erste Teil, «Black Boy», eine Kindheit im Zeichen von «For Whites/For Colored», herauskam, während Teil zwei, ein pessimistisches Bild des rassistischen Amerika von 1937 bis 1942, erst 1977 publiziert wurde. 1947, nach dem Bruch mit dem Kommunismus, zog Wright nach Frankreich, wo man ihn nicht als Schwarzen, sondern als grossen US-Autor wahrnahm.

«Knoblauch in die schwarze Erde,/Ingwer in den Sand./ Knoblauch, der schwarz und verfault ist,/ergibt nicht mal guten Mist», skandieren die Bauern vor der Kreisverwaltung, als man ihnen den Knoblauch, zu dessen Anpflanzung man sie aufgefordert hat, nicht abkauft, so dass er auf den Feldern verfault. Was sie besser unterlassen hätten, greift das Regime doch gegen die Rebellierenden mit aller Härte durch. Waren die Protagonisten im Roman «Rotes Kornfeld», mit dessen episch breiter Darstellung des chinesisch-japanischen Kriegs von 1939–1944 der am 17. Februar 1955 im ländlichen Gaomi geborene Mo Yan 1987 über China hinaus bekannt wurde, Helden, so sind sie in der «Knoblauchrevolte» von 1988 Opfer der staatlichen Willkür. Obwohl der Bauernsohn Mo Yan seine ganze Ausbildung der Volksbefreiungsarmee verdankt und sich nie offen gegen das ihm wohlgesinnte Regime ausspricht – was 2012, als ihm als erstem Chinesen der Literaturnobelpreis zuerkannt wurde, zu heftigen Attacken aus Kreisen der dissidenten chinesischen Exilautoren führte –, geht der Repräsentant eines ländlichen, vom Regime vielfach diskreditierten China in seiner kritischen literarischen Aufarbeitung von Korruption und Misswirtschaft und anderen Problemzonen des Regimes erstaunlich weit. So denunzierte «Die Schnapsstadt» schon 1992 den schikanösen Umgang des Regimes mit der Kunstszene, entlarvte «Die Sandelholzstrafe» 2001 China als klassisches Land der Folter, bot 2008 «Der Überdruss» eine ungeschminkt-kritische Darstellung der letzten 50 Jahre chinesischer Geschichte. Der Roman «Die Frösche» von 2009 aber entwirft ein ungeschminktes Bild der chinesischen Einkindpolitik und präsentiert als deren Repräsentantin eine Frauenärztin, die als ausführendes Organ der offiziellen Politik blutige Jagd auf alle macht, die sich der offiziellen Doktrin nicht unterwerfen. Wobei gerade in diesem Fall die Diskrepanz zwischen Regimetreue und Opposition aufgehoben ist, outet Yan Mo sich doch im Roman selbst und auch in seinen Kommentaren dazu als «Mitschuldigen an einem Verbrechen».

Mo Yan
*1955
Beitrag Seite 339

Marguerite Yourcenar
1903–1987
Beitrag Seite 278

In der Romantrilogie «Le labyrinthe du monde» hat die am 8. Juni 1903 in Brüssel geborene, ab 1929 unter dem Anagramm ihres Geburtsnamens Marguerite Cleenewerck de Crayencour schriftstellerisch tätige Marguerite Yourcenar kurz vor ihrem Tod am 18. Dezember 1987 auf Mount Desert Island, USA, wo sie seit 1947 lebte, einiges über ihr Leben verraten. In der Mischung zwischen Roman, Historiographie und Phantasie, die auch ihr übriges Werk bestimmte und in dem es vielfach um ihre eigene weitverzweigte Familiengeschichte, aber auch um die des mit ihren Eltern befreundeten belgischen Adelsgeschlechts de Vietinghoff ging. Eher noch konventionell kam 1929 der Erstling «Alexis ou le Traité du vain combat» daher, der Brief eines Musikers, der seiner Frau den zur Trennung führenden «vergeblichen Kampf» gegen die Homosexualität beschreibt. Ein Kampf, den sie, wie 1935 das Prosagedicht «Feu» verriet, ebenfalls verlor, lebte sie doch ab 1937 42 Jahre mit der US-Professorin Grace Frick in einer lesbischen Beziehung zusammen. Der Durchbruch zum Welterfolg gelang Marguerite Yourcenar 1951 mit den (fiktiven) «Mémoires d'Hadrian», die 1953 deutsch unter dem Titel «Ich zähmte die Wölfin» erschienen. In dem Buch, an dem sie schon 1923 gearbeitet hatte, liess sie, auf unzähligen historischen Dokumenten basierend, den unheilbar kranken römischen Kaiser Hadrian (76–138) in einem Brief an den späteren Kaiser Mark Aurel, den Adoptivenkel, sein Leben von der Geburt im heutigen Spanien bis zu seiner als Epoche des Friedens und der Hochkultur gepriesenen Regierungszeit, vermischt mit Reflexionen und Ratschlägen für die Zukunft, Revue passieren. «Ich wollte, dass die Majestät des römischen Friedens unmerklich, doch allgegenwärtig wie Sphärengesang alle Menschen einhüllte.» Weder ihre eher schwierigen früheren Werke noch der späte Roman «L'Œuvre au noir» von 1968 kamen in ihrer Wirkung an diesen «römischen» Roman heran, der eine mit der heutigen verwandte Epoche gesteigerter Sensibilität und angstvollen Vergänglichkeitsbewusstseins zum Ereignis macht.

Dass nicht nur die Reichen, sondern auch die Armen und Beleidigten zum Glück berufen seien, hiess die Botschaft Émile Zolas, und weil er nicht mit schönen Worten das finale Glück, sondern mit hässlichen Worten die traurige Ausgangslage beschrieb, nannte man ihn einen Naturalisten, verketzerte die erschütternden Sozialstudien des grossartigen, 20 Bände umfassenden Romanzyklus «Les Rougon-Macquart», darunter «Le ventre de Paris», «Thérèse Raquin», «Nana», «L'Assommoir» und – am eindrücklichsten! – «Germinal», jahrzehntelang als Tendenzliteratur, und sogar Theodor Fontane befand: «Talent gross, doch unerfreulich, durchaus niedrig in Gesamtanschauung von Leben und Kunst».

Émile Zola
1840–1902
Beitrag Seite 233

Dennoch verschlangen Millionen Zolas Bücher wie Offenbarungen, und am Ende kam er doch noch ins Panthéon: als Klassiker, auf dessen Büchern sich schon Staub sammelte. Wer ihn verstehen will, vergleiche ihn mit Paul Cézanne, der ein Leben lang ebenso verkannt war wie Zola berühmt. In «Minute des Lebens» hat Kurt Guggenheim die ungleichen Freunde 1969 porträtiert, und dort ist dem Ich-Erzähler Montgéroult zu Zolas Naturalismus folgendes in den Mund gelegt: «Ohne die Wahrheit erreichen wir keinen Fortschritt. Ist die Wahrheit unappetitlich, so hat der Schriftsteller nicht nur das Recht, sondern die Pflicht, diese Wahrheit auszusprechen.» Was am spektakulärsten im Jahre 1898 geschah, als Zola im legendären «Aurore»-Leitartikel unter dem Titel «J'accuse!» seinen ganzen inzwischen beträchtlichen Ruhm auf die Waagschale warf, um den zu Unrecht angeklagten jüdischen Mitbürger Hauptmann Émile Dreyfus vor dem damals in Frankreich salonfähigen Antisemitismus zu retten. Wobei Dreyfus dann tatsächlich freigesprochen wurde, während Zola selbst wegen Diffamierung zu einer Geldbusse und zu Gefängnis verurteilt wurde, so dass er es vorzog, für ein Jahr nach London ins Exil zu gehen. «Er war aus tiefer Überzeugung Moralist», konnte Anatole France am 5. Oktober 1902 jedenfalls zu Recht an seinem Sarg sagen, nachdem Zola am 29. September 1902 mit 62 Jahren an einer Gasvergiftung gestorben war.

Marina Zwetajewa
1892–1941
Beitrag Seite 386

Tochter eines Kunsthistorikers und einer Pianistin, fand die am 8. Oktober 1892 in Moskau geborene, in Italien, der Schweiz und in Paris ausgebildete Marina Zwetajewa schon 1910 als Lyrikerin Anerkennung und publizierte, seit 1912 mit dem Offizier und späteren sowjetischen Geheimdienstagenten Sergei J. Efron verheiratet und Mutter von vier Kindern, im vorrevolutionären Russland, in Berlin, Prag und im Pariser Exil in regelmässigen Abständen Gedichte, die sich dem aktuellen Trend verweigerten. Vieldeutig und nicht leicht verständlich, verfremden sie eigenes Erleben unter vielerlei Masken, beherrschen die Folklore wie das Märchen und das Gebet, beschwören die Liebe ebenso bewegend wie die Einsamkeit und öffnen sich formal dem Revolutionären, das ihre Verfasserin politisch verwarf. Als sie 1939 ihrem Mann nach Russland folgte, sah sie sich, während dieser schon bald erschossen wurde, unter Stalin verfemt und suchte mit Unterstützung von Boris Pasternak als Übersetzerin zu überleben. Nach dem deutschen Angriff evakuierte man sie nach Jelabuga am Ural, wo sie sich am 31. August 1941 erhängte. «Auf deine irre Welt / Einzige Antwort – Verzicht» hiess einer ihrer letzten Verse, schon früh aber war ihr klar: «Für meine Verse wie für alte Weine / Wird kommen ihre Zeit.» Was sich inzwischen erfüllte, gehört, was sie schrieb, doch längst zur Weltliteratur: der erst 1957 publizierte Zyklus «Das Schwanengehege», der den Einsatz der Weissen Armee gegen die Bolschewiken wachruft, die klangvoll irritierenden Strophen der magistralen Sammlung «Handwerk» von 1923, «Werstpfähle», die lyrische Hommage an Moskau und Ossip Mandelstam, «Der Rattenfänger» von 1926, der die Revolutionäre in lyrischer Prosa als Spiessbürger entlarvt, der nostalgische Pariser Zyklus «Nach Russland» von 1928 und die letzten, von Verzweiflung und Resignation zeugenden «Verse für die Tschechei» von 1939. «Vor allem habe ich Angst», steht in ihren letzten Notizen, «vor Augen, Finsternis, Schritten und am meisten – vor mir selbst, vor meinem Kopf, diesem Kopf, der mir im Heft so treu dient und im Leben mich umbringt.»

Charles Linsmayer

Weltliteratur – synchron betrachtet
Überlegungen zur vorliegenden Textauswahl

Wer ein Buch mit «weltliterarisch» untertitelt, begibt sich auf schwieriges Gelände. Goethe hat den Begriff ins Gespräch gebracht, als er am 31. Januar 1827 zu Eckermann sagte: «Ich sehe immer mehr, dass die Poesie ein Gemeingut der Menschheit ist, und dass sie überall und zu allen Zeiten in Hunderten und Aberhunderten von Menschen hervortritt. Nationalliteratur will jetzt nicht viel besagen, die Epoche der Weltliteratur ist an der Zeit, und jeder muss jetzt dazu wirken, diese Epoche zu beschleunigen.» Der Germanist Gero von Wilpert, Professor in Australien, hat den Begriff 1955 im «Sachwörterbuch der Literatur» (Kröners Taschenbuch 231) in zwei Varianten aufgeteilt: quantitativ «als rein summarischer, die Gesamtheit aller (National-)Literaturen zu allen Zeiten ohne Rücksicht auf Einheitlichkeit und innere Zusammengehörigkeit nehmender Begriff» und qualitativ «als ein ständig wachsender Kanon der grössten dichterischen Leistungen aller Literaturen, deren Wesen national wie allgemein menschlich ist und die, ihre über ihre Länder und Zeiten hinaus wirkende Geltung behaltend, zum Gemeingut aller Kulturvölker geworden sind.» So schön letzteres in der Theorie klingt, so unerreichbar ist es selbst bei exzessiv genutzter Lebenslesezeit für den Einzelnen, und schon der unglaublich belesene Goethe musste anderthalb Jahre nach der Verkündigung der grossen Idee, am 21. Mai 1828, gegenüber seinem Freund Zelter bekennen: «Sodann merke ich, dass die von mir ausgerufene Weltliteratur auf mich, wie auf den Zauberlehrling, zum Ersäufen zuströmt; Schottland und Frankreich ergiessen sich fast täglich, in Mailand geben sie ein höchst bedeutendes Tagesblatt heraus, L'Eco betitelt ...» 200 Jahre später dürfte der Stossseufzer nicht weniger vernehmlich ausfallen, umfasst doch, während Goethe sich noch auf die grossen europäischen Sprachen beschränken konnte, schon das 1992 von Walter Jens in zweiter Auflage herausgegebene, durch Helmut Kindler auf der Basis des «Dizionario» von Valentiono Bompiani 1965–1972 begründete «Neue Literaturlexikon» in 22 tausendseitigen Bänden 19 304 Werke – davon allein 10 086 dem 20. Jahrhundert zugehörige – von 9072 Autorinnen und Autoren aus 171 Sprachen, und zwar keineswegs als «summarische Gesamtheit» alles Publizierten, sondern in einer von Fachleuten erstellten rigorosen Auswahl der kulturgeschichtlich bedeutendsten Werke.

Das Subjektive als Kriterium
Nicht nur sind, Stand heute, weltliterarische Kanons, von wem sie auch aufgestellt wurden und unter welchen das im «Kindler-Lexikon» Präsentierte einer der umfassendsten und differenziertesten ist, einem ständigen Wandel durch Neuerscheinungen und Neubeurteilungen von Früherem ausgesetzt, es wird auch das Literarische und seine Essenz bis hin zur Rolle des Autors zunehmend in Frage gestellt. Dazu kommen Anzeichen, dass die Staaten der sogenannten Dritten Welt sich nicht nur politisch, sondern auch kulturell endgültig von den früheren Kolonialmächten zu distanzieren beginnen, von deren Traditionen und Sprachen nicht zuletzt auch ihre Nationalliteraturen mitbestimmt sind. So dass der Begriff Weltliteratur als solcher einer Erosion ausgesetzt wird, deren Ende noch nicht absehbar ist. Eine Situation jedenfalls, in welcher derjenige, der den Versuch wagt, literarische Zeugnisse aus möglichst vielen Sprachen und Nationen zu einer in sich geschlossenen, nicht bloss additiven und zufälligen Anthologie zusammenzustellen, keinerlei Raster oder Vorlagen mehr findet, um daraus etwas wie Repräsentativität oder Signifikanz abzuleiten. So dass er sich am Ende schlicht auf sich selbst, seine Leseerfahrung und sein subjektives Empfinden zurückgeworfen sieht und sich dabei unter Umgehung von unendlich vielen akademischen Versuchen, Literatur nach objektiven Kriterien zu beurteilen, einzig noch darauf berufen kann, was schon René Wellek und Austin Warren 1955 unter Verwendung eines Zitats des amerikanischen Gelehrten Theodore Greene formuliert haben: «Der einzigartige Charakter der künstlerischen Qualität eines Werkes kann nur unmittelbar erschaut werden, und obschon sie sich herausstellen und aufzeigen lässt, kann sie weder definiert noch selbst beschrieben werden.»[1]
Mit Leben erfüllt und ganz auf die Begeisterungsfähigkeit eines Lesenden fokussiert hat dem mit Franz Kafka auch schon einer der ganz grossen, unbestrittenen Autoren der Weltliteratur Nachachtung verschafft, als er am 27. Januar 1904 Oskar Pollak schrieb: «Ich glaube, man sollte überhaupt nur solche Bücher lesen, die einen beissen und stechen. Wenn das Buch, das wir lesen, uns nicht mit einem Faustschlag auf den Schädel weckt, wozu lesen wir dann das Buch? Damit es uns glücklich macht, wie Du schreibst?

---

[1] Wellek-Warren, «Theorie der Literatur», deutsch von Edgar und Marlene Lohner, 3. Auflage, Ullstein Verlag, Frankfurt/Berlin 1962

Mein Gott, glücklich wären wir eben auch, wenn wir keine Bücher hätten, und solche Bücher, die uns glücklich machen, könnten wir zur Not selber schreiben. Wir brauchen aber die Bücher, die auf uns wirken wie ein Unglück, das uns sehr schmerzt, wie der Tod eines, den wir lieber hatten als uns, wie wenn wir in Wälder vorstossen würden, von allen Menschen weg, wie ein Selbstmord, ein Buch muss die Axt sein für das gefrorene Meer in uns.»

Was «synchron» besagen will

Das Wort «synchron», das dieses Buch gleich wie das 2022 erschienene, in der Anlage analoge Lesebuch zur Literatur der mehrsprachigen Schweiz von 1920 bis 2020, «20/21 Synchron», im Titel trägt, bedeutet erneut, dass die Beiträge nicht chronologisch oder nach Ländern gegliedert, sondern unabhängig von Sprache, Entstehungszeit und Generation auf Deutsch oder in deutscher Übersetzung nach Themen zusammengestellt erscheinen. So, als würden Autorinnen und Autoren, wie auf der Vorder- und Rückseite des Buches imaginiert, irgendwo zusammentreffen und sich über ihr Schreiben, ihr Leben, ihre Zeit und ihre Erfahrungen austauschen. So wie es Johann Gottfried Herder 1796 in seinem «Achten Brief zur Förderung der Humanität» vorschwebte, als er von einer imaginären «Kontemporaneität» sprach, mittels deren sich Lebende und Tote zum geselligen Gespräch an einer Tafel zusammenfänden und Homer, Dante oder Shakespeare mit den zeitgenössischen Franzosen oder Italienern gemeinsam Gedanken formulieren würden, die über Jahrhunderte hinweg entzückten und überzeugten. Oder so wie Walter Jens es 1988 in der (grandiosen) Einführung zur Neuausgabe von Kindlers Literaturlexikon formulierte, als er von einer «epochalen Synchronität, von gemeinsamem, Kontinente überbrückenden Erleben» sprach, mit dem er Flaubert, Fontane, Kafka, Thomas Mann und Joyce in fruchtbarem Austausch miteinander sah und erkannte: «Je konkreter, zeit- und ortsbezogener die Beschreibung, je individueller der Duktus, desto grösser die Chance, im weltliterarischen Kontext überall verstanden zu werden – nicht vager Kosmopolitismus, sondern das ‹verzweifelte Deutsche› seiner Bücher garantierte Thomas Manns Weltruf.»[2]

---

2 Walter Jens: «Nationalliteratur und Weltliteratur – von Goethe aus gesehen». Kindlers neues Literaturlexikon, Band 1, Kindler Verlag, München 1988, S.VI-XXIII, S.XIX.

Die 135 Autorinnen und Autoren, die dieses Lesebuch miteinander ins Gespräch bringt, können nicht mit ganzen Werken oder mit einem Querschnitt durch ihr Œuvre, sondern nur mit einem kurzen Beispiel aus ihrer Prosa oder drei, vier Gedichten vorgeführt werden. Dabei gibt es Beiträge, die eine Ahnung von Grösse vermitteln, in vielen Fällen aber ermöglicht es der wiedergegebene Text, im Zusammenhang mit der Kurzbiographie im Anhang gelesen, einfach nur, einen Autor, eine Autorin im Originalton zu einem der Themen des Buches zu Wort kommen zu lassen. Wobei bei der Auswahl nicht allein die Findigkeit des Herausgebers, sondern auch die Frage mit eine Rolle spielte, ob zu einem bestimmten Text das Urheberrecht zu bekommen war. Dass das für eine ganze Reihe von Autorinnen und Autoren nicht möglich war, erklärt nicht zuletzt, warum der eine oder andere grosse Name in dieser Sammlung schmerzlich vermisst werden dürfte.

Lesen und Schreiben
Wer schreibt, ist sehr oft auch ein begnadeter Leser. Das wird augenfällig im Text von Salman Rushdie, der sich als kenntnisreicher Überblick über die aktuellen Tendenzen der Weltliteratur entpuppt, geht aber vielleicht am einprägsamsten aus den Beiträgen von zwei völlig unterschiedlichen Autoren hervor: Richard Wright, für den die Bücher, die sich der Heranwachsende durch einen Trick aus der Leihbibliothek besorgte, weil Schwarze keine Bücher entlehnen durften, nichts weniger als den «Sinn des Lebens» offenbarten, ein «Geheimnis», das er «wie ein Verbrecher mit sich herumtrug». Und Amos Oz, der berühmte hebräisch schreibende Professor und Erzähler, der das Lesen so entspannt und amüsiert anzugehen empfahl, wie er es bei jenem Mann vermutete, den er an einem Nudistenstrand in den «Playboy» vertieft vorfand.

Was das Schreiben als solches für ein Glück sein kann, führt uns Gustave Flaubert vor Augen, wenn er erzählt, wie vollkommen ausser sich, zugleich Mann, Frau, Liebhaber und Geliebte, er war, als er «Madame Bovary» schrieb. Dass alles, was er schrieb, seinen Ursprung in «seiner eigenen Lebenssituation» gehabt habe, gesteht überraschenderweise Henrik Ibsen ein, während Friedrich Dürrenmatt schon als Fünfundzwanzigjähriger drauf und dran war, schreibend «dem Bodenlosen durch das Phantastische ein Gesicht zu geben». Dass Schreiben auch zur Qual werden kann, erzählt Zadie Smith, die immer, wenn sie Tagebuch zu schreiben versucht, von einer «geistigen Blockade» erfasst wird.

Was die Aufgabe und den Sinn des Schreibens betrifft, vertreten Flaubert und Rushdie, nicht bloss ihren Jahrhunderten geschuldet, völlig unterschiedliche, wenn auch keineswegs konträre Auffassungen. Für Flaubert muss ein Autor «alle Kammern des Herzens und des Körpers der Gesellschaft, vom Keller bis zum Dachboden», kennen, «um aus den Verwesungsvorgängen der Menschheit Ergötzungen für sie herauszuholen» und «auf dem ausgebreiteten Elend Körbe voll Blumen wachsen zu lassen»: «Das Faktum destilliert sich in der Form und steigt wie reiner Weihrauch des Geistes nach oben zum Ewigen empor, zum Unveränderlichen, Absoluten, Idealen.» Rushdie wiederum, der Flaubert namentlich erwähnt und als überholt einstuft, steht angesichts von Fake News und der Relativierung aller Übereinkünfte den Trümmern der Wahrheit gegenüber und weist «Schriftstellern, Denkern, Journalisten und Philosophen» die Aufgabe zu, «den Glauben unserer Leser an die Wirklichkeit, an die Wahrheit wiederaufzubauen. Und es von Grund auf mit einer neuen Sprache zu tun». Wie grossartig steht wiederum Octavio Paz mit seinen lateinamerikanischen Erfahrungen Flaubert, aber auch Rushdie gegenüber, wenn er, ganz das Politische im Blick, zum Schluss kommt: «Die Literatur entblösst die Führer ihrer Macht und vermenschlicht sie so. Sie gibt ihnen ihre Sterblichkeit, die auch die unsrige ist, zurück.»

Not, Unterdrückung, Flucht und Krieg
Das Elend, das Flaubert anspricht, beschränkt sich keineswegs auf das 19. Jahrhundert, sondern wird in vielen Beiträgen bis heute immer wieder neu beschworen. Die soziale und menschliche Not, die in «Eveline» von James Joyce aufblitzt, findet ihre Entsprechung in der von Émile Zola und Władysław Reymont vorgeführten Situation in einer französischen Kohlengrube oder in der Industriestadt Lodz, während Victor Hugo am Beispiel eines zum Tode verurteilten «Rückfälligen» für das 19. Jahrhundert aufzeigt, was nach wie vor immer wieder Menschen zur Verzweiflung treibt: die gnadenlos mahlenden Mühlen einer gesetzestreu funktionierenden Justiz. Was der Faschismus, die Naziherrschaft und der Zweite Weltkrieg für die Menschen Europas

bedeutete, klingt in den Beiträgen von Kurt Tucholsky, der auf Berliner Dialekt den frühen Spuren von Hitlers Aufstieg nachgeht, aber auch in jenen von Marguerite Duras und André Gide an, wobei erstere das faschistische Trauma, von einer Mitschuld ausgehend, als etwas Europäisches ansieht, während letzterer sich von den Folgen der Bombardierung von Teilen von Paris angewidert zeigt und die Rettungskräfte als ineffizient qualifiziert. George Semprun und Primo Levi, beide ehemalige KZ-Insassen, gehen in ihren Beiträgen auf unterschiedliche Weise auf diese Einrichtungen ein: Semprun, indem er seiner Verwunderung Ausdruck gibt, dass es polnische Juden gab, die freiwillig nach Buchenwald kamen und sich mit dem Hitlergruss meldeten, Primo Levi, indem er am Beispiel des Auschwitz-Kommandanten Richard Baer ein chauvinistisches Verhalten beschreibt, das ihm in Deutschland bis in die 1960er Jahre immer wieder begegnete. Carson McCullers erzählt, wie zwei amerikanische Schulkinder, vom Entsetzen über die Naziherrschaft erfasst, ein Komplott schmieden, um Hitler zu beseitigen, während Heinrich Böll unter dem Titel «Ambulanter politischer Zahnarzt» einen Deutschen aufleben lässt, der nach dem Krieg in Irland versucht, die Mär vom (auch) guten Hitler zu bekämpfen.

Was Navid Kermani und Toni Morrison über die heutigen Migrantenströme und ihre fragwürdige öffentliche Akzeptanz berichten, führt die Erzählung vom Elend des Menschseins und der ungleichen Verteilung von Glück und Wohlstand ebenso nahe an die Gegenwart heran wie Wole Soyinkas Bericht aus einem nigerianischen Gefängnis und Chimamanda Ngozi Adichies Szenen von den blutigen Auseinandersetzungen zwischen Hausa-Muslimen und Igbo-Christen in eben jenem Nigeria: zwei Texte, die zeigen, mit welch enormen Schwierigkeiten die gesellschaftliche Konsolidierung in ehemaligen europäischen Kolonien zu kämpfen hat. Überhaupt der Kolonialismus! Was seine zynische Strategie war, zeigt Abdulrazak Gurnah anhand eines fiktiven Streitgesprächs zwischen britischen Kolonialisten im Jahre 1899 unnachahmlich präzis auf. Seine schwarze Bevölkerung sollte durch Hunger und Gewalt vernichtet oder dezimiert werden, um aus Afrika ein zweites Amerika zu machen. Wie selbstherrlich die Briten in Indien regierten, zeigt George Orwell am Beispiel der von ihm selbst miterlebten Hinrichtung eines Inders durch die britische Kolonialjustiz, während Pierre Loti völlig arglos von der ebenfalls selbst beobachteten Demütigung zweier chinesischer Prinzessinnen durch die europäisch-amerikanischen Besatzer bei der Niederwerfung des Boxer-Aufstands im Jahre 1900 erzählt. Nur als sozialer Hintergrund erscheint der Kolonialismus in Doris Lessings Erzählung «Lucy Grange» über den Seitensprung einer über schwarzes Personal gebietenden gelangweilten britischen Kolonialistengattin mit einem Handelsreisenden, während eine der frühesten Reiseerzählungen von Cees Nooteboom, «Der König von Surinam», vom selbstherrlichen Gebaren eines höheren einheimischen Kolonialbeamten in Niederländisch-Guyana berichtet.

Macht, Freiheit und Selbstgefühl

Vielfach angesprochen wird auch die Frage von Macht und Freiheit. Wole Soyinka und Vàclav Havel schreiben als Insassen von Gefängnissen in diktatorisch regierten Staaten, eine Situation, die auch Juan Carlos Onetti thematisiert. Konstantinos Kavafis beschreibt die ambivalente Situation der Zivilisation vor dem Einbruch der Barbaren, Aleksandar Tišma evoziert die Lage eines Gefangenen, der sich durch Verrat an seinen Mitgefangenen freikaufen könnte, während Aldous Huxley einen Mann in den Mittelpunkt stellt, der die gleichgeschalteten Bewohner der «Schönen neuen Welt» zum Freiheitskampf aufstacheln will. Samjatin wiederum beschwört die körperliche Vereinigung zweier Menschen als revolutionären Exzess in der gleichgeschalteten Welt seines utopischen Romans «Wir», während Mo Yan den Alltag in einem chinesischen Umerziehungslager lebendig werden lässt und Wisława Szymborska sich im Gedicht «Spiegel» Gedanken darüber macht, wie es aussieht, wenn der Krieg über eine Stadt hinweggegangen ist. Der Ungare Sándor Márai aber empfindet 1946 das vom Faschismus befreite Westeuropa als «Land des zähnefletschenden Selbstbewusstseins», das alles zurückgewonnen habe ausser dem Humanismus. Die Zeit des Faschismus und des Weltkriegs hat überhaupt das Daseinsgefühl der Menschen verändert. Die «Daseinsbejahung trotz allem», die aus Hermann Hesses «Innerem Reichtum» oder aus Rilkes neunter Elegie spricht, hat dem existenzialistischen Menschenbild eines Jean-Paul Sartre Platz gemacht, der es «grässlich findet, zu existieren», und der dann «in dem Hass, der Abscheu zu existieren» doch wiederum nur Arten entdeckt, die ihn zu existieren zwingen. Nihilistische Empfindungen, die 1908 schon Trakl in seinem Text «Verlassenheit» vorweggenommen hat und für die Daniel Kehlmann 1998 unter dem Titel «Auflösung» bedrückende Bilder und Worte finden wird.

Magisch, satirisch, absurd

Es können nicht alle Themen, die in den 135 Texten zum Tragen kommen, in einen Zusammenhang gestellt werden, und es muss bei einigen mit einem knappen Hinweis sein Bewenden haben. So taucht die Magie, die Virginia Woolfs Geschichte «Ein verwunschenes Haus» so geheimnisvoll erscheinen lässt, in Irène Némirowskys Erzählung «Magie» wieder auf und findet in den Beiträgen von Arundhati Roy, Javier Marías, David Malouf und Olga Tokarczuk bis in die jüngste Zeit hinein nicht minder mysteriöse Entsprechungen. In ähnlicher Weise ist der satirische Umgang mit gesellschaftlichen Phänomenen, wie er bei Haruki Murakami, Andrej Kurkow und Herta Müller virtuos vorgeführt wird, nicht weniger eindrucksvoll auch schon von Luigi Pirandello, Sinclair Lewis, Fernando Pessoa, Nathalie Sarraute und nicht zuletzt bei Thomas Bernhard und seiner beissenden Österreichkritik umgesetzt worden. Den irritierend absurden Konstellationen in Texten von Gabriel García Màrquez und Samuel Beckett wiederum standen in den Beiträgen von Federico García Lorca, Daniil Charms und Else Lasker-Schüler schon Jahrzehnte früher mindestens so einfallsreiche Wahnwitzigkeiten gegenüber.

Zwei Bereiche aber verdienen, weil sie die zeitübergreifende Synchronität besonders augenfällig sichtbar machen, eine etwas gründlichere Analyse: der Umgang mit der Natur und der Tierwelt einerseits und die Darstellung von Liebe und Partnerschaft andererseits.

Fauna und Flora

Wie Joseph Conrad mit verstehender Liebe auf das Meer und seine Stürme blickt und ihm einzig das motorlose Segelschiff für wirklich angemessen erscheint, lässt Karel Čapek seinen Gärtner sich den Pflanzen des Gartens so leidenschaftlich hingeben, dass er alles andere vergisst. Ein Attachement, das Siri Hustvedt Jahrzehnte später mit ihm teilt, wenn sie den Blumen im Zimmer als etwas Lebendigem eine zwingende Macht über sich zugesteht.

In einem Gedicht begrüsst Salvatore Quasimodo in der Flora und Fauna am Strand von Sant'Antiocho Zeichen des Göttlichen, während ein weiterer grosser italienischer Lyriker, Eugenio Montale, im Lichtrausch der Sonnenblume erkennt, «wie das Leben wie duftender Hauch sich verflüchtigt». Nicht die von Menschen angelegte, sondern die unberührte Natur versetzt Philippe Jaccottet während einer Mondnacht am Fusse des Mont Ventoux in einen Glückszustand, und auch Peter Handke, wie Jaccottet in Frankreich im freiwilligen Exil, erlebt an einem Herbsttag am Ufer eines Weihers die Tier- und Pflanzenwelt in ihrem ganzen faszinierenden Reichtum. Für Claude Simon und Elfriede Jelinek wiederum ermöglicht die Natur, mal als von den Bergen stürzendes Wasser, mal als tief verschneiter Wald, einen Ausbruch ins Grandiose, der Dichtung, Realität und Natur zu einem eindringlichen Sprachkunstwerk zusammenzwingt.

Mannigfaltig und doch wieder irgendwie miteinander verwandt erscheint einem die Art und Weise, wie Autorinnen und Autoren mit Tieren umgehen. Franz Kafka mit seiner erfundenen kuriosen Kreuzung zwischen Katze und Lamm, Katherine Mansfield mit dem Kanarienvogel, der für eine einsame Frau das einzige Glück ihres Lebens bedeutet, Hemingway mit der Katze, die einem amerikanischen Paar in einem Hotel am Mittelmeer zuläuft, Robert Musil mit der Stubenfliege, die er auf einem Fliegenpapier einen erschütternden Tod sterben lässt. Ungewöhnliches aber bieten Juri Rytchëu mit «Der Wal», jenem Tier, das seinem tschuktschischen Volk alles ist: Nahrung, Werkstoff und religiöses Symbol, und Jean-Marie Le Clézio, der die Spinnen in einem abgründig-faszinierenden Text selbst von ihrem Leben und ihrem Alltag erzählen lässt.

Die Liebe in all ihren Ausprägungen

Die früheste Liebesgeschichte des Bandes ist der erstaunliche Text «Reformversuch» von August Strindberg aus dem Jahre 1884: der am Ende missglückte Versuch zweier Liebender, das sture Rollenschema der Zeit mit einer emanzipierten, auf Gleichberechtigung ausgehenden Beziehung zu durchbrechen. Sowohl Mallarmés Prosagedicht «Die Pfeife» von 1893 als auch Marcel Prousts «Erinnerung» von 1891 nehmen wehmütig Bezug auf eine gescheiterte Liebe. Blaise Cendrars «Leidenschaften» von 1912 zeichnen das Bild der Frau in für die damalige Zeit fast schon obszöner Weise mal aus der Optik eines Säufers, mal mit dem Blick eines entflammten Liebhabers, mal aus der Warte eines um Erbarmen flehenden Einsamen. Ganz im Gegenteil zur nur ein Jahr später erschienenen «Kleinen Alltagsgeschichte, berlinisch» von Alfred Döblin, die ein Szeneoriginal von seiner enttäuschten Liebe zu einem «Luder» klagen lässt. Der Auszug aus Gerhart Hauptmanns «Ketzer von Soana» aus dem Jahre 1918 erzählt, wie sich zwei Verlorene in der leidenschaftlichen Ekstase einer verbotenen Liebe finden, während der Text aus D.H. Lawrences «Lady Chatterley» von 1928 sich allen oberflächlichen Erwartungen zu Trotz als Plädoyer für die Freiheit der Frau entpuppt, die im Mann eher den Gesprächspartner als den Liebhaber sucht. Kaum zu glauben, dass Marguerite Yourcenars expressiver Text über die antike Phädra, die in inzestuöser Liebe zu ihrem Sohn Hippolit lebt und stirbt, schon 1936 entstanden ist. Im Vergleich zu diesem fast schon frivolen ekstatischen Kabinettstück erscheint Cesare Paveses Erzählung «Jahre» von 1948 über den nüchternunsentimentalen Abschied zweier Liebender nach einer letzten Nacht und einer Tasse Kaffee wie eine Reduktion der Liebe zu einem Alltagsphänomen mit kurzer Halbwertszeit. 1956 wurde in der «Zeit» Ingeborg Bachmanns Gedicht «Erklär mir, Liebe» erstmals gedruckt. Noch immer Rätsel aufgebende Verse zum Thema Liebe, die Christa Wolf «ein Beispiel von genauester Unbestimmtheit und klarster Vieldeutigkeit» genannt hat. Zwei Jahre darauf erschien in ihren Memoiren Simone de Beauvoirs Erinnerung an ihre allererste Begegnung mit Jean-Paul Sartre: der Beginn einer Liebesgeschichte, die gerade in ihrer Nüchternheit und Liberalität für Generationen modellhaft wurde. Italo Calvinos «Abenteuer eines Ehepaars» führte 1970 die von äusseren Zwängen diktierte Beziehung zweier proletarischer Berufsleute als eine von leiser Zärtlichkeit bestimmte tägliche Routine vor, während vier Jahre später Joyce Carol Oates eine von Frustration und Langeweile bestimmte amerikanische Paarbeziehung bis an die Grenzen des Erträglichen führte. 1975 publizierte Jorge Luis Borges seine Erzählung «Ulrike»: das mit Sagen und Mythen verbrämte letzte Liebesabenteuer eines Kolumbianers mit einer feministischen Norwegerin. Eine Geschichte, die in ihrer rein sexuellen Ausprägung meilenweit von den in diesen Jahren erstmals publizierten leidenschaftlich-poetischen Liebesgedichten von Pablo Neruda, aber auch von den Liebesminiaturen eines Nagib Machfus von

1994 entfernt war, die auf surreale Weise Liebhaber mit hingebungsbereiten Frauen, Nixen und Engeln zusammenführten. Eine der schönsten Liebesgeschichten, die in diesen Band haben Aufnahme finden können, ist aber die erzwungene Verlobung von Hinda aus der reichen jüdischen Zürcher Familie Meyer mit dem mausarmen amerikanischen Schneider Zalman Kamionker aus Charles Lewinskys Roman «Melnitz» von 2006. Kamionker setzt sich mit der provokanten, den Brautvater zur Weissglut treibenden Ankündigung, sein Heiratsantrag sei nicht verhandelbar, am Ende deshalb durch, weil Hinda ihm zur Überraschung aller ihr Jawort gibt, da der Antrag ja nicht verhandelbar sei.

In einem der längsten Beiträge des Bandes hat der Mexikaner Carlos Fuentes unter dem Titel «Amor – Liebe» das Phänomen Liebe in all seinen Facetten hinterfragt und kommt zuletzt auf die Liebe als Aufmerksamkeit gegenüber dem anderen zu sprechen. Eine Liebe, mit der in der Formulierung von Dostojewski «die umfassende Erfahrung einer leidenden, gedemütigten, sehnsüchtigen Menschheit» erfassen kann, sofern man den Rat von Vissarion Gregorievitsch Bielinsky befolgt, der Dostojewski empfohlen hat: «Fang mit einem einzelnen Menschen an. Mit dem, der neben dir steht. Nimm voller Liebe die Hand des letzten Mannes, der letzten Frau, die du gesehen hast, und in ihren Augen wirst du alle Bedürfnisse, Hoffnungen und die ganze Liebe der gesamten Menschheit finden.»

20/21 Synchron.
Ein Lesebuch zur Literatur der Schweiz.

Anfang 2022 erschien Teil 1 von Charles Linsmayers Anthologie-Projekt: «20/21 Synchron. Ein Lesebuch zur Literatur der mehrsprachigen Schweiz von 1920 bis 2020». Es umfasst in deutscher Sprache 135 Beiträge von Autorinnen und Autoren aller vier Schweizer Landessprachen, von denen 49 extra geschrieben worden sind. Linsmayers 135 Kurzbiographien im Anhang sind fast alle mit Photografien von Yvonne Böhler und Manfred Utzinger illustriert.

Bei Vernissagen in Bern, Basel, Zürich, Gottlieben, St. Gallen, Luzern, Richisau GL und Schaffhausen trugen Lukas Hartmann, Raphael Urweider, Simone Lappert, Roland Buti, Anna Felder, Christoph Simon, Klaus Merz, Silvia Tschui, Urs Faes, Ruth Schweikert, Charles Lewinsky, Ilma Rakusa, Christoph Geiser, Reto Hänny, Dana Grigorcea, Margrit Schriber und Perikles Monioudis ihre Beiträge vor. Dabei moderierten Manfred Papst, Alexander Sury, Eva Bachmann, Peter Surber, Martin Zingg, Hansrudolf Frey und Edith Fritschi. Als Beispiel die Veranstaltung vom 23. November 2022 in der Stadtbibliothek Schaffhausen mit Margrit Schriber, Dana Grigorcea, Reto Hänny und Charles Linsmayer.

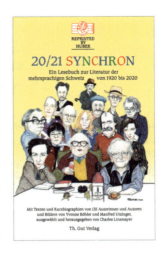

Charles Linsmayer (Hg.)
20/21 Synchron.
Ein Lesebuch zur Literatur der mehrsprachigen Schweiz von 1920 bis 2020.
Mit Texten und Kurzbiographien von
135 Autorinnen und Autoren
576 Seiten, gebunden
ISBN: 978-3-85717-291-5

Bild: Selwyn Hofmann

REPRINTED BY HUBER

Die 41 Titel der Edition «Reprinted by Huber»

Bd. 1: Annemarie Schwarzenbach, «Das glückliche Tal» (NW: Charles Linsmayer)

Bd. 2: Orlando Spreng, «Il reduce» / «Der Heimgekehrte» (NW: Charles Linsmayer)

Bd. 3: Cilette Ofaire, «Ismé. Sehnsucht nach Freiheit» (NW: Charles Linsmayer) (seit 1990 vergriffen)

Bd. 4: Kurt Guggenheim, Werke I, «Die frühen Jahre», «Salz des Meeres, Salz der Tränen» (NW: Charles Linsmayer)

Bd. 5: Robert de Traz, «La puritaine et l'amour» / «Genfer Liebe 1913» (NW: Charles Linsmayer)

Bd. 6: Gertrud Wilker, «Elegie auf die Zukunft. Ein Lesebuch» (NW: Beatrice Eichmann-Leutenegger)

Bd. 7: Monique Saint-Hélier, «La cage aux rêves» / «Traumkäfig» (NW: Charles Linsmayer)

Bd. 8: Felice Filippini, «Signore dei poveri morti» / «Herr Gott der armen Seelen» (NW: Giovanni Bonalumi)

Bd. 9: Guy de Pourtalès, «La pêche miraculeuse» / «Der wunderbare Fischzug» (NW: Charles Linsmayer)

Bd. 10: Kurt Guggenheim, Werke II, «Riedland», «Sandkorn für Sandkorn» (NW: Charles Linsmayer)

Bd. 11: Alice Rivaz, «Nuages dans la main» / «Wolken in der Hand» (NW: Marianne Ghirelli)

Bd. 12, Kurt Guggenheim, Werke III, «Alles in Allem» (NW: Charles Linsmayer)

Bd. 13, Werner Renfer, «Hannebarde» (NW: Barbara Traber)

Bd. 14, Guido Looser, «Nur nie jemandem sagen, wohin man reist» (NW: Charles Linsmayer)

Bd. 15, Walter Ackermann, «‹Flug mit Elisabeth› und andere Aviatica» (NW: Charles Linsmayer)

Bd. 16, Kurt Guggenheim, Werke IV, «Minute des Lebens» / «Der heilige Komödiant» (NW: Charles Linsmayer)

Bd. 17, Regina Ullmann, «Ich bin den Umweg statt den Weg gegangen». Ein Lesebuch (NW: Charles Linsmayer)

Bd. 18, Charles-Albert Cingria, «Ja, jeden Tag neu geboren werden». Erinnerungen, Glossen, Thesen, Polemiken. (NW: Charles Linsmayer)

Bd. 19, Kurt Guggenheim, Werke V, «Das Zusammensetzspiel» / «Der goldene Würfel» (NW: Charles Linsmayer)

Bd. 20, Hugo Marti, «Die Tage sind mir wie ein Traum». Das erzählerische Werk (NW: Charles Linsmayer)

Bd. 21, Edmond Fleg, «Das Prophetenkind» (NW: Charles Linsmayer)

Bd. 22, Kurt Guggenheim Werke VI, «Wilder Urlaub» / «Wir waren unser vier» (NW: Charles Linsmayer)

Bd. 23, Suzanne Deriex, «Das Kind und der Tod» (NW: Marianne Ghirelli)

Bd. 24, William Wolfensberger, «Eingeklemmt zwischen Unmöglichkeit und Sehnsucht». Ein Lesebuch (NW: Rudolf Probst)

Bd. 25, S. Corinna Bille, «Das Vergnügen, eine eigene neue Welt in der Hand zu halten». Ein Lesebuch (NW: Charles Linsmayer).

Bd. 26, Kurt Guggenheim, Werke VII, Entfesselung» / «Sieben Tage» (NW: Charles Linsmayer)

Bd. 27, Jeanne Hersch, «Erste Liebe»/«Temps alternés» (NW: Charles Linsmayer)

Bd. 28, Giovanni Bonalumi, «Die Geiseln»/«Gli Ostaggi». (NW: Danielle Bonzanelli)

Bd. 29, Maurice Chappaz, «In Wahrheit erleben wir das Ende der Welt». Ein Lesebuch (NW: Charles Linsmayer)

Bd. 30, Otto Frei, «Bis sich Nacht in die Augen senkt». Die Steckborner Pentalogie (NW: Charles Linsmayer)

Bd. 31, Kurt Guggenheim, Werke 8, «Gerufen und nicht gerufen» / «Nachher», vier Erzählungen (NW: Charles Linsmayer)

Bd. 32, Cécile Ines Loos, «Matka Boska», Roman (NW: Charles Linsmayer)

Bd. 33, Paul Ilg, «Das Menschlein Matthias». Tetralogie (NW: Charles Linsmayer)

Bd. 34, Helen Meier, «Übung im Torkeln entlang des Falls». Ein Lesebuch (NW: Charles Linsmayer)

Bd. 35, Lore Berger, «Der barmherzige Hügel» (NW: Charles Linsmayer)

Bd. 36, Kurt Guggenheim, «Alles in Allem», Neuausgabe mit 28 Illustrationen von Hannes Binder (NW: Charles Linsmayer)

Bd. 37, Francis Giauque, «Die Glut der Schwermut im Schattenraum der Nacht» (NW: Charles Linsmayer)

Bd. 38, Cilette Ofaire, «Ismé, Sehnsucht nach Freiheit». Neuausgabe mit dem «Journal de bord» (NW: Charles Linsmayer) Französische Parallelausgabe: Éditions de l'Aire, Vevey 2020

Bd. 40 «20/21 Synchron» Ein Lesebuch zur Literatur der mehrsprachigen Schweiz von 1920 bis 2020 (NW: Charles Linsmayer)

Bd. 41 «19/21 Synchron Global» Ein weltliterarisches Lesebuch von 1870 bis 2020 (NW: Charles Linsmayer)

Pressestimmen zu Reprinted by Huber Nr. 40, «20/21 Synchron. Ein Lesebuch zur Literatur der mehrsprachigen Schweiz von 1920 bis 2020»

«Ein besonderer Reiz des Lesebuchs liegt darin, dass es nicht chronologisch, sondern nach Themen konzipiert ist. So kommen Autorinnen und Autoren unterschiedlicher Generationen miteinander ins Gespräch bei Themen wie «Frühe Erfahrungen», «Väter und Mütter», «Vom Sterben und vom Tod», «Blick auf die Schweiz» oder «Jenseits des Realen». Die 135 Texte bilden in der Summe so etwas wie demokratische Geschichte der jüngeren Schweizer Literatur, in der sowohl weniger geläufige als auch längst etablierte Literaturschaffende mit derselben Achtung vorgestellt werden.»
Alex Sury in der «Berner Zeitung»

«Das ist ein exzellentes Schlemmer-Buffet für Menschen, die noch auf der Suche nach ihren literarischen Lieblingsgerichten sind. Sie werden mit diesem einzigen Buch das Wesentliche erleben, was das Lesen so einzigartig macht: die Offenheit, die Neugier, die Lust!»
Karl Lüönd im «Landboten», Winterthur

«Den letzten Teil des Buchs bilden die Autorenporträts, in denen Linsmayer zeigt, was er kann. Seine Einordnungen auf knappem Raum sind subjektiv, aber stets nachvollziehbar und fundiert. Er würdigt den sperrigen Sprachartisten Jürg Laederach ebenso kenntnisreich wie den Klassiker Hermann Hesse. Ist er von der Qualität eines Autors überzeugt, findet er klare Worte, etwa über Jörg Steiner: «Man braucht kein Prophet zu sein, um zu behaupten, dass man das, was er schrieb, noch lange und mit stets neuer innerer Bewegung lesen wird.» Und wo er unsicher ist, verhehlt er es nicht: «Ob Lukas Bärfuss, der die Schweizer Literaturszene lustvoll aufmischt, als schnell verglühender Meteor oder als lang leuchtendes Gestirn in die Literaturgeschichte eingehen wird, kann zurzeit noch niemand beantworten.»
Daniel Weber in der «Weltwoche»

«Im Nachwort stellt Linsmayer die Frage, ob das Ende des Buchzeitalters gekommen sei und eine digital unterfütterte Jekami-Unterhaltungskultur globalen Zuschnitts heraufziehe. Kann schon sein, denke ich. Aber wer diese Anthologie in die Hände nimmt und zu lesen beginnt, wird sehen: Nein, diese Literatur geht vorerst einmal nicht kaputt. Sie ist so mannigfaltig, lebendig und stark, dass sie uns alle überleben wird. Voraussetzung ist allerdings, dass sie gesammelt und herausgegeben wird und in die Buchläden kommt.»
Hansjörg Schneider in der «Basler Zeitung»